HS**B**c

Sir Elly **K**adoorie & Sons Ltd.

Swire Group

Jardine Matheson

...

馮邦彥

著

香港英資財團

1841
2019

香港英資財團 ¹⁸⁴¹₂₀₁₉

著　者	馮邦彥

責任編輯	李　安　許正旺　鄭海檳
書籍設計	任媛媛

出　版	三聯書店（香港）有限公司
	香港北角英皇道 499 號北角工業大廈 20 樓
	Joint Publishing (H.K.) Co., Ltd.
	20/F., North Point Industrial Building,
	499 King's Road, North Point, Hong Kong
發　行	香港聯合書刊物流有限公司
	香港新界大埔汀麗路 36 號 3 字樓
印　刷	陽光（彩美）印刷有限公司
	香港柴灣祥利街 7 號 11 樓 B15 室
版　次	2019 年 12 月香港第一版第一次印刷
	2022 年 5 月香港第一版第二次印刷
規　格	16 開（170mm×240mm）640 面
國際書號	ISBN 978-962-04-4536-1

目錄

前言

　　1987 年 7 月，筆者首次踏足香港。香港中區的繁華鬧市、維多利亞海港的璀璨夜景，都給筆者留下難忘、深刻的印象。

　　當時，筆者是應香港東南經濟信息中心副董事長兼總經理楊振漢先生（楊振寧博士的胞弟）之聘，前往該公司任經濟分析員，從事香港經濟研究，聘任期是一年。筆者以為這只是一次短期的旅程和考察，不料自此就在香港工作、生活了八個年頭。這期間，香港正處於九七回歸的過渡時期，各種政治、經濟力量正在激烈角力。這使筆者獲得一個極難得的機會，直接貼近並親身感受香港經濟跳動的脈搏，從中領悟它的勃勃生機和所面對的困難。

　　使筆者對香港的資本、財團，尤其是英資財團產生最初認識的，是初到香港的一個陽光明媚的星期天。在香港一位朋友的陪伴下，筆者遊覽了香港經濟的心臟區 —— 中環。在美侖美奐的置地廣場，朋友指著瀕臨海港、高聳的康樂大廈（今怡和大廈）說：這就是香港歷史最悠久的怡和洋行的總部所在地。筆者不期然聯想起英國著名小說家克雷威爾（James Clavel）筆下的《豪門》（*Noble House*），據說該部小說所描述的扣人心弦的權力鬥爭和商戰，就是以這家古老而神秘的洋行為背景展開的。記得著名的美國《財富》雜誌曾這樣描述怡和：統治香港的權力，"依序而列"，是馬會、怡和、滙豐和香港總督。

　　1987 年 10 月全球股災前夕，香港恒生指數從 3,949.73 點的歷史性高位滑落；然而，著名的英資地產公司置地的股價卻逆市飆升，有關收購傳聞不絕如縷。連怡和洋行旗下的主力、號稱香港地產 "皇冠上的明珠" 的置地都遭到華資財閥的狙擊，顯示出英資財團正面對某種重要的轉變。1990 年 12 月，滙豐銀行主席浦偉士在接受記者採訪時宣佈滙豐結構重組，變相遷冊英國倫敦。1992 年，滙豐成功收購英國四大結算銀行之一的米特蘭銀行，並取代後者在倫敦掛牌上市。這一連串的變動，在當時的香港社會引起了轟動效應，這使筆者對香港的英資財團產生了濃厚的研究興趣，從而開始了持續而廣泛的搜集有關資料的工作和跟蹤研究。1994 年 9 月，筆者攜帶沉重的資料返回廣州暨南大學，第一個願望就是完成本書的寫作。其時，香港已臨近九七，一個舊的時代即將完結，一個嶄新的時代即將開始，正是恰當的時機對香港英資財團逾一個半世紀以來的歷史作一個總結。

　　經過前後約一年時間的寫作，1996 年 7 月，《香港英資財團（1841-1996）》一書由香港三聯書店出版面世。其時，正值香港回歸前夕，怡和、滙豐等英資財團均致力於部署其國際化策略，包括遷冊海外、加快海外投資步伐、撤離香港股市到海外上市等，而太古、香港電訊、嘉道理、英之傑等則通過將旗下公司上市、邀請有影響力的中資集團加盟等種種措施努力固守其在香港的核心業務，以應對未來局勢的轉變。因而，《香港英資財團（1841-1996）》出版後隨即受到市場的關注，其後更與《香港華資財團（1841-1996）》一道被三聯書店在國際書展上列為該出版社的年度"十大推薦書籍"。

　　光陰似箭，歲月飄去又來，轉眼之間，香港回歸中國已有 20 多個年頭。這一時期，隨著港英政府的落旗歸國，英資財團失去了其在香港曾經享有的種種直接的或間接的特權，其在香港經濟中的主導地位，也逐漸被已經崛起的華資財團所取代，並受到快速發展的中資公司的挑戰。不過，憑藉其在香港經營超過 170 年的深厚根基和廣闊的商業脈絡，這些英資財團仍然取得了矚目的進展。其中，滙豐打造出一個全球性的金融帝國，怡和則發展成為"亞洲中心的跨國集團"；而太古、嘉道理、渣打等都有不俗的發展，太古固守了其在香港航空業的版圖，其地產業務更是拿出了一份"靚麗"的成績單，嘉道理旗下的中電控股則發展成為亞洲首屈一指的電力巨頭。這種種的發展態勢，引起我持續的關注、跟蹤。在三聯書店的殷切邀請下，最終下定決心修訂《香港英資財團（1841-1996）》一書。

　　新修訂的《香港英資財團（1841-2019）》，全書共分九章，試圖從歷史和經濟相結合的視角，對香港英資和英資財團的發展、演變，作一個客觀、平實的概述和剖析。其中：第一、二章"奠定百年基業"和"向大陸擴張"，以鴉片貿易和鴉片戰爭為背景，概述香港開埠頭 100 年間英資洋行的崛起和發展的基本過程，及以怡和、滙豐、太古這三家歷史最悠久、實力最雄厚、影響最深遠的英資財團為主線，概述香港英資財團的崛起、發展及其歷史背景。第三、四章"雄踞香江"和"從巔峰滑落"，敘述英資財團走向鼎盛及從高峰滑落的歷程（僅從總體而言），分析其背後蘊藏的深刻的時代及經濟的原因。第五、六章"部署國際化戰略"和"穩守香港核心業務"，著重說明英資財團在過渡時期的種種策略性部署及其利弊得失，以及對香港經濟所產生的影響。

第七、八章 “回歸新發展：滙豐與怡和” 和 “回歸新發展：太古、嘉道理及其他”，重點考察香港回歸以來主要英資財團的投資策略及其新發展、新動態。第九章 “歷史的回顧與前瞻”，是全書的總結，在簡要回顧香港英資財團演變、發展的全過程之後，重點分析英資財團在香港經濟中的地位、作用與特點，並對其發展前景作出扼要的分析。

一部香港英資財團的歷史，實際在某種程度上就是香港近現代政治和經濟歷史的一輯極其生動的側影，從中反映了逾 170 年以來香港經濟所經歷的深刻變化、各種資本與財團勢力的激烈競爭和角力，以及中英兩國的國力在遠東地區的此消彼長，還有在新的歷史環境下香港面對的種種發展機遇和嚴峻挑戰。筆者希望藉此書將這種深刻的變化再現於讀者面前，從中了解香港經濟的發展歷史、發展脈搏、發展態勢以及發展規律，並從中得到一些歷史性和現實性的啟示。如果本書能對讀者有所裨益，筆者將深感欣慰。

在本書出版之際，筆者首先衷心感謝三聯書店前任總編輯趙斌先生，是他當年對筆者的信任，無條件地與筆者簽訂這一出版合約；感謝三聯書店副總編輯李安女士，是她當年耗費心血地編輯本書，使得本書能夠圖文並茂地出版面世；衷心感謝三聯書店前任總編輯侯明女士，是她多次誠意邀請，終於使筆者下定決心，在 20 年後再重新修訂此書；衷心感謝責任編輯鄭海檳先生和許正旺先生對本書的精心編輯和認真勘正。本書能夠順利完成，如期付梓，是與他們的大力支持、專業精神和辛勤努力分不開的。

同時，筆者還要深深感謝當年為本書的完成提供協助或資料圖片的香港大學香港歷史研究室、香港大學孔安道紀念圖書館館長尹耀全先生、廣東省中山圖書館特藏部副主任倪俊明先生、著名收藏家鄭寶鴻先生、香港史專家高添強先生、張順光先生、青洲英坭有限公司、中華電力有限公司、香港渣打銀行、英之傑太平洋、中信泰富有限公司、中國銀行、中國航空（香港）有限公司、港龍航空有限公司、《資本》雜誌、《文匯報》以及許多新相識的朋友的熱情幫助。沒有他們，本書的內容，特別是照片，不可能做到現在這個模樣。

由於筆者水平有限，其中定有不少疵誤和錯漏之處，懇請讀者批評、指正。

馮邦彥　謹識

1996 年 6 月

修訂於 2019 年 8 月

1

奠定百年基業

1840 年爆發的中英鴉片戰爭，導致近代香港的開埠及香港英資財團的誕生、崛起。早期香港的英資洋行，憑藉當時英國強大的國勢，從對中國進行的大規模鴉片貿易中牟取了驚人的利潤，完成了資本的原始積累。

　　隨著香港成為遠東著名的貿易轉口港，香港英資洋行迅速將投資的觸角伸向航運、倉儲、銀行、保險、地產、酒店及各項公用事業，並開始建立起逾 170 年的龐大基業。

01

英資洋行：販賣鴉片起家

香港英資財團的誕生、崛起，最早可追溯到 19 世紀上半葉英國東印度公司的對華鴉片貿易。當時，東西半球的兩個大國，正為其自身的經濟利益而在南中國緊張地對峙。

19 世紀上半葉，中英兩國的緊張對峙中，取攻勢的是英國，它早已完成了工業革命（1760-1840），並在帶有海盜掠奪性質的海外貿易以及爭奪殖民地的戰爭中迅速崛起，一躍而成為全球最強大的新興工業國家。在 19 世紀初，憑藉著強大的艦隊和制海權，英國不僅控制了西起好望角、東至遠東的廣大海域，而且征服了印度、加拿大、澳洲等大片殖民地，佔領了直布羅陀、馬爾他、錫蘭、檳榔嶼等重要戰略或商業據點。1819 年，英國在佔領了通往遠東的重要基地新加坡之後，即以印度為基地，將其擴張勢力，直逼中國這個幅員遼闊、人口眾多、物產豐富的古老國家。為了打開中國市場，英國東印度公司以及一批所謂 "自由商人"（Free Merchants）❶ 當時正對中國進行著大規模的、猖獗的鴉片貿易和鴉片走私活動。

取守勢的中國，剛經過了清王朝的 "康雍乾盛世"，從 18 世紀末開始進入了衰落期。1820 年道光皇帝即位後，由於連續的自然災害和鴉片輸入的不斷擴大，中國社會日益動蕩不安。清政府害怕外國勢力的侵入會加劇不穩的情勢，企圖以加強實施 "閉關鎖國" 的政策維持統治。當時，中國的對外貿易規限極嚴，對外通商口岸僅限於廣州一處，對外貿易亦規定由清政府特許的行商組成的 "公行" 壟斷進行。然而，日漸腐敗的官僚機構，並未能制止迅速擴大的鴉片貿易和鴉片走私活動。

» 鴉片戰爭前英國對華的鴉片貿易

事實上，英國對中國的鴉片貿易，早在 1773 年已由東印度公司展開。東印度公司的前身是倫敦東印度官商貿易公司，創辦於 1600 年，由英女王批准成立，旨在開闢印度和中國的貿易。1702 年它和英國東印度貿易公司合併，以後稱為東印度公司，並壟斷了英國對東方的貿易專利權。1715 年，東印度公司在廣州設立商館，正式開展對華貿易。初期，東印度公司的對華貿易，主要是向中國輸入英國的毛織品、鉛、錫、銅等金屬品，以及印度的棉花、檀香等產品；並將中國的茶葉、絲和瓷器等銷往英國。1760 年開始，英國正值工業革命之始，從農業和手工業經濟轉變到以工業和機器製造業為主的經濟，更是急需為大規模生產的工業品尋找市場。可是，由於中國自給自足的經濟模式對英國工業品的需求量微乎其微，而中國出產的茶、絲在英國的需求量卻日益增長，是以東印度公司的對華貿易長期處於逆差之中。1804 年以前，東印度公司每年都必須從歐洲將大量白銀輸入中國，以彌補對華貿易的逆差。為了改變這種情況，1773 年東印度公司確立鴉片專賣制度，首次從加爾各答向廣州輸入鴉片。他們發現，鴉片不但比工業品易於銷售，且利潤豐厚。自此，中英貿易形勢開始逆轉。

鴉片貿易的巨額利潤，刺激著貿易額的大幅增長，1773 年，外國輸入中國的鴉片僅 1,000 箱，到 1790 年已增加到 4,045 箱；其中，東印度公司佔絕大部份，打破了最早向中國輸入鴉片的葡萄牙人的壟斷，成為對華鴉片貿易的主角。1796 年，清政府宣佈禁煙，東印度公司為了顧全對華貿易，表面上停止鴉片貿易，實際上轉由它發給特許證的自由商人進行。這批自由商人以更積極的"進取態度"，通過走私、賄賂等違法手段，繼續向中國大量輸入鴉片。

在東印度公司和自由商人的全力推動下，對中國的鴉片輸入逐年遞增。據統計，1800 年輸入

鴉片戰爭前，停泊在廣州伶仃洋面的鴉片煙船。

鴉片為 4,570 箱，1822 年為 7,773 箱，1831 年為 16,550 箱，到 1834 年竟達 21,885 箱。❷
從 1773-1834 年東印度公司壟斷鴉片貿易的整個時期，輸入中國的鴉片從每年的 1,000
箱急增到逾 21,000 箱，60 年間增長近 21 倍。由於鴉片暢銷中國，英國對華貿易已從
逆差變為順差，中國白銀外流日趨嚴重。

　　1834 年 4 月 22 日，東印度公司對華貿易壟斷被英國政府正式廢除，使鴉片貿易
完全向英商開放，實際上開始了英、美鴉片販子向中國大規模販運鴉片的新時期，鴉
片貿易和鴉片走私不僅在數量上呈現驚人的增長，範圍還從澳門及廣州黃埔港外的伶
仃島擴展到廣州城外及東南沿海，一直到直隸和東北沿海一帶，煙毒迅速在中國泛濫
起來。

》 怡和、寶順、旗昌三大洋行

　　由鴉片販子們組成的私人公司或洋行，雖然在 1834 年東印度公司對華貿易壟斷
被廢除之後才嶄露頭角，但實際上在此之前他們已以自由商人的身份大肆活動，成為
東印度公司走私鴉片的主力軍。1834 年以前，這批英商已掌握了一半以上的中英貿
易。1834 年東印度公司從廣州退出後，販運鴉片的外資洋行立刻像雨後春筍般湧現，
1833-1837 年，英資洋行從 66 間增加到 156 間，美資洋行也增加了不少。這些洋行
中，最著名的是英資的怡和洋行、寶順洋行和美資的旗
昌洋行。

　　怡和洋行創辦於 1832 年，然而其歷史最遠可追溯到
1782 年的科克斯・賴德商號和 1824 年的麥尼克公司。怡
和洋行的正式名稱是渣甸・馬地臣公司（Jardine, Matheson
& Co.）。1906 年後改組為渣甸・馬地臣有限公司（Jardine,
Matheson & Co., Ltd.），是以其兩個創辦人威廉・渣甸和
詹姆士・馬地臣的名字命名的。"怡和"是它在廣州註冊
時所用的行號，取"快樂和諧"之意。

　　威廉・渣甸（William Jardine, 1784-1843），1784 年
2 月 24 日出生於蘇格蘭，早年畢業於英國愛丁堡的醫科

威廉・渣甸，怡和洋行的創
辦人之一。

學院，1802 年他離開英國前往印度，先後在東印度公司往來於加爾各答和廣州的商船 "布倫茲維克號" 和 "格拉頓號" 任隨船醫生。當時，東印度公司壟斷了英國對東方貿易。根據英國法律，破壞這種專利權的人將被處以絞刑。不過，東印度公司對職員訂有特別優待章程，允許每人每次夾帶私貨兩箱。渣甸眼見走私鴉片所牟取的暴利，自然不滿足於區區這種優待。1818 年，在東印度公司一名新進董事唐希爾（John Thornhill）同意擔任提名人後，渣甸脫離東印度公司，正式成為一名散商，開始了鴉片走私的生涯。在當年簽訂的一份協議書上這樣寫到："威廉・渣甸開始在孟買以自由商人的身份進行商業活動。"

他首先和曾任東印度公司醫生、已成為富商的老南海公司老闆托馬斯・威汀，以及孟買鴉片商加華治（Framjee Cowasjee）合夥，建造了一條 "薩拉號"（Sarah）商船，從事鴉片走私活動。很快，"薩拉號" 成為加爾各答至伶仃島快速航線上的一條著名的鴉片走私船。1822 年，渣甸在廣州以獨立商人的身份賣出 649 箱麻窪煙土，共賺取了 81.3 萬美元。1824 年，渣甸在廣州商界已頗有基礎，因而當廣州首屈一指的鴉片商麥尼克行（Charles Magniac & Co.）的老闆麥尼克生病時，渣甸便應邀接手相關業務，直至麥尼克的兄弟霍凌渥（Hollingworth Magniac）從倫敦趕來為止。麥尼克回倫敦不久後就去世了。不過，前來接手的霍凌渥無心經營，急於退休返回倫敦，因此，他物色了渣甸為公司的合夥人。1825 年，渣甸應邀加入麥尼克公司，負責管理該公司在廣州的業務。❸ 這對於渣甸是一個極好的機會，因為當時的形勢已漸趨明朗，東印度公司在中國的貿易壟斷已接近尾聲。

怡和洋行的另一個創辦人詹姆士・馬地臣（James Matheson, 1796-1878），1796 年出生於蘇格蘭，早年畢業於英國愛丁堡大學。馬地臣亦曾在東印度公司任職，1815 年取得自由商人的資格，並加入他叔父在加爾各答開設的公司。1818 年他離開叔父的公司前往廣州，開始從事鴉片走私活動。馬地臣最早不靠中國人居中仲介，是親自前往中國沿海

詹姆士・馬地臣，怡和洋行的創辦人之一。

從事鴉片交易的外國商人。1826 年，馬地臣結識了渣甸，兩年後亦加入了麥尼克公司，與渣甸合夥搞鴉片走私，生意越做越大。兩人不僅在廣州一帶銷售鴉片，還僱用德國傳教士沿海北上至渤海灣，走私販毒，積累了大量財富和資本。1830 年，渣甸在廣州致函英國友人，聲稱鴉片走私是"我所知道的最穩妥又最合乎紳士風格的投機"。他在信中說："在好的年頭，我估計每箱鴉片的毛利甚至可達一千銀元之多。"走私鴉片的生財之道，不僅在於販賣，他們同時操縱市場，投機買賣，一轉手間，即獲暴利。

1832 年 6 月 30 日，霍凌渥將家族生意處理完畢後，將麥尼克公司關閉。翌日，即 1832 年 7 月 1 日，渣甸和馬地臣在麥尼克公司的基礎上，在廣州創辦了怡和洋行。公司的主要合夥人還有渣甸的外甥安德魯·約翰斯頓和馬地臣的外甥亞歷山大·馬地臣。當時，公司的正式名稱是"渣甸·馬地臣公司"（Jardine, Matheson & Co.），"怡和洋行"的名字直到 1840 年才開始正式採用。❹ 怡和洋行在開張前，渣甸特意租了廣州十三行中的東生行義和館，每年租銀 6,500 元，為期三年，期滿再簽。怡和洋行對香港早年的發展具有舉足輕重的作用，有"未有香港，先有怡和"之稱，它也是首家在上海開設的歐洲公司和首家在日本成立的外國公司。

怡和洋行成立時，遠東的鴉片市場和運輸條件正發生深刻的變化：印度鴉片產量大增，價格下跌；而蒸汽輪船，尤其是鴉片飛剪船開始出現，使運到伶仃洋上的鴉片越來越多，鴉片商需要開拓廣州以外的市場。為應對環境的變化，怡和洋行決定租賃新建造的飛剪船"精靈號"（Sylph）遠征天津以北市場。1833 年 4 月 29 日，"精靈號"順利返航伶仃洋。這次首航，為怡和洋行帶回 25 萬多西班牙銀元的鴉片售貨款。1834 年東印度公司結束對華壟斷特權後，怡和洋行即取代東印度公司，成為英商對中國進行鴉片貿易的主角。就在東印度公司貿易壟斷權被廢除後的三個月內，怡和洋行運往廣州的貨物達 75 船，佔當時廣州對外貿易總額的三分之一。❺

這一時期，怡和洋行致力於打造一支往來於印度與中國、廣州與東部沿海城市之間的極具競爭力的飛剪船隊。當時，伶仃洋上的躉船，是常年停泊的"水上倉庫"與鴉片基地，儲存在躉船上的鴉片，由港腳船從印度遠道運來，再由飛剪船快運到沿海各埠。誰爭取到"速度"，誰就能在鴉片貿易中取勝。為此，怡和先後購買了"紅海盜號"（Red Rover）、"仙女號"（Fairy）、"楊上校號"（Colonel Young）、"馬葉斯夫人號"（Lady Mayes）、"芬得利總督號"（Governor Findlay）等共 12 艘飛剪船，頻密往來穿梭於加爾各答到廣州、以及廣州到東南沿海城市的航線上。其中，紅海盜號於 1829 年建造於印度，是模仿著名的戰時私掠船 —— 在美國巴爾的摩建造的飛剪船 "諾夏特王子號"（Prince de Neufchatel），該船在 1812 年拿破崙戰役期間曾劫掠不少商船。紅海盜號最初由寶順洋行代理，1836 年由怡和購入全部股權。到 1837 年，怡和洋行已擁有資本 261.3 萬西班牙銀元，其中大部份投資於船隊和鴉片等貨物上，成為遠東最大的鴉片貿易商。

寶順洋行，又名顛地洋行（Dent & Co.），是僅次於怡和洋行並可以與怡和洋行相較量的另一家著名的鴉片走私商。洋行老闆顛地在廣州是與渣甸齊名的兩大鴉片走私販之一。寶順洋行的歷史，可追溯到 1807 年東印度公司代理人喬治·巴林（George Baring）在廣州開設的巴林洋行（Baring & Co.）。當時，該洋行的主要業務是為孟加拉的商人代理包括鴉片在內的生意。後來，由於兩個合夥人莫隆奈和羅伯茨的加入，公司改名為巴林·莫隆奈·羅伯茨洋行（Baring Moloney & Robart Co.）。1808 年，東印度公司董事會發出通知，禁令公司職員充當鴉片買賣的代理人，由於巴林、莫隆奈和羅伯茨等人均為東印度公司職員，因而被禁止經營鴉片業務。為此，他們邀請蘇格蘭人大衛蓀加入洋行，由他以葡萄牙人的身份繼續從事洋行的鴉片生意。

1813 年，東印度公司進一步嚴令禁止其職員充當任何印度商品的代理人，因而巴林·莫隆奈·羅伯茨洋行的業務全部轉由大衛蓀經營，洋行則改名為大衛蓀洋行（Davidson & Co.）。1823 年，英國人湯瑪斯·顛地（Thomas Dent）以撒丁（Sardinian）領事的身份來到廣州，並以合夥人的身份加入大衛蓀洋行。1824 年，大衛蓀離開中國，該洋行改名為顛地洋行（Dent & Co.）。1826 年，英國人蘭斯祿·顛地（Lancelot Dent）來到廣州，加入顛地洋行。1831 年，湯瑪斯·顛地離開寶順洋行，蘭斯祿·顛地成為寶順洋行的主要負責人。

1839 年，清欽差大臣林則徐到廣州查禁鴉片時，蘭斯祿·顛地與怡和洋行老闆渣甸都是廣東著名的鴉片商。當時，林則徐下令捉拿顛地，希望以此殺雞儆猴，勸外國鴉片商交出鴉片。鴉片戰爭後，顛地獲得很大的利益，佔據了上海港及周圍 100 里範圍內的幾乎所有土地。1840 年代，比爾（T. C. Beale）加入顛地洋行成為合夥人，顛地洋行稱為顛地比爾洋行（Dent, Beale & Co.）。1857 年比爾過世後，又恢復成為顛地洋行（Dent & Co.）。顛地洋行的中文名稱"寶順洋行"，取"寶貴和順"之意。洋行亦擁有一支鴉片走私船隊，其中著名的走私快船有"水妖號"、"伊芒號"、"韋德·戴雷爾號"等等。

美資旗昌洋行（Russell & Co.），是當時廣州僅次於怡和洋行、寶順洋行的第三大鴉片走鴉公司。旗昌洋行的前身是羅素洋行（Samuel Russell & Co.），又稱賴素洋行，賴素是粵語中對羅素的稱呼。公司創辦於 1818 年，創辦人為美國商人沙莫爾·羅素（Samuel Russell）。當時，公司的資本為兩萬美元，由三家公司共同出資。在此之前，其中一家公司卡靈頓公司（Edward Carrington & Co.）已經在廣州經營了多年，卡靈頓還曾擔任過美國駐廣州領事，與當時美國在廣州最大的代理行普金斯洋行大班顧盛過往甚密。早年主要從事廣州至波士頓之間的跨國貿易。羅素洋行主要經營茶葉、生絲和鴉片等生意，主要交易夥伴是廣州十三行富商伍秉鑑（1769-1843）。

1820 年代初，美國經濟迎來了蕭條期，許多在亞洲的商行被迫倒閉、破產，羅素洋行也失去了兩家發起人公司，但仍然堅持下來。羅素吸收了幾個新合夥人加盟。1824 年 1 月 1 日，羅素洋行在廣州改組為旗昌洋行（Russell & Co.），羅素洋行也被稱為老旗昌洋行。旗昌洋行初期以經營鴉片為主，第一艘專用鴉片走私的船舶"安格那"號就是由該行製造。1827 年，旗昌洋行成為美國在華最大的鴉片商。除鴉片貿易外，旗昌洋行還代理歐美公司在中國推銷商品，採辦絲茶等。1829 年，旗昌洋行與普金斯洋行合併，普金斯洋行代理著實力雄厚的波士頓商業集團的海外貿易，這使旗昌洋行的業務得以迅速發展。

1830 年，小沃倫·德拉諾（Warren Delano, Jr.），即弗蘭克林·羅斯福總統的外祖父，成為旗昌洋行的高級合夥人。1839 年，股東庫里治退出旗昌洋行，並成立了瓊記洋行（Augustine Heard & Co.），成為旗昌洋行的對手。不過，旗昌洋行很快便填補了這塊缺失的部份。1840 年 1 月，旗昌洋行趁英資商行退出廣州之機兼併了英資賴素·斯特吉斯洋行（Russell Sturgis & Co.），成為在華第二大外資商行，僅次於怡和洋行。鴉片戰爭後，旗昌洋行勢力滲入了到各通商口岸，早期美國駐各商埠領事幾乎全是旗昌洋行的股東。其中，駐上海領事金能亨在 1862 年首倡合併英美租界，成為上海公共租界第一屆董事。

1845 年，公司主要合夥人之一約翰·默里·福布斯（John Murray Forbes）撤出中國，回美國興建中西部橫貫鐵路。1846 年，旗昌洋行將總部從廣州遷往上海，公司的經營範圍也逐步由鴉片走私擴大到進出口貿易，並建立了航運公司、倉庫、碼頭，以至開辦機器繅絲和焙茶廠，成為 19 世紀最大的在華美資企業。這一時期是旗昌洋行最為鼎盛的時期，甚至被稱為 "旗昌時代"，主導了美國在華的外交和商務。旗昌洋行將總部遷往上海外灘 9 號。1853 年，由於戰亂，廣州和上海到茶葉產地的道路受阻，旗昌洋行直接去武夷山收購茶葉，循閩江運至福州，實際上成為福州口岸的開闢者。當時，旗昌洋行擁有許多由美國特製的鴉片走私快船，進行武裝走私，著名的有 "玫瑰號"、"氣精號"、"西風號"、"妖女號" 以及 "羚羊號" 等。

》 清政府派林則徐往廣東禁煙

儘管怡和洋行、寶順洋行等英商的鴉片生意越做越大，但渣甸、馬地臣、顛地等英商仍不滿意，他們認為應進一步打開中國市場的大門。早在 1830 年，在廣州的 47 名英商就曾聯名向英國國會致函，要求對中國採取強硬政策，並建議派兵佔領中國沿海島嶼，以擴大對華貿易。該函件就是由馬地臣起草的。

1834 年 7 月，英國外交部在接管東印度公司對華貿易事務後，即派遣上議院議員兼海軍高級軍官律勞卑（W. J. Napier）來中國擔任英國駐華首任商務監督。當律勞卑啟程來華上任時，英國政府給他發出訓令，明確指示他要設法擴張英國在華勢力，並要求他在中國沿海選定一些地方，以便一旦爆發戰爭時，英國海軍可以立刻予以佔領。律勞卑到達廣州後，即支持渣甸的倡議，將廣州的英商組成 "貿易事務會館"，即廣州英國商會，馬地臣出任商會首任主席。當時，律勞卑不按中國制度監理貿易，有意挑釁。兩廣總督盧坤曾下令封艙，以停止中英貿易予以抵制。律勞卑即率領兩艘英艦，炮轟虎門炮台，闖入珠江，進行威脅。同年 12 月，廣州英國商會為此事向英女王請願，請求英國政府派出軍艦保護，封鎖中國沿海，強迫清政府接受自由通商要求，結束廣州的中國行商的壟斷，並開放中國北方各省口岸。事態的發展顯示，自東印度公司對華貿易壟斷被廢除之後，英國的對華政策已轉趨急進和強硬，並已準備用武力打開中國的大門。

律勞卑的威脅並未成功，被迫退至澳門，不久病死。稍後，馬地臣陪送律勞卑遺孀回國。在倫敦期間，馬地臣會見了英國外交大臣威靈頓公爵，向其陳述英商的侵華要求。1836 年，馬地臣在倫敦出版《對華貿易的現狀和展望》一書，竭力鼓吹英國應對華採取 "前進政策"，他建議佔領香港，作為 "英國和著名的蘇格蘭自由貿易者的代管領地"。❻ 在他的鼓動下，曼徹斯特商會、利物浦商會、格拉斯哥商會都先後向英國外交部請願，要求 "加強對華貿易的保護"。

大規模的、猖獗的鴉片走私，令輸入中國的鴉片數量呈驚人增長，到 1838 年已超過 4 萬箱，比 1834 年再大幅增加 1 倍。鴉片輸入的激增引起白銀的大量外流，這一時期，廣州平均每年外流的白銀已達到 3,000 萬両，其他如福建、浙江、山東、天津各地口岸白銀外流的總數亦達數千萬両。白銀外流造成了銀貴錢賤的局面，不但嚴重影響了中國人民的生活，而且也影響到清政府的財政收入，引發了嚴重的社會危機。在全國要求禁煙的呼聲日益高漲的情況下，清政府感到問題嚴重，終於下決心嚴禁鴉片。

1838 年 12 月，清政府派湖廣總督林則徐為欽差大臣，節制廣東水師，到廣州查禁鴉片。林則徐是堅決主張禁煙的 "抵抗派"，他任湖廣總督時，短期內在武昌、漢陽查獲煙土 1.2 萬両，在湖北、湖南兩省繳獲煙槍五千五百多支，聲勢赫然。林則徐到廣州後，即雷厲風行展開禁煙，他命令外商交出全部鴉片，具結保證，以後來船永不夾帶鴉片，否則一經查出，"貨盡沒官，人即正法"。林則徐對渣甸、顛地兩大鴉片煙販尤深惡痛絕，他指渣甸 "盤踞粵省夷館，歷二十年之久，渾號鐵頭老鼠，與漢奸積慣串通，鴉片之到處流行，實以該夷為禍首"；又指顛地為 "著名販賣鴉片之奸夷"，"遞年逼留省城，凡紋銀出洋，煙土入口，多半往其過付"。林則徐下令拘捕顛地，渣甸自知在中國難以立足，遂將洋行事務交給馬地臣，自己離華回國。

林則徐的禁煙，初始遭到英商的抵抗，英國駐華商務監督義律（C. Elliot）自澳門趕到廣州，親自庇護顛地。林則徐遂下令封艙，派兵監守洋館，斷絕洋館與停泊在伶仃洋面的鴉片躉船的來往。義律無法可施，只好命令英商交出鴉片，並保證以後由英國政府賠償全部煙價。馬地臣積極支持義律，他告知回到倫敦的渣甸說："這是一項遠大和具有政治家風度的措施，特別是中國人已掉進了要向英國政府直接負責的圈套。”是次鴉片禁煙,林則徐共收繳了英、美商人交出的鴉片 21,306 箱。其中,怡和洋行繳出 7,000 箱,佔第一位;寶順洋行繳出 1,700 箱,佔第二位;旗昌洋行繳出 1,540 箱,佔第三位。三大鴉片走私洋行共繳出鴉片 10,240 箱,佔總數的一半。❼ 1839 年 6 月,林則徐在虎門親自主持銷煙,令外國鴉片販子大為震驚。

英商不甘放棄鴉片貿易的利益,遂積極鼓動英國政府蓄意挑起戰爭。渣甸回國後,即透過怡和洋行在倫敦的代理人、下議院議員史密斯,謁見英國首相巴麥尊,力陳對中國發動侵略戰爭,迫訂商約,增開通商口岸。他根據帶去的地圖和情報資料,詳盡回答了巴麥尊詢問的問題,並提出具體對華作戰的方案建議。1842 年《南京條約》締結後,巴麥尊曾致信史密斯說:“基本上是借助於你和渣甸先生,那麼慷慨地給我們提供有幫助的情報,我們才能夠就中國那邊海陸軍的外交國事發出那麼詳細的訓令,從而獲得如此滿意的結果的。”❽ 當時,渣甸成了“倫敦侵華集團核心中的核心人物”。❾

而馬地臣則從廣州商館撤退至怡和洋行的大號煙船上,來往於香港、澳門之間,親自指揮沿海的武裝走私鴉片活動。有一艘怡和洋行的走私煙船,在南澳附近抗拒中國船艇的檢查,戰鬥了 4 小時,走私船終被焚毀。馬地臣還派人去馬尼拉,設法把運銷馬尼拉的煙土轉口來華。他又聯同其他國家的商販,代理怡和洋行在廣州做非法貿易。怡和的船隻,改掛丹麥、瑞典或普魯士的國旗,依然進出黃埔港。當時,印度鴉片市場受到廣州禁煙運動的打擊,每箱售價跌至 200 元,怡和洋行一面在廣州繳煙,一面繼續以低價在印度補進鴉片,後來這批鴉片陸續運到中國,以每箱 800 元的高價出售。

》鴉片戰爭爆發與香港割讓

1840 年 6 月,英國政府決定發動對華侵略戰爭,任命海軍少將懿律(G. Elliot)和義律為正副全權代表,率領東方遠征軍從印度前往中國。這支遠征軍由 48 艘船艦組成,包括 16 艘軍艦和 4,000 名陸海軍士。懿律依照英國政府的命令,避免在廣東作戰,在封鎖珠江口之後,即率軍北犯,沿途攻陷廈門、定海,直達海河口,直接對北京造成威脅。面對嚴峻的軍事形勢，清政府大為恐慌，投降派乘機大肆活動，對道光皇帝施加影響。道光皇帝遂將林則徐革職，改派投降派、直隸總督琦善為欽差大臣到廣州與英軍交涉。

1841 年 1 月 20 日，義律發佈了一項 "給女王陛下臣民的通知"，聲稱已與琦善簽訂《穿鼻條約》，將香港割讓予英國並賠款 600 萬元。惟此條約未經清帝同意，且琦善上奏時不過懇准 "其就粵東外洋之香港地方泊舟寄居"，並無割讓香港之意。另一方面，英國政府對這項 "草約" 極為不滿，認為義律從中國攫取的利益太少，決定推翻，解除義律在華一切職務，改派侵略印度有功、為英國政府所賞識的砵甸乍（H. Pottinger）為侵華全權代表。當時，渣甸已當選國會議員，在砵甸乍啟程來華之前，渣甸和他密談了三次，並寫信告訴馬地臣："談得非常滿意。"

砵甸乍到中國後，率領大批船艦及士兵再次發動大規模進攻，在不到一年的時間內，先後攻陷廈門、定海、鎮海、寧波、餘姚、慈谿、奉化、乍浦、吳淞、上海，並進攻長江，直達南京江面。1842 年 8 月 29 日，在英國強大軍事壓力下，清政府被迫與英國簽訂中國近代史上第一個不平等條約 ——《江寧條約》（即《南京條約》）。《南京條約》涉及的內容極為廣泛，包括賠償鉅款 2,100 萬兩白銀；開放上海、寧波、廈門、福州和廣州五口通商；協定關稅；領事裁判權；片面最惠國待遇等。其中，最重要的條款，是割讓香港島予英國，規定中國 "准予香港一島給予大英國君主暨嗣後世襲主位者，常遠據守主管，任便立法治理"。

不過，英國政府並不滿足於只佔領香港島。1856 年 10 月，英國藉口所謂 "亞羅號" 事件 [10]，組成英法聯軍發動第二次鴉片戰爭。1860 年 10 月 24 日，英國強迫清政府簽訂《北京條約》，將界限街以南的九龍半島割讓給英國，並進一步開放沿海及長江流域通商口岸。1894 年中日甲午戰爭後，西方列強在中國掀起劃分勢力範圍狂潮，1898 年 6 月 9 日，英國政府再次強迫清政府簽訂《展拓香港界址專條》，強行租借深圳河以南、界限街以北的九龍半島及附近二百多個島嶼，即後來被稱為 "新界" 的地區，租借期為 99 年，到 1997 年 6 月 30 日屆滿。

在英商洋行的竭力鼓動下，英國政府終於用堅船利炮打開了中國的通商大門，並侵佔了香港，從而揭開了英資財團在香港逾 170 年歷史的序幕。

02

香港早期的英資洋行

香港位處中國東南沿海，包括香港島、九龍半島、新界及附近 230 多個大小島嶼，陸地總面積為 1,072 平方公里。

香港島是香港地區最重要的島嶼，面積約 75.6 平方公里。島上山多地少，地勢陡峻，連綿的山巒有的高達 600-900 米。香港地處亞熱帶季風區，春季陰雨連綿，沿海岸濃霧瀰漫，夏季炎熱潮濕，常遭暴風雨和颱風的襲擊，致使山泥傾瀉，房屋倒塌。和廣州比較，香港的自然條件對英、美商人並沒太大的吸引力，直至鴉片戰爭前夕，這個小島仍未引起人們的注意。

然而，香港確有其得天獨厚的地理環境。香港地處廣東珠江口東側，瀕臨南中國海和西太平洋，是中國南方的重要門戶。它位居亞洲太平洋的要衝，處在日本和東南亞諸國的航運要道上。最具戰略和商業價值的是，香港島和九龍半島環抱的維多利亞海港，港闊水深，海港面積達 60 平方公里，最闊處近 10 公里，最窄處 1.6 公里，水深 9-16 米，港內可同時停泊 150 艘遠洋輪船，吃水 12 米的遠洋巨輪可自由進出。港外有天然屏障，港內風平浪

鴉片戰爭期間，中英兩國戰船在海面交戰的情形。

靜，是與舊金山、里約熱內盧齊名的世界三大天然良港之一。這種優越的地理條件，使它在開埠後的一百多年間，從對華鴉片走私基地發展為亞太區的重要貿易運輸樞紐和轉口港。

》英國侵佔香港與香港開埠

最早進入香港區的英國船隻，大概可追溯至 1683 年從澳門航行到大嶼山一帶，並在該處停留了兩個月的東印度公司所屬商船 "卡羅利那號"（Carolina）。1741 年英艦 "流浪號" 曾進入中國海面窺探，據說於鴨脷洲停泊維修。此時距英國佔領香港，尚有一個世紀。及至 18 世紀末，英國政府派出馬戛爾尼使團訪華，要求與清政府建立正式關係，但無功而還。使團回程時，部份船隻曾到大嶼山一帶勘查，搜集情報，並對當地留下極詳細的紀錄。1816 年第二次阿美士德使團來華失敗後，使團曾提出報告，認為香港是世界上無與倫比的良港。❶❶

1834 年律勞卑來華，他立刻看出了香港的重要戰略和商業價值，提出佔領香港的建議。當時，英國首相麥巴尊和怡和洋行的渣甸均主張佔領舟山。不過，渣甸亦表示：如果認為 "我們必須佔有一個島嶼或是佔有一個臨近廣州的海港" 的話，那麼香港最為適宜，因為 "香港擁有非常安全廣闊的停泊港，給水充足，並且易於防守"。❶❷ 事實上，在林則徐廣州禁煙期間，原停泊在伶仃洋面的大部份鴉片躉船均已轉移到香港區域海面。佔領香港，無疑為英國在中國的擴張以及英商對華鴉片貿易奪得了一個最有利的據點。

1841 年 1 月 25 日，就在義律單方面宣佈已與清政府達成《穿鼻條約》的數天後，英國駐華商務監督義律率領的東方遠征軍就迫不及待地強行侵佔香港島，並舉行了隆重的升旗儀式。怡和洋行的馬地臣出席了該儀式。登陸的地點就是香港島上環水坑口街附近的 "大笪地"，水坑口街的英文名是 Possession Street，即佔領街。同年 6 月 7 日，義律代表香港殖民當局宣佈將香港開闢為自由港，允許船隻自由出入，香港正式開埠。

» 香港首次土地拍賣與怡和經營東角

在英軍堅船利炮的保護下，廣州、澳門一批與鴉片走私密切相關的英資洋行相繼進入香港，搶先在香港島北岸從銅鑼灣到中環地段建立據點。原先停泊在伶仃洋海面的鴉片躉船也紛紛開進維多利亞海港。一時間，這個偏僻的漁村開始熱鬧起來。當時，部份財雄勢大的英資洋行搶佔港島沿海地段，如怡和洋行很快在海岸邊搭建起一座大型的草屋作為倉庫，並派了一名經理睡在怡和停泊在港邊的接貨船 "伍德將軍號" （General Wood）上。當時，把鴉片等貨物存放在船上比存放在陸地上要安全。[13] 有的洋商向港島原居民收購合適的地皮作為立足點。[14] 但這些土地的擁有和買賣都沒有徵得殖民當局的同意，也沒有經過適當的註冊程序以使購買者確認所有權。[15] 為了制止這種混亂情況，使土地分配循合理和有序的程序進行，1841 年 5 月 1 日，義律代表香港殖民當局首次公佈土地拍賣原則，即按照英國土地制度實行公開招標拍賣，價高者得。[16]

1841 年 6 月 14 日，義律代表香港殖民當局首次拍賣香港沿海土地，他在港島北岸劃出 35 幅地段公開拍賣，每幅地段約佔有 100 呎海岸，面積則因海岸線與皇后大道的距離而各不相等，每幅土地均以底價 10 英鎊開投。結果，競投激烈，除一幅土地外，其餘 34 幅土地全部成功出售，最低價為 20 英鎊，最高價為 265 英鎊，平均每幅地段價值 71 英鎊，香港殖民當局從中共獲得收益 3,272.1 英鎊。[17] 中標者包括 25 家洋行，絕大部份是英資洋行；其中，"顛地洋行奪得了臨水又當街的最佳地皮，怡和洋行打算買一塊更大的地皮，可這塊地皮被政府強行獲得。作為補償，怡和洋行在（銅鑼灣）東角附近獲得一塊土地"。[18] 根據當日的規定，"投得公地者必須在 6 個月內，在這塊地皮上興建房屋或其他建築物，費用不得少於 222 英鎊或 1,000 銀元"。

在第一批投得土地的英商中，只有怡和洋行至今仍擁有原來的（大部份）土地並不斷發展。怡和洋行的馬地臣透過代理人，以 565 英鎊的價格投得銅鑼灣上稱為 "東角"（East Point）的 3 幅土地，面積共 57,150 平方呎。怡和洋行在這裡修築起第一批房屋，作為洋行的辦事處。開始，辦事處由英國軍隊保護。該地段包括今日的東角道、怡和街、渣甸坊一帶，怡和洋行將它稱為 "馬地臣角"。東角對出海面，即現在銅鑼灣遊艇會一帶，是理想的輪船停泊地點。後來，怡和洋行的職員們希望以一種特殊的方式為即將離開的洋行大班送行，當船起航後，他們把安放在東角的大炮點燃，鳴炮 21 響。這種禮炮引起海軍當局的煩惱，於是命令怡和"在另行通知以前，只准在正午放一炮"，以示懲戒。結果，這一慣例一直持續到太平洋戰爭爆發。在日佔時期，日本人將大炮拆卸。不過，日本投降後，英國皇家海軍又贈送了一門新禮炮，使此慣例一直延續。❶⑨

怡和洋行取得東角後，即大興土木，建築起第一批的磚石結構的房屋、倉庫，作為洋行的香港辦事處。當初，這塊殖民地是由一些臨時搭建的蓆棚和木板房組成，怡和洋行建造了第一棟高大端莊的樓房，鴉片倉庫就在樓下，洋行大班就住在樓上。由於當時島上症疾和瘟疫流行，氣候濕熱，怡和洋行又在山頂修建了大班的夏季別墅。此外，怡和在東角建造了香港第一個深水碼頭，以供該行裝卸貨物之用。為了盡快獲悉來自倫敦和印度方面的信息，怡和在山頂建築了一座瞭望台，命名為"渣甸瞭望台"。當守望者從瞭望台最先看見從倫敦或印度駛來的怡和快船的桅杆在茫茫大海中出現時，便立即通知辦事處派出一艘快船去接取郵件，然後火速送回辦事處。在無線電訊業尚未誕生的那個時代，怡和洋行憑藉這個瞭望台，最先掌握歐洲市場的情報和信息，以便在貿易中牟取最大利潤。

1844 年，怡和洋行將總部從澳門遷至香港東角，並僱用了 12 名武裝人員守衛總部。其時，馬地臣已退休回國，而威廉‧渣甸亦更早於 1838 年已回國。據蘇格蘭歷史學家湯姆‧迪瓦恩（Tom Devine）爵士的估計，渣甸和馬地臣兩人先後返回英國時共帶回了約 32 萬英鎊，這在當時確實是一批巨額的款項。❷⓪ 渣甸回國後，成為麥尼克‧史密斯公司的合夥人，兩年後他買進史密斯家族的股權後，公司改名為麥尼克‧渣甸公司，這成為日後怡和洋行的倫敦聯號。1843 年 2 月 27 日，渣甸病逝，享年 59歲。後來，怡和逐漸專由凱瑟克家族掌權，這是後話。馬地臣於 1842 年回國，並從1843 年起一直出任英國下議院議員，直至 1878 年病逝，享年 82 歲。兩位創辦人相繼回國後，怡和大班的職位，由馬地臣的外甥亞歷山大‧馬地臣（Alexander Matheson）接任。為了解決香港和廣州的交通問題，怡和洋行和香港的九家洋行組成了一支快艇隊，定期來往於省港之間，運送郵件、旅客。

香港開埠初期怡和洋行在東角的建築物

1870 年的銅鑼灣東角。煙囱所在地原為香港鑄幣廠，後改為煉糖廠。東角背靠的小山丘為鵝頭山，又名東角山，怡和大班的“渣甸花園”即在其上。

1950 年代怡和在銅鑼灣東角的禮炮。香港開埠初期，怡和於每天正午 12 時鳴炮一響，讓海港的快艇校對時間，後成為一種傳統儀式。

怡和洋行的商標。這是蘇格蘭的國花 —— 薊花。

東角在怡和洋行的經營下，日漸繁榮，不但商店林立，而且出現了西式工廠。首家在東角出現的工廠是香港政府鑄幣廠，不過該廠於 1868 年因虧損過巨而結束，改建為糖廠，這也就是銅鑼灣糖街名稱的來源。糖廠建在東角，地是向怡和租的，廠房機器也是向怡和貸款購買的。不過，糖廠亦不成功，因為煉糖廠用的是動物煤炭，燃燒時發出刺鼻的臭味，而且印度人也不願買用動物煤炭煉出來的糖。由於糖廠無利可圖，不久亦告結束。

雖然怡和洋行在東角自成一國，形勢理想，但它卻遠離市區，交通不便。其實，怡和最初也在中區投得一幅土地，建造了一座倉庫，只是後來被香港政府收回，只餘下東角，便在那裡發展。1873 年，怡和洋行在中區另建新廈作為辦事處，地址就在皇后大道中 7 號，毗鄰為滙豐銀行總行。當時，怡和中區辦事處和東角總部的通訊，已可依靠電報聯繫。到 19 世紀 80 年代，怡和洋行將皇后大道中 7 號售予英商保羅・遮打和沙遜，並在中區畢打街前寶順洋行總部對面購置新廈（即現會德豐大廈舊址），作為洋行的總部。這一時期，怡和洋行的大班由威廉・凱瑟克（William Keswick）出任，他是威廉・渣甸的侄女瑪格麗特・渣甸和莊園主托馬斯・凱瑟克之子。自此，凱瑟克家族進入怡和洋行，並逐漸取代渣甸和馬地臣家族的位置。

» 開埠初期的英資洋行與鴉片貿易

就在怡和洋行進入香港的同時，一批英資洋行也先後在香港開設辦事處，著名的有寶順洋行、林賽洋行、丹拿洋行、巴侖治洋行等。到 1843 年底，香港的英資洋行已增加到 20 多家、其中規模較大的有 12 家，另外還有 6 家印度商行和來自新南威爾士的一批商人。不過，香港開埠初期的經濟發展並非一帆風順，洋行的業務並不理想。當時，《南京條約》簽訂後，五口通商口岸之一的上海得長江之利，腹地廣闊，已躍居為全國最大的商港，香港的商業地位受到威脅，許多洋行都轉到上海發展。

1845 年 8 月，香港 31 家英商曾聯名上書英國殖民地大臣，痛陳五口通商後香港

1860 年代中的中區畢打街。右邊建築物為怡和在中區的辦事處，左邊則是寶順洋行的總部。

1918 年的怡和大廈。1880 年代以後，怡和洋行的總部所在地。

地位的衰落，他們指出：“香港已無商可營，島上只可供作香港政府及其官員駐華之地，並收養一批身無長物的貧民而已。”1846 年 4 月 6 日英國《泰晤士報》報道：“香港的商業地位已大為降落，今年以來，已有兩家老商行結束，兩家決定遷出香港，又有兩家考慮步其後塵，僅留一名書記，處理貨運或郵件。”1847 年 5 月 4 日，已退休回國的怡和洋行創辦人馬地臣對英國下議院說：“要不是在殖民地初期投下了巨資，建築了民房堆棧，如今又捨不得拋棄那些物業的話，全體英商都要把香港放棄了。”當時，香港政府庫務司馬田在其報告書中，甚至形容香港乃一全無前途之地，主張放棄香港。❷

　　五口通商後，香港的經濟確實受到影響，貿易額也大幅下降；但是，香港作為新開闢的商港，憑藉得天獨厚的地理條件，仍在繼續發展。19 世紀 50 年代，有兩個事件對香港經濟發揮了積極影響：首先是 1847 年和 1851 年美國加利福尼亞和澳洲先後發現金礦，掀起了淘金熱潮，大批中國勞工經香港遠赴美、澳當苦力，極大地刺激了香港苦力貿易的興起，活躍了香港的經濟；其次是 1851 年洪秀全從廣西發動的太平天國運動，迅速席捲了大半個中國，上海及長江流域的商業活動備受影響，一批資金和勞力從動蕩地區流入香港，香港的對華貿易商港地位再度凸顯。

　　到 19 世紀 60 年代，香港經濟已有了初步的繁榮，洋行的數量迅速增加，規模也愈來愈大。這一時期，香港著名的英資洋行主要有：怡和洋行、寶順洋行、太平洋行、沙遜洋行、德忌利士洋行、蘊乇洋行、搬鳥洋行、林賽洋行、丹拿洋行、連卡佛洋行、仁記洋行、麥域加洋行等等。其中，太平洋行已崛起為怡和、寶順的主要競爭對手，其創辦人理查·詹姆斯·吉爾門原是寶順洋行在中國的茶葉品嚐員，後來他自設公司，經營茶葉、生絲、棉紡織品，業務發展迅速；沙遜洋行來自伊拉克猶太族的沙遜家族，與孟買有著極為密切的聯繫，1844 年沙遜家族的業務由孟買擴展到廣州、香港和上海，經營紡織品、棉紗和鴉片進口，業務量巨大；德忌利士洋行經營的德忌利士輪船公司和蘊乇洋行經營的省港快輪公司，是當時華南航運業的佼佼者。除上述洋行外，著名的洋行還有美資的旗昌洋行和瓊記洋行，德國資本的禪臣洋行以及丹麥的畢洋行。

　　不過，60 年代香港洋行的發展亦有重大挫折，其中最主要的事件就是寶順洋行

1870 年代的中區海傍。左起：怡和洋行（1932 年創辦）、亨特洋行（1859 年創辦）、連卡佛公司（1850 年創辦）、於仁保險公司（1841 年創辦）及德忌利士洋行（1871 年創辦）。

的倒閉。1860 年以後，遠東的貿易形勢發生重要變化：一是在中國，鴉片（所謂 "洋藥"）的銷售與種植正式合法化，每箱固定抽稅 30 両，這意味著新的競爭形式出現，中國土產煙土將與印度鴉片競爭；二是交通的變革，輪船全面取代帆船，使得怡和與寶順的飛剪船變得無足輕重，外商全都在 "立足點的平等" 上進行貿易。在新的形勢下，原來影響力有限的沙遜洋行迅速崛起，對怡和、寶順的鴉片貿易形成衝擊。怡和很快轉型到與此相關的服務業上，而寶順洋行則沒有那麼幸運。1866 年，印度發生棉業風潮，不少洋行和銀行因而破產、倒閉；其中，受到奧弗倫‧格尼銀行（Overend & Gurney Bank）破產的拖累，1867 年著名的寶順洋行宣告倒閉，成為當時香港經濟中的重大事件。寶順洋行破產時負債 500 萬港元。

踏入 70 年代，另一家最重要的英資洋行 —— 太古洋行進入香港。太古洋行於 1866 年 11 月 28 日在上海創辦，1867 年 1 月 1 日正式營業。創辦人施懷雅對船運特別感興趣，為了把整箱黑啤以較低價格運往澳洲和新西蘭，他特別留心霍爾特（Holt）兄弟以利物浦為中心所經營的海洋輪船公司，即藍煙囪輪船公司，他說服對方和大英輪船公司競爭，開闢遠東航線。三年後，即 1870 年，太古洋行進入香港，在香港註冊設立分公司 —— Butterfield & Swire (Hong Kong) Co.。初期，太古洋行的主要業務是代理藍煙囪輪船公司的客、貨運業務，並經營一些雜貨生意，如從中國運出南北雜貨，從英國輸入洋貨、布匹等。其後，太古洋行的業務發展到航運、船舶修建、製糖、製漆及保險等多個領域，成為與怡和洋行並駕齊驅的英資大行。

香港早期的英資洋行，其主要業務是經營鴉片、洋貨、茶葉、絲綢等貨品的轉口貿易，其中以鴉片貿易最形重要。鴉片戰爭後，香港取代了早期的伶仃島成為洋行走私鴉片的大本營，英資洋行把鴉片從印度販運到香港，囤積在香港的鴉片躉船上，然後再分銷到中國沿海各口岸，像怡和洋行 700 噸的 "霍爾曼‧羅曼洛號" 和寶順洋行的 "約翰‧巴里號" 就終年停泊在維多利亞海港。後來發現將鴉片貯存在香港島上比存放在海港躉船上更加安全，且可節省人力物力，兩家洋行便轉而將鴉片存放在港島上。一些小商行為了避免因不能按期卸貨需要繳納過期費，也把鴉片轉存在香港島上。香港島實際上成為不沉的鴉片躉船。❷❷

　　鴉片貿易在早期香港洋行業務中的地位，從下列事實已充份反映：1845 年，香港政府年度工作報告承認鴉片是它出口的主要貨物。根據 1845 年的估計，過去幾年的鴉片進口值每年約在 2,500-3,000 萬元之間，而這一年中國的逆差可能已達到 200 萬英鎊。當年 11 月，香港殖民當局審計總監向香港總督報告，共有 80 艘飛剪船出入香港從事鴉片運輸，其中 19 艘是以怡和洋行的名義註冊的。❷❸ 當時，怡和洋行的信件中經常有這樣的描述："今年在中國將是難忘的一年，因為貿易一直不景氣，只有鴉片是唯一的例外。" ❷❹ 據統計，1847 年，香港出口總值為 226,130 英鎊，其中鴉片值195,625 英鎊，佔 86.5%。1845-1849 年，從印度運出的鴉片大約有四分之三貯藏在香港，然後由武裝齊備的快船轉運到中國沿海各處。1855 年，美國駐香港領事報告美國國務院說："我確實不知道此間是否有哪怕一家商號，不以某種方式從事這項貿易（指鴉片貿易　一引者）或對它發生興趣。" ❷❺ 這一時期，香港成為英資洋行對華鴉片貿易和走私的基地和中轉站，英資洋行在其對華逾一個世紀的鴉片貿易中，積累了大量資本。

　　19 世紀 50 年代，怡和洋行及寶順洋行壟斷了中國市場的鴉片價格。據描述，當時怡和洋行的經營活動主要是："香港總公司每月向 '怡和洋行的各位船長和南部及東部的各站' 發出指示。這些船隻包括沿海的所有躉船（從 1845 年起的 14 艘至 1851年的 10 艘，後者也是次一個 10 年的平均數）。兩星期一次的飛剪船，一艘向南，一艘向東，離開香港附近的金星門或伶仃洋停泊處，將鴉片運至沿海各接收站。沿途沒有中國海軍的干涉，全副武裝的飛剪船又足以抵抗海盜的襲擊。返航時，飛剪船從每一接收站收取銀錠或金幣作為變賣貨物的收益，然後在香港分割，部份運往印度，部

份留在中國。" ㉖

到 19 世紀 60 年代,香港英資洋行的鴉片貿易達到高峰。1860-1872 年間,怡和洋行每年經營的鴉片數量更加龐大,它以大量自有資金進行投資,並將銷售活動合法化地擴展到華中和上海以北地區。1861 年,麻窪鴉片以每擔 840 兩銀元的歷史最高價格出售,單是怡和在廈門一地的銷售總額就達 19 萬兩銀元,而當時廈門還只是一個比較次要的鴉片市場。1865 年,怡和每年以佣金方式經手的鴉片,價值不下 30 萬英鎊。㉗ 不過,1873 年以後,怡和逐步退出鴉片市場,轉而重點發展服務業,投資鐵路,從事多樣化經營。

1867 年寶順洋行倒閉後,取而代之成為怡和主要競爭對手的是沙遜洋行。沙遜洋行由英籍猶太人大衛・沙遜(David Sassoon)在 1832 年創辦於印度孟買。早期,沙遜洋行主要從事向中英兩國出口原棉生意,並以貸款給印度各邦鴉片種植者的方式經營鴉片生意。1844 年即香港開埠後不久,沙遜洋行即在香港成立分支機構從事鴉片貿易。1860 年,沙遜洋行開始採用怡和洋行和寶順洋行在三四十年代所採用的辦法,即以低價大量銷售,並向中國商人提供貸款以及定期發貨。沙遜洋行甚至對那些願意正常交貨的印度商人提供高達成本四分之三的預付貸款。怡和在印度的合夥人也曾試圖採取同樣的方法,但由於他們的預付貸款是通過孟買和加爾各答的大型代理商號提供的,無法影響產區;而沙遜卻通過有經驗的代理商在產區預購尚未收割的罌粟。結果,在印度麻窪鴉片產區收購鴉片的競爭中,怡和終於不敵沙遜。到 1871 年初,沙遜洋行被公認為印度和中國鴉片庫存的主要持有人,他們成為各類鴉片總數 70% 的擁有者和控制者。㉘

在香港開埠的早期,英資洋行不但在經濟上佔統治地位,在政治上對香港政府的決策亦發揮著重要影響。事實上,英資洋行在背後的推波助瀾,是香港成為英國的殖民地的重要原因。英商深明此點,故自英國侵佔香港後,他們便一直要求加入決策層,進入行政、立法局。1850 年 6 月,怡和大班大衛・渣甸(David Jardine)成為香港立法局首位非官守議員。1861 年香港英資洋行發起組成香港商會,對香港政治經濟事務發揮重要影響力。從 1850-1900 年期間,立法局非官守議員中,有近七成由商人擔任;其中大部份是英資洋行大班。英資洋行在香港政治中的重要地位,由此可見一斑。

約 1899 年太古洋行在香港的總部。1897 年太古洋行將其香港總部遷移到
中區干諾道 1 號（現今友邦金融中心現址），直到 1960 年。

約 1912 年港島中區海岸景色。從圖所見，位於港島填海後新海傍干諾道中
的新建築物，包括香港會所、皇后行、郵政總局大樓等已全部建成，中區
面貌煥然一新。

03

航運、倉儲碼頭和船塢業

航運、倉儲碼頭和船塢業是香港最早發展起來的經濟行業，亦是英商在香港最早的投資領域，這種態勢配合並促進了香港作為對華貿易轉口港地位的形成和確立。

》英商對香港早期航運業的投資

香港最早期的航運業，是由各洋行擁有的船隊推動的。鴉片戰爭前夕，怡和洋行已擁有一支由 12 艘大型帆船組成的船隊，正是由於擁有這支速度快捷、裝備精良的船隊，怡和洋行才能在對華鴉片貿易中建立壟斷優勢。香港開埠後，隨著各洋行進入香港，它們的船隊也遷入香港，以香港為基地穿梭於印度、香港和中國各通商口岸之間。19 世紀 60 年代，維多利亞海港中，停泊著大批多桅式帆船，滿眼是巨幅的風帆，纜索縱橫，彩旗飄曳，構成帆船時代的海港風情。帆船中許多是香港大洋行的快船，其中以怡和洋行、寶順洋行、麥域加洋行、丹拿洋行、仁記洋行和德忌利士洋行的快船最有名，高桅上懸掛有特別標誌的彩旗，迎風招展，十分壯觀。大洋行以快船運貨，搶先運抵倫敦，是當年一種傳奇性的競爭。1866 年，太平洋行的快船 "太平號" 與另一艘快船 "愛麗兒號" 同時從福州滿載茶葉，從好望角疾駛到倫敦，結果兩船速度不分高下，同以 98 天駛畢全程，均獲 "藍帶獎"。這是帆船時代的一頁佳話。

從 60 年代起，航運業從帆船時代過渡到輪船時代，香港的各大洋行紛紛投資於航運業，組建輪船公司，在中國沿海和內河航線上展開激烈的競爭。這一時期，香港的航運業已擺脫了早期從屬於鴉片貿易和鴉片走私的地位，蓬勃地發展起來。最早在香港組建的輪船公司是省港小輪公司（Hong Kong & Canton Steam Packet Co.），創辦於

1848 年，由怡和、寶順以及絕大部份香港及廣州的主要洋行籌建，共計 120 股，每股 250 英鎊。省港小輪公司擁有在英國建造的 "廣州號" 和 "香港號" 兩艘姐妹輪船，經營香港至廣州航線，從 1850 年 5 月開始，兩輪每週在穗港間通行 3 次。不過，省港小輪公司因經營不善，很快便於 1854 年停業。

緊接著省港小輪公司經營省港航線的是英國的倫敦半島東方輪船公司（Peninsula and Oriental Steam Navigation Company of London，簡稱 P. & O.），定期航行於倫敦至直布羅陀航線。該公司早期稱為半島汽輪公司，1837 年獲英國政府特許行駛印度航線，1840 年改名為倫敦半島東方輪船公司，又稱為大英輪船公司，香港習慣稱之為鐵行輪船公司。由於鐵行在上環的辦事處有鐵 "騎樓" 一座，師爺輩乃有神來之筆，稱之為 "鐵行"，沿用至今已百餘年。鐵行輪船公司於 1843 年在香港設立分公司，1845 年 8 月 1 日，該公司一艘名為 "瑪利活特夫人號" 的輪船從歐洲經好望角到達香港。這艘載重量為 533 噸的船有高高的煙囱，煙囱噴著黑煙和火花，更特別的是它竟然沒有帆，逆著風從青洲海面出現，朝中區前進。這是第一艘進入香港水域的蒸汽輪船。當時海港帆船上的水手探身船欄爬到船桅上看清楚時，不禁對它歡呼。但他們卻不知當時見證的，是高速帆船沒落的開端，象徵著帆船時代的結束。❷❾

1854 年，省港小輪公司停業後，鐵行輪船公司開始經營省港航線，並成為當時省港之間唯一的常規航班。該航班除載客外，還運輸金銀和鴉片。50 年代後期，鐵行輪船公司經營的航線，已從香港、廣州拓展到汕頭、廈門、福州等中國沿海通商口岸。1860 年，由怡和洋行參與投資的省港澳輪船公司（The Hong Kong Canton & Macau Steamboat Co.）成立，加入了香港、廣州及澳門之間的航運。當時，正值第二次鴉片戰爭，香港政府執行戰時法令，統制各航業，該公司得到港府支援，發給特許證經營，因而漸漸壟斷了華南內河及沿海的航運。

1869 年蘇伊士運河通航，大大縮短了歐洲至遠東的航線，推動了香港遠洋航運業的發展。繼鐵行輪船公司開拓香港的遠洋航線之後，1861 年另一家英商輪船公司 "邊行"（Ben Line）亦首次派船來香港。1863 年法國郵船公司加入歐洲和香港間的定期航運，英法兩國輪船從此展開激烈競爭。1866 年美商太平洋郵船公司派輪定期航行香港至舊金山航線。同年，英商霍爾特創辦的海洋輪船公司（Ocean Steamship

Company）派輪從倫敦經香港前往上海。霍爾特的公司，又名藍煙囪輪船公司（The Blue Funnel Line），因為它旗下的船隻，煙囪都一律塗上藍漆，俗稱之為"藍煙囪船"，在中國沿海相當知名。1870年，太古、怡和、旗昌合辦香港至馬尼拉的定期航班。1881年，太古、怡和協議開闢中澳航線，定期航行於福州、香港、馬尼拉和澳洲各港口。19世紀下半葉，加入香港遠洋航運的還有意大利郵船公司、加拿大昌興輪船公司、北德意志路易公司、丹麥捷成洋行，以及日本大阪輪船公司等。❸⓪

　　這一時期，香港的航運業有了迅速的發展。據統計，1847年香港港口停泊的船舶僅694艘，載貨量229,465噸，到1891年已分別增加到54,090艘、74,542,161噸，44年期間分別增長近77倍和324倍。而停泊香港港口的船舶中，每100艘中有53艘屬英商、31艘屬華商、16艘屬其他外商。❸① 可見，英商在航運業的激烈競爭中穩佔優勢。這種優勢一直維持至20世紀上半葉。

》 九龍倉的創辦

　　航運業的崛起帶動了港口的建設以及倉儲碼頭、船塢業的發展。香港設有碼頭貨倉之前，船舶運到香港的貨物，全靠苦力及駁船卸貨，駁船靠岸後，由苦力將貨物運送到各家洋行或貨倉，頗為不便。當時，香港商界早已渴望有完整獨立的碼頭貨倉。早期，各大洋行均自設碼頭貨倉，如怡和洋行在東角的貨倉碼頭，就是香港最早期的深水碼頭。1863年，位於灣仔春園的麥奇利哥公司（Mc Gregor & Co.）修築了一座新的碼頭，長達250呎，伸入海中，潮低時水位亦達26呎，這是港島第一座可供輪船停泊的現代化碼頭。1874年，鐵行輪船公司也在上環設立貨倉碼頭，專供旗下船隻停泊。鐵行嫌上環地點不佳，1881年遷到今日中環街市原址，其時干諾道中尚未填海，德輔道中便是海傍。稍後，鐵行貨倉碼頭繼續東移，遷往德輔道中22號。

　　1871年，英商保羅·遮打（Catchick Paul Chater, 1846-1926）創辦了香港第一家碼頭貨倉公司 —— 香港碼頭貨倉有限公司，在灣仔海傍建設碼頭及貨倉，依照英國標準，用優質木材修建碼頭，用水泥建築倉庫，並購入起重機及手推車作卸貨之用。不過，該公司創辦後，股東僅籌集到三分之二，資金不足，經營不理想，開業不久就負

著名英商保羅‧遮打

債纍纍，最後宣佈破產。

　　保羅‧遮打鑑於香港島設碼頭貨倉不甚理想，遂於 1886 年在九龍尖沙咀海傍創立香港九龍碼頭及倉庫有限公司（Hong Kong and Kowloon Wharf and Godown Company Limited，簡稱 "九龍倉"）。1874 年颱風襲擊香港，尖沙咀一帶不少倉庫和碼頭東主破產，投資者自願將地段交還政府。1885 年，香港政府將尖沙咀臨海地段重新拍賣，由遮打投得。當時，該地段尚未發展，有充足的土地興建貨倉碼頭，且臨深海，可停泊大輪船，是建設貨倉碼頭的理想地點。1886 年遮打和怡和洋行合作，創辦九龍倉公司，資本 170 萬港元，在尖沙咀沿海地段建設兩座碼頭，因其形狀得名 "九龍倉橋"。九龍倉的創辦，使維多利亞海港有了嶄新的碼頭及貨倉設施，奠定了這個深水港的重要基礎。

　　保羅‧遮打是亞美尼亞人，1846 年出生於加爾各答，在對東方貿易的特殊環境中長大，1864 年離開印度前來香港，初期在一家印度銀行當低級職員。兩年後他辭職轉任金銀經紀，投資有成，漸成香港富商。遮打在香港政治經濟有很大影響力，曾先後出任立法局議員及行政局議員，1902 年被封為爵士。遮打對香港早期的經濟發展有較大的貢獻，除創辦九龍倉外，還是香港置地、香港大酒店、香港電燈、中華電力、天星小輪等多家重要公司的創辦人。1887 年遮打向香港政府提議在中環進行填海工程，擴大香港島的土地面積。填海工程完成後，與尖沙咀的九龍倉設施配合起來，使整個海港面貌為之改觀。遮打爵士曾被尊稱為"殖民地之父"（The Father of the Colony）[32]，現在的中區遮打道，遮打花園即以其命名，以作紀念。

九龍倉除在尖沙咀興建貨倉碼頭外，又收購了鐵行輪船公司的上環碼頭及怡和洋行的上環碼頭。鐵行出售貨倉碼頭時，曾與九龍倉簽訂合約，該公司旗下輪船可使用九龍倉的尖沙咀碼頭貨倉，其收費 10 年不變。兩個上環碼頭後來獲香港政府批准填海，地價急漲，為九龍倉帶來可觀利潤。

至於 1872 年倒閉的香港碼頭貨倉有限公司，當時碼頭及貨倉均付諸拍賣，由滙豐銀行以 8 萬港元投得，隨後轉售予灣仔貨倉有限公司。1896 年，灣仔貨倉有限公司發生困難，要求與九龍倉合作，以挽救倒閉危機。後來雙方簽訂合約，九龍倉在保證對方每年可取得投資 8% 利潤的條件下，取得了灣仔貨倉有限公司的控制權。自此，九龍倉增加了一座灣仔碼頭，以彌補尖沙咀碼頭之不足。

1950 年代中的尖沙咀海傍。從圖中所見，九龍半島已相當繁榮，九龍倉已成為香港大型的貨倉碼頭公司。

九龍倉創辦後一段時期，業務一度出乎意料的好，每年使用九倉碼頭的船舶直線上升，不少歐洲輪船公司都致函表示支持九龍倉，船舶到港時，即寄碇於九倉碼頭。1890年九龍倉的盈利比上年度增加1倍。不過，在稍後的數十年間，九龍倉屢遭颱風、火災及戰亂的破壞，加上期間香港的轉口貿易增長緩慢，故一直發展不快。

儘管如此，到20世紀40年代，九龍倉已成為香港一家以效率著稱的大型碼頭貨倉公司，無論在漲潮或退潮時，其碼頭都能夠同時停泊10艘吃水10米以上的遠洋貨輪。九龍倉還備有容量約75萬噸貨物的倉庫，運輸貨棚備有專門設計的充足燈光和寬敞的貨場，貨倉是一座鋼筋混凝土的6層樓房，全都安裝了貨運電梯和起重機；其中，設有能夠貯存500噸黃金或其他貴重物品的金庫或保險庫。九倉還設有汽艇和駁船，為繫在水鼓上的船隻卸貨，並經營一般貨物的轉運業務。

》黃埔船塢與太古船塢的創辦

與此同時，香港的船塢業亦起步發展。早在1843年，英國人約翰·林蒙船長曾在香港島東角附近開設一個船排，製成了一艘載重80噸的小船 "塞拉蘇號"。1857年林蒙船長和德忌利士洋行的創辦人德忌利士·拉伯勒合作，在石排灣海岸購地，開設一家造船廠，並興建了一座名為 "賀普船塢" 的旱塢。石排灣造船廠生意興隆，當時造得最多的一種船，是中葡合璧的帆船，船身是葡萄牙式，帆纜卻是中國式，名叫羅沙船。引發中英第二次鴉片戰爭的 "亞羅號"，就是一艘羅沙船。

1863年7月1日，怡和洋行、鐵行輪船公司、德忌利士洋行等幾家船東創辦了香港黃埔船塢公司（Hong Kong & Whampoa Dock Co.），由鐵行輪船公司駐港監事托馬斯·蘇石蘭出任主席。1865年黃埔船塢收購了石排灣造船廠和賀普船塢。1866年黃埔船塢根據公司法組成有限公司，正式在香港註冊，資本75萬港元。由怡和洋行大班詹姆士·惠代爾出任董事長，德忌利士輪船公司老闆拿蒲那任董事長秘書。1870年，黃埔船塢與紅磡的聯合船塢公司（Union Dock Co.）合併，勢力大增，成為當時香港最大的船塢公司。

1870年代初期，黃埔船塢幾乎佔有了廣州黃埔、香港及九龍所有大型船塢。但

70 年代中期以後，香港、九龍又先後出現了 8 家船塢與之競爭，面對新的形勢，黃埔船塢改變投資策略，決定重點發展香港，將黃埔的柯拜船塢及其附屬設施，以 8 萬元價格售賣予兩廣總督劉坤一，所得資金在九龍紅磡興建一座現代化的船塢。1880 年黃埔船塢合併了大角咀的四海船塢公司（Cosmopolitan Dock Co.），一躍而成為香港修船和造船業的巨擘。1900 年，黃埔船塢的規模已達到僱工 4,510 人，其設施不但能建造各式船舶，而且為來港商船及遠東海面的船隻提供各種修理服務。

能夠與黃埔船塢抗衡的是聞名遠東的太古船塢。正當黃埔船塢在香港銳意擴張之時，太古洋行已提出在香港建造船塢的構想。19 世紀下半葉，太古洋行旗下的太古輪船公司已迅速發展成中國沿海及長江內河航運業的壟斷寡頭，對船舶修造業的需求日益迫切。1900 年，英國太古集團向英國政府提出申請，要求港英政府把它們在香港鰂魚涌投得的大片土地的租借期從 99 年延長到 999 年，以便興建一座規模宏大的造船廠。太古表示，船廠 "對帝國來說將是極為寶貴的"，他們的申請獲得了批准。

1930 年代的太古船塢。當時太古船塢不但為集團內各輪船公司以及香港海軍船艦提供全面維修服務，而且逐漸包攬了華南地區的造船服務，進入全盛時期。

1900 年，英國太古集團的施懷雅家族、該集團的資深合夥人 J. H. 斯科特，以及藍煙囪輪船公司老闆 R. D. 霍爾特等合資創辦了太古船塢公司（Taikoo Dockyard Co.），資本 80 萬英鎊，由太古洋行為其代理人。同年，太古船塢在香港鰂魚涌太古糖廠附近興建大型船塢，塢內的設備，不但能負擔維修 2、3 萬噸輪船的任務，而且能建造萬噸級的輪船及生產引擎等多種機器。經過九年多時間，太古船塢終於建成，1910 年它為太古輪船公司建造了第一艘輪船。

太古船塢草創時期，塢內所僱用的固定工人，經常保持在數百人左右，在接到建造或維修大船的任務時，則增加到千人以上。不過，最初的兩年裡，太古船塢遇到了黃埔船塢的激烈競爭，公司被迫將價格降到無利可圖的水平，每年的虧損額在 4-5 萬英鎊，陷入嚴重困境。經過長時間競爭和談判，1913 年兩家公司終於達成協議，共同壟斷香港的船舶修造業。

後來，太古船塢有了很大的發展，它擁有當時最先進的技術設備，可與日本的造船業比媲，而其造價遠比英國本土的低廉。隨著航運業的發展，太古船塢不但為集團內各輪船公司以及香港英國海軍船艦提供了全面的維修服務，而且逐漸包攬了中國，特別是華南地區的造船業務。太古輪船公司後期新增加的船隻，幾乎全部都是由太古船塢建造的。太古船塢全盛時期，擁有僱員逾 5,000 人。1937 年抗日戰爭爆發後，中國沿海地區相繼淪陷，許多原來在上海等地維修的船隻，都要轉到香港，形成了太古船塢以及黃埔船塢的 "黃金時期"，這個時期一直延至 1941 年日本侵佔香港才告結束。

04

滙豐銀行的創辦

香港開埠之後，伴隨著轉口貿易發展起來的另一個重要行業是金融業。1865年，因應對華轉口貿易的殷切需求，第一家以香港為基地的銀行 ——— 滙豐銀行誕生。儘管它當時僅為一家規模細小的銀行，但它註定在這塊殖民地扮演重要角色，並崛起為香港規模最宏大的英資財團。

》 開埠初期的英資銀行

香港開埠之初，隨著首批洋行進入香港，它們的主要業務也轉移到香港，其中包括洋行的銀行業務部，當時稱為代理店。早期的對華貿易的資金，就是主要由這些代理店提供的。香港開埠初期最著名的代理店，是英資的怡和洋行（Jardine, Matheson & Co.）、寶順洋行（Dent & Co.）和美資的旗昌洋行（Russell & Co.）的代理店。這些代理店從廣州或澳門移設香港，便即辦理大部份銀行業務，主要是外匯買賣和貼現一流的匯兌票據。不過，這種狀況並不能滿足規模較小的洋行的需要，因為代理店同時又是這批小洋行業務上的競爭者，故並不樂於經常向它們提供所需資金。❸ 因應這種需求，一批以印度為基地的英國銀行迅速將業務擴展到香港，侵蝕這些代理店的活動領域。英資銀行的主要目標是奪取有利可圖的中國轉口貿易，它們普遍都有較廣泛的分行及代理行網絡，有較雄厚的資金和較豐富的專業知識，能在最短時間內報出優惠匯率，縮小買賣差價和提供優良服務，因而很快便主宰了香港的銀行業務和外匯業務。這些銀行的業務以匯兌為主，押匯不佔重要地位，並且不招攬存款，對存款不僅不計利息，還要收取手續費。

第一家在香港開業的銀行是 "東藩匯理銀行"（The Oriental Bank Corporation）。該行創辦於 1842 年，總行設在印度孟買，早期以鴉片押匯為主要業務。1845 年，東藩匯理銀行將總行遷往倫敦，同年 4 月在香港德己立街開設分行，成為第一家進入香港的外資銀行，也是第一家進入中國的外國銀行。東藩匯理銀行先後在上海、廣州、福州等中國沿海城市設立分行。該銀行在中國各口岸的名稱頗不統一，在香港稱為 "金寶銀行"，在福州稱為 "東藩匯兌銀行"，在上海則稱作 "麗如銀行"。東藩匯理銀行在香港開業當年即發行鈔票，發行總額為 56,000 元的港鈔，惟於 1851 年才獲取發行港鈔的皇家特許狀。到 1857 年，東藩匯理銀行的鈔票被香港政府庫房接納為繳付政府費用的合法貨幣。東藩匯理銀行作為香港首要銀行的地位保持了 20 年之久，到 19 世紀 70 年代，它達到了極盛時期，當時連在香港開業多年的滙豐銀行和渣打銀行，也難望其項背。不過，此後該行每況愈下，1884 年 5 月 3 日，該行由於在錫蘭（斯里蘭卡）對咖啡作物大量貸款，並在一次咖啡歉收中被迫宣佈破產。

　　第二家進入香港的是 "有利銀行"，全稱 "印度倫敦中國三處匯理銀行"（Chartered Mercantile Bank of India, London & China），創辦於 1853 年，總行設於印度孟買，是英國皇家特許銀行。該行於 1857 年在香港開業，1862 年獲准發行鈔票。有利銀行是香港銀行體系中起著重要作用的又一家英資銀行。在很長一段時間裡，它一直是香港三大發鈔銀行之一。1892 年，該行在改組中放棄發鈔特許，並改名為 "印度有利銀行"，次年以有限公司註冊。1912 年，有利銀行恢復發鈔，直至 1974 年後才停止。1959 年，有利銀行被滙豐銀行收購，其名稱中也刪去 "印度" 一詞。1984 年，有利銀行被轉予美國萬國寶通銀行（即今花旗銀行），1987 年再轉售予日本三菱銀行。

1934 年的渣打銀行

第三家進入香港的是"渣打銀行",當時稱"印度新金山中國匯理銀行"（Chartered Bank of Indian, Australia & China），在中國內地通稱"麥加利銀行",創辦於1853年,總行設在英國倫敦,亦是英國皇家特許銀行。創辦人詹姆士・威爾遜（James Wilson）是著名的《經濟學人》雜誌的創辦者,它的董事局成員多數是在東方和與英國殖民地有密切利益的人。該銀行開業時,實收資本僅32.2萬英鎊,5年後增加到80萬英鎊。渣打銀行專門經營東方業務,主要是中國、英國、印度的三地匯兌,為印度棉花、鴉片貿易融通資金,從中賺取匯差。渣打銀行主要在亞洲擴展,1859-1904年期間先後在新加坡、緬甸、巴基斯坦、印尼、菲律賓、馬來西亞、日本、泰國、越南等地開設分行。1969年,渣打銀行與標準銀行（The Standard Bank Ltd.）合併,成為"標準渣打銀行"（Standard Chartered Bank PLC）。標準銀行創辦於1862年,創辦人是一批商人,其中帶頭的是移民到南非開普省的蘇格蘭人約翰・彼得森。標準銀行的擴張主要在非洲。1892-1912年間,標準銀行在辛巴威、莫三比克、波札那、馬拉威、尚比亞、肯亞、尚吉巴（今天的坦桑尼亞的一部份）及剛果等地致力發展。兩家銀行合併一年後,標準渣打在澳洲雪梨（悉尼）設立分行,其後併購了英國的哈吉集團（Hodge Group,併購前已經有一部份股權）以及華勒斯兄弟集團（Wallace Brothers Group）。哈吉集團主要從事分期借貸以及商業出租,後來改名為"渣打信託有限公司"。

渣打銀行於1859年在香港開設分行,1862年根據皇家特許狀以"印度新金山中國匯理銀行"名義發行鈔票,在香港、廣州等地流通。1933年渣打銀行購入港島德輔道中4-4號A地盤,於1959年建成渣打銀行大廈,當時是香港最高的建築物。1956年,該行的中文名改為"渣打銀行"（The Chartered Bank），並以渣打銀行名義繼續發行港鈔。1985年繼續用香港渣打銀行名義發鈔,但英文名則改為（Standard Chartered Bank）。1987年,渣打銀行拆卸舊渣打香港總部（但1988-1992年間發行的渣打銀行鈔票還是印有舊渣打香港總部的圖案），1990年春建成新渣打銀行大廈。長期以來,渣打銀行一直是香港銀行體系中最重要的銀行之一,地位僅次於滙豐銀行。在滙豐銀行成立前,香港政府的公款均寄存於渣打銀行,成為該行資金的重要來源。[34]（表1-1）

表 1-1　渣打銀行及其香港分行發展里程（至 1990 年）

年份	事件
1853	印度新金山中國匯理銀行成立，創辦人為威爾遜先生（James Wilson）。
1862	英國南非標準銀行（The Standard Bank of British South Africa Ltd.）於非洲註冊。
1956	印度新金山中國匯理銀行改稱為渣打銀行。
1962	英國南非標準銀行改稱為標準銀行有限公司（The Standard Bank Ltd.）。
1969	渣打銀行與標準銀行合併為標準及渣打銀行集團有限公司（Standard Chartered Bank PLC）。
1984	"Standard Chartered" 正式成為銀行之英文名稱，而香港則繼續沿用渣打銀行為其中文名稱。
香港渣打銀行（1859-1990）	
1859	渣打銀行在港開設首間分行。
1862	獲頒皇家特許狀，開始印發鈔票。
1933	購買德輔道中 4-4 號 A 地盤。
1959	銀行大廈落成，為當時香港最高的建築物。
1962	荃灣分行開幕，為現存分行中歷史最悠久的一間。
1967	推行電腦化，是香港首間採用電腦系統的銀行。
1973	率先推出自動櫃員機服務，即現時的 "萬里靈"。
1981	第一百間分行 —— 友愛分行開幕。
1984	發行港幣 20 元面額鈔票。
1985	除 500 元鈔票外，一系列面積較細的鈔票正式面世。
1986	舊銀行大廈拆卸。 為配合銀行的新形象，分行裝修計劃展開。富善分行首先進行裝修。
1987	位於德輔道中的銀行大廈重建工程展開。聯線銀行服務 —— 電子銀行 —— 開始投入服務。 "萬里靈" 與 "銀通" 聯網，成為全港最大的自動櫃員機網絡。
1988	各分行採用全新的客戶服務終端機（ISC Pinnacle）以改善服務速度及效率。
1989	推出面積較小的 500 元鈔票。 新銀行大廈進行平頂儀式。
1990	渣打銀行新大廈開幕。

資料來源：香港渣打銀行

繼東藩匯理、有利、渣打等銀行之後，法國的法蘭西銀行（Comptoir D'Escompte de Paris, 1860）、英國的呵加喇匯理銀行（The Agra & United Service Bank, 1862）、印度東方商業銀行（Commercial Bank Corporation of India & the East, 1863）等先後進入香港。其中，呵加喇匯理銀行及印度東方商業銀行先後於 1863 年及 1866 年獲准發行鈔票。這批銀行的進入，形成香港銀行業發展的第一次高潮。據統計，從香港開埠到 1865 年滙豐銀行成立，至少有 11 家銀行在香港開設分行或辦事處。[35]

當時，這些進入香港的外資銀行總部大多設在倫敦或印度，它們以經營貿易押匯和國際匯兌為主要業務，主要屬於從事資助轉口貿易的商人銀行類型，而不是為一般公眾服務的零售商業銀行。這些外資銀行持有明顯的外來偏見，對中國沿海一帶內部貿易、對香港本地公共事業等亦缺乏提供融資興趣，香港的主要洋行對它們都普遍感到不滿。因而導致了滙豐銀行的創辦，它是第一家以香港為基地的銀行，創辦時間比香港開埠僅僅遲了 23 年。這是香港銀行業的初創階段。

》 香港上海滙豐銀行的創辦

香港上海滙豐銀行的創辦，正值西方列強對華貿易進入大擴張的新時期。第二次鴉片戰爭後，中英簽訂的《天津條約》和《北京條約》，規定繼五口之後，中國進一步開放沿海的牛莊、天津等 7 個口岸及長江流域的鎮江、南京等 4 個口岸，使通商口岸增加到 16 個。沿海及長江流域大片腹地的對外開放，為外商提供了廣闊的貿易前景。這時，香港已被確立為西方列強尤其是英國對華貿易的基地，香港洋行的大班們均迫切地感到創辦一家本地銀行的需要，以便為商人提供及時、充足的信貸，應付急劇膨脹的對華貿易，同時可以照顧到香港政府關於港口碼頭、公用事業等等的要求，將香港經營得更好。而當時洋行的代理店及幾家總行設在倫敦或印度的銀行，都無法適應客觀形勢的發展。滙豐銀行就是在這種歷史背景下創立的。正如英國《經濟學人》所描繪：滙豐銀行是 "在 19 世紀乘搭一艘慢船前往中國，當時英國的勢力正是如日中天之際"。

滙豐銀行創辦的導火線，是 1864 年 7 月孟買的英國商人計劃開設一家在倫敦註冊、總部設在香港的 "皇家中國銀行"，不過，他們只打算在總額 3 萬股、每股 200

印度盧比的銀行股份中，撥出 5,000 股給中國內地和香港的投資者，這個消息激怒了香港的洋行大班們。7 月 28 日，香港報刊報道了香港洋行大班籌辦一家本地銀行的計劃，並公佈了擬設中的這家銀行的計劃書和臨時委員會的名單，牽頭的是鐵行輪船公司監事托馬斯·蘇石蘭和寶順洋行。

托馬斯·蘇石蘭（Thomas Sutherland, 1834-1922），蘇格蘭人，早年在蘇格蘭鴨巴甸文法學校和大學接受教育，19 歲時前往倫敦，在鐵行輪船公司任初級職員。1855 年前往香港，任公司駐港監事，代表公司處理在中國和日本的事務；期間，他將鐵行輪船公司的業務，從香港、廣州拓展至汕頭、廈門、福州。1867 年他返回倫敦，被晉升為公司總裁。蘇石蘭對銀行事務所知不多，生平從未開過銀行賬戶。1864 年初，他乘鐵行輪船公司的"馬尼拉號"從香港駛往福州途中，閱讀了一些介紹蘇格蘭銀行優點的文章，動了根據蘇格蘭原則在中國開設一家銀行的念頭。

托馬斯·蘇石蘭，鐵行輪船公司駐港監事及滙豐銀行的創辦人之一。

數月後，蘇石蘭從一艘由渥太華到達香港的郵船船長處得知孟買準備成立皇家中國銀行的消息，於是連夜起草了一份滙豐銀行創辦計劃書。次日，蘇石蘭將計劃書交給他的朋友 —— 當時香港著名律師波拉德，波拉德聯絡了香港所有的大洋行，立即獲得了除怡和洋行之外的所有大洋行的一致支持。不到一星期，銀行所需全部資本即已籌足，這導致了孟買皇家中國銀行的夭折和滙豐銀行的誕生。當時怡和之所以沒有加入，是它不願意與其主要競爭對手寶順洋行合作，也無意放棄它經營的滙兌業務，直到 1877 年滙豐已站穩腳跟，業務蒸蒸日上時，怡和洋行才加入滙豐銀行。

滙豐銀行創辦時資本共 500 萬港元，共 2 萬股，每股 250 港元。根據 1866 年 5 號法例實收股本 4 萬股，每股 125 港元。1864 年 8 月，由 15 人組成的滙豐銀行臨時委員會正式成立。根據蘇石蘭的提議，臨時委員會主席由寶順洋行的代表喬姆利擔任，成員包括：寶順洋行的喬姆利、瓊記洋行的赫德、大英（鐵行）輪船公司監事托馬斯·蘇石蘭、孻乜洋行的麥克萊恩、禪臣洋行的尼森、太平洋行的萊曼、吠禮查洋行的史密脫、沙遜洋行的亞瑟・沙遜、公易洋行的羅伯特・布蘭特、廣南洋行的巴朗其・弗萊姆其、搬鳥洋行的威廉・亞當遜、畢洋行的赫蘭特、順章洋行的臘斯頓其・屯其肖，以及道格拉斯・拉潑來克等，法律顧問為波拉德，可以說是幾乎囊括了當時香港幾乎所有大洋行的代表。❸❻ 從委員會的組成看，滙豐銀行的股東包括了英國人、美國人、德國人、丹麥人、猶太人和印度人（帕西族人），他們大多數屬於最早在廣州建立洋行的商人。不過，在其後的歲月裡，除英商外的其他股東陸續退出，滙豐逐漸演變成英國人管理的銀行。

1865 年 3 月 2 日，臨時委員會改組為滙豐銀行董事局。3 月 3 日，滙豐銀行正式開業，首任經理是法國人維克多・克雷梭（Victor Kresser，正式職銜是香港分行經理，正經理的職銜一直到 1868 年才設立）。最初，滙豐銀行的名稱是 "香港上海滙理銀行"（Hongkong and Shanghai Banking Co., Ltd.），1881 年易名為 "香港上海滙豐銀行"（The Hongkong and Shanghai Banking Corporation），顯示滙豐銀行一開始，就以香港和上海為其主要業務基地，而總部則設在香港中區皇后大道中 1 號向沙遜洋行租借的獲多利大廈，該大廈前臨海港，地點甚佳。

1866 年，滙豐銀行條例（Hong Kong and Shanghai Bank Ordinance, 1866）獲香港政府和英國財政部批准，滙豐銀行註冊為承擔有限責任公司，並獲香港政府特許發行鈔票。1870 年代中葉，"滙豐" 的名稱開始使用，取其 "滙款豐富" 之意，1881 年這個名字已在滙豐銀行的鈔票上出現。❸❼

》滙豐蛻變為香港最大的銀行

滙豐銀行在創辦之初，就經歷了香港第一次嚴重的金融危機。1866 年由於歐洲經濟危機波及印度和中國，給香港的金融貿易業帶來災難性的後果，首先是印度的呵加剌銀行因印度工潮影響，出現財政困難，其香港分行發生擠提，銀行宣佈破產。擠提風潮波及多家基礎薄弱的銀行，先後倒閉。風潮過後，原有的 11 家銀行僅倖存 5 家：滙豐銀行、東藩滙理銀行、渣打銀行、有利銀行和法蘭西銀行。期間，滙豐銀行重要支柱之一的寶順洋行、蓯乜洋行也先後宣告倒閉，對香港經濟形成重大震撼。

不過，銀行業很快又以與香港轉口貿易增長相稱的步伐繼續發展。滙豐銀行的業務亦相應發展。它不但與當時香港幾乎所有的大洋行保持業務往來，而且很快就與香港政府建立了密切的聯繫。1866年，當資深的東藩匯理銀行還在猶豫時，滙豐銀行迅速向香港政府貸款10萬港元。1872年，它以提供優惠的條件，從東藩匯理銀行手中取得香港政府的往來賬戶。到19世紀70年代後期，滙豐銀行已超過東藩匯理銀行成為香港最大的銀行。1880年，滙豐銀行經營的業務已佔香港全部業務的50%。❸

經歷了一個困難的10年之後，從1876年起，滙豐銀行的業務進入了一個迅速發展的時期。當年，滙豐銀行的傑出銀行家托馬斯‧傑克遜（Thomas Jackson, 1841-1915）出任總經理。這

托馬斯‧傑克遜，滙豐銀行傑出的銀行家，曾於1876-1888年、1889-1890年、1893-1902年長期擔任滙豐銀行的總經理。

時，滙豐銀行的分行網絡已從香港擴展到上海、倫敦、橫濱、神戶、大阪、加爾各答、孟買、西貢、馬尼拉、新加坡，以及廈門和漢口。滙豐銀行的政策是逐漸在與中國有貿易關係的東方各港口建立分行網絡。這一政策對滙豐銀行的發展極具意義。

1877年，香港兩大英資財團——滙豐銀行和怡和洋行終於匯合。當年，怡和洋行大班威廉‧凱瑟克加入滙豐董事局，他通過出任滙豐董事彌合了自1865年以來存在於滙豐和怡和之間的嫌隙。其時，滙豐的業務正蒸蒸日上，怡和終於認識到兩者的利益相連。3年後，威廉‧凱瑟克當選為滙豐銀行董事局主席，自此，兩大集團開始了緊密的合作，其直接後果就是聯合創辦了著名的中英公司（British & Chinese Corporation Ltd.）。

1886年，滙豐銀行耗資30萬港元在總行原址及毗鄰一幅土地上興建起新的總行大廈。新總行大廈充滿維多利亞時代仿古典結構的風格，由8根磨光紅色花崗岩圓柱支撐的圓拱，架起大廈的圓頂。大廈的後面是繁華的皇后大道中，前面是日後擴展成的德輔大道。新大廈是滙豐銀行發展史上的一個里程碑；當時，滙豐剛發放了優厚的股息，其資本額也增加了50%。

傑克遜在任期間，滙豐銀行還獲准增加鈔票發行量。1898年經香港政府批准，

滙豐銀行獲准超過其資本額發行鈔票，條件是滙豐須將與超額數量相等的鑄幣或金銀存於庫房作準備金，為此，滙豐銀行撥出 100 萬銀元存入庫房。當時，滙豐的資本額已達 1,000 萬港元。1902 年，傑克遜離任回倫敦出任滙豐銀行倫敦委員會主席。為表彰他對滙豐銀行的貢獻，滙豐的股東和客戶為他建立了紀念碑，至今，他的銅像仍樹立在滙豐銀行前面的皇后像廣場。從 1876-1902 年傑克遜任總經理期間，滙豐銀行的資產從 4,300 萬港元增加到 2.8 億港元，每年盈利從不到 50 萬港元增加到接近 300 萬港元。這時，滙豐的資本額已增加到 2,500 萬港元，成為遠東著名的英資大銀行。❸

建於 1886 年，位於皇后大道中 1 號的滙豐銀行總行。新總行大廈充滿維多利亞時代仿古典結構的風格，是滙豐銀行發展史上的一個里程碑。

1950 年代中的港島中區海景。圖中的新滙豐銀行大廈建成於 1935 年，它全部採用香港開採出來的花崗石建造，氣勢雄偉，與四周的景色極為協調。

對於滙豐銀行早期的成功，銀行歷史學家巴克斯特曾有這樣的評論："它（滙豐銀行 —— 引者）一開始就開闢了新園地。它是在中國的英商匯兌銀行中，以該行活動地區中心之一籌募資本，制訂方針和取得法人地位的第一家。它和當地的緊密聯繫，可以部份地解釋它從 1865 年以來的驚人發展以及它現在在中國的卓越地位，在資本雄厚、基礎穩固並經歷過不少次異常的多事之秋和重要歷史的英國同業中，它是享有無可爭議的領導地位的。" ❹

05

保險公司：諫當與於仁

　　保險業是香港最古老的行業。1840 年香港開埠後，從事鴉片走私的英資洋行紛紛從廣州、澳門遷移到香港發展，它們因航運業而經營的保險業也在香港發展起來。早期的外資保險公司根據英文 Insurance Co. 譯稱 "燕梳公司"，保險公會則稱 "燕梳行"。

》 香港最早的英資保險公司 —— 諫當保險

　　香港保險業最早可追溯到 1805 年在廣州創辦的英資保險公司 —— 諫當保險行（Canton Insurance Society）。該行是外商在中國創辦最早的一家保險公司，早期的發起者是英資的寶順洋行（Dent & Co.）、怡和洋行（Jardine, Matheson & Co.）、特納洋行（Turner & Co.）和美資的旗昌洋行（Russell & Co.）。根據《怡和洋行史略（1832-1932）》的記載，早期，諫當保險公司 "似乎是由一些保險商組成的私人團體，……香港的所有知名洋行，每家都在裡面擁有一份或數份股份，而保險業務由怡和洋行經營。每年保險公司都向股東們提交一份有關這一年經營結果的書面報告，而且看起來總是有相當可觀的紅利可分。事實上，當時收到的保險費將使今天任何一位保險商垂涎三尺。" ❹ 可惜的是，該公司早期的歷史記載在 1867 年寶順洋行破產時沒能保存下來。諫當保險行主要為外資洋行在對中國貿易（其中以鴉片貿易為最大宗）中的遠洋運輸貨物提供保險服務，其客戶就包括了它們的股東。該保險行每 5 年結算並改組一次，由寶順洋行和怡和洋行輪流負責經營，直到 1835 年這兩家洋行決定結束這一協定為止。1835 年，寶順洋行從諫當保險行撤出，另組建於仁保險公司（Union Insurance

Society of Canton, Ltd.）。

　　1836 年，怡和洋行將諫當保險行改組為“諫當保險公司”（Canton Insurance Office Ltd.），其原始實收資本是 26,666 英鎊。當時在廣州，遠洋貨運的保險業務主要是由各大洋行代理。據記載，1838 年，設在廣州的外資洋行約有 55 家，從事代理保險業務的外籍人員有 20 人，代理 15 家外資保險公司，包括倫敦保險公司、聯盟海險公司、海上保險公司等的在華業務。❷

　　1841 年英軍佔領香港後，諫當保險公司即從澳門遷往香港，並於 1842 年在香港註冊，成為香港最早的保險公司之一。當時，印度的代理商在爭取貨運時，就是“利用怡和的海運和保險服務來招徠他們各自範圍內的鴉片出口商”。諫當保險在怡和的經營下，保險範圍逐漸擴展到倫敦、印度和其他各地。

　　1842 年該公司將總部遷入香港後，並沒有放棄其在中國內地的業務。當時，中國被迫開放五口通商，西方各國開始在各開放口岸設立租界，引入現代貿易制度和現代化基礎設施。當時保險業發展迅猛，諫當保險率先投入到這一輪發展高潮中。1848 年，諫當保險在上海設立辦事處，承保範圍逐漸遍及擴大到福州、上海、天津、汕頭等地區。直到 1860 年，該公司仍是中國唯一的一家保險公司，當時它還在莫斯科設有代理點，為使用跨西伯利亞鐵路的客戶承保。到 1890 年，諫當保險公司已在內地十多個城市設有辦事處或者代理點，其中包括廈門、廣州、煙台、福州、漢口、九江、寧波、上海、汕頭和天津。❸ 諫當保險因應當時華人商行迅速發展的趨勢，其分行“在中國商人當中售出保單比在西方商人中售出的數量要多得多”。就連專門處理外商保險業務的泰西分行，向中國商人出售保單的情況也屢見不鮮。❹ 1881 年，諫當保險公司正式改組為一家主要經營海險業務的有限公司，總股本 250 萬元，股本共計 10,000 股，每股 250 元，已具備相當規模。

　　1857 年，諫當保險公司率先在上海開設分支機構。開業初期，因應當時華人商行迅速發展的趨勢，諫當保險上海分行的業務十分興旺。在幾個月之內接受的客戶數目已表明。為了進一步開拓諫當保險公司上海分公司的業務局面，該公司積極向其華商航運客戶招股。1868 年 12 月，上海怡和洋行經理 F. B. 詹森致函諫當保險公司的 W. 凱錫說：“我以前曾提請你注意，給規模較小的航運公司及中國商號分配更多一點股份。這是解決這種令人不滿意的局面的唯一有效方法。我們若不加緊攏絡我們這裡的主顧們，恐怕我們在這裡要站不住腳。唐景星（註：怡和洋行駐華買辦）看來已在做最大的努力來拉攏華商。因此我殷切希望您能考慮把他為我們公司賺來的利潤，分一部份給他以及其他有影響的華商。" **⑤**

19 世紀後半葉（1850 年以後），諫當保險公司一直由一個顧問委員會控制，該委員會包括許多香港經濟界著名人物，如創辦香港置地公司的保羅·遮打（Paul Chater）和大買辦何東（Robert Ho Tung）。**⑥** 對於英國及其殖民地的公司立法而言，1860 年代是關鍵性的時期。通過這時期的立法，公司的永久繼承權和有限責任制被確立下來，這種確立方式比現今的其他方式都更簡易與便利。因此在 1872 年，諫當保險公司成為正式法人公司，取代了以往的一系列合夥制關係安排。1881 年，諫當保險根據第一部公司法正式改組為一家有限責任公司，總股本 250 萬美元，股本共計 10,000 股，每股 250 美元，已具備相當規模。幾年後該公司更成為倫敦保險承保人協會（又稱"倫敦保險人協會"，Institute of London Underwriters）的創始會員。

» 與諫當並駕齊驅的巨頭 —— 於仁保險

香港早期另一家保險公司是於仁保險公司。1835 年，寶順洋行退出諫當保險公司，在廣州成立於仁保險，當時稱作"於仁洋面保安行"，獨立經營。據有關文獻記載，寶順洋行創辦的於仁保險，其原始實收股本為 50,000 美元，原始股東除了寶順洋行以外，還有英資的怡和洋行（Jardine Matheson & Co.）、特納洋行（Turner & Co.）以及美資的旗昌洋行（Russell & Co.）等。於仁洋面保險又稱"友寧保險行"。該行在創辦之初就允許華商設股。

於仁保險創辦的初衷，是要讓各創辦人共同分擔各自向英國及世界各地運輸貨物的風險，各股東每三年向公司清償所欠險款。這一做法自公司創辦時便開始採用，並且一直沿用到 1874 年。這反映出，於仁保險從一開始就是廣州"自由商人"相互保險的組織，公司的股東同時又是公司的客戶，他們自籌互助金，共同運作，彼此受益。**⑦** 於仁保險創辦初期，即在倫敦、加爾各答、孟買、新加坡、馬尼拉等城市設立代理行。[48] 資料顯示，在最初的 5 年，該公司的經營十分成功。1841 年香港開埠後，於仁保險即從澳門遷往香港，並於當年在香港註冊，成為最早將公司總部設在香港的保險公司。

19 世紀 60 年代，對於仁保險的發展產生深遠影響的重大事件，是寶順洋行的破產。1866 年，印度發生棉業工潮，不少洋行和銀行因而破產、倒閉。其中，顯赫一時的寶順洋行亦在工潮中倒閉，成為當時香港經濟中的重大事件。受到寶順洋行破產的影響，於仁保險的公司管理權發生了重要的轉變。1862 年，G. D. 威廉斯（G. D. Williams）取代陷於破產的寶順洋行的顛地，出任公司主管。1868 年，羅伯特·沃特莫爾（Robert Watmore）再接替威廉斯，擔任公司主管這一職務，直到 1871 年。儘管受到連串內部管理權變動的影響，但由於期間香港的對外貿易蓬勃發展，公司的業務仍然發展順利。1868 年，於仁保險在上海設立分支機構，並委派沙莫爾·布朗（Samuel Brown）擔任公司駐上海的首席代表。這是於仁保險成立三十多年來首次向香港境外的業務拓展。1868-1870 年期間，於仁保險的資產已達到 125 萬美元，共分為 250 股，每股 5,000 美元，每股實繳 1,000 美元。[49] 這一時期，於仁保險的主要股東和公司董事包括：怡和、仁記、沙遜、祥泰、華記、義記、禪臣等香港七大洋行。[50]

1871 年，對於仁保險的發展產生深遠影響的伊德家族首次進入公司。該年，納撒尼爾·伊德（Nathaniel Ede）出任公司主管，直到 1897 年，時間長達 26 年。他上任初期，即著手對公司的管理模式進行改革，制定了新的《公司章程》，放棄了傳統的每三年一次清算的原則，將公司從早期的共同分擔風險的臨時性商人互助組織，改組為一家永久性的無限責任制公司。不過，公司仍保留著一些舊式合夥制的特徵。如新《公司章程》就規定：對於不向公司提供支援的股東，公司董事會可撤銷其股份，重新分配給能為公司帶來業務的其他人。1882 年 10 月 24 日，於仁保險根據 1865-1881 年的《香港公司法》進行註冊，最終改組為一家股份有限責任制公司，額定資本為 125 萬美元，分為 500 股，每股 2,500 美元。

制度創新給公司發展注入新的動力。於仁保險展開了新一輪的業務擴張。1874 年 1 月，於仁在英國倫敦建立了分支機構，與倫敦眾多歷史悠久、實力雄厚的保險公司展開競爭；1883 年，於仁在澳洲的墨爾本設立分支公司，積極拓展大洋洲地區的業務。進入 20 世紀，於仁保險更展開連串的收購活動，以擴大業務。1904 年，於仁收購了 Russell & Sturgis，該公司代表於仁在馬尼拉開展業務，其前身就是公司創辦者之一的旗昌洋行。其後，於仁還先後收購了前身為中外保險公司的華商保險公司（China Trades' Insurance Company, 1906）、中國火災保險公司（China Fire Insurance Company, 1916）和揚子保險公司（1925）等。到 19 世紀後期，於仁保險成為 "活動範圍遍及全球的一家大的專業保險公司" ❺❶。

1935 年，在慶祝於仁保險成立 100 週年時，該公司董事長多德韋爾（S. H. Dodwell）指出："要從一個由商人在廣州創辦的小公司，發展成為由全球居民持股的跨國公司，需要預見和創造。我們今天的地位證明我們的先輩並不缺乏這種精神。" 申頓（William Shenton）回應董事長發言時表示："沒有任何一種商業活動像保險一樣清晰地反映了商業活動的狀況，沒有其他哪種生意在國際貿易自由潮流中更加興盛。" ❺❷

》 怡和創辦香港火燭保險公司

19 世紀 60 年代，香港作為新開闢的自由貿易商港，憑藉著得天獨厚的地理位置，獲得迅速的發展。隨著 60 年代輪船時代的到來、1869 年蘇伊士運河的通航，以及 1871 年倫敦至遠東電報線的架通等等所帶來的匯兌、航運及通訊等方面的便利，香港乃至整個遠東地區對外貿易的經營方式都發生了重大變化，過去那種大一統的洋行經營體制逐步解體，洋行對那些 "對外貿易的 '外圍經濟部門'，如航運、保險、條約口岸設施以及銀行業的關切，超過了對貨物買賣的關切"，❺❸ 他們深刻地認識到了 "保險業、銀行業如同航運業一樣，已發展成為這家洋行的至關重要的職能部門"。❺❹

正是在這種特定的歷史背景下，19 世紀六七十年代，香港各大洋行掀起了第一輪投資、經營保險業的熱潮。1868 年，由於公司承保的險種範圍擴大，怡和洋行在香港創辦香港火燭保險公司（Hong Kong Fire Insurance Company Ltd.）。該公司又稱 "香港火災公司"，資本額為 200 萬港元，實收 40 萬港元。該公司 "按其原來的目的，顧名思義，是為了承保火險"。這是第一家在香港本地經營運作的火險公司，並擁有香港殖民地第一輛消防車。如歐洲早期火險公司一樣，香港火燭保險公司自建並培訓自己的消防隊。❺ 根據管理倫巴德公司倫敦檔案處的 Mr. Alan 的回憶，1878 年聖誕節香港發生一場嚴重火災，當時乘著強勁的東北風，火勢蔓延迅速，消防隊不得不拆除大量建築物來防止火勢擴散。許多建築物使用濕毛毯和濕地毯來阻隔火勢，從而得以倖存。其後用於存放過年煙火的爆竹倉庫發生了大爆炸，許多人都看到了香港山邊冒起大火球的壯觀景象。

當時，Mr. Philip 作為查察並為投保財物估價的職員，對於為中藥材商店估價印象深刻。他回憶道：巡查這些藥材商行真是件可怕的工作，你必須和經紀人一起進入那些小巷，那裡用瓶子泡著各種可怕的東西，如烏龜頭和色彩斑斕的蛇，這些都能讓我們嘔吐得一塌糊塗。還有磨成粉狀的犀牛角，還有被風乾的老虎的甚麼器官，看起來如同醃製的洋蔥一樣，但是卻能賣到很高的價錢。所以從保險的角度看，你必須清楚了解並牢記這些"秘方"的實際價值，才能準確地判斷出應承保的價格。

香港火燭保險公司總行設在香港，分公司則迅速擴展至上海、廈門、廣州、漢口、北京、汕頭、青島、重慶等內地城市。當時，保險公司為防止被保險人放火搬物，都在保戶門楣上懸釘一種銅質或鐵質火標，既便於員警查檢，又提醒救火人員奮勇搶救。一般內地保戶以懸掛保險商標為榮，因為非殷實商店住戶，外商大多不敢貿然承保。如今，在上海市歷史博物館裡尚收藏有一份 1924 年 6 月 12 日簽發的保險單，當時香港火燭保險公司在保單上的中文名稱為"香港火燭燕梳公司"。該公司業務發展迅速，獲利豐厚，每年所獲盈利相當於股本的 50%，股票增值曾達到過400%。當時甚少有與其匹敵的保險公司。香港火燭保險公司後來更發展成為香港最具聲譽的一家保險公司。

香港火燭保險公司還積極拓展海外市場，包括日本市場。1868-1870 年間，香港火燭保險公司在日本開始做市場推廣（1897 年英文版《日本時報》頭版刊登了該公司的廣告）。但是早期的這種對於日本風險的承保讓公司損失慘重，因為 1866 年在橫濱港發生大火災，1892 年東京也發生了大火災，而且當時日本地震災害頻繁。但是當時公司在日本與英國及香港間的聯繫還是很順暢的，一直到第二次世界大戰爆發。

19 世紀中後期，在香港創辦的英資保險公司還有：1865 年太古洋行創辦的香港保寧保險公司，1870 年由旗昌、沙遜、瓊記等洋行創辦的香港維多利亞保險公司（Victoria Insurance Co.）等等。

值得一提的是，這一時期各保險公司的業務仍主要由大洋行代理。如 19 世紀 60 年代，怡和洋行代理諫當保險公司、怡和火險公司、於仁保險公司、孟買保險社、孟格拉保險社、特里頓保險公司、孟買海運保險公司等 8 家公司的保險業務；瓊記洋行代理美國 3 家保險公司。當時，香港保險業的發展仍與外資洋行從事的對華貿易密切相關，主要應用於保障船舶貨物及財產。大部份保險公司都以經營火險、意外保險及洋面保險等一般保險業務為主。香港早期的保險業中，人壽保險的發展遠落後於一般保險，第一張壽險保單要至 1898 年才出現。

19 世紀下半葉，香港保險業發展的第一次熱潮中，有幾個值得重視的特徵：第一，英資各大洋行相繼投資創辦了一批保險公司。這些保險公司以香港為總部，積極拓展內地的保險業務，在其後的數十年間逐漸形成了一個以香港為重心、覆蓋內地主要城市的經營網絡。第二，各大洋行代理保險業務的經營方式仍然持續發展，洋行代理的經營形態還有相當大的發展。如 1867 年在上海成立的太古洋行，在 1875 年就取得了英國 3 家大保險公司的代理權。到 1900 年，太古洋行掌握的在華保險代理權已超過了其他大洋行，❺❻ 甚至與怡和洋行旗鼓相當。第三，當時，香港保險業的發展仍主要與英資洋行從事的對華貿易密切相關，主要應用於保障船舶貨物及財產。第四，保險業的公會組織開始建立。在最早成立的公會組織是組建於 1895 年的香港火險公會（The Fire Insurance Association of Hong Kong，簡稱 FIA），當時為代理機構。

06

地產和酒店業

———————————

開埠之初，香港僅是擁有 4,000 名中國居民的小漁港，到 19 世紀末，隨著轉口
貿易、航運業的蓬勃發展，香港已迅速崛起為一個擁有 30 多萬人口的遠東繁榮商
埠。這一時期，英商將投資的觸角伸向地產、酒店業，先後創辦了置地、香港大酒店
這兩家著名的地產、酒店公司。置地公司被譽為香港地產 "皇冠上的明珠"，香港大
酒店則至今仍是香港酒店業的驕傲。

》 香港開埠初期的地產業

香港開埠後，殖民當局即開始著手制訂土地發展和城市建設規劃，將整個香港
島劃分為 3 個區域，即海域區、城市區和郊區，規定離海岸 200 呎範圍之內的區域為
海域區，現今中環沿海地區、跑馬地、赤柱及香港仔等處為城市區，而其他地區則作
為郊區。後來，中環沿海地區發展為維多利亞城。當時，怡和洋行在東角經營，孟加
拉志願軍駐紮在西營盤，1842 年建築的皇后大道將東西兩個據點連接。皇后大道至海
面的沿海地區是洋行、貨倉的聚集地，商店則集中在燈籠洲，即現在銅鑼灣怡和街和
灣仔春園一帶，後來向西發展，形成皇后大道的繁華商業區。

1843 年末，即中英《南京條約》批文交換後不久，首任港督砵甸乍（Henry
Pottinger）為了維護西方殖民者的利益，將中環維多利亞城中心劃分洋人專屬居住區
和商業區，東西兩側為華人區，跑馬地一帶則供華洋上流社會打獵、郊遊之用。到 60
年代，域多利皇后街與花園道之間包括威靈頓街、雲咸街、雪廠街、畢打街在內的中
環地區，已成為洋人居住區和洋行、銀行的集中地，成為維多利亞城的核心地區。而

包括上環、西環的太平山區則發展成熱鬧的華人社區。南北行、金山莊、錢莊、絲綢莊、藥行、古董舖、堆棧、茶樓、飯館，甚至賭場、妓院等都雲集在這一區。

19 世紀 70 年代後期，隨著華商勢力的崛起，港督軒尼詩同意華人逐步超越過去的種族隔離線，華人勢力沿荷李活道和威靈頓街向中環洋商傳統商業區推進，部份富裕華商在皇后大道中、雲咸街、荷李活道和鴨巴甸街之間的區域購置原屬洋商的房地產，而部份洋商則將居住區遷移到環境優美、空氣清新的半山區和山頂區。這樣，中環地區便發展成香港最繁盛的商業區，房地產業亦蓬勃地發展起來。

香港開埠初期，英商可說在地產業佔盡優勢，因為當時購買土地的都是一些英資大行，如怡和洋行、寶順洋行、林賽洋行、丹拿洋行、九龍倉、連卡佛、沙遜洋行、黃埔船塢等，其中不少是參與香港第一次投地的實力雄厚的大公司。不過，到了19 世紀 80 年代，華商在地產業的勢力已迅速崛起。當時，港督軒尼詩就曾在立法局表示，華商已成為香港島最大的業主，香港政府的稅收有 90% 來自華人。1881 年他透露，在香港每季繳交地稅 1,000 元以上的業主有 18 人，除怡和洋行一家外，其餘 17 人均為華人。❺

不過，當時香港仍未有專門從事地產發展和投資的專業公司，各大洋行或業主擁有的物業多為自用性質。據香港註冊處的記載，第一家在香港註冊成立的地產有限公司是聯邦地產，第二家便是著名的置地公司。

》 置地公司的創辦

置地公司，最初稱"香港置地及代理有限公司"（The Hong Kong Land Investment and Agency Company Limited），創辦於 1889 年，創辦人是著名英商保羅・遮打（Paul Chater）和怡和洋行。當時，怡和的傳奇人物威廉・凱瑟克在倫敦領導集團的全球業務，其表親約翰・貝－伊榮負責香港業務，出任怡和主席。貝－伊榮在創辦置地不久退休，由詹姆士・莊士頓・凱瑟克（James Johnstone Keswick）接任。創辦時置地的股東還包括西結・所羅門（Ezekiel Solomon）、J. S. 摩西（J. S. Moses）、S. C. 邁高森（S. C. Michaelsen）、J. E. 盧保（J. E. Noble）和荷穆志・麼地等，他們各自持有公司相同的股

約 1958 年港島中區的皇后行（今香港文華東方酒店現址）。1920 年代以後置地公司在中區的主要物業之一。

份。⑱ 置地的創辦，標誌著香港的地產業進入一個新的發展時期。

當時，遮打和凱瑟克都意識到，香港遲早將發展為世界上最重要的商埠之一，香港的房地產業必將蓬勃發展，經營地產業將大有可為。因此，遮打和怡和攜手合作，於 1889 年 3 月 2 日在香港註冊成立置地公司。當時，置地公司的註冊資本是 250 萬港元，不消數月倍增至 500 萬港元，共 5 萬股，每股 100 港元，其中一半透過發行股份籌集，另一半則須徵集。這個數目在當時是一個非常驚人的數字，比 1982 年香港政府全年財政收入還要高。同年 3 月 18 日，置地召開第一次董事局會議（當時董事局是清一色洋人），由怡和主席擔任公司主席。自此，怡和洋行大班兼任置地大班成為傳統。根據會議上記錄："保羅‧遮打先生在會議上發表計劃方案，提出各項具有遠見的改善和變動的發展策略，打算在填海計劃獲得通過後實行。這些計劃一經實行，物業價值將會大幅提升。"董事局會議還決定，為了應付日益膨脹的華資地產商的勢力，置地將擴大股本，邀請華資富商加入。於是，當年的華資巨富李陞和潘邦成為了這家英資公司的兩位華人董事。

香港開埠以後的半個世紀，人口和商業活動都集中在維多利亞城。因此，置地從創辦起，業務就集中在中環，在中環區廣購物業。根據 1895-1896 年的登記，當時置地擁有的物業主要集中在皇后大道中、德輔道中，其他地區則包括雲咸街、奧庇利街、庇利街、伊利近街及史丹頓街。❺⁹ 置地的投資策略，一開始就集中在商業最繁盛的中區，自此成為傳統。

早在置地公司創辦前，保羅‧遮打曾積極游說香港政府，在中環維多利亞港進行新的填海工程，並沿海港興建一條新的海傍大道。在置地公司成立 6 天後，遮打終於得償所願，獲得批准。新填海地從當時的寶靈海傍（Old Praya）一直填至干諾道，這項工程於 1903 年完成，寶靈海傍中和寶靈海傍西亦分別改名為 "德輔道中" 和 "德輔道西"，而新建的海傍大道則成為日後的遮打道。自此，這幅填海地成為香港中環的核心部份，即今日德輔道中與干諾道中（包括皇后像廣場和遮打道）之間的地段。❻⁰

中區填海計劃剛竣工，置地就在填海區購買地皮，大興土木。當年的土地售價僅為每平方呎 25 港元，極為便宜。1898 年，置地在新填海地建成第一幢商廈——新東方行，即今日的友邦金融中心。因此，遮打道填海計劃可視為置地公司將 "中環" 發展為香港商業區的第一步。到 1905 年底，置地至少在區內興建了 5 幢新廈，包括坐落在干諾道旁、面臨海港的聖佐治大廈、皇帝行，坐落在遮打道的沃行、於仁行和歷山大廈，而皇室行則坐落在雪廠街尾。這些大廈均樓高 4-5 層，一律是維多利亞時代的風格，是當時最宏偉的建築物。這時，置地擁有的物業，總值已超過 30 萬港元。❻¹

1911 年民國政府成立後，中國處於軍閥割據的內亂時期。這一時期，香港經濟日趨蓬勃發展，轉口貿易不斷擴大，對商業寫字樓的需求日益增加，推動了樓價、地價和租金的攀升。當時，擁有大量商業出租物業的置地，自然盈利節節向上。據記錄，1890 年度置地創辦頭 9 個月公司純利僅 11.7 萬港元，而在 1921-1924 年間，置地每年純利都接近 800 萬港元。

這一時期，置地繼續在中區拓展它的物業王國。1923 年，置地以換股方式與中央地產公司合作，收購了皇后行及其東北角即香港文華東方酒店現址地皮。1926 年元旦，位於德輔道中與畢打街交界的香港酒店發生火災，酒店北座全部被燒毀，置地以 137.5 萬港元的價格，購入這幅面積達 2.6 萬平方呎的土地，將其重建為告羅士打大廈。告羅士打大廈樓高 9 層，是當時香港最高的建築物。該大廈有一座鐘樓，是當年中環地區的重要標誌。1927 年，置地又以 300 萬港元的代價，購入皇后大道中的太子行。及至 1938 年，置地再購入公主行毗鄰的勝斯酒店，重建為公爵行。經多年苦心經營，到 20 世紀 30 年代後期，置地在中區的物業王國，已初具規模。1926 年 5 月，置地的創辦人之一保羅·遮打爵士逝世時，置地已成為香港首屈一指的大型地產公司，它的資本、儲備及盈利已超過 1,400 萬港元。

　　到 1930 年代末，置地擁有的物業，僅在中環地區總值就已超過 1,100 萬港元，❷成為香港中區最大的業主。

» 香港大酒店的創辦

　　與地產業發展的同時，香港的酒店業亦蓬勃發展。最早在香港註冊的酒店有限公司，是香港上海大酒店有限公司（The Hong Kong and Shanghai Hotel Ltd.），當時稱為 "香港酒店有限公司"，於 1866 年 3 月 2 日註冊成立，是香港公司註冊登記冊上最具歷史的註冊公司，也是最早在香港上市的公司之一，董事局成員包括蘇格蘭人 Douglas Lapraik（其府第現已改建為香港大學大學堂）、英國裔的 C. H. M. Bosman（香港黃埔船塢董事之一）及德國裔的 Gustav von Overbeck 男爵（普魯士及奧地利駐香港領事，其後成為董事局首屆主席），並由巴黎銀行香港分行資助。不過，後來香港大酒店的控制權漸漸落入嘉道理家族的手中，成為嘉道理家族財團旗下重要的上市公司之一。

　　嘉道理家族是猶太裔人，世居巴格達。1880 年，15 歲的艾利·嘉道理（Ellis Kadoorie）和 11 歲的伊里·嘉道理（Elly Kadoorie）兄弟從巴格達經孟買前來香港，投靠親戚沙遜家族，在他們的公司當職員，實際上無非是從打雜之類幹起。當時沙遜家族已成為地位顯赫的大鴉片商，其創辦的沙遜洋行分設香港、上海各地。嘉道理兄弟在沙遜洋行工作數年後先後辭職，兄長艾利從事金融、地產及股票經紀業務，漸成富商，投資遍及香港及上海各地。而伊里亦離開沙遜洋行從事股票買賣生意，自稱 "基利"（Kelly）公司，每日跑到雪廠街尋找買家和賣家，漸漸認識一批同業朋友，與其中兩名知交合組 "班傑明、基利、砵士股票經紀行"（Benjamin Kelly and Potts），當時

1889 年的香港大酒店。香港大酒店於 1866 年將寶順洋行總部拆卸後重建而成，樓高 6 層，是當時香港最高級的酒店。1926 年酒店發生火警，北座被焚毀。後來，置地購入這幅土地，並興建告羅士打行。

的股票經紀全部單獨做生意，合夥者極少，而伊里等合夥開辦的股票經紀行在這方面先行一步，生意漸漸打開局面。

　　1890 年 3 月，艾利·嘉道理透過自己持有一半權益的經紀公司 Benjamin & Kelly，購入香港大酒店公司 25 股股份。1906 年，香港發生一場超級風災，上萬人喪生，41 艘輪船沉沒，香港大酒店生意頓減，股票價格急瀉，艾利趁低吸納香港大酒店股份，成為公司主要股東之一。1904 年，艾利·嘉道理收購創辦於 1888 年的山頂纜車公司。1914 年艾利加入大酒店董事局，邁出嘉道理家族入主該公司的第一步。1917 年，艾利·嘉道理獲封爵士。1922 年，艾利·嘉道理因心臟病發逝世，終年 57 歲，未婚，遺產全部由弟弟伊里及其兩子羅蘭士、賀理士繼承。1928 年，伊里加入大酒店董事局，其後，嘉道理家族逐漸成為大酒店的首席大股東。1937 年伊里長子羅蘭士·嘉道理（Lawrence Kadoorie, 1899-1993）出任大酒店董事局主席，正式入主大酒店。

香港大酒店創辦之初，剛好遇上聞名遠東的寶順洋行倒閉，將中區洋行總部大廈出售以償還債務。寶順洋行總部為當年標準的地王，南靠皇后大道中，北臨海傍（即今日德輔道中），西面是畢打街，面積寬廣，地處中環核心商業區，是興建酒店的理想地點。香港大酒店即籌資購入，改建為香港酒店。1868 年，香港酒店試業，開幕儀式由 C. H. M. Bosman 主持，並邀請港督麥當奴爵士（Richard Graves Macdonnell）擔任榮譽嘉賓。酒店獲傳媒封為 "中、日同業的翹楚"，聘請倫敦 Langham 酒店 Charles Duggan 出任經理，鑄幣廠總監 C. Langdon Davies 則出任公司秘書。

1873 年，E. R. Belilios 及遮打爵士分別擔任公司主席及董事。其後 10 年，香港酒店租予帕西裔麵包商 Dorabjee Nowrojee。當董事局重掌酒店管理權後，Nowrojee 轉為競爭對手，在砵典乍街及九龍另外兩處開設酒店，並且設立渡海小輪服務，其後於 1898 年將渡輪服務售予新成立的天星小輪公司。1885 年，擁有酒店公司三分之一股權的經紀 W. Kerfoot Hughes 從美國三藩市 The Baldwin 酒店聘請其酒店經理 Greeley 出任香港酒店經理；Greeley 將到會餐飲服務引入香港，並建議酒店進行擴充。1886 年，香港大酒店購入海傍末端畢打碼頭的地盤，即現時置地廣場告羅士打大廈所在地，其後建成 5 層高的香港酒店北翼。

1888 年，香港酒店大樓一面牆壁倒塌，摧毀 2 間客房、餐廳和桌球室，雖然沒有造成傷亡，但意外導致新翼須延至 1889 年 8 月開幕。當年，香港酒店的建築圖則獲得批准，酒店可將正門遷往海傍，並擴建至在 1904 年完成海傍填海計劃所得的德輔道。1891 年，香港酒店的露台成為香港股票經紀進行交易的聚腳點；同年 2 月，遮打爵士帶領股票經紀組成香港首個正規證券交易所。1892 年 12 月 1 日，香港酒店畢打街新翼竣工並正式揭幕。這間酒店樓高 6 層，設有水壓式電梯，是當年唯一的國際級觀光酒店，從建築形式到內部設備，都借鑑倫敦一流酒店，店內設有餐廳、舞池及會議室，並聘請英國專家任總經理。當時，香港電燈公司剛創辦不久，發電量不足，因而香港大酒店全部採用煤氣燈照明，只有極少數電器用品不得不用電，水壓式電梯便是其中之一。很快，香港酒店成為上流紳士淑女的主要社交場所。

1910 年，大酒店在創辦香港酒店取得成功之後，又著手籌辦位於港島南區的淺水灣酒店，於 1920 年元旦開業，由港督司徒拔爵士主持開幕典禮。當時，香港開始使用汽車，上流社會的青年子弟都以駕車郊遊為時髦，淺水灣酒店成為這些人的郊遊好去處，生意興旺不亞於中環的香港酒店。1922 年元旦，大酒店收購了香港的山頂酒店，收購價為 63.97 萬港元；稍後又收購了位於上海的上海酒店有限公司 85% 股權，而該公司持有六國飯店 60% 股本，將酒店業務擴展到上海等地。1923 年，大酒店正式改名為"香港上海大酒店有限公司"。

由於港島的酒店業務蒸蒸日上，香港大酒店董事局於是放眼九龍尖沙咀旅遊區。當時，該區已設有火車站、渡輪碼頭、遠洋輪船碼頭，開始發展為繁榮的商業區，具備優越條件興建觀光酒店。1921 年，大酒店計劃在尖沙咀海傍興建一座新型酒店，這就是後來聞名全球的半島酒店。為籌集興建酒店資金，大酒店擴大資本額，從 250 萬港元增加到 500 萬港元，發行股數從 25 萬股增加到 50 萬股，嘉道理父子大量認購新股，持股量繼續增加。

半島酒店的興建也是一波三折，先是因為酒店打樁工程受阻，其後又碰上 1925 年香港大罷工而被迫再度延期，酒店接近落成時又被駐港英軍徵用長達 14 個月，從興建到完工足足拖延了 7 個年頭。1928 年，半島酒店終於落成。新酒店不僅面積大，還相當長時期成為香港最高樓宇。酒店所用的一切金屬品，皆用黃銅或不鏽鋼製成，大堂、廳、房及走廊均鋪滿地毯。燈飾華麗為新酒店的另一特色，整間酒店設有各式電燈 4,000 盞。半島酒店的豪華氣派，令香港市民耳目一新。酒店開幕第二日，香港《南華早報》有專文報道，該報引用一名美國女顧客的話說："置身其間，我好像成為百萬富豪，其實我袋中銀両不多。"

1928 年 12 月 11 日，半島酒店揭幕，紳商名流紛紛出席觀禮，港督修頓爵士主持半島酒店開幕典禮，並在席上致詞："自九廣鐵路及粵漢鐵路通車後，旅客可從倫敦乘搭火車直達九龍半島酒店前，他們可以發現半島酒店的設備不比歐美任何酒店遜色。" 1931 年 12 月，曾任怡和洋行買辦的何東爵士假半島酒店舉行金婚酒會，政府高官及商紳名流紛紛到賀，盛況空前。自此，半島酒店取代了已焚毀北座的香港大酒店，成為香港及遠東最豪華的酒店。這一時期，大酒店成為香港最具規模的酒店集團，旗下酒店包括香港酒店、半島酒店、淺水灣酒店及山頂酒店，集團又收購了香港纜車公司。可惜的是，香港大酒店於 1926 年被一場大火燒毀了北座，剩下南座繼續營業，氣派已不及前，其後更於 1954 年停業。

伊里·嘉道理於 1928 年加入大酒店董事局後，持股量繼續增加，約達總數的 20%，漸漸成為首席大股東。1937 年 4 月，伊里將董事職位讓予長子羅蘭士·嘉道理，年紀輕輕的羅蘭士即當選為香港大酒店董事局主席。抗日戰爭爆發後，國內難民大量南逃香港，其中不少人身懷鉅款，成為半島酒店的豪客。1937 年，大酒店的業績竟比上年度增加了 3 倍。這幾年，半島酒店儼然成為上海大亨的社交中心。1939 年，半島酒店的純利突破 100 萬港元。日軍佔領香港期間，半島酒店成為佔領軍總部，由於嘉道理家族全數已加入英籍，因而亦全部被拘押在集中營。1944 年，伊里·嘉道理爵士在香港病逝，享年 78 歲。

二次大戰後，羅蘭士·嘉道理重整家族生意，大酒店集團的業務逐步走上軌道。其後，羅蘭士因出掌中華電力公司主席，專注電力發展業務，大酒店主席一職改由其弟賀理士繼任。賀理士退休後，再由米高·嘉道理出掌。70 年代初，香港出現拆舊建新浪潮，嘉道理家族開始研究半島酒店重建的可行性。1975 年，大酒店董事局擬定一個重建計劃，準備在半島酒店毗鄰地段興建一座新的半島酒店，再將舊酒店拆卸重建。不過，該方案隨即受到老顧客們的強烈反對，最終被迫擱置。1978 年，半島酒店迎來 50 週年金禧，適逢香港政府放寬建築物高度限制，半島酒店於是在酒店前後加建兩幢大廈，形成今日的模樣。

到 20 世紀 80 年代，大酒店集團業務已多元化，旗下全資企業，包括五星級的半島酒店和四星級的九龍酒店、港島淺水灣影灣園、中區聖約翰大廈、山頂大樓及山頂纜車公司，並在美國紐約、菲律賓馬尼拉以及北京、上海、廣州等地經營酒店業務。旗下的半島酒店，是香港酒店業的驕傲，歷年都被評為世界十佳酒店之一。香港大酒店亦因而長期穩執香港酒店業的牛耳。

07

英資對公用事業的投資

————————

　　19 世紀末，香港最終確立貿易轉口港的地位，成為遠東著名的商埠城市。隨著市政建設和基礎設施的逐步發展，英商的投資開始涉及煤氣、電力、交通運輸及通訊等公用事業領域，先後創辦了中華煤氣、香港電燈、中華電力、山頂纜車、天星小輪、香港電車及香港電話等公用事業公司，從而奠定了對香港公用事業的壟斷。

》 中華煤氣的創辦

　　中華煤氣全稱香港中華煤氣有限公司（The Hong Kong and China Gas Co., Ltd.），於 1862 年在英國註冊成立，由一批倫敦的英商創辦，直到 1954 年其控制權才轉移到香港以英資四大洋行之一的會德豐為首的財團手中，會德豐主席佐治‧馬登出任董事局主席。

　　中華煤氣創辦之初，首先在香港西環興建首座煤氣廠，1864 年建成投產，開始向港島供應煤氣。當時，煤氣爐、焗爐、熱水器等尚未面世，煤氣公司獲港督羅便臣的特許，主要為樓宇及街道燈光照明服務。1865 年，中華煤氣在香港島敷設了 24 公里的煤氣管道，供應 500 盞煤氣街燈，煤氣銷售量達 25.5 萬立方米。初期，煤氣公司主要負責所有營業事務，而煤氣輸送、敷設煤氣管，以及設立氣鼓貯存煤氣等所有工程，均由設於石塘咀的香港煤氣局管理。

　　1887 年，隨著九龍市區的發展，中華煤氣在佐敦道興建了第二座煤氣廠，為九龍區服務。由於九龍市區不斷擴展，公司遂決定於 1933 年購地興建一座全新的煤氣廠，結果便購下今日的馬頭角廠現址，首先建了一座容量達 14,200 立方米的煤氣鼓。

當時，煤氣公司已有很大的發展，據 1933 年英文《南華週日星報》的報道，到 1932 年底，香港已敷設了長達 193 公里的煤氣管道，港島區的煤氣街燈已達 1,945 盞，九龍區亦有 555 盞，而煤氣的年銷售量則已從 1900 年的 195.4 萬立方米增加到 1932 年的 742 萬立方米。[63]

中華煤氣曾壟斷了香港街燈照明服務，不過，自香港電燈公司創辦起，煤氣公司開始和香港電燈公司共同承擔這項服務，隨著電氣化的日漸普及，煤氣用途被迫從照明燃料轉為飲食燃料，煤氣管道開始敷設到各住宅區。1941-1945 年日軍侵佔香港期間，中華煤氣業務一度陷於停頓狀態，直到 1945 年 8 月和平後才逐漸恢復。當時，煤氣公司的客戶共有 2,422 戶。

1953 年煤氣公司的客戶增加到 7,352 戶，公司遂決定向英國購買最新式的煤氣生產設備，在馬頭角興建新廠，新廠於 1956 年投產，而原設在佐敦的煤氣廠則告結束。1958 年中華煤氣公司敷設從紅磡新填海區至香港銅鑼灣奇力島的海底煤氣管道，自此，煤氣從九龍輸送到港島。1960 年煤氣公司在馬頭角煤氣廠再興建一組新型的催化重油煤氣生產機，新機投產後西環煤氣廠隨即關閉。同年，中華煤氣成為上市公司。

1962 年，中華煤氣慶祝公司創業 100 週年，當時，公司的煤氣客戶共 16,053 戶，煤氣管道 346 公里，煤氣銷售量達 2,393.1 萬立方米。煤氣公司在 100 週年紀念特刊中表示："值此百年紀念中，無論從廠房的外貌或是管理組織上，再也無法找到一絲往昔的舊貌。此外，新煤氣廠正在興建中，將可使煤氣的生產量提高 1 倍，同時公司又訂購了最新式的煤氣鼓，其貯氣容量亦比現有的煤氣鼓大 1 倍。今後一切都是劃時代的新式設備，並具有充份的能力以應付日後擴充業務發展的需要。"

》 香港電燈的創辦

香港電燈有限公司（The Hong Kong Electric Co., Ltd.）是另一家屹立百年的英資公用事業公司，由保羅‧遮打爵士於 1889 年創立。當年，英國一位電機工程師威廉‧屈咸來港旅遊，遇見遮打，遮打爵士向他詢問起英國的電力供應情況，認為香港亦應發展電力公司，於是請他協助擬訂投資計劃。1889 年 3 月 2 日香港電燈公司註冊成立，香港政府為支持電燈公司的發展，首先向電燈公司購買供應 50 盞街道電燈的電力供應，而當時的街燈全部是由煤氣公司供應的煤氣燈。

香港電燈創辦後，即向英國購買發電機及聘請專業人士，在港島灣仔今日永豐街的山坡上興建第一間發電廠，該廠於 1890 年 12 月正式供電，給 50 盞街燈照明及供山頂抽水。當時，明亮的街燈成為香港電燈公司的最佳廣告，中區的洋行、銀行以及華商的店舖，紛紛裝設電燈。1891 年，電燈公司的客戶已增加到 600 戶，並提供電力給 75 盞街燈照明。創辦 6 年後，香港電燈已有盈利，並首次派發股息。初期，電燈公司的輸電線是架設於上空的，1905 年開始藏於地底，延至今日仍用地底電纜輸電。1906 年，中區新填海區建成一批新廈，電燈公司為配合中區的發展，在雪廠街設立一座發電站，兩年後，新落成的皇后酒店首先使用電動升降機和電風扇，港島的電力需求大幅增加。

到 20 世紀初，港島市區已延伸到灣仔，灣仔逐漸發展成繁華的住宅區和商業區，灣仔發電廠已告飽和，香港電燈公司遂向香港政府投得北角海傍地段興建新發電廠，該地段由電燈公司填海而成，即現今的電氣道城市花園地段。1919 年北角發電廠建成投產，擁有 2 台 150 萬瓦發電機。當時適逢第一次世界大戰結束、《凡爾賽和約》簽訂，香港電燈公司於是在中區皇后廣場和歐戰和平紀念碑舉辦首屆 "電燈節" 作為紀念。

而在第一次世界大戰期間，香港電燈公司由於發電機日久失修，負荷力弱，並經常發生故障，電流中斷，每星期都有 2、3 次停電，經過許久才能修復，以致公共場所和酒樓餐廳都必須同時安裝煤氣燈以備不虞，令中華煤氣公司盛極一時。大戰結束後，香港電燈公司的北角發電廠啟用，業務迅速發展，又向香港電車公司供電。當時，香港電燈只負責經營業務，一應電燈工程建設由設於銅鑼灣的香港電燈局管理，香港政府特許電燈局專利，凡大公司、大酒店欲自行安裝發電機自用，須有電燈局批准，否則會被檢控。香港電燈遂壟斷了港島的電力供應。

20 世紀 20 年代，香港電燈的業務已有很大的發展。1925 年，電燈公司將電壓從 100 伏特轉為 200 伏特，免費向港島客戶送出 24 萬個 200 伏特的燈泡，並免費調校

15,500 架電風扇及 3,400 部其他電器。到太平洋戰爭爆發前，北角發電廠的最高發電量已達 2,080 萬瓦。日軍侵佔香港期間，該廠受到嚴重破壞，1945 年發電量降為 780 萬瓦。1951 年，北角發電廠完成首期擴建工程，到 1964 年發電量已增加到 225 兆瓦。

》 中華電力的創辦

香港另一家主要的電力供應公司是中華電力有限公司（China Light & Power Co., Ltd.）。20 世紀初，九龍半島市區發展，尖沙咀、油麻地、旺角、深水埗一帶新建樓宇如雨後春筍，居民移居者眾，商業繁盛。香港電燈公司的電力供應已難以應付，香港政府批准在九龍地區成立新的電力公司。1901 年 1 月 25 日，由英商羅拔・舒安和保羅・遮打等人發起，中華電力公司創立，資本 30 萬港元，大股東是當時頗有名氣的百貨公司 Shewan Tomes & Co.，指定羅拔・舒安當股東代表，兼任公司董事局主席兼總經理。當時，公司計劃在廣州、九龍等地設立發電廠，故註冊時以 "中華" 命名。當年最高的用電需求量為 0.1 兆瓦。

中華電力創辦後，即將大部份資金在廣州收購了一間小型發電廠，1903 年又在九龍紅磡漆咸道設立第一間發電廠，發電量為 75 千瓦。不過，在中華電力公司創業的頭 10 年，業務發展一直不理想，盈利停滯不前，1910 年公司盈利僅 2,661 港元。中華電力遂於 1909 年將廣州發電廠出售，套現 130 萬港元，集中在九龍發展。事實上，在中華電力創辦頭 10 年間，公司僅派息兩次，股東普遍對電力發展無信心，要求將公司清盤，惟主席羅拔・舒安力排眾議，苦苦支撐等候轉機。尚幸 1911 年九廣鐵路通車，電力需求大增，中華電力公司重現生機，獲得發展。1914 年公司盈利 25 萬港元，是創辦以來的最佳業績。

1918 年，香港政府徵用紅磡發電廠地段，建議用紅磡鶴園新填海地作為交換。新填海地段面積廣闊，但公司並無資金興建新廠，故進行改組，擴大股本，集資 100 萬港元，由嘉道理家族和何東家族分別注入，兩大家族遂成為公司的大股東。1919 年，中華電力開始為九龍區公共照明系統供電。1920 年，中華電力在紅磡

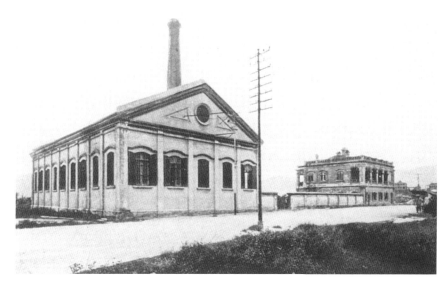

中華電力在漆咸道第一間發電站，約攝於 1908 年。

1953 年中華電力總部（中華電力有限公司提供）

鶴園建成新的發電廠，裝置新式機組，發電量大增，初期為 350 萬瓦，到 1941 年日軍侵佔香港前夕，已增至 3,200 萬瓦。自此，中華電力公司步入正軌，進入大發展時期。

1931 年，中華電力開始向新界供電，其時城門水塘和銀禧水塘剛建成，電力輸到，解決了泵水問題。1933 年，以嘉道理家族和何東家族為首的董事局指責主席羅拔‧舒安經營不善，令公司開支龐大，要求他退休，並推舉金普頓（A. H. Compton）繼任主席。金普頓為專業人士，上任後即對公司組織結構進行改組，在九龍窩打老道及亞皆老街交界處設立總管理處，各部門集中辦公。此外，又在九龍塘興建一幢實驗室，供專家做研究工作。到 1939 年，中華電力售電量已達 5,330 萬度，比 1913 年的 50 萬度增加逾 100 倍，客戶亦達 28,848 戶，比 1913 年的 670 戶增加 42 倍。1940 年，中華電力鶴園發電廠正式投產，位於九龍亞皆老街的總辦事處亦落成啟用。

1941 年底，太平洋戰爭爆發，日軍入侵香港，中華電力奉港府命令將鶴園發電廠主機炸毀，以免落入日軍之手。當時，公司損失慘重，公司主席金普頓和嘉道理一家被日軍扣押，後轉押到上海，伊里‧嘉道理在上海日軍集中營病逝。1945 年，日本投降後，身為公司大股東兼董事的羅蘭士‧嘉道理實際負起重建中華電力公司重任。當時，公司並無資金，羅蘭士憑藉家族的信譽向銀行貸款，向歐洲訂購新的發電機組。在各方面的配合下，中華電力的重建比預期的好，1946 年的供電量已恢復到香港淪陷前水平。1955 年，中華電力收購大澳合眾電力公司，開始為大嶼山居民提供電力服務。50 年代，羅蘭士‧嘉道理出任中華電力董事局主席，自此，中華電力成為嘉道理家族的旗艦和核心業務。

》 天星小輪的創辦

19 世紀後期，除煤氣、電力之外，香港的公共交通亦起步發展。當時，堪稱全港第一家公共交通公司的，要數天星小輪公司。天星小輪的起源要追溯至 1880 年，當時一位與九龍倉關係密切的酒店老闆羅魯治（Dorabjee Naorojee Mithaiwala）創辦了

20 世紀初的九龍天星小輪碼頭

天星小輪公司旗下經營尖沙咀至中環線的渡海小輪

"九龍渡海小輪公司"，並以一艘名為"曉星"的蒸汽船開展其載客渡輪服務，使用九龍倉免費提供的尖沙咀碼頭，香港方面則停泊在畢打街碼頭。1888 年，報章報道記載當時的渡輪服務每相隔 40 分鐘至 1 小時開出一班往返中環畢打街及尖沙咀九龍角，逢星期一及五則暫停服務以便為船隊補充煤炭作燃料之用。至 1890 年，九龍渡海小輪共擁有 4 艘單層小輪。不久，這 4 艘小輪均增設了上層客艙。

1898 年，由保羅・遮打爵士出任主席的九龍倉收購九龍渡海小輪公司，並於同年 5 月正式成立天星小輪有限公司，新公司名稱主要取材自轄下船隊的船名均包含了的"星"字。其後，天星小輪在香港證券交易所掛牌上市，由遮打爵士兼任天星小輪主席，羅魯治出任總經理。1904 年，天星小輪在當時九龍角興建新的天星碼頭，於 1906 年 4 月落成。9 月 18 日，九龍角天星碼頭被颱風吹襲破壞，並於 1911 年重新開放。1906 年，天星小輪已擁有 5 艘渡海小輪，全部由黃埔船塢製造，每隔 15 分鐘從中環天星碼頭和尖沙咀天星碼頭對開，其中有 2 艘小輪設有雙層客位，頭等設上層，華人乘客須衣履整齊，否則不受歡迎；二、三等設下層，乘客可攜帶行李雜物。當時，九龍倉員工大部份住在港島，每天須乘搭天星小輪到尖沙咀上班，九倉與天星小輪簽訂協議，由後者免費乘載九倉員工。

20 世紀 20 年代，天星小輪陸續增加雙層小輪船。1933 年，天星小輪取得來往尖沙咀至中環航線的專營權。同年，引入其第一艘柴油內燃機輪船，命名為"電星"。天星小輪的設立，大大加強了港島和九龍半島的聯繫。到 1941 年日軍侵佔香港前夕，天星小輪已擁有 6 艘渡輪，每日載客量達 3-5 萬人次。1941，日本進攻香港，天星小輪在炮火下維持渡輪服務，疏散那些九龍半島的難民及軍隊。隨後，天星小輪的服務停頓了三年零八個月，是成立以來最長時期的停頓。戰火中損失了 5 艘天星小輪。至 1949 年，有 6 艘天星小輪恢復航行。當時，同時提供渡海小輪服務的還有 1923 年由華商創辦的香港油麻地小輪有限公司（The Hongkong and Yaumati Ferry Co. Ltd.），主要經營中環至九龍深水埗、旺角和油麻地等 3 條港內航線，後來則擴展至新界及離島。

》 山頂纜車與香港電車的創辦

　　19 世紀 80 年代以後，隨著香港人口的急增，華人勢力逐漸滲入中環核心區，半山和山頂漸漸發展成洋人的居住區及旅遊觀光勝地，山頂酒店業已建成，山上山下之間的交通日形重要。當時，香港有人口約 1.8 萬人，其中，有約 1 萬人為洋人，而扯旗山（即太平山）半山及山頂則是他們的聚居區之一。1881 年英商勞萊‧史密斯創辦了香港山頂纜車公司，山頂纜車於 1888 年 5 月 30 日正式啟用，它從花園道靠近政府合署的總站出發，像壁虎一樣緊貼著陡峭的山坡向上攀升，一直伸延到太平山頂，全長 1,433 米。當時，纜車每天服務 8 小時，分三段時間開車，早晚上下班，每一刻鐘開一班車，下午有一個時辰則半小時一班。坐山頂纜車雖然未必舒適，但比起坐轎子、黃包車之類要快捷方便得多，因此，山頂纜車啟業後，立即成了洋人和遊客上下山的主要交通工具。山頂纜車開業第一年，估計載客 15 萬人次以上。

　　山頂纜車建成初期，車廂的座位嚴格劃分等級，頭等座位專為政府高官而設，

經營逾百年的山頂纜車，攝於 1920 年代。

這個規定從 1908 年直到 1949 年始告作廢。而士兵和為山頂居民工作的人均有特定的位置，攜帶貨物的苦力是不准上車的。種種規定，充滿濃厚的殖民色彩。1905 年，香港纜車公司被幾位著名英商收購，其中包括遮打爵士，後來纜車公司更轉歸嘉道理家族旗下。1926 年，山頂纜車實施電氣化計劃，由蒸汽推動改為電力推動，並採用更加寬敞結實的車廂，乘客人數從 30 人增加到 52 人，山頂和山腳車站亦興建大型建築物，以容納機電設備和纜車車卡。

第二次世界大戰期間，香港山頂纜車也曾受到炮火的損壞。由於在山腳車站附近有一個英軍軍營，日本人進攻香港時在這裡發生過激烈的攻防戰。這時，纜車仍在行使，炮火在車廂邊炸開，令乘客膽戰心驚。當時，山頂也是日本人進攻的目標之一，對山頂機房造成嚴重的損害。戰事後期，英軍計劃棄守前夕，山頂纜車工程人員將所有重要電路截斷。日本人佔領香港後，要務之一是盡快恢復所有公用設施。不過，直到 1942 年，日本人才使山頂纜車恢復行使。香港淪陷期間，燃料嚴重短缺，發電廠急需燃料，日本佔領軍利用山頂纜車作運輸槽，把山下砍下的樹木運到山上發

香港的第一代電車，攝於 1918 年。

電廠，以致路軌損壞嚴重，所以在戰後一段時期，山頂纜車只能維持有限度的服務。

1945 年，山頂纜車在戰後首次通車。1948 年和 1959 年，纜車車廂進一步改善，分別是車廂改用鋁質材料，座位也增加到 72 個。自此，山頂纜車在幾十年間主要部份基本沒有改變，整個系統保持原有特色。不過，隨著歲月的推移，山頂纜車的用途，漸漸側重於供各地訪港遊客的觀光之用。

對香港公共交通事業的發展影響最大的，是 1902 年在英國註冊成立的香港電車公司。當時，離 1891 年英國倫敦路面出現第一輛電車已隔了 11 年。香港電車公司資本 32.5 萬英鎊，每股 1 英鎊。1903 年 5 月，電車路軌工程開始施工，由英國狄堅遜公司當工程顧問，迪嘉公司取得敷設鐵軌合約，首期工程從上環街市敷設至灣仔天樂里，並在灣仔霎東街設立電車廠。電車公司從英國訂購了首批 26 部單層電車。1904 年 7 月，香港電車正式啟用，向乘客提供服務，所到之處，途人站立兩旁欣賞，嘖嘖稱奇，成為當年的一件盛事。

1906 年香港電車從上環到筲箕灣全線通車，當時的筲箕灣仍為一條小漁村，對外交通全靠船艇。香港電車公司為吸引乘客，大做廣告，鼓動市民乘搭電車前往筲箕灣享受漁村風光。在汽車尚未普遍使用之前，香港電車除載客外，尚負責貨運。1915 年，香港電車公司已擁有電車 51 部，其中貨車、水車各 1 部，貨車主要運載豬、牛及蔬菜，水車則專運清水，供應海上船隻或飲食店。同年，香港電車載客達 978 萬多人次，成為港島交通的一條主動脈。它對香港交通帶來的革命性轉變，情況頗似後來的地下鐵路通車。

» 香港電話的創辦與大東電報局的發展

香港開埠後 40 年，香港的電訊業也發展起來。早在 1877 年，即電話發明的翌年，電話已傳入香港。1882 年，第一部人工操作的電話交換機在香港島啟用，當時，香港的電話業務由英國的東方電話及電力公司經營，後轉撥到中日電話及電力公司（China and Japan Telephone and Electric Company）。1886 年，該公司取得香港政府發出的電訊專利牌照，其後敷設聯接港九的海底電話電纜。1925 年 6 月 24 日，香港電話公司（Hong Kong Telephone Company Limited）在香港註冊成立，收購了中日電話及電力公司和其全部業務。同年，香港政府頒佈電話條例，授予香港電話公司在香港獨家經營電話業務的專利權，期限為 50 年。當時，香港已擁有電話用戶 9,000 戶，電話機約 1 萬台。從 20 世紀 30 年代起，電話公司開始裝置電動自動化交換機樓，代替人工操作的電話交換機，並敷設香港至廣州的第一條地下長途電話線，到 40 年代初，香港電話用戶已增至 2.5 萬戶。

香港的國際電訊業務始於 19 世紀中後期。1871 年英商敷設了第一條從英國往東南亞到港島兩岸的海底電纜；兩年後，英國大東電報局的前身 —— 澳洲及中國電報公司在倫敦成立並接管該條電纜。1882 年，澳洲東方支線及中國電報公司與馬可尼屬下無線電報公司合併為大東電報局。1918 年第一次世界大戰結束，大英帝國領土佔地球四分之一的面積，大東電報局成為帝國通訊中樞。1929 年，英國政府將英聯邦所有電訊公司合併，組成帝國國際通訊有限公司（Imperial and International Communications Limited）。1934 年 6 月，該公司改組為大東電報局有限公司（Cable and Wireless Ltd.）。1936 年，大東電報局接管了在香港的全部國際電訊業務，獲香港政府頒發電訊專利牌照，成為壟斷香港國際電訊業務的專利機構，它經營的電訊業務，包括公眾電報、專用電報、電話、送發及接收電視節目、租用線路、船隻與陸上通訊，以及飛機與地面通訊等。1939 年第二次世界大戰爆發後，大東肩負戰場通訊及破壞敵國通訊的責任。二戰結束後，英聯邦於 1947 年成立通訊委員會，將大東電報局收歸國有。

註釋

❶ 自由商人，指當時一批脫離東印度公司，在公司特許下專門經營中印之間貿易的商人，他們或單獨或合夥購買船隻，領取公司執照，往來於中國和印度之間，把印度種植的鴉片，大量傾銷到中國，牟取暴利。

❷ 黃鴻釗著，《中英關係史》，香港：開明書店，1994 年，第 53 頁。

❸ 羅伯・布雷克（Robert Blake）著、張青譯，《怡和洋行》，台北：時報文化企業出版股份有限公司，2001 年，第 37 頁。

❹ 同註 3，第 v 頁。

❺ 方以端著，《怡和洋行在華興衰史（1832-1949）》，香港：《信報財經月刊》，第 8 卷第 4 期，第 107 頁。

❻ 詹姆斯・斯圖亞特著，《怡和洋行史略（1832-1932）》，陳寧生、張學仁編譯：《香港與怡和洋行》，武昌：武漢大學出版社，1986 年，第 65 頁。

❼ 牟安世著，《鴉片戰爭》，上海：上海人民出版社，1982 年，第 124 頁。

❽ 陳寧生、張學仁編譯，《香港與怡和洋行》，武漢：武漢大學出版社，1986 年，第 18-19 頁。

❾ 同註 8，第 15 頁。

❿ "亞羅號" 本為一艘中國船，為走私方便，在香港註冊，並插有英國國旗。1956 年 10 月，英國駐廣州代理領事巴夏禮聲稱廣東水師上船搜查海盜時，曾侮辱懸掛船上的英國國旗，而發起進攻珠江沿岸，史稱 "第二次鴉片戰爭" 的事件。

⓫ 高添強編著，《香港今昔》，香港：三聯書店（香港）有限公司，1994 年，第 46 頁。

⓬ 《威廉・渣甸致麥巴尊》（1839 年 10 月 26 日發），見倫敦檔案館藏英國外交部檔案第 17 類第 35 卷，轉引自《近代史資料》，1958 年第 4 期，第 44 頁。

⓭ 同註 3，第 118 頁。

⓮ 林友蘭著，《香港史話（增訂版）》，香港：上海印書館，1978 年，第 8 頁。

⓯ G. B. Endacott, *A History of Hong Kong*, Hong Kong: Oxford University Press, 1964, p.28.

⓰ Roger Nissim, *Land Administration and Practice in Hong Kong*, Hong Kong University Press, 1998, p.4.

⓱ 同註 16，第 6 頁。

⓲ 弗蘭克・韋爾什（Frank Welsh）著，王皖強、黃亞紅譯，《香港史》（*A History of Hong Kong*），北京：中央編譯出版社，2007 年，163 頁。

⓳ 渣甸・馬地臣股份有限公司，《怡和洋行的復興（1945-1947）》，轉引自陳寧生、張學仁編譯：《香港與怡和洋行》，武漢：武漢大學出版社，1986 年，第 150-151 頁。

⓴ 湯姆・迪瓦恩講座，《讓龍上癮：中國、鴉片和蘇格蘭要素》，2015 年 6 月 26 日，轉引自崔瑩著，《英國商人煽動了鴉片戰爭》，騰訊文化，2015 年 7 月 9 日，https://xw.qq.com/cul/20150709043072/CUL2015070904307200。

㉑　元邦建編著，《香港史略》，香港：中流出版社，1988 年，第 113 頁。

㉒　余繩武、劉存寬主編，《19 世紀的香港》，香港：麒麟書業有限公司，1994 年，第 230 頁。

㉓　G. B. Endacott, *A History of Hong Kong*, London: Oxford University Press, 1958, p.73.

㉔　勒費窩（Edward LeFevour）著，陳曾年、樂嘉書譯，《怡和洋行——1842-1895 在華活動概述》（*Western Enterprise in Late Ch'ing China: A Selective Survey of Jardine, Matheson and Company's Operations, 1842-1895*），上海：上海社會科學院出版社，1986 年，第 2 頁。

㉕　同註 22，第 227-230 頁。

㉖　參閱《未裝訂當地函件》，香港，1851 年 8 月 9 日，轉引自勒費窩（Edward LeFevour）著，陳曾年、樂嘉書譯，《怡和洋行——1842-1895 在華活動概述》，上海：上海社會科學院出版社，1986 年，第 9 頁。

㉗　同註 24，第 16 頁。

㉘　《私函稿》，印度，1871 年 1 月 9 日，轉引自勒費窩（Edward LeFevour）著，陳曾年、樂嘉書譯，《怡和洋行——1842-1895 在華活動概述》（*Western Enterprise in Late Ch'ing China: A Selective Survey of Jardine, Matheson and Company's Operations, 1842-1895*），上海：上海社會科學院出版社，1986 年，第 18 頁。

㉙　冼樂嘉著、吳允儀譯，《現代先基：香港港口發展與現代貨箱碼頭有限公司》，香港：現代貨箱碼頭有限公司，1992 年，第 30 頁。

㉚　同註 22，第 242-243 頁。

㉛　陳謙著，《香港舊事見聞錄》，香港：中原出版社，1987 年，第 57-59 頁。

㉜　Nigel Cameron, *The Hong Kong Land Company Ltd: A Brief History*, Offset Printing Co., 1979, p.1.

㉝　毛里斯、柯立斯著，中國人民銀行總行金融研究所譯，《滙豐——香港上海銀行（滙豐銀行百年史）》，北京：中華書局，1979 年，第 1 頁。

㉞　同註 22，第 216 頁。

㉟　劉蜀永主編，《簡明香港史》，香港：三聯書店（香港）有限公司，1998 年，第 49 頁。

㊱　同註 33，第 160-161 頁。

㊲　同註 33，第 8 頁。

㊳　古斯（T. K. Ghose）著、中國銀行港澳管理處培訓中心譯，《香港銀行體制》，中國銀行港澳管理處培訓中心，1989 年，第 4 頁。

㊴　同註 33，第 23 頁。

㊵　巴克斯特著，《在華英國匯兌銀行之起源》，轉引自毛里斯、柯立斯著；中國人民銀行總行金融研究所譯，《滙豐——香港上海銀行（滙豐銀行百年史）》，北京：中華書局，1979 年，第 6-7 頁。

㊶　Jardine, Matheson & Co., 1832-1932, pp.36-37, 轉引自聶寶璋編，《中國近代航運史資料》第一輯（上冊），上海：上海人民出版社，1983 年，第 608-609 頁。

㊷　吳越主編，《中國保險史》上篇，北京：中國金融出版社，1998 年，第 18 頁。

㊸　Lombard Insurance Group, *Lombard Insurance Group, 1836-1986,* 1987, p.5.

㊹　Alan Chalkley, *Adventures and Perils: The First Hundred and Fifty Years of Union Insurance Society of Canton, Ltd.*, Hong Kong: Ogilvy & Mather Public Relations (Asia) Ltd., 1985, p.607.

㊺ 劉廣京著，《唐廷樞之買辦時代》，《清華學報》，新 2 卷第 2 期，1961 年 6 月，第 156 頁，轉引自聶寶璋編，《中國近代航運史資料》第一輯（上冊），上海：上海人民出版社，1983 年，第 603-604 頁。

㊻ 同註 43。

㊼ 同註 44，第 11 頁。

㊽ 1836 年 7 月 1 日，於仁洋面保安行分佈通告，公佈了該公司在倫敦、加爾各答、孟買、新加坡、馬尼拉的代理行，參見吳越主編，《中國保險史》上篇，北京：中國金融出版社，1998 年，第 23 頁。

㊾ 同註 44，第 12-13 頁。

㊿ 《彙報》，同治十三年五月廿一日，1874 年 7 月 4 日，第 5 頁，轉引自聶寶璋編，《中國近代航運史資料》第一輯（上冊），上海：上海人民出版社，1983 年，第 611 頁。

(51) 同註 44，第 611 頁。

(52) 同註 42，第 28 頁。

(53) 趙蘭亮著，《近代上海保險市場研究（1843-1937）》，上海：復旦大學出版社，2003 年，第 29 頁。

(54) 同註 45。

(55) 香港火燭保險公司的體制，沿襲的是英國保險公司體制。早年英國的消防隊是隸屬於保險公司的。後來，消防隊從保險公司分離出來，而歸併於員警系統，保險公司依然同消防隊保持著密切的合作關係，經常出資捐助消防車或編印消防宣傳材料，免費向民眾散發，藉以提高民眾防火意識，預防火災。

(56) 張仲禮、陳曾年、姚欣榮著，《太古集團在舊中國》，上海：上海人民出版社，1991 年，第 39 頁。

(57) 同註 22，第 330 頁。

(58) 置地控股：《香港置地 125 年》（*Hongkong Land at 125*），2014 年，置地控股官網，第 49 頁。

(59) 同註 32，第 12 頁。

(60) 參閱《置地控股有限公司（Hongkong Land Holdings Limited）——亞洲具領導地位的物業投資、管理及發展集團之一》，香港置地公司官網，http://www.hkland.com/en/home.html。

(61) 同註 32，第 19 頁。

(62) 同註 32，第 31 頁。

(63) 香港中華煤氣公司，《扎根香港以示信心的中華煤氣公司》，香港：《信報財經月刊》雜誌，第 8 卷第 1 期，第 44-45 頁。

2

向大陸擴張

1842 年，英國政府以堅船利炮，逼積弱無能的清王朝簽訂城下之盟，不但侵佔了香港，而且打開了長期閉關自守的中國的門戶。上海、寧波、福州、廈門、廣州等五口對外通商，無疑給急於打開中國市場的英商帶來巨大的貿易及投資機會。從香港、廣州出發的英資洋行，立刻向上海等五口發動新一輪的擴張攻勢。

　　以風光綺麗的上海外灘為大本營，憑藉著西方列強攫取的種種特權，英資洋行迅速將其勢力伸延到沿海及長江流域各通商口岸，深入到中國廣闊的經濟腹地。在逾一個世紀的歷史歲月中，一批聞名遠東的英資財團乘時而起，其中的佼佼者，有號稱"洋行之王"的怡和、被譽為中國航運業巨擘的太古，以及主宰中國金融業的滙豐。

01

上海成為進軍大陸的大本營

———————

　　上海成為英資洋行進軍中國的大本營，絕非偶然。上海地處中國漫長海岸線的中點，它北扼長江入海的咽喉，西面連接富饒美麗的長江三角洲和太湖流域的水網沃野，東南面瀕臨太平洋。透過長江航道，上海以縱橫十數省，擁有近 2 億人口的長江流域作為其廣闊的經濟腹地。這種優越的地理位置，使上海成為一個天然港口，並為近代城市的興起和發展提供了極其良好的基礎。

　　上海建制於南宋末，早在元朝已成為中國國內交通運輸的重鎮，清朝嘉慶年間，上海已享有 "江海之通津，東南之都會" 的盛譽。1832 年，東印度公司的代表林賽曾隨 "阿美士德號" 考察上海，他一到上海即被上海卓越的地理位置所震懾：黃浦江面停泊著眾多南來北往的船隻，這些船隻來自北面的天津、奉天，南面的福建、台灣、廣州以及東南亞。林賽即意識到，上海享有中國南北貿易中轉站的地位，可壟斷國內的貿易。❶ 第二次鴉片戰爭後，清政府被迫開放長江流域，英資洋行可從上海直達漢口，並從此深入中國更深的腹地，上海的戰略地位更形重要。

》 英資洋行進駐上海

　　1843 年 11 月 17 日，根據中英簽訂的《南京條約》，上海由英國駐上海第一任領事巴富爾（George Balfour）宣佈正式開埠。1845 年 11 月，巴富爾脅迫上海道台宮慕久商訂《上海租地章程》，在上海建立西方列強在中國的第一個租界。最初

1920 年代末的上海外灘。上海成為英資洋行和銀行進軍中國的大本營。

的英租界以上海外灘為中心，東臨黃浦江，南至洋涇濱（今延安東路），西迄邊路（今河南中路），北至李家莊（今北京東路），面積 830 畝。其後，英租界一再擴大，1863年和美租界合併為"公共租界"，面積已達 1.4 萬畝。到 1925 年，公共租界再擴大到4.8 萬畝，其時法租界亦達 1.5 萬畝。到 20 世紀 30 年代初，上海租界共擁有人口 144萬，幾乎佔當時上海總人口的二分之一，成為上海最繁華的市區。

　　1854 年，上海租界設立了獨立的市政管理機構——工部局。自此，租界逐漸演變成中國政府無法控制的"獨立自治國"。這種局面的形成，是西方列強以武力為後盾，利用清政府的積弱無能所致，是對中國主權的嚴重侵犯。不過，從另一角度看，租界的建立，客觀上又形成了近代上海優越的投資環境。租界在政治上的獨立，是租界不受中國內戰騷擾、維持穩定及安全的保障。租界實施西方社會的政策、規章和法律、稅收穩定及行政效率高，有利於工商界的投資。因此，租界的形成和發展，是英資洋行在上海建立大本營的一個重要因素，亦是外資工商業和中國民族工業在上海崛起的重要原因之一。

1843 年，就在英國駐上海首任領事巴富爾到達上海的同時，首批英資洋行亦最早進入上海，它們包括怡和洋行、寶順洋行、仁記洋行和義記洋行。當時，到達上海的外商共 25 人，他們一面在上海城內租屋安頓，一面在城外外灘沿江地帶覓地建房，設立洋行、倉庫和臨時碼頭。1847 年，也就是《上海租地章程》簽訂後兩年，外灘已設立 24 家洋行、5 家洋商店舖，以及旅館和俱樂部各 1 家。隨著租界的擴大，洋行不斷增多，到 1852 年，也就是洪秀全的太平軍進入江南的前一年，上海租界設立的洋行已增加到 41 家；其中，英資洋行 35 家（包括屬大英帝國的印度帕西族洋行 8家）、美資洋行 5 家、法資洋行 1 家。❷ 這時，租界裡還設立了許多為適應進出口貿易的拍賣行、倉棧以及海船用品和伙食供應等商店，創辦了英文《北華捷報》（North China Herald）、大英醫院，並成立了英國商會。

到 19 世紀 50 年代中期，上海已有各式洋行逾 120 家，其中最重要的幾乎都集中在外灘。根據 1857 年英租界外灘地圖，從英國領事館開始，由北至南濱臨黃浦江的洋行和銀行是：怡和洋行、鐵行輪船公司、沙遜洋行、仁記洋行、瓊記洋行、東方銀行、蕭氏兄弟洋行、寶順洋行、圖諾爾洋行、華記洋行、旗昌洋行、會德豐洋行、天長洋行和裕豐洋行等。英國領事館迤南，是綿延不絕、鱗次櫛比的西式建築物，上面飄揚著洋行的各式旗幟，頗為壯觀。這些洋行，大都是東印度公司壟斷時期即在廣州從事鴉片貿易的老牌洋行。它們從販賣鴉片發財致富，積累了龐大資本。

隨著時代的發展，這批洋行又同英國紡織集團結合，在對華貿易中佔絕大比重，擁有很大勢力。當然，亦有另一類洋行，如公易洋行、義記洋行、泰和洋行、豐茂洋行、祥泰洋行、公平洋行、李百里洋行、裕記洋行，以及稍後進入上海的太古洋行等，這些洋行都是東印度公司在華壟斷結束以及鴉片戰爭後來到中國的，它們規模較小、戶數較多，一般都以經營紡織品為主。上海開埠後，這兩類洋行都先後在這裡開設辦事處，很快，外灘成為了外商尤其是英商在中國進行貿易和投資的大本營。

表 2-1　上海部份外資洋行一覽

行名	國籍	進入年份	業務範圍	資本額	地址
旗昌洋行	美	1846 年	早期販賣鴉片，後主要經營進口棉花及出口土特產	—	—
怡和洋行	英	1843 年	早期販賣鴉片，後主要經營進出口貿易、保險、地產、航運、鐵路、碼頭倉庫、公用事業、工業、航空等	1,000 萬港元	中山東一路 27 號
會德豐	英	1860 年	航運、銀行、股票、保險、倉庫、房地產等	—	延安東路 110 號
永興洋行	法	1869 年	進出口貿易、保險代理、機器打包及倉庫	規銀 50 萬両	虎丘路 95 號
祥茂洋行	英	1892 年	進出口貿易	20 萬港元	中山東一路 1 號
老公茂股份	英	1875 年	白鐵、白鉛、紫銅進口	紋銀 400 萬両	廣東路 17 號
天祥洋行	英	1898 年	進口機器、工業原料、西藥等	50 萬英鎊	廣東路 7 號
沙遜洋行	英		早期進口鴉片、進口印度棉花、地產及金融投機	規銀 1,000 萬両	南京東路 20 號
太古洋行	英	1866 年	船舶代理及輪船業務	500 萬英鎊	福州路四川中路轉角
隆茂股份	英	1873 年	代理美國最大駝毛及開司米呢貨廠產品	770 萬港元	廣東路 77 號
寶隆洋行	丹麥	1900 年	輪船代理及進出口業務	5,000 萬丹麥克朗	廣東路 17 號
屈臣氏藥房	英	1860 年	製造銷售西藥並配方	10 萬港元	南京東路 71 號、南京西路 1175 號、淮海中路 965 號

資料來源：張弘任：《舊上海部份外商機構一覽表》，中國政協上海市委員會文史資料工作委員會編：《舊上海的外商與買辦》，《上海文史資料選輯》第 56 輯，上海：上海人民出版社，1987 年，第 258-299 頁。

» 上海英資洋行的進出口貿易

由於當時中國尚處於自給自足的經濟環境，五口通商並未如洋行大班們所期望，為英國的工業品打開龐大的中國市場。當時，洋行的業務仍以鴉片的輸入和茶葉、絲綢的輸出為主要內容。上海一開埠，怡和洋行的一艘載重 423 噸的鴉片躉船就駛入吳淞口外，其他鴉片販子的鴉片船也接踵而來。開埠不久，上海的鴉片貿易即急劇上升，1847 年，洋行在吳淞口外躉船上售出的鴉片已達 16,500 箱，這個數字比 1830年以前任何一年輸入中國的鴉片都多。到 1856 年，從上海輸入的鴉片已增加到 33,069箱，比 1847 年翻了一番。這一時期，鴉片貿易一般接近上海進口商品總值的四分之三，而棉毛織品、雜貨則只佔四分之一稍強。所有權威人士一致認為，直到 19 世紀最後 10 年之前，鴉片一直是中國進口商品的主要項目。

鴉片貿易中，仍以怡和洋行、寶順洋行、旗昌洋行佔據壟斷優勢，1851 年輸入上海的鴉片船共 58 艘，其中屬三大洋行的有 43 艘，如按鴉片進口總值平均估算，每艘貨值約 20 萬元，共 890 萬元，僅鴉片一項，三大洋行的進口鴉片貨值就佔鴉片進口的 74%，佔上海該年進口商品總值的 55%。❸ 三大洋行中，怡和洋行始終居第一位，從 1845 年起，怡和洋行便動用 14 艘武裝躉船停泊在中國東南沿海各口岸，其中3 艘停泊在吳淞口外。到 1850 年，上海已成為怡和洋行的鴉片貿易中心。它透過香港總行和上海的辦事處，指揮在中國沿海各地的鴉片接收站、分行以及在倫敦、印度的聯號或代理人，及時交換關於鴉片、絲茶的行情，以及金銀比價等情報，利用中國的鴉片走私販的銷售系統，通過與清政府官員的經濟（貸款之類）往來和日常接觸，始終維持鴉片價格的壟斷和貿易的領先地位。❹

這一時期，中國的茶葉、生絲繼續成為歐美各國的暢銷產品。上海地處長江口，透過長江及江南密集的水網通向中國最富庶的蘇、淞、杭、嘉、湖地區乃至更深腹地，與著名的江、浙、皖三省絲茶產地相距不遠。上海的絲、茶出口遂蓬勃發展。據統計，1845 年上海的生絲出口 6,400 包，到 1850 年已急增到 17,000 包，超過廣州水平。到 50 年代中期以後，中國的生絲幾乎全部從上海出口。茶葉出口的重心亦明顯從廣州移向上海，到 1855 年，從上海出口的茶葉已超過 8,000 萬磅，僅從上海運往美國銷售的茶葉就比廣州出口的全部茶葉還要多。❺ 當時，西方國家從中國進口的商品主要是茶、絲兩項，一旦茶、絲貿易中心移向上海，作為進口大宗的鴉片貿易亦必然隨之而來，整個對外貿易的重心就從廣州移到上海。

19 世紀 50 年代，主要在中國南部進行的太平天國戰爭也沒能阻止對外貿易北移的這種趨勢。第二次鴉片戰爭後，清政府被迫開放長江，外商可從上海直達漢口，並由此進入中國更深的腹地，上海西側長江流域的市場和原料產地的縱深度得到空前的發展。上海北面的沿海城市，包括天津、營口、煙台等也相繼闢為商埠，這些口岸的貿易絕大部份都通過上海中轉。到 60 年代末，上海對外貿易出口總值持續超過 3,000萬海關兩，約相當於廣州出口額的 3-4 倍；而進口總值則超過 4,900 萬海關兩，約為廣州進口的 9 倍。這種比例在 60 年代以後基本維持著，而廣州以外的其他口岸對外貿易，除第二次鴉片戰爭後新開的漢口增長較快外，在同期都處於相對穩定狀態。因此，從 60 年代起，上海已不可逆轉地取代廣州，成為中國對外貿易的中心。

上海英資洋行的進出口貿易，以怡和洋行、新沙遜洋行最具代表性。怡和洋行將在下節展開。新沙遜洋行源自沙遜洋行。沙遜洋行於 1844 年在香港設立辦事處之

老沙遜洋行在上海的總部。1845 年由英籍猶太人愛德華·沙遜在上海創辦。

後，亦在上海設立分支機構。1864 年，大衛‧沙遜逝世後，他的兒子阿爾伯特‧大衛‧沙遜（1818-1896）繼承了家族公司業務，後稱老沙遜洋行；而另一個兒子伊利亞斯‧大衛‧沙遜（Elias David Sassoon）則於 1872 年獨自開設了另一家沙遜洋行，故稱為新沙遜洋行。新沙遜洋行設於上海仁記路 5 號（今滇池路和平飯店後門），佔地 60 餘畝。1880 年伊利亞斯病逝後，洋行由其長子雅各（Jacob）繼承。第三代主持人是維克多‧沙遜（Victor Sassoon），因為是一瘸子，人稱"翹腳沙遜"，因祖輩都封為爵士，又稱他為"沙遜爵士"。在他的支持下，新沙遜洋行業務發展迅速，其影響已遠遠超過了老沙遜洋行。

新沙遜洋行創辦後，開始設有洋布間、地產間和保險間等部門，不過，地產間規模很小，僅僱有一兩個猶太籍職員，保險間亦只是代理英商巴勒水火保險公司（North British Fire & Marine Insurance Co., Ltd.）的業務，但洋布間則規模較大，訂貨客戶眾多，業務發達。上海天津路一帶的保泰、久大、同盛、宏昌等洋布商舖，南京路的同茂盛，以及著名的信大祥、寶大祥、協大祥三大洋布商號，都是它的客戶。新沙遜經銷的棉紡織品，數量最多的是衝泰西緞，暢銷中國各地，新沙遜從英國曼徹斯特、利物浦及格拉斯哥等地進貨，又從印度孟買購入棉花、棉紗、漂細布（竹布）、市布（龍頭細布）等，運到中國銷售。這些訂貨一年兩期，每年營業總額約值規銀 ❻150 萬兩。❼

後來，生意越做越大，新沙遜將洋布間改為進口部，兼營汽車零件、荷蘭砂糖、人造絲、大小五金、寶塔牌麻紗手帕、紙張、玻璃器皿洋釘、三角鐵、水泥、銅片、鋼片等，又做出口生意，出口芝麻、豬鬃、蛋白乾、蛋黃乾、桐油、腸衣等特產。這些生意按照慣例均由洋行買辦具體負責，由洋行給予買辦 2% 的回佣作為報酬。1925 年"五卅慘案"發生後，英國貨受到抵制，上海洋布客戶改為與日本洋行做生意，新沙遜於是與意大利的利司尼亞廠簽訂合同，獨家經營該廠的人造絲，使得上海一些有名的洋布行，如孔士、華嘉等洋行均來進貨，每年營業額達規銀 250 萬。

新沙遜在經營進出口貿易的同時，又積極拓展地產業務。早在 1877 年剛成立不久，新沙遜以規銀 8 萬兩購入今和平飯店地段，取名"漢特產業"，其後又相繼在南京路及上海各地購入土地物業。到 1900 年已擁有房地產 29 處，共計面積 364 畝。

1925 年，新沙遜將原行址拆卸重建，1928 年新大廈落成，定名為沙遜大廈，一部份作為洋行行址，一部份開設華懋飯店，公司名稱也正式改為新沙遜股份有限公司（E. D. Sassoon & Co., Ltd.），總部設在英國倫敦，上海設分公司，在香港註冊。這時，正值安利洋行（Arnhold & Co.）擴張過快，資金周轉不靈，新沙遜乘機將其吞併，改組為安利股份有限公司，業務獲得進一步的發展。新沙遜先後組建漢彌爾登信託股份有限公司、上海地產股份有限公司、遠東投資股份有限公司、東方地產股份有限公司、華懋地產股份有限公司等，形成一個龐大的地產集團，新沙遜老闆維克多也因而被稱為"房地產大王"。❽ 此外，新沙遜還經營華懋飯店、華懋洗衣公司、上海啤酒廠、中國公共汽車公司、都城飯店、國泰大戲院及仙樂舞廳等多種業務。

這一時期，新沙遜洋行也積極投資國外的製造業和金融業，在英國倫敦、曼徹斯特、利物浦、格拉斯哥等地開設大規模的紡織廠、銀公司、呢絨廠、人造絲廠等，在美國紐約投資紐約銀行家信託公司，在印度開辦孟買棉花廠、萊蒙紡織廠、孟買信託銀公司，儼然成為一家跨國性大型綜合企業。

» 上海英資航運公司的發展

以鴉片、茶葉、生絲為大宗的對外貿易的蓬勃發展，不但為上海的外資洋行帶來巨額的利潤，而且刺激了他們對航運業的投資。上海開埠之後，英商在航運業中就已處於領先地位，1849 年進入上海的 133 艘外國船隻中，英國船隻就有 94 艘。1850 年鐵行輪船公司將它從歐洲到香港的航線伸延到上海，撥出 "瑪麗‧伍德號" 定期航行香港與上海及其間各口岸的航線。從 1851 年起，鐵行將每月一班的航行改為每兩週一次，它以運載鴉片和金銀出名，在上海，它還承擔大量的生絲出口運輸。據估計，僅 1860 年它從上海承運的生絲就達 5 萬件，收取運費 16.2 萬英鎊。連英國商人也承認："鐵行公司的董事們同中國的交易全是史無前例的最賺錢的買賣。這家公司長期得到英國政府高達 40、50 萬英鎊的財政資助，在一段時間內幾乎壟斷了上海到香港的海上運輸。"

不過，從 60 年代起，情形發生了很大變化，法國郵船公司、美國太平洋郵船公司、英國藍煙囱輪船公司等相繼加入該航線，鐵行遇到了激烈的競爭。這時，航運業開始從鴉片、茶絲貿易的附屬地位中擺脫出來，取得獨立地位。據統計，60年代初期上海約有20家洋行各自擁1、2艘輪船，航行於沿海口岸及長江航線，上海稍具規模的洋行幾乎都配置輪船參與長江航運的競爭。1861年瓊記洋行的輪船"火箭號"開抵上海，怡和洋行的輪船開始停泊天津、牛莊。當時，沿海北洋航線和長江航線成為各洋行爭相追逐的目標。這些航線利潤優厚，600海里短程航線的運價，竟比中國到英國的遠洋運價還高，而上海至漢口間的航線，貨運運價每噸高達白銀25兩，一條輪船"往返一次的運費收入，即足敷船價成本"❾。

其後參加激烈角逐的，尚有實力雄厚的美資旗昌輪船公司。旗昌輪船公司創辦於1862年3月27日，資本200萬兩白銀，由旗昌洋行任永久代理人，主持者是旗昌洋行大班、曾任美國駐上海代理領事、上海租界工部局總董金能亨。當年，旗昌即以"驚異號"首闖滬漢線，開啟上海至漢口航運之端。1863年5月，旗昌輪船公司在《上海新報》宣稱，已將5艘"上等堅固快捷輪船"開進長江，"專載客商往來貨物搭客"，並以"降低運價"和"在保險和儲運方面"給予貨主種種優待。1866年，旗昌輪船公司以55萬兩鉅款收購破產的寶順洋行全部輪船設備和船塢，實力大增。1867年，旗昌輪船公司與怡和等達成為期10年協議，旗昌壟斷長江航運，而怡和洋行則壟斷寧波以外的上海以南沿海航線。

當時，旗昌輪船公司是長江航運的霸主，但怡和洋行卻透過其買辦唐景星主持的英國公正輪船公司和華商北清輪船公司分別參與了長江航運和沿海北洋航運。旗昌輪船公司獨霸長江的局面未能維持10年就發生變化，異軍突起的是1872年太古洋行創辦的太古輪船公司，它以大幅降價的辦法向旗昌在長江的壟斷地位發起挑戰。經過激烈的競爭，終於迫使旗昌在1874年與它達成長江航運聯營協議，旗昌獨霸長江航運的局面就此結束。1881年，怡和洋行創辦印—華輪船公司，從此，以太古、怡和為首的英資輪船公司成為中國內河及沿海航運的主力。

隨著航運業的發展，從上海開闢的航線不斷向遠洋、近海、沿海、長江與內河伸延，形成一個以上海為中心的航運網絡，以上海為起迄港和中轉站的航線有100條左右，上海迅速崛起為中國的航運中心。

» 上海英資銀行的發展

對外貿易的蓬勃發展，也刺激了英資銀行業的發展。最早進入上海的英資銀行是麗如銀行（即香港的東藩匯理銀行），1848 年在黃浦灘路 11 號設立分行，它也是中國第一家外資銀行。繼麗如銀行之後，50 年代以後陸續進入上海的有：有利銀行、呵加剌銀行、匯隆銀行、麥加利銀行（即香港的渣打銀行）、利中銀行、利商銀行、匯泉銀行及法蘭西銀行。這些銀行主要集中在英租界黃浦灘路附近，形成上海早期的金融中心區。

當時，銀行的主要業務是匯兌，它們主要為鴉片、絲茶貿易服務。如最早設立的麗如銀行，實際上僅是個 "國外匯票的經紀人"。1852 年 8 月 7 日，《北華捷報》刊登了一封商人的公開信，他指責麗如銀行："不管它在別處如何，在上海我認為它不能算作銀行。他們沒有執行銀行本身的職能，或者說，沒有經營銀行原來的生意，他們只是做國外匯票的經紀人，而經紀匯票是商人獨享的一項合法業務，從來不是一項銀行家的業務。" 即使是匯兌業務，銀行的生意也常常趕不上一些大洋行代理店。當時上海的匯票買賣並不很興旺，在報紙上可以看到匯票求售的廣告，就像出售奶油、乳酪一樣徵求買主，只有直接經營鴉片的大洋行，如怡和洋行等，才獨享買賣外匯的優勢。

19 世紀 60 年代前期，美國內戰引起歐洲棉花恐慌，上海成為中國棉花出口的主要口岸，這導致了 1864 年上海金融熱潮。不過，這種虛假的 "繁榮" 很快隨著美國內戰的結束而消退。1866 年，上海與香港一樣，出現開埠以來的最大金融恐慌，呵加剌、利中、利商、匯泉等銀行紛紛倒閉，就是 50 年代在上海已站穩腳跟的匯隆銀行亦不能倖免。

這時，英資銀行還沒能形成一股控制中國金融的勢力，但這種勢力已在醞釀中。1865 年，總行設在香港的滙豐銀行創立，同年它在上海開設分行。滙豐銀行開業後不到一年，就遇上來勢兇猛的金融風潮，但由於它得到上海主要英資洋行的支援，不僅渡過這場危機，而且在危機中嶄露頭角。當時，各銀行紛紛縮短匯票支付期限，以減低風險，滙豐銀行卻敢於開出期限較長的匯票，受到中小商人的支持。自此，滙豐逐漸崛起為中國首屈一指的外資銀行。

19 世紀 70 年代以後，上海已逐漸發展為全國的金融中心。到 80 年代中期，上海在全國對外貿易的款項調撥總額中已佔 80%。這一時期，配合西方列強對中國的經濟滲透，各國銀行相繼進入上海。1890 年，德國的德華銀行在上海開辦；其後，日本的橫濱正金銀行（1893）、俄國的俄華道勝銀行（1896）、法國的東方匯理銀行（1899）、比利時的華比銀行（1902）、美國的花旗銀行（即萬國寶通銀行，1902）及荷蘭的荷

表 2-2　上海部份外資銀行一覽

行名	國籍	年份	業務範圍	資本額	地址
麥加利銀行	英	1858 年	銀行業務	總行設於倫敦，資本額 300 萬英鎊	中山東一路 18 號
滙豐銀行	英	1865 年	銀行業務	總行設於香港，資本額 500 萬港元	中山東一路 10 號
德華銀行	德	1889 年	銀行業務	—	—
橫濱正金銀行	日	1893 年	銀行業務	—	—
中英公司	英	1898 年	銀行及實業	怡和與滙豐合資	—
東方匯理銀行	法	1899 年	進出口押款為主，存放款為次	127.5 萬英鎊	中山東一路 29 號
花旗銀行	美	1902 年	存放匯款，國際匯兌	—	—
華比銀行	比利時	1902 年	銀行業務	—	中山東一路 20 號
有利銀行	英	1915 年	以國際匯兌為主	—	中山東一路 4 號
沙遜銀行	英	1930 年	銀行業務	在香港註冊	
友邦銀行	美	1930 年	銀行業務	由總行劃撥法幣 100 萬元	中山東一路 17 號
美國商業銀行	美	1949 年	出售旅行支票為主	總行資本 1,280 萬美元，上海分行生財資金 14 萬美元	—

資料來源：張弘任：《舊上海部份外商機構一覽表》，中國政協上海市委員會文史資料工作委員會編：《舊上海的外商與買辦》，《上海文史資料選輯》第 56 輯，上海：上海人民出版社，1987 年，第 258-299 頁。

蘭銀行（1903）等相繼在上海黃浦灘路附近開業。這樣，黃浦灘路一帶形成了一個外國銀行集中地，成為當時中國的"華爾街"。這時期的外國銀行，不僅壟斷了中國的對外貿易和匯兌業務，而且在中國發行鈔票，經營中國的借款和賠款，並通過操縱中國的金融和向清政府貸款，成為西方列強瓜分中國的金融工具。

各國銀行的相繼開辦，打破了英資銀行獨佔的局面。不過，以滙豐銀行為首的英資銀行依然在上海金融業中居於領先地位。憑藉著滙豐銀行在中國首屈一指的地位，以及掌握中國海關大權長達半個世紀的英國人赫德的支持（赫德被稱為"滙豐銀行貸款的幕後策劃者" ❿），滙豐取得了對華財政、鐵路、礦山等方面貸款的優先權，儼然成為清政府的財務總管、主要的往來銀行。這一時期，滙豐銀行在中國的勢力如日中天。

第一次世界大戰後，各國在中國銀行業的勢力此消彼長，德華銀行和俄華道勝銀行先後停業，而美、日銀行的力量迅速增加，但以滙豐、麥加利為首的英資銀行仍繼續保持優勢。抗日戰爭時期，是日本銀行獨霸的時期。二次大戰後，美國在華勢力超過西方各國，滙豐銀行的地位才開始動搖。

》 上海英資洋行對工業的投資

從 19 世紀 70 年代起，西方列強開始從自由資本主義向壟斷資本主義階段過渡。已完成資本原始積累的英資洋行，逐步將投資的重點轉向鐵路、工廠、礦山等領域。最早的工業投資是為發展航運業而經營的船塢，稍後是利用中國原料而經營的加工工業，主要是繅絲、製磚茶、製糖和軋花等，還有少數是專為在中國市場銷售的若干輕工業，如火柴、肥皂、麵粉、捲煙等等，以及應用在租界的公用事業。

第一次鴉片戰爭後的最初幾年，為鴉片、茶絲貿易服務的船塢都集中在廣州、香港。隨著貿易中心北移上海，船塢陸續在上海出現。19 世紀 50 年代，美國人先後在上海創辦了幾個小船塢，到 60 年代，英商擠垮了早期美資創辦的小船廠而稱雄上海。1862 年成立的祥生船廠和 1865 年成立的耶松船廠是當時上海造船業的兩大巨頭。90 年代初，祥生和耶松已成為各擁有資本 80 萬兩和 75 萬兩的大型企業。這兩家船廠，不但修理當時遠航來滬的各種大型船隻，還經常為怡和、太古等輪船公司，上海、天津的拖駁公司以及中國海關、招商局等修造各種輪船、拖船、炮艦和貨船。1884 年，怡和洋行的 2,000 噸輪船，便是耶松船廠製造的。1900 年，兩家船廠合營，改組為新的耶松公司，當時資本達 557 萬兩，擁有 6 個大船塢、1 個機器製造廠，其後更發展為英資在中國的最大企業之一，壟斷了整個中國的船塢業。

　　上海開埠初期，生絲的出口所佔的地位僅次於茶葉。當時，生絲是農村個體農戶的手工業產品，主要缺點是條紋不均，不適合機器織網，運到歐洲絲廠使用前，往往需要重繰，且損耗過多。因此，英資洋行很早就想在中國開設繰廠。1861 年，當時西方列強尚未取得在華開設工廠的權利，怡和洋行私下運入 100 架意大利式繰絲機器，在上海創辦怡和紡絲局。該廠是外資在上海設立的第一家繰絲廠，它一創辦就受

1865 年英商創辦的耶松船廠（上圖）及所造輪船（下圖）。該船行後發展成英資在中國的最大企業之一，壟斷了中國的船塢業。

到中國商人的強烈抵制，結果不到數年便關閉。

到 19 世紀 80 年代，上海的繰絲業已起步發展。1882 年，怡和捲土重來，在上海新閘路開設怡和絲廠，期間，英資的綸昌、公平絲廠，美資的寶昌、乾康絲廠，法資的信昌絲廠，德資的瑞綸絲廠先後設立，到甲午戰爭前夕，上海已有外資絲繰廠 8 家，資本估計在 400 萬両銀元以上，僱用中國工人近 6,000 人，上海租界成為中國絲繰業中心。

1895 年中日甲午戰爭以後，日本強迫清政府簽訂《馬關條約》，攫取了在中國領土上開設工廠及採礦的特權，其他西方國家援引 "最惠國待遇" 條款，也獲得同樣特權。這一時期，外商在中國掀起了新一輪的投資熱潮，投資的領域擴展到紡織、食品、礦冶、機器製造等部門。據統計，從 1895-1913 年間，外商在華投資的工礦企業（資本在 10 萬銀元以上）達 136 家，投資總額達 1.03 億銀元。其中，英商設立的達 37 家、資本額 4,868 萬銀元，日商開設的 49 家、資本額 2,633 萬銀元，德商開設的 12 家、資本額 768 萬銀元，俄商開設的 17 家、資本額 665 萬銀元，法商開設的 6 家、資本額 460 萬銀元，美商開設的 8 家、資本額 324 萬銀元。以資本額計算，英商仍居首位。這些企業，約四成集中在上海，可見，到 20 世紀初，上海已成為中國近代最早期的工業中心。

對工業投資最龐大的英商，要數怡和洋行和英美煙草公司。怡和洋行從販賣鴉片起家，積累了雄厚的資本，因而最早開始對華工業投資。1895 年甲午戰爭以前，它已在中國開辦了 8 家工廠，其中 3 家在上海，投資規模在外資工業中居首位。甲午戰爭後，怡和洋行對工業的投資迅速擴大到包括造船、礦冶、機器製造、紡織、製糖、繰絲、煙草，以及水、電等公用事業等多個領域。到 1914 年，怡和擁有的工礦企業已達三十多個，資本額達 4,000 萬銀元以上，成為當時中國最重要的壟斷財團。

英資另一家地位顯赫的壟斷集團是英美煙草公司，它於 1902 年在倫敦註冊成立，由當時英、美兩國六大煙草公司共同出資組成，大股東是英國的帝國煙草公司和美國煙草公司。同年 9 月，它在上海設立分公司——駐華英美煙草公司，最初投資只有 21 萬銀元。它先在浦東設立一間煙廠，職工共 170 餘人，繼而收購了美國煙草公司在上海的全部財產。駐華煙草公司一創立，就同清政府訂立低稅合約，享受優惠稅捐特權。憑著這些特權，它先後收購了屬中國民族資本的福昌煙公司、大昌煙公司，擠垮三星香煙公司。到抗日戰爭前夕，駐華英美煙草公司已先後在上海、瀋陽、天津、青島以至雲南、四川等地建立 11 家新式捲煙廠、6 家大型烤煙廠、1 間包裝材料廠和 1 間機械廠，同時在山東、安徽、河南等省建立煙草生產基地，並建立以上海為中心的全國銷售網絡。它銷售的前門牌、老刀牌、哈德牌、三炮台等老牌子香煙，曾遍及城鄉每個角落，風靡全國。到抗戰前夕，駐華英美煙草公司資本已增加到 21,554 萬銀元，比最初投資增加了一千多倍。⓫ 這時，它已成為中國捲煙工業的一個最大的壟斷集團。1936 年，駐華英美煙草公司改在香港註冊，逐步將總部遷移到香港，而在 1934 年它已開始在香港建立捲煙廠。直至今日，英美煙草公司仍是香港一家重要的英資公司，壟斷著香港的煙草市場。

英美煙草公司在上海的總部

02

怡和洋行："洋行之王"

─────────────

　　怡和洋行是跟隨英國駐上海首任領事巴富爾首批到達上海的英資洋行之一，它取得了上海英租界的第一號土地登記證。1843 年底，怡和洋行在上海外灘緊靠著英國領事館的地段建築辦事處，正式掛出了"上海怡和洋行"的牌子。在此後的一個世紀裡，怡和洋行在中國的勢力急劇膨脹，它以香港為基地，以上海為總指揮部，將其經濟活動迅速伸延向中國廣大的腹地，先後在廣州、汕頭、福州、台北、漢口、重慶、青島、天津等城市設立分行，又在廈門、鎮江、南京、蕪湖、九江、宜昌、沙市、長沙、昆明及北京等城市設立代理行。怡和洋行的經營業務，也從鴉片貿易擴展到進出口貿易、航運、倉儲碼頭、交通運輸、金融保險、房地產、工業及公用事業等各個領域。

　　在 20 世紀 40 年代後期，怡和曾驕傲地宣稱："今日的怡和洋行將永久安全地屹立在香港、上海和中國的其他城市。在中國任何地方，只要哪裡能有貿易活動，哪裡就有怡和洋行。" ❷ 憑藉著從早期鴉片貿易積累的雄厚資本，以及豐富的管理經驗，怡和洋行在與其他各國洋行的競爭角逐中，始終保持優勢，因而在中國，它被譽為"洋行之王"（The Princely Hong）。怡和自豪地表示："'洋行之王'是整個洋行的歷史中，享受到了它的熱誠和殷勤的樂趣的居民們和來賓們所贈給它的稱號。" ❸

》 怡和的鴉片貿易與進出口貿易

　　怡和洋行在中國的業務，早期主要是經營進出口貿易，進口以鴉片為大宗，還有布匹等，後來擴展到木材、食品、紡織品、醫藥、金屬、化肥、葡萄酒、酒精、化妝品等；出口的主要是茶葉、生絲、亞麻製品和土特產等。

　　怡和洋行以販賣鴉片起家，第一次鴉片戰爭結束，五口對外通商後，怡和已敏銳地覺察到鴉片貿易的重心正向北移，即迅速在上海設立分行，並調派 3 艘鴉片躉船長期停泊在吳淞口外。到 1850 年，吳淞—上海地區已經成為鴉片貿易中心，其重要性已勝過其他各口岸。這時期，怡和在沿海平均每月銷售約 600 箱鴉片，其中吳淞約佔 350 箱，這些鴉片從吳淞用沙船運到長江沿岸和華北各地。❶1860-1872 年間，怡和洋行的鴉片貿易達到高峰，它以大量的自有資金進行投資，並將銷售活動合法地擴展到華中和上海以北地區。60 年代期間，怡和自行投資的鴉片貿易，每年利潤估計平均為 15%，代理業務的利潤率為 4%。怡和洋行把這些利潤用來維持鴉片貿易和投資於絲、茶貿易，以及從事放款業務。❶

　　不過，到 1873 年，怡和洋行在中國鴉片貿易中的首要地位已被後來居上的沙遜洋行所取代，它受到後者的強大競爭。這時，鴉片貿易在中國對外貿易中的重要性正逐漸下降，利潤逐漸減少，怡和洋行開始退出鴉片貿易，而把整個企業的力量集中到經營新的業務上。不過，怡和洋行的鴉片貿易直到 1919 年才算基本結束，同年 1 月，北洋軍閥政府在上海用公債票收購外商鴉片，予以焚毀。當時，怡和洋行所交出的鴉片仍居首位，達 642 箱，沙遜洋行居次，交出 565 箱。

　　1873 年以後，怡和洋行在上海的經營重點，逐步從鴉片轉向棉花、布匹、茶葉、生絲等其他貿易方面。其實，怡和早在 19 世紀 50 年代已開始從事印度原棉出口的代理生意，不過規模不大。從 1865 年起，怡和洋行的原棉、布匹銷售隨著中國內地對原棉需求增長而逐步擴大，特別是在北方和長江流域那些新開闢的口岸市場。60 年代後期，怡和每年經營的布匹生意，價值剛好超過 100 萬元，到 70 年代初已急增至 300 萬元左右。70 年代中後期，怡和的布匹生意一度疲弱，但到 80 年代再度取得發展。這一時期，怡和以公開拍賣的形式，把大部份代銷匹頭在上海出售，收取 2% 的佣金，本身僅只以少量自有資金投資於布匹買賣。

　　在中國茶葉出口業務上，怡和洋行長期佔據優越地位。早在 1801 年，怡和洋行的創辦人已開始經銷中國茶葉，取得了新南威爾士和馮‧迪門的領地出口茶葉的第一張"自由許可證"。自東印度公司對華貿易專利被取消後，怡和洋行即成為最大的茶商。當時，它是最主要的發貨人。1851 年，怡和洋行與上海一家著名的商號茂豐行合股裝運茶葉出口，該商號中有怡和在鴉片貿易中熟悉的廣東商人。透過與中國商人的合作，怡和及時掌握了中國茶葉市場的行情和價格。在香港、上海、福州、台北及漢口，都設有怡和洋行的茶莊。怡和曾這樣描述它的茶葉貿易："從景色如畫的老福州和美麗的台灣島，以及從上海外灘的貨棧，遠洋貨輪周而復始地運載著怡和洋行貴重的茶箱。這些印有大陸名茶，如祁門、色種、烏龍、珠茶和秀眉等標記的茶箱源源不斷地投向了明興弄（倫敦茶葉貿易中心——引者）和歐洲、非洲以及美洲的茶莊。" ⓰ 到第二次大戰結束後的 1947 年，怡和洋行經銷的茶葉輸出數量，仍佔當時中國茶葉出口總值的一半。

怡和洋行也是中國生絲的主要出口商，它設在上海的絲局，是怡和洋行的機構中最老的辦事處之一。1840 年之前，怡和已清楚認識到生絲作為出口商品的潛在價值，早在 30 年代就以裝茶的船隻從廣州運載 "寧綢" 託銷。在整個 50 年代，怡和作為它在倫敦的聯號馬地臣公司以及日益增多的外國商行的代理行，每年都經銷 200 萬銀元以上。1861 年，怡和在上海開辦了第一家絲繰廠——怡和紡絲局，對出口生絲進行加工。直至二次大戰結束後，怡和絲局的生絲檢查員，仍被公認為中國生絲檢查員的前輩。

怡和洋行的出口業務還包括土特產。長期以來，怡和在中國主要土特產區的商業中心，包括上海、天津、青島、漢口和香港都修建了大規模的貨棧，大量收購中國的土特產出口。怡和洋行的中國土產部經銷的土特產，包括北方的羊毛、毛皮、大豆、油類、油料種子和豬鬃，南方的桐油、茴香子、肉桂、生薑等等。透過這些貿

約 1930 年怡和的印－華輪船
公司在漢口的浮橋和船隊

易，怡和在中國的經濟活動可說深入到中國廣大的農村地區。

19 世紀 60 年代以後，洋務運動興起，外商亦開始在中國投資設廠、修築鐵路等，怡和洋行隨即將進口貿易擴大到機器、五金、路礦器材、木材，甚至軍火。怡和洋行早在各地分行設有機器部，專門辦理機器、五金、軍火等產品的進口，到了 1923年，隨著工廠的建立、鐵路的修築和礦山的開發，這類產品的進口逐年增加，原有的機構已不能適應其業務發展的需要，怡和於是設立怡和工程有限公司，總部設在上海，分公司遍設香港、天津、重慶、南京等地。這家公司擁有英、美等幾十家大製造商的經銷專利權，包括美國杜邦公司的部份產品。20 世紀以來，怡和洋行經銷木材進口，主要是澳洲的硬木、美國的阿利崗松和曼谷的麻栗木。怡和與上海租界及滬寧鐵路訂有長期的包銷合同，壟斷了鐵路枕木及路面硬木的供應。它在上海楊樹浦設立怡和製材廠，在漢口、牛莊、鎮江、南京等地設立分廠，對進口木材進行加工。

》 怡和的航運力量與倉儲碼頭

怡和洋行在早期鴉片貿易中獲得成功的重要秘訣，在於它擁有一支速度快捷、操縱靈活的龐大船隊，這使它在鴉片貿易中長期保持主導地位。在早期的遠東貿易中，為了進行高速度和高效率的激烈競爭，航運起了無法估量的作用。當時，電訊業尚未發展，歐洲、印度市場的行情信息全靠船隊傳送，倘若遲到那麼短短的幾個小時，往往就可能錯失賺錢的機會。怡和洋行能夠戰勝一切競爭對手，主要歸功於船隊的優勢。怡和洋行的航運業，就是在這種基礎上逐漸發展起來的。

第二次鴉片戰爭後，西方列強取得了沿海和長江水域的航行權，各大洋行紛紛購置輪船參與爭奪航線的競爭。怡和洋行的起步稍遲於旗昌洋行，1867 年怡和被迫與旗昌簽訂為期 10 年協議，退出長江航行，集中發展上海以南沿海航線。1872 年，怡和買辦唐景星創辦的北清輪船公司面臨破產，怡和洋行貸款給唐景星贖回抵押給滙豐銀行的兩艘輪船，組成資本 50 萬兩白銀的華海輪船公司，建立起一支與旗昌輪船公司競爭的航運力量。1877 年，旗昌在長江航運中競爭失敗，怡和洋行立即取而代之。1879 年它創辦揚子輪船公司，恢復了在長江的航運。1881 年，怡和將華海輪船公司和

上海虹口碼頭。怡和旗下的
公和祥碼頭公司在上海擁有
的著名碼頭。

揚子輪船公司合併，創辦印─華輪船公司，擁有資本近 45 萬英鎊和 13 艘輪船。這是
怡和洋行擁有的第一批輪船隊，主要航行於加爾各答和中國各通商口岸之間，它曾創
造了兩天航行 1,400 英里的紀錄。印─華輪船公司發展迅速，10 年間，它的船隊就從
13 艘、12,571 噸增加到 22 艘、23,953 噸，成為中國沿海及長江航運的壟斷寡頭。1904
年，怡和為與日本航運業競爭，開闢了漢口─長沙航線，共投入 5 艘輪船和 11 艘鐵
駁輪，進行客、貨運輸，將湖南的純銻、生銻、鎢砂、黑鋁砂、白鋁砂、錳、糧食、
植物油等物資，通過漢口銷往江、浙、閩、皖諸省以及南洋一帶，同時經漢口將布
匹、棉紗、五金、水泥、日用百貨等商品運銷湖南。

　　除經營航運業外，怡和洋行還經營與航運業相關的倉儲碼頭。1875 年，在建立
華海輪船公司之後，怡和洋行擔任了公和祥碼頭有限公司的總經理。該公司創辦於
1871 年，股東眾多，大部份是早期在上海的經商者，是上海早期中外合資企業之一。
公和祥在上海虹口和浦東地區，擁有許多碼頭，其中最著名的就是虹口碼頭，故該公
司又稱為“上海虹口碼頭有限公司”。在怡和洋行的經營下，公和祥業務發展迅速，
1883 年和 1890 年，它先後吞併了老寧波華順碼頭和浦東其昌碼頭，逐漸發展為上海
最重要的倉儲碼頭集團之一。公和祥成立時資本為 200 萬両白銀，到 1932 年已增加到
800 萬両，其後銀両為單位的幣制作廢，1947 年改用港幣，當時的資本額亦達 2,400

萬港元。1948 年公和祥碼頭停泊的船隻達 796 艘，逾 42 萬噸。❶ 這時，怡和洋行在上海沿江擁有價值最高的碼頭 3,000 平方呎，浦東方面也擁有碼頭 2,550 平方呎。這些碼頭可同時停泊 10 艘大型遠洋貨輪。太平洋戰爭爆發前，怡和洋行在上海還擁有總面積達 250 萬平方呎的貨棧和倉庫。可是，這些貨倉大部份在戰爭中遭到破壞。

》 怡和的金融與保險業務

怡和洋行圍繞著鴉片貿易發展起來的業務，除了航運業外，還有金融、保險業。由於經營鴉片、絲茶貿易，怡和洋行從早期起便從事一些原始的銀行業務。早在鴉片戰爭之前，怡和洋行就以鴉片貿易中獲得的大量現金展開匯兌和貸款業務。進入上海後，怡和洋行的代理店實際上包辦了上海的匯兌業務，不但是商業匯款，就連英國政府的匯款也由它經手。各國領事匯到香港的公款，直到 1855 年還在用它的匯票，其他銀行沒有一個能與怡和分庭抗禮。19 世紀 60 年代以後，隨著航運業的發展，貨倉和躉船增多，怡和洋行開始以存放在怡和倉庫裡的貨物作抵，承做大宗押款，輕易地取得 2-3 分的利率。為了保持與中國商界和政府的密切關係，怡和洋行還貸款給中國錢莊和地方官員。當時，怡和與上海 "經營規模非常龐大" 的 70 多家錢莊保持密切聯繫。1863 年，怡和創辦怡錢莊，專門向中國商人放款。

1867 年，在清政府新任海關總稅務司赫德（Robert Hart）及清政府代表胡光墉的牽引下，怡和洋行第一次參與對清政府承做的一筆總數達 120 萬両白銀（40 萬英鎊）的貸款，年息為 1 分 5 厘，該筆貸款以海關收入作擔保，怡和承擔了其中的一半（20 萬英鎊）。該筆貸款是政府為左宗棠平定西北回民叛亂而籌措的軍費。這筆貸款為日後外商與清政府進行的交易提供了一個樣板。1874 年，清政府由於琉球事件和西北方面的軍事行動需要再次籌措資金，胡光墉通過怡和洋行買辦提出借款 300 萬両白銀的要求，結果由怡和借出 100 萬両白銀，同樣以海關關稅作擔保，條件是每 6 個月月底歸還總額的六分之一，3 年內全部清還，年息為 1 分零 5 厘。1885 年，怡和還在一定程度參與了滙豐銀行的 5 筆貸款談判，自此，怡和在謀求政府業務時，幾乎一直與滙豐銀行合作，並達成許多非正式協議，規定雙方在與中國政府進行交易時各自的業務範圍。

怡和洋行最為雄心勃勃的一項金融發展計劃，就是聯合倫敦的合夥人、清政府大臣李鴻章及其他高官創辦一家中國銀行。1883年，怡和向李鴻章建議籌組這家銀行，根據怡和的建議，該銀行將與中國政府簽訂長期低息貸款，作為交換條件，而清政府也將同意由該行包攬政府業務，包括籌措修築鐵路和開發礦山的資金，並有權發行可用於納稅的鈔票。當時，李鴻章原則上已同意這一計劃，但表示要等適當時機上奏皇上。不過，該計劃最後仍是無疾而終。

隨著鴉片貿易的發展，與航運緊密結合的保險業務也得到發展。1836年，怡和洋行就參與創辦了諫當保險公司（Canton Insurance Office，即廣州保險有限公司的前身）。當時，印度的代理商在爭取貨運時，就是"利用怡和的海運和保險服務以招徠他們各自範圍內的鴉片出口商"的。1866年，怡和洋行在香港創辦香港火災保險有限公司，將保險業務從水險擴大到火險。1875年，怡和在上海開設諫當保險行華人部，再將保險業務擴大到華商，生意滔滔不絕。

» 怡和的鐵路投資

怡和洋行是最早重視在中國投資鐵路的外商，它認識到一旦用鐵路網把中國內地與上海、廣州和天津連接起來，工業和國內貿易必將有一個蓬勃的發展，這將為怡和帶來巨大的潛在價值。怡和洋行的鐵路工程師毛里遜就認為："世界上的不發達國家沒有一國比這裡更需要鐵路，也沒有一國的鐵路比這裡更有利可圖。"1844年，怡和洋行就曾設想修築一條從加爾各答到廣州的鐵路，當時在華的西方商人曾討論過各種鐵路的方案。1864年，怡和洋行從印度聘請著名蒸汽機車發明家之子、鐵路工程師史蒂文森爵士來華，協助怡和實施其鐵路計劃。史蒂文森爵士向清政府提出了一個以漢口為中心的全國鐵路規劃，準備把上海、天津、漢口、廣州4個主要通商口岸用鐵路連接起來。與此同時，怡和洋行發動上海租界27家洋行，成立上海蘇州火車局，聯名向李鴻章提出，修築一條從上海到蘇州的鐵路，作為實施史蒂文森計劃的第一步。這些建議均遭到李鴻章的拒絕。李鴻章表示：只有中國人自己創辦和在中國人管理之下建造的鐵路，才會對中國有利。

然而，怡和洋行並不肯罷休，它計劃修築一條從上海至吳淞的鐵路，將這個巨大的貿易中心同其腹地連接起來，並向中國的官員和商人證實一條高效率鐵路的價值。1865 年 3 月，怡和洋行發起籌組股份公司吳淞道路公司（Woosung Road Company），由怡和洋行擔任經理，計劃發行股票 200 股，並在上海外商和華商中廣為推銷。當時，許多外商都支持這一計劃，該公司未經中國官方同意，就開始通過中國代理人以建築馬路為名在沿線購買土地。但是，由於成本超出預算，1867 年吳淞道路公司被迫暫時放棄這個計劃。1874 年 7 月，吳淞道路公司捲土重來，以有限公司名義註冊，總公司設在廣州，資本為 10 萬両白銀，從上海的中外商人中籌集。同年 10 月，上海—吳淞鐵路破土動工，1876 年初，當鋪築鐵路所需鋼軌、枕木等器材，以及蒸汽機車和車廂等陸續從英國運到上海時，上海市民才知道原來吳淞道路公司是為修築鐵路而成立的，從上海到吳淞的一段路基，也是為修築鐵路而建的。

　　1876 年 6 月 30 日，上海通往江灣鎮的第一段 1.6 公里的鐵路宣佈通車，並舉行第一期工程落成典禮。英國駐上海領事麥華陀發表演說，宣稱這 “是一件最重大的事件”，並表示 “（西方）優越者不能進入一種後退的路程去適應（東方）低劣者”。同日，英國製造的一列拖有 6 節車廂的小型火車 “天國號” 開始營運。其時，離世界上

1920 年淞滬鐵路上第一輛新式蒸汽火車。1876 年怡和洋行在未經清政府同意下，曾在淞滬線修築了中國第一條鐵路：淞滬鐵路。後被拆卸。1898 年清政府委派盛宣懷再修築該條鐵路。

第一條鐵路在英國誕生之日已相隔了半個世紀。鐵路通車後在當年的 7 月份每天平均收入在 40-60 銀元之間，營業情況"令人非常滿意"。[18] 不過，怡和洋行的行徑事實上是非法修築鐵路。8 月 3 日，一位中國人被火車軋死，消息傳出，群情激憤。英國駐華公使威妥瑪不得不指示怡和洋行暫停行駛。事後，清政府派李鴻章與英國交涉，英方先是建議"中外合股集資共辦"，繼而提出"由中國收買後仍歸洋商承管"。經多次談判，未獲結果。後來，李鴻章以該鐵路動工未經官方批准，而且鐵路應由政府控制為理由，要求由中國政府買下這條鐵路。最後，雙方議定，清政府以 28.5 萬兩白銀，向怡和洋行買下註冊資本只有 10 萬兩白銀的道路公司所修築的這條鐵路。其後，兩江總督沈葆楨下令拆卸機車及路軌，將全部設備運往台灣，從而結束了中國第一條鐵路的短暫歷史。

中國自築的第一條鐵路 ——唐胥鐵路（唐山至胥各莊），直至 1881 年 11 月 8 日才正式通車。這時，離怡和修築的鐵路通車又過了 5 年之久。1887 年，怡和洋行上海分行經理詹姆士·凱瑟克（James Johnstone Keswick）訪問天津，先後拜訪了李鴻章及相關人士，對中國鐵路建設感到前景樂觀。為此，怡和積極向中國鐵路公司津沽鐵路項目提供貸款，1887 年，中國鐵路公司向怡和洋行、華泰銀行借款 107.6 萬兩白銀，其中，怡和提供 63.7 萬兩，華泰銀行提供 43.9 萬兩，年息 5 厘。1888 年，中國首條借外債修築的津沽鐵路竣工。對此，怡和上海分行經理凱瑟克表示：這筆貸款"會在即將來臨的中國鐵路建設高潮中，樹立怡和洋行突出的地位"。[19]

1895 年，怡和認為需要與滙豐達成一項更為正式的安排，即需要更緊密的合作和更明確的分工，由怡和推動滙豐的金融業務，而滙豐則促進怡和的商業利益。為此，雙方成立"中英公司"（British and Chinese Corporation），目的是要"在中國獲得各項權益，推動公共工程企業，進行資金周轉"，取得和開鐵路修築權。其中，怡和作為承包商，負責修築鐵路，提供鐵軌車輛、招募人員及工程師，監督鐵路的實際運作；而滙豐負責籌措資金，兩者互補。1903 年，中英公司與中國鐵路總公司正式簽約，取得滬寧鐵路修築權。合約規定：不允許在長三角鋪設與其競爭的鐵路。

甲午戰爭後，西方列強在中國掀起修築鐵路熱潮，從 1895-1898 年 11 月止，列強在中國共奪得 6,420 英里的鐵路投資權；其中，英國佔 2,800 英里，仍居首位。1898

年，怡和洋行與滙豐銀行合組中英公司，作為對中國鐵路、礦山投資的專門機構，由滙豐銀行負責公司的資金籌措、調撥，怡和洋行負責監管、經理，政策上則聽命於英國駐華公使。這個機構後來在與其他西方列強的激烈競爭中，成了"英國政府精心選擇的工具"，英國對華鐵路投資，多數是通過這家公司進行的。

» 怡和在工業與公用事業的投資

怡和洋行對中國工業的投資，早在 19 世紀 60 年代已經開始。1861 年，怡和洋行率先在上海開辦怡和紡絲局。初辦時，怡和紡絲局擁有意大利式繰車 100 部；到 1863 年便已擴充到 200 部。由於當時機器繰絲的技術尚未過關，繰絲的質量遠不如手工操作的好，在歐洲市場打不開銷路，結果開辦不幾年，這間紡絲局就被迫關閉。1882 年，怡和洋行捲土重來，在上海新閘路建起怡和絲廠（Ewo Silk Filature）的廠房，使用 200 部法國式繰車，僱用員工 1,100 人。該廠和英國的公平絲廠、美國的旗昌絲廠，是當時上海規模最大的 3 家絲廠。1888 年，怡和洋行再開辦一間專門整理廢絲的絲頭廠。到 19 世紀末，怡和絲廠已擁有資本 50 萬両白銀、繰車 500 部，年產量達 750 擔，稱雄上海絲廠業。

怡和洋行亦積極投資於中國的紡織業。當時，清政府尚未開放外商辦廠權。1877 年，怡和洋行的合夥人之一的約翰遜（F. B. Johnson）試圖不以外商擁有的方式，而是採用"官督商辦"的原則，由官方督辦，本地華商負責運營，怡和則扮演該廠駐英國代理的角色。約翰遜提議華商成立合股公司，曾經與怡和有過多次合作的華商胡光墉也積極游說華商成立一家名為"中英上海紡織局"的股份公司，股本為 35 萬両，預定購入 800 架織布機。該提議曾一度得到李鴻章的首肯，不過，其後因為官方計劃參股，並該名為"上海機器織布局"，令華商興趣大減，結果幾經周折，都未能成功。

1888 年，由英、美、德、法、日等多國商人投資的上海機器軋花局成立時，怡和洋行即表示要建立軋花廠。1894 年，怡和洋行利用允許軋花機進口的機會，強行將價值 5,000 両白銀的紡織機運進中國，引起軒然大波。當時，上海市民對於怡和洋行強行修築吳淞鐵路一事仍記憶猶新，於是群起而攻之；觸及切身利益的老式官僚和新

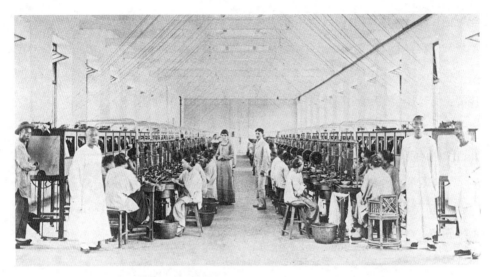

1861 年怡和洋行在上海投資興建的怡和紡絲局

1895 年怡和洋行在上海投資創辦的怡和紗廠

興資本家也加入反對行列。洋務派官員盛宣懷就表示："洋商販運機器進口會妨礙中國人的生計。"盛宣懷首先請李鴻章支持，當時正值中日甲午戰爭期間，李鴻章一心想依賴英、俄諸國來制止日本侵略，對怡和洋行的要求，主張通融遷就。於是，盛宣懷轉向湖廣總督張之洞求援，張之洞正在武昌設立湖北紗布官局，想以紡織的盈利彌補官辦鐵路和槍炮廠的虧損，因此亦竭力支持阻止怡和的紡織機進口。

恰在此時，1894 年爆發中日甲午戰爭，中國戰敗，被迫於翌年與日本簽訂《馬關條約》，允許外商在中國投資設廠。1895 年，怡和紗廠正式創辦，資本 200 萬両白銀。1897 年，怡和絲廠投入生產。到 20 世紀，怡和絲廠規模迅速擴大，1912 年和 1914 年，它先後吞併了華商的公益紗廠和英商的楊樹浦紗廠，又創辦怡和毛織廠。1921 年，怡和洋行將上述幾間紗廠合併，創辦怡和紗廠有限公司（Ewo Cotton Spinning & Weaving Co., Ltd.），統轄所屬各廠。1927 年上海爆發總罷工，怡和紗廠參加罷工的工人達 6,000 人，僅次於日商的內外棉廠。到 1937 年，怡和紗廠共擁有紗錠 175,000 枚、紡織機 3,200 台，生產範圍擴大到廢棉產品加工、黃麻織品、毛紡品和布匹。

除繅絲、紡織之外，怡和洋行對中國工業的投資還遍及製糖、冷藏和蛋品、包裝、啤酒、木材及建築鋼鐵材料的加工等，其重要的企業包括香港中華火車糖廠（1875）、汕頭怡和糖廠（1878）、上海怡和製材廠（1905）、上海怡和打包廠（1907）、上海怡和冷氣堆棧（1920）、上海霍葛鋼品公司（1934）及上海怡和啤酒有限公司（1935）等。其中，怡和啤酒廠被公認為遠東最優良和現代化的廠家，它生產的"皮爾斯納"（Pilsner）和"慕尼克"（Munich）曾遠銷利比亞和希臘，在遠東地區亦享有盛名。

此外，怡和洋行還參與投資上海租界的公用事業。1864 年，威廉・凱瑟克主持上海怡和洋行時，發起集資創辦了上海第一家公用事業企業——煤氣公司，初時命名為大英自來火房。第二年，凱瑟克擔任工部局總董，親自發出該公司特許證，在租界範圍內鋪設地下總煤氣管。同年就鋪設煤氣管 8,600 碼，令英租界用油點的路燈改為煤氣燈取代，一時成為奇聞。1880 年，怡和洋行以工部局名義，發動洋行集資再創辦上海自來水公司，在楊樹浦建廠裝機，在租界鋪設水管。1883 年 6 月 29 日開始供水，李鴻章亦參加了開工典禮。❷⓿

根據勒費窩（Edward LeFevour）所著一書《怡和洋行——1842-1895 在華活動概

述》的翻譯者陳曾年、樂嘉書的分析，從 1842-1895 年這一時期，怡和洋行在中國內地的活動，主要有三個方面：第一，上海開埠初期非法和合法地大量傾銷鴉片，換取中國的絲、茶；第二，19 世紀 60 年代以後，逐步將業務重點轉移到船運、保險、倉棧等為貿易服務的行業；第三，70 年代以後著重於壟斷中國的鐵路建設和管理，提供各項貸款，擔任中國政府的代理人，以及竊聽經濟情報等。[21] 就這樣，從鴉片貿易到航運、金融保險，從修築鐵路到開辦工業、投資公用事業，怡和洋行在進入中國內地的逾一個世紀期間，將其勢力滲透到中國的幾乎每個角落、每個領域，成為中國最著名的外資壟斷財團。"洋行之王"確是它的最佳寫照，怡和洋行亦以此為傲。

　　這一時期，怡和除了積極拓展中國市場之外，還進軍日本市場。1859 年 1 月，怡和曾派員前往日本探查商機，了解到日本絲、海菜、植物蠟等極具出口潛力。同年 7 月，怡和派出"諾拉號"，載著棉織品、冰糖以及被認為有銷路的鬆緊帶等物品，從上海駛抵日本新開放口岸橫濱，怡和並在橫濱建立了商館和倉庫。不過，初期怡和的發展停滯不前。1868 年，日本幕府崩潰，內戰結束，天皇重新掌權。對怡和來說，這一年有三項重大的進展：一是大阪和神戶宣佈對外開放，怡和代理商成為第一批前往發展的外國人；二是怡和以 6 萬港元的價格買下香港鑄幣廠，並將其運到大阪，從中抽佣 5%，新皇家鑄幣廠於 1871 年啟用；三是在橫濱建成新的商館和貨倉。明治維新以後，日本對外貿易進入黃金時期，怡和藉由提供貸款及資助基礎建設等方式，扶持日本工業，從而在日本商界奠定了穩固的基礎。[22]

上海怡和啤酒廠的廣告。怡和啤酒廠創辦於 1935 年，它生產的啤酒在遠東享負盛名。

03

太古洋行：航運業的巨擘

與怡和、寶順、旗昌等洋行相比，太古洋行進入香港、上海的時間約遲了二三十年。然而，寶順、旗昌等老牌洋行並未能跟隨時代前進，太古洋行卻在激烈的競爭中嶄露頭角，迅速崛起。太古洋行在上海創辦時，正值第二次鴉片戰爭後長江黃金水域開放，太古洋行的創始人預見到長江及沿海航運的前景，將投資的重心從貿易轉向航運。太古洋行以上海、香港為基地，圍繞著航運業的拓展，相繼在沿海及長江流域各通商口岸建立起龐大的分行網絡，經過數十年的努力不懈，終於從規模細小的洋行崛起為長江航運上的壟斷寡頭、赫赫有名的中國航運業的巨擘。

》 太古洋行的創辦經過

約翰·沙莫爾·施懷雅，俗稱老施懷雅，上海太古洋行的創辦人。

太古洋行的前身為英國利物浦一家中型地方商行，創辦人約翰·施懷雅（John Swire, 1793-1847），出身英國約克郡一個布商家庭。1812 年，19 歲的約翰·施懷雅離開家鄉前往利物浦，投靠表兄的小商行當學徒謀生。當時，利物浦是英國最重要的港口及商貿城市，充滿商業機會。1816 年，約翰·施懷雅自立門戶，在利物浦創辦了一家上居下舖的小型商行，從事進出口貿易，他從外地進口農產品轉銷英國各地，當中有牙買加的甜酒、糖和棉花，印度加爾各答的藍靛，加拿大新斯高沙的油和美國的原棉等，又將英國的紡織業重鎮蘭開夏郡的棉織品輸往海外，生意漸入佳境。1832 年，約翰將公司改組，易名為"約翰·施懷雅父子公司"（John Swire & Sons Co.，簡稱"施懷雅公司"）。除了原有的業務外，約翰也憑藉著妻子瑪麗斯·魯斯（Maria Louisa Roose, 1794-1858）家族的航運生意網絡，開始從事小規模的航運代理生意，主要代理利物浦開往加勒比海港口的航班。施懷雅公司逐步發展成為一家穩健的中型家族企業。

1847 年約翰·施懷雅逝世，他的兩個兒子 —— 22 歲的約翰·沙莫爾·施懷雅（John Samuel Swire, 1825-1898，後稱"老施懷雅"）和 17 歲的威廉·赫德遜·施懷雅（William Hudson Swire, 1830-1884）各繼承了 1,000 英鎊的遺產，去繼續經營公司。施懷雅兄弟繼承父業後，將生意逐漸拓展到美洲和澳洲，並投資於航運業的股份，這是施懷雅家族與航運業聯繫的開端。1854 年，老施懷雅遠赴澳洲發展，澳洲的經歷令他相信，西方商人可在澳洲和遠東找到極佳的投資機會。1855 年，老施懷雅在澳洲墨爾本開設了施懷雅兄弟公司，致力發展澳洲的業務。1861 年，美國內戰爆發，戰爭令施懷雅父子公司的主要業務，即從美國南部進口原棉中斷，結果，施懷雅家族轉向遠東發展，經營中國和日本的進出口貿易。

1865 年 1 月，施懷雅兄弟應利物浦好友霍爾特（Alfred Holt）的邀請，與利物浦造船家族司各特（Scott's of Greenock）等一道合組海洋輪船公司，即後來人稱的"藍煙囪輪船公司"（Ocean Steam Ship Company）。其中，施懷雅兄弟以 1,500 多英鎊入股成為創始股東，不久更加股至 2 萬英鎊。新公司以 15.6 萬英鎊向司各特家族的船廠訂製 3 艘新式輪船。1866 年 4 月 19 日，藍煙囪旗下第一艘載重 2,300 噸的輪船"阿加麥門號"（Agamemnon）首航，遠赴中國上海，結果 77 天便完成全程，返英時更縮短至 58 天。其後，公司第二艘輪船"阿渣士號"（Ajax）亦相繼起航。藍煙囪輪船公司的成功，為施懷雅公司前往中國發展埋下伏筆。❷❸

這一時期，施懷雅家族與英國紡織商巴特菲爾德（R. S. Butterfield）也建立了密切的合作關係。施懷雅公司將巴特菲爾德的棉、毛紡織品委託給上海的布魯爾洋行和伯利洋行代理銷售，但這兩家洋行的表現令人失望。後來，布魯爾洋行陷入困境，它的代理業務無法展開，於是老施懷雅決定與巴特菲爾德合作，在上海開設一家洋行。

1866 年 10 月中旬，老施懷雅乘坐鐵行輪船公司的"阿登號"離開倫敦前往中國上海。在此之前，他與巴特菲爾德剛簽訂一項合作協議，分別在英格蘭、美國和中國開設 3 家商行。11 月 28 日，老施懷雅到達上海，隨即買下瀕臨破產的布魯爾洋行的全部產權，並在原禮查洋行舊址掛出"太古洋行"的牌子。12 月 4 日，上海《華北日報》報道了太古洋行創立的消息。1867 年 1 月 1 日，太古洋行正式開業，開啟了它在遠東的漫長歷程。洋行命名為"太古"，取"規模宏大、歷史久遠"之意。它的英文名是"巴特菲爾德和施懷雅公司"（Butterfield & Swire Co.），反映了兩個家族的合作關係。1868 年，巴特菲爾德退出太古洋行，不過，洋行的英文名一直沿用。

　　太古洋行的誕生可以說緣於藍煙囪輪船公司需要在中國尋找代理人。早在開業前一個星期，藍煙囪的"阿基里斯號"（Achilles）就已抵達上海，為太古洋行帶來首批貨物 —— 總共有 600 多包英國雙獅牌灰色襯衫。半個多月後，阿基里斯號返航英國，太古招攬到大批原棉付運，完成了首宗代理工作。❷❹ 創辦初期，太古洋行規模不大，只有 3 個外籍僱員，分別負責處理從英國約克郡和曼徹斯特運來的貨物及管理洋行賬目，由威廉·蘭格（William Lang）任經理，他後來成為太古洋行的高級合夥人，直到 1888 年退休為止。當時，太古洋行的主要業務是經營進出口貿易，將英國的棉毛紡織品運到中國銷售，同時將中國的茶葉、生絲等產品銷往英國、美國和澳洲。1868 年，施懷雅父子公司將總部從利物浦遷到倫敦，並逐步在利物浦、曼徹斯特、紐約和澳洲設立分公司，與上海的太古洋行相配合，並通過穿梭兩者之間的藍煙囪，形成一個跨國貿易的三方網絡。這樣，英國太古集團在全球的組織架構趨於形成。

　　在遠東和中國，太古洋行的業務迅速發展，開始主要是進出口貿易，後來逐漸以航運業為重點，圍繞著這兩方面業務的發展，太古洋行開始在主要的通商口岸建立起分支機構。1869 年，霍爾特建議老施懷雅到香港開設太古分公司，因為藍煙囪沿用的香港代理人表現令人失望。對此，老施懷雅表示同意。他致函說："經過慎重考慮，我們同意並深信單是（藍煙囪的）代理業務，便足以支到香港開設分公司這重要一步，而來往英國和澳洲殖民地的其他生意，還會帶來大量佣金，……霍爾特的航運公司只是剛起步，香港將會是東方的輪運最重要據點。" 1870 年 5 月 1 日，太古洋行在香港開設分行，開始了它與香港長達 150 年的歷史淵源。在此一年前，老施懷雅已預見到："香港將為未來航務貿易中，最重要的東方碼頭。" 香港分行一成立，實際就被賦予與上海總行的同等地位，隨著時間的推進，它逐漸成為太古集團在遠東的地區總部。

繼香港之後，太古洋行相繼在福州（1872）、汕頭（1882）、蕪湖（1884）、漢口（1885）、天津（1886）、寧波（1888）、鎮江和牛莊（1890）、宜昌（1891）、廣州（1892）、廈門（1896）、南京和煙台（1900）、大連（1909）、長沙（1912）、青島（1913），以及重慶（1929）等城市建立分行，㉕ 形成龐大的分行網絡，從而將其經濟活動滲透到中國各通商口岸以至更深的經濟腹地。

» 太古輪船公司創辦：向旗昌挑戰

太古洋行剛創建，就取得了藍煙囪輪船公司在遠東的代理權，這是太古洋行代理航運業務的開端。當時，代理航運業務僅僅是太古洋行的輔助業務，但是，老施懷雅已看到了在中國沿海和長江從事航運業的巨大潛力，尤其是長江流域位處華中，貫通東西，正是各類貨物的交通命脈。這時期，上海的一些主要英美洋行，如怡和、寶順、旗昌、瓊記洋行等正組織輪船在中國沿海和長江水域展開激烈的競爭，實力最雄厚的是旗昌輪船公司。當時，長江航線上的主要競爭者是旗昌輪船公司、怡和洋行及寶順洋行旗下的船隊。

旗昌輪船公司（Shanghai Steam Navigation Company）創辦於 1862 年 3 月 27 日，總部設在上海，資本額為 100 萬両白銀，由旗昌洋行擔任經理人。成立初期，旗昌輪船即成為當時遠東最大的股份公司。當時，旗昌洋行的上海經理金亨來（E. Cunninghom）對旗昌洋行大班福士表示：長江航運大有可為，"營業額幾乎是難以估量的。目前，南京與沿海之間的國內貿易已經停頓，長江上游貿易也遭到破壞，處於蕭條狀態。但外商貨輪參與運輸，可望立即恢復一部份貿易，即以原棉一項而論，估計長江流域的產量便大大超過美國全國的產量"。1866 年，旗昌輪船公司乘寶順洋行倒閉之機，收購了該洋行的全部輪船設備與船塢，實力進一步增強。翌年，它迫使怡和洋行簽訂為期 10 年的航運協議，使其退出長江航道，不在長江航線行輪，也不經營輪船代理業務；而旗昌則同意 10 年內不在上海以南的沿海航線行輪（上海至寧波航線除外）。自此，旗昌輪船成為長江航運和寧波港的霸主。1871 年，旗昌輪船公司的資本已增加到 300 萬兩白銀，擁有輪船 17 艘、載重量達 2.5 萬噸，幾乎沒有競爭對手可以動搖它在長江的地位。

老施懷雅決心挑戰旗昌在長江航運的壟斷地位。1872 年，施懷雅家族在倫敦創辦太古輪船公司（The China Navigation Company），全部資本 36 萬英鎊，主要股東除施懷雅兄弟外，還包括霍爾特、船廠老闆司各特家族，以及一些從事中國貿易的英國商人。太古輪船公司在中國又俗稱為"黑煙囪輪船公司"，由太古洋行任代理人。1873 年，太古輪船更招攬到美國人晏爾吉（Henry B. Endicott）出任公司的首位航運專員。晏爾吉精通中文，來自具有豐富中國航運經驗的美國家族，曾在瓊記洋行主理航運業務，對中國市場瞭如指掌。他的加盟令太古更增加了成功的把握。

太古輪船公司創辦之後，即立即籌劃長江航運。霍爾特為了使公司的船隻能夠適應長江河道，按照美國密西西比式內河明輪規格設計 4 艘新船，並命名為"宜昌號"、"上海號"、"北京號"和"漢口號"。不過，為了更快進入長江航運，太古輪船公司搶先收購了正在長江航運的小型輪船公司——公正輪船公司，該公司擁有兩艘輪船，並在上海及長江沿岸一些口岸擁有碼頭貨倉。1873 年 4 月，掛著太古旗幟的兩艘輪船開始了長江航運，與旗昌輪船公司展開正面的爭奪。面對旗昌輪船公司大幅降低運費的激烈競爭，太古輪船公司以更低的運費還擊，甚至宣稱："只要裝滿貨物，運費在所不計。"同時，太古又四出收納貨源，專注吸納華商貨運需求，不單攏絡代理，也針對貨主心理，除免收貨主 15 天棧租外，當旗昌仍舊向招攬生意的股東提供已成回扣，太古就推出新法，向代理提供本成佣金，6 個月後再經代理向貨主回贈另外半成佣金。此外，太古還以宴請所有的船務經紀的方式拉攏華商。旗昌洋行的大股東福士曾這樣描述當時的場面："太古請了所有的船務經紀盛大的晚宴吃喝，在這個場合中，外國文員殷勤侍奉，有地位的中國人則暢談歡笑，似是份應如此。"很快，太古將旗昌的一些老主顧也拉了過去，到 1873 年底，太古輪船公司的船隻幾乎已承運了長江貨運的半數貨物。❷⑥ 1973 年 8 月，旗昌洋行因美國經濟不景而陷入財務困難之中，被迫與太古輪船公司簽訂"聯營協議"。自此，旗昌在長江航運上的壟斷地位終被打破。

　　長江航運的成功鼓舞了老施懷雅，他說服巴特菲爾德家族和司各特家族共同投資組成 The Coast Boats Owner（簡稱 CBO），CBO 最初擁有兩艘輪號，分別為"福州號"和"汕頭號"，從事沿海航運，將牛莊的大豆和豆餅運到汕頭和廈門。CBO 的營運比預期理想，利潤持續上升，到 1883 年船隊已擴大到 9 艘輪船。當時，正值怡和洋行創辦印—華輪船公司，為了增強競爭實力，老施懷雅將 CBO 合併到太古輪船公司中。這時，太古輪船公司的資本已增加到 50 萬英鎊，擁有近 20 艘輪船，航線更伸延到廣州內河以及日本和澳洲。

》 太古與招商局、怡和分享長江航運

　　19 世紀 70 年代，長江航運的格局發生重大變化，首先是中國民族航運業的先驅——中國輪船招商局創辦。當時，中國的洋務運動正值勃興，民族造船工業已有較大發展。為了打破外國輪船公司在中國航運業的壟斷，在李鴻章等洋務派官員的支持下，1872 年"官督商辦"的輪船招商局正式創辦，由唐廷樞出任商總，負責集資及營運，原任寶順洋行買辦徐潤出任副手，代表清政府的盛宣懷則為漕運會辦，協調局方與官府共事，以期達到"官總其大綱，察其利病，而聽該商董等自立條議，悅服眾商，冀為中土開此風氣，漸收利權"。在唐、徐二人入股及主理下，招商局對華商的吸引力大增。

　　1873-1874 年間，招商局籌集 47 萬多両白銀，先後訂購 6 艘輪船，並在天津、牛莊等通商口岸以及日本的長崎、橫濱設立分局，瞬即成為中國航運業的一股新興力量。1874 年 3 月，招商局的 4 艘輪船先後進入長江航道。當時，壟斷長江航運的旗昌、太古兩家輪船公司立即以減價戰抵制。不過，減價戰並沒有影響到招商局船隊的擴大，倒是旗昌輪船公司在激烈的競爭中漸漸不支，旗昌洋行的大股東福士因為投資紐約、倫敦和太平洋航運公司失敗而破產。1877 年，旗昌輪船公司將所擁有輪船、各通商口岸的碼頭、貨倉以及全部財產，以 220 萬両白銀價格售予招商局。旗昌輪船公司在競爭失敗後退出長江航運，實際上標誌著旗昌洋行在中國貿易上的覆滅，情形

一如寶順洋行的破產。幾年之後，旗昌洋行便被接管，從而結束了它在中國的顯赫歷史。招商局收購旗昌輪船公司之後，航隊一下急增到 29 艘、總噸位達 3 萬噸，一躍而成為長江航運上一股重要力量。

面對招商局的崛起，老施懷雅認為招商局企圖獨霸長江航運，故上書英國政府，指中國政府以很高的租用率將白米交付招商局運載，實行津貼，要求英國政府加以干預，協助太古擺脫困境。不過，老施懷雅的要求遭到英國政府的拒絕。結果，太古輪船公司和招商局在長江水域展開更激烈的削價戰。1877 年 6 月，上海至漢口的運費降低到每噸茶葉僅 5 角，連船運和轉運費用都難以彌補。同年，太古輪船公司陷入最困難時期，全年利潤僅 3,002 英鎊，比上年度大幅下跌九成以上。為了擺脫困境，老施懷雅被迫妥協，他再度來到中國，與招商局達成“聯營協議”。結果，太古在長江航運得到 45% 份額，招商局得到 55%，而在寧波航線則各佔 50%，太古首次打入寧波航線。

旗昌退出長江航運後，怡和洋行立即取而代之，1879 年，怡和與上海最大的英資船廠祥生船廠（Boyd & Co.）合作，集資 30 萬兩，開辦專攻長江航線的楊子輪船公司（Yangtze Steam Navigation Co.），並由祥生建造 3 艘輪船加入長江航運，1881 年更開辦牛莊至汕頭航線。怡和認為，它與旗昌簽訂的海運協議已屆期滿，太古與招商局的“聯營協議”無視怡和在長江的合法權益，需予以反擊。1882 年，怡和為加強競爭實力，又在中英集資，在倫敦開辦印—華輪船公司（Indo-China Steam Navigation Co.，又稱“怡和輪船公司”），將中國、東南亞及印度的航線連成一體，成為太古和藍煙囪在遠洋市場上的強勁對手。太古認識到，將怡和趕出長江航運是不可能的，於是雙方再次展開談判。1883 年，太古、怡和與招商局再次達成“聯營協議”，這次協議中，在長江航線太古分得 38% 份額、招商局得 42%、怡和得 20%，而在上海至天津的沿海北洋航線，太古、怡和各得 28%，招商局得 44%。太古認為，這項協定是個勝利，招商局在吞併旗昌輪船公司後所取得的優勢正在削弱，而太古輪船公司的實力正漸漸追上。

為了在中國航運市場中繼續保持競爭優勢，1874 年，老施懷雅又聯同巴特菲爾德和司各特，合組“海船組合公司”（Coast Boats Owner），開拓中國海運市場。海船組合以 3 萬多英鎊向司各特船廠購入兩艘輪船，定名為"福州號"和"汕頭號"，在太古輪船的航班之外，提供輔助性包船服務，專走沿海航線，結果大受歡迎。公司連年購入多艘大型輪船，包括"煙台號"、"牛莊號"、"溫州號"等，從事中國沿海貨運業務，特別是大豆和豆餅運輸業務。1880 年，汕頭稅務司報告稱："汕頭和這些中國口岸（牛莊、煙台）的貿易，主要由太古輪船運載，……它們正漸漸把帆船排擠出去，以非常低廉的價格載貨，並給予華商很大便利，華商正開始租用這些船隻，像帆船一樣全船租賃，往返貿易。" ㉗

19 世紀 80 年代，太古輪船公司的實力有了進一步的增強，公司每年盈利從 1882 年的 7.2 萬英鎊增加到 1889 年的 15.8 萬英鎊，增幅逾 1 倍。1890 年合約期屆滿，續約談判未有進展，太古即發動削價戰。這次削價戰令招商局損失慘重，招商局官督商辦的弊端充份暴露，在長江航運的激烈競爭中漸處下風。到 19 世紀末，太古輪船公司已成為中國航運業中實力最雄厚的集團。1894 年，太古輪船公司已擁有船隻 29 艘、3.5 萬淨噸；這時，招商局擁有船隻 26 艘、2.3 萬淨噸；印—華輪船公司擁有船隻 22 艘、2.4 萬淨噸。到 1900 年，太古輪船公司資產已增至 150 萬英鎊，擁有船隻 50 艘。㉘ 這時，太古輪船公司已穩執長江航運的牛耳。在此之前兩年，老施懷雅逝世，公司業務由資深合夥人司各特（James Henry Scott）及老施懷雅的兒子小約翰·施懷雅（John Jack Swire）繼續推動。

表 2-3　1878-1889 年太古輪船公司的利潤情況（單位：英鎊）

年份	支付全部費用（包括保險）後的結餘	股息分配數額	轉入準備和折舊數額
1873-1874	47,348	23,250	24,098
1875	55,082	14,750	40,332
1876	44,832	15,000	29,832
1877	3,002	15,000 *	3,002
1878	69,560	30,000	39,560
1879	86,958	30,000	56,958
1880	91,847	45,000	46,847

年份	支付全部費用（包括保險）後的結餘	股息分配數額	轉入準備和折舊數額
1881	71,962	45,000	26,962
1882	71,958	45,000	26,958
1883	89,619	50,000	39,619
1884	74,536	25,000	49,536
1885	110,690	62,500	48,190
1886	119,991	62,500	57,491
1887	102,264	50,000	52,264
1888	157,422	75,000	82,422
1889	158,030	75,000	83,030

* 從準備金中支付

資料來源：馬里納和海德著，《老施懷雅》，轉引自張仲禮、陳曾年、姚欣榮著：《太古集團在舊中國》，上海：上海人民出版社，1991年，第74、77頁。

》 太古輪船：中國航運巨擘

1894年，甲午戰爭爆發，其後中日簽訂《馬關條約》。這場戰爭使日本在中國的勢力迅速崛起，西方列強之間的矛盾激化，日、德、俄、英、法等國相繼在中國掀起新一輪劃分勢力範圍狂潮，長江航道也出現了新的競爭。1898年，日本大阪商船會社開始了長江航運，其後，日本郵船會社、大東汽船會社，及湖南汽船會社相繼進入長江水域。1907年，日本4家輪船公司合併成實力雄厚的日清輪船公司，在日本政府的資助下，在長江航線上銳意進取，成為太古、怡和及招商局的強大競爭對手。此外，德國在取得漢口租界後，德國的漢堡亞美利加公司和北德勞依德公司亦加入競爭，長江航運的競爭空前激烈。

1914年第一次世界大戰爆發，英、德、法等歐洲資本和輪船大批撤退，為日本在中國航運勢力的進一步崛起提供了良機。1918年，日清輪船公司的載重噸位已從創建時的2.7萬噸增加到4.5萬噸。在沿海航線與太古競爭的日本郵船會社、大連輪

船公司亦趁機擴充船隊，拓展航線。這時期，中國的民族航運業也有所發展，早在
1908 年，寧波著名商人虞洽卿不滿太古、怡和等壟斷長江水域，籌集 100 萬銀元創辦
寧紹股份有限公司，加入長江航運的角逐。1914 年，虞洽卿再創辦三北輪埠公司，加
入長江航線、北洋以及華南各航線的角逐。中國民族航運業在大戰中開始嶄露頭角。
因此，當大戰結束，太古、怡和等英國輪船公司重返中國沿海內河，並試圖重建它們
昔日的優勢時，所面對的是更強大的競爭對手。不過，大戰期間，太古輪船公司的部
份船隻雖曾被英國政府徵用，太古在各航線的船隻減少，但運費在戰爭期間卻大幅提
高，因而太古在航運業中仍獲厚利。戰後，英國政府給太古輪船公司補償了一筆鉅
款，太古藉此購入一批船隻，不僅在中國沿海航運獲得進一步的發展，而且將航線更
深入地伸展到長江中上游，甚至用駁船直入洞庭湖和鄱陽湖。㉙ 這一時期，長江水域
上形成了太古、怡和 、招商、日清、寧紹、三北 6 家輪船公司對峙的競爭局面。不
過，直到此時，太古輪船公司在長江各航道上仍處領先地位。

　　20 世紀 30 年代，太古輪船公司的實力達到頂峰，最多曾擁有 90 多艘船隻。不
過，太古的船隊始終未衝破 100 艘大關，太古洋行的買辦曾迷信地認為，黑煙囪輪船
公司的船隊不能超過 100 艘，每逢要達到 100 艘時，就必定發生海上意外。據 1933 年
商務印書館出版的《中國航業》統計，當時太古輪船公司共擁有船隻 74 艘、16.4 萬淨
噸；其中，載重量 1,000 噸以上的大型輪船約 40 多艘，其資本總值 9,000 萬銀元，每
年盈餘在 2,000 萬銀元以上。㉚ 這時，太古輪船公司已形成了以上海為中心，包括長

太古輪船公司旗下的船
隊。太古輪船公司曾稱霸
長江航運，是當時中國航
運業的巨擘。

江、上海、香港及南洋的四大航線。其中，長江航線從上海往九江、蕪湖、南京、鎮江、漢口直至重慶、長沙；上海航線從上海出發，北至威海衛、煙台、青島、天津、牛莊、大連，南至廣州、香港；香港航線從香港出發，北至汕頭、廈門、天津，南至北海、海口、曼谷及新加坡；南洋航線則遠至菲律賓的馬尼拉、越南的西貢、印尼的爪哇及澳洲的達爾文港。四大航線構成太古輪船公司在中國內河、沿海及遠洋的龐大航運網絡，太古成為當時中國航運業的巨擘。

太古輪船公司能夠在中國航運業的激烈競爭中屹立不倒，稱雄數十年，除了其創辦者眼光卓越、重視航運投資、建立起一支實力強大的船隊，以及管理有素、經營策略上佳等種種主觀因素之外，無可否認背後有其深刻的歷史背景，這就是它以英國政府的支持以及英商在華獲取的種種特權為其強大後盾。長期以來，以上海為中心的長江流域，一直是英國在華的勢力範圍，太古洋行和太古輪船公司與其他英商一樣，不但享受貿易優惠的低稅制，而且獲得不受通商所在地法律管轄的特權保護，它旗下的輪船通過非通商口岸時，通常獲得免驗、免稅、免厘等種種優惠。這是中國民族航運公司所無法比擬的。一次大戰前，招商局的經營一度每況愈下，市場傳出正在崛起的日資輪船公司企圖收購招商局的消息，太古立刻"要求外交部指示公使警告任何企圖獲得中國輪船招商局控制權的外國勢力，英政府將認為這種行為是對英國在長江流域勢力範圍的不正當干涉；而且要從中國政府得到一個保證，為了有效地管理公司（輪船招商局）的業務和財產，只要在它的權力管轄範圍之內，除了英國人（公司），不得轉到任何外國人手中" **㉛**。結果，太古的要求獲得英國政府和英國駐華公使的明確支持。正是在這種英國強盛、中國積弱的歷史背景中，太古輪船公司乘勢而起。

》 太古糖廠與太古船塢

19 世紀 80 年代以後，太古洋行在全力積極推進航運業務的同時，逐步開始投資與航運業配套的行業和企業，包括製糖、船塢、倉儲碼頭、油漆生產與銷售，以及保險業等，逐漸發展成一個以航運業為主幹、業務多元化的企業集團。

事緣 1879 年怡和洋行重返長江航運，向太古發起挑戰，這使老施懷雅極為惱怒，決定與怡和展開競爭。當時，怡和洋行已先後於 1875 年香港開設了中國製糖公司（China Sugar Refinery Co.）及於 1878 年在汕頭建立怡和糖廠，從東南沿海各省輸入原糖，在香港、汕頭加工後轉銷北方各商埠。太古決定在香港開設一家遠東規模最大的製糖廠。在經過充份的調查研究之後，老施懷雅邀請他的合作夥伴入股創辦太古糖廠。他聲稱："任何想要每年有穩定的 8% 或 10% 的股息收入以使晚年生活舒適的人，我相信，可以依賴這項投資。" 1881 年 6 月 24 日，太古車糖有限公司（Taikoo Sugar Ltd.，簡稱 "太古糖廠"）在英國註冊成立，資本 20 萬英鎊，分 200 股，每股 1,000 英鎊，由太古洋行為其經理。股東主要包括：詹姆斯·巴羅（James Barrow），利物浦糖商；威廉·克利夫（William Cliff），利物浦商人；喬舒亞·狄克遜（Joshua Dixon），紳士；伯納德·霍爾（Bernard Hall），利物浦商人；阿爾弗雷德·霍爾特（Alfred Holt），利物浦輪船主；T. H. 伊斯梅（Thomas Henry Ismay），利物浦輪船主；約翰·施懷爾（John Samuel Swire），太古洋行東主。㉜

太古糖廠選址在香港鰂魚涌，該處毗鄰維多利亞海港，方便水路運輸。為了取得這塊土地，太古參與香港政府的土地拍賣，但太古的商業對手早已知曉太古計劃，在拍賣會上抬價，結果使得這塊土地的成交價提高到近 4.5 萬港元，遠超太古的預期。1884 年，太古糖廠正式投產開業，號稱為 "蘇伊士運河以東最大煉糖廠"，廠內設有兩組最新式的英製高科技溶糖設備，僱用員工達三千多人，它以菲律賓和印尼爪哇的原糖為原料，採用骨炭濾法及硫化法漂白製煉白糖，最初每週的生產能力是 700 噸。太古糖廠的創辦，遭到怡和的強烈反對；不過，到 1887 年，太古糖廠的利潤已超過怡和的中國製糖公司及怡和旗下的呂宋製糖公司，當年它的利潤達 45 萬港元，而怡和旗下的製糖廠利潤僅 20 萬港元。1891 年，太古糖廠每週溶糖量為 2,000 噸，到 1893 年已增加到每週 4,500 噸。

太古糖廠所製的白糖品級很多，有粗砂、幼砂等，比較細粒的稱為 "車糖"（TK），用布袋包裝，分 5 磅裝、10 磅裝兩種，外國人多用以拌和在紅茶或咖啡中飲用。還有一種糖粉，專供中國製餅廠商，在華北地區極受歡迎。這些產品，均以太極圖做商標，取 "源遠流長" 之意。太古糖廠的白糖製品，除遠銷日本、印度及澳洲等地之外，主要銷入中國內地。在廣東，太古糖每年的銷量約 30 萬擔，約佔總銷售量

1895 年位於港島鰂魚涌的太古糖廠。以太極圖為商標的太古糖曾一度獨霸中國市場，稱雄遠東。

的五分之三。在天津，太古糖最初遇到早在天津從事進口糖生意的怡和洋行和荷商恒豐洋行的競爭，但太古糖的銷量很快就超過後者。最後，太古與怡和達成協議，除低價的紅糖、黑糖外，砂糖、方糖只准怡和經銷，白糖的銷售全部歸太古，太古生產的車糖，仍由太古獨家經銷，以太極圖為商標的太古糖成為獨霸中國市場、稱雄遠東的名牌產品。太古糖的銷售，為太古輪船公司提供了源源不斷的貨源。到 19 世紀 90 年代末，根據太古糖廠的估計，其出品約佔中國食糖市場的三分之二份額，而原來獨大的怡和只守著剩餘的三分之一。太古糖廠開業首 20 年，除了有兩個年度虧損之外，歷年來都將派息後的盈餘投入儲備金，令糖廠有充足的財力整固生產線，作為企業發展的基礎。❸❸

　　19 世紀 80 年代以後，太古洋行在天津的業務迅速發展，當時，它的船隊正積極競逐北洋航線，而太古糖正逐漸壟斷以天津為中心的華北地區。然而，太古的業務卻受制於壟斷天津拖駁業、由仁記洋行創辦的大沽駁船公司。由於進入天津的海河航道淺窄，遠洋貨輪到達海河口大沽灣時，其運載的貨物必須轉由駁船運輸，於是，太古決定建立自己的拖駁公司。1904 年，施懷雅家族和霍爾特共同創辦了天津駁船公司，資本為 10 萬英鎊，由上海太古洋行負責管理，天津分行發展具體經營。天津駁船公司一成立，即遭到大沽駁船公司激烈競爭，最後雙方聯營協議，共同壟斷天津進出口業的運輸。太古也因而為其在遠東的航運建立了完整的轉運網。

為了配合航運業的發展，施懷雅家族又在香港創辦了太古船塢。1900年，即老施懷雅去世兩年，由 J. H. 司各特負責的約翰‧施懷雅父子公司向英國政府提出申請，要求把太古在港島鰂魚涌投得的土地的租借期從99年延長到999年，使他們能夠在那裡建造一個"超大型船塢"，價值約25萬英鎊，他們保證說：造船廠"對帝國來說將是極為寶貴的"，因為可以容納大型戰艦。結果申請獲得批准。當年，太古船塢公司（Taikoo Dockyard & Engineering Company）即在英國註冊成立，資本達80萬英鎊，分8,000股，每股100英鎊，由太古洋行為其代理人，司各特造船廠（Scoot Shipbuilding and Engineering Co.）為其專業顧問。

太古隨後在港島鰂魚涌建設規模龐大的太古船塢。當時，鰂魚涌頗為荒涼，主要是山崖和海灣，交通不便，人口稀少。太古購入鰂魚涌、筲箕灣、西灣河等多幅土地，劈山填海，先後建設了太古糖廠和太古船塢，開發出一個容納上萬人的新市鎮，並命名出一批與太古緊密相關的"太"字街道，如太安街、太寧街、太富街、太祥街、太吉街等。太古船塢創辦後，不僅為施懷雅家族旗下各輪船公司和駐香港的英國海軍提供維修船隻服務，還逐漸包攬了中國內地，特別是華南地區不少造船業務。1910年，它為太古輪船公司建造了第一艘輪船。1917年，更建造出5,800噸的藍煙囪輪船"奧圖里加士號"，被稱為除英國本土外英國殖民地建造的最大蒸汽輪船。不過，在最初的歲月中，太古船塢遭到黃埔船塢的激烈競爭，被迫不斷減價，在開業最初的4年裡，太古船塢每年虧損約在4-5萬港元之間。到2013年春，太古船塢終於迫使黃埔船塢簽訂合作協議。在當年6月的股東大會上，小約翰‧施懷雅正式宣佈：兩公司"已經達成一個協議，……它在雙方看來都是公正和令人滿意的"。後來，太古船塢發展成為遠東最重要的造船企業。

太古船塢創辦後，無論在維修或建造船隻方面都需要大量油漆，加上當時中國市場對油漆需求日益增長，故在1934年，太古在上海創辦了永光油漆公司（The Orient Paint, Colour & Varnish Co., Ltd.），分別在香港和上海開辦和接管了國光油漆廠和永光油漆廠。其產品除供應太古船塢的需要外，通過太古洋行在各地的分行網絡在中國市場大量推銷，並將原來佔優勢的名牌永固油漆擠垮。

隨著航運業的發展，太古輪船公司在擴大船隊的同時，還在航線各口岸大量投資興建碼頭、貨庫。在上海，太古就在浦東建有華通碼頭和浦東棧碼頭；在天津，太古在英租界設有大型專用碼頭和貨倉；在漢口，太古在一道街營建聞名的四碼頭，在江漢區前花樓、熊家巷等地擁有大批堆棧；廣州的太古倉更是聞名全國，共擁有 10 幢倉房共 20 個倉庫，容積可貯藏 5,000-6,000 噸的花生，貨倉旁擁有 3 個碼頭，可同時停泊 4 艘輪船起卸貨物，是當時廣州最完善的碼頭貨倉之一。[34] 1948 年，太古在倫敦註冊成立太古倉埠公司，統籌經營太古輪船公司在各通商口岸的碼頭貨倉，以及浮動財產，包括駁船、躉船、浮筒等。

》 太古拓展保險與銀行業

太古洋行自從創辦之初代理海洋輪船公司在遠東的航運業務之後，其代理業務逐漸從航運拓展到保險、銀行等金融業務。太古首先在自己經營的企業內承保，如太古輪船、太古糖廠等，其後逐步爭取獲得一些著名的英資保險公司的代理權，如 1870 年先後獲得英國皇家交易保險公司（The Royal Exchange Assurance Co.）、英國和外國海上保險公司（Britsh & Foreign Marine Insurance Co.）代理權，1875 年獲得倫敦和蘭開夏公司（The London & Lancashire Co.）的代理權，1884 年更獲得著名的於仁保險公司（The Union Insurance of Canton）代理權，90 年代又成為巴勒登和阿特拉斯保險公司代理人等。有研究認為："1900 年時，太古洋行在華掌握的保險代理權遠遠超過了其他洋行。他們在保險業已經擁有強大的勢力，因而更為各個保險公司所尊敬和重視，他們也因此能夠要求並獲得更多的佣金。" [35]

在華南地區，太古洋行的香港區保險業務主要交由其買辦處理，在香港三角碼頭開設太古燕梳分局，至於華南業務則由太古洋行經營。為了加強風險管理，太古實行分區管理模式，把香港劃分為上環、中環、灣仔及九龍幾個區域，每區皆有承保最高限額，保費也按風險而分級，如接近大路、水源或鋼筋水泥建築物的保費較低，處於橫街窄巷的磚木建築物則收費較高，確保若某區發生大型火災，賠償額不會過巨，危及公司財政。[36] 太古洋行經營的保險業務發展很快，到後期已趨飽和，超出部份，由太古洋行統一分配給它所代理的各保險公司承保。據統計，大約到 20 世紀 20 年代至 30 年代，太古洋行本身承保的生意，只佔營業總額 10%-20%，其餘 80%-90% 是轉撥給它所代理的各英國保險公司承保。㊲

與此同時，太古洋行也成為在中國以及遠東一些小港口銀行的代理人，如在漢口，它就擁有麥加利銀行的代理權，其多數分行也為法國銀行代理業務，利用太古在華經營網絡，積極拓展代理業務。在晚清及民國初年，太古還在旗下主要各地辦事處，設有"太古莊"，營運方式類似中國的"銀號"或"錢莊"，向客戶發出銀票，包括 5、10、20 及 50 銀元四種，委託為滙豐銀行印鈔的倫敦製造商印製。這些銀票隨著客商交易而流通至全國各地。太古洋行代理的保險、銀行業務，促進了它的航運業務的發展。

經過七八十年的發展，到第二次世界大戰前後，太古已從遠東一家規模細小的洋行，發展為一家以太古洋行為旗艦，以太古輪船、海船組合、天津駁船、太古興記輪船等航運公司為主幹，包括太古糖廠、太古船塢、太古倉、永光油漆、太古保險、太古莊等一批分別從事製糖及銷售、輪船維修及製造、倉庫及碼頭、油漆生產、保險銀行等業務的多元化企業集團，其經營網絡遍佈香港、中國內地、日本等亞太地區。這一發展格局，為它日後撤退到香港發展，奠定了堅實的基礎。

04

滙豐銀行：金融業的壟斷寡頭

　　1865 年，滙豐銀行在香港創辦的同時，即在上海開設分行。"香港上海銀行"這個名稱，反映了滙豐對中國市場的高度重視。初期，滙豐上海分行設於外灘南京路，首任經理是蘇格蘭人麥克萊恩。1874 年，滙豐在外灘海關旁建造了一幢 3 層樓房作為新址，磚牆結構，雕飾精巧，而且層距較大，比一般的 3 層樓房要高出一大截，在當年黃埔江畔屈指可數。不過，40 年後，外灘高樓林立，滙豐分行大樓相形見絀，於是決定再建新廈，由公和洋行設計，於 1921 年 5 月 5 日奠基，兩年後建成一座規模宏大的新廈作為分行行址，造價 1,000 萬港元，相當於上海滙豐銀行兩年多的盈利。新廈佔地 14 畝，建築面積達 3.2 萬平方米，樓高 7 層，是所謂新希臘式的建築物，外牆以花崗石裝飾，樓頂呈圓拱形，壯偉古樸。門口台階寬 62 呎，引向 3 道大門，一對銅獅雄踞兩側。據說這對銅獅在英國鑄成後，模型即被毀掉，因而在全世界是獨一無二的。新廈屹立在黃浦江畔，當時被譽為"從蘇伊士運河到遠東白令海峽的一座最講究的建築"，其氣勢之宏大，反映了滙豐在上海所享有的崇高地位。

1923 年興建的上海滙豐
銀行總部大廈

滙豐銀行在上海開設分行後，即以香港為總部，以上海為樞紐，在中國各通商口岸建立起龐大的分行網絡，計有：漢口（1868）、廈門（1873）、福州（1877）、天津（1881）、北京（1885）、廣州（1909）、煙台（1910）、青島（1914）、哈爾濱（1915）、大連（1919）、瀋陽（1926）、汕頭（1938）及重慶（1943）等。在英國政府以及擔任中國海關總稅務司的英國人赫德的支持下，滙豐銀行先是取得了對中國政府的貸款優先權，一度取得了獨家保管中國關稅和鹽稅的特權，繼而將貸款領域伸延到重要的鐵路、礦山及工廠，它不但在相當程度上影響著中國的對外貿易，而且在相當時期內控制著中國的匯兌市場，成為中國金融業赫赫有名的壟斷寡頭。滙豐銀行主宰中國的金融業時間長達 80 餘年之久，其對中國經濟影響之深遠，無出其右。❸

》 向清政府提供政治貸款

向中國政府（包括清政府、袁世凱政府、北洋政府以及國民黨政府）提供貸款，是滙豐銀行在中國最重要的業務之一，這項業務在晚清時期最為活躍。據統計，從1874-1890 年期間，包括中央和地方政府的清王朝共對外借債 26 筆，其中滙豐銀行佔了 7 筆；❸ 從 1894-1911 年期間，清政府共對外借債 9 筆，其中滙豐銀行獨家承借 3筆，與德華銀行聯合承借 2 筆，從中獲取大量收益。❹

滙豐銀行對清政府借出的第一筆貸款，是 1874 年滙豐與清政府福建船政大臣沈葆禎簽訂的"福建兵防借款"。滙豐銀行在倫敦和香港通過出售債券的方式發行了一筆 75 萬英鎊的公債，滙豐本身承購了債券發行額的半數左右，主要用於清政府在福建建立兵工廠、購買軍火之用，以關稅作為擔保。1878 年，清政府大臣左宗棠西征新疆、平定阿古柏叛亂時，因耗資巨大，曾由軍需官胡光墉向滙豐銀行接洽，借款 350萬兩白銀，年息一分，仍以關稅擔保。1881 年，左宗棠再以同樣方式向滙豐銀行借款400 萬兩白銀，當時擔任清政府總稅務司的赫德曾評論說："滙豐銀行在這筆貸款上，油水很大。"❹ 1884 年，兩廣總督為了對付法國軍隊從越南的威脅，先後向滙豐銀行借款 3 筆，首兩筆每筆總值 100 萬兩白銀，用以籌建海防，部份由香港商人籌集，按8 厘付息。第三筆借款為 112.5 萬兩白銀，全部由滙豐銀行先以其公積金墊款承購，準備在債券漲價時再按溢價售出。次年，法國對清政府的軍事活動擴大到福建、台灣等地，福州的閩浙總督再向滙豐銀行借款 100 萬英鎊。這些借款，雖然大部份由地方官員籌借，但都須經清政府批准，並以關稅作擔保，一旦清政府無力償還，就由赫德將所徵關稅撥償滙豐銀行。就這樣，滙豐銀行把貸款一筆筆地借給處於日益困難和危機中的清政府，從而使清政府日益加深對滙豐銀行的依賴。

為了加強對清政府的影響力，1885 年滙豐銀行在北京開設分行，首任經理是熟悉中國文化和禮儀習俗的"中國通"熙禮爾。熙禮爾善於同清政府官員洽商業務，他常身穿清朝袍服，戴著朝珠朝帽，紅頂花翎，頭上還裝上一條假辮子，除了面貌膚色不能改變之外，看上去儼然是中國的大官員。自 19 世紀 90 年代起，滙豐銀行對清政府貸款，大部份均由熙禮爾經手，熙禮爾在具體策略上聽命於上海分行經理，而把握方向的則是當時的總行經理傑克遜。從 1875-1902 年，傑克遜擔任滙豐銀行大班的整個時期，剛好與慈禧太后作為清政府專權者的時期相吻合，他使滙豐銀行取得了清政府的高度信任，打開在華業務局面，成為中國當時無可爭辯的首要外資銀行。

1895 年，中國在甲午戰爭中戰敗，被迫與日本簽訂《馬關條約》，除將台灣、澎湖列島割讓予日本外，還須向日本支付戰爭賠款約 6,000 萬英鎊。清政府既無財政儲備，也無法通過發行內債來籌措這筆鉅款，只好向外國銀行借貸。正當赫德代表清政府向滙豐諮詢是否願意承擔這項業務時，俄、德、法三國立即出面阻攔。同年 7 月，俄、法兩國銀行聯合向清政府貸款 4 億法郎（折合 1 億兩白銀）。1896 年 1 月，在赫德的努力下，滙豐銀行與德華銀行聯合向清政府貸出為數 1,600 萬英鎊（折合 1 億兩白銀）的"英德借款"。兩年後，滙豐與德華銀行再擊敗俄、法兩國銀行，向清政府貸出第二筆為數亦達 1,600 萬英鎊的"英德續借款"，該借款條約規定，年息 4.5 厘，八三折扣，45 年還清，每 400 英鎊收取手續費 1 英鎊，以關稅和鹽稅擔保。條約還附加條件，在借款未還清期間，中國海關總稅務司一職繼續由英國人擔任。由於銀行經辦這種業務通常要收取貸款總額 2% 的手續費，僅這兩筆借款，滙豐銀行所收取的手續費一項，就達 32 萬英鎊。

1900 年，八國聯軍侵華，相繼攻陷天津、北京，強迫清政府簽訂《辛丑條約》，規定清政府須向德、俄、日、英、美、法、意、奧等國家支付戰爭賠款 6,700 萬英鎊

（即 4.5 億兩白銀，俗稱 "庚子賠款"）。滙豐銀行取得了庚子賠款中佔 11.25% 的英國份額，即 750 萬英鎊的管理權。這筆賠款，不但令滙豐從中獲取多重利益，還使它在某種意義上 "成為中國的政府銀行"。❷ 此外，根據條約附件，從 1903 年起，清政府每年支付賠款及抵償外債 4,200 萬兩白銀，除以 3,000 萬餘兩關稅作保外，不足部份從鹽稅、厘金等款項撥付。這筆款項先由滙豐等 9 家外國銀行共同經收，1912 年改由滙豐、俄華道勝銀行兩家經收，1926 年起由滙豐獨家經收。抵償外債後剩餘的關稅和鹽稅分別稱作 "關餘"、"鹽餘"，中國政府如要動用，須經滙豐銀行准許。後來，中國政府發行內債以關餘和鹽餘作保，又使滙豐取得代為收存內債基金的權益。就這樣，滙豐銀行逐漸控制了中國的關稅，儼然是清政府的財政總管。

滙豐銀行能夠取得對清政府的貸款優先權，顯然與赫德有關。赫德（Robert Hart），1854 年奉英國外交部之命前往中國，曾先後在寧波和廣州的英國領事館任職。1863 年赫德在英國公使普魯斯的支持下，被清政府任命為中國海關的總稅務司，自此，他控制中國海關長達 48 年之久。赫德深受慈禧太后的寵信，曾獲清朝授予 "太子太保銜" 和 "尚書銜"，清政府對外舉債時，總是充份諮詢赫德的意見，才作出決定。結果，在赫德的游說下，滙豐銀行總是優先獲得貸款權。

》 向民國政府提供政治貸款

1911 年，辛亥革命爆發，清政府被推翻，中華民國成立。翌年，袁世凱接替孫中山出任民國總統。在袁世凱統治期間，曾進行兩次政治借款。第一次是 1912 年向英、法、德、美、俄、日六國組成的銀團借款，總數 120 萬英鎊，滙豐銀行承借了英國份額的三分之一，其餘份額由巴林兄弟銀行、西敏寺銀行、帕爾銀行和施羅德銀行承借。1913 年，袁世凱再籌借 "善後大借款" 2,500 萬英鎊，按 5 厘計息，以鹽稅擔保。參與的銀行團包括滙豐、德華、東方匯理、俄華道勝及橫濱正金銀行；其中，滙豐銀行承借了 741 萬英鎊。巴克斯特曾在其所著的《主要的匯兌銀行和遠東貿易》一書中，對滙豐銀行在這一時期銀行團中所扮演的角色加以總結，他寫道："就銀行團能成功地獲得對中國公共借款的壟斷而言，滙豐銀行得到了利益中最大的份額，……

英國銀行在中國的業務這個領域中，滙豐銀行充當了卓越和極其重要的角色。" ❹

　　善後大借款加強了袁世凱在國內的地位，1916 年袁世凱稱帝，企圖復辟封建王朝，但隨即遭到舉國上下反對，被迫下台，不久病死。中國進入北洋軍閥混戰時期，政局動盪，滙豐銀行不敢冒險向哪一派提供貸款。這一時期，滙豐銀行在中國政府眼中仍享有崇高地位；當時，民國政府總理段祺瑞曾親自將滙豐銀行的代表恭送到門口。

　　滙豐銀行在國民黨政府時代亦繼續擔當重要角色。1935 年，國民黨政府決定廢除銀本位制而實施法幣制，宋子文要求滙豐銀行提供借款。雙方談判決定由國民黨政府將銀元存入滙豐銀行，然後運往倫敦售給美國財政部，所得款項存放在紐約和倫敦，作為中國發行紙幣的準備金。銀元售出之前，滙豐銀行以 3 厘低息貸款 200 萬英鎊給國民政府，作為發行法幣的保證金。事後，滙豐上海分行經理曾表示，如果沒有滙豐銀行的支持，國民黨政府可能會崩潰，這將對滙豐造成不可估量的損失。

　　1937 年，上海爆發 "八一三事變"，日軍侵佔上海，局勢嚴峻。國民黨政府的中央銀行透過滙豐銀行將為數 1.39 億銀元和 5,000 條銀錠運往香港，再轉運往倫敦並售賣給美國。上海租界一些中國銀行也委託滙豐將 300 多萬銀元裝運到香港。同年 9 月，滙豐銀行共將 3 億銀元及數百箱新法幣鈔票運送到香港。抗日戰爭爆發後，國民黨政府被迫撤退到重慶，財政困難，貨幣大幅貶值。1939 年 9 月，在滙豐銀行的建議下，國民黨政府設立 "中國外匯平準基金會"，以穩定幣值。滙豐銀行和麥加利銀行分別出資 300 萬英鎊和 200 萬英鎊支持該基金會。隨著時局的惡化，該基金並不足以穩定貨幣。1941 年，在英、美兩國政府的協助下，新的基金和平準委員會成立，滙豐、麥加利兩家銀行共墊資淨達 50 萬英鎊以上，其中滙豐銀行佔 85%。就這樣，滙豐銀行透過提供種種形式的政治借款，不但從中獲取了大量收益，而且對歷屆中國政府一直保持著強大的影響力。

》 對中國鐵路、工礦與水利工程的貸款

　　1895 年中日甲午戰爭之後，清王朝的腐敗、無能已暴露無遺，西方列強在中國

掀起了新一輪的劃分勢力範圍的狂潮，鐵路作為近代國家的交通命脈，自然成為西方列強進行滲透、鞏固其在華勢力範圍的重要爭奪目標。西方列強爭奪中國鐵路的修築權，方法主要有兩種：少數是用強制手段通過簽訂不平等條約而取得的，例如俄國修築東清鐵路和南滿鐵路；而更多的是以貸款形式為清政府修築鐵路，通過附帶的種種條件達到控制鐵路以及沿線地區的目的。這一時期，滙豐銀行對中國鐵路的貸款，構成它對華貸款的另一重要方面。

滙豐銀行對中國鐵路的貸款，起源於 1898 年與怡和洋行合組的中英公司。當時，面對日、俄、德、法諸國在華勢力的擴張，滙豐銀行和怡和洋行均感到，作為英國在華的兩家實力最強大的公司，有必要聯合起來，以繼續保持英國對中國海關的控制權以及英國在長江流域的勢力範圍。中英公司的創辦，使雙方的合作"具備了法定的形式"。英國外交部將該公司確認為"外交部選定的工具"，反映了該公司在中國英商中的重要地位。在中英公司中，滙豐和怡和均有明確的分工，滙豐主要負責資金的籌借和運轉，怡和則負責承包鐵路建築、供應機車和車廂，以及聘請鐵路工程技術人員等。

1899 年，中英公司以貸款形式取得了京奉鐵路未完成段天津到奉天、牛莊的鐵路修築權，貸款總額為 230 萬英鎊，以已修築好並開始營運的北京至山海關段鐵路作擔保，這是滙豐銀行對中國鐵路的第一筆貸款。滙豐銀行因發行這次貸款債券獲得 2% 的手續費，即 46,000 英鎊，怡和洋行的收益是將修築鐵路的物資出售給中國鐵路總公司。1904 年中英公司再與清政府簽訂《滬寧鐵路合同》，取得了滬寧鐵路的修築權，這條長達 200 英里的鐵路將穿過長江三角洲"茶、棉、絲工業的主要中心"，為此，滙豐銀行在倫敦市場籌集了 325 萬英鎊的貸款。該合同明確規定：不容許在這個地區敷設與其競爭的鐵路，"把這個地區特殊地看作是英國勢力範圍之內"。合同還規定，鐵路築成後，鐵路的管理權將掌握在 5 人董事會手裡，其中 3 名由中英公司提名，其餘兩名則由中國鐵路總公司督辦盛宣懷指派。❹ 很明顯，滬寧鐵路的修建，大大鞏固了英國在長江流域的勢力，由此，滙豐控制了從上海到南京這一物產豐富地區的鐵路管理權。

1907 年，中英公司又與清政府簽訂借款合同，貸款 150 萬英鎊修築九廣鐵路粵段。合同條款比滬寧鐵路更為優惠，貸款債券按九五折而不是按九七折發售。滙豐銀行作為這筆借款的代理人獲得 2% 的特別附加費，借款的還本付息均通過滙豐銀行。中英公司則獲得 35,000 英鎊的酬金而不是通常的手續費。其實，早在 1898 年清政府已將九廣鐵路的修築權授予中英公司。同年，中英兩國簽訂《展拓香港界址專條》，香港政府管治區擴大到深圳河以南的整個新界地區，中英公司遂與清政府協議，決定以深圳河為界，各自興建九廣鐵路的港、粵兩段。後來，香港政府收回港段鐵路興建權，籌資 200 萬英鎊自行興建。1906 年，從九龍尖沙咀到羅湖，全長 22 英里的港段鐵路破土動工，1910 年 10 月 1 日建成通車。全長 89 英里的粵段鐵路獲得中英公司貸款後也隨即著手興建，並於 1911 年 10 月 14 日建成通車。九廣鐵路貫通後，大大改善了香港與內地的交通聯繫，並鞏固了香港轉口港的地位。

此外，滙豐銀行透過中英公司還參與了 1907 年滬甬鐵路借款 150 萬英鎊、1908 年京漢贖路借款 500 萬英鎊（滙豐與麗如銀行平攤）。滙豐銀行還是倫敦的中國中央鐵路公司的代理銀行，從 1908-1910 年中國中央鐵路公司承包津浦鐵路需款 800 萬英鎊，滙豐承擔了其中的 296 萬英鎊，其餘部份則由德華銀行承擔。因為津浦鐵路經過德國的勢力範圍山東省，由中英公司承擔並不適當，只好通過與德國關係密切的中國中央鐵路公司。北洋政府時期，日本的貸款劇增，滙豐貸款相應下降，但仍向滬楓鐵路貸款 37.5 萬英鎊，向寧湘鐵路貸款 200 萬兩白銀，透過中英公司向交通部貸款 210 萬兩白銀。國民政府時期，亦提供鐵路貸款 175 萬英鎊。

滙豐銀行除了向鐵路貸款外，還向中國大型工礦企業和水利工程貸款，如輪船招商局、漢冶萍煤礦、湖北織佈局、平度金礦等。據粗略統計，從 1874-1927 年國民政府成立的 53 年間，滙豐銀行向中國政府提供各種政治及經濟貸款達 82 筆，總值 3.5 億多兩白銀。❹ 透過這些貸款，滙豐銀行不但操縱了中國的關稅收入及財政，而且將其經濟活動滲透到中國經濟的各個重要領域。英國人季南曾指出："它（滙豐銀行）掌管了中國海關收入的特權，並且往往為了自己的目的而使用這些收入，這是造成壓倒一切的金融勢力的重要原因。" ❹

》 操控中國匯兌市場

滙豐銀行除了向中國政府提供貸款之外，另一項重要業務就是經營匯兌業務。

從 19 世紀 80 年代起，滙豐銀行"就十分確定地贏得了在中國貿易中發號令的地位"❹。滙豐操控中國貿易，最早可追溯到鴉片貿易。滙豐銀行為承攬鴉片墊款，從中牟取滙兌利潤，曾訂出章程，呈請當時的北洋大臣李鴻章批准，取得壟斷專利。1917 年，根據國際協定，鴉片貿易被停止後，滙豐銀行經營的滙兌業務轉向中國的進出口貿易，進口貿易以工業製成品為主，出口貿易是中國的生產原料，滙豐仍從滙兌業務中賺取厚利。

當時，中國的進出口貿易絕大部份控制在外商洋行手裡，主要包括怡和、太古、沙遜以及早期的寶順、旗昌等洋行，這批老牌洋行與滙豐銀行關係密切，滙豐向這些洋行提供貿易融資，除獲得正常利息外，還從滙票差價中賺取利潤。而華商辦理進出口貿易，大多也要以洋行為媒介，滙豐透過洋行，也間接影響著華商的對外貿易。據估計，從 19 世紀 80 年代到 20 世紀 20 年代的 50 年間，滙豐銀行用於經營滙兌業務的資金約佔其總營運資金的三分之一至二分之一。❹ 到第一次世界大戰後，滙豐銀行的外滙買賣已佔上海外滙成交總額的 60% 以上。

這種情況使滙豐銀行逐漸操控了中國的滙兌市場。當時，中國各大商埠外滙行情主要受上海影響，上海的外滙價格原由有利銀行掛牌決定。後來，滙豐銀行的滙兌業務超過有利銀行，取得了掛牌資格，因此，滙豐銀行上海分行的掛牌實際上成了全國各地的標準。每天清早，上海分行的電報間就接收到從世界各重要商埠用電報拍來的外滙行情；上午 7 時，專責滙兌業務的經理就來到電報間，查閱密電，了解世界各地的行情，他尤其重視倫敦的行情，然後根據上海市場的需求，定出滙兌價格。每天上午 9 時半，滙豐銀行掛出滙兌牌價，上海的外滙交易和投機活動即進入高潮。這時，不但上海的中外錢銀業都要以滙豐牌價為準，就是上海金業交易所，每天也要看到滙豐牌價才能決定開盤行情，而滙票掮客看清掛牌後即跳上馬車直奔各洋行兜攬生意。在這種形勢中，控制大局的滙豐銀行顯然穩操勝券，它可靈活地把行情放長或壓縮，從中賺取高額利潤。

第一次世界大戰後，滙豐銀行獨家掛牌的局面結束，改由滙豐銀行與美國的花旗銀行、日本的橫濱正金銀行 3 家銀行商議決定，不過，滙豐仍然佔有優勢。1935 年國民政府發行法幣，將外滙滙率改由中央銀行掛牌，但滙豐銀行仍然擁有頗大的影響力。

» 銀行存款基礎雄厚

滙豐銀行的存款利息較低，但由於信用極好，存款數額不斷上升，因而存款基礎極為雄厚。滙豐的最大客戶分別是中國政府和英國政府。從 19 世紀 80 年代起，中國海關總稅務司已在滙豐銀行開設賬戶，其辦公費、罰款、沒收款項、船舶噸位稅以及各種特殊款項均存於滙豐銀行。1911 年以後，中國海關的關稅，全部以政府名義存入滙豐，由稅務司提取。滙豐銀行還與英國政府商定，由它管理英國在遠東的財政金庫，金庫賬戶每月約有 7.5 萬英鎊的待付款，以支付中國或日本的英國領事館及士兵的費用。

滙豐銀行的另一類重要存款客戶是當時中國的官員、商人和財主。滙豐銀行雖然存款利息較低，但信用極好，這批人寧願收取較低的利息，也願意把錢存進去，以保安全。事緣 1904 年發生轟動一時的清朝慶親王奕劻貪污鉅款案，據聞他將贓款 120 萬兩白銀秘密存入北京東交民巷的滙豐銀行，此事為御史蔣式瑆所聞，上奏參劾。慈禧太后遂派軍機大臣、戶部尚書鹿傳霖和清銳徹查，滙豐銀行以本行行規不許透露存款人情況為由拒絕回答。結果御史蔣式瑆反受到誣控處分。此事曾在北京廣為傳播，令滙豐銀行信譽大增。當時中國的官員、王公貴族、豪門權貴，以至商人、財主，都紛紛將錢財存於滙豐，視作避風港。❹

北洋軍閥時期，中國的官吏和商人不敢把錢存入華商銀行，害怕軍閥會突然將銀行的錢提走，往往將白銀運到上海或香港，存入滙豐銀行。而華商銀行也重視滙豐的信譽，往往在滙豐開設戶口，存入款項。這樣，使滙豐銀行的存款大增，彌補了這一時期因缺少政府借款和對外貿易下降所造成的損失。

誠然，當時在中國的外資洋行也是滙豐銀行的主要存款客戶。由於擁有雄厚的存款基礎，滙豐銀行的存款連年大幅增加，1865 年滙豐創辦時，存款僅 338 萬港元；到 1948 年已急增到約 18.08 億港元，83 年期間增加了 533 倍。滙豐銀行的存款，主要來自中國內地；其中，以上海分行吸納得最多，北京、天津分行次之。這一時期，上海分行的營業額遠遠超過香港總行。

註釋

❶ 唐振常主編,《上海史》,上海:上海人民出版社,1989 年,第 119-120 頁。

❷ 陳文瑜著,《上海開埠初期的洋行》,上海市文史館、上海市人民政府參事室文史資料工作委員會編:《上海地方史資料(三)》,上海:上海社會科學院出版社,1984 年,第 185 頁。

❸ 同註 2,第 191-192 頁。

❹ 湯偉康、杜黎著,《租界 100 年》,上海:上海畫報出版社,1991 年,第 65 頁。

❺ 同註 1,第 220-221 頁。

❻ 規銀,亦稱"九八規元",1933 年前上海通用的一種記賬貨幣。

❼ 陳其鹿著,《新沙遜洋行片段》,轉引自中國政協上海委員會文史資料工作委員會編:《舊上海的外商與買辦》,《上海文史資料選輯》第 56 輯,上海:上海人民出版社,1987 年,第 179 頁。

❽ 同註 7,第 181 頁。

❾ 同註 4,第 80 頁。

❿ 同註 4,第 73 頁。

⓫ 上海社會科學院經濟研究所編,《英美煙公司在華企業資料匯編》,北京:中華書局,1983 年,第 2-5 頁。

⓬ 怡和洋行著,《怡和洋行的復興(1945-1947)》,陳寧生、張學仁編譯:《香港與怡和洋行》,武漢:武漢大學出版社,1986 年,第 131 頁。

⓭ 同註 12,第 129 頁。

⓮ 勒費窩(Edward LeFevour)著,陳曾年、樂嘉書譯,《怡和洋行——1842-1895 年在華活動概述》,上海:上海社會科學院出版社,1986 年,第 10 頁。

⓯ 同註 14,第 15-18 頁。

⓰ 同註 12,第 145 頁。

⓱ 《公和祥百年滄桑》,香港:《資本》雜誌,1991 年第 7 期,第 92 頁。

⓲ 同註 14,第 101 頁。

⓳ 同註 14,第 104 頁。

⓴ 同註 4,第 114-116 頁。

㉑ 同註 14,見《翻者的話》。

㉒ 羅伯·布雷克(Robert Blake)著、張青譯,《怡和洋行》,台北:時報文化企業出版股份有限公司,2001 年,第 175 頁。

㉓ 鍾寶賢著,《太古之道——太古在華一百五十年》,香港:三聯書店(香港)有限公司,2016 年,第 16 頁。

㉔ 同註 23,第 28 頁。

㉕ The Swire Group,*Key Years In The History of The Swire Group*,太古洋行宣傳小冊子。

㉖ 張仲禮、陳曾年、姚欣榮著，《太古集團在舊中國》，上海：上海人民出版社，1991 年，第 17 頁。

㉗ 同註 23，第 40 頁。

㉘ 同註 26，第 87 頁。

㉙ 莫應湛著，《英商太古洋行在華南的業務活動與莫氏家族》，《文史資料選輯》第 114 輯，北京：中國文史出版社，1988 年，第 152-153 頁。

㉚ 同註 29，第 153 頁。

㉛ 德雷奇著，《太古》，第 180 頁，轉引自張仲禮、陳曾年、姚欣榮著：《太古集團在舊中國》，上海：上海人民出版社，1991 年，第 106 頁。

㉜ 參閱《太古車糖公司章程和組織章程》，轉引自張仲禮、陳曾年、姚欣榮著，《太古集團在舊中國》，上海：上海人民出版社，1991 年，第 33 頁。

㉝ 同註 23，第 58、60 頁。

㉞ 同註 29，第 156 頁。

㉟ 同註 26，第 40 頁。

㊱ 同註 23，第 74 頁。

㊲ 同註 29，第 148 頁。

㊳ 滙豐銀行在中國經營近百年，其影響之深遠，著名小說《官場現形記》曾有過生動描述："次日輪船到了上海。上海縣接著迎入公館，跟手進城去拜上海道。見面之後，焃及要找銀行查賬之事。上海道道，但不知余某人的銀子是放在哪一爿銀行裡的。藩台大驚道，難道銀行還有兩家嗎？上海道道，但只英國就有麥加利和滙豐兩爿銀行……。藩台聽完楞了半天，又說道，我們在省裡只曉得有滙豐銀行、滙豐洋票；幾年頭裡兄弟在上海的時候，也曾使過幾張，卻不曉得有許多銀行。"這段話，既暴露了官員的無知，同時也反映出滙豐銀行在當時中國社會、經濟的重要地位。

㊴ 向華著，《上海史話》，香港：牧文書局，1971 年，第 161 頁。

㊵ 郭太風著，《滙豐銀行在舊中國的主要活動》，《上海文史資料選輯》第 56 輯，上海：上海人民出版社，1987 年，第 112 頁。

㊶ 毛里斯、柯立斯著，中國人民銀行總行金融研究所譯，《滙豐——香港上海銀行（滙豐銀行百年史）》，北京：中華書局，1979 年，第 32 頁。

㊷ 同註 41，第 39-40 頁。

㊸ 同註 41，第 78 頁。

㊹ 同註 41，第 71 頁。

㊺ 同註 40，第 117-118 頁。

㊻ 季南著，《1880-1885 年間英國在華外交史》，轉引自向華著，《上海史話》，香港：牧文書局，1971 年，第 165 頁。

㊼ 同註 46。

㊽ 同註 40，第 118 頁。

㊾ 同註 40，第 120 頁。

3

雄踞香江

從 20 世紀 50 年代起，伴隨著香港工業化的快速步伐，以及整體經濟的起飛，在太平洋戰爭和中國內地遭受重大挫折的英資財團迅速調整策略，以香港為基地再展鴻圖。經過激烈和殘酷的競爭、收購、兼併，為數約 10 個規模宏大、實力雄厚的大財團突圍而出，其中最著名的，就是號稱"英資四大行"的怡和、和記企業、太古和會德豐，以及作為香港"準中央銀行"的滙豐集團。它們透過旗下逾千家附屬及聯營公司，投資遍及香港經濟的各個重要領域、重要行業，成為香港經濟的壟斷力量。

01

戰略重心轉移：重返香港

　　從 20 世紀 40 年代初太平洋戰爭爆發，到 50 年代初中華人民共和國成立後的一段時間內，英資財團經歷了長達 10 年的困難時期，因應時局的急劇轉變，其發展戰略重心亦從以上海為中心的中國內地逐漸轉移到以香港為重心的亞洲太平洋地區。這是英資財團的首次重大戰略調整。

　　1937 年 7 月 7 日，日本藉"盧溝橋事變"發動大規模的侵華戰爭，抗日戰爭全面爆發。一個月後，日軍佔領北京，開始向南推進。同年 11 月，日軍佔領上海華界，逼近英資財團在中國內地的大本營——公共租界。其後，日軍的勢力席捲大半個中國，國民黨政府退縮到大西南的重慶地區。1939 年，歐洲戰事加劇遠東危機。1941 年 12 月 8 日，日軍偷襲珍珠港，同時佔領上海租界，太平洋戰爭爆發。這一天，日本空軍空襲香港，在港島中環金鐘兵房投下第一枚炸彈，隨後日軍 12 架轟炸機在 36 架戰鬥機的掩護下襲擊香港啟德機場，機場上 5 架英國皇家空軍戰鬥機及 8 架民用飛機被全部擊毀，太古船塢、印度軍營以及九龍城附近民居等地也先後中彈，香港陷入一片火海之中。與此同時，日軍在深圳河上架設浮橋，從陸路向香港發起進攻，12 月 13 日佔領九龍半島。在對英軍勸降未果之後，日軍對香港島進行狂轟濫炸，隨後登陸港島，於 12 月 25 日即聖誕節前夕攻佔整個香港，港督楊慕琦投降。短短 18 天的戰爭中，香港居民不僅遭受慘重傷亡，而且大量的商店、房屋被炸毀。

　　日軍佔領香港後，於 1942 年元旦在九龍半島酒店設立軍政府兼理民政。1942 年 2 月，日本宣佈香港為日軍佔領區，任命陸軍中將磯谷廉介為香港總督，總督府設在中環滙豐銀行。在日軍三年零八個月的管治期間，日本佔領當局採取了以掠奪香港資源為核心的經濟政策，以支持所謂的"大東亞聖戰"。它透過兩家日本銀行 —— 正金銀行和台灣銀行，接管了香港主要的外資銀行，包括英資的滙豐、渣打、有利，美資的萬國寶通（即花旗銀行）、大通等，還大量發行軍票進行掠奪，並對所謂敵國企業實行查封，怡和、太古等英資大公司在香港和中國內地的絕大部份業務均告停頓，九龍倉在尖沙咀的碼頭貨倉遭到嚴重損毀，黃埔船塢、太古船塢、太古糖廠等均落入日軍手中。

在對外貿易方面，佔領當局實行貿易壟斷政策，通過日本商人組成的香港貿易聯合會，控制了香港的海外貿易。1942 年 3 月，日本當局公佈香港佔領地管理法，嚴格限制當地人民遷移和從事經濟活動。根據該法令，任何人出入境、在港居住或經營生意，都必須得到總督的批准。香港大部份公司、商行的生意陷於癱瘓。香港經濟陷入開埠以來的最艱難時期。

》英資公司在二戰中損失慘重

殘酷的戰爭使英資財團在香港和中國內地逾百年的苦心經營，幾乎毀於一旦。滙豐銀行總行及其 39 間分行，除了倫敦、紐約、舊金山、加爾各答、孟買及科倫坡外，包括香港總行、九龍分行以及其在中國內地和遠東地區的其餘 34 間總、分機構，全部被日軍接管。剩下的 6 間分行雖然在滙豐銀行的組織結構中地位重要，但它們每年所提供的利潤微不足道，實際上，滙豐幾乎喪失了它的全部業務。幸而它保存在倫敦的龐大準備金安然無恙，而早在香港淪陷前夕，滙豐已通過英國政府殖民部授權，將倫敦分行升格為總行，分行經理莫爾斯（Authur Morse）接任滙豐銀行大班，接管了總行的全部職責，1943 年 1 月 13 日，英國樞密院並頒令加以確認。

日軍進駐香港後，日本橫濱正金銀行奉命接管滙豐總行，獲取全部賬冊。日方在清查金庫時發現總值相當於 750 萬英鎊的港幣，遂令滙豐折合成 450 萬英鎊，在未有準備金的情況下將該批鈔票全部發行。當時，許多人認為日軍佔領不會長久，日元遲早要變成廢紙，因此樂於接受這批港幣，並且珍藏起來。這成為戰後滙豐急需解決的一個重要問題。

1943 年，滙豐銀行在重慶開設分行，主要業務是給英國駐華官員開設存戶，開業一年存款僅 800 萬港元，由於國民黨政府已壟斷了重慶的金融，滙豐重慶分行基本未能開展任何外匯業務。1944 年 6 月，莫爾斯在倫敦股東會上報告說，戰爭期間，滙豐有 19 名英國職員喪生，125 名落入敵手，137 人在英國軍隊服役；滙豐的盈利約 21.6 萬英鎊，比戰前大幅減少。不過，莫爾斯對滙豐在遠東的前景仍相當樂觀，他表示：必須 "把我們的機構保持在這樣一種狀態中，即一當情況允許在遠東恢復貿易時，我們將處於盡快可以恢復的地位"。為此，他建議將全部盈利轉到準備金上，不付股息。❶

怡和財團亦損失慘重，太平洋戰爭爆發後，怡和在香港和中國內地的全部業務均告停頓，置地公司在香港中區的物業全部被日軍接管，九龍倉在尖沙咀的碼頭貨倉遭到嚴重損毀，怡和的船隊除部份被英軍徵用之外，其餘的轉移到印度海岸和新加坡，有的則在戰爭中沉沒。怡和旗下多達 11.3 萬名職員，有的離職從軍，有的遭拘禁或成為戰俘。這一時期，怡和先後在印度的加爾各答和孟買開設辦事處，以維持剩餘的業務，倫敦的馬地臣股份有限公司則承擔起怡和總部的職責。❷

馬地臣公司最早可追溯到 1835 年成立的麥尼克・史密斯公司。麥尼克是威廉・渣甸在中國販運鴉片的老夥伴，史密斯則是渣甸當時謁見英國首相巴麥尊的引薦人。怡和洋行成立後，麥尼克・史密斯公司成為了怡和洋行在倫敦的代理人。1839 年，渣甸返回英國，購買了史密斯的股權，將公司改組為麥尼克・渣甸公司。1842 年馬地臣返回倫敦，在渣甸去世後又將公司改組為馬地臣公司，專門經營倫敦與廣州間的匯兌業務，直至 1865 年滙豐銀行創辦為止。19 世紀末，馬地臣公司已由凱瑟克（渣甸的侄女婿）家族掌握，1906 年，威廉・凱瑟克將其改組為馬地臣股份有限公司。二次大戰期間，馬地臣公司實際執行怡和總部職責，自此，並逐漸成為怡和的核心組織。

太古財團也遭到沉重的打擊，太古在遠東的絕大部份分行和固定資產，包括上海的國光油漆廠、香港的太古糖廠和太古船塢均落入日軍手中。在戰爭期間，太古糖廠和太古船塢仍然繼續營業，但其後被美國海軍炮船嚴重炸毀。內地僅餘的重慶分行，接管了太古剩餘的中國業務。太古在英國倫敦的總部亦遭戰火嚴重破壞，太古將戰時總部建在印度加爾各答，後來遷移到孟買。從 1941-1945 年，太古輪船公司的船隊總共損失了 31 艘，其中包括 19 艘遠洋輪船和 12 艘內河輪船，部份被日軍俘獲，部份被擊沉。❸ 另外部份則被英國戰時運輸部徵用，用作部隊運輸、運送物資或臨時醫院。剩餘的部份則轉移到印度海岸。

香港的英資公司亦幾乎全部遭到嚴重破壞。日軍入侵九龍之時，中華電力公司奉命將鶴園發電廠最大主機炸毀，以免落入敵軍之手。日軍進城後，檢查主機，證實無可能修復，只能利用舊式發電機供電。香港電燈公司亦同樣受到破壞，發電量微弱，日軍被迫臨時安裝海底電線，由中華電力供電香港。半島酒店亦被日軍佔領，部份作為佔領軍總部，客房隨著被更改間格，地下室積水，蚊蚋滋長，一流酒店近似難民營。

» 戰後重返中國內地與撤回香港

1945 年 8 月 15 日，日本宣佈無條件投降。第二天，日本軍官在香港宣佈天皇的 "終戰詔"。當天，被日本囚禁於港島赤柱的前香港政府布政司詹姆遜（F. C. Gimson）會見赤柱拘留營的日本軍官，要求成立以他為首的港英臨時政府。當時，英國政府為了搶先抵達香港，命令停泊在菲律賓蘇比克灣的英國太平洋艦隊海軍少將 C. H. J. Harcourt 率皇家海軍開赴香港。8 月 30 日，Harcourt 率領的皇家海軍特遣艦隊抵達維多利亞海港。該艦隊陣容龐大，包括一艘主力艦、若干巡洋艦以及三艘航空母艦（其中一艘是加拿大的）。據戰後首批回到香港的華商馮漢柱的回憶："當時，慶祝凱旋的禮炮轟鳴，向每一艘進港的戰艦致敬，而陸上卻是斷垣殘壁、滿目瘡痍，一派饑饉和破敗的景象。整個社會陷入一片混亂之中。港口佈滿被擊沉的戰船，人口比以前少了 100 萬，倖存的老百姓，大都沒有錢，沒有家，也沒有食物和燃料。" ❹

英國皇家海軍登陸港島後即接管香港，成立軍政府。1946 年 5 月，被日本囚禁了三年零八個月的楊慕琦返回香港重任總督，接管了軍政府的行政權，並成立文官政府。港英政府完成了它對香港的重新佔領後，即採取一系列措施恢復香港的政治、經濟秩序，以結束短暫的無政府狀態。1946 年，香港政局漸趨穩定，私營機構也開始復興。由於國內爆發第二次國共戰爭，內地的政治、經濟情況日趨混亂，大批移民湧入香港，香港人口從戰後初期的 60 萬急劇增加到 1950 年的 180 萬人，香港也迅速恢復了它作為遠東貿易轉口港的地位。1947 年，香港對外貿易總額達 27.7 億港元，比戰前最高年份的 1941 年的 13.7 億港元大幅增長了 1 倍以上。隨著英國勢力重回香港，滙豐、怡和、太古等英資財團相繼回到香港，並迅速恢復它們在中國的業務。然而，這一時期，中國的民族主義情緒正日益高漲，上海租界已被中國政府收回，英資集團難以重建昔日的優勢。隨著時間的演變，英資財團開始逐漸將它們經營的重心從內地移回香港。

1946 年，滙豐銀行根據英國樞密院的命令，將總行從倫敦遷回香港，莫爾斯正式出任滙豐董事局主席兼總經理。他立即著手解決被日軍逼簽發行的港幣問題。儘管這批鈔票並非滙豐發行，在法律上它不值一文，但滙豐銀行仍然認為，拒絕支付將有損滙豐的信譽。結果，滙豐與香港政府商定，由滙豐撥出 100 萬英鎊作準備金，不足部份由港府外匯基金的投資利息彌補。此事的圓滿解決大大增加了滙豐的信譽。這一時期，滙豐銀行積極向香港的公用事業公司，以及主要的企業和商行貸款，協助香港的重建。

1947 年 3 月，莫爾斯在滙豐銀行股東大會宣佈，滙豐銀行的資產已從 1940 年的 7,700 萬英鎊，上升到 1.27 億英鎊，滙豐在中國內地長城以南的所有分行，除 1 間以外已全部復業。一年後，滙豐在全球的分行數目已增加到 46 間，盈利達到 1,650 萬港元，比上年度增加 700 萬港元。

香港太古集團的重建工作也在老施懷雅的曾孫約克·施懷雅（John Kidston, "Jock" Swire, 1893-1983）（後稱施約克）的領導下以堅定的步伐邁進。施約克早年在英國牛津大學修讀法律，1913 年畢業後加入家族工作，1914 年他原本奉命前往香港主持太古業務，適逢第一次世界大戰爆發，他便入伍參軍。直到 1919 年再以英國太古集團董事身份掌管遠東集團人事安排。施約克上任後積極改革太古，又大幅提高職工薪金，提倡男女平等、同工同酬，增加職工的歸屬感。1946 年他擔任英國太古集團主席，前往香港主持太古重建重任，是香港太古集團的奠基者。

施約克預見中國局勢的轉變，在努力恢復太古在中國業務的同時，開始將它的重心轉移到香港。1946 年 7 月，太古與香港另一家洋行合組太古貿易有限公司（Swire

施約克，老施懷雅的曾孫。

1950 年 9 月 12 日，太古船塢在重建後所建造的第一艘輪船"安順號"（Anshun）。

& Maclaine Ltd.），可以說是這一戰略轉移的標誌。太古貿易有限公司是一家從事進出口貿易和代理業務的商行，初期主要經營布匹、棉紗、糖等商品的進出口生意，成為太古集團日後以香港為基地拓展全球貿易的主力。與此同時，太古船塢和太古糖廠的重建工作也相繼完成。太古船塢展開一個為期 5 年的大型重建計劃，1947 年太古船塢首期重建工程完成，1950 年 9 月戰後第一艘載重 6,000 噸的大型遠洋輪船建成下水，太古船塢業務再度恢復。太古糖廠的重建亦於 1950 年完成，同年 9 月第一袋原糖被加工生產。另外，香港太古洋行又增闢航空代理業務，銷售多家航空公司的客貨艙位，並為香港首家被國際航空運輸協會（IATA）認可的旅行社代理推銷業務。1948年，上海永光油漆廠搬遷至香港，並與戰前已立足香港的國光製漆廠（Duro Paint Co.）合併，改組為太古國光公司（Swire Duro Ltd.），從事油漆化工業務。

　　戰後，太古輪船公司旗下龐大船隊，以政府租用船隻的身份，帶著救援物資重返中國，同時希望恢復公司戰前在沿海和內河的經營權。不過，這時中國政府已收回沿海及內河航行權，太古船隊的航運業務，主要是運載行政院善後救濟總署的救濟物資。太古企圖以載運救濟物資之名，自行恢復在中國沿海及長江水域的航運，遭到中國航運界的強烈抗議。1947 年，太古陸續將旗下各口岸仍然經營的碼頭、倉庫設施、躉船和駁船等資產，從太古輪船公司剝離出來，以此籌組太古倉埠公司獨立經營，並轉為其他輪船公司服務。但不久，漢口政府以"租約期滿"為由，收回太古的口岸設施經營權，上海和寧波等地的太古倉埠生意也受到影響，業務發展差強人意。鑑於在中國內地發展不理想，太古輪船也開始轉而以香港為總部，開拓巴布亞新幾內亞、澳洲及南太平洋等航線。

這一時期，由中國共產黨領導的中國人民解放軍與蔣介石領導的國民黨軍隊正在中國內地展開激戰，第二次國內戰爭進行得如火如荼。1949 年 1 月，中國人民解放軍在東北完成著名的遼瀋戰役之後，揮師南下，和平解放北京。4 月，解放軍橫渡長江天險，5 月進入上海並迅速向南推進，蔣介石帶領國民黨的殘餘部隊到了台灣。同年 10 月 1 日，毛澤東主席在北京天安門城樓宣告中華人民共和國成立。從 1953 年起，新成立的中國政府對國內的資本主義工商業展開大規模的社會主義改造，並於1956 年基本完成。

面對時局的急劇演變，重返中國的期望頓成泡影，英資財團遂紛紛部署撤退。1954 年 3 月，太古集團與中國政府達成協議，交出所有資產，結束在中國的全部業務。自此，太古以香港為其遠東總部，進入新的發展階段。與此同時，滙豐銀行亦陸續關閉了它在內地的絕大部份分行，剩餘上海、北京、天津及汕頭分行。1954 年，滙豐再關閉北京、天津及汕頭分行。1955 年 4 月，滙豐與中國方面達成協議，將滙豐在中國的全部財產，包括上海外灘華麗的滙豐大廈全部交給中國政府，撤離內地。上海分行則另覓行址繼續營業，以作為滙豐與中國聯繫的一個象徵。由上海市政府外事辦和上海社科院歷史研究所編撰的《上海外事誌》這樣描述當時滙豐撤離的情景："在過去近百年裡象徵大英帝國在華經濟實力的前滙豐銀行經理姚克紹在開始談判的前夕，獨自去滙豐銀行大廈前躑躅徘徊良久，後來他在同中方人員談到他當時的心情時說：'當我注視著我們的銀行大樓，回憶起昔日的聲勢時，一想到明天將與中方進行的會見，不禁黯然神傷。'"

中華人民共和國成立之初，怡和尚在觀望之中，中國市場對怡和實在太重要，不敢輕易放棄。事實上，怡和在中國的生意一度亦重現生機。怡和的商船"永生號"

仍定期駛往上海，輸入暢銷的棉紗、香煙與啤酒，少量的五金和機械，並輸出中國的土特產。據當時怡和中國貿易部一位資深職員的回憶："在 1949-1952 年間，我們辦貨輸入內地，生意十分好，那時我們賣了五船大豆、兩船花生、兩船芝麻、四千噸酒精、八千噸粟糧及其他物資，其後我們給中國引進了國內第一批為數六架西方製的子爵式客機，並交付了兩艘 1.5 萬噸的船隻。在那兩三年，我們的確十分好生意呢。" ❺ 當時，怡和洋行大班約翰·凱瑟克（John Keswick）經常往來於上海與北京之間，而怡和與香港的華潤公司生意往來密切，還設有熱線電話聯絡。

不過，好景不長，1950 年朝鮮戰爭爆發，中美關係趨於緊張。同年 12 月，上海政府頒佈 "清查並管制美國在滬公私財產的決定"。其後，國內開展了抗美援朝、土地改革和 "三反"、"五反" 運動，社會主義改造運動亦蓬勃開展。怡和在上海的業務漸趨停頓，1954 年怡和終於關閉它在內地的全部辦事處撤離內地，結束它在中國內地逾 100 年的歷史。約翰·凱瑟克在離開上海之前，曾召開各地分支機構負責人聯席會議，宣佈下旗撤退。他說："看來，我們的好日子是過去了。將來從香港和中國內地打交道，怕也不能按著我們的老規矩辦事了。" ❻ 怡和大班的這番感慨，反映了中國時局所發生的深刻變化。據怡和估計，怡和撤離內地後，所損失的資產為數達 800-3,000 萬英鎊。❼

» 戰後香港經濟轉型與英資洋行的發展

戰後，香港迅速恢復了它作為遠東貿易轉口港的地位，1947 年，香港對外貿易總額達 27.67 億港元，比戰前最高年份 1931 年的 12.8 億港元大幅增長了 116%。到 1951 年，香港的對外貿易總額增加到 93.03 億港元，比 1947 年再大幅增長 2.4 倍。貿易迅速恢復的原因，最重要的是香港對內地的貿易激增，中華人民共和國成立後急需加強對外經濟聯繫，從內地撤回香港的洋行即從 "在華貿易" 轉向 "對華貿易"，取得了發展。可惜，1950 年朝鮮戰爭爆發，以美國為首的聯合國對中國實施貿易禁運。1952 年，香港的轉口貿易驟然衰落，受此打擊，金融、保險、航運等行業均告不景，香港貿易轉口港地位動搖，洋行的業務遭受重大打擊。

不過，這一時期，香港已孕育了工業化的全部基礎。戰後到 50 年代初，大批實業家陸續從上海及中國其他工商城市移居香港，他們帶來了發展工業所必需的資金、技術、設備，以及與世界市場的聯繫，在香港建立起最初的工業基礎——初期是紡織業，後來發展到製衣業。這時，香港人口已激增至 200 萬，為工業發展提供了充足的廉價勞動力。1959 年，港製產品出口值達 22.8 億港元，第一次超過轉口貿易值 19.95 億港元，它標誌著香港已走上工業化道路。1960 年，香港對外貿易總值達 98.02 億港元，超過戰後 1951 年的最高水平，顯示香港經濟已經復原。

踏入 60 年代，香港經濟發展更加迅速。據香港政府的統計，以當年價格計算，香港本地生產總值在 1960-1969 年平均年增長率高達 13.6%；如果按不變價格計算，1962-1969 年間香港本地生產總值年均增長率也達 11.7%（1962 年以前香港沒有以不變價格計算的資料）。而根據 1983 年世界銀行發表的報告，這個數據也僅次於同期高速增長的日本（10.4%）而居次位。這一時期，香港經濟起飛，從傳統的貿易轉口港蛻變為工業化城市。這時，香港的紡織、製衣進入全盛時期，塑膠、玩具、鐘錶、金屬製品及電子業也相繼發展，並帶動了香港的貿易、航運、金融及房地產業，香港經濟進入了新的發展時期。

這一時期，香港的洋行地位發生了重大變化。在轉口貿易時期，洋行的地位極其崇高，幾乎操縱了香港的整個轉口貿易。然而，隨著轉口貿易一落千丈，大批實力薄弱的洋行遭到淘汰，幸而香港工業化起步，洋行開始將業務重心從轉口貿易轉到進出口貿易上。不過，從事製造業的華資企業家也開始逐步擺脫洋行的控制，直接從海外市場購買原材料並銷售產品，洋行的地位開始下降。在激烈的競爭中，許多在香港有近百年以上悠久歷史的英資洋行和大公司，由於不能適應形勢的轉變而被收購兼併，包括著名的仁記洋行、太平洋行、天祥洋行、惠得寶洋行、連卡佛、屈臣氏、均益倉、黃埔船塢等等。在激烈的收購兼併戰中，數家實力雄厚的英資洋行突圍而出，逐漸發展成壟斷香港經濟命脈的綜合性企業集團；其中，最著名的，就是號稱"英資四大行"的怡和洋行、和記國際、太古集團，以及會德豐公司。

02

英資四大行：怡和洋行

美國著名的《財富》雜誌曾在一篇文章中聲稱，統治香港的權力，"依序而列"是馬會、怡和、滙豐和香港總督。怡和的排名尚在滙豐銀行和香港總督之前，其權勢及影響力之大，由此可見一斑。在香港英資四大行中，它排位高居榜首。

怡和集團在香港的旗艦是怡和洋行。長期以來，怡和洋行一直實行舊式合股制度。不過，到 20 世紀 50 年代後期，怡和股東認識到，這種制度已經不再適應戰後複雜的商業環境，其中，部份股東對香港前景失去信心，希望將他們手上的股票轉售。在這種背景下，1958 年，凱瑟克家族在倫敦三家商人銀行——霸陵兄弟、羅拔·富林明以及威廉·奇連公司的支持下，收購了渣甸家族在怡和的所有股份，正式成為怡和洋行的大股東。

當時，正值香港的工業化進展順利，經濟轉型成功，加上國際形勢轉趨穩定，種種因素刺激股市上升。1959 年，多家公用事業公司在香港上市，吸引了不少散戶投資者。1961 年，香港股市進入了戰後首個 "熱火朝天" 的年頭，凱瑟克家族把握時機將怡和公司上市。當年 6 月 15 日，怡和洋行以每股 16 港元價格，公開發售 902,948 份股票，佔怡和已發行股份的 25%，在香港證券交易所掛牌上市，集資約 1.5 億港元。結果，怡和股票獲得 56 倍的超額認購，凍結資金高達 8 億港元，這在當時是個驚人數字。6 月 26 日怡和股票上市當天，收市價為 31.25 港元，差不多高出市價 1 倍，反映了市場對怡和股票的熱烈追捧，這成為了當時香港轟動一時的新聞。❽

自此，怡和集團以怡和洋行為旗艦，以兩家著名的地產及貨倉碼頭公司 —— 置地和九龍倉為兩翼（傳統上，置地和九龍倉主席均由怡和大班出任），展開了它以香港為重心的經濟拓展活動。這一時期，怡和的發展戰略分雙線展開，一方面大肆向亞洲太平洋地區拓展，力圖發展成一家跨國公司；另一方面又繼續鞏固其在香港的地位，並向業務多元化發展。不過，其重點時常傾向前者。

» 怡和的國際化與多元化

1954 年，怡和在內地遭受重大挫折之後，對香港經濟前景亦深存戒心，它隨即開始向東南亞拓展。同年，怡和在新加坡收購了一家亨利‧窩夫有限公司（Henry Waugh & Co., Ltd.），就是這一戰略的起點。該公司是一家頗具規模的商行，分支機構遍佈新、馬、泰，並兼營進口、工程承包及代理業務。1963 年，怡和進一步向澳洲擴展，在悉尼設立辦事處後，即在當地收購貿易、地產、保險、運輸等多家公司的股權。

60 年代末至 70 年代中，中國爆發了空前激烈的 "文化大革命"，香港政治、經濟環境一度轉劣，怡和加快了海外投資的步伐。1973 年 2 月，怡和乘香港股市進入高峰前夕，大量配股集資 2.75 億港元向海外投資。同年，怡和收購了美國夏威夷的戴惠施有限公司（The H. Davis Ltd.），將業務擴大到太平洋。戴惠施在夏威夷及菲律賓擁有 4 萬畝甘蔗園、2 家製糖廠及多家保險、旅遊、航運公司，是一家經營糖業及貿易業務的大型公司。這是怡和首次進軍自然資源業務。這一年，怡和又透過倫敦的馬地臣公司，收購了在倫敦市中心區擁有多幢商業大廈及地段的怡仁置業有限公司（Reunion Properties Ltd.）；而怡和的保險業務也取得顯著擴展，怡和收購了 4 家英國保險公司、1 家美國公司，組成一個保險經紀業務核心，在世界各地設立辦事處，提供保險批發及零售經紀服務。

70 年代中期，怡和的勢力擴展到南非、中東等地區。1975 年，怡和收購了南非的雷里斯聯合股份有限公司（Rennies Consolidated Holdings Ltd.），該公司在南非洲 8 個國家經營船務、運輸、酒店經營及貿易業務。1976 年，怡和進一步收購利比里亞的中東運輸與貿易有限公司（Transporting and Trading Company Inc.）股權，該公司在沙地阿拉伯和科威特均設有分支機構。這一時期，怡和 "在夏威夷生產食糧，在菲律賓從事榨糖業，在東南亞負責離岸油田設施建造和維修業務，在中國生產迅達電梯，在韓國供應藝術創造器材，在沙地阿拉伯興建公路及在南非開設假日酒店。此外，怡和亦有經營航運、財務合貿易業"❾，儼然已成為一家大型跨國企業。

由於連年大規模地向海外投資，到 1977 年，怡和在海外資產所佔比重已超過60%，而香港所佔比重已下降到不足 40%。怡和已發展為亞洲太平洋地區的跨國公司。怡和董事西門·凱瑟克曾說："怡和公司的名字，在 1975 年以前，離開遠東便鮮為人知，但現在世界各地對怡和已非常熟悉，尤以美國為甚。"不過，日後的實踐證明，怡和將為此而付出沉重的代價。

60 年代中期以後，香港經濟起飛，整個社會開始呈現一派繁榮景象，而中國政府亦已明確宣佈了對香港"長期打算，充份利用"的穩定政策，怡和在向海外大規模拓展的同時，對香港的投資也逐漸趨向積極，投資的重點是金融及房地產業。當時，香港的金融業差不多全由經營零售銀行業務的商業銀行所組成。進入 70 年代，隨著地產、股市的興旺，香港金融業趨向多元化發展，各種金融機構，包括商人銀行、國際資金銀行、財務公司、證券經紀行紛紛成立，香港逐漸演進為遠東區的金融中心。因應宏觀經濟的這種轉變，怡和加強了在金融業的發展。

1970 年，怡和與關係密切的倫敦著名商人銀行富林明公司（Robert Fleming & Co., Ltd.）合資創辦怡富有限公司（Jardine Fleming & Co., Ltd.），開創怡和在香港及東南亞地區的投資銀行業務。怡富是香港第一家商人銀行，當時並不需要經過港府財政司或金融事務科批准，只是按公司法註冊。怡富創辦後業務發展迅速，到 1976 年旗下已轄有 7 家證券、信託投資公司，管理基金達 21 億港元。70 年代前期，怡富在香港的商人銀行業市場一直佔有最大的份額，其客戶主要是來自海外，尤其是倫敦、蘇格蘭的英國投資者，也有部份來自瑞士，美國人較少，本地香港人亦不多。怡富除主要從事基金管理、外匯買賣和證券買賣外，在收購合併領域十分活躍，最矚目的事件就是協助置地吞併牛奶公司，一時在香港股市形成轟動效應。

1972 年，怡和以換股方式將它在遠東投資公司所佔股份增加到 42%，並改名為"怡和證券有限公司"（Jardine Securities Ltd.），專門從事香港證券買賣及投資。1973年，怡和再組建全資附屬公司怡和保險有限公司，加強香港保險業務。1974 年，為了加強與滙豐銀行的聯繫，以便取得充份的財務支持，怡和與滙豐換股，滙豐持有怡和 5% 股權，怡和則持有滙豐 3% 股權。1975 年，香港政府宣佈籌建香港商品期貨交易所，怡和立即與英國的達法集團合組怡達商品貿易公司（Jardine, Gill & Buttus (Hong Kong) Ltd.），在香港及東南亞經營期貨商品交易。透過上述步驟，怡和作為一家以貿易為主的商行，大大加強了它在香港金融業的實力和影響。

這一時期，怡和亦在香港展開一系列的收購活動，包括 1972 年透過置地公司收購著名的"牛奶公司"（The Dairy Farm, Ice & Cold Storage Co., Ltd.）、1974 年透過九龍倉收購天星小輪公司及香港電車公司、1975 年怡和以換股方式及現金收購經營汽車銷售的仁孚行（Zung Fu Co., Ltd.），同年更收購香港實力雄厚的建造及土木工程集團——金門建築（香港）有限公司（Gammon (Hong Kong) Ltd.，簡稱"金門建築"）。其中，仁孚為平治汽車在香港及澳門的獨家代理商。1954 年，仁孚與平治車廠簽訂代理歷協議。翌年，仁孚的首間平治陳列室在銅鑼灣希慎道開幕，短短三年間，仁孚共售出 1,000 部平治汽車。

金門建築最早由 John C. Gammon 於 1919 年在印度創辦，其後相繼在亞洲、中東及非洲等地區設立分公司。1955 年，該集團其中一家分公司獲取香港啟德機場興建跑道合約。及至 1958 年，該分公司決定植根香港，並成立了金門建築（香港）有限公司。金門建築（香港）成立後，業務迅速發展。到 70 年代後期，該公司在椿柱、地基、底層結構、隧道、橋樑、樓宇、海事及貯水工程等建造專業上已在香港業界建立了領導地位。1969 年，怡和開始購入金門少量股權，翌年，金門建築在香港上市。1975 年，怡和集團購入餘下股權，金門建築遂成為怡和全資附屬公司。❿

到 70 年代後期，怡和旗下擁有的附屬及聯營公司近 400 家，所經營的業務，更遍及進出口貿易、批發零售業、銀行、保險、金融服務、碼頭倉儲、房地產、航運、航空、旅遊、酒店及公用事業，被譽為"規模宏大，無遠弗屆"。⓫

» 置地兼併牛奶公司

1970 年代怡和的連串收購兼併行動中，以置地收購牛奶公司一役最為轟動，被視為香港企業收購戰的經典之作，充份反映了怡和當年在香港的權勢和影響力。

牛奶公司是一家逾百年歷史的老牌英資公司，創辦於 1886 年。創辦人是蘇格蘭醫生文遜（Patrick Manson），他與 5 位香港商人合資 3 萬港元，在香港註冊成立公司，

1908 年的牛奶冰廠公司總部及市區牛奶分發處，建成於 1892 年。

宗旨是以實惠價錢供應清潔無污染的牛奶，藉以改善香港市民健康，並為股東帶來盈利。牛奶公司創辦後即在港島薄扶林購買大片土地興建牧場，最初飼養了 80 頭乳牛，榨出鮮奶出售。1889 年，牛奶公司宣佈繼開業首年錄得 13,187 港元的虧損後，於 1888 年獲得 3,385 港元的溢利，並於 1889 年增至 4,374 港元。到 19 世紀 90 年代，牛奶公司於港島下亞厘畢道設立中央倉庫（該建築物現已成為香港外國記者會及香港藝穗會的所在地），並開始飼養豬隻及家禽，以供應豬肉、家禽肉類及雞蛋。期間，公司開始將產品大批供應予輪船航隊、醫院及軍隊。

　　踏入 20 世紀，牛奶公司有了進一步的發展。1911 年，牛奶公司展開首項大型收購行動，購入太古洋行的雪藏食品業務 Butterfield and Swire。1918 年再購入香港雪廠，並改名為"牛奶冰廠有限公司"。與此同時，牛奶公司開始進軍零售市場，1904 年，牛奶公司開始從澳洲進口凍肉，並於下亞厘畢道開設首間零售店。1916 年，牛奶公司在港島中央倉庫及開設香港首間超級市場或熟食店，並於 1918 年再在九龍彌敦道文遜大廈開設第二間分店。到 1928 年，牛奶公司每日出產 1,000 加侖牛奶以及新鮮肉類、奶油與雪糕，除於香港設有 6 間零售店外，更把產品供應予澳門及中國沿岸各大城市的消費者。⑫

二戰結束後，牛奶公司業績迅速回升，於 1946 年錄得淨利潤 151.93 萬港元。60 年代期間，牛奶公司展開連串收購合併，包括 1960 年與連卡佛合併屬下的食品零售業務，組成大利連有限公司；1964 年收購由吳宗偉與劉濂創辦於 1945 年的惠康雜貨連鎖店，同年全部購入連卡佛所持的大利連有限公司股份。其後，牛奶公司又先後購入多家澳洲公司的股權，包括購入澳洲的西瑪陸水果與果仁農場及當地一個牧牛場，並把膳食服務擴展至澳洲與印尼的採礦營。此外，公司更進軍批發業，並擴充所售奶製品與雪藏食品的種類。到 70 年代初期，牛奶公司已成為一家極具規模的大公司，旗下業務包括經營奶類產品、冷凍業務及惠康超級市場，擁有職工逾 3,000 人。當時，牛奶公司的主要股東包括和記洋行、會德豐公司，董事局主席則由香港著名華商周錫年爵士出任。

20 世紀 70 年代初，隨著繁盛商業區從中環向灣仔、銅鑼灣、尖沙咀等地區伸延，置地開始向中區以外地區發展。1970 年，置地在銅鑼灣東角地段相繼建成怡東酒店、世界貿易中心，就是這一發展的先聲。1972 年，亨利·凱瑟克（Henry Keswick）出任怡和大班兼置地主席，成為大股東凱瑟克家族出任該職位的第五位成員。亨利·凱瑟克早年畢業於英國伊頓公學和劍橋大學，1967 年已出任怡和董事，出任怡和大班時年僅 34 歲，儘管他年少氣盛，但頗富謀略。當時，香港海底隧道通車在即，銅鑼灣已成為中區以外最繁華的商業區，地價急升，已成商家必爭之地。亨利·凱瑟克看到牛奶公司在銅鑼灣有大片牛房、冰廠，潛質優厚，遂打起牛奶公司的主意。

1972 年 10 月 30 日星期一，怡和旗下的置地宣佈對牛奶公司展開收購戰，這是香港股市發展史上首宗轟動全港而又影響深遠的收購戰，開創了香港現代經濟中企業兼併收購的先河。翌日，置地在各大報章以全版廣告刊登了它的收購建議：置地將委託怡富和獲多利為財務顧問，以 2 股面值 5 港元的置地股票，換取 1 股面值 7.5 港元的牛奶股票，即以換股方式全面收購牛奶冰廠有限公司。置地並表示，根據 1972 年 10 月 27 日香港證券交易所的收市價，置地每股 94 港元，牛奶每股 140 港元，換股建議實際上使牛奶股價升至每股 188 港元，即牛奶公司股東的資本值，將增加 34%。

不過，置地收購牛奶公司的建議，立即遭到牛奶公司董事局的拒絕。11 月 8 日晚上，牛奶公司召開記者招待會，出席者均為牛奶高層要員及其支持者的首腦，包括牛奶董事局主席周錫年、執行董事長兼總經理柯倫、牛奶公司董事兼和記國際主席祁德尊、會德豐主席約翰‧馬登，以及羅富齊父子（倫敦）首席董事李柱等，陣容鼎盛。會議上，李柱代表牛奶董事局提出反對置地收購的主要理由，並表示置地的收購建議不會成功。這次記者招待會，實際上牛奶是向置地展示實力，顯示英資四大洋行中的和記國際和會德豐均站在牛奶一邊，雙方勢均力敵。

　　為逼牛奶公司就範，置地發起空前強大的廣告戰，一連數日在報紙以整版篇幅刊登廣告，赫然標榜自己是“地產股王”，“名列世界三大的地產公司”，並驕傲地宣稱：“過去五年業績每年直線上升，所以論以往業績，是置地；論將來寄託，也是置地！”又強調“今後三年大發展，誰人能與比肩”，氣勢一時無兩。置地在大打廣告戰的同時，又對牛奶公司股東展開游說工作。據怡富一位高級律師憶述，當年他曾經收集牛奶公司股東名冊上的股東姓名，然後逐一接觸個別股東。❸怡和大班亨利‧凱瑟克也親自打電話給部份股東。亨利‧凱瑟克擺出勝利者的姿態公開表示，收購牛奶公司並不是有意取代周錫年的地位，只是要利用置地的專長，協助牛奶公司發展地產及貿易業務。為了迎擊置地的挑戰，牛奶公司與華資地產商王德輝的華懋集團合組牛奶地產公司，並大派紅股爭取股民。

　　可是，在形勢比人強的情況下，牛奶公司終於不敵置地。11 月 29 日，置地取得牛奶公司 50% 以上股權。翌日晚上，置地召開記者招待會，出席會議的除置地主席亨利‧凱瑟克外，尚有置地董事、香港金融界，以及報界人士，多達數百人，場面極為鼎盛。置地主席凱瑟克滿面春光地宣佈收購成功，並表示繼續維持牛奶公司原有名稱和經營方式不變。及至 30 日，置地再在各大報章刊出全版廣告，宣佈已擁有80% 以上的牛奶公司股票，又向牛奶股東贈送一副對聯，對聯曰：“置地公司招朋立己立人延環層樓增異彩，牛奶冰廠攜手同心同力芬馨豐席享嘉名”，興高采烈、躊躇滿志之情溢於言表。這是置地刊出的最後一版廣告，為這場精彩絕倫的廣告戰劃上了一個句號。

　　12 月 15 日，置地收到牛奶公司已發行股票約 90%。根據公司條例，置地向其餘牛奶股東進行強制性收購。至此，一場轟動全港的收購戰拉下帷幕，牛奶公司被置地成功兼併，其上市地位亦告取消。主席周錫年痛失江山，無意留戀主席職位，遂與董事祁德尊一道辭退牛奶董事職位，黯然掛冠而去。當時，有評論指出，是役，置地不費一分一毫現金，便鯨吞了牛奶這家規模宏大的機構，堪稱香港收購史上的經典之作。

置地鯨吞牛奶後，果然發揮所長，將其剩餘土地加以發展。1973年，置地將牛奶公司在銅鑼灣的冰廠改建為氣派豪華的溫莎公爵大廈（即現今的皇室大廈）；1976年，置地又利用牛奶公司在港島薄扶林的牧牛場地皮興建置富花園，包括26幢高層及低層的住宅大廈，約4,000個住宅單位，這是置地首次發展的私人屋邨。這些發展計劃，都為置地股東（包括牛奶股東）帶來不菲的利潤。後來，在置地的領導下，牛奶公司發展成香港一家龐大食品批發零售集團，旗下的惠康超級市場成為香港兩大超市集團之一，其分行遍設港九各個角落。

不過，置地收購牛奶，也為此付出了不菲的代價。經過這次換股，大量置地股票流散在眾多小股民間，怡和對置地的控制權因而被削弱，這便種下日後置地遭到華資大亨們狙擊的禍根。

》 置地與九龍倉的地產投資

怡和集團在香港地產業的投資主要透過兩家聯營公司置地和九龍倉展開。置地自1889年創建後便一直在港島中區展開擴張活動，這一活動因1941年日本侵佔香港而中斷了三年零八個月。幸運的是，在香港淪陷期間，置地的資產未如其他英資公司那樣受到嚴重破壞，它名下的物業大部份集中在中區，而這一地區在戰爭期間差不多完全未遭損壞。據置地一位資深職員回憶：他們回到置地公司，"發現股份登記冊、會計賬目及文件單據毫無異樣，看起來便像幾天前才放進去的一樣"。1945年9月7日，置地公司恢復營運，並於當天舉行戰後第一次董事局會議。會議中，公司秘書菲爾德作出簡報稱："中區：物業狀況良好。若干電梯只需小型維修。告羅士打酒店：狀況良好：大部份舊設備得以保存，酒店仍存有若干數量的雜物用品。盤點工作現在進行，但尚未完成。……" **⓮**

自1950年代起，置地在中區的擴張步伐再度啟動。1950年，置地建成公爵行。1956年，置地展開戰後的首次大規模物業重建，先後將原有阿歷山大行和皇室行，分兩期建成歷山大廈，又將皇帝行、沃行和於仁行重建為於仁大廈。1958年購入怡和大廈地盤（即現今會德豐大廈）並完成改建。當時，香港因外來移民和資金湧入，成為

著名的文華酒店。該酒店曾
被評為"世界最佳商旅酒店"。

1973 年建成的康樂大廈,是
當時香港最高的建築物。

一個商業及旅遊中心，置地看準時機，於 1961 年將告羅士打酒店租予新成立的聯營公司——城市酒店有限公司（City Hotels Limited），正式開始打造公司的酒店品牌，並於 1963 年在皇后行舊址建成“文華酒店”。同年 10 月 23 日，文華酒店正式開業，港督柏立基爵士伉儷在酒店主持紅十字會 100 週年舞會。其後，城市酒店公司又在新加坡、馬尼拉、曼谷等地建成酒店網絡。

1970 年，置地以 2.58 億港元的創歷史紀錄，高價投得港島中區面積達 5.3 萬平方呎的新填海地段，於 1973 年建成樓高逾 50 層，總面積逾 75 萬平方呎的康樂大廈。這是當時香港及亞洲最高的建築物，它雄視整個維多利亞海港。翌年，怡和將總部遷入康樂大廈。當時置地在競投康樂大廈地段時，美資財團虎視眈眈，擺出勢在必得的架勢。事後又揚言要控告拍賣官，說下槌太快。事實上，置地亦是志在必得，因為該地段如讓其他財團奪得，興建的大廈將不會像現時的樣子，有可能遮擋了文華酒店和太古大廈（前為於仁大廈），令其看不到海景，價值大貶。

到 70 年代初，置地在中區的“物業王國”已趨建成，隨著繁盛商業區向灣仔、銅鑼灣及尖沙咀等地區延伸，置地開始向中區以外發展。1968 年，正值香港政治騷亂之後，地產市道一片蕭條，華資地產商霍英東在尖沙咀海傍建成的商廈星光行，因港府阻攔以及其他種種原因無法出售，被迫以 3,000 萬港元低價售給置地，使置地獲得一次賺大錢機會。1970 年，置地將觸角伸向銅鑼灣，在昔日東角地段建成怡東酒店及世界貿易中心。兩年後，香港海底隧道通車，銅鑼灣成為最繁盛的商業區之一，置地的投資取得了成功。從 1973 年起，置地還將牛奶公司在銅鑼灣的冰廠改建為溫莎公爵大廈，又將半山區梅道地利根德一系列舊樓重建為著名的豪華住宅地利根德閣。

到 70 年代中，置地已發展為一家以地產投資為主，兼營食品批發零售及酒店業的大企業集團。1975 年，置地進行資產估計，旗下可供出租商廈面積達 310 萬平方呎，資產高達 36 億港元，比 1922 年的 1.4 億港元增加 24.7 倍，比兩年前估值的 3.25 億港元亦增加 10 倍以上。這時，置地已成為香港地產“皇冠上的明珠”。

1974 年，置地宣佈將斥資 6 億港元，展開為期 10 年的雄心勃勃的中區重建計劃。第一期是重建歷山大廈，於 1976 年完成。置地曾建議以舊歷山大廈換取香港政府的郵政總局（當時位於今日環球大廈），遭到拒絕，只好自行重建。第二期工程是拆卸重建告士打大廈及皇室行。為了將物業連成一體，以便興建一流的高層商廈及有

建成於 1979 年的置地廣場入口處

廣闊平台的商場，置地以畢打街對面的怡和大廈及畢打行與會德豐公司的連卡佛大廈交換，1979 年建成告士打大廈及與之相連的置地廣場。置地廣場面積達 2 萬餘平方呎，上蓋蓋有可透光的玻璃纖維，設有露天茶座，四周是精品商店，成為了中區的高級購物娛樂場所。第三期工程是拆建毗鄰的公爵行和公主行，建成公爵大廈。整個計劃於 80 年代中前期完成，如今它們成為了中區的心臟地帶。

　　置地的經營方式，主要是在商業繁盛區興建高級商廈作地產投資。這種經營方式直到 70 年代初之前，一直頗受投資者的賞識。1965 年香港出現銀行擠提風潮，1967 年再出現政治騷動，地產市道持續調整了四五年，不少地產公司因而破產。但置地的重要盈利來自穩定的租金，利潤穩定，擁有的物業亦能隨地產市道的上升而不斷升值。不過，70 年代以後，隨著香港地產市道的急升，這種經營手段則顯得過於保守，盈利的增長遠遠比不上以地產發展為主的華資地產公司，導致日後漸漸被華資地產公司追上。

　　與此同時，怡和的另一家聯營公司九龍倉也在維多利亞海港的對岸進行同樣的地產發展。50 年代初期，朝鮮戰爭爆發，以美國為首的聯合國向中國實行貿易禁運，香港的轉口貿易自此衰落，進出香港的船隻大幅銳減，九龍倉的業務深受影響。為了穩定公司利潤，九龍倉開始推行業務多元化政策。到 60 年代初，香港的對外貿易再度蓬勃，九龍倉於是決定興建一座現代化的客運大樓。1962 年，九龍倉取得香港政府

1976 年九龍倉在尖沙咀海傍興建中的海洋中心

1980 年代初先後建成的海洋中心、海港城等綜合物業，被譽為 "亞洲最龐大及成功的綜合商業中心"。

的資助，將原第一號碼頭重建為樓高 4 層的海運大廈。1966 年 3 月 3 日，海運大廈落成，由瑪嘉烈公主剪綵揭幕，第一艘巨輪"坎培拉號"首先停泊海運大廈碼頭。海運大廈還設有兩層面積寬廣的商場，給公司帶來了可觀的租金收入。1965 年，九龍倉再接再勵，與華商許世勳及陳德泰合作，建成香港酒店和海運戲院。這是九龍倉從事地產投資的開端。1970 年，九龍倉盈利達 1,800 萬港元，比 10 年前增加 10 倍以上。

進入 70 年代，隨著香港貨運方式的革命，九龍半島沿岸的面貌迅速發生巨變。在 60 年代以前，九龍半島沿岸主要的是碼頭、貨倉和船塢。當時，尖沙咀一帶是九龍倉的舊式碼頭貨倉，主要為客貨輪服務，沿岸而上，在尖沙咀與大角咀之間是眾多的碼頭泊位，供貨船和躉船使用，各停泊區之間，有無數的駁船等候接貨。從尖沙咀向東伸延，是著名的藍煙囪輪船公司的貨倉，而尖東紅磡一帶，則是龐大的黃埔船塢，與港島鰂魚涌的太古船塢遙遙相對。沿岸街道上，是各種為航運服務的店舖，充斥著麻繩、機械及各種船舶用品，此外就是專供水手使用的酒吧、餐館。

然而，70 年代期間，香港的航運業已進入貨櫃化時代，葵涌貨櫃碼頭相繼建成使用，九龍倉原有的功能日漸式微。1971 年，藍煙囪貨倉停業，其地段售賣給華資地產商鄭裕彤，鄭氏在原址上建起雄踞尖東的新世界中心和著名的麗晶酒店。而黃埔船塢和太古船塢合併後亦遷到青衣，其龐大地皮日後矗立起兩座現代化的居民屋苑——黃埔花園和太古城。尖沙咀地區更發展成繁盛的商業中心區。這時，受到早期地產發展成功的鼓舞，九龍倉遂訂下發展大計，通過在股市集資等各種方式獨立進行規模宏大的重建計劃。該計劃耗資約 15 億港元，歷時十餘年，在原有的海傍碼頭、貨倉地段上，先後建成了海洋中心、海港城等綜合物業，到 80 年代初大體完成。自此，美侖美奐的高級商廈和酒店矗立在尖沙咀沿岸，面貌煥然一新。

九龍倉所發展的海港城，被譽為"亞洲最龐大及成功的綜合商業中心"，該中心擁有 3 個相連的商場，即海洋中心商場、海運大廈商場及海港城商場，內設逾 600 間精品商店、3 間一流酒店（包括香港酒店、馬可孛羅酒店及太子酒店，客房共逾 1,500 間）、約 50 間酒樓舞廳，以及一批高級寫字樓和住宅物業。至此，九龍倉已蛻變成尖沙咀地區赫赫有名的地王，幾可與港島中區的置地並駕齊驅，分箝維多利亞海港兩岸，遙相輝映。

03

英資四大行：和記國際

───────────────

　　和記黃埔的歷史，最早可追溯到 1828 年屈臣氏的創辦，以及 1860 年及 1863 年和記洋行和黃埔船塢的創辦。到 20 世紀 70 年代，和黃迅速崛起，其經濟實力一度超過沉雄穩健的太古洋行，威脅到怡和洋行的地位，在英資四大行中排名第二。

　　和記洋行由英商沃克（Robert Walker）於 1860 年在香港創辦，當時的英文名是 Robert Walker & Company，初期業務主要是經營布匹、雜貨及食品的轉口貿易。1877 年英國青年夏志信（John Duflon Hutchison）來到香港，在 Robert Walker & Company 工作，稍後更接管了這家公司，易名為 "和記洋行有限公司"（John D. Hutchison & Company Ltd.）。這就是和記（Hutchison）名字的由來。20 世紀初，和記洋行進入中國內地，曾先後在上海、南京、天津、漢口、廣州、哈爾濱等通商口岸設立分行。及至 50 年代初，和記洋行從內地撤回香港，一度被會德豐公司收購 50% 股權。當時，和記洋行與會德豐關係密切，會德豐持有和記洋行大量股權，而和記洋行亦持有會德豐若干股權，兩家公司的董事亦互任對方董事。

» 祁德尊主政時期：股市上光芒四射的明星

　　和記洋行在有逾百年悠久歷史的老牌洋行中，本屬三四流的角色，但在 20 世紀 60 年代卻迅速崛起，成為股市上光芒四射的明星，而觸發這一革命性轉變的就是香港一位著名英商祁德尊。祁德尊（Douglas Clague, 1917-1981）出生於非洲羅德西亞南部，早期畢業於英國文島的威廉王書院。1940 年，他以炮兵軍官的身份前來香港服役，翌年日本攻陷香港後成為階下囚。1942 年，祁德尊成功從深水埗集中營逃脫，後在東江惠州擔任前方司令,並先後在印度、緬甸、泰國及中國等地服役。戰事結束時,28 歲的祁德尊已晉升上校,他先後獲授軍方十字勳章、OBE 勳銜及 CBE 勳銜。

1947 年,祁德尊從軍隊退役即重返香港,投身商界。同年,他加入了和記洋行董事局。1954 年,祁德尊出任和記洋行董事局主席。1963 年,祁德尊向會德豐集團收購其屬下的上市公司萬國企業有限公司(International Investment Corporation Ltd.)的控股權,並透過萬國企業收購和記股權。1965 年,萬國企業取得和記洋行全部股權,易名為"和記國際有限公司"(Hutchison International Ltd.),由祁德尊出任主席。自此,和記與會德豐分道揚鑣,自立門戶。

從 60 年代中期起,和記國際進入了急劇膨脹的新時期。祁德尊利用部份投資者看好洋行股前景的心理,透過發行新股展開連串的收購活動。1966 年和記國際先後收購了屈臣氏公司、德惠寶有限公司(Davie, Boag & Company Limited)及 China Provident Company Limited 等公司,實力迅速壯大。屈臣氏的前身是廣東藥房,1828 年在廣州開業。1841 年香港開埠,廣東藥房遷移至香港,易名為"香港藥房",並於 1863 年正式改名為"屈臣氏大藥房"。1883 年,屈臣氏將業務拓展至菲律賓及中國內地,並於 1884 年在馬尼拉開設藥房及汽水廠。1903 年,屈臣氏成立蒸餾水附屬公司,為中國內地和香港的消費者提供清純健康的飲用水。屈臣氏被和記國際收購後,開始向多元化發展,從側重於汽水的製造和銷售轉向消費貨品(其中大部份是食品、藥品和有關產品)的製造、推廣、供銷和零售,旗下的百佳超級市場後來更發展成與惠康超市並駕齊驅的兩大超市集團之一。到 60 年代中後期,和記國際已在眾多的洋行中脫穎而出,旗下擁有的附屬及聯營公司已超過 50 家。

1967 年,香港政局動蕩,投資者紛紛拋售股票、物業,移居海外。但祁德尊卻看好香港前景,他表示:"我有信心,我對香港、香港人有信心,這是我的家,我的一切利益將留在香港,與香港共存。香港待我不薄,我不會在現時離去。" ❻ 和記國際的收購步伐並未因此而停止。1969 年,和記國際透過發行優先股集資 7,200 萬港元,收購了著名的黃埔船塢(Hong Kong and Whampoa Dock)30% 的股權。這是和記國際發展史上的一個重要里程碑,它奠定了日後和記黃埔發展的堅實基礎。黃埔船塢全稱"香港黃埔船塢公司",由怡和洋行、鐵行輪船公司、德忌利士洋行等幾家船東

1930 年代港島德輔道中，圖中左側建築物是屈臣氏大藥房。

1990 年代位於九龍彌敦道與海防道交界的屈臣氏分店

創辦於 1863 年 7 月 1 日,並由後繼成為香港上海滙豐銀行總經理的鐵行公司駐港監事湯馬士·修打蘭出任主席。

　　黃埔船塢在創辦初期,先後收購位了於中國珠江黃埔的柯拜船塢和修理廠,以及在港島香港仔新建成的旱塢。1866 年,黃埔船塢根據 1865 年立法的公司法於香港註冊,組成有限公司,股本合共 75 萬港元,並由怡和洋行大班詹姆士·惠代爾出任董事長,德忌利士輪船公司船東拿蒲那出任董事長秘書。1870 年黃埔船塢與紅磡的聯合船塢公司合併,成為當時香港最大的船塢公司。直至 1870 年代中前期黃埔船塢幾乎壟斷廣州黃埔、香港及九龍之間所有大型船塢。其後,由於競爭加劇,黃埔船塢以 8 萬元把柯拜船塢及其附屬設施售予兩廣總督劉坤一,所得資金用作更新紅磡一帶船塢。1880 年,黃埔船塢合併了香港大角咀的四海船塢公司,手執香港修船和造船業牛耳,造船技術和出產船隻的排水量皆與日本齊名。1900 年,黃埔船塢僱用的工人達 4,510 人。

　　和記國際收購黃埔船塢後,即重整該公司業務並推向多元化發展。同年,黃埔船塢在紅磡興建一座貨櫃碼頭,開始了貨櫃運輸業的發展,又與華資地產公司大昌地產合作,成立都城地產有限公司。當時,黃埔船塢擁有大量土地,但由於對地產發展

1950 年代的紅磡黃埔船塢。1969 年和記國際收購黃埔船塢 30% 股權,奠定了日後和記黃埔發展的堅實基礎。

認識不深，在發展上存在頗多障礙，恰好和記主席祁德尊與地產發展經驗豐富的大昌地產主席陳德泰私交甚篤，兩公司負責人認為雙方合作可收相輔相成的功效，於是在1969 年 12 月成立都城地產公司，合作發展黃埔船塢內剩餘土地。1970 年，和記國際透過黃埔船塢，收購港島的大型貨倉集團均益有限公司，黃埔船塢和均益倉這兩家公司在九龍和港島均擁有大量廉價地皮，令和記國際成為了香港最大的地主。

1973 年，黃埔船塢將船塢和船舶修理等業務與太古船塢合併，成立香港聯合船塢有限公司，在青衣島投資興建新型船塢。黃埔船塢則加強地產及貨櫃運輸業的發展。1974 年，黃埔船塢與均益倉聯合成立香港國際貨櫃碼頭有限公司（Hongkong International Terminals Limited，簡稱 HIT），投資興建葵涌四號貨櫃碼頭，其後又收購了原日資公司經營的葵涌二號貨櫃碼頭，逐漸發展成香港最大的貨櫃碼頭經營集團。

1970 年和 1971 年，和記國際相繼成立了和寶有限公司及和記地產有限公司，並將它們上市，1973 年又收購百佳超級市場，進一步壯大和記國際的聲勢。當時，和寶公司成為和記集團內業務範圍最廣泛的上市公司，它的主要附屬企業是德惠寶洋行，其經營的業務主要包括進出口貿易、商務、機械、汽車銷售和建築材料供應等等。和寶上市後業務發展迅速，在 1973 年股市高潮之際成為光芒四射的新星。同年，和寶旗下的附屬公司至少達 35 家，純利創下 1,700 萬港元的高紀錄。此外，和記國際還先後收購了安達臣集團、大亞石業、海港工程、會德豐紡織等公司。

» 滙豐銀行收購和記國際控股權

1972-1973 年香港股市狂潮期間，和記集團系的上市公司成為最搶手的熱門股票之一。1973 年 3 月，和記國際的市值高達 72.43 億港元，該年度純利達到 1.36 億港元，一度威脅到當時怡和公司的地位。到 1975 年，和記國際已發展成擁有 360 多家附屬及聯繫公司的龐大企業集團。當時，祁德尊成為香港商界炙手可熱的紅人，他先後出任立法局議員、行政局非官守議員，1970 年更出任滙豐銀行董事局副主席，被譽為“戰後日子裡支配香港商界的最多姿多采、最富企業家精神的成功人士之一”，是“香港 60 年代重要日子裡開創大企業精神的象徵”，“是香港曾經有過或者將來所有的最大企業家之一”。❻

無疑，祁德尊為和記黃埔日後大展宏圖奠下了第一塊基石。在祁德尊的主持下，和記國際成為當時香港成長最快的上市公司。可是，祁德尊對股市的走勢判斷失誤，犯了一個致命錯誤，又或許他過於雄心勃勃，攻伐過度，未能及時在股市高峰期鞏固已取得的成績。1973 年 3 月，香港股市從恒生指數 1,774 點的歷史性高位回落，股市熱潮開始冷卻。當時，和記國際並未停止擴張步伐，仍然大量借貸作投資活動，尤其是借入瑞士法郎，埋下了日後危機的導火線。

　　1974 年，和記集團旗下各上市公司的股價已大幅貶值，但集團並沒有將這種情況反映在賬目上，反而利用賣地收益以及都城地產上市所籌集的資金維持純利並作派息用途，這是相當冒進的策略，期望股市回升渡過難關。可惜，股市進一步下瀉，到同年 12 月 10 日恒生指數已跌至 150 點低位。和記國際受到系內各上市公司股價大幅貶值，以及瑞士法郎大幅升值的雙重打擊，財政困難迅速表面化。1974 年，和記國際在海外的一連串投資失敗，包括印尼的 P. T. Alltark 遇挫，產生約 1 億港元的壞賬，加上附屬公司達 315 家之多，在管理上頗難兼顧，以致在 1975 年 3 月止的年度虧損 1.29 億港元，瀕臨破產邊緣。當時，和記除了要支付利息 8,800 多萬港元、外匯損失 7,598 萬港元、Alltark 的 9,240 萬港元之外，還加上和黃供股需款 6,500 多萬港元，共需短期資金 2.48 億港元。這一期間，受到連串負面消息拖累，投資者大量拋售和記國際的股票，到 1974 年底，和記國際股價已從 1973 年 3 月股市高峰期的每股 44 港元跌至 1.18 港元，整間公司市值已跌至 3.4 億港元，相當於 1973 年全盛時期的 4.7%。當時，和記國際已陷入嚴重的財政危機之中，有關公司倒閉的傳言滿天飛。

　　1975 年 9 月，和記國際召開股東大會，董事局要求股東供股 1.75 億港元，以解除公司的財政危機，但被滙豐銀行所代表的股東所否決，而和記國際的債權人則正循法律途徑要求和記國際清盤。在無可選擇的情況下，董事局被迫接受滙豐銀行的建議，由滙豐銀行注資 1.5 億港元（每股 1 港元），並再借出 6,000 萬港元給和記，取得和記國際 30.65% 控股權，滙豐銀行成為和記國際的大股東。結果，和記國際董事局重組，祁德尊黯然去職（1976 年 3 月）。當時，滙豐銀行曾承諾，一旦和記國際恢復贏利，滙豐銀行將在適當時候出售和記國際，這就埋下了日後華商李嘉誠入主和記的伏線。

》 韋理主政時期：和記國際的改革與兼併

1975 年 11 月，滙豐銀行邀請被譽為"公司醫生"的韋理（W. R. A. Wyllie, 1932-2006）加入和記國際董事局，出任副主席兼行政總裁，訂明一旦和記恢復贏利，韋理可享有和記國際 2.5% 純利。[⑰] 自此，和記國際進入韋理時代。

韋理原籍英國蘇格蘭，1932 年在澳洲出生，早年曾做過伐木工人和學徒，1951年離開澳洲到馬來西亞最大的汽車經銷公司華納兄弟有限公司工作，從工程師晉升為經理，並成為略有名氣的業餘賽車手。1964 年韋理應邀前來香港，主持夏巴汽車公司，3 年後成功將該公司發展成龐大企業集團。1973 年再應邀接管瀕臨破產的信昌企業，使該公司轉虧為盈。自此，韋理在香港企業界嶄露頭角，成為"企業奇才"。和記國際陷入財政危機時，韋理曾有意收購和記的其中兩家聯營公司，並把這個想法告訴當時滙豐銀行的副主席沈弼。沈弼向他透露，滙豐不想看見和記倒閉，準備資助其渡過難關，並屬意由韋理出任和記國際的行政總裁。

韋理上任 3 週後，即召集集團全部 145 名高級行政人員開會，向他們說明和記國際集團所存在的問題、問題的癥結，以及對策。[⑱] 韋理指出，和記國際發展太快速，管理層失控，以致公司結構變得過於複雜、紊亂；集團的資訊管理和財務報告普遍不足、不夠精確、欠缺協調，以致管理層無法了解問題的嚴重性，無法對症下藥作出決策。韋理還表示，整個集團的會計和財務控制甚差，總部最多只能通過報告的形式對系內各公司的盈利作出估計，集團的問題很多都是因為這種缺乏紀律的現象而滋生。他在大會上向全部高級行政人員提出了在預定期限內達到的各項目標，包括建立現代財務控制、解決未了結的訴訟、簡縮經常性開支、全面減債計劃，以及清除虧損的部門和公司等。

隨後，韋理展開了一系列大刀闊斧的改革措施，首先是制止附屬公司的虧蝕，同時加強總公司與附屬機構的溝通，進而加強各公司的管理；其次是強化集團的財政基礎。[⑲] 為此，韋理召集當時集團屬下各公司 145 名高級行政人員，向他們分析和記之所以陷入崩潰的原因，並提出相應的解決辦法，包括決定將虧損及盈利較低的公司出售或解散。當時，和記集團屬下共有 315 家公司，大部份都處於虧蝕狀態，其中最嚴重的是印尼和新加坡的投資，其他大部份海外公司亦情況欠佳，包括澳洲、馬來西亞和英國等地的投資。1976 年，韋理前後解散或出售了 107 家公司，到和記國際與黃埔船塢合併時，僅剩下 180 家公司。韋理又著手減少集團的短線投資，曾有一個時期集團內的短線投資高達 5.25 億港元。當出售集團的短線投資時，適逢 1976 年 3 月股市壯旺，恒生指數回升到 456 點水平，韋理趁機拋售一批股票，並將所得 1 億港元現金增購屈臣氏和黃埔船塢這兩家潛質優厚的公司股權，使這兩家聯營公司轉化為附屬公司。其中，和記持有黃埔船塢的股權從 30% 增加到 44%。經過一年多的改革，和記集團內部管理層的改組已大致完成，主要的虧蝕已全部制止。1976 年和記集團獲得 1.07 億港元的綜合溢利，並恢復向股東派息。

　　儘管如此，和記集團的基礎並未穩固，當時公司仍有短期負債 7.6 億港元、長期債務 5.7 億港元，集團的組織結構仍未清晰。對於當時和記的境況，韋理在事後接受《信報財經月刊》記者訪問時曾作了深入的分析，他說："黃埔方面，因為業務範圍不太廣，只有貨櫃碼頭、交通運輸、地產、製造業和船舶修理業等，而這些業務的發展餘地畢竟也是十分有限，所以必須在本港或海外發展新的業務，不過黃埔在其他業務方面卻缺乏專門人才，尤其在貿易方面，可說全無經驗。正如大眾人士所了解，海外投資的風險極大，和記集團就曾經在這方面遭遇極大的損失，如果黃埔在毫無經驗的情況下前往海外投資，其所冒的龐大風險是不言而喻的。剛好和記集團擁有眾多的人力資源 —— 我剛進入和記時便強調這一點，和記的業務是極其廣泛的，而其擁有的最大資產就是人才 —— 這剛好彌補了黃埔的不足，能協助黃埔將土地發展帶來的資金加以適當的運用。

　　"在和記方面來說，黃埔雖然缺乏人才，但可以現金購入本港現有的公司來經營，雖然購入現有的公司並不容易，一方面是因為出售的公司為數甚少，另一方面是怡和、太古與和記集團都在積極收購具有獲利能力的好公司，造成出售公司的供不應求，不過這並不能完全抹煞黃埔也有購入現成公司的可能，但由於和記集團的業務相當廣泛，黃埔購入的公司可能會與和記的業務產生競爭，與其讓和記集團的一家附屬公司在業務上與和記競爭，反不如在現時將其完全歸併在和記集團的控制下。根據上述的理由，我決定實行收購黃埔的計劃。

"但經過仔細的研究，發覺收購黃埔其餘 49% 股權，將需要動用 8-10 億港元的龐大資金，在當時要籌集這樣大筆的款項只有兩個方法，一是發行新股來集資，但和記集團當時的股票數量已嫌過多，加以當時每股和記的股票資產實值在 3.9-4.6 港元之間，但市價卻較這個數字為低，所以發行新股很不合算；另一方法是向金融機構貸款來獲得資金，可是日後支付的利息將太高，從黃埔方面獲得的資金雖然大，但不值得為此承擔這樣龐大的利息。既然兩種方法都不行，只好放棄原先收購黃埔的構想，但為了保障和記集團股東的利益，也不能讓黃埔朝這個方向繼續發展下去，因此我們採取折衷的辦法，將和記和黃埔兩家公司合併，成立新的和記黃埔有限公司。" ❷⓪

1977 年 12 月 21 日，和記國際董事局批准了韋理關於合併和記與黃埔的建議。根據合併協議，新成立的控股公司命名為"和記黃埔有限公司"（簡稱"和黃"），和黃將發行每股面值 1 港元的普通股，普通股本為 4.0272 億港元；並發行 1982-1992 年可贖回累積週息 7.5 厘及兩可分享盈利的優先股，優先股本為 4.0272 億港元。持有和記企業的股東，每 1,000 股和記企業股份可換取和記黃埔普通股 600 股及價值 600 港元的優先股本；而持有黃埔船塢的股東，每 1,000 股黃埔船塢股份可換取和記黃埔普通股 1,942 股及價值 1,942 港元的優先股本。根據預測，1977 年度和記黃埔的除稅後盈利可達 1.1 億元（1976 年度為 8,930 萬港元）。1978 年 1 月 3 日，和記黃埔有限公司（Hutchison Whampoa Ltd.）正式成立，並取代和記國際的上市地位。

和記與黃埔的合併，令和記黃埔在英資四人行中的地位大大提高，以和記在貿易方面的穩固基礎、優秀管理人才，加上黃埔地產發展所帶來的巨額利潤，和黃集團迅速恢復穩健的基礎，成為香港業務最龐大、最廣泛的企業集團之一。這時，和黃集團共轄有上市公司 8 家，包括和記黃埔（佔 33.5% 股權）、和寶（57%）、屈臣氏（佔 51% 股權）、和記地產（64%）、都城地產（50.3%）、均益倉（52.4%）、安達臣大亞（54.2%）以及海港工程（57%），此外還持有香港隧道（22%）、南華早報（24%）及會德豐紡織（32%）等上市公司少數股權，其所經營的業務遍及進出口貿易、批發零售商業、商務，貨櫃運輸、船塢、貨倉和交通運輸，地產，設備和汽車銷售，服務業，石礦業和建築業，紡織業以及投資業務。

04

英資四大行：太古集團

────────────

　　太古的經營作風，素以沉雄穩健著稱，其發展勢頭雖不如怡和、和記黃埔，但是步伐穩健，後勁凌厲。自 1950 年代起，太古便以香港為基地，以香港太古有限公司為控股公司和總指揮部，重建其在遠東的事業。它將經營的業務，迅速從航運拓展到航空、地產以及其他領域，成為橫跨海陸空的多元化企業大財團，在香港英資四大行中穩佔重要的一席。

》 拓展航空業：收購國泰航空

　　二次大戰後，太古開始將其在遠東的業務重心從上海轉移到香港。當時，全球的航空業起步不久，但是發展神速，在短短的時間裡，航空在遠程客運方面已迅速超過了千百年來發展起來的海陸運輸，取得了驚人的成就。作為運輸集團的首腦，太古主席施約克敏銳地看到這個前途遠大的發展勢頭。他認為，在遠東以及其他地區，運輸業的前途在航空。❷❶ 早在 1939 年前，當國際航空業擴展到香港，太古試圖取得英帝國航空公司在香港的代理權時，太古已開始對航空業發生興趣，然而戰爭的爆發中止了該計劃。戰後，太古迅速將觸角伸向遠東的航空業，1948 年，太古已成為 3 家國際航空公司在香港的總代理，並代理 6 家航空公司的售票業務。同年，太古收購了香港一家規模細小的航空公司——國泰航空公司（Cathay Pacific Airways Ltd.），開始了太古在遠東的航空事業。

　　國泰航空公司於 1946 年 9 月 24 日在香港註冊成立，當時的中文名稱是 "國泰太平洋航空公司"，由美國和澳洲兩位資深飛機師法尼爾（Roy Farrell）和堪茲奧（Sydey

De Kanzow）創辦。兩人戰時都在美國泛美航空公司（Pan American Airways）旗下的中國航空公司（China National Aviation Corp.）服役，與美國空軍並肩作戰。其中，堪茲奧更曾經擔任蔣介石及宋美齡的私人專職機師，並被蔣介石授予"卿雲勳章"。戰後，法尼爾買入一架 C-47 運輸機，並改裝為可運載 20 多人的商用 DC-3 型飛機，命名為"貝西號"（Betsy），從事遠東運輸業務。1946 年初，法尼爾和堪茲奧等創辦澳華洋行，為支持洋行業務發展，兩人在稍後創辦國泰太平洋航空公司。在公司命名時，說法尼爾鍾情於近似中文"華夏"之意的古雅名字"Cathay"，另一種說法是當時成立的計劃在上海國泰酒店擬定，故命為"國泰"。中文名最初為太平洋航空公司，後改為國泰太平洋航空公司，最後定為國泰航空公司。

國泰航空創辦時，規模細小，香港辦事處只有堪茲奧、一位華籍女秘書、一位會計，堪茲奧不時需要親自駕駛飛機，公司只剩下兩位文員處理大量飛行文件、申請各項批文、發機票貨單，每天還需到銀行辦理資金業務，而法尼爾則主要負責經營澳華洋行。當時，國泰主要經營不定期的包機業務，來往於上海、曼谷、馬尼拉、西貢、新加坡、緬甸、印尼和澳洲等地。其中，香港至上海及澳洲的這條航線生意滔滔，刺激了另一家航空公司——香港航空公司加入競爭。香港航空公司由怡和洋行、英國海外航空及滙豐銀行等英資公司創辦於 1947 年。由於業務發展快速，開業半年國泰的機隊已增加到 5 架 DC-3 飛機，每架可載客 28 名。㉒

1941 年前，經營香港航空業的民航公司，僅英帝國航空公司、泛美全球航空公司等數家，但到 40 年代末，包括中國航空和中央航空（合稱"兩航"）在內已有 16 家航空公司定期往來於香港至世界各大商埠，其中，僅中航和央行兩大航空公司就佔去啟德機場總用量的五成到七成。除了兩航之外，還有英國海外航空、泛美航空、法國航空、北歐航空、荷蘭航空等，香港已構成全球航空網絡的重要一環，成為各大國際航空公司必爭重地。這時期，世界民族獨立運動方興未艾，英國在亞洲的殖民地紛紛爭取獨立，其在亞洲的航空戰略據點，幾乎只剩下香港，是以香港的戰略地位日形重要。

1947 年，香港政府要求在港註冊的航空公司，必須符合一定的英資或本地資本的比例，才可以使用香港的航空權。及至 1948 年初，國泰航空受到英國輿論和香港

1960 年代中期國泰航空公司旗下的 Convair-800 型客機

政府的強大壓力,要求它改組成一家以英資為主的航空公司,其時國泰亦急需資金注入。同年 2 月,施約克親自到香港與國泰談判,結果太古以太古洋行和太古輪船名義,再加上澳洲國家航空,取得國泰航空八成股權,而法尼爾和堪茲奧則持有其餘兩成股權。這是太古在戰後首次取得的重大勝利。稍後,重組後的國泰航空由太古洋行擔任代理,香港太古大班羅伯斯出任董事局主席,日常營運則由堪茲奧主持。

太古入主國泰後,國泰得到了香港政府的大力支持。1949 年 5 月,在香港政府的協調下,國泰航空與香港航空達成經營協議,由香港航空專營香港以北航線,包括中國內地、日本和台灣等地區,國泰則專責香港以南航線,包括東南亞和澳洲諸國。1949 年,中華人民共和國成立,香港航空頓時失去了中國內地航空市場。受此打擊,英國海外航空將香港航空股權出售予怡和,慘淡經營。而雄霸香港航空市場的兩航更是一蹶不振。形勢的急劇轉變為國泰航空提供了發展機遇。

當時,在施約克的領導下,國泰航空定位為一家區域性航空公司,業務迅速發展,機隊擴充到 8 架飛機,包括 7 架 DC-3 型客機和 1 架長達蓮娜水上飛機,航線從香港伸延到澳門、馬尼拉,曼谷、仰光及新加坡。到 50 年代,國泰的航線已遍及整個東南亞地區,包括河內、海防、西貢、金邊、萬象、山打根、吉隆坡、卡拉奇、加爾各答、台北、東京、悉尼和達爾文港。1959 年,國泰航空在競爭中取得勝利,收購了香港航空公司,成為唯一一家以香港為基地的亞洲區內重要的地區性航空公司。

由於英資的背景,國泰航空得到香港政府的全力支持,儼然代表香港的航空公司,享有香港航空的專利權,自然鴻圖大展,業務發展一日千里。1962 年,國泰引入首架康維爾（Convair）CV-880 噴射客機，由康維爾 9 架 880-22M 開始，接著是波音 707 客機，並逐步淘汰螺旋槳飛機。到 60 年代末，國泰機隊已全部採用新型噴射機，員工數目也增加到逾 1,300 人，其機師約三成來自英國，六成來自澳洲，半成來自新西蘭，每年業務量增長達到兩成。當時，英國《金融時報》發表署名文章，形容國泰航空為遠東區內最大規模的區域性航空公司。㉓ 到 70 年代，國泰航空的航線已拓展到整個亞洲地區，包括連接日本、韓國、台灣的東北航線；連接泰國、緬甸、印度的西部航線；連接馬來西亞、新加坡、印尼的西南航線；以及連接菲律賓、澳洲的東南航線。隨著航線的伸延、航班的增加，國泰的載客量也大幅增加。1964 年，國泰航空運載乘客累積已達到 100 萬人次，1973 年 9 月國泰更迎來歷史上第 500 萬名乘客。當年，國泰航空每年運載乘客已超過 100 萬人次，1977 年更超過 180 萬人次。

國泰航空的經營作風亦備受讚賞。為了吸收亞洲地區的旅客，國泰航空將公司的香港特色改換成廣泛的亞洲風格，其他國家的航空公司，均強調民族特色，如日本航空公司就選身穿長袖和服的日本女性擔任空中小姐、大韓航空公司的空姐則身穿色彩絢麗的朝鮮服裝。然而，國泰航空的空中小姐卻不從香港挑選，而是從韓國、菲律賓、馬來西亞等亞洲國家徵聘，在語言、生活習俗等方面也盡量適合各國旅客的喜好，因而博得普遍的好評。

70 年代末，英國保守黨執政，推行經濟改革，開放航空市場。當時，倫敦至香港的這條 "黃金航線" 航線長期由前身為英國海外航空的英國航空公司壟斷。國泰隨即申請開辦香港至倫敦航線，同時申請開辦的還有英國第二大航空公司 —— 金獅航空（British Caledonian Airways）等。結果，香港政府批准國泰和金獅的申請，而英國政府僅批准金獅。事件引起香港方面極大的反彈，最終英國政府在龐大政治壓力下批准了國泰的申請。1980 年 7 月 16 日，國泰首航香港至倫敦航線。兩年後更首創由香港直飛倫敦不停站航線，最終後來居上，成為這條黃金航線的領導者。

隨著業務的發展，國泰航空的機隊也迅速壯大和更新。從 1974-1983 年的 10 年間，國泰航空積極更新機隊，以波音 747 和洛歇超級三星兩種廣體客機代替載客量較少的波音 707 客機。1983 年底，國泰航空的機隊已擁有 17 架飛機，包括 7 架波音 747 客機、1 架波音 747 貨機，以及 9 架洛歇超級三星客機。這些飛機全部是以長期合約方式租賃的，其中有些是國泰航空購買後出售，再租回使用的。這一時期，國泰航空的航線已衝出亞洲，伸展到中東、英國、歐洲、加拿大及美國，形成全球性航空網絡。到 1983 年，國泰航空以香港為起點的航線，已伸延到台北、高雄、上海、漢城（今首爾）、福岡、東京、大阪、馬尼拉、雅加達、吉隆坡、新加坡、曼谷、孟買、墨爾本、悉尼、布里斯班、溫哥華、法蘭克福、倫敦等 28 個城市。國泰航空已從一家區域性的航空公司躋身全球主要國際航空公司之列。

》 拓展航空配套服務：港機工程與香港空運貨站

隨著航空業務的蓬勃發展，太古將業務拓展到與航空業相關的一系列服務領域。1947 年，太古借助太古船塢龐大的工程技術資源，創辦了太平洋飛機維修有限公司（Pacific Air Maintenance Services，簡稱 PAMAS）。太古當年在鰂魚涌的太古船塢建造船隻，已累積逾 40 年穩固的工程經驗。當太古於 1948 年購入國泰航空大多數股權時，PAMAS 在啟德的維修機庫已在興建中。當時，香港還有一家飛機維修公司 —— 怡和飛機維修公司（Jardine Air Maintenance Company，簡稱 JAMCO）。這兩家小型飛機維修公司各自為所屬的航空公司提供後勤維修服務，PAMAS 為同屬太古的國泰航空服務，而 JAMCO 則為怡和旗下的香港航空及英國海外航空等幾間英聯邦大航空公司提供服務。

1949 年中華人民共和國成立後，香港與內地斷航，對香港航空業造成極嚴重打擊。在香港航空業大衰退的現實下，PAMAS 與 JAMCO 於 1950 年合併為香港飛機工程有限公司（Hong Kong Aircraft Engineering Co., Ltd.）。港機工程以啟德機場為基地，為國泰航空的龐大機隊，以及其他往來香港的定期及不定期班機提供維修、保養、翻新、改裝以及各種支援服務，並擔任啟德機場的地面設備保養工作。當時，港機工程的人才來自五湖四海，包括來自太古、怡和、戰前已立足啟德的遠東飛行學校、英聯邦各地航空專才及自中國內地南來的中國航空公司、中央航空公司及中國國民政府空軍退役人員。自此，港機工程成為啟德機場唯一的飛機維修公司，一直至 1998 年啟德關閉。

隨著香港航空業及以啟德機場為基地的國泰航空公司的成長、發展，港機工程亦不斷發展。50年代的朝鮮戰爭及60年代的越南戰爭為啟德機場帶來大量軍事飛機，也為港機工程的業務發展和技術提升提供了歷史性的難得機遇，亦因緣際會成為那個時代所謂"冷戰戰場"的"後方基地"，寫下一段獨特的香港工業史。❷❹ 1965年6月，港機工程公開發售25%股票，在香港上市，集資8,000萬港元用作擴建飛機庫，並為國泰航空引入的康維爾880M飛機提供服務。1968年，公司更開始興建全亞洲最大的飛機維修機庫。在70年代，珍寶客機的出現為業界帶來更多轉變。港機集團擴展技術能力，包括增加各類廣體機及噴射發動機類型飛機的服務，如配備羅爾斯·羅伊斯RB211型發動機的L1011 TriStar系列飛機。1975年，太古集團取得港機工程51%股權，令後者成為其附屬公司。

70年代中，香港的航空貨運業開始起步發展，太古聯同怡和、和黃、九龍倉合資創辦香港空運貨站有限公司（Hong Kong Air Cargo Terminal Ltd.），太古佔30%股權。香港空運貨站在啟德機場投資興建一座空運站大樓，為各航空公司提供一個全面性的空運貨物處理系統。1976年香港空運貨站與香港政府達成專利協議，開始提供空運服務，專利權將於1997年6月27日屆滿。根據專利協議，空運站的利潤為公司資產總值的12.5%，空運站的業務發展迅速。1983年，香港空運貨站處理的貨物達到36萬公噸，已超過原設計貨物量（35公噸），失誤率為0.0117%，達到國際最先進水平。這時，雄踞啟德機場的空運站已開始成為香港航空業的驕傲，1983年11月23日，空運站共處理了12架波音747貨機，而全球的波音747貨機僅44架，僅這一天香港就處理了27%的波音747貨機。❷❺ 1984年3月，空運站大樓擴建工程完成，空運站的貨物處理量增加到每年68萬公噸。

此外，太古還先後創辦了太古航空食品供應公司、國泰航空飲食服務（香港）有限公司，香港機場服務有限公司及航空護衛服務公司。其中，太古航空食品供應公司供應了啟德機場班機75%的飛機餐。太古集團的業務全面滲透到航空服務的各個領域，包括地勤服務、機場保安以及機艙膳食等等。

在80年代，港機工程由於完成的主要大修合約水平超卓，周轉時間迅速，令來自國際航空公司的業務不斷增加，包括首次將TriStar飛機由L1011-1升級至L1011-150

型號的飛機改裝工程等。在 90 年代，港機集團還成立了多間合資公司，包括廈門太古飛機工程有限公司及香港航空發動機維修服務有限公司。這一時期，香港成為中國開放面對世界的窗戶和橋樑，啟德機場進一步發展成為全球航空樞紐之一。與香港本身的發展一樣，港機工程亦同樣在全球航空維修業中擔當重要角色，在個別領域更成為行業領導者，吸引世界各地不少航空公司專程送飛機到啟德維修，或邀請港機派員到當地提供服務。

》 航運業轉型與貨櫃化革命

　　航運業是太古的傳統業務，不過，從 1950 年代起，太古的航運業發生了深刻變化，從中國的沿海內河航運，轉到以香港為中心的太平洋區深海航運。1952 年，太古輪船公司開闢了新幾內亞至澳洲航線，航行於巴布亞新幾內亞及南太平洋諸島之間。1968 年，它與海外貨櫃輪船公司（OCL）、澳大利亞西太平洋公司合資組成澳大利亞日本貨櫃輪船公司，擁有兩艘現代貨櫃輪船，航行於澳洲和日本之間；又與日本輪船公司組成擁有 5 艘輪船的聯合船隊，行走同一航線。到 70 年代，太古輪船公司已發展成一支規模龐大的遠洋船隊，配備包括客運、散裝貨物、貨櫃運輸以及油槽運輸的各式輪船，其航線從香港延伸到日本、韓國、印尼、澳洲、新西蘭、曼谷、新加坡、阿拉伯灣、紅海以至倫敦。太古輪船公司作為英國太古集團的全資附屬機構，其經營則由香港太古公司代理；香港太古屬下的太古輪船（代理）有限公司至少代理 12 家國際輪船公司的業務，包括著名的藍煙囪輪船公司和海外貨櫃輪船公司等。

　　從 70 年代中期起，太古集團將船務業務向多元化發展，除了繼續從事航運代理、船務管理、船舶拖駁、泊岸以及倉儲等服務外，又提供海洋開發服務。1974 年以後，太古先後與英國的北海發展公司合組太古北海開發有限公司，與英國柏德康石油集團在香港合組太古柏德康（石油器械）有限公司，並收購荷蘭的北海開發海洋服務有限公司等。又在東南亞、中東、西非和新西蘭等地，經營出租供開採離岸石油及天然氣使用的各類船舶和器械。到 1983 年，太古洋行（Swire Pacific Ltd.）屬下的海洋開發服務公司已達 28 家，擁有船隻 45 艘，包括 24 艘補給船、14 艘拖船和油田補給船、3 艘潛水支援船以及 4 艘油井強化作業船，成為全球補給船最多的十大海洋開發服務集團之一。

60 年代末，航運業的貨櫃化革命已衝擊到遠東，英國及歐洲著名輪船公司的貨櫃船已駛入太平洋及遠東地區，興建貨櫃碼頭已成為當務之急。1966 年，香港總督戴麟趾成立了一個貨櫃委員會，研究航運新趨勢及香港的對策。委員會選中葵涌醉酒灣沿岸作貨櫃碼頭的選址。當時，醉酒灣仍然是一片樸素迷人的田園景色，不過，它很快將面臨急劇的巨變。

1969 年，3 家行走香港航線的著名歐洲輪船公司：海外貨櫃運輸公司、邊行輪船公司（Ben Line）及德國的赫伯羅德（Hapag Lloyd Group）開始著手籌組現代貨櫃碼頭有限公司（Modern Terminal Ltd.），太古成為最早加入的本地機構，其後加入的是滙豐銀行、捷成洋行、和記洋行以及嘉道理家族。奇怪的是，作為香港第一大行的怡和竟拒絕加入，多年後該集團一直對此決定深感遺憾。在現代貨櫃碼頭公司股權中，海外貨櫃佔 30%，邊行和赫伯羅德各佔 15%，他們共投資 3,000 萬港元，而太古、滙豐、捷成、和記及嘉道理共佔 40%，投資 2,000 萬港元。同年 8 月，以太古為主席的董事局組成。❷⑥

1970 年 8 月，香港政府在葵涌貨櫃碼頭招標，現代貨櫃碼頭投得葵涌一號貨櫃碼頭，二、三號貨櫃碼頭則分別由日本的大山船務公司及美國的海陸聯運公司投得。四號碼頭則稍後由和記國際組成的國際貨櫃碼頭公司奪得。1972 年現代貨櫃碼頭聯同九龍倉再投得五號貨櫃碼頭發展權。1985 年，現代貨櫃碼頭公司與國際貨櫃碼頭公司達成協議，以放棄六號碼頭 3 個泊位的半數發展權交換已被國際貨櫃收購的二號碼頭。至此，現代貨櫃的一、二、五號碼頭連成一體，成為香港經營貨櫃碼頭的兩大巨頭之一。

隨著香港航運貨櫃化的進程，傳統的船塢業開始式微。1972 年，太古船塢與黃埔船塢聯合創辦香港聯合船塢有限公司（Hong Kong United Dockyards Ltd.），各佔 50% 股權。聯合船塢投資 2.5 億港元，在青衣興建一座新型的現代化造船廠，以取代鰂魚涌的太古船塢和紅磡的黃埔船塢。1978 年，太古船塢正式關閉，成為太古集團發展房地產業的龐大資源。

約於 1980 年的現代貨櫃碼頭一景

香港貨櫃業兩巨頭之一的國際貨櫃
碼頭一景

》發展地產業與太古城的興建

　　早期，太古集團在亞洲區的主要業務是航運、貿易，1950 年代收購國泰航空後
擴展至航空，對於地產則一直未有粘手，僅傾向於出售其所擁有的龐大土地，如 60
年代出售鰂魚涌太古宿舍地段，後來建成"海山"、"海景"及"福昌"等擠迫不堪的
白鴿籠式住宅樓宇。70 年代初又將華蘭路東側的土地脫手，結果建成皇冠車行、仁孚
工業大廈、寶峰園及惠安苑等樓宇。1972 年，太古集團眼見地產業日漸興盛，而世界
航運業則開始不景，遂創辦太古地產有限公司（Swire Properties Ltd.），向地產業進軍，

計劃關閉太古船塢，將其所擁有的龐大土地用作地產發展。

　　太古集團首腦因感到集團缺乏地產發展專才，初期想以聯營合作的方式發展，太古看中華資地產公司大昌地產，為了吸收經驗及利用大昌地產在地產方面的專業知識，1973 年太古與大昌聯合收購了小型地產公司健誠置業，改組為太古昌發展，並將太古城第一期地盤注入。其後，大概太古高層發覺太古船塢再發展的規模實在太大，沒有必要讓大昌分享，遂於 1977 年收購太古昌發展全部股權，並將太古地產在香港掛牌上市。

　　太古地產創辦後即著手籌劃今日著名的高尚住宅區太古城發展計劃。1974 年，太古集團宣佈，將在面積達 230 萬平方呎的太古船塢地段興建商業中心、學校、戲院和住宅樓宇等綜合發展屋邨，該屋邨將命名為 "太古城"，全部共建 50 幢 26-30 層高的住宅大廈，逾 1 萬個住宅單位，以及大型商業購物中心 "太古城中心"，整個計劃預計需時 8 年，總投資約 13.5 億港元。

　　由於對地產發展尚未建立信心，太古城興建初期，太古集團的經營手法相當保守，在資金籌集方面主要通過將太古地產上市以及售賣土地進行，先後將賽西湖和太古山谷部份土地出售，售得 1.2 億港元現金，作為發展太古城初期所需資金。結果，購買土地的長江實業和南豐集團都從後來發展的賽西湖大廈及南豐新邨中，賺取巨利。太古城發展初期，太古地產仍然採取與其他財團合作的形式進行，如與怡和合組太古施利亞發展，由該公司向太古地產以市價購入地皮，建成後將利潤分成，這種發展方式一直維持到完成首 4 期 18 幢樓宇才告結束，無形中被其他財團分享厚利。太古城住宅樓宇的售價，從 1976 年售出首期的每平方呎 200 港元，上升到 1981 年每平方呎的 1,200 港元，其盈利之豐厚可想而知。

　　隨著太古城計劃的推進，太古地產的實力迅速增強。上市後的第二年，即 1979 年底，太古地產市值達 18.7 億港元，已躋身香港十大地產上市公司之列，僅次於置地、新世界發展、長江實業、新鴻基地產而名列第五位。1983 年，太古地產躍升至第二位，市值達 40.1 億港元，排名僅次於置地。當時，太古地產已擁有可供出租樓宇面積 380 萬平方呎，同年租金淨收入是 1.69 億港元，成為香港地產大集團。1984 年，太古趁地產、股市低潮，遂將太古地產私有化，成為旗下的全資附屬公司。

1925 年的太古船塢

1991 年在太古船塢地段上發展起來的太古城

整項太古城發展計劃終於在 80 年代中後期全部完成。經過 80 年的滄桑，佔地宏大、遠東著名的太古船塢，轉眼間已發展成居住 5 萬人口的自給自足社區，成為港島區著名的高尚住宅區、全港規模最大的私人屋邨。區內康樂場所、銀行、戲院、食肆、學校一應俱全，太古城中心更成為港島東區一個極具潛力的展覽和購物娛樂中心。目前，該中心每日人數流量達 7 萬多人次，假日或週末更達 15 萬人次，這個數目在外國的大型商場差不多是一週的總人數。太古城成為太古地產引以為傲的代表作，而太古地產的實力、經營手法、聲譽均深受行內人士的賞識和稱讚。

》實業投資：食糖、汽水、油漆等

除了經營航運、航空及房地產業之外，太古還是投資香港工業最多的英資財團。太古對香港工業的投資，包括包裝食糖、汽水、建築材料、玻璃纖維、油漆及化工原料等。太古糖廠是太古集團旗下歷史最悠久的企業之一，百年來經歷了不少滄桑巨變，自 1872 年將生產部門結束後，業務已轉為包裝及銷售糖製品。太古糖廠的包裝產品，包括方糖、砂糖、糖粉、咖啡調糖、黃金幼砂糖、金黃片糖、原蔗糖、金黃糖漿、瑞士士多啤梨糖、朱古力、茶包、"三合一" 即溶咖啡等等，可謂種類繁多，包羅萬有，適合於自用、家居、旅行、款客、醫療、食品製造等各個方面，在香港、東南亞市場穩居領導地位。

太古汽水廠是香港最大的汽水製造廠，其前身是太古於 1965 年收購的當時可口可樂在香港的特約製造商 "香港汽水廠"，1974 年改名為 "太古汽水有限公司"。太古汽水成為可口可樂在香港的特約生產商後，於 1978 年收購了美國鹽湖城的可口可樂裝瓶公司，翌年首批已裝瓶共 2.8 萬箱可口可樂運到北京、廣州及上海等地出售。1989 年，可口可樂公司與太古飲料合作，使可口可樂在中國絕跡近 40 年後，重返中國內地市場。1994 年，太古與可口可樂公司合組太古飲料，成為全球最大的可口可樂裝瓶廠之一。自此，太古飲料打上了可口可樂的烙印，擁有製造和銷售美國的 "可口可樂"、"新奇士"、"發達"、"雪碧"、"陽光" 等多種牌子汽水的專賣權，所經營的汽水佔全港汽水銷量的五成以上。

太古國光工業有限公司是香港的大型油漆生產企業，產品包括高級船舶漆及高級油墨。太古旗下的彩虹玻璃纖維有限公司則是香港生產玻璃纖維器具的主要廠家。此外，太古還擁有太古洛士利有限公司、太古磁電工業有限公司、太古金成有限公司等。為了統籌太古在實業方面的業務，1969 年太古成立太古實業有限公司並將其上市。

» 結構重組：改組成立太古公司

長期以來，太古集團在香港的組織架構較為鬆散，且作風保守，曾被譽為 “沉睡中的巨人”。1970 年代中，太古集團為加強香港的業務，進行結構重組。當時，太古在香港的上市公司主要是太古船塢及工程有限公司（Taikoo Dockyard and Engineering Company of Hong Kong Ltd.）。該公司的前身是太古船塢，1940 年在香港重新註冊，1959 年在香港上市。1974 年 1 月，經連串收購活動後，太古船塢及工程有限公司正式改組為太古股份有限公司（Swire Pacific Ltd.），簡稱太古公司。1975 年，太古公司收購了太古實業全部股權，成為太古集團在香港股市中旗幟鮮明的旗艦。

改組後的太古公司，業務極其廣泛，主要分成 4 個部門，包括地產、航空及酒店、實業以及海洋開發。地產部以太古地產為主；航空及酒店部轄有國泰航空、港機工程、香港空運貨站等公司；實業部門包括太古糖廠、太古汽水廠、太古國光工業、太古貿易公司等全資附屬機構；海洋開發部門的主要聯營公司是聯合船塢，以及現代貨櫃碼頭公司。

太古公司的控股公司是香港太古有限公司。該公司早於 1870 年已在香港設立，當時是上海太古洋行在香港的分行。1950 年代以後，香港太古公司作為英國太古集團的全資附屬機構，成為集團在遠東的總部，負責協調太古集團在香港、東南亞及太平洋地區的經濟活動。1974 年香港太古有限公司的英文名由原來的 Butterfield & Swire (H. K.) Ltd.，改名為 John Swire & Sons (H. K.) Ltd.。香港太古除控有太古公司外，還持有太古保險、太古旅遊、太古皇家保險、獲多利太古保險等非上市公司。

自此，香港太古集團形成了以香港太古有限公司為控股公司，以太古公司為上市旗艦的多元化企業集團，成為英國太古財團的重要支柱。這時期，英國太古集團已發展成以英國倫敦為總部，以香港、東京及悉尼為主要基地，辦事處遍及全球各大洲52 個城市的龐大跨國財團。

05

英資四大行：會德豐公司

────────

　　會德豐公司是香港知名的老牌英資洋行，其附屬公司連卡佛，早在 1868 年已扎根香港。到 20 世紀 60 年代，會德豐已發展成為香港最大的企業集團之一，旗下擁有的附屬及聯營公司超過 200 家，經營業務遍及地產、航運、零售業、製造業及貿易，投資的範圍從遠東伸展到東南亞及澳洲。不過，70 年代初期以後，會德豐的業務明顯放緩，其發展勢頭遠不如怡和、和黃及太古，號稱 "藍燈籠"，在英資四大行中，位居末席。

　　會德豐的發展，最早可追溯到 1857 年創辦於上海的會德豐洋行，主要從事航運等業務。❷⁷ 1925 年，英籍猶太商人佐治‧馬登（G. E. Marden）接手會德豐洋行，當時的名稱是 G. E. Marden Ltd.，主要經營航運、碼頭、貨倉等業務。1932 年，該公司與加拿大商人湯姆士‧魏爾洛克（Thomas Wheelock）經營的上海拖駁船有限公司（Shanghai Tug & Lighter Ltd.）合併，正式改組為會德豐有限公司（Wheelock Marden & Co., Ltd.）。上海拖駁船有限公司創辦於 1863 年，其前身是 1860 年由外商會洛克（T. R. Wheelock）與梅勒（H. Meller）合夥創辦 Wheelock & Meller Co.，主要經營拍賣及經紀業，其後梅勒退夥，由 1863 年創辦會洛克接管公司，改名為 Wheelock & Co.。合併後的會德豐有限公司按香港公司註冊章程註冊，核定資本白銀 1,000 萬兩，實收 215 萬兩，經營航運、煤炭及一般經紀業，兼營金融、倉棧、房地產及保險代理業等。❷⁸

　　1941 年，太平洋戰爭爆發後，會德豐一度將其總部及航運船隊從上海遷到英國倫敦，繼續經營。二次大戰結束後至 1949 年中華人民共和國成立期間，會德豐陸續將業務從英國及上海轉移到香港發展，開始以香港為主要經營基地。不過，20 世紀 50 年代，佐治‧馬登目睹中國的巨變，對香港的前景信心不足，故將集團的業務經營重點放在機動性較高的遠洋航運。1959 年，會德豐主席佐治‧馬登退休，其子約翰‧馬登

（John L. Marden）接任會德豐董事局主席。約翰‧馬登出生於 1919 年，1920 年移居上海，12 歲返英國讀書，1940 年畢業於英國劍橋大學，獲得劍橋大學文學碩士學位。二次大戰期間曾參加英國皇家炮兵隊。1946 年加入會德豐倫敦分公司，隨後移居香港。

這一時期，會德豐已成為香港航運界的巨擘。50 年代初，剛從上海移居香港的包玉剛，創辦了一家貿易公司，就已與馬登家族有業務往來，包玉剛曾送給佐治‧馬登一幅價值不菲的中堂壽軸，以慶祝他 60 歲大壽。1955 年，包玉剛開始涉足航運業，曾專程到倫敦拜訪佐治‧馬登，請馬登提供購船貸款。馬登表示同意，惟條件是船隻歸會德豐管理，包玉剛當即表示不能接受，並反駁說："看來不是我向你借錢，倒像你向我借船。"結果，兩人不歡而散。直至後來約翰‧馬登出任會德豐主席後，馬登家族與包玉剛的合作才重新恢復，會德豐在包玉剛的環球巴哈馬及亞洲航業等主要航運公司都佔有不少股份，包玉剛亦成為會德豐的董事。

》約翰‧馬登主政：會德豐躋身英資四大洋行

20 世紀六七十年代，香港經濟起飛，地產業蓬勃發展。受此鼓舞，約翰‧馬登上任後，逐步改變集團經營方針，壓縮海外業務，加強在香港的投資。他透過發動連串收購活動，加強集團在香港地產、零售百貨方面的業務。1961 年，會德豐將旗下上市公司香港麻纜有限公司改組，易名為 "香港置業信託有限公司"，作為集團發展地產業務的旗艦，1971 年置業信託以發行新股及換股方式，收購華商張玉良家族的聯邦地產有限公司，該公司擁有中區兩幢高級商廈：國際大廈和聯邦大廈，張氏家族因而成為會德豐主要股東之一。張玉良為香港著名富商張祝珊第四子。1959 年，張祝珊長子張玉階病逝後家族生意由張玉良主持。張玉良先後投資興建中區聯邦大廈和國際大廈，70 年代初並將兩幢大廈注入上市公司聯邦地產，換取聯邦地產 77% 的股權。1971 年張玉良以聯邦地產股份，再加上半山梅道等物業，換取會德豐逾 40% 的有效控制權，從而成為超過約翰‧馬登的會德豐第一大股東。❷⑨ 1973 年，約翰‧馬登進一步透過置業信託創辦夏利文發展有限公司，在港九各區發展住宅樓宇等地產業務。1974 年，置業信託將中區所屬連卡佛大廈（重建後置地廣場所在地）交換畢打街對面的怡和大廈（後改名為會德豐大廈）和畢打行（後改名為馬登大廈），並在皇后大道中興建連卡佛新總部大廈。到 70 年代中，會德豐集團在香港島中區已擁有多幢高級商廈，成為香港主要的地產投資集團之一。

在零售百貨方面，1968 年，會德豐收購了歷史悠久的連卡佛有限公司（Lane Crawford Co., Ltd.）。[30] 連卡佛的發展最早可追溯到 1848 年，當時英國一位船東 T. A. Lane 來港經商，售出一批日用百貨，發現生意不俗，於是與夥伴 N. Crawford 合作，於 1850 年在香港中環海傍創辦首家百貨公司——連卡佛。其後，會德豐透過連卡佛先後收購了華資四大百貨公司中的大新百貨公司和中華百貨公司，又成立全資附屬的連卡佛古董有限公司及佔 60% 股權的翠源有限公司。1970 年代，連卡佛的業務有較快的發展，除了經營高檔消費品之外，還拓展室內設計業務，銷售古董、珠寶及化妝品等，成為香港最大的零售百貨集團之一。

20 世紀 60 年代中後期，國際航運業務蓬勃發展，會德豐也加強了航運業務。1967 年，中東戰爭爆發，埃及宣佈封鎖貫穿歐亞的航運動脈——蘇伊士運河，歐洲與亞洲之間的航線大幅拉長，對航運業的需求突然增加。1971 年，會德豐將旗下上市公司鋼業有限公司改組為會德豐船務國際有限公司（Wheelock Maritime International Ltd.），作為發展航運業的旗艦。鋼業有限公司成立於 1965 年 3 月，原來的業務主要是拆卸船隻，把拆卸後的廢鋼鐵供香港建築使用。從 1972-1974 年，會德豐船務連續多次發行新股，吸收逾 3 億港元資金大規模擴展船務。1974 年，約翰‧馬登透過會德豐船務公司與華商包玉剛領導的環球航運集團合組環球會德豐有限公司（World-Wide Wheelock Shipping Ltd.），佔 51% 的股權。到 1977 年，會德豐船務共擁有各類船舶 17 艘，共 56.9 萬載重噸，另與環球集團合組的環球會德豐擁有船舶 5 艘，共 73.3 萬載重噸。

從 1976 年度開始，會德豐船務第一階段的“擴船”計劃完成，負債開始減少，公司盈利也逐步上升，從 1972 年度

1926 年連卡佛公司的交易大廈（Exchange Building）

的 2,145.7 萬港元溫和上升至 1977 年度的 3,372.3 萬港元。會德豐的另一家聯營上市公司聯合企業，原來主要業務是證券投資，但在約翰·馬登的領導下，亦逐漸轉而投資航運業。1973 年，聯合企業將旗下船隻組成寶福發展有限公司在香港上市。到 1976 年，會德豐旗下的航運公司，包括會德豐船務、環球會德豐、聯合企業及寶福發展等，共擁有近 30 艘輪船，載重量超過 140 萬噸，其中 80% 的船隻是在 1971 年以後新造的。

70 年代初，約翰·馬登鑑於過去數年來因收購連卡佛、聯邦地產、多次連續發行新股，大股東對會德豐的控制權已逐漸被削弱的情況，決定使用當時已被西方大多數股票市場禁用的方法——通過發行 B 股來保衛控制權。1972 年 1 月，會德豐董事局宣佈將已發行的 3,217.5 萬股普通股改為 A 股，另每兩股 A 股可供一股 B 股，每股 B 股面值為 A 股的十分之一，但與 A 股擁有相同投票權。1972 年 7 月和 1974 年 6 月，會德豐又先後兩次大量發行 B 股。當時，行內人士認為，會德豐此舉主要目的是使董事局重獲控制權。B 股的發行雖然不是一件很光明磊落的事情，但在保衛控制權上，確實發揮了極大作用。這亦成為 20 世紀 70 年代末至 80 年代初收購戰風起雲湧，但卻沒有人去打會德豐主意的主要原因。

經過十多年的快速發展，到 20 世紀 70 年代初期，會德豐已躋身香港四大英資洋行之列，與著名的怡和洋行、太古洋行、和記黃埔等並駕齊驅，全盛時期旗下的直屬子公司達 49 家，其中包括上市公司會德豐、置業信託、聯邦地產、夏利文發展、連卡佛、會德豐船務、聯合企業及寶福發展等，而這些子公司又擁有約 180 家附屬公司及 20 家私營公司，形成一龐大的多元化綜合性企業集團。這一時期，會德豐集團的經營已遍及投資控股、商人銀行、財務、證券、期貨交易、航運、貿易、批發零售、地產、航空、旅遊、保險以及製造業等，投資的範圍亦已從遠東伸展到東南亞、澳洲以及南北美洲。不過，總體而言，當時該集團的核心業務仍是香港的地產及航運。

》 約翰·馬登第一次有意售賣會德豐股權

1973 年，中東石油危機爆發，導致世界經濟普遍性衰退，嚴重打擊了國際航運業的發展。首當其衝的是油輪，漸漸影響到其他類型船隻，而蘇伊士運河的重開，無疑形成對這領域的新一波打擊。因此，自 70 年代中期起，航運業便在時好時壞的環境中發展。受此影響，會德豐的業務和贏利大受影響。1973 年，會德豐的經常性贏利曾達 1.8 億港元，但 1974 年度跌至 6,900 萬港元，1975 年度進一步下降至 2,900 萬港元。這時，中國為期 10 年的"文化大革命"尚未結束，政局的動盪影響了約翰‧馬登對香港前景的信心。1976 年，約翰‧馬登就曾一度意興闌珊，有意將家族所持會德豐股權出售。

1976 年 10 月，會德豐主席約翰‧馬登與怡和、置地公司接觸，就怡和集團收購會德豐事宜展開商討。10 月 21 日，置地和會德豐發表聯合聲明表示："會德豐有限公司與香港置地公司董事局宣佈，雙方已經同意展開討論，該等討論可能導致置地建議收購會德豐全部已發行股本。"聲明表示，置地和會德豐已分別委任怡富公司和獲多利公司為財務顧問，而怡和公司亦將予以合作。不過，聲明並沒有表示置地將以哪種方式收購會德豐。翌日，會德豐 A 股在香港股市停牌買賣。當時會德豐已發行的股票，包括 A 股 2.6 億股及 B 股 1.95 億股。若以停牌前 10 月 21 日的收市價計算，整家公司市值達 7.3 億港元。換言之，置地要兼併會德豐，至少要付出 7 億多港元的代價。如果收購成功，不但是香港一家公司最大規模的一次收購或合併行動，而且是香港證券交易史上涉及價值最龐大的一次收購合併活動。消息傳出，市場頗為震動。因為置地兼併會德豐後，怡和集團將超過滙豐銀行的實力而成為香港財勢最強大的財團。市場人士分析，這顯然是有人所不願意看到的，因此估計是次收購將不會太順利。

果然，一星期後，即 10 月 28 日，當時已被滙豐控制 33.65% 股權的和記國際宣佈，已委任西德銀行的附屬機構亞洲國際資金有限公司，協助和記的財務顧問寶源投資，就和記國際收購兼併會德豐提出具體可行的意見。和記國際收購會德豐上亦有其合理的理由。事實上，早在 50 年代和 60 年代初期，和記與會德豐就有極為深厚的淵源和密切的關係。當時，會德豐持有和記的大量股權，而和記亦掌握會德豐若干股權，兩大集團互為聯號。會德豐集團首腦固然是和記的董事，而和記的首腦亦是會德豐的董事，其後和記在祁德尊領導下分道揚鑣自成集團，但兩集團董事局名單頗有雷同。

就在怡和、置地、和記相繼有意收購會德豐的同時，市場亦盛傳香港太古、英之傑集團、南洋幫財團以及華資公司均有意問鼎，一時間沸沸揚揚。即使僅從商業買賣的角度看，這在當時亦是一宗龐大而複雜的交易。會德豐左右為難，遂諮詢財務顧問獲多利的意見。獲多利表示，和記國際及怡和公司所經營的業務，與會德豐的相當近似，如果把具體和詳盡的資料提供給它們，對會德豐業務將造成損害。結果，會德豐拒絕向和記及怡和提供資料。❸ 12 月 4 日，怡和、置地與會德豐達成協議，如果 10 日內無法就有關收購合併達成協議，上述收購計劃便告吹。12 月 14 日及 15 日，和記及置地相繼宣佈退出，一場預期激烈精彩的收購戰戛然而止。❸

不過，怡和、置地對於這次收購功敗垂成仍耿耿於懷，並有意伺機捲土重來。1980 年 9 月 5 日，怡和為保衛對置地的控制權，展開策略性行動，將手中所持有物業、股票交換置地的股份，其中就包括 330 萬股會德豐 A 股，大約相當於會德豐總資本的 11.8%，即 7.4% 的投票權。這時，會德豐董事局才大吃一驚，發現事隔 5 年，怡和系實際上仍沒有放棄有關收購會德豐的計劃。不過，怡和收購會德豐之戰始終沒有爆發。其時，怡和旗下的置地亦遭華資大亨覬覦，其後更因投資策略的嚴重失誤而陷入財政困難，在自顧不暇的情況下，自然無法展開收購。

》 "藍燈籠" 會德豐的 "戰略性轉移"

1976 年，香港經濟逐漸復甦，地產市道再次蓬勃發展，會德豐集團旗下的地產公司，包括置業信託、聯邦地產、夏利文發展以及寶福發展等，相繼展開龐大的地產發展計劃，地產業務做得有聲有色。1977 年，置業信託、聯邦地產與香港電燈集團合作，在北角發展富澤花園第一期，又在荃灣興建工業大廈出售。夏利文發展和寶福發展也在新蒲崗及觀塘等工業區發展工業大廈出售，獲取豐厚利潤，兩家公司的資產淨值大幅增長。

不過，約翰‧馬登及會德豐大股東似乎始終對獨立發展地產信心不足，這一時期的主要策略，是與其他實力雄厚的地產集團合作，將旗下擁有的物業地皮重建出售，套取利潤。其中，華資地產商李嘉誠領導的長江實業在協助會德豐的地產發展中扮演了十分重要的角色，從中也賺取了豐厚的利潤。1979 年，置業信託、錦興置地（會德豐另一大股東張玉良家族的私人公司）與長江實業合作，組成資產達 10 億港元的美地有限公司，先後將會德豐系屬下 9 處物業重建出售。同年，置業信託再與長江實業組成華嘉地產有限公司，將會德豐大廈及馬登大廈拆卸重建。1980 年，置業信託與長江實業、香港電燈集團合組國際城市集團有限公司，集資 30 億港元重建物業出售。

約翰‧馬登及會德豐大股東的策略，是將旗下物業作 "資產重估"。然後撥作資本，與外間財團合組聯營公司。在組成聯營公司的過程中，會德豐先取得一筆“重估資產”的非經常性盈利，在聯營公司將物業重建出售後，又再獲得分成利潤。在會德豐的損益賬中，聯營公司提供的盈利十分豐厚。這種做法最典型的例子是 1980 年聯邦地產與長江實業組成卓見投資有限公司，各佔 50% 股權。卓見投資以 10 億港元購入聯邦地產持有的中區兩幢商廈 —— 聯邦大廈和國際大廈，結果聯邦地產先收取 5 億港元現金。卓見投資成立後不久，便成功將這兩幢大廈售出，售價為 22.35 億港元。因而聯邦地產再分得 11 億多港元現金。在這椿交易中，聯邦地產憑藉著長江實業的聲譽和實力，將上述兩幢商廈售出，收回 16 億多港元現金。而長江實業則是先墊付 5 億港元，很快即收回 11 億多港元，短短數月間便賺取了 6 億多港元。這種做法反映出會德豐系地產公司的發展策略極為保守，不但無法像長江實業、新鴻基地產等華資公司作大躍進式的發展，就連英資的置地公司也望塵莫及。這種策略，實際上是乘地產高潮將旗下物業拋售，套取現金，它深刻反映出會德豐大股東及管理層對香港前景缺乏信心，在香港的投資深存戒心。

與此同時，會德豐將地產發展所套取的資金大舉進軍航運業，實行所謂集團資產的“戰略性轉移”，即將陸上的固定資產（物業地皮）轉換成浮在海上的可移動資產（船舶）。1979-1980 年期間，約翰·馬登與當時的“世界船王”包玉剛對國際航運業前景的看法剛好相反，就在包玉剛大量拋售船隻，實施“棄舟登陸”戰略的時候，會德豐大量訂購散裝貨船，擴充船隊。1979 年，會德豐船務先後訂造及購入 7 艘散倉貨船，1980 年又分別向日本、丹麥及中國訂造 6 艘散倉貨船，1981 年再向西班牙及中國訂造 5 艘散倉貨船，3 年間購入貨船 18 艘。到 1982 年底，會德豐集團擁有的船隻固定資產賬目淨值共 16.33 億港元，比 1973 年 3 月底的 9.41 億港元，大幅增加七成以上。到 1983 年，會德豐旗下，僅會德豐船務一家航運公司，其船隊已增至 29 艘，載重量 139 萬噸。這一時期，國際航運業的衰退已經逐漸表面化，會德豐首腦對國際航運業前景判斷錯誤，為此付出沉重的代價。1981 年度，會德豐除稅前贏利是 14.31 億港元，到 1983 年度已急跌至 3.68 億港元。當年，約翰·馬登在公司年報上沉重地宣佈：“本集團之主要航運附屬公司，會德豐船務國際有限公司經歷最困難的一年。”1981 年度，會德豐船務盈利達 8,570 萬港元，到 1983 年已轉為虧損 6,000 萬港元。

正因為會德豐的業務差強人意，會德豐系上市公司的股票價格在英資四大洋行中表現最差。資深的投資者都稱它"壞得兌"，因而敬而遠之。會德豐還有個"藍燈籠"的雅號。根據中國的傳統習俗，凡有喜慶事時，必然張燈結綵，大紅燈籠高高掛，只有在辦喪事的時候才掛藍燈籠。原來，會德豐系股票在股市的上升熱潮中，往往是最遲起步的，當怡和、太古、和黃這些藍籌股節節飆升之際，會系股票往往紋風不動或僅上升數個價位。只有在怡和、太古、和黃等股票的升浪接近尾聲時，它們才慢吞吞地啟動。資深的投資者一看見會系股票上升，便知道股市即將下跌，於是會德豐被稱為"藍燈籠"。

會德豐董事局的辦事作風也常常令小股東們不滿。60 年代後期 70 年代初，會德豐多次利用供股集資或發行新股收購其他公司，令董事局對公司的控制權漸失。1972 年，會德豐宣佈發行 B 股，B 股的資產值僅及 A 股的十分之一，但卻和 A 股一樣享有同樣的投票權，此舉令小股東極為不滿。會德豐的一些附屬公司，如聯邦地產等，長期坐擁巨資，又無發展計劃，但股息卻長期不變，積累的龐大資金以"通知存款"形式長期存入母公司，其利息甚至低於一年期定期存款，實際上令母公司得益，附屬公司受損。因此，資深投資者都認為，會德豐系股票對股民來說形同雞肋，"食之無味，棄之可惜"。

儘管如此，會德豐仍然是香港一家不容忽視、規模龐大的英資財團，旗下的上市公司多達 9 家，以會德豐為首，包括會德豐船務、置業信託、聯邦地產、夏利文發展、連卡佛、聯合企業、寶福發展及香港隧道等。以上市公司數量計算，會德豐在香港英資四大行中倒是高居榜首。

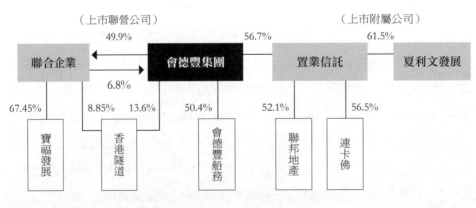

馬登主掌會德豐集團時主要附屬公司及聯營公司控股圖

06

滙豐銀行：支配香港經濟的金融帝國

1950 年代以後，伴隨著香港工業化的快速步伐、香港經濟的起飛，以及逐漸演變成亞洲國際金融中心，滙豐銀行迅速崛起，並發展成為支配香港經濟的金融帝國，它不但是香港實際上的 "準中央銀行"，而且成為主要英、華資大財團的金融依託，其勢力深深滲透到香港社會的各個角落以至整個亞洲太平洋區。一位非英資銀行家曾深刻指出："在香港，你要照滙豐的規則玩遊戲，否則便無從玩起，他們供應球、球場、球證以及敵方隊伍。" ❸❸ 滙豐銀行在香港經濟的影響力，可謂無遠弗屆。

» 以香港為基地重建亞太網絡

50 年代初，滙豐銀行在中國內地經受了重大挫折之後撤回香港。它迅速調整了發展戰略，以香港為基地重建其在亞洲太平洋區的銀行網絡。當時，香港的工業化進程已經起步，不但紡織業、製衣業生氣勃勃，塑膠、電子業也在發展，香港正經歷著從貿易轉口港到遠東加工工業中心的急速歷史轉變時期。滙豐銀行迅速從這種轉變看出了香港經濟的輝煌前景，以及它對滙豐重建的深遠意義。1948 年，滙豐首次對香港紡織業提供貸款，1950 年它打破了近百年的傳統慣例，直接和來自上海的華人實業家打交道，向他們提供發展工業所急需的資金。❸❹

根據柯立斯在《滙豐銀行百年史》的描述："滙豐銀行充份地參與了這一發展的全過程。從一開始，它就帶頭資助工業，每當一個新的行業，如棉紡織、搪瓷、熱水瓶、塑膠、拆卸廢船、羊毛和毛線的編織和編結等創辦起來，滙豐總是提供指導、鼓勵與資金。它設立一個專門部門，在提倡工業多樣化的嘗試中共同承擔風險；它也參加商品博覽會，並派出職員參加貿易代表團，在促進市場多面化中起了一份作用。"❸❺ 這些活動對滙豐銀行的重建關係重大，這一時期，滙豐銀行在對香港進出口貿易融資中所獲取的利潤，抵消並超過了它喪失對華貿易的全部損失。

隨著香港工業化步伐的邁進，滙豐銀行逐漸在香港及亞太區建立起龐大的銀行網絡。1946 年，滙豐在香港的總分支機構僅皇后大道中總行和九龍分行兩間；1948 年旺角分行設立；1956 年，北角分行開業。其後，滙豐銀行相繼在灣仔、西營盤、堅尼地城、香港仔、深水埗、荃灣、元朗、大埔、上水等地開設分行。到 1961 年，滙豐在香港開設的分行數已達到 16 間。❸❻ 與此同時，滙豐銀行在亞太區的業務亦順利拓展。到 1962 年，它已先後在逾 10 個國家設立 43 間分行和辦事處，包括東京、神戶、大阪、橫濱、西貢、海防、金邊、曼谷、仰光、加爾各答、科倫坡、新加坡、吉隆坡、古晉、馬六甲、檳城、北婆羅洲、汶萊、沙勞越、倫敦、漢堡、巴黎、里昂、紐約、三藩市以及洛杉磯等城市。

50 年代末 60 年代初，滙豐在銀行規模的擴張中取得戰後以來的首次重大發展。1959 年，滙豐收購了歷史悠久的有利銀行，當時，有利銀行在印度、東南亞及遠東設有 37 間分行，又是香港三大發鈔銀行之一。1960 年，滙豐再收購中東英格蘭銀行，中東銀行在盛產石油的伊拉克及波斯灣地區設有 31 間分行。這兩次收購行動不但令滙豐的勢力擴展到南亞和中東地區，而且令銀行的資產總值大幅增加。1958 年底，滙豐銀行的資產總值為 2.28 億英鎊，到 1960 年底，已急增至 4.45 億英鎊，增幅幾近 1 倍。

» 收購恒生銀行

1960 年代中期，滙豐銀行取得香港最大的華資銀行——恒生銀行的控制性股權，從而奠定了它在香港銀行零售業上的壟斷優勢。當時，香港經濟起飛，地產市道形成第一次熱潮，帶動了銀行業的迅速發展，尤其是以恒生銀行、東亞銀行為首的一大批華資銀行迅速崛起，成為了香港銀行業一股新興力量。然而，隨著銀行業競爭加劇，各銀行為吸引存款爭相提高存款利率，尤其是部份華資銀行，經營策略極為冒

何善衡，恒生銀行創辦人之一。

戰後初期的恒生銀號。恒生銀號創辦於 1933 年，戰後始遷至皇后大道中 181 號。

進，將貸款投向風險極高的地產、股市，甚至積極參與投機，形成流動資金不足。而當時香港尚未建立有效的銀行監管制度加以制止，以致相繼釀成 60 年代初中期及 80 年代初中期的多次銀行危機。

最初的衝擊是 1961 年 6 月的廖創興銀行擠提風潮，後在滙豐、渣打兩家發鈔銀行的支持下，風潮很快平息。然而，更大的危機接踵而來，1965 年 2 月，明德銀號因現金短缺而被迫暫停營業，接著冒進有餘、穩健不足的廣東商業信託銀行成為擠提風潮的第二個目標。當時，有關當地銀行資金困難的謠言四起，猶如一把野火燒遍了整個市場。驚恐萬狀的存戶開始大量提取存款，擠提風潮迅速波及到廣安、道亨、遠東、永隆等銀行，連經營手法一向穩健的恒生銀行亦被拖累。其後，滙豐和渣打分別宣佈"無限量"支持恒生、永隆、遠東、廣安以及道亨等銀行，❸ 外匯銀行公會也採取了一致行動，市場暫時恢復了平靜。

不過，危機並沒有結束。到 4 月份，擠提風潮再起，這次首當其衝的是恒生銀行。恒生銀行的前身是恒生銀號，創辦於 1933 年 3 月 3 日，設於港島中區永樂街 70 號。創辦人是林炳炎、何善衡、梁植偉和盛春霖 4 位華商。命名"恒生"，取"恒久永生"之意。恒生銀號初期主要經營貨幣兌換和金銀買賣，戰後的業務取得了非凡的進展。1952 年恒生銀號改組為恒生銀行有限公司，繳足註冊資本 500 萬港元，全數由儲備轉撥，由何善衡出任董事長、何添出任總經理。50 年代以後，恒生銀行在香港的工業化進程中扮演了十分重要的角色，業務因而迅速擴展。1954 年恒生銀行資產總值 3,200 萬港元，10 年後已急增到 7.61 億港元，增幅達 22 倍。當時它已超過歷史更悠久的東亞銀行，成為香港規模最大的華資銀行。

1965 年恒生銀行被擠提時，等候提款的市民大排長龍。

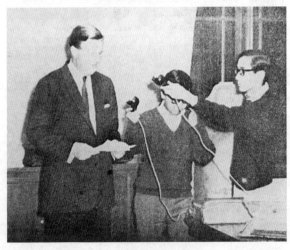

滙豐銀行總經理桑達士於 1965 年 4 月 9 日就滙豐銀行承購恒生銀行之控股權一事，向記者發表聲明。

4 月初爆發的恒生銀行擠提風潮，規模更大。當時，大批市民爭相湧到恒生銀行總行提取存款，人潮從德輔道中一直延伸到皇后像廣場的香港會所。4 月 5 日，恒生銀行在一天之內失去 8,000 萬存款，到 4 月上旬總共喪失存款 2 億港元。當時，滙豐銀行再次發表聲明支持恒生，然而情況並未改善，根據利國偉的回憶，"恒生的存款一點一滴地被抽光，若然這樣繼續下去，我們便無法償還債項，甚至達到破產的邊緣"。

　　面對危局，恒生銀行董事長何善衡召開董事局會議急謀對策。當時，恒生銀行面臨三個選擇：要麼接受美國大通銀行的援助，要麼停業由政府接管，或者轉向滙豐銀行。經過多日的商討，到 4 月 8 日，恒生銀行董事局決定壯士斷臂，將銀行控股權售予滙豐，洽售事宜交由通曉英語的利國偉全權負責。翌日，利國偉與港府財政司郭伯偉會面，得到批准後立即與滙豐銀行接觸。在談判中，雙方對恒生銀行的總價值和出售的股權數量分歧較大，滙豐認為恒生時值 6,700 萬港元，要求收購恒生 76% 股權，但恒生方面則表示銀行的時值應為 1 億港元，並只願意出售 51% 的股權。雙方的談判一直持續到午夜才達成協定。

結果，滙豐銀行以 5,100 萬港元代價收購恒生銀行 51% 股權。消息傳開後，擠提風潮即告平息。對此，香港《南北極》雜誌資深專欄作家郭峰的評論是："一家如此迅速發展、善於經營、服務忠誠和口碑載道的銀行，就這樣被謠言所害，被人家吞掉 51% 股權，令全港有識之士無不為它扼腕慨嘆。" ❸❽

　　期間，香港政府亦作出姿態，從英國空運英鎊應急，並限制提款數額，擠提風潮漸次平息。是役，滙豐銀行成為最大的贏家，它不僅以極低廉的代價購入最寶貴的資產和業務，而且一舉消弭了香港銀行

恒生銀行新總行大廈。1990 年代恒生銀行已成為香港僅次於滙豐銀行的第二大銀行。

業中最有威脅的競爭對手，從而奠定滙豐在香港銀行零售業中的壟斷優勢。滙豐收購恒生銀行後，仍讓其保持原有獨立的華人管理系統，這是滙豐的遠見卓識。在滙豐的領導下，恒生銀行的業務發展更快，1972 年它在香港上市。翌年，恒生銀行盈利達7,100 萬港元，到 1981 年更增至 5.75 億港元，9 年期間增幅達 7 倍。❸❾ 這時，恒生銀行的分行已增至 45 間，職員達 4,600 人，成為香港僅次於滙豐的最大商業銀行，恒生的名字，更因其在 1969 年編製的 "恒生指數" 而深入民心，家喻戶曉。

》 晉升為國際性銀行集團

進入 70 年代，隨著香港股市的壯旺以及香港逐漸演化為亞洲區的國際金融中心，滙豐銀行加強了它在商人銀行、證券、投資等方面的業務。早在 1964 年之前，滙豐已擁有香港上海滙豐銀行（信託）有限公司，旗下的滙豐財務有限公司（Wayfoong Finance Ltd.）更是香港歷史最悠久的財務公司。1972 年，滙豐創辦商人銀行獲多利有限公司（Wardley Ltd.），主要經營證券包銷、企業顧問、企業管理及收購合併、金融投資，以及中長期貸款等業務。1973 年，獲多利開設獲多利信託投資，又與英國唯高達公司合作開設獲多利唯高達公司、獲多利唯高達國際投資管理公司，經營香港及亞太區的投資、貸款業務。到 80 年代，獲多利已發展成香港著名的商人銀行集團。

從 70 年代起，滙豐銀行在拓展其在香港的金融網絡上，發展迅速。據統計，1961 年，滙豐銀行在香港的分行僅 19 間，佔全港銀行分行總數的 8.5%；1971 年，滙豐的分行數已增至 68 間，加上恒生銀行的 17 間，所佔比重已增加到 19.3%；到 1981 年，滙豐的分行數進一步急增至 250 間，加上恒生銀行的 45 間，在香港銀行分行總數中所佔比重已大幅上升到 37.8%。到 80 年代初，滙豐集團的分行已遍佈港九各個角落，在香港存款市場中所佔的份額已高達六成。❹⓪ 滙豐已成為香港分行網絡最龐大的商業銀行集團。

進入 80 年代，滙豐在美國以外的世界商業銀行排名中已躍居第二十位，成為國際性銀行集團。1981 年，滙豐宣佈 60 年來首次擴股，使滙豐的資本從 1979 年底的 37.1 億港元增加到 1981 年底的 136.5 億港元，實現了國際銀行的資本規模。1982 年度，滙豐銀行的盈利達 23.57 億港元，創歷史最高紀錄。同年，滙豐主席沈弼被

評為世界 "最佳銀行家"。在經歷了戰爭艱難的歲月之後，滙豐銀行確實躊躇滿志了。

表 3-1　香港主要銀行集團分行網絡拓展概況（1954-1981）

銀行集團	1954 年	1961 年	1966 年	1971 年	1976 年	1981 年
滙豐銀行	3	16（8.5%）	46（14.8%）	68（15.5%）	143（18.6%）	250（21.5%）
渣打銀行	2	6（3.2%）	18（5.8%）	33（7.5%）	72（9.4%）	86（7.4%）
恒生銀行	1	3（1.6%）	11（3.5%）	17（3.9%）	30（3.9%）	45（3.9%）
中銀集團	13	37（19.6%）	55（17.7%）	74（16.9%）	125（16.3%）	189（16.3%）
其他	75	128（67.2%）	180（58.1%）	246（56.2%）	398（51.8%）	591（50.9%）
總數	94	190（100.0%）	310（100.0%）	438（100.0%）	768（100.0%）	1,161（100.0%）

*（ ）內數字是各銀行集團所佔的百分比
資料來源：Frank H. H. King, *The History of Hong Kong and Shanghai Banking Corporation: Volume IV, The Hongkong Bank in the Period of Development and Nationalism, 1941-1984: From Regional Bank to Multinational Group*, Cambridge: Cambridge University Press, 1991, p. 366.

　　80 年代初，滙豐著手興建新的總行大廈。經過 4 年時間，1985 年新滙豐銀行大廈落成啟用。這座耗資逾 50 億港元，被稱為 "可能是全球最昂貴的獨立建築物"，是一座氣派非凡，設計獨具匠心的鋼鐵結構大廈，在建造過程中耗用了逾 6 萬噸鋼、鋁製件，外形酷似鑽油井台，高達 178.8 米。它屹立港島中區皇后大道中 1 號原址之上，雄視著整個維多利亞海港。

　　大廈的頂層設有可供直升機升降的停機坪，滙豐銀行大班可乘坐直升機直抵山頂的豪華府邸 "倚山閣"。其時，這座佔地半英畝、車房可停 12 輛汽車的 "新式宮殿式" 府邸正在興建中。據《亞洲華爾街日報》的評論，滙豐大班沈弼是要以這座無可匹敵的府邸，來向最近一二十年間崛起的華人富豪 "示威"，確定他作為香港商界最有權勢人物的地位。

》 扮演 "準中央銀行" 角色

滙豐銀行作為香港第一家本地銀行，又是唯一一家總行設在香港的英資銀行，故自創辦之初就與香港政府建立了密切的合作關係，並在香港經濟中逐步取得了特殊的地位。20 世紀 60 年代以後，隨著香港金融體系的逐漸完善，滙豐銀行的這種特殊地位，集中表現在它以私人商業銀行的身份擔任多種中央銀行的職能，扮演著香港 "準中央銀行" 的重要角色。

長期以來，滙豐一直是香港的主要發鈔銀行。香港沒有中央銀行，傳統上，作為中央銀行主要職能之一的鈔票發行，香港政府授權商業銀行負責。1865 年滙豐創辦不久，即開始發鈔，時間上稍遲於東藩滙理、有利和渣打等三家銀行。後來，東藩滙理銀行破產，有利銀行於 1959 年被滙豐收購，1978 年被港府取消發鈔權，香港的發鈔便一直由滙豐和渣打兩家銀行負責。其中，滙豐的發鈔量佔八成以上，成為主要的發鈔銀行。由於發鈔的印刷費是由外匯基金承擔的，發鈔銀行因此等於享受 "免費廣告"，對其商譽價值無可衡量。發鈔銀行的地位，使滙豐在業務競爭上，尤其是吸收存款方面佔盡優勢。同時，滙豐的形象亦成為港元信用的象徵，對港元的穩定性產生舉足輕重的影響。

由於滙豐與港府關係密切，滙豐銀行在創辦之初就與香港政府建立了密切的合作關係，長期以來一直是港府的主要往來銀行。港府的外匯、財政儲備和政府的現金收支，主要由外匯基金和庫務署分別承擔管理，再由這兩個機構與有關銀行往來。一般估計，港府存於各銀行的款項中，滙豐銀行佔一半以上。作為港府的主要往來銀行，滙豐享有

1985 年落成的新滙豐銀行大廈，耗資逾 50 億港元，一度被稱為 "可能是全球最昂貴的獨立建築物"。

一個穩固的存款基礎。

60 年代以來，滙豐受港府委託擔任 "最後貸款者" 角色。"最後貸款者" 是中央銀行的重要職能之一，它包含兩層含義：其一是有責任向受不利謠言困擾的銀行提供流動資金援助，或有需要時以注資方式拯救有問題的銀行；其二是向資金緊張的銀行體系注入資金，以及對當日同業市場收市後缺乏頭寸的銀行提供隔夜信貸。在香港的金融體系中，"最後貸款者" 的職能是由港府的外匯基金與滙豐、渣打兩家發鈔銀行共同承擔的。在 1965 年的銀行危機和 1982 年的財務公司危機中，港府都與滙豐、渣打銀行商議，委託這兩家銀行出面挽救或代為管理陷入危機的金融機構。1965 年滙豐收購恒生銀行，便是行使這種職能的結果。同時，滙豐憑藉著雄厚的存款基礎，一直在向同業市場提供隔夜信貸中擔當主要角色。

滙豐銀行還擔任香港銀行公會中央票據結算所的管理銀行。1981 年，滙豐與香港銀行公會達成協定，出任票據交換所（Clearing House）的管理銀行，向香港銀行體系提供中央結算服務。根據《香港銀行公會票據交換條例》的規定，銀行公會全體會員銀行（持牌銀行）的票據交換、結算和轉賬，均須在銀行公會的票據交換所內進行。在這一體制中，中央票據結算所的管理銀行處於最重要地位，管理銀行之下是結算銀行，包括滙豐、渣打、中國、東亞、廣東、華比、萬國寶通、華僑、上海商業和永安等 10 家持牌銀行，其餘銀行為次結算銀行。次結算銀行須在結算銀行開設賬戶，而結算銀行（滙豐銀行除外）則須在滙豐銀行開設賬戶。結算過程中若其他結算銀行在滙豐的賬戶出現結餘，滙豐不須支付利息；若出現透支，結算銀行則須向滙豐交付利息。由於按規定其他結算銀行必須在滙豐的賬戶中經常保持充裕的結餘資金，以應付結算之用，使滙豐可以經常擁有一筆巨額的免息款項。此外，滙豐作為票據交換所的管理銀行，可了解其他銀行的現金流動資料，把握香港銀行業的脈搏。

此外，滙豐還是香港政府的首席金融顧問。傳統上，滙豐銀行主席一直是香港行政局的成員，滙豐銀行又是香港銀行公會執行委員會三名常務委員之一（其餘兩名分別是渣打銀行和中國銀行），並與渣打銀行輪流擔任正、副主席。滙豐銀行還是港府外匯基金諮詢委員會的少數幾位委員之一，因此，滙豐實際上直接參與了港府在金融以及其他經濟方面的重要決策，並在這些政策的制訂過程中具重大影響力。

» 滙豐與英資、華資財團的關係

　　滙豐作為香港的"準中央銀行"，高踞於香港金融體系這座龐大金字塔的頂端，它與香港政府形成了行政、金融密切結合的統治力量，直接或間接地操縱著香港的金融事務和金融市場，把握著金融業的命脈。不僅如此，滙豐還是香港實力雄厚的大財團的主要金融依託。本來，滙豐銀行的創辦，就是香港的大洋行、大公司一手促成的，反過來說，滙豐也成為這批大洋行的金融後盾，彼此密切結合形成壟斷香港經濟的強大勢力。這個傳統一直維持不變，這也是滙豐銀行在過去多次困難中仍能屢闖險關、強盛不衰的重要原因之一。

　　滙豐與怡和的合作，早在 19 世紀末雙方合組中英公司時期已經確立。到 20 世紀 70 年代，雙方在競爭的同時仍繼續維持合作關係，滙豐先後參與怡和興建銅鑼灣怡東酒店、世界貿易中心的投資，而置地也與滙豐合作，重建吉隆坡滙豐銀行大廈。1974 年 6 月，滙豐與怡和曾互換股票。滙豐與太古、和黃、會德豐的聯繫也相當密切。1971 年滙豐收購國泰航空 25% 股權，與太古成為國泰航空的兩大股東。1980 年，英國政府將所持國泰航空股權出售，滙豐和太古所持國泰航空的股權分別增加到 29.4% 和 70.6%。1969 年，滙豐與會德豐、和記合作，共同投資興建貫通港九的香港海底隧道。1975 年，滙豐收購和記 33.65% 股權，成為和記的大股東。

　　滙豐實際上成了香港英資大財團的核心，這一點清楚地反映在滙豐董事局的組成上。70 年代後期，滙豐董事局 16 位成員中，除了主席沈弼（M. G. R. Sandberg）、副主席包約翰（John L. Boyer）等 5 人來自滙豐系統外，副主席韋彼得（P. G. Williams）是英之傑主席，其他董事紐璧堅（D. K. Newbigging）是怡和主席，魏德利（F. J. Rnightiy）是怡和子公司金門（香港）有限公司主席，彭勵治（J. H. Bremridge）是太古主席，約翰·馬登（John L. Marden）是會德豐主席，羅斯（G. R. Ross）是香港電話公司主席，唐信（N. Thompson）是地鐵公司主席。此外，尚有 3 位華人董事，分別是恒生銀行副主席兼總經理利國偉、環球航運集團主席包玉剛，以及中建企業董事長許世勳。這個陣容，幾乎囊括了當時香港商界的主要領袖，顯示了滙豐銀行在香港商界的崇高地位。

60 年代以後，滙豐根據香港華商勢力崛起的形勢調整了政策，在繼續加強與英資大財團的密切聯繫的同時，積極扶助精明進取的華商在紡織、航運和地產等行業的發展，希望形成一批扎根香港的華資大企業，維持香港的穩定發展，並建立滙豐在華商中的基礎及鞏固滙豐在香港經濟中的地位。1962 年桑達士（J. A. H. Sannders）出任滙豐董事局主席時，滙豐已確立扶植香港華商的政策。早在 50 年代，當包玉剛最初與滙豐打交道時，包氏的精明能幹已深獲桑達士賞識，桑達士上任後，自然首先挑選了包玉剛作為扶植對象。

　　從 1964 年起，滙豐銀行開始大規模投資於包玉剛的環球航運集團，先後與環球航運組成環球巴哈馬航運有限公司（初期佔 33.3% 股權，後增加到 50% 股權）、環球航運投資有限公司（佔 45% 股權），及環球國際財務有限公司（佔 37.5% 股權），滙豐成為環球航運集團的主要股東。在滙豐的支持下，環球航運集團發展成為世界級的航運集團。1971 年包玉剛應邀加入滙豐董事局，成為首位華人董事；1980 年更出任滙豐董事局副主席。自此，包氏財團成為滙豐的重要支持者。

　　滙豐銀行也高度重視與急速崛起的華資地產商李嘉誠的合作關係。1974 年，滙豐與李嘉誠首次攜手合作，各出資 50% 合組華豪有限公司，收購並重建港島中區華人行。重建後的華人行成為長江實業集團的總部及滙豐銀行在中區的重要分行。在華人行啟用典禮上，滙豐主席沈弼對雙方的合作給予高度評價，他表示，華人行在極短時間內拆卸重建，堪稱“本港成就的一個典型”。1979 年，滙豐以低廉的價格將和黃集團 22% 股權轉讓予李嘉誠領導的長實集團，這宗交易一舉奠定了李氏集團在香港經濟的地位。當年，李嘉誠獲邀加入滙豐董事局，1985 年更繼包玉剛之後出任滙豐副主席。

　　透過上述一系列策略性部署，滙豐與時代並進，繼續成為香港英、華資大財團的主要金融依託。這些財團的重大投資項目，不少都需徵詢滙豐的意見，以爭取滙豐的參與或資金支持，滙豐透過這批大財團，直接或間接地參與香港經濟各個重要領域的投資或貸款，無可置疑地成了支配香港經濟的金融帝國。

07

戰後英資保險公司的發展

————————————————

20 世紀 50 年代以後，香港開始了工業化的進程，從一個傳統的貿易轉口港逐步轉型為遠東著名的出口加工基地。隨著出口業務以及相關的基礎工商需求成倍的增加，房地產建築和航運也獲得了新的發展動力。到 60 年代，香港經濟起飛，各業繁榮，進一步刺激了香港保險業的轉型和發展。這一時期，香港的保險市場仍然主要由外國公司尤其是英國公司控制，他們通過分公司或者代理進行運作。這些代理商過去是、現在仍是一些大商行（Hongs），諸如怡和洋行、太古洋行以及英之傑集團（Inchcape）的保險部門所管理。

» 戰後英資保險公司的重建與發展

早在日本佔領香港前夕，在香港經營的英資保險公司紛紛撤離香港或作停業準備。1941 年 1 月，於仁保險將公司總部從香港搬遷至澳洲悉尼。搬遷總部的這一決定是董事會在一年前作出的，後來的董事會主席迪克森·利奇（Dickson Leach）認為，正是這一決定挽救了公司。太平洋戰爭爆發後，隨著香港的淪陷和日本軍隊在遠東地區的推進，於仁保險在亞洲區的業務人員逐步撤退至澳洲悉尼。而公司在香港的業務則由日本東京海上火災保險公司代理，該公司曾是於仁保險日本業務的主要來源，大多是再保險業務。戰爭期間，於仁保險幾乎失去了所有的檔案，很多房子遭到洗劫和破壞，損失嚴重。日軍佔領香港期間，諫當保險公司的部份員工也撤退至澳洲的悉尼，其在香港的業務則由倫敦方面負責，並在當地盡力維持公司和遠東地區的聯繫。

二戰結束後，香港經濟逐漸恢復，保險業的發展也隨著時局的轉變進入一個新階段。這時期，撤離香港的英資保險公司紛紛重返香港和中國內地。1946 年，於仁保險逐漸收回其在香港及遠東地區的部份資產，公司業務的復甦亦相當迅速，資產負債表逐漸恢復到戰前水平。董事會主席弗雷德里克・陶特（Frederick Tout）表示“好極了”，決定將總部遷回香港。**❹①** 1947 年 7 月，於仁保險完成回遷工作，戰前公司的東方業務部的大多數職員也紛紛從亞洲各地趕回公司，重拾殘局。同年，於仁的保費收入從 1946 年的 300 萬英鎊增加到 400 萬英鎊，創歷史新紀錄。於仁再次聘請了洛・賓厄姆和馬修斯公司擔任公司的審計公司，並通過將準備金轉為已繳股本的辦法，清理了公司的資本賬目。1948 年，賬面顯示公司的保費收入再創新高，公司資產超過 1,000 萬英鎊。

二戰前，香港的英資保險公司業務重點也一直在中國內地。戰後，這些保險公司都試圖重返中國內地，重建其昔日的業務王國。1946 年，於仁保險職員布羅迪（E. A. Brodie）被指派到上海負責恢復公司業務。布羅迪在戰前任於仁保險孟買分公司經理，1941 年 12 月 4 日到上海工作時被日軍拘捕，直到戰爭結束。在上海辦事處，他發現被一個“共榮運動”工作人員佔用的公司的一所房屋，幾乎與戰前別無兩樣。他表示：“由於檔案都已遺失，我們不得不從頭開始。” 布羅迪乘坐英國皇家海軍和美國海軍的艦船前往天津和北京，了解公司在兩地辦事處的情況。他發現，天津辦事處曾經被日本人佔住，那裡所有檔案都不見了；北京辦事處則變成了一家古玩店。**❹②**

於仁保險恢復了在上海和天津兩家辦事處的運作，但由於內戰中國民黨節節敗退，實際業務量已經很小。1950 年，即在中華人民共和國成立的第二年，於仁保險關閉了這兩家辦事處，並將其設在中國內地的機構撤至香港。1951 年，於仁保險併購了歷史悠久的中國火災保險公司。1953 年，於仁保險旗下的“揚子保險公司”改名為“北太平洋保險公司”（North Pacific Insurance Company）。於仁董事會主席 J. D. 亞歷山大（J. D. Alexander）表示，與過去相比，“揚子保險公司”這一名稱的廣告價值已經下降，而在過去，以莽莽長江及雄偉的上海港為公司起名是很具召喚力的。**❹③**

諫當保險公司也在 1949 年停止了其在中國內地的全部經營業務，這些業務在戰前曾佔公司總收入的 60%。根據該公司職員 Mr. MP 的回憶，1947 年中國通貨飛漲，貨幣貶值極快，購買物品所需的鈔票量很大。惡性通脹使主婦們買菜時都要用巨大的條紋袋來裝錢。怡和洋行上海分行，每月發薪 3 次。員工們的薪水使用中國當地的貨幣支付，所以每時每刻都會貶值。當每次發薪時，員工都會馬上衝出去買東西以求盡快把錢花完，或是交給在旁等候的家人，讓他們趕快去用，以免薪水馬上就貶值。1954 年，諫當保險正式關閉其在上海的辦事處，結束了公司在中國內地逾一個世紀的經營。而就在前一年的 1953 年，諫當保險公司改名為"隆德保險公司"。

根據該公司的一份紀念冊的說法，之所以將公司改名，主要是考慮到當時公司失去了中國內地的大部份生意，"諫當"已不適宜。新名稱則來源於公司悠久的歷史淵源：怡和集團的倫敦總部設在英國倫敦倫隆德大街 3 號已經超過一個世紀，在 1894 年"隆德"這個名稱就曾經被怡和屬下一家保險公司採用過。"隆德大街"這個名稱還蘊含了一段豐富歷史：公元前 6 世紀，一個德國部落入侵意大利，自稱隆德人，他們在波河河谷定居，此地被稱為隆德區（即現在意大利的隆德行政區）。在中世紀，該區發展成為以米蘭和熱內亞為中心的繁盛商業區。倫巴德成為世界發明創造與貿易交流的重要中心，也是銀行業與會計技術高度發展的中心。隆德的一些貨幣兌換商與銀行家從米蘭來到倫敦開拓市場，定居在倫敦交易所附近一條街上，這條街道後來被戲稱為"隆德大街"，並正式沿用至今。其後，地中海沿岸各貿易大國衰落，而英國經濟蓬勃發展，倫敦隆德大街就成為了世界性銀行業與保險業中心。這些都歸功於從北歐森林來的那個大鬍子部族，是他們的後裔發明了現代銀行業與簿記術。

這一時期，於仁保險在亞洲市場的發展受到挫折。20 世紀 50 年代，國際政治、經濟形勢發生重要變化。這一時期，世界民族主義勃興，許多發展中國家採取各種措施限制外國的航運公司和保險公司在本國的發展和經營。其中，不少國家積極推動本國船隊的發展，試圖從航運業的"無形收入"中獲得自己認為應有的合理份額。與此相聯繫，它們還通過立法來限制外國保險公司在本國經營包括水險在內的所有險種，以支持本國企業和金融機構。

1962 年，於仁保險董事會主席麥格雷戈（J. F. Macgregor）指出："公司和全球分支機構及代理商都深受這些限制性政策的影響。" 1961 年出任於仁保險公司海險部經理的奈傑爾·里格（Nigel Rigg）也指出："60 年代，東方的商貿形勢發生了巨大變化，我認為於仁保險公司至少反映了在保險領域的這種變化。”受到日益高漲的民族主義情緒的影響，於仁保險公司在緬甸、錫蘭的辦事處按當地政府法律被迫關閉。1964年，公司在雅加達的辦事處也被關閉，直到1969年才重新開業。到1964年，於仁保險在亞洲的分支機構已減少到10個。

由於在中國內地和亞洲地區的發展受到制約，英資保險公司轉而拓展澳洲、北美、歐洲乃至非洲等地區的海外業務。1950年，於仁保險先後在多倫多、蒙特利爾、溫哥華、卡爾加里和溫尼伯開設辦事處，加強了公司在加拿大的業務聯繫。於仁保險於1920年收購的加拿大比弗火災保險公司（Beaver Fire Insurance Company of Winnipeg），亦已完全合併到於仁保險公司中。1952-1953年，於仁保險大舉進軍非洲，先後在開普敦、布拉瓦約、德班、蒙巴薩和內羅畢等城市建立了辦事處。1957年，於仁保險的公司股票面值為10英鎊，而每股淨資產值更達到28英鎊左右。鑑於公司股票已經成為“世界上價格最高的保險股票之一”，1957年，於仁保險董事會宣佈將股票面值拆細成每股1英鎊，以吸引更多的股東。到1966年，於仁保險在加拿大的分支機構增加到18個，遍及8個省。60年代，公司在大洋洲的業務也擴大了，1964年，公司在澳洲開設了7個辦事處，在新西蘭也開設了7個辦事處。

當然，於仁保險也不輕易放棄亞洲業務。當時，許多亞洲國家政府都鼓勵甚至要求外資與當地資本共建合資企業，目的是支援當地的企業和投資、加快技術和管理經驗向當地轉化。1975年，於仁保險在印尼建立了一家新的合資公司 —— 馬斯卡帕於仁遠東保險公司（PT Maskapai Asuransi Union-Far East）。該公司在創辦第一年就顯示出其發展前景，隨後，一個相當大的分支機構網絡建立起來了。“在我們經營的市場上，我們請當地企業參加，是與它們共建合資企業的先行者。儘管倫敦方面對此存在一些疑問，但是公司還是於1975年在印尼建立了第一家合資企業。若干年後證明，這種嘗試是成功的。也許更為重要的是，公司開始積極物色所在國的國民成為公司的管理人員。這是公司的一項深謀遠慮的策略，它使我們與那些能為我們帶來利益的國家和地區建立更為密切的聯繫。”❹

這一時期，前身為諫當保險的隆德保險公司也積極拓展海外業務。它首先選擇了與公司具有深厚聯繫的澳洲。在澳洲，倫巴德公司的深厚聯繫來源於3個超過150

年的公司，包括怡和洋行、英王喬治公司（George King Co.）和南澳洲保險公司（South Australian Insurance Co.）。1827 年，英王喬治公司創始人之一 MR. TD 就曾經在廣州的怡和洋行任職。1829 年他在訪悉尼時設立了一家代理機構，並成為怡和保險和澳洲的直接聯繫。通過這一代理，保險業務可以經由加爾各答的馬格尼亞克商行的賬號來進行。⁴⁵ 1881 年諫當保險公司成為香港註冊的有限責任公司時，其部份股份被英王喬治公司及其夥伴持有；1888 年，英王喬治公司被指定為香港火燭保險公司的正式代理，一直到 1893 年為止。在這 80 年中，兩公司間的密切聯繫不斷加深。

　　1964 年，隆德保險公司全資收購了澳洲保險公司 Thacker Company of Sydney，並在伯斯（1967）、墨爾本（1969）、昆士蘭（1972）和南澳（1973）等重要城市設立新的分支機構，其中一些分支機構是通過併購其他公司的代理點來設立的。但是如果談到最早的代理點轉手或者併購，就要追溯到 1843 年，當時的倫敦聯合保險公司（Alliance Assurance Co. of London）把其下屬一個火險代理點賣給了怡和洋行，1861 年又出售了一個海上保險代理點。

　　20 世紀五六十年代，隆德保險公司在其他地區也迅速擴張，如在東南亞、日本、歐洲。隆德保險公司在亞洲的聯繫由過去的設立代理點、分支與分公司轉變成新的公司持股與控股安排，比如在香港、馬來西亞、菲律賓和南韓。到 80 年代中期，隆德保險以香港的基地，分支機構已拓展到日本、南韓、中國內地、東南亞的新加坡、泰國、馬來西亞及菲律賓，以及英國、澳洲和新西蘭，成為一家國際性保險集團。⁴⁶

》60 年代保險業：英商主導、三大集團支配

　　戰後，香港保險業營運商雖然已開始趨向多元化，但是，直至 20 世紀 60 年代後期，香港保險行業仍然由英資保險公司發揮主導作用，並主要被三個集團所支配：即保險業代理機構、少數在香港本地註冊的保險業股份有限公司，以及眾多的外國保險公司的分支機構。⁴⁷

　　作為保險業第一集團的保險業代理機構，主要仍然是香港傳統的貿易大商行，

香港俗稱"洋行"（Hongs），他們扮演著為當地，主要是外國保險公司發行保單的代理商，這些代理機構主要包括：怡和洋行、太古洋行、太平洋行（Gilman Group）、會德豐、英之傑集團（Inchcape Group），以及一些主要的銀行，例如恒生銀行，該行從 20 世紀 50 年代起就著手發展一個大型的保險部門。

怡和洋行保險部是當時香港最具影響力的保險業代理機構。60 年代後期，據 1968 年加入怡和保險部的郭振華回憶，當時，怡和洋行保險部設在港島中環畢打街怡和大廈（即現今的會德豐大廈）三樓，設有水險部、火險部、意外險部、賠償部、市務部、人事部等，職員約有 100 人左右。怡和洋行保險部除了代理集團屬下的隆德保險、香港火燭兩家本地保險公司之外，還代理了英國、歐洲，乃至美國、日本等 10 多家大型跨國保險公司，最高峰時曾代理十五六家保險公司，包括太陽聯合、Dowa 等等。而怡和洋行的主要保險客戶，都是當時香港上市的大藍籌公司，諸如置地、九龍倉、牛奶公司、電燈公司、中華電力、電車公司，等等。據郭振華回憶，70 年代末，怡和洋行保險部的職員已增加到 120-130 人，保費超過 1 億港元，並且成為香港最早引入電腦系統的保險機構。❹⓼

作為保險業代理機構，當時能與怡和洋行一爭高下的是太古洋行的保險部。戰後，太古洋行迅速恢復了其在香港的業務，包括保險業務。初時，太古保險部設在港島干諾道中 1 號，其後搬至於仁行（即後來的太古大廈）3 樓，與怡和保險部隔街對望。太古保險部亦設有水險部、火險部、意外險部、賠償部，以及會計部、事務部等，並設有壽險部，代理其昌人壽保險公司的業務。據 1971 年加入太古保險部的甄健沛回憶，當時太古保險部約有職員 70 多人，除 3-4 個外國人外，其他均為清一色的大學畢業生。擔任保險部華人經理的姚剛深得老闆信任，原因是其父親在上海做牧師時已認識太古老闆，姚剛早年到英國劍橋大學讀書時，就住在太古老闆家中。姚剛任華人經理時，太古的保險代理多達 500 人，他個人可收取 7.5% 的佣金，據說半個月的佣金曾高達 7 萬多港元。當時太古保險的客戶，包括太古煉糖廠、太古船塢、國泰航空公司、九巴、中巴、皇冠車行等等，而九巴一年的保費就高達 200 多萬港元。❹⓽

保險業的另一個集團是少數在香港本地註冊的保險業股份有限公司，主要包括於仁保險公司、隆德保險公司（即諫當保險公司）、香港火燭保險公司等。不過，這些保險公司多數由外資貿易大商行或外資保險公司持有控制性股權及經營權。當然，也有少數本地註冊的活躍保險公司是純華資的，如永安水火保險有限公司、先施保險置業有限公司等。作為香港歷史最悠久的保險公司之一，戰後至六七十年代，於仁保險公司一直是香港最具影響力和實力的保險公司之一。於仁保險最擅長的保險業務，就是水、火險，特別是水險業務。不過，1951年香港政府強制實施汽車第三者保險後，由於當時九龍半島很少設有保險公司，而於仁保險卻在九龍半島設有分行，因此，出現大批市民在於仁九龍分行排隊購買汽車保險的長龍。

1960年，於仁保險出現財政困難，被迫接受英國倫敦的嘉安保險集團（Guardian Assurance）的收購。嘉安集團是英國上市公司，在保險界排名在第四五位，是一家有實力的保險集團。嘉安集團收購於仁的目的，就是要借助於仁保險在亞洲地區的悠久歷史和崇高聲譽進軍遠東市場。因此，嘉安收購於仁後，並未將其改名，而是讓其繼續獨立開展業務，與客戶也保持著原有的聯繫。於仁保險的珀西·鄧特認為："說真的，嘉安兼併於仁並不是壞事。雖然於仁的財務狀況良好，但是它發現，在爭取數量越來越少、但規模越來越大的世界性貿易和工業公司的保險業務時，相對較小的規模越來越成為一種障礙。" ❺⓿ 不過，由於該集團始終看不透中國的發展策略，不敢輕易大規模投資，致使於仁保險在90年代以後實力逐漸下降，1999年嘉安集團本身亦被法國安盛保險（AXA）收購。

到60年代末70年代初，於仁保險的規模仍遠大於怡和保險，公司總部設在中環於仁行2樓，有獨立的電梯，職員超過100人，高層主管都是英國人，還有不少印度人、葡萄牙人。當時，於仁保險在香港有很多物業，包括著名的於仁行大廈和許多半山物業。1967年香港發生政治動亂，於仁保險將公司的物業出售，其中，於仁行就售予怡和集團旗下的置地公司，由於太古集團是於仁行的大租客，該大廈後來改名為"太古大廈"。當時，該公司的水險部其中一半的業務由恒生銀行、大昌行代理。於仁保險的水險業務相當出名，香港超過一半的遊艇均由於仁保險承保，每年的水險保費就達到4,000多萬港元。那時期，於仁的地位相當崇高，公司主席往往兼任香港會所主席、滙豐銀行董事以及馬會秘書，公司的財政實力也相當雄厚，即使在日軍佔領香港的三年零八個月時期，公司實際上已停止運作，但員工的工資仍然照發不誤。

第三大集團是眾多的外國保險公司的分支機構，主要是英國、北美和澳洲等國家保險公司的分支機構，包括主要從事一般保險的南英保險有限公司（South British Insurance Company Ltd.）、紐西蘭保險公司（New Zealand Insurance Company）、美亞保險有限公司（American International Underwriters Ltd.）、美國海外保險公司（American Foreign Insurance Association）、商聯保險（Commercial Union Assurance Company）、英國皇家保險（Royal Insurance Group）等，以及從事壽險的友邦保險有限公司（American International Assurance Company Ltd.）、宏利保險有限公司（Manufacturers Life Insurance Company）、加拿大永明人壽保險公司（Sun Life Assurance Company of Canada）等。

根據香港政府公司註冊處的統計，到 1969 年 3 月底為止，香港保險公司共有 207 家，其中包括保險代理行。不過，由於保險代理行只是用了保險公司的保單，可以代表保險公司參加公會，但本身並無公會會員的資格；因此，一般不將其統計入保險公司範圍之內。根據香港《經濟導報》的統計，在剔除這些保險代理行之後，到 1969 年底為止，香港共有保險公司 167 家，其中，經營水火險的一般保險公司 146 家，經營人壽保險的人壽保險公司 21 家。而實際上，在香港真正設立公司或分公司的，一般保險公司有 37 家，人壽保險公司 21 家，共有 57 家，其餘 110 家都是委託香港的銀行、洋行、商行或保險代理行代為出單，但都已分別參加了有關保險公會。

一般保險公司 146 家中，以英資最多，有 68 家；美洲資本次之，有 20 家，其中美資 19 家、加拿大資本 1 家；本地華資 16 家；歐洲資本（除英國外）10 家，包括瑞士資本 4 家、法國資本 3 家、荷蘭資本 3 家；澳洲資本 9 家；亞洲資本（除中國內地、香港外）14 家，包括日本資本 5 家、印度資本 5 家、印尼資本 2 家、菲律賓資本 2 家；中國資本則有 3 家。此外，還有一些華僑資本的保險公司。[51] 而在香港各項保險業務中，以水火險為最大宗，這些水火險業務以英資保險公司承保佔較大比重，美資保險公司次之，香港華資保險公司又次之。壽險業務則由美資保險公司把持，本地華商保險公司次之，英資保險公司又次之。至於汽車第三保險則仍由英資保險公司壟斷，美商及本地華商僅佔若干比重。[52]

08

壟斷香港經濟命脈

經過逾一個世紀的漫長歷史，尤其是 1950 年代以後的激烈競爭、收購合併，到 70 年代中後期，香港英資逐漸形成了十數個規模宏大、實力雄厚的大財團，包括滙豐銀行、渣打銀行、怡和、和記黃埔、太古、會德豐、嘉道理家族、英之傑、香港大東電報以及英美煙草公司等。這些財團透過屬下逾千家附屬及聯營公司，控制著香港的銀行業、保險業、公用事業、進出口貿易和批發零售商業、地產業、航運業、碼頭倉儲等，從而壟斷著香港的經濟命脈。英資財團對香港經濟的壟斷程度可從下列事實（表 3-2）得到反映：

第一，英資在香港主要的大型上市公司中佔有壓倒性的優勢。

二次大戰前，英資佔香港所有外國投資的 90% 以上，幾乎所有大型非華資貿易"行"和財務公司都是由英國人控制的。戰後這種情況仍然延續並獲得進一步的發展。直到 1970 年，英資佔優勢的公司在香港上市公司總數中約佔 70%，它們的資本合計約是總資本發行額的 80%。❸ 在 70 年代初股市狂潮中，香港股市仍然是英資四大行的天下。1979 年，英資上市公司共 35 家，市值達 727.7 億港元，在香港股市總值中所佔比重高達 64.25%。

其中，香港三十大上市公司中，英資公司佔了 19 席，包括滙豐（銀行）、恒生（銀行）、置地（地產）、九龍倉（碼頭倉庫）、香港電燈（電力）、和記黃埔（綜合企業）、怡和（綜合企業）、中華電力（電力）、太古公司（綜合企業、航空）、香港大酒店（酒店）、香港電話（電訊）、太古地產（地產）、青洲英坭（製造業）、香港隧道（交通）、亞洲航業（航運）、會德豐（綜合企業）、和記地產（地產）、怡和證券（投資證券）、海港企業（投資）等，遍及香港經濟的各個領域；而華資公司僅 11

表 3-2　1979 年底香港英資上市公司概況（單位：百萬港元）

公司名稱	市值	公司名稱	市值	公司名稱	市值
滙豐銀行	13,373	青洲英坭	1,782	安達臣大亞	335
恒生銀行	9,096	香港隧道	1,392	會德豐船務	324
置地	7,299	會德豐	1,164	仁孚	232
九龍倉	7,123	和記地產	800	屈臣氏	173
和記黃埔*	4,168	怡和證券	784	聯合企業	169
香港電燈	3,905	海港企業	746	英之傑	96
怡和	3,741	置業信託	633	香港地毯	85
中華電力	3,456	中華煤氣	516	和寶	55
太古公司	3,249	港機工程	494	夏利文發展	50
香港大酒店	2,102	聯邦地產	468	海港工程	45
香港電話	1,909	南華早報	413	寶福發展	35
太古地產	1,869	連卡佛	392	**總計**	72,473

* 1979 年 9 月李嘉誠收購和記黃埔 22.4% 股權，但於 1981 年 1 月 1 日才正式出任和黃主席，故 1979 年底仍將和黃系上市公司列為英資佔優勢的公司。其時，和黃系下的城市地產，均益倉已先後被私有化。

資料來源：《1979 年上市公司市值統計表》，載《信報財經月刊》第 3 卷第 10 期，第 44-45 頁。

家，包括新世界發展（地產）、長江實業（地產）、新鴻基地產（地產）、合和實業（地產）、恒隆（地產）、東亞銀行（銀行）、大昌地產（地產）、大寶地產（地產）、佳寧置業（地產）、廖創興企業（地產、銀行）等，幾乎都集中在地產業。

　　第二，直到 70 年代，英資公司仍然是香港最賺錢的企業集團，正所謂財雄勢大。

　　據統計，1973 年，香港十家英資大公司，包括中華電力、香港電燈、九龍倉、置地、滙豐銀行、香港電話、和記國際、怡和、怡和證券以及會德豐等，賺取的應納稅利潤約佔所有在香港註冊的公司總利潤的五分之一。❺ 1978 年度，香港十大盈利上市公司分別是：滙豐銀行（7.27 億港元）、怡和（3.36 億港元）、太古公司（3.24 億港元）、和記黃埔（2.99 億港元）、置地（2.79 億港元）、香港電話（2.55 億港元）、長江實業（2.45 億港元）、恒生銀行（2.08 億港元）、中華電力（1.95 億港元）、香港電話（1.92 億港元）。其中，除長江實業為華資公司外，其餘全部是英資公司。

第三，包括滙豐、渣打在內的英資銀行在銀行業佔有絕對的優勢。

在銀行業，香港的 3 家發鈔銀行，包括滙豐銀行、渣打銀行和有利銀行，均為英資銀行。其中，滙豐銀行直接扮演著香港"準中央銀行"的角色，直接或間接操縱著香港的金融事務和金融市場。1976 年底，香港的 74 家持牌銀行中，除了 24 家本地註冊銀行（華資銀行）之外，其餘均為外資銀行，其中，英資銀行有 5 家，包括 3 家發鈔銀行，以及伯克利銀行和滙豐財務公司。有研究指出："在外國銀行中，5 家英資銀行在整個銀行業結構中，佔支配的地位。"這一時期，滙豐銀行作為香港最大及最有影響力的銀行，擁有另一家發鈔銀行 —— 有利銀行的全部資產，其附屬公司 —— 滙豐財務公司亦持有銀行牌照，另還持有獲多利公司。當時，一般認為："滙豐銀行及其子公司掌握的存款和資產也許佔有持牌銀行部門的三分之二。" ❺ 批評者指滙豐享有特權，對此，滙豐爭辯說："它目前的卓越地位是由於密切配合香港的長遠利益所致。"一般分析，當時，滙豐銀行連同渣打銀行的接受的存款估計約佔整個銀行業存款總額的份額超過七成。在保險業的情況也是如此，英資保險公司一直佔有主導地位。

第四，以怡和、和記、太古、會德豐等四大行為首的英資企業集團，是香港經濟中最有權勢的壟斷寡頭，控制著香港經濟主要命脈。

香港四大英資洋行，包括怡和、和黃、太古、會德豐，透過其屬下的近千家附屬及聯營公司，經營著香港的進出口貿易、批發零售商業、金融、保險、航運、碼頭倉儲、地產、酒店以及製造業，成為香港最有權勢的多元化企業集團。此外，香港的公用事業，包括電訊、電力、航空、貨櫃運輸、公共交通，以及煤氣供應等，也幾乎全部壟斷在英資公司手中，這些英資公司包括香港大東電報局、香港電話、香港電燈、中華電力、中華煤氣、國泰航空、現代貨櫃碼頭、國際貨櫃碼碩、香港空運貨站、香港隧道、香港電車、天星小輪以及山頂纜車等。

第五，在地產業，儘管華資地產商已開始佔據優勢，但英資企業仍然擁有相當大的份額。

20 世紀 50 年代以後，香港地產業起步發展，一些新興的華資地產發展商，如吳多泰、霍英東等，推動了地產經營方式的變革，首創 "分層出售，分期付款" 的售樓制度。隨著地產業的蓬勃發展，華資地產公司激增。1965 年和 1967 年，香港先後爆發銀行危機和 "反英抗暴" 的政治運動，觸發了戰後以來最嚴重的一次地產危機，地價、樓價、租金大幅暴跌。在危機中，一批新興的地產發展商，如李嘉城、郭得勝、李兆基、鄭裕彤、王德輝等，及時把握時機，大量收購賤價拋售的地產物業，一舉奠定了日後在香港地產業大展鴻圖的基礎。70 年代初，新興的華資地產公司相繼在香港上市，到 70 年代末，華資地產商已開始壓倒英資而佔據優勢。不過，這一時期，怡和旗下的置地仍然是香港最大的地產公司，包括置地、九龍倉、太古地產、和記黃埔、和記地產、置業信託、聯邦地產、夏利文發展等一批英資地產公司，在港島中區、灣仔、銅鑼灣、鰂魚涌以及九龍半島的尖沙咀、紅磡等地區擁有大批貴重物業和龐大土地儲備，是香港最大的土地擁有者。

總體而言，50-70 年代，英資財團在香港經濟的地位達到了巔峰，它幾乎壟斷了香港經濟的所有重要部門，只有兩個重要部門例外，這就是地產業和製造業。其時，華資勢力正在製造業集結，並循地產業崛起。這時期，部份英資財團對香港這一 "借來的空間和時間" 的前景信心不足，因而對香港經濟走勢、地產、股市循環的判斷失準，導致經營策略出現重大失誤，這無疑為華資財團的崛起，提供了極為難得的機會。

註釋

❶ 毛里斯、柯立斯著，中國人民銀行總行金融研究所譯，《滙豐——香港上海銀行（滙豐銀行百年史）》，北京：中華書局，1979 年，第 147-148 頁。

❷ 怡和有限公司，《繼往開來百五載》，1982 年，第 8 頁。

❸ The Swire Group，*Swire 175 Years History*，太古集團小冊子，第 7-8 頁。

❹ 哈特臣（Robin Hutcheon）著，黃佩儀、湯麗儀譯，《錦霞滿天——利豐發展的道路》，廣州：中山大學出版社，1992 年，第 23 頁。

❺ 《星島日報》，1986 年 6 月 28 日。

❻ 方以端著，《怡和洋行在華興衰史（1832-1949）》，香港：《信報財經月刊》雜誌，第 8 卷第 4 期，第 112 頁。

❼ Maggie Keswick (ed.), *The Thistle and The Jade: A Celebration of 150 years of Jardine, Matheson & Co.*, London: Octopus Books Limited, 1982, 第 220 頁及附錄年表。

❽ 同註 7，第 228-229 頁。

❾ 韋怡仁著，《老牌英資怡和集團何去何從？》，香港：《信報財經月刊》雜誌，第 6 卷第 12 期，第 47 頁。

❿ 參閱《金門建築歷史》，金門建築（香港）有限公司官網。

⓫ 同註 9，第 16 頁。

⓬ 參閱牛奶國際有限公司官網。

⓭ 置地控股：《香港置地 125 年》（*Hongkong Land at 125*），2014 年，置地控股官網，第 161 頁。

⓮ 同註 13，第 131 頁。

⓯ 姬達著，《向祁德尊爵士致敬》，香港：《信報財經月刊》雜誌，第 5 卷第 2 期，第 107 頁。

⓰ 同註 15。

⓱ 韋理著，《我如何挽救一家瀕臨破產的公司》，香港：《信報財經月刊》雜誌，第 2 卷第 1 期，第 29 頁。

⓲ 同註 17。

⓳ 同註 17。

⓴ 同註 17，第 30 頁。

㉑ John Kidston Swire，*Swire Group House Magazine*，第 20 卷第 7 期，1993 年，第 18 頁。

㉒ 鍾寶賢著，《太古之道——太古在華一百五十年》，香港：三聯書店（香港）有限公司，2016 年，第 132 頁。

㉓ 同註 22，第 140 頁。

㉔ 《香港飛機工程公司與啟德為伴》，香港記憶計劃：《啟德老街坊：香港飛機工程公司元老的回憶》，2013 年，http://www.hkmemory.org/haeco/zh/home/。

㉕　安琪著,《香港空運貨站雄視世界》,香港:《經濟導報》雜誌,第 1861 期,第 12 頁。

㉖　冼樂嘉著、吳允儀譯,《現代先基:香港港口發展與現代貨箱碼頭有限公司》,香港:現代貨箱碼頭有限公司,1992 年,第 64-65 頁。

㉗　參考《會德豐的滄桑》,香港:《經濟導報》雜誌,第 1909 期,1985 年 3 月 3 日,第 13 頁。

㉘　黃光域著,《近世百大洋行誌》,中國社會科學院近代史研究所近代史資料編輯部編:《近代史資料》,總 81 號,北京:中國社會科學出版社,1992 年,第 22 頁。

㉙　何文翔著,《張祝珊經營西藥起家》,何文翔:《香港富豪列傳》,香港:明報出版社,1991 年,第 49 頁。

㉚　思聰著,《從會德豐被收購看馬登與包玉剛處理航運業危機的手法》,香港:《信報財經月刊》雜誌,第 9 卷第 1 期,第 34 頁。

㉛　思聰著,《怡和系連年收購動機難測:會德豐會被收購嗎?》,香港:《信報財經月刊》雜誌,第 5 卷第 3 期,第 25 頁。

㉜　同註 31。

㉝　洪一峰著,《沈弼和包約翰:香港銀行界的一對最佳配搭》,香港:《信報財經月刊》雜誌,第 4 卷第 5 期,第 43 頁。

㉞　Frank H. H. King, *The History of The Hongkong and Shanghai Banking Corporation: Volume IV, The Hongkong Bank in the Period of Development and Nationalism, 1941-1984: From Regional Bank to Multinational Group*, Cambridge: Cambridge University Press, 1991, pp.351-352.

㉟　同註 1,第 159 頁。

㊱　同註 34,第 367 頁。

㊲　古斯(T. K. Ghose)著、中國銀行港澳管理處培訓中心譯,《香港銀行體制》,香港:中國銀行港澳管理處培訓中心,1989 年,第 80-81 頁。

㊳　郭峰著,《恒生銀行的崛興》,香港:《南北極》雜誌,第 4 期,第 6 頁。

㊴　高英球著,《抽絲剝繭話滙豐》,香港:《信報財經月刊》雜誌,第 5 卷第 12 期,第 34 頁。

㊵　韋怡仁著,《立足香港放眼世界的滙豐銀行》,香港:《信報財經月刊》雜誌,第 7 卷第 2 期,第 60 頁。

㊶　Alan Chalkley, *Adventures and Perils: The First Hundred and Fifty Years of Union Insurance Society of Canton, Ltd.*, Hong Kong: Ogilvy & Mather Public Relations (Asia) Ltd., 1985, p.36.

㊷　同註 41,第 38 頁。

㊸　同註 41,第 36 頁。

㊹　同註 41,第 11 頁。

㊺　文中的 Magniac 可能就是進入中國最早最古老的英國私人公司馬格尼亞克商行(Charles Magniac Co.)。

㊻　Lombard Insurance Group, *Lombard Insurance Group, 1836-1986*, 1987, p.5.

㊼　Clive Ambrose, Brook-Fox, *Marketing Effectiveness in the Hong Kong Insurance Industry: A Study of the Elements of Marketing Strategy and Their Effect on Performance*, In partial fulfillment of the requirements for the degree of Masters of Business Administration of The University of Hong Kong, March 1982, pp.3-4.

❹ 馮邦彥、饒美蛟著，《厚生利群：香港保險史（1841-2008）》，香港：三聯書店（香港）有限公司，2009 年，第 116 頁。

❹ 同註 48，第 118 頁。

❺ 同註 44。

❺ 參閱《保險業》，《經濟導報》編：《香港經濟年鑑（1970 年）》，第一篇，第 186 頁。

❺ 同註 48，第 139-140 頁。

❺ 戴維・萊斯布里奇（David G. Lethbridge）編著，《香港的營業環境》（*The Business Environment in Hong Kong*, Oxford University Press, 1980），上海：上海翻譯出版公司，1984 年，第 210 頁。

❺ 同註 53。

❺ 同註 53，第 165 頁。

4

從巔峰滑落

20 世紀 70 年代中期以後，洋行時代開始式微，而香港的地產業卻蓬勃發展，一股勢力的下沉伴隨著另一股勢力的興起。這時，為期 10 年的"文化大革命"剛剛結束，中國即宣佈了"四個現代化"的宏偉計劃。其後，鄧小平復出，中共召開具歷史意義的十一屆三中全會，制訂改革開放方針，將戰略重心轉移到重建國民經濟的軌道上。種種政治、經濟舉措直接或間接地影響了香港原有勢力的平衡。受此鼓舞，日漸坐大、雄心勃勃的新興華資財閥，遂向信心不足的老牌英資財團發起了正面挑戰。就這樣，香港經濟史上數場動人心魄的收購戰拉開帷幕。

　　在短短數年間，數家老牌英資上市公司，包括青洲英坭、和記黃埔、九龍倉、香港電燈、會德豐等先後被華資大亨鯨吞，歷史悠久、聲名顯赫的英資大行四折其二，號稱"洋行王侯"的怡和，旗下兩大股肱九倉被褫奪、置地被圍捕，僅餘作風保守、雄健的太古尚能倖免，英資財團不可戰勝的神話隨風飄逝，其長期支配香港經濟命脈的壟斷地位亦因而動搖、被逐漸打破，以致無可挽回地從其權勢巔峰處滑落。

01

華資財閥勢力抬頭

　　香港開埠以後幾十年間，原本作為英資洋行和銀行附屬力量的華商勢力開始冒起，到 20 世紀上半葉，華資家族財團開始嶄露頭角，在百貨商貿、銀行、貿易、航運、地產等行業取得發展，並逐漸在某種程度上取得了獨立地位。50 年代以後，新興的華資力量逐步在製造業、航運、地產、影視娛樂、酒店等領域積聚、發展，並迅速崛起，到 70 年代末取得了令人矚目的成就。這一時期，華資財閥羽翼漸豐、勢力抬頭，正雄心勃勃、躍躍欲試，向一直壟斷香港經濟的英資財團發出挑戰。

» 華商發展的第一次浪潮：行商與買辦的崛興

　　1840 年中英鴉片戰爭的爆發，導致了英國對香港的侵佔和近代香港開埠。隨著英資洋行、銀行、輪船公司的湧入，香港傳統的自然經濟日趨瓦解，西方資本主義式的現代商業社會迅速形成。到 19 世紀末，香港從昔日的漁農社會演變成遠東轉口貿易的商埠，這種急遽的經濟轉變，為香港近現代華商勢力的崛起，提供了廣闊的社會背景。香港早期的華商，其主力是以南北行、金山莊為代表的行商和依附英資洋行、銀行、大公司的華人買辦。這兩股勢力的崛起，形成了香港華資的第一次發展浪潮，使華商成為香港經濟中一股具影響力的重要經濟力量，並為香港最終確立其作為遠東貿易轉口港的地位，奠下了一塊基石。不過，這一時期，香港華商就整體而言，基本上仍是作為英資財團的附屬力量而存在、發展的，或是在其夾縫中萌芽、成長的，尚未具備獨立性。這是香港華資家族財團的萌芽時期。

　　19 世紀 50 年代，太平天國運動席捲半個南中國，內地大批華人富商，因避戰亂紛紛移居香港，各種商舖如雨後春筍般湧現。其中，最矚目的是行商南北行、金山莊、南洋莊的相繼崛起，這是香港開埠初期華商勢力冒起的標誌。據香港政府的統計：1858 年，香港行商僅 35 家；1870 年增加到 113 家；到 1881 年更急增到 395 家，23 年間增加逾 10 倍。❶ 行商之外，尚有米行、花紗行、洋貨行、疋頭行、茶葉店及零售商；其中，以行商實力最強。它們主要經營轉口貿易，將內地大江以南及華北兩線貨物，轉運到美洲及澳洲，在不太長的時期內積累了大量財富。隨著實力的增強，華資行商開始向其他行業投資，初期主要是地產、典押、高利貸等傳統領域，後來逐漸擴展到航運、金融、保險等行業；但是，除了少數是自辦企業外，大部份均是購買英資洋行、銀行的少數股權，只限於收取股息，並無參與經營。

行商的代表人物是南北行的元發行東主高滿華和金山莊的和興號東主李陞。元發行初由高元盛開設，數年後因業務不振、本人年紀大而兒子不肖，遂轉讓予高滿華，由高滿華將之發揚光大。高滿華（又稱高廷楷、高楚香），廣東澄海縣人，早年在家鄉耕田，粗通文字，早在鴉片戰爭前已越洋赴暹羅謀生，曾當過苦力、廚師，漸有積蓄，於是購置帆船販運貨物回潮州，人稱“滿華船主”。他又在泰國開設元發盛商號，擁有碾穀廠，故又有“滿華座山”之稱。高滿華接掌元發行後，便以香港為基地，經營暹羅大米的進出口生意，他在暹羅擁有 5 間碾穀廠，所產白米全部運返香港出售。除白米外，元發行還經營南北土產，生意規模愈做愈大。1868 年南北行公所成立時，高滿華是發起人之一，1869 年東華醫院籌辦時，高滿華被南北行同業推舉，出任東華醫院的倡建總理。當時，高滿華已是南北行同業的領袖之一。

和興號東主李陞，祖籍廣東新會，1854 年與兄長李良來港創業，初期從事錢銀兌換生意，後創辦和興行金山莊，經營對美國加州和澳洲的轉口貿易，並兼營苦力貿易、販賣鴉片、錢莊、賭業。發跡後，李陞成為香港聞名的大地主，擁有大批物業，港島李陞街就是其物業的一部份。1889 年置地公司創辦後，李陞即成為置地的股東及董事，又與怡和買辦唐景星等合資開設廣州城南地基公司，購買土地，建築碼頭、堆棧。李陞又參與創辦安泰保險公司，經營往來香港船隻的保險業務，成為“19 世紀下半葉華人闖入洋商壟斷的商業和金融領域的重要一步”❷。李陞可說是 19 世紀香港最重要的華商領袖之一。

這時期，香港華商的另一股重要勢力是英資洋行、銀行以及輪船公司的買辦。

所謂＂買辦＂，是指 1840 年鴉片戰爭以後，受僱於在華外資洋行並做它們代理人的中國人。買辦一詞是借用舊稱的，在中國明代是指專司宮廷供應的商人，後來，凡在官府從事採購的人員都統稱買辦。到了清朝，連官宦人家的採購人員也都成為買辦。18 世紀，清朝將廣州十三行中招待外商的商館辦事人員通稱為買辦。買辦的特定涵義在鴉片戰爭後才具體確定。買辦作為洋行對中國貿易的代理人和仲介人，其職責主要是替洋行管理財務、代理業務、代購代銷商品、打通中國官府關節等等，並藉此收取薪金、佣金，以及投資利息和經商利潤。

19 世紀 50 年代以後，隨著外資洋行數量的增加，買辦勢力也迅速壯大。據統計，1851 年香港洋行買辦僅 6 人，1871 年增加到 76 人，到 1891 年更增加到 126 人。依附洋行的華人買辦，利用其代理人的身份，憑藉著當時洋行如日中天的權勢，迅速致富，成為香港華商的中堅力量。其中，著名的有怡和洋行買辦何東、何福；滙豐銀行買辦羅伯常、羅壽嵩；渣打銀行買辦容良；有利銀行買辦韋亞光、韋玉；太古洋行買辦莫仕揚；德忌利士洋行買辦吳泩；鐵行輪船公司買辦郭甘章；仁記洋行買辦梁安等。買辦致富後，亦多以購股的方式投資於外商經營的金融、保險、航運等企業；但也有自資開設商號，經商牟利的。

何東是香港華人買辦勢力的代表。他是歐亞混血兒，但自署廣東寶安人，1880 年任怡和洋行副買辦，1894 年晉升總買辦，負責管理貿易、保險等業務，6 年後因病告退職務由其弟何福繼任。何東出任怡和洋行買辦前後共 20 載，積累資金逾 200 萬兩白銀。何東退職後自行經商，大量投資於房地產業，到二次大戰後，何東家族擁有的物業，包括山頂的何東樓，港島中區的恒生銀行總行地盤，舊中央街市地段，灣仔的東生大廈、東城大廈、承業大廈，九龍的東英大廈，旺角的東興大廈，以及彌敦道的 12 幢商廈。除房地產外，何東還大量投資於英資公司的股票，包括置地、香港大酒店、省港澳輪船公司、黃埔船塢、香港電車、印—華輪船公司、香港火險、廣州保險等公司，並出任這些公司的董事或顧問。❸ 何東可說是香港戰前最顯赫的華商家族。

除何東外，滙豐銀行買辦羅壽嵩也是代表人物，他既是滙豐銀行的華股代表，又是元隆號、永同仁銀號的老闆以及一些錢莊的股東，他一面以買辦身份作保，介紹錢莊向滙豐借款；一面又以錢莊老闆身份經商，成為當時香港金融界的實力人物。❹

1924 年香港華人買辦的代表何東（右）與著名作家蕭伯納（左）。何東曾先後出任怡和洋行買辦共 20 年。

鐵行輪船公司買辦郭甘章，1854 年購入鐵行輪船公司的機械工程部和修理廠，承接船舶修理業務，同時開設發興行，經營船舶租賃業。1877 年郭甘章擁有輪船 13 艘，航行於省港澳之間，成為香港航運界的鉅子。❺

» 華商發展的第二次浪潮：內地富商與海外華僑移居香港

踏入 20 世紀，香港作為貿易轉口港的商埠已日漸繁榮，而內地則因義和團運動、八國聯軍侵華、辛亥革命，以及日本發動的侵華戰爭而依然處於動蕩年代，從北美、澳洲、南洋掘得 "第一桶金" 的華僑富商也紛紛移師香港，另闢經營領域。這三股力量的匯聚，令華資家族財團開始在香港的零售百貨、銀行、航運、地產以至醫藥等各個領域嶄露頭角，形成了香港華資的第二次發展浪潮。不過，整體而言，香港華商基本上仍然是在強大的英資財團的夾縫中生存、發展，並未在任何一個重要經濟行業佔據優勢，或對英資財團構成強而有力的競爭。

零售百貨方面，以澳洲華僑富商為主。1900 年，澳洲華僑馬應彪、蔡興等在香港開設首家華資百貨商店先施公司，馬應彪採用外國先進管理方法，率先在香港僱用女售貨員，又提倡"不二價"，成為當時香港轟動一時的新聞。1909 年先施公司註冊成為有限公司，並先後在廣州、上海開設分店，又開辦國民銀行，兼營保險公司。1916 年，上海先施公司開業，規模宏大，服務周到，成為上海及全國百貨公司之冠。

1907 年，澳洲華僑郭泉、郭樂兄弟在香港皇后大道中開設永安百貨公司，經營世界各地貨品，並兼營金山莊進出口生意。永安創辦時，員工已達六十餘人，永安公司在香港站穩腳跟後，即將業務擴展到倉儲、地產、保險及銀行業，又在上海、漢口等地開設分行，規模迅速擴大。1915 年，郭氏兄弟創辦永安水火保險有限公司，10 年後再創辦永安人壽保險有限公司，業務遍及內地各大城市及東南亞地區。1931 年郭氏兄弟再創辦永安銀行，其後更大量投資房地產，數十年間，購入物業 200 餘間，遍佈港島中區、九龍彌敦道、尖沙咀等地。❻ 到 50 年代，永安集團已成為香港主要的華資家族財團之一。

先施公司、永安公司以及 1911 年澳洲華僑蔡英輝、蔡昌、蔡子輝創辦的大新公司和後來成立的中華百貨公司，並稱華資四大百貨公司，在香港的零售百貨業佔有重要地位。至今，先施、永安仍是香港華資百貨業的翹楚。

這一時期，華商在銀行業也有了較快的發展，自 1912 年華商陸建山、李煜堂創辦廣東銀行以後，華資銀行紛紛湧現，計有大有銀行（1914）、華商銀行（1918）、東亞銀行（1918）、香港國民商業儲蓄銀行和道亨銀行（1921）、康年儲蓄銀行（1922）、嘉華儲蓄銀行（1922）、永安銀行和廣東信託商業銀行（1931）、恒生銀號和永隆銀號（1933）、香港汕頭商業銀行（1934）、恒隆銀號（1935）、廖創興銀莊（1948）等；此外，新成立的金融機構尚有瑞吉銀號、鄧天福銀號、昌記銀號、寶豐銀業公司、海陸通銀業公司、太原銀業公司等。

華資銀行中最具規模的是東亞銀行和恒生銀行。東亞銀行由周壽臣、簡東浦、馮平山、李冠春等人合資創辦，在簡東浦的主持下，致力拓展業務，先後在九龍的油麻地、廣東道，越南的西貢，內地的上海、廣州等地設立分行，又與世界各地銀行加強聯繫。1935 年在皇后大道中建成總行大廈。戰後，東亞銀行一度成為最大華資銀行，其後才被恒生銀行趕上。到 1994 年，東亞銀行已成為香港最大的華資銀行集團，在香港擁有分行 65 間，並在紐約、洛杉磯、倫敦、新加坡、開曼群島以及中國

1920 年代的上環碼頭。注意圖左的先施公司為 1900 年在香港創辦的首家華資百貨商店。

內地設有分支機構。1994 年底，東亞銀行市值高達 225.94 億港元，令大股東李國寶家族躋身香港上市公司華資十大財閥之列。

　　除了零售百貨、銀行業，華資在醫藥製品的投資也相當活躍，著名的有胡文虎的永安堂、余東旋的余仁生堂、馮福田的廣生行及顏玉瑩的白花油藥廠。胡文虎祖籍福建永定，其父早年在緬甸仰光開設永安堂國藥，胡文虎繼承父業後，於 1932 年將永安堂遷至香港，並在廣州，汕頭興建製藥廠，其研製的多種藥品，其中尤以虎標萬金油暢銷內地及東南亞。到 30 年代，胡文虎轉向報業發展，先後創辦《星島日報》、英文《香港虎報》（*Hong Kong Tiger Standard*），成為當時規模最大的報業集團。余東旋祖籍廣東佛山，早年在南洋經營橡膠園致富，在東南亞各地開設余仁匯兌兼藥材商店，1917 年在香港開設分店。余仁生堂以生產白鳳丸馳譽香港及海外，又以售賣優質中藥材享譽海外各華埠。馮福田祖籍廣東南海，1905 年在香港開設廣生行，專售化妝品，後來業務迅速擴展，在香山、東莞、漢口、天津、南京、上海等地廣設分行，其生產的雙妹嚜牌花露水在香港更是家喻戶曉、深入民心。40 年代，廣生行在香港上市，先後在灣仔、銅鑼灣等地購入大批物業，成為有名的藍籌股。顏玉瑩原籍福建海澄，早年在新加坡經商，1927 年開設白花油製藥廠，50 年代將藥廠遷至香港，其產品白花油暢銷海外各埠。

　　這一時期，華商在香港地產業的勢力進一步冒起，形成了一批以地產為主幹的家族企業集團，著名的有利希慎家族集團、馮平山家族集團、許愛周家族集團，以及張祝珊家族集團。

利氏家族祖籍廣東新會，第一代利良奕早年在美國舊金山做礦工，19世紀末到香港發展，初期開設禮昌隆及金興號經營布匹、絲綢生意，後來轉向全力發展鴉片業務，取得澳門進出口、轉口、零售及提煉鴉片的專利權，財富急劇膨脹。利良奕逝世後，其子利希慎繼承父業，旋即成為鴉片大王。1923年，利希慎創立希慎置業公司，以380萬港元向怡和洋行購入銅鑼灣鵝頭山地段（後改名為利園山）。二三十年代，利氏家族在利園山一帶大量購入物業地皮，成為銅鑼灣赫赫有名的大地主。戰後，利希慎長子利銘澤透過希慎置業開發利園山，先後建成波斯富街、利園山道、恩平道、新會道、新寧道上大批樓宇，以及格調豪華的利園酒店，逐步建立利氏家族在銅鑼灣的"地產王國"。

馮平山集團是當時香港另一個重要的華資家族財團。馮平山原籍廣東新會，15歲隨叔父到暹羅經營絲綢和土特產生意。10年後重返內地，從事廣州到重慶之間的航運貿易。20世紀初，馮平山移居香港，創辦兆豐行，經營冬菇和各類海產的批發零售，生意興隆，成為南北行響噹噹的商號。從30年代起馮平山轉而投資地產，在灣仔填海區大規模購地建房，成為有名的地產商。馮平山逝世後，其子馮秉芬繼承父業，創辦馮秉芬集團有限公司，旗下業務遍及地產、貿易、運輸、製造業及傳播業。馮秉芬一時成為炙手可熱的商界紅人。可是，馮氏集團在80年代出現財政危機，家族生意中落。

20世紀上半葉在香港及內地貿易、航運及地產界聞名的還有許愛周家族集團。許愛周原籍廣東湛江，早年隨父經商，創立福泰號，專營花生油等食品雜貨，後來相繼開設仁和號、廣宏泰、天元號等商號，從事貿易生意。20年代以後，許愛周進軍航運業，創辦順昌航業公司，航行於香港至廣州灣，成為華商航運鉅子。其後，他移居香港，大量投資於香港房地產業。50年代後期創辦中建企業公司，購入中區畢打街香港大酒店舊址，重建為中建大廈，又興建皇后大道中亞細亞行，並在港九各地大量購置物業，成為著名的華資地產商。

此外，還有張祝珊家族集團。張祝珊原籍廣東新會，早年在廣州開設張錦記，經營竹蓆、籚籃、油甘子葉等山貨。1936 年張祝珊病逝，其子張玉階繼承父業。廣州淪陷後，張氏家族移居香港。戰後，張玉階先後在香港、廣州等地開設張錦記洋雜西藥店、歐洲海岸有限公司、利來西藥行，經營西藥批發、零售。朝鮮戰爭爆發後，聯合國對中國實行禁運，張玉階將西藥運往中國內地銷售，迅速致富。50 年代，張氏家族全力進軍地產業，先後創辦錦興置業有限公司、興隆按揭地產公司、英德建築公司，購入大批地皮物業，包括銅鑼灣百德新街的大批貨倉用地。1962 年，張氏家族興建中區聯邦大廈和國際大廈，並將兩幢大廈注入聯邦地產公司，成為大股東。1972 年，張氏家族以所持聯邦地產股份以及半山梅道、種植道、花園台等物業，交換置業信託和會德豐股份，成為會德豐集團的大股東。

» 華商發展的第三次浪潮：在製造、航運、地產等領域取得優勢

20 世紀 50 年代以後，香港的華商勢力掀起了第三次發展浪潮，這次浪潮來勢之兇猛、規模之浩大、影響之深遠，前所未見。如果說上一次浪潮中，華商勢力雖然逐漸在地產、航運、零售百貨以及銀行業等領域嶄露頭角，但基本上仍然是在強大的英資財團的夾縫中生存發展，並未在任何一個重要經濟行業佔據優勢，或對英資財團構成強而有力的競爭。而這一次浪潮中，新興的華資力量成為推動香港經濟發展的主要動力，並在香港經濟最重要的行業 —— 製造業取得統治地位。

50 年代初，朝鮮戰爭爆發，聯合國對中國實施貿易禁運，香港的轉口貿易驟然萎縮，經濟衰退，傳統的經濟發展道路被堵塞。這時期，大批從上海等內地城市移居香港的華人實業家，連同其攜帶來的資金、機器設備、技術、企業管理人才以及與海外市場的聯繫，在香港建立了最初的工業基礎 —— 紡織業，推動了香港的工業化。這批華人實業家，與五六十年代受排華浪潮及當地政局不穩影響而從東南亞地區流入香港的華人資本，構成了香港新興華商力量的基礎。在新興華商力量的推動下，香港的工業化進程迅速推進，從紡織擴展到製衣、塑膠、電子、玩具、鐘錶等行業。據統計，1950 年香港工廠數目僅 1,478 間，僱員 8 萬人；到 1960 年已分別增加到 5,346

戰後冒起的工業區。當時主要的工業有製衣、塑膠等。

間，22 萬人；1970 年更增加到 16,507 間，55 萬人，比 1950 年分別增加 10.2 倍和 5.9 倍。❼ 1970 年製造業在香港本地生產總值中所佔比重達到 30.9%，成為帶動香港經濟發展的最重要部門。這時期，香港經濟結構急劇轉變，從傳統的貿易轉口港迅速蛻變成遠東區的加工工業中心以及工商並重的商埠。

伴隨著香港工業化的快速步伐，一批頗具實力的華資企業集團相繼崛起，著名的有：安子介、周文軒的南聯實業、唐炳源的南海紡織、唐翔千的半島針織、查濟民的中國染廠、陳廷驊的南豐紗廠、林百欣的麗新製衣、李嘉誠的長江工業、丁熊照的開達實業、黃克兢的寶源光學、黃篤修的淘化大同、蔣震的震雄機器、汪松亮的德昌機電、王德輝的華懋公司等等。這批企業集團成為了香港製造業的骨幹。

在航運業中，華資的主力是包玉剛的環球航運、董浩雲的東方海外、趙從衍的華光航運，以及曹文錦的萬邦航運等四大航運集團。其中，又以環球航運集團實力最雄厚、規模最宏大。環球航運集團創辦於 1955 年，創辦人包玉剛，1918 年出生於浙江寧波，早年曾在上海銀行界任職，1949 年移居香港。1955 年，包玉剛看好世界航運業前景，遂創辦環球航運有限公司，斥資 70 萬美元購入一艘 27 年船齡，載重量 8,700 噸的燒煤船，改名"金安號"，邁開創立環球航運集團的第一步。1956 年，埃及收回蘇伊士運河，世界航運價格急漲，包玉剛趁機向銀行貸款增購船隻，擴大經營，至該年底，環球航運公司的船隊已增至 7 艘。早期，環球航運公司的船隻，絕大部份均以"長期租約"的方式租予日本航運公司，日本經濟的勃興促使包氏船隊迅速擴大。包玉剛運用所謂"三張合約"的策略，即用租船合約去取得銀行貸款合約，再以銀行貸款去簽訂造船合約，迅速擴大其航運業務。1973 年，世界石油危機爆發，油輪需求驟減，世界航運業開始不景氣，包氏的環球航運集團則以"長租"政策渡過難關。1979 年底，環球航運集團步入最昌盛的時期，成為世界航運業中高踞首位的私營船東集團，旗下漆有集團標誌"W"的船舶達 202 艘，總噸位超過 2,050 萬噸，超出排名世界第二位的日本三光船務公司 1 倍，直逼蘇聯全國商船的總噸位。包玉剛"世界船王"之名，不脛而走。

除包玉剛外，另一位航運鉅子董浩雲亦躋身世界七大船王之列。董浩雲也是浙江寧波人，17 歲便踏足航運界，二次大戰後，他先後創辦中國航運公司和復興航業公司，50 年代初移師香港。1973 年，董浩雲創辦東方海外國際有限公司，船隊規模迅速擴大。董氏旗下的"海上巨人號"（The Seawise Giant）是全球最大的超級油輪，1980 年董浩雲更收購了英國最大的航運集團富納斯惠實航運公司。到 70 年代末 80 年代初，以環球航運、東方海外、華光航業、萬邦航運為主力的華資航運實力，已遠遠超過了香港英資財團的航運力量。

在地產業，早在 1953 年，華商霍英東創辦霍興業堂置業有限公司，他首創"分層出售"和"分期付款"的方法，利用公眾的資金加快地產發展，結果貨如輪轉，賺取厚利；其他地產發展商紛紛仿效，促進了地產業的發展。1963 年，號稱"三劍俠"的郭得勝、李兆基、馮景禧三人創辦了新鴻基企業，郭得勝憑藉經營鴻興合記時與工業界建立的聯繫，了解香港中小廠家對工業樓宇的殷切需求，運用"分層出售、分期付款"的辦法發展多層工業樓宇，結果大受山寨式廠家的歡迎，稱雄工業樓宇市場。這一時期，從事塑膠生產的李嘉誠，以及從事製衣業的林百欣也先後進軍香港的工業樓宇市場，並取得迅速的發展。

1967 年，香港受到內地"文化大革命"的衝擊，政局動蕩，部份英資公司及富戶紛紛拋售物業，外撤或移民海外，地產市場崩潰。這時期，李嘉誠、郭得勝、王德輝、陳廷驊等華資地產商卻看好香港地產業的長遠前景，及時抓住這一良機，大量吸納價格低廉的地皮物業，一舉奠定了他們日後在香港地產業大展鴻圖的基礎。60 年代後期，華資的勢力雖已有相當程度的發展，但在財務方面仍難與英資公司匹敵。香港證券交易所仍鮮有華資公司掛牌上市，透過市場集資擴張業務。因此，華資要支配香港經濟的路途仍十分遙遠。

1969 年，為適應華資公司上市的殷切需求，華商李福兆和多位財經界名人創辦遠東交易所有限公司，打破了由英資控制的香港證券交易所的長期壟斷，開創了香港證券業的新紀元。1972 年，香港股市進入大牛市，大批華資地產公司紛紛上市，包括李嘉誠的長江實業、郭得勝的新鴻基地產、胡應湘的合和實業、陳曾熙的恒隆、陳斌的大昌地產、鄭裕彤的新世界發展、羅鷹石的鷹君、黃廷芳的信和地產等等。其中，長江實業、新鴻基地產、合和實業、恒隆、大昌地產並稱華資的"地產五虎將"。

華資地產公司上市後，透過發行新股集資，或將股票按揭，獲得充裕的資金發展地產，業務作三級跳。如長江實業集團，僅 1973 年就公開發行新股 5 次，總數達 3,168 萬股，先後購入灣仔軒尼詩道 8 幢舊樓、皇后大道中聯成大廈一半權益、皇后大道中勵精大廈、觀塘中匯大廈等。1975 年，長實再以每股 3.4 港元價格發行新股，集資 6,800 萬港元，購入地皮物業逾十多處。1976 年，長實擁有的樓宇面積已急增到 365 萬平方呎，即在短短上市 4 年間增加了逾 17 倍。此時，長實已成為華資大型地產集團。據統計，截至 1978 年底，香港 30 家市值最大的上市公司中，華資公司已佔 12 家，包括新世界發展、新鴻基地產、長江實業、亞洲航業、東亞銀行、東方海外、恒隆、美麗華酒店、九龍巴士、合和實業、南聯實業，以及友聯銀行。❽ 這時，作為香港經濟的一股朝氣勃勃的新興力量，財雄勢大的華資財閥，已具備條件向長期壟斷香港經濟的英資財團正面發出挑戰。

表 4-1　1978 年底香港 30 家市值最大的上市公司名單

名次	公司名稱	市價資本額（港元）
1	香港上海滙豐銀行	8,084,010,865
2	恒生銀行有限公司	5,255,250,000
3	香港置地有限公司	3,653,272,500
4	香港電燈集團有限公司	2,910,600,000
5	太古股份有限公司	2,542,411,150
6	怡和有限公司	2,489,190,895
7	香港九龍貨倉有限公司	2,453,513,457
8	中華電力有限公司	2,030,000,000
9	新世界發展有限公司	1,660,957,413
10	和記黃埔有限公司	1,590,735,559
11	香港電話有限公司	1,459,689,000
12	香港隧道有限公司	1,075,250,000
13	太古地產有限公司	977,518,820
14	新鴻基地產發展有限公司	937,117,863
15	長江實業（集團）有限公司	932,159,600
16	亞洲航業有限公司	894,660,000
17	東亞銀行有限公司	880,400,000
18	香港上海大酒店有限公司	866,730,000
19	青洲英坭有限公司	864,000,000
20	東方海外貨櫃航業有限公司	729,781,250
21	會德豐有限公司	711,100,000
22	恒隆有限公司	582,000,000
23	香港飛機工程有限公司	543,235,000
24	均益有限公司	527,850,000
25	怡和證券有限公司	520,912,016
26	美麗華酒店企業有限公司	507,180,000
27	九龍汽車（一九三三）有限公司	497,314,755
28	合和實業有限公司	492,000,000
29	南聯實業有限公司	475,412,889
30	香港友聯銀行有限公司	451,501,820

＊上述數字是以 1978 年 12 月 31 日已發行之普通股數目作參考計算

資料來源：《香港證券交易所年刊》，1985 年。

02

和記黃埔首告陷落

─────────

　　1970 年代後期，羽翼漸豐、雄心勃勃的華資財閥開始覬覦英資公司的控制權，正面挑戰英資財團至高無上的權勢。1979 年，和記黃埔被華商李嘉誠收購，李嘉誠成為入主英資四大行的第一位華人。自此，英資財團在香港經濟中的壟斷地位漸漸被打破。

》 李嘉誠 "開創收購外資公司先河"

　　李嘉誠，廣東潮安人，1928 年出生於家鄉，11 歲時因日軍侵華，隨父母舉家南遷香港；14 歲時因父親病逝，只好輟學外出謀生，很快成為出色的塑膠產品推銷員。1950 年李嘉誠以自己多年積蓄及向親友籌借約 5 萬港元，創辦了長江塑膠廠，邁開其創立日後宏偉基業的第一步。工廠取名 "長江"，據李氏的解釋，是 "長江不擇細流，才能納百川歸大海"。1957 年，長江塑膠廠重組為長江工業有限公司，其時公司已初具規模，年利潤已達 1,000 萬港元，李嘉誠成為香港有名的 "塑膠花大王"。

　　1958 年，李嘉誠看好香港地產業前景，開始涉足地產業，同年他在北角購地興建了一座 12 層高的工業大廈，作為進軍地產業的第一步。此後，他陸續在港島北角、柴灣，及新界元朗等地區發展工業大廈，規模越做越大。1967 年，香港地產陷入低潮，李嘉誠利用這千載一時的良機，大量收購價格低賤的地皮物業，奠定了日後在地產界大展鴻圖的基礎。1971 年 6 月，李嘉誠創辦長江地產有限公司，1972 年 8 月改名為長江實業（集團）有限公司，並將它在香港掛牌上市。

　　1977 年，李嘉誠的長江實業進入一個新紀元。這年，長實擊敗老牌英資置地公

長江實業集團主席李嘉誠，是開創收
購外資公司先河的首位華商。

50 年代的塑膠業工人。李嘉誠早年曾經營塑膠業，是
香港有名的"塑膠花大王"。

司，奪得港島中區地鐵中環站和金鐘站上蓋的物業發展權。經此一役，長實的聲譽作
三級跳，在投資者心目中的地位大幅提高。資深的股評家甚至預測，長實的實力有可
能超越置地。這時期，香港的地產市道已頻頻創出新高，香港政府正實施高地價政
策，官地只作有限度的供應，每次賣地幾乎都會創出高價，通過競投官地或收購舊樓
重建已不易為。然而同期內，香港股市仍然疲弱，一批持有龐大優質土地的英資上市
公司，因經營保守而股價長期偏低。尤其值得注意的是，這批公司的大股東持股量均
不足，對公司的控制權不穩。李嘉誠憑著他敏銳的商業目光看到集團發展的新方向，
他決定動用大量現金收購這些潛質優厚的英資公司，為集團在 80 年代的大發展未雨
綢繆。

　　1977 年，李嘉誠小試牛刀，以 2.3 億港元收購美資的永高公司，開創了香港華
資公司吞併外資企業的先河。永高公司擁有港島中環著名的希爾頓酒店，以及印尼峇
里島的凱悅酒店；不過，其時公司盈利停滯不前，峇里島的凱悅酒店正在虧蝕之中。
當時，普遍指長實出價過高，認為不值。然而，事後證明，長實對永高的收購極為成
功，因為要在同樣地點興建同等規模的一流酒店，再多用 1 倍的資金也做不到。

» 收購九龍倉功敗垂成

初露鋒芒之後，李嘉誠即將收購的目標指向九龍倉。九龍倉創辦於 1868 年，當時稱為香港九龍碼頭及倉庫有限公司，主要業務是經營九龍的碼頭及倉儲業務，在尖沙咀擁有龐大土地。九龍倉的創辦人是著名英商保羅·遮打爵士及怡和洋行，因而亦同時兼任九龍倉主席。因而長期以來，九龍倉一直是英資怡和洋行旗下的置地公司的聯營公司，由怡和主席兼任公司主席。20 世紀 40 年代，九龍倉已發展成香港一家以效率著稱的大型碼頭倉儲公司，其碼頭能夠同時停泊 10 艘遠洋巨輪，貨倉能儲存約 75 萬噸貨物。60 年代末以後，香港碼頭業掀起貨櫃化革命，九倉遂將碼頭倉庫遷往葵涌、荃灣，在尖沙咀海傍碼頭貨倉舊址興建規模宏大的綜合物業海港城，業務搞得有聲有色。

然而，九龍倉的投資策略有兩個致命弱點：其一，是以發行新股的方式籌集發展資金。1973-1974 年期間，九龍倉為籌集發展海洋中心及海港城的龐大資金，先後多次發行新股及送紅股，令公司股數從 990 萬股急升至 8,501 萬股；1975 年 5 月及 1976 年 10 月，九龍倉再發行 1.2 億港元的 8 厘息可兌股債券及 2 億港元 7.5 厘息附有認股證債券，結果不少九龍倉股東拋售股票籌集資金收購債券，令股價偏低，股票大量流入散戶之中。其二，是九龍倉興建的商廈，以出租用途為主，現金回流極慢，盈利增長低，這亦是造成九龍倉股價偏低的一個重要因素。1978 年初，九龍倉的股價最低見 11.8 港元；期間，香港地價不僅沒有回落，而且大幅飆升，地處繁華商業區的尖沙咀更是寸土尺金。

這個強烈的反差立即被資深的香港股評家察覺，當時，《信報》資深股評家思聰就以 "九倉業務開始蛻變，未來十年盈利保持增長" 為題，指出九龍倉的股價極之偏低，且手上資金足夠尖沙咀發展之用，值得大大看好。❾1978 年 1 月 24 日，思聰在《信報》"香港股市" 專欄，重估九龍倉資產，他根據當時尖沙咀一幅官地拍賣的成交價為 4,700 萬港元，指出九龍倉的每股資產高達 39.04 港元，而當時九倉股價徘徊在 12 港元水平，認為十分 "抵買"。❿ 然而，比股評家更敏銳的是李嘉誠。當時李嘉誠得到一項情報說，只要購入 20% 的九龍倉股票，便可挑戰置地的大股東地位（事實上，1978 年底，置地僅持有九龍倉約 10% 股權）。因此，他不動聲色地大量購入九龍倉股票，從每股 10 餘港元一直買到每股 30 多港元，共吸納了大約 1,000 萬股九倉股票，約佔九倉已發行股份的 18%。

隨著九龍倉股份不尋常的飆升，香港各大財團以及升斗市民均開始意識到有人正打九龍倉主意，紛紛蜂湧入市，將九龍倉的股票進一步炒起，1978 年 3 月，九龍倉股價飆升至每股 46 港元的歷史最高水平。這時，李嘉誠有意收購九倉的消息已外洩，一時間，香港股市流言四起。1978 年 7 月 26 日，李嘉誠在接受記者訪問時對有關傳聞斷然否認，顯示他精密部署的收購計劃已經中止。至於突然中止的背後原因，至今仍撲朔迷離。據傳，當時怡和得悉李嘉誠有意收購九龍倉，知道大事不妙，無奈怡和在 70 年代中前期大規模投資海外，導致盈利停滯不前，資金短缺，雖然在緊急部署反收購行動之後，也到市場上高價收購散戶持有的九龍倉股票，然而為時已晚，資金有限，只好轉向滙豐銀行求助，由滙豐主席沈弼（M. G. R. Sanberg）親自向李嘉誠斡旋。而當時出任滙豐董事的 "世界船王" 包玉剛亦正計劃部署其 "棄船登陸" 的策略，亦有意問鼎九倉。

面對錯綜複雜的激烈競爭局勢，李嘉誠審時度勢，覺得眼前仍不宜與歷史悠久且實力雄厚的怡和公開較量，不宜得罪滙豐，必須妥善地處理好與 "世界船王" 包玉剛的關係，既要避免劍拔弩張的局面，又要謀取實利並為長實的長遠發展留下迴旋餘地，幾經反覆思考，李嘉誠終於決定鳴金收兵，將所持九倉股票全部轉售予 "世界船王" 包玉剛。1978 年 9 月 5 日，包玉剛宣佈他本人及家族已購入 15%-20% 九龍倉股票。兩日後，《明報晚報》刊登李嘉誠的專訪時解釋說："他（李嘉誠）本人沒有大手吸納九龍倉，而長江實業的確有過大規模投資九龍倉之上的計劃，是以曾經吸納過九倉股份。他本人安排買入九龍倉全部實收股份 35%-50%，作穩健性長期投資用途，但到了吸納到約 1,000 萬股之時，九龍倉股份的市價已經急升至長實擬出的最高價以上，令原定購買九龍倉股份的整個計劃脫節。結果，放棄這個投資計劃。" [11] 此後，李嘉誠約賺取了 6,000 萬港元利潤，全身而退，將九龍倉的爭奪戰留給包玉剛接手。

» 收購青洲英坭、和記黃埔

　　李嘉誠退出九龍倉爭奪戰後，旋即向早已看好的另一家英資上市公司青洲英坭動手。青洲英坭也是一家老牌的英資公司，主要業務是生產及銷售水泥等建築用的材料，在九龍紅磡擁有大量土地。不過，該公司自 60 年代中起每況愈下，到 70 年代初才漸有起色，並且已向地產業發展。李嘉誠依然使用同樣的手法，在市場上不動聲色地吸納青洲英坭的股票，這一次李嘉誠輕易就獲得成功。1978 年底，李嘉誠透過長江實業購入青洲英坭 25% 股權，加入青洲英坭董事局。1979 年，長實持有青洲英坭的股權增加到 36%，李嘉誠順利出任青洲英坭董事局主席。期間，長實與青洲英坭達成協議，自 80 年代起，雙方合作發展青洲英坭所擁有的紅磡鶴園的龐大廠址。李嘉誠這種收購持有大量廉價地皮的公司的策略，比直接購買地皮更加有利，可謂一舉三得：其一，被收購公司即可提供合理的經常性利潤；其二，被收購公司擁有的大量廉價地皮為集團的長遠發展提供了基礎；其三，若將被收購公司的物業地皮作資產重估或出售，即可獲大量利潤。李氏的這種投資策略，反映了他過人的精明。

　　踏入 1979 年，長實集團的實力更加雄厚，聲勢更加浩大。這年，長實擁有的樓宇面積已達 1,450 萬平方呎，超過了置地的 1,300 萬平方呎，成為香港名副其實的 "地主"。長實先後與會德豐、廣生行、香港電燈、利豐、香港地毯等擁有大量地皮的老牌公司合作，發展它們手上的物業，又與中資公司僑光置業合組地產公司，奪得沙田火車站上蓋物業發展權，並在屯門踏石角興建大型水泥廠。同年，李嘉誠當選為中國國務院屬下部級公司——中國國際信託投資公司（簡稱中信集團）董事，同時當選為中信董事的還有霍英東和王寬誠，這兩位華商早就與中國政府建立密切的關係。李嘉誠的當選令很多人感到意外，反映出他在中國政府心目中的地位正迅速冒升。當時，香港的經濟形勢正面臨重要的轉折點；一方面是華資財團的迅速崛興，除長江實業以外，新鴻基地產、新世界發展等均具有同等規模，恒隆、合和實業等也發展得很快。相比之下，怡和因 70 年代中期在海外投資正陷入困境；太古則將其擁有的大量土地興建樓宇出售，利用所得資金買入飛機，發展航空業；而滙豐銀行正著意收購美國的海洋密蘭銀行。華資與英資的實力對比正面臨一個重要的臨界點。李嘉誠覺得時機已

青洲英坭的產品及商標

經成熟，他迅速將收購的矛頭轉向英資四大行之一的和記黃埔。

　　1979年，李嘉誠將收購的目標直指和記黃埔，他很清楚，滙豐控制和黃不可能太久。根據香港的公司法、銀行法，銀行不能從事非金融性業務。債權銀行可接管陷入財政危機的企業，但當企業經營走上正軌，必須將其出售予原產權所有者或其他投資者。這年，李嘉誠秘密與滙豐銀行接觸，商討收購和黃事項。據說得到的答覆是：只要條件適合，長江實業的建議，會為滙豐銀行有意在適當時候有秩序地出售和記黃埔普通股提供機會。❷ 如前所述，在祁德尊主政時代，和記國際在60年代中至70年代初期成為香港上市公司中發展最迅速的企業集團。可是，祁德尊過於雄心勃勃，攻伐過度，未能及時在股市高峰期鞏固已取得的成績，結果，隨著香港股市的崩潰，和記國際陷入財政危機，瀕臨破產邊緣。在沒有選擇的情況下，祁德尊被迫接受滙豐銀行的收購，滙豐成為和記國際大股東。滙豐注資時曾承諾，待和記國際轉虧為盈，滙豐會在適當時候出售和記。此舉實際上已埋下李嘉誠入主和記的伏線。1975年11月，滙豐邀請韋理出任和記國際行政總裁，韋理出任後即大肆革新，制止虧蝕，改善集團管理層，又將和記國際與黃埔船塢合併，成立和記黃埔。應該說，到李嘉誠將收購目標轉向和黃時，和黃已回復生機，基本走上正軌。

吸收上次收購九倉消息外洩的教訓，李嘉誠對這次的保密極為重視，在外界一無所知的情況下與滙豐銀行展開收購和黃股份的洽談事宜。1979 年 9 月 25 日，李嘉誠終於就收購和黃股份與滙豐銀行達成協議，完成了這宗被《遠東經濟評論》指為"使李嘉誠直上雲霄的一宗交易"。❸ 當日下午 4 時，在主席沈弼的主持下，滙豐銀行董事局召開會議，商討將和黃股份出售給李嘉誠的事宜。出席會議的董事有沈弼、包約翰、牟詩禮、韋彼得、馬登、羅斯、包玉剛、許世勳、湯茂生等，怡和及太古兩家英資大行的代表均未有到場。會議於 6 時結束，董事局同意沈弼提出的將和黃普通股出售給長江實業的建議。這次會議的內容事前除沈弼及包約翰外，其他董事一無所知，可說是一宗高度機密的交易。❹ 有關交易事前亦未諮詢和記黃埔董事局的意見，只是在會議結束後，由沈弼致電和黃行政總裁韋理，通知他有關決定。6 時 30 分，李嘉誠和滙豐銀行正式簽訂收購合約。

　　是日深夜 11 時 30 分，香港中區的街道已相當暗沉，四周已行人疏落，不過，新建的華人行 21 樓長江實業總部卻燈光通明。其時，有關消息已廣為流傳，敏感的財經記者早已蜂擁而至。李嘉誠在新建的華人行 21 樓長江實業總部召開記者會，向大批聞風而至的記者宣佈了這項震動香港的重大消息。根據協議，長實將以每股 7.1 港元價格向滙豐收購 9,000 萬股和黃普通股，約佔和黃已發行股份的 22.4%，長實須立即支付總售價 6.39 億港元的 20%，餘額可選擇延遲支付的辦法，為期最多兩年，不過須在 1981 年 3 月 24 日之前支付不少於餘額的一半。換言之，長實是以極優惠的條件收購和黃，成為該集團的大股東。首家英資大行就此落入了華商手中，這一天，對於香港的資本財團發展史來說，無疑是一個極其重要的里程碑。

　　翌日，消息傳出後，整個香港都沸騰起來，大批投資者紛紛入市搶購和黃、長實和滙豐的股票。收市時，和黃的股價由上日的每股 5.85 港元升至 6.85 港元，升幅達 17.1%。長實和滙豐的股份也分別上升 8.1% 和 5.5%，恒生指數全日上升 25.69 點，達 629 點的高水平。香港輿論更是為之轟動，各大報刊紛紛發表評論，形容此舉是"蛇吞大象"、"石破天驚"、"有如投下大炸彈"。《信報》政經評論指出："這次交易可算是李嘉誠先生的一次重大勝利"，是"長江實業上市後最成功的一次收購，較有關收購九倉計劃更出色（動用較少的金錢，控制更多的資產），李嘉誠先生不但是地產界的強人，亦成為股市中炙手可熱的人物"。❺

1977 年 12 月和記國際與
黃埔船塢合併前的一次董
事局會議。左五為韋理。

　　不過，和黃董事局主席兼行政總裁韋理則對是次交易極表不滿，他直斥滙豐銀
行的售價過低，售賣條件太優惠，認為"李氏此舉等於用美金 2,400 萬美元做訂金，
而購得價值十多億美元的資產"。同時，韋理亦無可奈何地承認："香港目前的政治與
經濟因素是促使上海滙豐銀行決定不將和記股權轉讓予其他人士控制的公司"，"銀行
方面是樂意見到該公司由華籍人士控制"。一名銀行家也指出："滙豐估計今後 10 年
內李嘉誠是全港重要的人物，勝利者當然是首選。" ⑯ 對於韋理的尖銳評擊，滙豐銀
行即時作出反應，滙豐的解釋是：首先，滙豐銀行董事局表示並不反對和黃董事局所
指該公司資產淨值估計平均每股值 14.4 港元；然而，滙豐銀行相信假若以這價格出售
該 9,000 萬普通股份，並不容易尋得買家。況且，目前每股 7.1 港元的價格釐定，是經
過滙豐與長實雙方商討，以和黃近日平均市值每股 5.5 港元再加上三成計算出來的；
同時，滙豐銀行希望該項股份的購得者能夠為和黃的地產發展帶來好處，所以確認長
實是適合的買家。再者，從滙豐銀行的角度來說，一則可以藉此兌現多年前賣股承
諾，一則又可以為收購美國的海洋密蘭銀行提供多一點的資金準備金。⑰

　　不過，滙豐並未解釋為何向李嘉誠開出如此慷慨的條件。實際上，就是長江實
業向滙豐銀行即時支付的收購和黃總售價的 20% 首期，亦是在一天前由滙豐主席沈
弼親自批准貸予李嘉誠本人的。⑱ 當時，香港的英資洋行，如怡和、太古、和黃管
理層，以及一些英、美大公司均對和黃虎視眈眈，垂涎三尺，滙豐銀行將所持和黃股
份全部售予李嘉誠此舉，令不少觀察家大感意外。滙豐不但選擇李嘉誠為買家，而且

匯豐讓出九千萬股份
長實斥資六億購和黃

【本報訊】一宗令人矚目的大宗股權轉讓協議，於昨晚午夜時分宣布達成，此協議同意長江實業集團將匯豐銀行名下擁有之九千萬股和黃普通股予以收購，此舉或將促成該華英資兩大公司進行合併。

香港上海匯豐銀行宣布，已與長江實業有限公司達成協議，將香港上海匯豐銀行全資附屬公司所擁有的和記黃埔有限公司股份中的九千萬股普通股，售予長江實業的全資附屬公司 Contintal Realty 有限公司。

售賣價為每股七元一角。長江將立即支付總售價的百分之二十，餘額可選擇延遲支付的辦法，為期最多是兩年，但條件是必須在一九八一年三月廿四日之前支付至少途額的

九月廿四日之後至一九八一年三月廿四日之後支付一年期的

如以售賣價每股七元一角計算，量為六億三千九百萬元。

同時，長江所購入的股份亦將一切權利在內，包括投票權和在九月廿一日宣布派發的中期息在內至一九七九年十二月卅一日止年度中期息每股為一角。

香港上海匯豐銀行在和記黃埔有限公司所持和黃）的股權，是由它早期干預和

位於跑馬地山村道的百佳超
級市場,是和記黃埔旗下的
全資公司。

位於中環交易廣場的惠康超
級市場,是置地旗下的全資
公司,與百佳分庭抗禮。

開出每股 7.1 港元價格,同時讓他延期支付八成的款項,一般認為,除了滙豐主席沈
弼與李嘉誠私交甚好,長實與滙豐一直保持良好合作關係,又在九龍倉爭奪戰中讓滙
豐欠其一個人情等種種因素外,這宗交易明顯有 "長遠投資" 的意義。如上文中一名
銀行投資家指出:"滙豐估計在今後 10 年內李嘉誠會是全港最重要的人物,勝利者當
然是首選。" [19] 分析家還認為,從李嘉誠與北京的密切關係看來,滙豐也可能藉售出
和黃股份來贏取中國的好感。[20] 很明顯,滙豐銀行選擇李嘉誠,是從其根本利益著眼
的。對此,滙豐銀行主席沈弼表示:滙豐銀行這次向長江實業出售 9,000 萬普通股,
純粹是 "時機適當"。他解釋說:"長實本來成績良佳,聲譽又好,而和黃的業務脫離
1975 年的困境踏入軌道後,現時已有一定的成就。滙豐在此時出售和黃股份是順理成
章的。" 他並表示:"滙豐銀行出售其在和黃的股份將有利於和黃股東的長遠利益,

1980 年代中的黃埔花園一景。李嘉誠入主和黃後，將紅磡黃埔船塢原址發展為規模宏大的現代化私人屋苑。

堅信長江實業將為和黃的未來發展作出極其寶貴的貢獻。"

李嘉誠本人則力言這宗交易十分正常，完全不涉及政治因素，他表示："這次買賣純粹是一項對雙方都有利的商業貿易。" 一家英國公司的首腦則表示："如果由怡和或太古買得便是一項錯誤，因為這將令權力變得過份集中。" ❷ 但無論如何，正如一位業內人士指出，沈弼對大局瞭如指掌，他知道香港的權力已逐漸落入華人之手。

李嘉誠從滙豐購得和黃股份後不久，即於同年 10 月 15 日出任和黃董事局執行董事。經過一年的收集，1980 年底，長江實業持有和黃的股權已增加到 41.7%。1981 年 1 月 1 日，李嘉誠出任和黃董事局主席（韋理則於 1982 年辭去和黃董事局副主席兼行政總裁之職），成為 "入主英資洋行第一人"。李嘉誠入主和黃後，和黃發生了脫胎換骨的變化，屬下的上市公司和記地產、均益倉、屈臣氏、安達臣大亞及和寶先後被私有化，盈利欠佳的海港工程被出售，和黃的市值從 1979 年底的 38.7 億港元大幅增加到 1984 年底的 98.5 億港元，在香港十大上市公司的排名中，從第六位躍升至第三位，成為僅次於滙豐、恒生銀行的第三大上市公司。

》收購香港電燈集團

李嘉誠收購和黃後，集團的擴張步伐並未就此終止，他開始將目標指向香港電燈公司。香港電燈也是一家老牌英資上市公司，創辦於 1889 年，到 70 年代已發展成一家多元化的大型企業集團，業務包括發電、地產、工程服務以及電器貿易等，已躋身香港十大市值上市公司之列。1982 年，李嘉誠透過和黃開始研究收購香港電燈的可行性。當時，香港電燈集團是僅次於中華電力公司的優質公用股，收入穩定，市值高達 55 億港元，比其大股東置地的市值稍低，在香港十大市值上市公司中排名第五位。其實，早在 1980 年 11 月，李嘉誠已與香港電燈建立合作關係，當時，長實與港燈合組國際城市集團有限公司，合作將港燈的地皮發展為住宅物業，包括北角的城市花園、荃灣的麗城花園等。1982 年 4 月，怡和透過置地向港燈發動 "破曉突擊" 行動，收購港燈 34.9% 股權，成為該公司大股東。1983 年，李嘉誠洞悉置地在地產投資遭遇陷境之後，曾親自與置地主席西門・凱瑟克商談收購事宜，表明有意購入他們手中的港燈、牛奶公司、惠康超級市場等股票，但雙方條件始終談不攏。李嘉誠知己知彼，並不急於進行，靜等有利時機的出現。

其後，置地的財政困難加深，被迫出售旗下非核心資產和業務，如 1983 年 3 月將所持香港電話公司 38.8% 股權售予英國大東電報局，套現 14 億港元等。1984 年，怡和及置地主席西門・凱瑟克被迫主動與和記黃埔接觸，洽商出售港燈股權事宜。置地的要價是港燈收購價必須在每股 6.5-6.6 港元，比當時市價約高出 30%。李嘉誠看到事態正向他所預料的方面發展，遂還價以低於市值 10% 收購。當時，置地手上的港燈股份平均成本連同利息計算為每股 6.6 港元，如以李嘉誠的還價，賬面損失將超過 4 億港元，因此有關談判再度擱置。

1985 年初，中英正式簽署關於香港前途問題的聯合聲明後，投資者逐步恢復信心，香港股市開始飆升，港燈集團的股價亦從 1984 年 11 月底 6.3 港元上升到 1985 年中的每股 7.3 港元。雙方達成交易的時機逐步成熟。1985 年 1 月 21 日，怡和的幕後舵手、前主席亨利·凱瑟克遂親自從倫敦飛抵香港，會晤怡和高層，決定將港燈售賣。當日下午 7 時，西門·凱瑟克親自到華人行會見李嘉誠，經過兩小時會談，雙方終於根據李氏半年前收購港燈時的原則達成協議。不過，由於港燈市價已上升，李嘉誠提出較市價低 13% 的條件，且該次交易包括港燈的末期息。翌日上午，李嘉誠在和黃行政總裁馬世民陪同下，前往康樂大廈 48 樓怡和主席辦公室，與怡和方面就收購港燈股份簽訂協議。❷ 結果，李嘉誠透過和黃以 29.05 億港元價格收購置地名下 34.6% 香港電燈股權，每股價格為 6.4 港元，僅是港燈市價的八成半。

　　對於這次收購行動，《信報財經月刊》曾載文對其收購過程作出頗為精彩的描述：“1985 年 1 月 21 日（星期一）傍晚 7 時，中環很多辦公室已經烏燈黑火，街上的人潮及車龍亦早已散去，不過‘中區商廈大業主’置地公司的主腦仍為高築的債台傷透腦筋，終於派員前往長江實業兼和記黃埔公司主席李嘉誠的辦公室，商討轉讓港燈股權的問題。結果，在 16 小時之後（1 月 22 日上午 11 時），和黃決定斥資 29 億元現金，收購置地持有的 34.6% 港燈股權。這是中英會談結束之後，香港股市的首宗大規模收購事件，同時也是李嘉誠 1979 年收購和黃後，另一個轟動的商業決定。” ❷

　　結果，李嘉誠開出一張香港有史以來最大面值的支票收購港燈 34.6% 股權。李嘉誠表示：“我今次出價是以港燈的盈利能力及派息作為衡量標準；以週二收市價計，港燈的市價盈利率約為 8 倍，目前香港利率有繼續下降的趨勢，和黃手上現金如不作收購港燈股份而放在銀行收息，與現在投資港燈所收到股息比較，相差不會太大，但在港燈的投資，長遠來說十分有利，因此便有這次交易。” ❷ 而置地主席西門·凱瑟克則表示：“出售港燈權益是符合公司的既定的目標，不但可增加流動資金，減低借貸需要，還可改善公司的資產負債比率。”置地持有的港燈股份，是 1982 年 5 月時以每股 5.95 港元價格購得的，這次將港燈出售給李嘉誠，每股價格為 6.4 港元，置地在這次出售行動中虧損 2.19 億港元。

　　1 月 22 日中午 12 時 15 分，和黃、置地、港燈三隻股票在四間交易所同時停牌買

香港電燈公司在南丫島的發電廠

李嘉誠在宣佈收購香港電燈的記者會上

賣。傍晚，和黃主席李嘉誠以極其喜悅的心情召開了記者招待會，宣佈和黃向置地收購港燈股權的事宜。他表示，和黃將以每股 6.4 港元價格向置地收購約 4.54 億股港燈股份，約佔港燈已發行股份的 34.6%，涉及的資金為 29.05 億港元。整個收購行動將於 1985 年 2 月 23 日完成。李嘉誠強調，屆時和黃將以現金支付，現時和黃已準備了 15 億港元，賒款亦已得到滙豐銀行的口頭答允，絕不成問題。因此，和黃肯定不會在市場籌集資金，而這次收購也絕不會影響其他發展計劃，諸如黃埔花園、葵涌貨櫃碼頭等。

李嘉誠表示："在過去兩年，我不停地研究港燈這間公司，老早便詳細考慮到投資港燈的各個優劣點。"一年後，他再向記者表示："我對那些資產值高的公司皆感興趣，主要是該公司資產要好。在過去，我差不多用工作上一半的時間在策劃公司的未來發展方面，留意著香港或海外的投資機會，我腦海裡對很多本港公司的資產狀況都很清楚。因此，一有機會我就可以作出迅速的決定。例如港燈，由開始商談到正式簽署文件，時間共 17 小時，但不要忘記除去睡眠的 8 小時，實際只有 9 小時，我為何能在這麼短促的時間，決定一項如此重大的投資呢？原因是港燈是我心目中的公司，一早已掌握全部資料，機會來時我就知道怎樣做。"這番話，實在是李氏經商的成功秘訣之一。90 年代，和黃行政總裁馬世民談起收購港燈，曾對李嘉誠的經商手法稱道不已，他說："李嘉誠綜合了中式和歐美經商方面的優點。一如歐美商人，李嘉誠全面分析了收購目標，然後握一握手就落實了交易，這是東方式的經商方式，乾脆俐落。"同年，李嘉誠出任滙豐銀行董事局非執行副主席，此舉反映了滙豐對李氏的倚重。

李嘉誠收購港燈集團之後，旗下的上市公司已增加到 4 家，經營的業務遍及房地產、貨櫃碼頭、零售貿易、酒店、建築材料生產、電力供應及電訊等多個行業，成為多元化綜合性企業集團。根據香港《信報》的統計，截至 1988 年 12 月底，李嘉誠家族持有的 5 家上市公司，包括長江實業、和記黃埔、電燈集團、嘉宏國際及廣生行，總市值高達 657.62 億港元，已超過歷史悠久的老牌英資財團怡和、太古等，成為香港排名第一位的上市家族財團。李嘉誠家族的長和系已發展成為僅次於滙豐銀行集團的香港第二大財團，勢必超越了怡和、太古等經營逾百年的老牌英資財團。

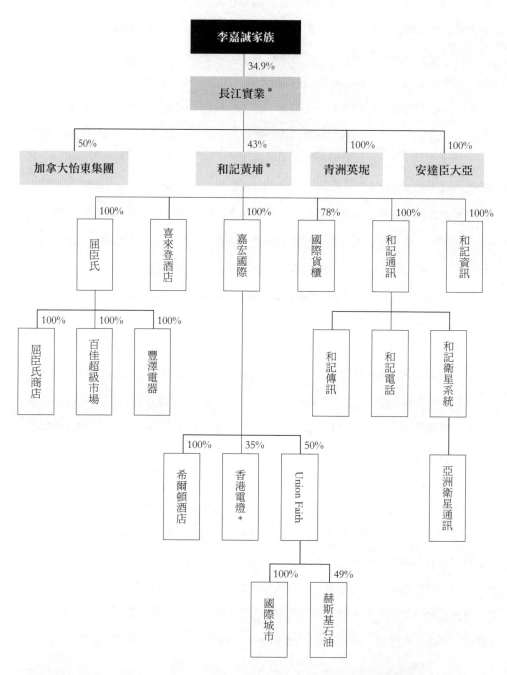

李嘉誠家族財團結構（* 為上市公司。資料來源：1994 年度長江實業及和記黃埔年報）

03

九龍倉、會德豐相繼失守

────────────

1978 年 9 月，李嘉誠在港島中區文華酒店約見"世界船王"包玉剛，將其所持有的九倉股票全部轉售予包氏，並未中止華商與英資怡和財團之間的九倉爭奪戰，而是由包玉剛接手繼續下去。香港《南北極》雜誌曾載文，對兩人的這次歷史性會面作了極為生動的描述：

"1978 年 9 月，一個陽光明媚的早晨，香港兩位最精明的商人，在中區文華酒店的閣仔（Clipper Lounge）悄悄晤面。這兩人便是大名鼎鼎的李嘉誠和包玉剛。酒店的侍者畢恭畢敬的侍候了一輪，當飲料斟入杯，他們就退下。這邊，斟生意隨即開始。李嘉誠原籍潮州，包玉剛原籍寧波，這兩處出過不少著名的大商家；兩人雖都通曉粵語，交談時用國語。兩人喝著咖啡，笑容滿面，不知底蘊的人會當他們是久別重逢的老友，正在交換過去一些有趣的經歷。他們輕輕鬆鬆的談了 20 分鐘就把一樁大生意談妥，然後握手道別。那 20 分鐘的輕鬆談話，就決定了今天價值 20 億美元的九龍倉脫離怡和公司，落入包玉剛家族控制下的命運。" [25]

誠然，人們並無法確認兩人會晤的種種細節的真實性，然而有一點卻是確定的：兩人達成了一項歷史性的交易，包玉剛實施了他"棄舟登陸"戰略部署的首個目標——收購九龍倉。

» 包玉剛"棄舟登陸"的戰略轉移

1978 年，對於"世界船王"包玉剛以及九龍倉的命運來說都是一個關鍵的年份。這時，包玉剛的環球航運集團正步入巔峰，成為世界航運業中高踞首位的私營船東集團。然而，就在這巔峰時期，包玉剛作出了一項後來令所有人震驚的大膽決定：棄舟登陸。其實，早在 70 年代第一次石油危機之後，包玉剛已敏感地覺察到世界航運業將出現衰退，他曾表示："70 年代的兩次石油危機大大刺激了航運業的發展，油輪需求大大超出了範圍，經過繁榮之後，油輪運輸市場必定下降，情況必定會越來越糟。"

1978 年發生的兩件事，加強了他實施 "棄舟登陸" 戰略的決心：第一件是同年環球航運集團的兩大客戶之一的日本輪船公司因經營不善瀕臨倒閉，當時，取代桑達士上任不久的滙豐主席沈弼已明顯減低對包氏航運業的興趣，他要求包玉剛對其船隊租約的可靠性作出書面保證，後來，日本輪船公司因得到日本銀行界的支援而渡過危機，環球航運集團得以免遭巨大損失。自此，包玉剛對世界航運業的戒心更深。第二件是同年 11 月，包玉剛在其姨房表兄、中國政府經貿部部長盧緒章的安排下，秘密與剛復出的鄧小平會面，這次會面明顯增強包氏對香港前景的信心。

包玉剛立即實施他的 "棄舟登陸" 戰略，首先是 "棄舟"，當時，包氏逾 200 艘船的龐大船隊中，超級油輪有 48 艘，他決定把每艘油輪的賬面價值降到比市場價格還低，在此後的四五年中，包玉剛以低價賣掉需求過剩的油輪，甚至不惜拆卸超級油輪作廢鐵出售。在賣掉部份油輪後，包玉剛又著手為旗下的亞洲航業等公司 "減磅"。到 1986 年，環球航運的船隊已銳減至 65 艘，載重噸位約 800 萬噸，僅相當於全盛時期的四成。滙豐銀行一位首腦事後曾說：包玉剛 "這個舉動當時令人十分驚異，一年前，他仍是世界上最大的船主，一年內他賣掉了很多的船隻，減少了借貸數目。在別的船主仍在買入之時，他沒有乘機要高價，他要價很低。那段時間，他十分冷靜，這正是他能夠成功的原因"。80 年代中，當香港傳媒驚呼 "世界航運業四面楚歌"，"最糟糕的時刻指日可待" 時，包玉剛已順利渡過危機，並積聚實力向香港地產業進軍。事後，包玉剛對於他這一高瞻遠矚的舉措，亦不無得意地表示："我們成功地還清了所有債務。那個時候，我們看到別的香港船主在他們的年度報告中仍然作出樂觀的預測，訂出的價格仍然大大高於流行的市場價。我十分驚奇和擔心，希望他們能逃過災難──但很不幸，自從 1985 年起，他們不得不讓他們的股票在交易所停止交易了。"

1978 年 9 月，包玉剛從李嘉誠手中購入逾 1,000 萬股九龍倉股票後，即開始實施 "棄舟登陸" 的第二步："登陸"。他的目標是怡和旗下的九龍倉。其實，早在李嘉誠

包玉剛的第一艘輪船"金安號"

不著痕跡地在市場吸納九龍倉股票的時候，包玉剛已看中了九龍倉。九龍倉擁有的產業，包括位於九龍尖沙咀海傍、新界及港島的一些碼頭、貨倉、酒店、大廈、有軌電車以及天星小輪，資產雄厚。可以說，誰擁有了九龍倉，誰就掌握了香港最重要的貨物裝卸、倉儲業務。這與包氏的龐大船隊極為配套。尤其重要的是，九龍倉在寸土尺金的尖沙咀海傍擁有極具發展潛質的大片土地，其時陸續興建成海運大廈、海洋中心及海港城等貴重綜合物業，成為尖沙咀區內赫赫有名的地王。

　　1978年9月5日，包玉剛公開向傳媒宣佈他本人及其家族已持有九龍倉15%-20%的股票，成為九龍倉最大股東。不過，包玉剛當時表示，他無意購入更多九龍倉股票。在此項宣佈後數日，九龍倉董事局邀請包玉剛及其二女婿吳光正加入董事局。當時，一般人都相信，九龍倉事件已暫告一段落。期間，香港股市大幅回落，九龍倉股票亦從最高價的每股 49 港元跌至每股 21 港元，九龍倉事件漸趨沉寂。

　　不過，同年 11 月，九倉收購之說風雲再起，九倉股牌下出現一個"神秘買家"，當時市場猜測買家可能是怡和及置地。因為置地的九倉控股量不及包玉剛，邀請包氏翁婿加入九倉董事局僅為緩兵之計，目的是爭取時間部署反擊。據傳聞，當時怡和為保衛九倉的控制權，透過旗下上市公司怡和證券，大舉拋售滙豐銀行、維達航業等股票，將所得資金盡數購入九龍倉。及至 1979 年 3 月，九倉的股份輾轉再升，包玉剛對置地買入九倉的股份深表不滿，在董事局內曾有不愉快場面出現。投資者憧憬九倉爭奪戰勢將白熱化，遂紛紛吸納九倉股份，到 1979 年底，九倉股價已突破每股 60 港元水平。期間，市場盛傳包玉剛及其女婿吳光正曾在九龍倉董事局上提出一連串改革建議，但均為九龍倉董事局拒絕，曾有不愉快場面出現，雙方關係漸趨緊張。❷⓺ 據說，在一次董事局會議上，包玉剛提議環球航運集團在九龍倉董事局的席位，應從 2 席增加到 4 席。當時的怡和主席紐璧堅則表示反對，並反建議應由置地公司的執行董事兼總經理鮑富達加入九龍倉董事局，並出任執行董事。雙方在會議中爭執激烈，最後，環球航運集團爭取到多 2 個席位，而置地執行董事兼總經理鮑富達也順利進入九龍倉董事局。

》 九龍倉增購戰

　　1979 年底，包玉剛和怡和洋行的九龍倉爭奪漸趨表面化。12 月 7 日，怡和旗下的置地宣佈收購怡和證券手上的九倉股票，令置地所持有的九倉股權增至 20%，與包玉剛在 1978 年 9 月 5 日公佈所持九倉股權，十分接近。與此同時，怡和將所持英國怡仁置業股權全部出售，置地則將金門大廈賣給陳松青的佳寧集團，1980 年 4 月 9 日，置地宣佈供股，連串措施明顯是要籌集資金加強對九倉的控制權，與包玉剛一決雌雄。

　　包玉剛亦為最後決戰作出相應部署。1980 年 4 月 25 日，包玉剛透過旗下一家原本不顯眼的上市公司隆豐國際投資有限公司（World International (Holdings) Ltd.），作"蛇吞象"式的收購，以發行新股，發行遞延股票等方式籌集資金，作價每股 55 港元，向包玉剛家族購入 2,850 萬股九倉股份。隆豐國際成立於 1918 年，初期主要業務

"世界船王" 包玉剛
（左）及其女婿吳光正
（右）

是貸款及投資證券，50 年代初成為會德豐集團旗下附屬公司，其後被包玉剛逐步取得控制權，轉歸包氏旗下。包玉剛利用該公司的上市地位籌集資金貸款給旗下船務公司，並建立自己的船隊。包玉剛此舉取得了滙豐銀行的支持，滙豐認購了隆豐國際部份新股，而李嘉誠的長江實業則包銷隆豐國際 20% 新股；至此，包氏透過隆豐國際持有的九倉股權已增至 30% 左右，仍是九倉大股東。包玉剛將家族所持九倉股票售予隆豐國際，減輕了個人的財務負擔，有利於保留實力與置地周旋到底，是一著進可攻、退可守的妙著。

　　局勢的發展，漸漸到了攤牌階段。此時，置地陷於進退兩難的困境，置地雖然幾經艱辛增加九倉持股量，但包玉剛並不退讓，仍保持九倉大股東地位。在可見的將來，包玉剛極有可能再增持九倉股份並要求參與九倉的管理。如果置地要爭持到底，又恐力有不逮。當時，九倉股價已升至每股 67 港元，要增至包玉剛的持股量至少需動用 7 億港元。由於利率高企（最優惠利率達 14 厘），向銀行貸款代價高昂，而九倉的週息率只有 1.8%，向銀行借貸對置地的財政狀況將有不良影響。若通過發行新股集資，又擔心重蹈九倉之覆轍，造成股價偏低，令華資大亨轉而打怡和或置地的主意，事實上後來怡和及置地的控制權都遭到挑戰，證明這種顧慮並非沒有根據。

　　1980 年 6 月 19 日，市場盛傳置地將與九倉換股，九倉股價逆市而上，當時最高曾升到 78.3 港元，最後以 77 港元收市，比上日上升 3.5 港元。翌日，陷於進退兩難困境的置地，趁包玉剛遠赴歐洲參加國際獨立油輪船東會議之機，搶先發難。置地執行董事兼總經理鮑富達宣佈，置地將以 “兩股置地新股加 76 元 6 角週息 10 厘的債券”，合共以每股價值 100 港元之價格，購入九倉股票，預算增購 3,100 萬股，使置地持有九倉的股權增至 49%。鮑富達表示，置地之所以現時提出增購九倉建議，是基於公司財政狀況理想，而將增購目標定為 49%，一方面是要避免觸發香港收購及合併守則的全面收購點；另一方面由於九倉經營良好，無意改變董事局結構及其管理方式。❷⑦

面對置地的突襲，隆豐國際董事吳光正立即電告遠在歐洲的公司主席包玉剛，並商討對策，決定針鋒相對，一決勝負。當晚，隆豐國際就有關九倉股份的建議發表通告，指置地的建議繁複，條件無吸引力，要求九龍倉股東勿接受置地的購增。翌日，《信報》政經短評以 “二鳥在林不如一鳥在手” 為題發表評論，認為置地此舉旨在趁高拋售九倉轉而購進置地以鞏固其控制權，並以 “圍魏救趙” 形容置地的 “增購” 手法，斷言置地如遇到反增購壓力必會壯士斷臂出售九倉。❷⑧

隆豐國際亦即時與其財務顧問獲多利公司研究對策，準備向置地的增購九龍倉建議作反擊。

6 月 22 日，包玉剛在倫敦約見滙豐銀行主席沈弼（顯然是取得了滙豐銀行的支持）之後，取消了星期一與墨西哥總統的約會，從倫敦趕回香港。他回港後即在希爾頓酒店租下會議廳作臨時辦公室，與財務顧問、滙豐旗下的獲多利公司要員舉行緊急會議，商討對策。包玉剛提出：究竟出甚麼價錢能壓倒置地收購九龍倉的開價，並使置地不可能還盤？財務顧問的回答是每股 100 或 105 港元現金。包玉剛毫不猶豫地拍板：就開出每股 105 港元的增購價。當晚 7 時半，包玉剛召開記者招待會，他表示為了 “保障個人及家族本身的權益”，他本人及家族準備動用 20 億港元現金，以每股 105 港元價格增購九倉 2,000 萬股股份，有效期為 6 月 23 日上午 9 時半至下午 5 時正。

6 月 23 日上午 9 時半，獲多利公司門前擠滿排隊以九龍倉股份兌換現金的人潮，10 時半獲多利貼出通告，令九龍倉股東轉到新鴻基證券公司進行登記，但群眾鼓噪，獲多利惟有繼續認購，11 時半左右獲多利宣佈增購目標完成，而新鴻基證券

包玉剛在宣佈增購九龍倉的記者會上，以反擊置地的突襲。旁坐者是其顧問獲多利公司的負責人。

仍繼續接受登記至下午 2 時半止。期間，置地亦將其所持的 2,340 萬九倉股份中的約 1,000 萬股售予包玉剛，套現資金約 10.05 億港元。據當時行內人士透露，獲多利當日曾拒絕收取與怡和系有關的九龍倉股份，但卻有大批股票轉用銀行及股票行作委託的名義，由 50 人於星期一清早前往和記大廈獲多利公司門外輪候，第一時間售予獲多利。市場估計，包玉剛購入的九倉股票中，起碼有一半是由置地供應的，置地在是次售股行動中約賺取 6-7 億港元。[29] 包玉剛在數小時內動用現金約 21 億港元（據傳大部份來自滙豐銀行貸款），使控股權增至 49% 的預定目標。

包玉剛的豪舉不僅震動香港股市內外，而且一時成為香港街頭巷尾的談資。有人形容"包玉剛以迅雷不及掩耳之勢，打了一場漂亮、乾淨俐落的世紀收購戰"。最

1980 年 6 月 23 日上午股市開市，九龍倉繼續停牌、置地交投暢旺（上圖）；中午，獲多利公司貼出通告停止購入九倉（下圖）。包玉剛成功增購九倉股權至 49%，初步實現"棄舟登陸"的目標。

有代表性的見解是"船王負創取勝,置地含笑斷腕"❸⓿,意指包玉剛出價過高,而置地雖丟失九倉,卻賺取了7億港元的厚利。不過,《信報》著名的政經短評家林行止則認為:包氏的投資使他避過了一場令大部份船公司陷入財政困難的航運大災難,使他得以利用九倉的基礎成為一位在地產、酒店及貨倉業舉足輕重的商家;試想當年如果斤斤計較股價上的得失而放棄收購,包氏的大部份財富可能已和船業同沉海底。他的結論是:包氏的投資轉移,顯示了他過人的識見與遠見。

香港《南北極》雜誌專欄作家齊以正對於華商與英資財團的這次正面衝突有這樣的評論:"爭奪九龍倉之戰,華資大亨一擊成功,揭破了英資不可戰勝的神話。過去李嘉誠出任青洲英坭主席,採取的是蠶食政策;囊括和記黃埔,得益於滙豐佈置的奇兵(滙豐把1975年購入的和黃股票轉給李氏);華資英資正面交鋒而獲勝,這是第一遭。(1973年置地吞牛奶,當時牛奶公司董事長是周錫年,也可視作華資英資正面交鋒,但敗方是華資。)難怪九龍倉爭奪戰告一段落後,商界人士便有'怡和危矣'的感嘆,華資既能吞98億的九龍倉,怎會吞不下只值44億元的怡和?"❸❶

從歷史發展的進程看,和記黃埔和九龍倉先後被李嘉誠和包玉剛收購,不僅成為這兩位華資新興大亨奠定日後在香港商界崇高地位的關鍵一役,而且成為香港英資與華資兩大資本力量此消彼長,舊有勢力平衡被打破的重要轉折點。

》 成功收購會德豐

收購九龍倉,令包玉剛成功搶灘登陸,開始建立其龐大的陸上王國。1985年,會德豐大股東約翰‧馬登對香港及公司前景均喪失信心,將所持會德豐股票售予南洋財團邱德拔,觸發起另一場激烈的收購戰,為包玉剛入主會德豐提供了一個極為難得的契機。事實上,早在1976年,約翰‧馬登就曾一度意興闌珊,有意將會德豐售予怡和集團,只是由於滙豐銀行的介入,此事才不了了之。其後,隨著香港經濟轉趨繁榮,馬登信心有所增強。不過,怡和則並未打消收購會德豐的念頭。1980年9月,怡和為保衛置地控制權,宣佈將市值近2億港元的股票和物業售予置地,以換取置地的股票,這批股票中包括約3,300萬會德豐A股,相當於會德豐已發行A股的11.8%,

佔有 7.4% 的投票權。此事令會德豐董事局大吃一驚，開始著手部署鞏固董事局的控制權。

　　長期以來，會德豐董事局均沒有公佈其持股量，但為鞏固其控制權早已發行了 B 股，這也是 70 年代末至 80 年代初期華資大亨沒有打會德豐主意的一個重要原因。不過，"B 股堡壘" 並非牢不可破，任何私人或財團，若是取得足夠股權，可召開股東特別大會，建議取消 B 股，控制權便會落入持有大量 A 股的投資者手中。會德豐董事局的主要部署，是試圖將旗下的聯合企業扶植為公司的大股東。首先，是會德豐減持聯合企業的持股量，將其從附屬公司轉為聯營公司（持股量少於 50%），這樣，聯合企業便可購入會德豐股票（根據香港公司法，附屬公司不允許持有母公司股票）。其次，為了籌集資金購入會德豐股票，聯合企業先後向附屬公司寶福發展出售兩艘船隻，又向置業信託出售大批連卡佛股票。到 1985 年，聯合企業持有會德豐的股權已增至 11%。

　　自 70 年代中後期起，會德豐的投資策略就是大量拋售地產物業，將套取的資金投資訂購散貨輪船，壯大船隊。到 1983 年，會德豐船務共擁有船隻 29 艘，載重量 139 萬噸。然而，踏入 80 年代，世界航運業逐漸陷入衰退，會德豐集團深受打擊，公司的除稅前盈利從 1981 年的 14.31 億港元下跌到 1983 年的 3.68 億港元，在英資四大行中從榜首跌至榜末，1983 年會德豐主席約翰·馬登在公司年報中沉重地宣佈："本集團之主要航運附屬公司，會德豐船務國際有限公司經歷最困難的一年。" 船隊拖累會德豐之程度，由此可窺一斑。

　　20 世紀 80 年代中期，國際航運業衰退進一步加深，會德豐系陷入更困難的境地。1984 年，負債纍纍、面臨清盤威脅的會德豐船務被迫將所擁有的船隻賤賣還債。會德豐船務的困境又觸發會德豐集團兩大股東馬登和張玉良家族的矛盾。當年，大股東張玉良家族一要員辭退會德豐董事職位，理由是要集中管理會德豐旗下置業信託系的公司。這樣便形成兩大家族在會德豐集團內部的分工：馬登家族主管會德豐、會德豐船務、聯合企業、連卡佛等公司業務；而張玉良家族則專責置業信託、聯邦地產、夏利文發展等地產公司業務。表面上雖如此，但內裡則虎視眈眈，兩大家族逐漸勢成水火。原來，1981 年會德豐船務曾向丹麥訂購兩艘貨船，總值約 4 億美元，惟貨船尚在建造階段，全球航運業已進入不景，會德豐船務備受壓力。1983 年，會德豐船務欲向置業信託尋求為數約 1,200 萬美元的財務支持，以作周轉用途，結果遭到以張玉良家族為大股東的置業信託拒絕，只得由母公司會德豐直接借貸 400 萬美元，以解燃眉之急。這一事件更加深會德豐兩大股東之間的矛盾。❸ 當時，張氏家族一要員雖已辭退會德豐董事職務，但在會德豐董事局中的影響力仍相當大，以投票權計算，張氏家族比馬登家族還多 10%。約翰・馬登對會德豐董事局已開始失控，市場更傳出兩大家族將正式分家，會德豐將改組的傳聞。❸

會德豐集團的這種困境，首先被東南亞財閥邱德拔關注到了。邱德拔（Tan Sri Khoo Teck Puat）為新加坡的首富，不僅是馬來西亞最大銀行 —— 馬來亞銀行的創辦者，而且還是馳名東南亞的酒店業鉅子、英國上市銀行渣打銀行的最大個人股東，生意遍佈世界各地。邱德拔與約翰・馬登接觸，結果一拍即合。約翰・馬登因對香港前途信心不足，結果全力投資航運業，試圖以海外註冊、資產流動的船隊逃避政治風險。可惜，人算不如天算，世界航運業低潮襲來，令會德豐船務瀕臨破產，並觸發會系兩大股東矛盾。約翰・馬登在失意之餘，加上年事已高、體弱多病（當時他剛低調度過 65 歲生日不久，有傳聞甚至說他病重），遂再度意興闌珊，萌生退意。1985 年 2 月 14 日，約翰・馬登將所持會德豐全部股權，包括會德豐 A 股 2103.5 萬股（佔 6.7%）及 B 股 5354.9 萬股（佔 22.7%）轉售予邱德拔的公司 Falwyn。2 月 14 日，邱德拔公開宣佈已從馬登家族購入會德豐 13.5% 的有效控制權，並透過 Falwyn 公司以每股會德豐 A 股 6 港元、B 股 0.6 港元向會德豐提出全面收購建議。❸

其實，看中會德豐的不止邱德拔，還有與會德豐有深厚淵源的"世界船王"包玉剛。從 1978 年開始，包玉剛已預測到國際航運業即將步入衰退，因而開始實施後來被稱為"棄舟登陸"的戰略，他在大規模出售旗下船隊的同時，於 1980 年 6 月成功取得英資怡和集團旗下的上市公司 —— 九龍倉的控制權。❸ 其後，包玉剛開始將收購的目標指向會德豐，會德豐所控制的公司業務與九龍倉性質相似，包括地產、船務、倉庫及交通運輸事業等，若能成功收購會德豐將可補充九龍倉的不足，形成大型綜合企業集團，最終實現包氏的"棄舟登陸"計劃。❸ 不過，由於包玉剛與會德豐主席約翰・馬登家族淵源頗深，60 年代雙方曾合作經營航運業務，為包氏的環球航運的發展帶來一次大突破，故包玉剛不便提出敵意收購，只是靜待機會的出現。

　　1985 年 2 月 14 日，邱德拔提出全面收購會德豐，對包玉剛來說無疑是天賜良機，包玉剛即與會德豐另一大股東張玉良家族接洽。張玉良家族在香港的發展素來低調，只是 1981 年捲入一宗家產官司才曝光，其時因大股東之間的矛盾亦已意興闌珊，準備淡出香港，遂同意立即出售所持會德豐股權，包括會德豐 A 股 1385.5 萬股（佔 4.4%）和會德豐 B 股 1.15 億股（佔 48.9%）。2 月 16 日，包玉剛介入收購戰，宣佈透過九龍倉公司，以每股 A 股 6.6 港元、B 股 0.66 港元價格，即比邱德拔財團的出價高 10%，全面收購會德豐。當時，九龍倉已持有會德豐有效控制權 34%，包括從張玉良家族收購的 23.5% 有效控制權。其後，包玉剛針對邱德拔的收購提價，宣佈將收購價提高至每股 A 股 7.4 港元、B 股 0.74 港元。到 3 月 15 日，九龍倉宣佈已取得會德豐逾 50% 的有效控制權，根據證券法例向會德豐提出無條件全面收購。當日，九龍倉主席包玉剛取代約翰·馬登出任會德豐董事局主席，後者則獲委任為公司名譽行政總裁。邱德拔眼看大勢已去，遂宣佈退出收購，將所持 25% 會德豐有效控制權售予九龍倉。至此，包玉剛共動用 25 億港元收購會德豐，包玉剛在 1978 年制定的 "棄舟登陸" 戰略順利完成。而會德豐的兩大股東 —— 馬登家族和張玉良家族則悄然退隱江湖。

　　包玉剛全面收購會德豐後，隨即進行連串重組，形成了一個以隆豐國際為旗艦，包括九龍倉、置業信託、聯邦地產、夏利文發展、連卡佛、聯合企業、海港企業及寶福發展等 9 家上市公司的龐大綜合性企業集團，旗下業務遍及地產發展及投資、酒店、碼頭倉儲、公共交通、零售百貨、貿易及製造業等多個領域。❸❼ 1992 年 8 月，隆豐國際總部所在地、位於中區畢打街的會德豐大廈亦改名為 "隆豐國際大廈"。會德豐這個享負盛名的名稱似乎正逐漸淹沒在歷史的潮流之中。不過，一年後，即 1993 年 9 月，包玉剛女婿、隆豐國際主席吳光正宣佈，隆豐國際公司名稱將更改，新名稱為 "會德豐有限公司"（Wheelock and Company Limitied），以配合集團投資策略的重新釐定，令該公司從過去的控股公司轉變為商行。吳光正表示："此商行名稱能令香港、中國以至海外人士正確地理解本公司商行特色及業務性質。" 會德豐經過歷史的滄桑，在吳光正的領導下重新煥發勃勃生機。至此，繼李嘉誠的和記黃埔之後，又一家華資大行崛起，成為英資財團的強大競爭對手。

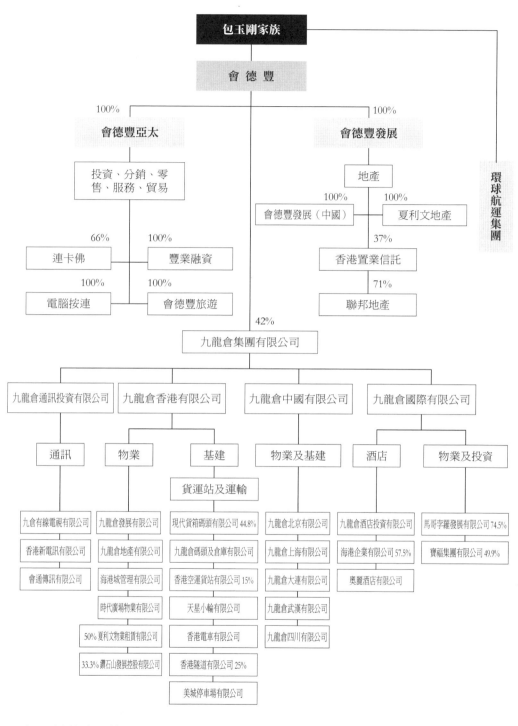

包玉剛家族財團結構（資料來源：1994年度會德豐及九龍倉年報）

04

怡和置地困守危城

────────────

踏入 80 年代，繼青洲英坭、和記黃埔、九龍倉等老牌英資公司相繼被華資財團鯨吞之後，英資財團不可戰勝的神話已徹底破產。日益坐大、擇肥而噬的華資大亨，開始虎視眈眈地轉向下一個目標：怡和旗下的置地公司。

》 怡置互控確保控制權

置地對華資地產商的誘惑是巨大的，它是香港歷史最悠久的地產公司，在香港經濟的心臟中環銀行區的黃金地段，擁有一個龐大的高級商廈組合，被譽為香港地產"皇冠上的明珠"。控制了置地，才真正稱得上香港地產界的"王中之王"。就在九龍倉被包玉剛強行收購之後的一段時間內，市場上有關華資大亨收購置地的傳言甚囂塵上，一種說法是李嘉誠正在市場上大手吸納置地股票，另一種說法是李嘉誠正與包玉剛聯手挑戰置地，甚至宣稱華資大戶將直接收購市值僅 40 多億港元的怡和，透過怡和控制置地。種種傳聞，不一而足。

當時，怡和及置地確實形勢不妙。20 世紀 70 年代初中期，怡和由於對香港這一"借來的時空"深存戒心，看淡香港經濟前景，遂大肆向海外投資，先後收購了美國夏威夷的戴維斯公司、英國的怡仁置業、南非的雷里斯以及利比里亞的中東運輸及貿易公司等，結果泥足深陷。及至 80 年代初，怡和仍在海外的經營中苦苦掙扎，贏利裹足不前。其時，怡和及置地的控制權均十分脆弱，大股東凱瑟克家族僅持有怡和約 10% 股權，而怡和及其附屬的怡和證券公司亦僅持有置地 20% 左右股權，形勢危急。怡和主席紐璧堅（D. K. Newbigging）曾表示："如果你在河裡游泳，不管是 1 條鱷魚還是 5 條鱷魚追著你都是一樣的", 一派被華資大鱷追逐的窘境。正是在這種情形下, 1980 年 6 月置地與包玉剛爆發的九龍倉增購戰中, 置地被迫 "含笑斷腕", 第一時間拋售九龍倉約 1,010 萬股股票, 套現約 10 億港元, 部署保護置地控制權的計劃。

因此, 早在九龍倉增購戰期間, 怡和主席紐璧堅實際上已在考慮如何保護他的另一隻手 —— 置地。這時, 置地由於長期經營保守, 其股價與資產淨值距離甚遠, 成為最誘人的收購目標。紐璧堅的保護措施其實早在 1979 年底已經開始, 該年 12 月, 怡和將所持銅鑼灣怡東酒店以及怡和證券所所持有的九龍倉股票注入置地, 以換取置地股票, 增加持股量。1980 年 9 月, 怡和又以所持銅鑼灣世界貿易中心 50% 的權益以及一批會德豐 A 股股票, 交換置地新發行的約 6,400 萬股新股。交易完成後, 怡和持有置地的股權已增加到 27.8%。10 月 29 日, 怡和宣佈發行 2,500 萬股新股予置地, 收取置地約 7.6 億港元現金。在此之前, 置地又從股市購入怡和已發行股本的 5%。至此, 一般認為, 外界財團要覬覦置地已不太容易。

但形勢卻峰迴路轉。同年 10 月 31 日, 市場傳聞李嘉誠將透過長江實業以每股 36 港元價格收購怡和的股票。這次的收購目標卻是指向置地的控股公司。當日, 香港股市大幅上升, 恒生指數急升 62.36 點, 而怡和及置地兩隻股票亦 "比翼齊飛", 其中, 怡和上升 6 港元, 從每股 30 港元上升到 36 港元。當晚, 香港總商會組團訪問英國, 隨團成員包括怡和主席紐璧堅、九龍倉主席包玉剛以及長實主席李嘉誠。李嘉誠抵達倫敦機場時, 受到英國財經記者的包圍, 詢問李有關收購怡和事件。不過, 李嘉誠即鄭重否認。儘管如此, 資深的投資者都隱約感覺, 定有不尋常事件發生, 空穴來風, 並非無因。

果然, 11 月 3 日, 星期一開市前夕, 怡和透過旗下的怡富公司宣佈: "怡和集團有意購入置地股份, 包括與股份相等之權益共 1.1 億股, 價格最高為每股 30 港元。" 當日, 怡和以現金在股市購入置地 7,800 萬股股票, 使它持有的置地股權增加到約 40%。❸ 當時, 有消息說, 怡和將優先向 "一些華資財團" 高價購回置地股票（前一天置地的收市價僅為每股 22.2 港元）, 但附帶條件, 就是怡和的控制權必須繼續保留在凱瑟克家族手上, 華資財團不得染指。當天, 置地股票在股市中以每股 27-29.5 港元之間的價格大量成交, 以每股 28.2 港元收市, 比上一個交易日大幅上升 27%, 成交量為 1,130 餘萬股。這一天，怡和購入約 7,830 萬股置地股票，顯然其中絕大部份都不是從股市中購入，這亦反證了怡和與 "一些華資財團" 的交易確非空穴來風。據有關消息透露，怡和從 "一些華資財團" 約購入 5,000-7,000 萬股置地。是次交易，令覬覦怡置系的華資財團賺取了一筆相當可觀的利潤，而怡和費盡九牛二虎之力，將對置地的持股量增加到約 40%。

如此一來，怡和的最大股東是置地（持有 40% 股權），而置地的最大股東是怡和（亦持有 40% 股權）。雙方相互持有對方約四成股權，形成所謂 "連環船" 的結構，使得雙方的控制權穩如泰山。這一策略可說是怡和主席紐璧堅任期內最矚目、亦最具爭議性的大動作，透過怡和與置地互相持有對方約四成控股權，怡和、置地兩公司的控制權可謂固若金湯，令覬覦已久的華資大亨難越雷池一步。

1983 年 3 月，香港政府宣佈修訂收購及合併條例，將上市公司 "控制權" 定義從過去的 51% 修訂為 35%，規定持有 35% 的大股東可在一年以內增加持有量至 45%，如超過此數便要提出全面收購；非大股東一旦吸入一家公司 35% 股權，便要公開提出收購。控制權定義修訂後，外界覬覦一家公司控制權的困難增大，此舉若不是有意配合怡置互控的 "連環船" 策略，也至少令其大大鬆了一口氣。

» 置地投資策略的轉變

然而，"連環船" 結構亦為怡置系日後的發展種下禍根。鑑於丟失九龍倉及置地遭受狙擊，怡和集團痛定思痛，決心轉而全力在香港發展。這時，在 "連環船" 的策略下，置地從怡和的聯營公司轉而成為怡和的大股東，怡和對置地的投資逐漸失控。在執行董事兼總經理鮑富達（Bedford）的主持下，置地的投資作了 180 度的大轉變，罔顧當時香港地產繁榮時期已出現的一系列不利因素，從一名保守、穩健的地產投資商迅速轉變為活躍、冒進、急躁的地產發展商、香港地產界的超級大好友。

在六七十年代，華資地產商利用地產市道低潮大量吸納廉價土地，再趁市道復甦、繁榮時推出樓花，在一買一賣當中賺取厚利，令以租金收入為主的置地相形見絀。隨著華資地產公司的急速冒起，置地 "唯我獨尊" 的地位逐漸喪失，這才意識到地產發展的重要性。因此，自 1976 年起置地開始加強地產發展業務。同年，置地利

1994 年中上環沿岸一景。其中交易廣場曾創 1982 年賣地最高價，平均每平方呎地價達 32,964 港元。

用牛奶公司的薄扶林牧牛場地皮，發展 "置富花園" 計劃，總共興建 26 幢高層及低層住宅大廈，約 4,000 個住宅單位，在 1978-1981 年間陸續落成。可是，置地對香港當時的地產熱潮估計不足，將所建樓宇以樓花形式在 1976 年底至 1978 年中陸續全數推出，每平方呎售價從 200 多港元升至 600 多港元。置富花園的樓花出售期與入夥期相差約 3 年，期間，樓市不斷飆升，令炒家賺取的利潤遠遠超出地產發展商。反觀當時的華資地產商，往往在市道繁榮期延遲發售，或等樓宇主體結構接近完成時才出售，即使是推出樓花，也將售價先行提高，以賺取更多利潤。置地發展置富花園的手法，連太古地產也不如，更遑論華資 "地產五虎將"。

不過，進入 80 年代以後，隨著香港地產市道逐漸逼近巔峰，置地的投資策略卻迅速轉趨冒進，先後與遠東發展、佳寧集團、恒隆、長江實業、僑光置業、油麻地小輪等約 30 家公司合作發展超過 70 個地產項目，並大肆展開投資、收購活動，犖犖大者計有置樂花園、鶴咀新村、綠楊新邨、旺角中心、銀高計劃、梅窩大偉園、大潭住宅、地利根德豪華住宅、荃灣工業村、會德豐及馬登大廈重建、亞皆老街地鐵站上蓋物業發展、半山區皇后花園、香港會所、海軍會所以及猶太會所的重建計劃等等。這期間，置地的盈利確實也大幅增長，1980 年度因出售金門大廈及九龍倉股票，置地盈利高達 6.1 億港元，比 1979 年度增長 1 倍，1981 年度置地盈利增至 14.3 億港元，比 1980 年度增長逾 1 倍。其中，來自物業銷售的利潤超過了租金收入。

這兩年出色的業績更增強了置地管理層大肆擴張的決心，到了 1981 年，置地的投資開始失控，投資策略更加冒進。年初，置地與信和地產合組財團（置地佔 40% 股權），以 13.08 億港元購入港島大潭道白筆山一幅面積達 145 萬平方呎地段，計劃興建別墅式豪華住宅約 400 個單位。由於白筆山實際上是一個小小半島，有私人海灘，發展商需自行興建道路系統，整項計劃規模龐大，預計 5 年時間才能完成。同年 8 月，置地再與佳寧集團合組財團（置地佔 35% 股權），以 28 億港元購入尖沙咀旅遊中心區美麗華酒店舊翼一幅約 8.6 萬平方呎地段，計劃發展 "置地廣場" 式的高級商廈，該宗交易成交價創下世界紀錄，一時令國際間矚目。

1982 年 2 月 12 日，置地在香港的投資達到高潮，同日，置地宣佈以 47.55 億港元遠遠超過競爭對手的高價，投得港島海旁位於康樂大廈西側一幅面積達 14.4 萬平方呎的 "地王"。該 "地王" 平均每平方呎地價達 32,964 港元，創香港官地拍賣的歷史新紀錄，並成為全球最大宗地產交易。這座被命名為 "交易廣場" 的地產發展計劃將分 3 期進行，先後建成 3 幢高級商廈，建築面積預計達 200 萬平方呎，總投資逾 80 億港元。置地在大規模展開一系列龐大地產發展計劃的同時，又將投資的目標轉向公用事業，1981 年 12 月及 1982 年 4 月，置地先後兩次發動所謂 "破曉突擊" 行動，斥資約 35 億港元分別收購了兩家公用事業上市公司——香港電話有限公司及香港電燈公司各 34.9% 股權。由於未達到 35% 的收購觸發點，無須向股東提出全面收購。

這一時期，怡和、置地管理層明顯放棄了一貫奉行的保守、穩健、持重的投資策略，轉向冒進、急躁、投機。置地不但成為當時香港地產界的 "超級大好友"，而且迅速膨脹成一家業務遍及地產投資與發展、酒店、零售貿易、電訊、電力供應等多元化的綜合性企業集團。這種投資策略的急劇轉變，充份反映出怡置高層在九龍倉一役受挫後，試圖將置地扶植成一家超級 "大行"，與華資大亨一決雌雄的心態。

» 置地急速擴張的代價

可是，由於置地決策層對香港政治、經濟形勢的判斷已與客觀現實嚴重脫節，導致置地為此付出高昂代價。事實上，自 1981 年下半年開始，世界經濟性衰退已令香港經濟不景，利率高企，港元貶值，內部消費萎縮，公司利潤下降，再加上香港前途問題逐漸提上議事日程，種種利淡與不穩定因素已相繼浮現。其時，香港地產市道經過七八年的輾轉攀升，已達巔峰狀態，所謂位高勢危，相當危險。然而，怡和主席紐璧堅與置地常務董事兼總經理鮑富達當時對香港經濟前景仍然相當樂觀，對置地在香港地產業的影響力過於自信，迫切希望利用這段時期充份擴張，以彌補九龍倉一役的損失。這時，怡和內部的權力鬥爭已轉趨表面化，結果加速了兩人的輕率、冒進。在對待 1982 年 9 月英國首相戴卓爾夫人訪華問題上，紐、鮑似乎相信有機會透過續約方式解決香港前途問題，這種近似賭博的心態導致了置地日後的嚴重財政危機。當時，《信報》資深股評家思聰就曾尖銳地指出置地盲目擴張的危險性，一旦中英雙方會談不理想的話，置地便十分麻煩。❸⑨

1982 年 9 月，英國首相戴卓爾夫人乘福克蘭群島一役大勝之勢訪問北京，提出了以主權換治權的建議，遭到鄧小平的拒絕、批駁，結果在人民大會堂歷史性地跌了一跤；稍後，中國政府即宣佈將在 1997 年收回香港主權。這一系列消息傳至香港，早已疲憊不堪的股市、樓市應聲下跌。隨著地產市道的崩潰，當時香港數個 "超級地產大好友" 相繼出現問題：10 月 27 日，置地的主要合作夥伴佳寧集團宣佈出現短期資金周轉問題，稍後更被銀行清盤；11 月 2 日，另一 "地產大好友" 益大投資亦宣佈債務重組，只餘下置地孤軍作戰，其困境可想而知。據估計，在地產低潮中，置地僅中區交易廣場、美麗華酒店舊翼、白筆山發展計劃等三大投資項目，損失就超過 30 億港元。

1983 年，置地首次出現高達 15.83 億港元的巨額虧損（包括出售物業虧損、聯營公司虧損及利息支付），該年度置地除稅後盈利僅 1.68 億港元，比 1982 年度的 8.14 億港元大幅減少約八成。總債務則急增到 150.7 億港元，其中長期債務 133.53 億港元，短期債務 23.17 億港元，債務比率（借貸總額與總資產的比值）從 1982 年的 26% 急升到 1983 年的 56%，置地成為香港最大的負債公司，被稱為"債王"。正如置地在 1983 年度業績報告書中所說：無論是 1983 年，還是 1984 年，對置地來說，都是一個困難的年度。⓿

這時，怡和與置地互控的"連環船"策略，其弊端已完全暴露：怡置互控對方四成股權，不但導致大量資金被凍結、債台高築、削弱了整個集團運用資金的能力，而且在地產、股市低潮中形成互相拖累的局面。1983 年置地嚴重虧損，令怡和業績亦大幅倒退，純利劇減八成。怡和與置地均處於危城苦守的困局，風雨飄搖。

» 怡和高層變動力挽危局

財政危機令集團內部的權力鬥爭迅速尖銳化。1983 年中，怡和集團高層"大地震"，怡和主席紐璧堅和置地常務董事鮑富達先後宣佈辭職，大股東凱瑟克家族在中斷 13 年之久後重掌大權，由西門·凱瑟克接任怡和主席兼行政總裁。據市場傳聞，其實自 1981 年起凱瑟克家族與紐璧堅的權力爭鬥已漸趨表面化，當年董事局會議上，就曾醞釀倒紐暗潮，其後雙方妥協，紐璧堅繼續連任 4 年，西門·凱瑟克則以董事身份從倫敦來港，後來再升任總經理。及至 1983 年怡和集團危機顯露，凱瑟克家族即要求紐璧堅提前離任，紐自知無法再在怡和立足，遂決定接納補償 100 萬英鎊的條件提前離職。

1983 年 5 月 4 日，《亞洲華爾街日報》在第一版以顯著篇幅刊登了怡和集團高層人士變動的長篇報道，這篇報道以醒目的標題指出："對怡和的新大班來說，戰役才開始"。緊接著，這篇報道說："這就像描寫香港企業內部鬥爭的小說《豪門》（*Noble House*）所描述的一個場面：香港歷史最悠久及規模最龐大的貿易公司的首腦，坐在能夠俯瞰香港港口、豪華時髦的頂樓辦公室，面對著大群新聞記者。他在炫目的電視燈光下和哢嗒不停的照相機聲中，宣佈計劃退出這家公司的大班之位。坐在他左邊的是他的繼任人，一位剛經歷一場董事會的激烈戰役，贏得了這家公司控制權的年輕的蘇格蘭人。"這個場面確實頗富戲劇性，1983 年最後一週，紐璧堅站在康樂大廈 48 樓他的辦公室，臨窗眺望，黯然無語，結束了他在香港長達 8 年的

紐璧堅，1975-1983 年出任怡和大班。

西門‧凱瑟克，1984 年接替紐璧堅成為怡和大班。

叱吒風雲的日子。

　　紐璧堅是怡和前董事 D. L. 紐璧堅（1919-1945 年在怡和任職）之子，1934 年在天津出生，早年在加拿大攻讀，後進入英國安都學院深造，曾在蘇格蘭邊防軍服役，20 歲便加入怡和，32 歲出任怡和董事，1970 年出任董事總經理，1975 年接替亨利‧凱瑟克出任怡和大班。紐璧堅任內最具爭論的事件是他在 1980 年間作出的 "怡置互控" 的決定。1984 年初，新任怡和主席西門‧凱瑟克在歡送紐璧堅伉儷的宴會上曾表示：1980 年，由於置地有被收購的危險，在紐璧堅的策劃下，怡和與置地交換股權，這項決定無疑是紐璧堅最廣為人知的成就。此項決定在策略上關係重大，其後果到了 3 年後的今天也難以評定。然而，大家肯定會同意，10 年後的情況將迥異於今天。紐璧堅先生在當年關鍵時刻，依然異常沉著，作出此項決定，希望歷史會證明紐璧堅當時判斷正確。字裡行間，似乎並未對此項決定完全肯定。

　　新上任的怡和主席西門‧凱瑟克（Simon Keswick）是凱瑟克家族第六位出任怡和主席的成員，乃前任主席亨利‧凱瑟克的幼弟，1942 年出生，早年曾畢業於英國伊頓公學和劍橋大學，1962年加入怡和，曾先後在香港、北美、日本、新加坡、澳洲等地分公司任職，1982年返港出任怡和常務董事，為人精明強悍、深於謀略。西門·凱瑟克上任後即表示：我們若要從較少數可運用資本中獲取較高的利潤，就唯有努力耕耘和大幅削減不必要的開支。在凱瑟克的主持下，怡和、置地展開了一系列的挽救措施：

首先，是停止、推延部份龐大發展計劃。被宣佈停止的發展計劃超過10項，包括1982年與港府協商的皇后花園地段發展計劃，以及美麗華酒店舊翼，又解散與遠東發展組合的新世紀地產公司。為此，置地作出破天荒的19.8億港元的巨額撇賬，這個數額幾乎相當於置地從1974-1980年期間盈利的總和，難怪鮑富達需引咎辭職，即時生效。

其次，是大幅出售公司的非核心資產和業務，計有1983年3月將置地所持有的香港電話公司38.8%股權售予英國大東電報局集團，套現14億港元；同年6月，怡和將南非雷里斯公司51.7%股權出售，套現13億港元；10月再將怡和屬下金門建築公司50%股權售予英國的特法加集團（Trafalgar House PLC.），出售價為2億港元；同時將夏威夷戴惠思公司所擁有的甘蔗園以5.4億港元價格售出；1985年2月，怡和再將置地所持有的香港電燈公司34.9%股權售予李嘉誠的和記黃埔集團，套現29億港元。因為航運業持續不景和油價大幅回落，怡和亦決心撤銷船東和離岸石油業務，怡和船隊從最高峰期的35艘輪船減至10艘。

接著是重整龐大債務。怡和首先取得了滙豐、渣打兩家發鈔銀行的支持，為置地安排了一宗以滙豐、渣打為首包括中國銀行等15家銀行組成的銀團貸款，數額高達40億港元，為期8年。1985年，置地宣佈委託獲多利和標準渣打亞洲安排一宗高達12.5億港元的商業票據，該宗商業票據成為香港最大額的商業票據協議。期間，置地又不斷與多家金融機構協商作出財務安排，使公司以往的浮動利率借貸轉為固定利率借貸，以減低利率波動的風險。就在怡和大幅削減非核心業務、重整債務期間，香港利率開始從20厘的高峰逐步回落，這有助於減輕置地的龐大負債。1984年底，中英兩國就香港前途問題正式簽訂聯合聲明，香港前途漸趨明朗，經濟復甦，地產市道穩步回升，怡和集團暫時渡過難關，進入新的發展時期。

05

從巔峰滑落的原因

————————————

從 1978-1985 年的短短 8 年間，逾百年來英資財團在香港至高無上的權勢，遭到了戰後急速崛起的新興華資財閥的嚴峻挑戰，數家大型的老牌上市公司，包括青洲英坭、和記黃埔、九龍倉、香港電燈，以及會德豐先後被華資財團一一收購、吞併，歷史悠久、聲名顯赫的英資大行四折其二。號稱 "洋行之王" 的怡和，旗下兩大股肱九龍倉被褫奪、置地被圍捕，僅餘作風保守、穩健的太古尚能倖免。英資財團不可戰勝的神話隨風而逝，其在香港經濟中長期形成的壟斷地位亦因此而動搖。自此，香港經濟進入一個新紀元，華資勢力成為一股舉足輕重的新興力量。

所謂 "冰凍三尺，非一日之寒"。1979 年 9 月，長實集團主席李嘉誠在宣佈收購了和記黃埔之後，曾神采飛揚地對記者們說了一句極富哲理的話："世界在變化中，很自然 '行' 也要變。" 誠然，這種急劇的歷史轉變，背後顯然蘊藏著極其深刻的政治、經濟等種種客觀及主觀因素，耐人尋味，使人沉思。

》 中英兩國在遠東影響力的此消彼長

英資財團在香港及遠東的崛起、稱雄以至從巔峰滑落，是時代轉變所使然，它深受中英兩大國在遠東政治格局中的角力所影響。

19 世紀上半葉，率先完成工業革命的英國已崛起為世界最強大的工業國家，並在全球範圍建立了大英帝國。英國在遠東的擴張，導致了規模浩大、猖獗的鴉片貿易和鴉片走私活動，以及兩次中英鴉片戰爭。由於中國的積弱，清政府的腐敗、無能，被迫割讓香港，開放門戶。在這個過程中，一大批原本規模細小的英資洋行從中牟取了驚人利潤,完成了資本的原始積累,迅速在香港及遠東崛起、壯大。隨著西方列強在中國攫取種種特權,英資洋行中的佼佼者,諸如怡和、太古,以及滙豐銀行等,迅速發展成實力雄厚的壟斷集團。

大英帝國的國勢在第一次世界大戰前後達到頂峰,此後,由於受到戰爭的影響,實力遭到削弱,殖民體系開始動搖。第二次世界大戰後,隨著美國和蘇聯在全球政治事務中的崛起,英國逐漸淪為二等國家,經濟體系更受到戰爭的沉重打擊,而民族主義的興起又令大英帝國面臨迅速瓦解的局面,英國在遠東的勢力開始消退。這期間,中國共產黨在內戰中取得決定性勝利,將蔣介石及國民黨政府迫遷至台灣島,中華人民共和國宣告成立,遠東的政治格局發生了根本性的轉變。英資財團首次遭到重大挫折,被迫從中國內地撤退至香港。對時局的轉變感受最深的莫如最後撤離內地的怡和大班約翰·凱瑟克,他在離開上海前夕,曾召開各地分行高層管理人員聯席會議,宣佈下旗歸國,他說:"看來,我們的好日子是過去了。將來從香港和中國內地打交道,怕也不能按我們的老規矩辦事了。"❹

從 50 年代起,隨著香港工業化的快速步伐以及香港整體經濟的起飛,以怡和、和記黃埔、太古、會德豐等英資四大行,以及滙豐銀行為首的英資財團再度獲得迅速的發展,並且壟斷了香港經濟的重要命脈。然而,英資財團對香港這個"借來的時空"(Borrowed Time)始終深存戒心,擔心香港遲早會歸還中國,因而在投資上採取"分散風險"的策略,如怡和抽調龐大資金收購英國的怡仁置業、美國的戴惠斯、南非的雷里斯、中東的 TTI;會德豐則全力發展航運,把"資產浮在公海上",以策萬全;太古也全力發展航空,把資金變成"會飛的資產",結果錯失在香港發展的黃金機會。而即使在香港的發展,也主要透過上市集資、發行新股進行,如九龍倉及置地等,結果令英資公司的股票大量流失於普羅市民手中,為華資大亨的狙擊埋下伏線。

這一時期,中國的政治氣候也直接左右著香港財富的轉移,影響到英資及華資兩大勢力的力量對比。1966 年,中國爆發空前激烈的"文化大革命",影響擴展到香港,當時香港政局動蕩,大批英資公司及富戶相繼拋售物業、股票,外撤或移民海外,導致地產崩潰,而一批新興的華資地產商,諸如李嘉誠、郭得勝、李兆基、王德輝等在看好香港經濟長遠前景的情況下,大舉吸納土地儲備,奠定了日後發展的堅實基礎。70年代以後，華資地產商透過將公司上市、發行新股籌集龐大資金，在地產發展方面更加進取。隨著市道繁榮，華資地產商實力作三級跳。

70年代中期以後，中國在國際事務上的影響力大大提高，政局亦轉趨穩定：先是1971年加入聯合國，繼而與美國改善關係；其後，"四人幫"被捕，長達10年的"文化大革命"結束。1977年7月，鄧小平復出，重新活躍在中國的政治舞台上，1978年底，中國共產黨中央委員會召開了一次歷史性會議——十一屆三中全會，會議以壓倒性的姿態通過了改革開放政策，確定中共的戰略重心轉移到重建國民經濟的軌道上。70年代末，中國先後在毗鄰香港、澳門的深圳、珠海、汕頭等地設置經濟特區，香港與內地中斷20多年的經貿聯繫迅速恢復。這時期，香港的華商最早感受到中國發展的強勁脈搏，其在香港經濟中的地位亦迅速提高。

1980年11月19日，英國著名的《金融時報》曾載文分析這種急速的轉變，它說："金錢、信心和民族主義在過去兩年所起的作用，已根本地改變了香港向來的勢力均衡"，它又表示："對香港的非華人來說，過去一年並不好過，他們既不能像華人企業家一樣感受到北京政治和經濟動向的改變，也不能像華人一樣對香港的產業具有信心，這種信心需要一種安全感和快速牟取利潤的機會主義同時支持。" ❷ 其時，香港九七問題已漸次浮現，這令英資財團的安全感及其信心變得更加脆弱，❸ 華資財閥對老牌英資上市公司的狙擊，就是在這種背景下拉開戰幕的。

1981年1月1日，李嘉誠正式出任和記黃埔主席，成為"入主英資洋行第一人"。美國的《新聞週刊》曾就此對其時代背景作過淋漓盡致的剖析，它說："上星期，億萬身家的地產發展商李嘉誠成為和記黃埔主席，這是華人出任一間大貿易行的第一次，正如香港的投資者所說，他不會是唯一的一個。香港華人企業家早已在英國人以外建立一個強而有力的經濟基礎，但只是隨著中國貿易的自由化，他們才開始直接威脅到英國人的利益。去年初，船王包玉剛從最大最老資格的貿易行——怡和手中，奪得資產龐大的九龍倉控制權。包氏和李氏趁機利用港督麥理浩爵士所稱的香港'新的重要角色'，與北京政府成立合營企業。他們日益壯大的貿易王國，正在重訂香港做生意的方式。"

這篇文章接著分析："老牌的大班並沒有忽略李氏的論點（指"世界在變化中，

很自然'行'也要變"——引者），怡和主席紐璧堅承認，在香港整個局面都變化了，在過去幾年，商界迅速地擴展，其中大部份是由華人企業家進行的。在北京開放其一度緊閉的邊界後，整個過程加速地進行。船王包玉剛說：'現時與中國做生意，華商佔優勢。'1980 年首 8 個月，香港與中國的貿易增長超過 50%，達到 50 億美元左右，在中國市場競爭方面，華商經常擊敗英國競爭者，與此同時，一些華人企業家包括李氏和包氏，對在香港商界取得更高的地位愈來愈不甘寂寞。"

文章引用了滙豐銀行屬下的獲多利財務董事奚戴德的一番話："隨著北京態度的改變，這裡的華人對改變各'行'的特性更具信心。四五年前，儘管他們有足夠的能力，可是他們卻不會試圖收購和黃或怡和。"文章表示："李氏的中國關係明顯地有助於他購得和黃的控制權。早在 1975 年，當和黃陷入重大困難時，滙豐向其提供財務援助，和黃則以 22.4% 的股票作回報，這家貿易行自此之後早已回復財政健全。但當李氏向滙豐提出購買其持有的和黃股份時，滙豐所提供的特別優惠條件令英國人士大為吃驚。獲多利的奚戴德說：'滙豐對本地經濟結構發生的變化十分敏感，並能隨著時間前進。'" ❹ 這裡似乎亦提供了一個註腳，部份解釋了在新興華資財閥與老牌英資大行之間的激烈爭奪中滙豐銀行的微妙立場。

» 香港經濟模式轉變的影響

英、華資財團之間勢力的此消彼長，除受到時代及政治因素轉變的制約之外，從某種程度上說，它還受到香港經濟增長模式轉變的巨大影響，可以說正是這種轉變的歷史產物。

從 1841 年香港開埠到 20 世紀 50 年代初期，在逾 100 年的漫長經濟發展中，香港一直是作為對中國市場的貿易轉口港而存在和發展的，在這種傳統的經濟模式中，洋行由於其與歐美市場的天然聯繫以及分支機構遍佈內地，並有華人買辦的輔助，在對中國的轉口貿易中處於崇高地位，控制了大部份中國對外貿易。50 年代以後，隨著朝鮮戰爭爆發，聯合國對中國實施貿易禁運，香港的轉口貿易驟然萎縮，洋行的地位開始動搖。在五六十年代，香港的工業化剛起步，華人企業家一方面資本有限，另方面對國際市場的認識和聯繫有限，只有向洋行接入訂單、購入原材料，並將產品委託洋行轉銷海外，故洋行的地位仍然得以維持。然而，到了 70 年代以後，香港的工業家已壯大實力，自己成立出口部，直接向外國買家報價，以免除中間人抽佣，洋行的地位至此迅速下降，這是洋行式微的開始。

對於英資洋行的衰微，1948 年已前來香港，在 70 年代後期一直身兼英之傑集團主席和滙豐銀行副主席的英商韋彼得就有深刻的感受。1978 年 11 月，韋彼得在接受記者訪問時，當記者問他戰後香港的最大轉變是甚麼時，他說了這麼一番話："在本港經濟發展形式不斷轉變的過程中，本港貿易行地位的轉變，令我留下深刻的印象，當我剛剛來到香港的時候，本港擁有很多不同形式的貿易行，它們主要是經營轉口業務，主要市場是中國，一方面是將歐美的貨品轉運中國，然後把中國的原料運往歐美。當時貿易行的地位極為崇高，幾乎能夠把持中國大部份的對外貿易，但至 1949 年中共取得政權後，美國首先實施禁運，其後韓戰爆發，聯合國緊跟美國採取全面禁運的行動，這使本港的轉口業務一落千丈，很多貿易行在這時候遭到淘汰。幸而本港在這時候開始發展本身的製造業，並能獲得顯著成就，在這時候貿易行開始以出入口為業務發展的中心，將傳統的轉口貿易放在次要地位，由於競爭激烈，有不少貿易行不能適應情勢的轉變，在弱肉強食的社會中被淘汰，而剩下來的貿易行亦不斷進行合併，逐漸成為幾家規模龐大的貿易行，它們為鞏固本身的業務，除了經營貿易之外，亦開始發展其他如製造業等的業務，令規模不斷擴大，逐漸成為今天本港的幾家大行。而在蛻變的過程中，雖然有不少貿易行遭受淘汰，但亦有不少新的貿易行加入（註：英之傑集團就是一間 60 年代後期進入香港的大型英資洋行），但能經過這段時間仍然屹立不倒的貿易行，可說少之又少，這使人產生無限的感慨。" ❹ 這番感慨深刻反映了隨著香港經濟的轉變，英資洋行由盛轉衰的過程。

一股勢力的下沉未必是另一股勢力的興起，然而，洋行時代開始式微卻恰巧是香港地產業起步的階段。60 年代以後，隨著香港經濟起飛、百業繁榮，加上戰後香港人口急劇膨脹，到 60 年代初已增加到逾 300 萬人，70 年代初更急增到 400 萬人，對地產業發展提供了龐大的市場需求，推動了地產業的蓬勃發展。傳統上，地產業一直是華商主要的投資領域，從南北行時代的行商、英資洋行的華人買辦、經營零售百貨的澳州華僑，以至到 20 世紀以後的利希慎、馮平山、許愛周、張祝珊等家族，一直對投資地產有特殊的偏好；不過，傳統的華資富豪投資地產多作收租之用，發展有限。戰後，新興的華資地產商則以地產發展為主，70 年代更通過將公司上市、發行新股，又或將股票按給銀行籌集充裕資金發展，財富急速膨脹，令以往的老牌英資公司相形失色。

香港《南北極》雜誌的專欄作家齊以正對此曾有這樣的生動描述："英資在香港的行，最大的共有四間，它們是：怡和、會德豐、和記和太古。四行之中，怡和的歷史最悠久，規模最大。在英國國勢達到巔峰時期，怡和從對中國和其他亞洲國家的貿易中賺取了難以數計的金錢。60 年代，在香港提起怡和大名，商界人士仍會肅然起敬。哪裡曉得，過去十數年，由於城市地價反常暴漲，華資地產商人儼然形成這個社會的新富階級，他們手中擁有的建築地盤，價值動輒逾億，英商大機構往昔令人目炫的財富就此失去了光彩。時至今日，更因掌握不到屬下公司的控制權，淪為被人收購的對象。" ❹❻

》 英資財團投資策略失誤的影響

英資及華資財團勢力的此消彼長，除了受到政治、經濟等種種客觀現實的因素影響之外，它們對香港經濟及地產循環週期的判斷以及由此而制訂的投資策略亦關係重大。

由於對香港這個"借來的時空"深有戒心，英資財團往往不能正確把握香港的經濟週期，它們傾向於看淡香港經濟前景，往往錯失在香港發展的黃金機會。如怡和集團在 70 年代大舉投資海外，結果泥足深陷，英國的怡仁置業因為英鎊兌港元匯價急跌，影響了利潤，加上稅率高企（當時英國公司利得稅為 55%，香港僅 17%），負擔十分沉重。夏威夷的戴惠斯，1977 年以後因糖價下跌，盈利不前，若不是得到美國政府津貼，將出現虧損；南非的雷里斯，亦因為政局動蕩，貨幣貶值而盈利大減。怡和在海外的投資處處觸礁，實力自然大減。然而，到了 80 年代初期，香港的經濟、地產已達到巔峰，正面臨大幅調整，怡和卻一反常態大肆擴張，結果陷入更深的危機之中。反觀李嘉誠、郭得勝、李兆基等華資地產商，對香港的地產循環盛衰把握極準，往往能在地產低潮中大舉購入土地儲備，在地產繁榮期才陸續推出樓花或樓宇，在一買一賣之間賺取巨額利潤。

再看會德豐的約翰·馬登與環球航運集團的包玉剛，兩人對世界航運業及香港地產業循環週期的判斷更有天淵之別。會德豐是香港著名的地產商，旗下的地產公司擁有港島中區貴重物業和大批土地儲備；然而，由於掌舵人馬登看淡香港經濟前景，趁香港地產高潮大量拋售物業，套取資金去發展正面臨嚴重衰退的航運業，結果在世界航運低潮的襲擊下無法自拔。而號稱"世界船王"的包玉剛卻能從當時仍然表面繁榮的航運景象中看出危機，毅然作出"棄舟登陸"的壯舉，結果不但成為少數能避過世界航運業大災難的幸運者，而且成功在香港建立其龐大陸上王國，為其集團日後的發展奠定雄厚基礎。

和記洋行的主席祁德尊，儘管看好香港經濟的前景，雄心勃勃；然而，他對香港股市的基本走勢判斷錯誤，未能在股市高潮中及時鞏固已取得的成績，反而在股市滑落階段繼續大肆擴張，結果成為 1973 年香港股市暴跌的犧牲者，令和記瀕臨清盤邊緣。其後，滙豐插手挽救，和記得以逐步復元，然而，這已埋下日後李嘉誠入主的伏線。

誠然，投資策略的失誤往往和當時香港的政治形勢、經濟變化密切相關，種種因素結合在一起，令英資財團無可挽回地從香港權勢的巔峰向下滑落。這時，香港亦進入了一個新的歷史時期。

註釋

❶ 余繩武、劉存寬主編，《19 世紀的香港》，香港：麒麟書業有限公司，1993 年，第 328 頁。

❷ 施其樂著，《香港史片斷（一）》，《英國皇家亞洲學會香港分會會刊》，第 26 卷，1986 年，第 224-225 頁。

❸ 何文翔著，《香港家族史》，香港：鄭經翰出版，1989 年，第 11-14 頁。

❹ 同註 1，第 334 頁。

❺ 同註 1。

❻ 同註 3，第 169-177 頁。

❼ 香港政府工業署著，《一九九五年香港製造業》，香港：香港政府印務局，1995 年，第 70 頁。

❽ 香港證券交易所著，《香港證券交易所年刊（1985）》，1985 年，第 69 頁。

❾ 思聰著，《九倉業務開始蛻變，未來十年盈利保持增長》，香港：《信報》，1977 年 12 月 12 日。

❿ 思聰著，《九倉會脫離怡和系嗎？》，香港：《信報財經月刊》雜誌，第 4 卷第 2 期，第 23 頁。

⓫ 參閱《明報晚報》，1978 年 9 月 7 日。

⓬ 參閱《李嘉誠部署長實鯨吞和黃》，香港：《經濟一週》，1993 年 6 月 27 日，第 39 頁。

⓭ 雙慶譯，《使李嘉誠直上雲霄的一宗交易》，香港：《財富》月刊，1988 年 10 月 3 日，第 22 頁。

⓮ 參閱《評和黃內幕買賣審查委員會報告書》，香港：《信報財經月刊》雜誌，第 6 卷第 1 期，第 115 頁。

⓯ 參閱香港《信報》，1979 年 9 月 26 日。

⓰ 洪一峰著，《沈弼和包約翰：香港銀行界的一對最佳配搭》，香港：《信報財經月刊》雜誌，第 4 卷第 5 期，第 43 頁。

⓱ 蕙才華著，《長實收購和黃巨額股份的前前後後》，香港：《經濟導報》雜誌，總第 1624 期，第 16 頁。

⓲ 參閱《評和黃內幕買賣審查委員會報告書》，香港：《信報財經月刊》雜誌，第 6 卷第 1 期，第 115 頁。

⓳ 同註 16。

⓴ 同註 16。

㉑ 同註 16。

㉒ 賓加著，《李嘉誠妙計賺港燈》，齊以正等著：《香港商場"光榮"榜》，香港：龍門文化事業有限公司，1985 年，第 65 頁。

㉓ 范美玲著，《李嘉誠的收購哲學》，香港：《信報財經月刊》雜誌，第 8 卷第 11 期，第 29 頁。

㉔ 同註 23。

㉕ 齊以正著，《收購‧包玉剛‧群眾心理》，香港：《南北極》雜誌，1980 年第 7 期，第 4-6 頁。

㉖ 同註 10。

㉗ 郭艷明、趙國安著，《增購→爭購→憎購→九倉事件日誌》，香港：《信報財經月刊》雜誌，第 4 卷第 4 期，第 52 頁。

㉘ 郭艷明、趙國安著，《九倉事件日誌》，香港：《信報財經月刊》雜誌，第 4 卷第 4 期，第 52 頁。

㉙ 參閱《置地九倉爭奪戰》，香港：《現代時報》，1994 年 5 月 23 日。

㉚ 同註 28，第 53 頁。

㉛ 同註 25。

㉜ 思聰著，《從會德豐被收購看馬登與包玉剛處理航運業危機的手法》，香港：《信報財經月刊》雜誌，第 9 卷第 1 期，第 34 頁。

㉝ 歐陽德著，《馬登與張氏家族擬分家》，香港：《經濟一週》，1984 年 11 月 26 日，第 22 頁。

㉞ 引自《會德豐收購戰紀事》，香港：《經濟導報》雜誌，第 1912 期，1985 年 3 月 25 日，第 10 頁。

㉟ 馮邦彥著，《棄舟登陸：包玉剛勇奪九龍倉》，馮邦彥：《香港企業併購經典（增訂版）》，香港：三聯書店（香港）有限公司，2017 年，第 29-42 頁。

㊱ 梁國材著，《剖析收購戰對會德豐及投資者的影響》，香港：《信報財經月刊》雜誌，第 8 卷第 12 期，第 3 頁。

㊲ 一飛著，《會德豐系權益盡歸隆豐國際》，香港：《南北極》雜誌，1988 年 9 月 18 日，第 9 頁。

㊳ 高英球著，《置地大改組後遠景璀璨》，香港：《信報財經月刊》雜誌，第 5 卷第 2 期，第 46-47 頁。

㊴ 思聰著，《置地——地產界的大好友》，香港：《信報》，1982 年 3 月 16 日。

㊵ 參閱《香港置地有限公司 1983 年度業績報告書》。

㊶ 方以端著，《怡和洋行在華興衰史（1832-1949）》，香港：《信報財經月刊》雜誌，第 8 卷第 4 期，第 112 頁。

㊷ "Why the 'barbarians' are losing ground", *Financial Times*, 19 December, 1980.

㊸ 當時，英國外交部曾對香港問題在白皮書上作出以下記載：「在 70 年代末期……投資者對香港的前途開始表示關注……認為若不設法採取步驟去減低 1997 年這個期限所帶來的不明朗情況，在 80 年代初期至 80 年代中期，便會開始出現信心迅速崩潰的現象……。」見羅拔‧郭瞳著、丘經綸等譯，《香港的終結：英國撤退的秘密談判》，香港：明報出版社，1993 年，第 59 頁。

㊹ 夏萍著，《李嘉誠傳》，第 110-112 頁。

㊺ 歐陽美儀著，《英之傑集團如何掌握這個市場》，香港：《信報財經月刊》雜誌，第 2 卷第 8 期，第 52-53 頁。

㊻ 同註 25。

5

部署國際化戰略

1984 年中英兩國政府簽署關於香港前途問題的聯合聲明，經歷了逾 150 年英國殖民統治的香港，正式步入九七回歸的過渡時期。面對這種歷史性巨變，香港英資財團紛紛急謀對策，兩家總部設在香港的最大英資財團——怡和及滙豐，均加緊部署集團國際化戰略，從一家以香港為基地的公司蛻變為一家海外的跨國公司，試圖在香港建立起進可攻、退可守的戰略態勢。

　　怡和、滙豐的一系列策略性部署，包括遷冊百慕達、結構重組、加快海外投資步伐，將第一上市外移甚至不惜全面撤離香港證券市場等等，貫穿了整個過渡時期，開啟了香港上市公司遷冊、"走資"的先河，遷冊風、走資潮以及同期的"移民潮"匯成一起，形成這一時期香港經濟的一股洶湧的暗流。

　　香港，再一次走到了歷史的十字關口。

01

怡和：遷冊百慕達與結構重組

　　1984 年，對於香港以及香港英資財團的歷史命運來說，都是一個極其重要的年份。該年底，中英兩國在北京正式簽訂關於香港問題的聯合聲明，香港進入九七回歸中國的過渡時期。換言之，英國在香港管治的日子，已進入倒數的階段。面對這種歷史性的轉折，長期扎根香港、註冊地和總公司均在香港的兩大英資財團——怡和和滙豐，先後著手部署集團國際化的戰略，其第一步，就是遷冊海外及結構重組。不過，

1984 年 12 月，英國首相戴卓爾夫人與中國總理趙紫陽在北京正式簽訂香港前途問題的《中英聯合聲明》。

兩者的具體做法有頗大的區別，怡和是高姿態進行，以遷冊海外帶動集團結構重組；滙豐則相當低調，以結構重組完成遷冊海外。因而，兩者在香港所造成的影響也迥然不同。

　　1982 年 9 月，英國首相戴卓爾夫人訪問北京，會見了當時出任中共中央軍事委員會主席的中國領導人鄧小平，正式提出了英國在 1997 年之後繼續管治香港的要求，認為這樣才能有效地維持香港的繁榮穩定，戴卓爾夫人的要求遭到鄧小平的斷然拒絕。隨後，中國政府宣佈將於 1997 年收回香港，並根據 "一國兩制" 的方針解決香港問題。這樣，香港前途問題迅速表面化。從 1983 年 7 月起，中英雙方就香港問題展開長達 22 輪的艱苦談判；期間，由於英方堅持 1997 年後繼續管治香港的立場，談判一度陷入僵局，觸發了香港史無前例的港元危機。1983 年 9 月 17 日，香港《天天日報》聲稱："英資集團在倫敦甚至遠在紐約大量拋棄港幣。" 同月 24 日，港元匯率跌至 9.5 港元兌 1 美元的歷史性低位，整個貨幣制度動搖。當時，香港有輿論認為，英國方面在打 "經濟牌"，蓄意製造危機，以增強討價還價的能力。❶ 然而，"經濟牌" 並未奏效，中方不為所動。稍後，英方被迫放棄原有立場，"嘗試是否以中國提出的方案為基礎，同中方合作，作出對香港市民具有持久價值的安排" ❷，談判才再度順利展開。

　　1984 年 12 月 9 日，英國首相戴卓爾夫人再度飛抵北京，與中國總理趙紫陽正式簽訂關於香港前途問題的《中英聯合聲明》。聯合聲明宣佈，英國政府將於 1997 年 7 月 1 日將香港交還中國，中國政府將對香港恢復行使主權，並根據 "一國兩制" 的方針，在香港設立特別行政區，實行港人治港，高度自治，維持香港現行社會經濟制度和生活方式 50 年不變。從此，香港步入了 1997 年回歸中國的歷史過渡時期。

》 "怡和震蕩"：遷冊海外

　　這種歷史性的轉變，無疑對於香港的英資財團造成巨大的震撼，這種震撼的最初表現，就是怡和宣佈遷冊海外。1984 年 3 月 28 日，正值中英就香港前途問題的談判進入關鍵時刻，香港投資者的信心仍處低迷之際，怡和主席西門‧凱瑟克突然宣佈，怡和將把公司的註冊地從香港遷移到英屬自治區百慕達。西門·凱瑟克宣稱：
"董事局認為，目前香港局勢不明朗，尤其對本港法律制度欠缺信心，所以決定轉移
控制權到百慕達。"他解釋說："怡和是一個國際集團，它的成長有賴於外間的信心，
而怡和的成功也有賴於他們。在國際市場上競爭大型長期合約，組織合資經營機構，
進行收購或財務活動時，毫無疑問，面對香港的長遠前途問題，令本集團處於不利位
置。"他並表示："我要保障將來我們的控股公司能夠在英國法律下經營，能夠與英
國樞密院保持聯繫，……這是一個自由世界，我們是代表我們的股東這樣做的。"

怡和遷冊，即是將公司的註冊地點從香港遷往百慕達，在百慕達註冊成立一家
新的控股公司——怡和控股有限公司（Jardine Matheson Holdings Ltd.），以怡和控股的
股份交換原來在香港註冊並上市的怡和有限公司的股份，使原公司股東成為新控股公
司股東，而原公司的上市地位則由新控股公司取代。經過遷冊，儘管原公司的資產、
業務等運作一如既往，但原在香港註冊、上市的公司，實際上已變成一家在海外註冊
公司的附屬機構。

怡和遷冊百慕達，最初被理解為"撤離香港"，消息傳出，全港震驚。有人形
容，像怡和這樣一家自稱"一直代表殖民地時代的香港"的老牌英資洋行，在此最
關鍵時刻宣稱要撤離香港，其震撼力有如投下一枚"百慕達炸彈"。翌日，香港股市
暴跌，恒生指數一度下跌逾百點，怡和 5 家上市公司股價在兩個交易日中平均下跌了
17.14%；其中，怡和及怡和認股證分別下跌 17.3% 和 29.8%，形成所謂的"怡和震蕩"。

不過，香港輿論很快即意識到，怡和遷冊海外的原因，是對香港前途缺乏信
心，購買政治保險。美國萬國寶通銀行香港分行副總裁黃逸思就指出：怡和在另一處
受英國法律管轄的地區成立新控股公司，是完全出於保障集團的海外資產，因為香港
將來一旦政治前途有任何變化，怡和縱使失去香港的資產，也仍可透過百慕達的控股
公司保有海外的資產；不過，怡和實無須如此迫切在現階段採取行動，大可在兩、三
年後實行亦不為遲。黃逸思還預測：由於怡和這次已擺明對中國的不信任態度，今後
怡和與中國的貿易關係，必然不會如前般順遂。❸

怡和選擇在最敏感的政治氣候宣佈遷冊，香港輿論普遍認為"不合時宜"、"不
明智"及"不負責任"。4 月 2 日，香港《經濟導報》發表社論指出："怡和卻偏偏要

1984 年 3 月 28 日，怡和主席西門・凱瑟克（中）宣佈怡和遷冊百慕達，在香港引起巨大震動。
怡和遷冊開啟香港上市公司遷冊海外的先河。

選擇在中英談判眼前就要出現突破、香港經濟逐漸好轉、香港居民正逐漸恢復信心的
情況下宣佈，不論怡和主觀上如何解釋，或者只是一家公司對自己業務所做的商業上
的決定，但在客觀上已經產生不良的影響，人們確有理由懷疑這樣做的背景及動機。”
中國政府亦表示強烈不滿，怡和的行動被視為英國政府在最關鍵時刻向中國施壓。當
時，中國外交部副部長兼中方談判團團長周南就代表中國外交部拒絕接受英方代表團
團長伊文思的解釋，伊稱英國政府事前並不知情。

» 怡和結構重組

不過，事後證實，怡和遷冊既不是完全撤離香港，亦非單純的購買政治保險，
它只是怡和整個繁複龐大的集團國際化戰略的序曲，剛顯露出“冰山的一角”。事緣
70 年代前期，怡和鑑於 50 年代在華巨額資產的損失及對香港這一“借來的時空”的
戒心，開始部署國際化戰略，包括收購美國夏威夷的戴維斯、英國的怡仁置業、南非

的雷里斯及中東的 TTI 等。不過，這些投資並不成功，其後多數已被出售，並使怡和逐漸喪失在香港經濟中的優勢。70 年代末 80 年代初，華資財團迅速崛起，李嘉誠、包玉剛等先後成功收購英資的和記黃埔及怡和旗下的九龍倉，並進而覬覦怡和旗下被譽為香港地產"皇冠上的明珠"的置地公司。面對威脅，當時的怡和主席紐壁堅（D. K. Newbigging）採取斷然措施，透過怡和控股與置地互控對方四成股權的方法，保衛對置地的控制權。然而，在 80 年代初的地產危機中，怡和為此付出了沉重代價，陷於危城苦守的困局，主席紐壁堅亦黯然下台。

當時，新上任怡和及置地主席的西門·凱瑟克，面對最緊迫要解決的問題，就是重整集團結構，徹底解除怡置互控這個心腹大患，同時保衛怡和對屬下公司的牢固控制權，以適應過渡時期的投資策略。因此，從 1984 年起，西門·凱瑟克在公司執行董事、美國商人銀行家包偉仕（B. M. Powers）的協助下，對集團的組織架構進行了一連串錯綜複雜的重組，整個重組計劃包括 3 方面內容：

首先，解除怡置互控關係。1980 年，面對新興華資財閥的覬覦，前怡和主席紐壁堅採取斷然措施，透過怡和及怡和證券與置地互控，保衛了怡和及置地的控制權。不過，到 1983 年，香港地產崩潰，怡置互控成為怡和與置地互相拖累，被迫出售大量海外資產及非核心業務，處於危城苦守的困局。因此，結構重組的關鍵，是解除怡置互控。早在 1984 年 1 月，西門·凱瑟克已開始行動，置地將所持 7,200 萬股怡和股票，以每股 12.3 港元對外配售，套現 8.6 億港元，置地所持怡和股權從 42.6% 減至 25.3%。同時，怡和亦將對置地的持股量從 30% 減至 25%。1986 年 3 月，怡和證券向置地購入 12.5% 怡和股份，置地所持怡和股權進一步降至 12.5%（見下圖表）。

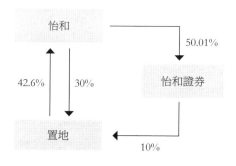

1984 年 1 月之前怡置互控概況

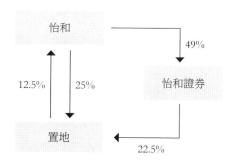

1986 年 3 月後怡置互控概況

1986 年 11 月，怡和集團宣佈重大改組，由怡和控股、怡和證券、置地 3 家公司注資組成香港投資者有限公司（Hong Kong Investors Ltd.），置地將所持剩餘的 12.5% 怡和股權全部注入新公司。新公司隨即與怡和證券合併，在百慕達註冊成為怡和策略控股有限公司（Jardine Strategic Holdings Ltd.），取代怡和證券在香港的上市地位。經過連串繁複的換股後，置地不再持有怡和股份，怡和透過怡策控制置地，怡置互控解除（見下圖）。

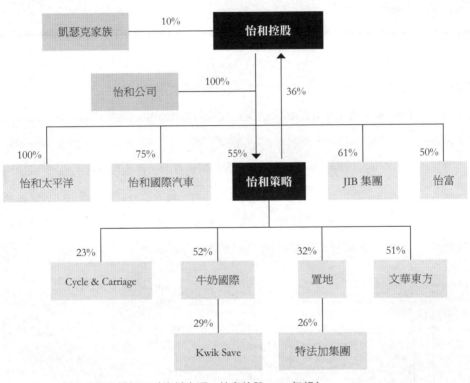

1995 年 3 月怡和集團結構概況（資料來源：怡和控股 1994 年報）

其次，分拆置地，將原屬置地的兩家全資附屬公司——牛奶有限公司和文華國際酒店有限公司分拆出來獨立上市。1986 年 9 月及 1987 年 4 月，置地先後將旗下兩項重要資產，經營零售業務的牛奶公司和經營酒店業務的文華酒店分拆出來，在百慕達重新註冊，分別成立 "牛奶國際控股有限公司"（Dairy Farm International Holdings Ltd.）及 "文華東方國際有限公司"（Mandarin Oriental International Ltd.），在香港獨立上市，並將它們轉撥怡和策略旗下，成為與置地平行的公司。置地分拆牛奶國際和文華東方之後，已從一家龐大的綜合企業集團重新成為一家單純的地產公司，負債亦減至 55.5 億港元，財政狀況大為健全。自此，除置地、仁孚行外，怡和集團的 4 家主要上市公司，包括怡和控股、怡和策略、牛奶國際及文華東方均全部遷冊百慕達。

再次，1989 年 1 月，怡和成立全資附屬公司怡和太平洋有限公司（Jardine Pacific Ltd.），作為統籌和加強怡和在亞太區的綜合貿易業務的旗艦。怡和太平洋的業務包括：銷售（由怡和持 75% 股權的仁孚公司的汽車銷售及服務）、航運及航空業務、保安、物業管理及代理、工程與建築、財務等。

此外，怡和還計劃發行 B 股，以加強大股東凱瑟克家族對怡和集團的控制權。1987 年 3 月 27 日，怡和宣佈 1 股送 4 股 B 股，B 股面值為 2 角，僅相當於怡和 A 股面值的十分之一，但擁有與 A 股相同的投票權。怡和發行 B 股計劃立即在香港引起軒然大波。4 日後，李嘉誠旗下的長江實業和和記黃埔 "照辦煮碗"，亦宣佈發行 B 股，長實的理由是，發行 B 股是為確保本公司的控制權延續性長遠策略之一部份，亦為本公司管理階層發展及規劃業務增長提供一個穩定之環境；同時，此項 B 股之發行，使本公司於未來之擴展及收購行動中擁有更大之靈活性，在控制權結構方面亦無後顧之憂。長實將發行 B 股目的講得如此清晰，有人懷疑它是針對怡和的行動。結果引起一些中小型上市公司亦計劃跟風，觸發了股民拋售股票的浪潮。當時正值九七回歸的敏感過渡時期，香港各大企業宣佈發行 B 股，不免有減持 A 股增加 B 股，撤走資金的意圖。在強烈的反對聲中，4 月 7 日長實及和黃舉行記者招待會，宣佈自動取消發行 B 股計劃。翌日，香港聯合交易所和證監處發表聯合聲明，不准新 B 股掛牌，因此，怡和的 B 股計劃胎死腹中。

怡富銀行在中環怡和大廈內辦公室一景。創辦於 1970 年的怡富銀行是香港第一間商人銀行，改組後，乃怡富集團的全資附屬公司。

» 怡和重組的戰略意圖

　　經過 1984-1989 年連串錯綜複雜的結構重組後，怡和集團龐大的內部體系出現了一個全新的架構，大股東凱瑟克家族以怡和控股作為整個怡和集團的旗艦，分別控制怡和太平洋、JIB 集團（即怡富保險）及怡富等 3 家功能性集團公司及 1 家控股公司——怡和策略，再透過怡和策略控制置地、牛奶國際、文華東方 3 家大型上市公司。

　　這個錯綜複雜的結構重組，從表面看，似乎是一種純粹以擺脫怡置互控所造成的困局，減輕債務，增強集團盈利能力為目的的商業決定；但從深層分析，實際上是怡和集團為重新部署香港進入過渡時期後的發展戰略而在內部結構上所作的準備，從而使該集團處於進可攻（加強海外發展）、退可守（穩守香港核心業務）的有利地位。

首先，在整個集團架構上增設了一家控股公司——怡和策略，以取代原來置地的作用，將怡置互控轉換為怡和控股與怡和策略的互控。據怡和管理層的意見，怡策只有在確保對系內各公司控制權的前提下才考慮發展，並將以海外投資作為優先目標。此舉的目的，是在確保僅持怡和約10%股權的凱瑟克家族能繼續牢固控制對整個怡和集團的同時，將置地解脫出來。在這種被稱為"四兩撥千斤" ❹ 的集團架構下，大股東凱瑟克家族僅持有怡和控股約10%股權，便可牢固控制資產高達700億港元的怡和系6家上市公司，凱瑟克家族在香港投資的風險無疑已降至最低。

其次，怡和通過結構重組，將集團內六大業務，包括地產、酒店、食品製造及批發零售、綜合貿易、保險、商人銀行按類分別歸入置地、文華東方、牛奶國際、怡和太平洋、JIB集團及怡富，令整個集團結構更加精簡清晰，不但有利於各子公司的經營管理，提高集團的經營效益，而且也大大提高各子公司投資海外或穩守香港業務的機動性和彈性，以便最大限度地獲取利潤並減低投資風險。

再者，置地從怡置互控關係中解脫出來，並將牛奶國際和文華東方分拆出去後，再度成為系內一家純粹從事地產投資的公司。由於置地當時的資產高達430億港元，佔整個集團總資產的五成左右，實際上成為怡和在香港部署進退的重要棋子。當怡和高層判斷香港政經環境惡劣而決定撤退時，怡和可將置地出售而不影響凱瑟克家族對怡和的控制權；若香港經濟繁榮穩定，怡和可藉置地及系內各子公司在香港的業務而分享香港經濟的快速增長。因而，經過重組後，怡和集團實際上已擺脫80年代初期的那種被動局面，處於進可攻（加強海外業務）、退可守（穩守香港核心業務）的有利地位。

》 置地再遭華資大亨的覬覦

怡和重組後，置地成為系內唯一沒有遷冊的重要上市公司，而且當時怡和策略僅持有置地26%的股權，控制權並不牢固。因此，怡置的"脫鈎"行動被市場理解為怡和有意對置地善價而沽。這種情況再次激起華資財閥覬覦置地之心。當時身兼置地主席的西門‧凱瑟克亦曾說過：“The door is always open”（大門總是打開的）、“Everything has a price”（問題在於價格），顯示怡和有段時間確曾考慮過出售置地的問題。

這種情形，再次激發了華資大亨們覬覦置地的雄心。1987 年 10 月股災前數個月，隨著股市的大幅上揚，有關收購置地的傳聞不絕如縷，繼而甚囂塵上。在有關傳言的推波助瀾下，1987 年 7 月 1 日，置地股價突破 7 元大關，當時市場盛傳日本第一勸業銀行向怡策提出收購建議。此後，置地收購傳聞不斷在市場上廣為流傳，被傳收購的財團包括李嘉誠的長江實業、鄭裕彤的新世界發展、李兆基的恒基地產、郭得勝的新鴻基地產，以及一些美資和日資財團。

對於華資大戶李嘉誠、李兆基和鄭裕彤等有意收購置地，在 10 月股災前亦已出現，但與股災後相比，則只是小巫見大巫。據傳言，李嘉誠等人並未曾正式向怡和提出收購置地的建議。不過，在 10 月 19 日香港股災前一個星期，港督衛奕信設宴招待官商名流。宴席間，李嘉誠試探西門‧凱瑟克是否願意以每股 17 港元接受收購置地的股份，凱瑟克當時僅報以微微一笑，似乎盡在不言中。據說，當時包偉仕在計算了置地 1988-1989 年租金調整等收益後，認為每股 17 港元已可接受，但西門‧凱瑟克則表示對置地有感情，且管理了不少時間，要求給予一個溢價，即每股 18 港元。❺

當時，市場傳聞有意收購的，還有來自新加坡的黃廷方家族及極負盛名的“企業狙擊手”、商界新貴劉鑾雄。10 月股災前，在香港股災活躍的人士都聽見有關黃廷方家族持大量期指好倉及吸納置地股票的內幕傳聞。黃氏家族買賣股票的堅固證券 3800 號不時出現在置地牌下，與傳言相互印證，教人難以不信。及至 10 月 16 日，市場更言之鑿鑿，傳黃廷方親赴倫敦約見怡和幕後主腦亨利‧凱瑟克，提出以每股 16 港元收購置地股份。不過，稍後美國華爾街股市大瀉 500 點，引發全球性股災，黃氏才急忙打退堂鼓，放棄收購置地計劃。

另一個被指有意收購置地的是商場新貴劉鑾雄。1987 年 9 月，劉鑾雄控制的華人置業以近 24 億港元價格，向置地收購銅鑼灣皇室大廈及灣仔夏慤大廈兩幢物業。稍後，華人置業以減債為理由宣佈大量供股 30 億港元。當時，市場人士認為華置供股絕非減債這麼簡單，必然有後著跟進，盛傳劉鑾雄已將下一個狙擊目標直指置地。傳聞更指劉鑾雄親自與怡和主席西門·凱瑟克談判，提出以每股 16 港元（一說是每股 12 港元）向怡和收購其所持置地 26% 股權，不過，被西門·凱瑟克斷言拒絕。

置地收購的傳聞在 1987 年 10 月股災前達到高潮。10 月 1 日，香港股市經數月的大幅飆升，恒生指數在到達 3,949.73 點的歷史最高紀錄之後，輾轉回落，似乎有較大幅度的調整；然而，收購置地的傳聞不絕如縷，置地股價逆市飆升。10 月 9 日，恒生指數跌穿 3,900 點，報 3,881 點收市；但置地股價仍逆市上升 1.5 角，報 9.6 港元收市。當日倫敦股市，置地股價一度被搶高至 11.2 港元。10 月 16 日，恒生指數 3,800 點失守，但置地股價再創新高，報 11.7 港元收市。

不過，正當雙方緊張角力之際，一場全球性股災已悄悄掩至。1987 年 10 月 19 日，因美國杜瓊斯工業平均指數急跌 108 點，當天亞太區股市一開，沽售壓力有如排山倒海，香港恒生指數暴跌 420 點，東京日經平均指數亦急挫 620 點，一時間市場風聲鶴唳。翌日，美國杜瓊斯指數更大瀉 508 點，觸發全球性股災。香港聯合交易所宣佈停市 4 天，10 月 26 日香港股市復市，恒生指數暴跌 1,120 點。在突如其來的巨大衝擊下，各華資財閥自顧不暇，有關收購計劃被迫暫時擱置。

置地收購傳聞在沉寂了一段時間之後，於 1988 年 3 月間再度冒起。4 月初，李嘉誠在廣生行週年股東大會後（李氏亦是廣生行董事），首次向記者透露長實持有置地股份，但表示無意出任置地董事。此後，有關收購置地傳聞再度甚囂塵上。4 月底，市場傳出華資大戶擬致函置地，要求在 6 月 6 日置地股東週年大會上，委任鄭裕彤、李兆基為置地董事。在有關消息刺激下，置地股價從 2 月初每股 6.6 港元輾轉上升至每股 8.9 港元。

1988 年 5 月初，即香港收購及合併守則規定的 6 個月時間過去後（根據該守則，全面收購需以 6 個月內最高購入價進行），李嘉誠等華資大亨決定與西門·凱瑟克攤牌。5 月 4 日傍晚，在曾任職怡和集團的和黃董事總經理馬世民的安排下，怡和主席西門·凱瑟克、怡和常務董事包偉士、怡富常務董事史密夫等應李嘉誠的邀請前往和記大廈和黃會議室，與李嘉誠、鄭裕彤、李兆基、榮智健等召開會議。會議有接近 30 人出席，場面鼎盛。

5月6日，香港《明報》曾以"30風雲人物午夜和記大廈開會，李嘉誠先求買後求賣"為題，對這次英、華資財閥兩大營壘對撼作出詳細報道："據可靠消息來源對本報透露……李嘉誠在會上很坦白地向西門‧凱瑟克表示，他名下的長江實業與其他三名合夥人，均希望能盡快解決有關置地控制權誰屬的問題，並出價每股12元，要求購入怡策手上25.3%置地股權，卻為西門‧凱瑟克所拒絕，雙方才轉為洽商一個可行途徑，以解決當前爭持不下的死結。怡和最初對李嘉誠所提出把股權售予怡策的建議，反應並不熱烈，但華資財團方面堅持，如果不能全身而退，將會爭取派遣兩名代表加入置地董事會，不惜演變成兩敗俱傷的局面，怡和的態度才見軟化，並開始就交易的條件進行洽商。在談論轉售價格的過程中，包偉仕堅持要三個華資財團七年內不得購入怡和屬下任何上市公司的股份，爭取一段緩衝時間，以免華資財團利用解凍的資金，再度威脅怡和的控制權，最終獲得李嘉誠、李兆基及鄭裕彤的同意，以後的進展就極為順利，在不到15分鐘內就決定以八元九角五仙為轉讓價。" ❻

結果，怡和斥資18.34億港元巨資，成功擊退華資財閥的挑戰。事後，怡和主席西門‧凱瑟克表示："怡和視置地為一項長期投資，希望此舉掃除各種猜測，及展開怡和長期投資的旗幟。"這次事件反映怡和高層對香港前景的看法，與1984年遷冊時有一定程度的改變，決定穩守香港核心業務，保持香港大行地位及集團內最驕人的資產。這種轉變顯然與香港經濟的改變有關。自1984年中英簽署聯合聲明後，香港前途明朗化，投資者恢復信心。中國的改革開放更令香港經濟於1986-1988年間連續數年高速增長，增幅達兩位數字，顯示香港仍然是最賺錢的地方，此時撤出香港，將百年基業拱手讓人，實在可惜。在置地公司於2014年出版的《香港置地125年》一書曾這樣描述當時的情形："西門‧凱瑟克表示，怡和也曾經計劃出售置地公司，但每次看到出價，他與兄長亨利總認為，置地公司應該'多值一元'。現在回想起來，他們實在難以想像，若沒有被稱為'怡和骨幹'的置地公司，集團將會是怎樣的光景。" ❼

是役，華資財團無功而返，且簽下城下之盟，給市場留下連串不解之謎。華資財團收購置地可以說是處心積慮，付出不少精神、時間和財力，何以突然改變主意，且以低於購入成本價（據悉，四大財團購入置地的平均成本價是每股9.2港元）出售所持置地股權呢？四大財團財雄勢大，說他們急於套現也說不過去。況且，若四大財團只持有 8% 置地股權，如何能挑戰怡和策略的控制地位呢？

據一種流傳的版本表示，四大財團本無意將手上的置地股份售出，是次股份易手，主要是估計錯誤所致。據說 5 月 4 日攤牌當日，四大財團準備了三個方案，先禮而後兵。第一個方案是要求怡策出售置地股票，第二個方案是要求怡策購回置地股票，第三個方案是全面收購置地。他們估計怡策會拒絕第一、二方案，並準備計劃全面收購置地。然而，事情卻出乎意料之外，怡策竟接納第二個方案，結果四財團惟有遵守諾言，將置地股份出售。另一種版本則認為，四大財團之所以願意拱手將置地股份相讓，重要原因是文華東方較早前宣佈，發行 10% 新股予怡策，如果置地亦"照辦煮碗"，他們所持的置地股份的價值便會被攤薄而受損。當然，如果真的作全面收購，置地會即時受制，要發行新股必須獲特別股東大會通過，但到時候要出動數票，已非李嘉誠一貫的友善作風了。當然，流傳的版本還有不少，但實際情形如何，恐怕只有當事人才知曉。

1989 年 3 月，置地宣佈遷冊，在百慕達註冊成立置地控股有限公司（Hong Kong Land Holdings Ltd.）。至此，怡和旗下 6 家主要上市公司全部遷冊完畢。置地同時宣佈了一項令人矚目的措施——"借債還本"，即透過向銀行貸款及其他融資方式籌借 51 億港元鉅款，以削減股本形式償還股東每股現金 2 元。此舉令置地大股東怡策獲得 16 億港元的現金派發，基本上抵償了怡策因向華資財團收購 8% 置地而付出的資金。此舉令置地的借貸比率從原來的 3% 提高到 20%，不但加重了其財務負擔，而且直接影響到置地的長期發展。怡和這種不斷吸納置地精華、犧牲置地利益的做法，實際正反映它對香港前景始終疑慮重重，對集團在香港的投資存頗大戒心。

02

滙豐：結構重組

─────────────

　　自怡和系內各主要上市公司相繼遷冊百慕達後，香港輿論逐步將目光轉向滙豐，有關滙豐可能遷冊的傳言、評論時起時伏，不絕如縷。滙豐與怡和一樣，也是註冊地和控股公司都在香港的老牌英資財團；不過，滙豐的地位更特殊（香港的"準中央銀行"），其一舉一動均備受有關各方的注目，因而在處理遷冊問題時也較為慎重、低調。1988 年 3 月，滙豐主席浦偉士訪問北京，中國領導人曾對他承諾 1997 年後滙豐仍可保持香港發鈔銀行的地位，此舉不僅是對滙豐地位的重視，實際上也是對滙豐的安撫。然而，滙豐的遷冊部署並未因此而停步。

》 滙豐淡出準央行角色的部署

　　1987 年 7 月 15 日，香港政府金融事務科宣佈已與滙豐銀行達成所謂的 "新會計安排" 協議，滙豐邁出了淡出中央銀行的第一步。根據協議，滙豐銀行須在港府的外匯基金內開設一港元戶口，滙豐須在此戶口保持一餘額，其數量不得少於銀行體系所有其他銀行結算戶口總淨額；戶口內的貸方餘額不計利息，若餘額降至結算淨額以下，滙豐須就此差額向外匯基金付息；外匯基金可酌情使用該戶口，與滙豐及其他持牌銀行結算基金的港元交易。

　　"新會計安排" 實際上從兩個方面將 "準中央銀行" 的職能從滙豐銀行轉移到港府的外匯基金：其一，是由外匯基金取代了滙豐銀行，控制及支配了銀行體系的結算餘額，此舉無疑強化了外匯基金控制銀行同業市場的能力，令滙豐淡出了作為香港銀行體系 "最後貸款者" 的角色；其二，滙豐過去憑藉管理結算而獲取的壟斷利潤轉移到外匯基金，由於滙豐須在外匯基金開設一港元戶口，其餘額不得低於銀行體系其他銀行的結算淨額，否則滙豐須向外匯基金支付利息，這樣，滙豐就喪失了免息使用其他銀行貸方餘額的特權。滙豐銀行主動淡出央行地位，實際上是它發出遷冊的一個重要訊號，表明它將逐步放棄香港的特殊地位，邁向國際化。

1989 年 8 月 22 日，滙豐銀行在公佈業績的同時，宣佈了兩項重要的改革措施：其一是將奉行了 130 多年的滙豐銀行條例進行修訂。其二是根據香港公司法重新註冊，並改名為"香港上海滙豐銀行有限公司"（The Hong Kong Shanghai Banking Corporation Ltd.）。滙豐的解釋是：滙豐銀行的組織章程自 1865 年以來，大致並無改變，滙豐銀行是香港上市公司中唯一依照其本身條例而非公司條例註冊成立的，而公司條例的規定除極少數外，均不適用於滙豐銀行。由於這種不同之處，滙豐銀行往往被視為享有特權，而這種特殊性質，使滙豐在海外地區發展業務時遇上不少麻煩。因此，滙豐決定對滙豐銀行條例作出若干修訂，使之現代化，令香港公司法適用於滙豐，從而進一步擺脫類似中央銀行的形象，並為滙豐的海外業務發展帶來方便。滙豐主席浦偉士還表示："歷史遺留下來的事實屬異常而不符合現代做法，雖然滙豐持有不同看法，但不時有人認為此種做法令滙豐享有特殊或特權地位，滙豐亦同意此種情況為過時而令人混淆，因此必須修例而達至現代化。"

滙豐的修章行動顯然是滙豐淡出中央銀行角色的又一個重要步驟，香港輿論認為，此舉顯示出滙豐的深謀遠慮，可能為未來滙豐與港府商討撤銷滙豐銀行條例鋪路，甚至為日後的改組和遷冊作好準備。因為根據滙豐銀行條例，滙豐的總部必須設在香港，滙豐若要進行任何重大改組，很多都需要得到立法局批准，這對滙豐甚為不便。滙豐可能為著日後的改組打算，包括日後與英國米特蘭銀行換股，為保護公司海外資產而在海外成立控股公司等，所以才有現時按公司法註冊這一著。滙豐希望透過放棄特權、淡出央行，以換取對銀行的結構和組織的更大自由度，以適應九七的轉變。❽

» 滙豐結構重組：“政治形勢促成的商業決定”

　　在完成淡出準央行角色的兩個手續（“新會計安排”及修訂滙豐銀行條例）後，滙豐銀行緊接而至的是結構重組。1990 年 12 月 17 日，滙豐銀行在暫時擱置與英國米特蘭銀行合併計劃後不久，即宣佈結構重組，重組的主要內容是：第一，將滙豐銀行屬下一家設在倫敦的公司，升格為集團的控股公司——滙豐控股有限公司（HSBC Holdings PLC），持有滙豐在世界各地包括香港的全部資產，滙豐控股在英國註冊，但不駐在英國，其總部設於香港，管理及控制由香港方面負責；第二，滙豐銀行現有已發行股份轉移至滙豐控股名下，滙豐銀行股東將成為滙豐控股股東，滙豐控股將發行新股，每 4 股滙豐銀行股份將換 1 股滙豐控股，將原有股數削減四分之三，以利於在海外上市；第三，滙豐控股將取代滙豐銀行在香港及倫敦證券交易所上市，並以香港為第一上市市場；第四，滙豐銀行成為滙豐控股的全資附屬公司，仍維持在香港註冊，負責香港地區的業務。

　　滙豐在結構重組的聲明中解釋了重組的背景及其原因，滙豐表示：“滙豐在香港不斷成長的同時，集團亦已發展成一家具規模的國際化機構，其業務分佈全球 48 個國家，股東來自八十多個國家，存戶及顧客更遍及世界各地；集團管轄五百多間附屬機構，其中絕大部份於香港以外的地區成立。集團目前主要的營運機構同時兼有控股公司的職能，這個結構不但累贅，並對某些商業活動構成不利影響；而銀行的國際化活動及其集團組織架構，更引起海外有關監管機構、銀行同業、存戶、其他客戶和投資者，對銀行的計劃和未來，提出愈來愈多的問題。滙豐銀行認為，種種顧慮皆出於誤解，但鑑於香港面臨一前所未見之憲法地位，部份人士的顧慮亦可以理解。董事會對香港前途抱有信心，並認為無論現在或將來，香港仍是滙豐銀行管理樞紐之最佳所在地，並且是一個能為銀行提供理想盈利之重要市場。雖然如此，與集團有業務往來的海外人士的顧慮亦不容忽視，而這亦是董事會認為集團應該重組的另一個原因。”

　　根據滙豐的聲明，滙豐進行結構重組的原因主要有兩個，一是集團國際化的需要，對此，滙豐主席浦偉士在接受記者訪問時曾作了進一步的解釋，他說：“很多像

1990 年 12 月 17 日，滙豐銀行主席浦偉士（右）在記者招待會上宣佈滙豐重組，變相遷冊英國倫敦。

滙豐這種規模的銀行，都會成立控股公司，把附屬公司納於一統，由於現時滙豐向來仍未有成立控股公司，海外的銀行監管機構和外國法律界人士都感到混亂，這個問題在與英國米特蘭銀行商談合併，及在美國進行投資時均曾造成困難，目前滙豐的公司組織架構，是國際化發展的一種障礙。"❾ 至於另一個導致重組的重要原因，是香港面臨九七的轉變。浦偉士的解釋是："我有信心一國兩制可行，但這是建基於兩個假如—— 一、假如中港能建立彼此諒解的關係；二、假如雙方能理智地處事。愈接近九七，假如雙方互不諒解，別人會開始懷疑滙豐的未來實力；當滙豐無法在國際金融界順利運作，業務呈現衰弱，甚至資金外流，港元備受壓力，若耽誤至離九七前一兩年才急急進行改組，我認為那便太遲了，因此我們有理由早作安排。"❿ 滙豐重組的原因，以一句話概括，是"政治形勢促成的商業決定"⓫。

　　滙豐的結構重組，實質上也是變相遷冊，將控股公司和註冊地遷到倫敦，低調處理了遷冊問題，這與怡和的高姿態宣佈遷冊，並在遷冊過程中完成重組，確有異曲同工之妙，相映成趣。儘管如此，鑑於滙豐在香港的獨特地位，變相遷冊仍然在市場上引起短時間的震動，滙豐宣佈重組當天，香港股市恒生指數即急挫 73 點，跌幅達

2.36%，滙豐股價也下跌 1 角，跌幅為 2.1%。不過，由於市場對此已有準備，翌日有關消息即被消化，股市亦反彈回升。令人奇怪的是，滙豐作為香港的"準中央銀行"，變相遷冊倫敦，竟然即時獲得港府的支持，財政司翟克誠在一項聲明中表示，香港政府"支持其重組建議"。

　　與怡和遷冊時中方的強烈反應成對比，對滙豐的重組，中國政府的反應相對要審慎和溫和。12 月 20 日，中國外交部發言人對滙豐重組發表評論說：中國相信，像滙豐銀行這樣重要的香港金融和商業機構，每採取一項新的措施時，都會注意如何使其有利於而不是不利於香港的繁榮。根據《中英聯合聲明》的規定，在香港過渡時期內，維護和保持香港的社會穩定與經濟繁榮，是英國政府的責任。中國政府為了香港居民和中英兩國的共同利益，一貫維持香港的穩定繁榮，中國根據"一國兩制"構想而制定的對香港的方針和政策是不會改變的。

　　滙豐宣佈重組在時機的選擇上，正值中英關係陷入低潮之際、中國國務院港澳辦主任魯平猛烈抨擊港府之後，因而有人認為"選擇在這硝煙未散之時而宣佈，卻

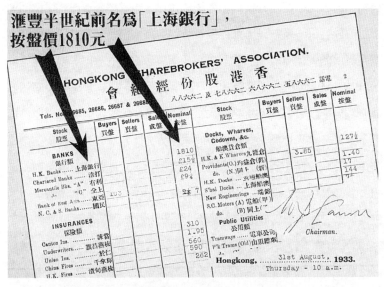

1933 年香港會的行情表。當時滙豐的簡稱是"上海銀行"（H. K. Bank），大概是重視上海業務之故。後滙豐的簡稱已轉為"滙豐銀行"，英文則仍稱"Hong Kong Bank"。直至滙豐宣佈重組，滙豐銀行便成為新集團的滙豐控股（HSBC Holdings PLC）的子公司。

是一個巧妙的時機和回應"，是"以退為攻的帝國反擊戰的一役"❿。不過，對此滙豐主席浦偉士則表示："整個計劃是經過長時間的醞釀"和"經過冗長而審慎的考慮程序"。

》對滙豐繼續擔任準央行角色的質疑

滙豐變相遷冊後，香港輿論對於滙豐繼續擔任"準中央銀行"的角色提出了不少質疑，《香港經濟日報》的政經短評就指出："以滙豐財力及其從香港多年取得的經營利益，理應義無反顧協助穩定香港的經濟大局，但在遷冊之後令角色變換，在形跡上已減輕滙豐對香港的承擔，未免令人有更多的憂慮。"❸《信報》政經短評亦指出："從經營角度看，英國政治勢力的逐步淡出，滙豐在殖民地的商業優勢相應被削弱，是勢所不免的，有鑑於此，滙豐將海外及香港業務分割，對股東來說是負責的表現；不過，由於滙豐對香港前景已起戒心，香港政府與滙豐的關係應進行調整。迄今為止，滙豐是港府及馬會最主要的往來銀行，今後是否應將這些最易賺錢的生意給此一對香港已沒有歸屬感的銀行，是值得政府認真檢討的，亦是中英聯絡小組應將之列為議程的。我們認為，港府應從速培養對香港有歸屬感的銀行，以分擔滙豐在香港金融業上扮演的角色。"❹還有評論指出：滙豐遷冊所造成的最大影響，相信是喚醒了中國銀行的"接班"意識，以當仁不讓的姿態迎接九七的到來，中銀集團在香港金融業的地位會逐步加重。❺

事實上，滙豐對此已充份意識到，1988年的"新會計安排"及1989年的修章行動就是其淡出央行的重要步驟。1992年6月，港府設立流動資金調節機制，滙豐的"最後貸款者"職能全部轉交予外匯基金。1993年香港金融管理局成立，標誌著滙豐已基本淡出"準中央銀行"地位。滙豐主席浦偉士亦公開表示：滙豐已完全卸去半央行角色。1994年5月1日，中國銀行成為第三家發鈔銀行，1996年1月1日，中銀第一次出任香港銀行公會主席，顯示滙豐遷冊後，香港的金融體制已發生深刻變化，中銀集團正迅速崛起，成為滙豐在香港的主要競爭者。不過，至此，滙豐在香港仍擔負著發鈔、結算、政府的主要往來銀行等重要央行職責，在香港的金融架構中仍佔有舉足輕重的重要地位。

中國銀行發行港鈔慶祝典禮。1994年5月2日，中國銀行正式發行港鈔，成為香港第三家發鈔銀行。

1996年1月，中國銀行首次出任香港銀行公會主席，反映了中銀集團在香港金融事務中的地位日漸提升。

03

怡和：加快海外投資步伐

————————

　　怡和部署的集團國際化戰略包括兩部曲，遷冊百慕達只是其中的第一步，目的
是保護集團的海外資產；然而，最重要的，則是第二步，即加快海外投資步伐，大
幅提高海外資產在集團所佔比重，從而將香港的比重降低，最大限度地減低所謂的
"九七風險"。然而，離開自己的基地到海外投資，說起來容易實際執行卻困難重重，
六七十年代怡和的海外投資就幾乎處處觸礁，最後仍被迫全部出售，付出沉重代價。

　　1984 年 3 月，怡和主席西門‧凱瑟克在宣佈遷冊的同時就已明確表示：為配合
遷冊，怡和必須對旗下的業務作相應的調整，怡和希望改變大部份盈利來源和資產集
中在香港及中國內地地區（其中尤以香港佔最大部份）的現狀，將盈利來源及資產分
散，達至香港及中國內地地區佔一半，其他國際地區佔一半的目標，而不致將"所有
的雞蛋放在一個籃子上"。他表示，這樣將有利於分散風險，而怡和亦能真正成為一
家國際跨國公司。

　　當時，由於怡和的聯營公司置地受地產崩潰影響，盈利大幅銳減，來自香港及中
國內地地區的溢利，只佔怡和集團的 54%，與凱瑟克的比例大體吻合，但由於置地擁有
龐大資產，因此以資產淨值計，香港及中國內地地區（包括置地）的比重仍高達 63%。
然而，1984 及 1985 年度，由於怡和相繼將英國的怡仁置業、夏威夷戴惠斯蔗園、中
東的 TTI，以及海外石油鑽探業務、船隊等相繼出售，減債以保置地；加上中英簽訂
聯合聲明後，香港投資信心逐漸恢復，地產市道復甦，怡和集團來自香港及中國內地
地區的溢利，佔集團總溢利的比重上升到 75% 以上，資產淨值所佔比重亦超過 70%，
離凱瑟克的目標更遠了。1988 年初，西門‧凱瑟克曾表示："雖然目標是希望香港及
中國內地地區所提供的盈利及資產淨值相等於集團約五成，其餘由其他地區提供，但
畢竟這是很難控制的。香港地區近數年快速增長，較其他地區為快，令香港及中國內

地地區所佔比重保持在高水平甚至上升，我們也沒有辦法。"但他強調："不過，作為管理層，為了保障股東利益，我們是會部署加強香港及中國內地地區以外的投資。"

1986 年，怡和基本完成集團重組、債務減少，財政實力大增，於是加強向海外投資，以系內的 3 家附屬公司：牛奶國際、文華東方以及怡和太平洋為先鋒，全面向海外市場拓展。

» 牛奶國際的海外拓展

牛奶國際的前身是牛奶公司，1972 年被置地吞併。到 1986 年牛奶國際從置地重新分拆出來時，已發展成香港最大的食品製造、批發及零售集團，旗下擁有遍佈港九各地的惠康超級市場、"7-Eleven" 便利店連鎖集團、萬寧藥房、利華精美食品及三文治店、雪糕站，以及香港最大的中西快餐店和餅店經營集團美心集團 50% 股權。

自 1987 年起，牛奶國際即以集團的核心業務——食品零售為基礎，大肆向海外擴張。同年，牛奶國際斥資 21 億港元收購了英國第六大超級市場集團 Kwik Save 的 25% 股權（1993 年 3 月增持至 29.2%），在歐洲建立灘頭陣地。Kwik Save 集團在英國擁有 590 間零售店，市場佔有率達到 6.5%。1990 年 5 月，牛奶國際再度出擊，以 9.83 億港元收購西班牙零售連鎖店集團 Simago S.A.，該集團在西班牙主要城市共擁有 108 間零售店，其中包括 58 間食品雜貨店、6 間超級市場，及 43 間迷你商店，在首都馬德里也擁有一幢 7 層高的總部大廈、兩座貨倉以及 13.5 萬平方米地點適中的零售面積。牛奶國際高層表示，西班牙的超級市場發展不足，長遠而言甚具潛力，牛奶國際已積極尋求進入西班牙市場，而 Simago 正好提供了一個獨特的機會，使牛奶國際能於 1992 年前在歐洲大陸建立發展據點。

1990 年 6 月，牛奶國際又將拓展的目標轉向大洋洲，以 12.64 億港元收購新西蘭的 Woolworths 超級市場集團，該集團業務遍佈新西蘭南、北兩島，擁有 62 間店舖，其中包括 55 間超級市場、3 間農場式店舖以及 4 間特惠店；此外，又經營一系列自助式批發食品雜貨店。與此同時，牛奶國際於 1979 年收購的澳洲法蘭連超級市場連鎖集團也從原來的根據地新南威爾斯省擴展到昆士蘭省及南澳洲省。這樣，牛奶國際在大洋洲亦建立起龐大的零售網絡。

經過數年的積極拓展，牛奶國際雖然成功地在歐洲、大洋洲建立起龐大的分銷網絡，可是這些地區近年經濟普遍不景，有關業務競爭激烈且分銷成本高，因此業績表現欠佳，邊際利潤偏低，尤其是西班牙的業務，連續數年虧損。有鑑於此，自 1992 年起，牛奶國際重新調整發展策略，決定回師經濟繁榮、發展潛質高的亞洲市場，將亞洲業務放在首位。1992 年，牛奶國際斥資 6.4 億港元收購了新加坡的 Cold Storage 零售集團，該集團為新加坡第二大零售集團，擁有 22 間 Cold Storage 及 Jason's 超級市場、67 間 "7-Eleven" 便利店、48 間 Guardian 藥房、12 間 Photo Finish 沖曬店及 3 家 Handfix。牛奶國際收購 Cold Storage 集團後，等於在東南亞市場建立了一個策略性的發展基地。此外，牛奶國際自 1988 年起進軍台灣的惠康超級市場和萬寧藥房亦發展迅速，到 1993 年，設立的店舖已超過 60 間。

至此，牛奶國際已發展成為一家國際性的食品零售業集團，到 1993 年底，牛奶國際在全球的分銷網絡已達 2,440 間零售店，其中 62% 在海外，包括新加坡 Cold

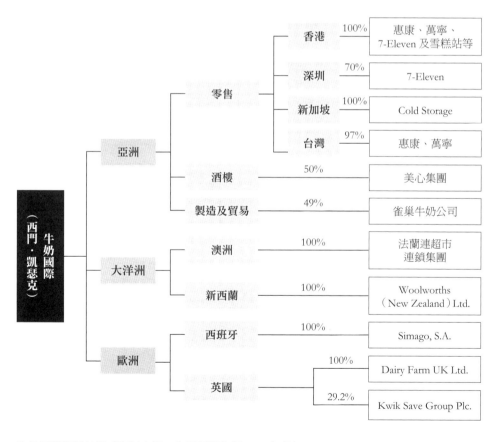

牛奶國際集團結構（資料來源：牛奶國際集團 1994 年報）

Storage 集團的 160 間店舖、台灣惠康超級市場及萬寧藥店 67 間、澳洲法蘭連集團 241 間、新西蘭 Woolworths 集團 65 間、西班牙 Simago 集團 96 間、英國 Kwik Save 集團 886 間。1993 年度，牛奶國際的營業額達 49.8 億美元，其中亞洲區以外佔 64.7%；經營總資產 11.2 億美元，亞洲區以外佔 58.8%；除稅前盈利 2.7 億美元，亞洲區以外佔 49.3%。[16] 牛奶國際已成功實現集團國際化的目標。

» 文華東方的海外拓展

文華東方是怡和集團旗下另一家積極向海外拓展的上市公司。該公司歷史最早可追溯到 1926 年，當時主要是經營港島中區告羅士打行的告羅士打大酒店，1963 年

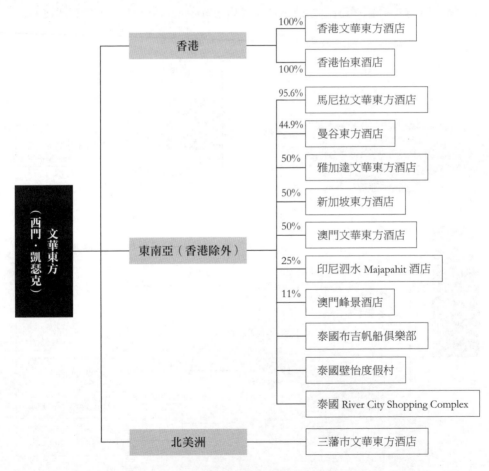

文華東方酒店集團結構（資料來源：文華東方酒店集團 1994 年報）

置地改建皇后行，興建了文華酒店，結束告羅士打大酒店業務。1972 年再在銅鑼灣發展怡東酒店。1974 年起，文華東方開始向海外發展，先後在菲律賓馬尼拉、泰國曼谷、印尼雅加達以及澳門等地建立酒店網絡。1987 年文華東方從置地分拆出來後，更積極拓展海外酒店網絡，先後購入新加坡東方酒店、澳門峰景酒店部份股權，又接手管理美國三藩市文華東方酒店及加拿大溫哥華文華東方酒店。1993 年文華東方再購入印尼泗水 Majapahit 酒店 25% 權益，並接管泰國布吉帆船俱樂部及壁怡度假村。

　　文華東方擁有高質素的酒店管理經驗，曾多次被評為 "亞太區最佳國際酒店集團"，旗下香港文華酒店更曾獲 "世界最佳商旅酒店" 稱號。到 1993 年底，該集團在亞區共擁有 9 家酒店的權益，經營管理的酒店更達 12 家，共 4,175 間客房，其中 65.3% 在香港以外的地區。不過，文華東方集團的海外酒店業務近年受世界經濟不景及激烈的競爭影響，業績普遍不理想，集團的盈利增長主要靠香港兩家酒店收益支撐，以 1993 年為例，該年度文華東方營業額為 1.59 億美元、經營總資產 8.9 億美元，除利息及稅前溢利 5,070 萬美元；其中，香港及澳門地區所佔比重分別達 81.8%、71.6% 及 69%，[17] 該集團為發展海外業務付出了相當沉重的代價。

» 怡和太平洋及怡和國際汽車的海外拓展

　　怡和太平洋自 1989 年成立後，即圍繞兩大宗旨制訂其業務發展策略：其一是在多元化業務中建立起 "強大而緊密之業務系統"（Large Coherent Units，簡稱 LCU）；其二，將集團業務拓展至世界其他國家，特別是東亞洲區內的高增長國家。經過數年的拓展，目前，怡和太平洋旗下已形成 19 個 "強大而緊密之業務系統"，這些系統可歸納為六大業務範圍，包括貿易與銷售、飲食、工程與建築、航空與船務、保安與環境服務，以及財務服務與物業。這六大業務遍及整個亞洲太平洋地區，尤其是經濟高速增長的中國、日本、泰國、新加坡、馬來西亞、印尼、菲律賓等地，甚至滲透到中東、非洲、澳洲、新西蘭及美國。以飲食業務為例，怡和太平洋旗下的必勝客（Pizza Hut），真滋味（Sizzler）美國牛扒餐廳、特高（Taco Bell）墨西哥食品餐廳，以及露比美國餐廳（Ruby Tuesday）四大飲食集團，在中國內地、香港、澳門、台灣、塞班島、關島、夏威夷、澳洲的維多利亞省、南澳洲、新南威爾斯、塔斯曼尼亞，以及美國各地共擁有逾 300 家餐廳、速食店及外賣店，是亞太區龐大的飲食集團。1994 年度，怡和太平洋來自香港及中國內地以外地區的盈利，在集團總盈利中所佔比重已達到 47%。怡和太平洋已成為亞太區最重要的綜合性貿易集團之一。

此外，1994 年才從怡和太平洋轉歸怡和控股旗下的怡和國際汽車集團（前身為仁孚行），自 90 年代即大舉進軍歐洲、美國及澳洲市場，先後收購美國夏威夷、加州、澳洲及英國的汽車經銷業務，1993 年再收購馬來西亞首屈一指的汽車分銷集團 Cycle & Carriage Bintang Berhad 12.6% 股權以及法國汽車代理集團 CICA 64.9% 股權。CICA 是法國最大汽車代理商，代理約 25 種牌子汽車，包括平治、寶馬、標緻及福特等。怡和國際汽車的業務已遍及全球各地。

經過 10 年的艱辛努力，怡和集團旗下各子公司的海外投資已漸有收成，1994 年度，怡和控股的營業額達 95.6 億美元，除稅前盈利達 9.7 億美元；其中，香港及中國內地以外地區分別是 64.6 億美元和 4.3 億美元，所佔比重分別達 67.6% 和 44%，初步達到西門·凱瑟克的心願。不過，由於置地雄厚的資產主要集中在香港，而怡和的海外業務又以非資產性為主，包括貿易、批發零售、酒店、金融、保險等，因此，以經營資產淨值計，1994 年度怡和控股在香港及中國內地地區的資產所佔比重仍高達 60.5%，[18] 怡和集團的國際化之路，仍有一段艱辛的路程。

》 置地的 "乾坤大挪移"

至此，怡和系內各主要附屬公司中唯一無法向海外拓展的就是坐擁 "中區物業王國" 的置地了。置地自分拆牛奶國際和文華東方兩項重要資產後，已蛻變成一家純地產投資公司；然而，置地在香港的資產實在龐大，約佔整個集團總資產的五成，成為凱瑟克家族推行怡和國際化戰略的一個重要障礙，因此，凱瑟克家族曾一度認真考慮過出售置地問題，只是權衡再三，加上過渡時期香港地產市道繁榮暢旺，才打消這一念頭。1988 年怡和在鞏固置地控制權之後，為置地制定一個所謂 "乾坤大挪移" 的策略，[19] 即在保留置地精華的前提下出售非核心資產，套取資金收購海外業務。

置地出售旗下非核心資產自 1987 年已經開始，該年，置地將銅鑼灣皇室大廈和灣仔夏慤大廈兩幢高級商廈以 23.8 億港元價格售予劉鑾雄旗下的華人置業，又將價值

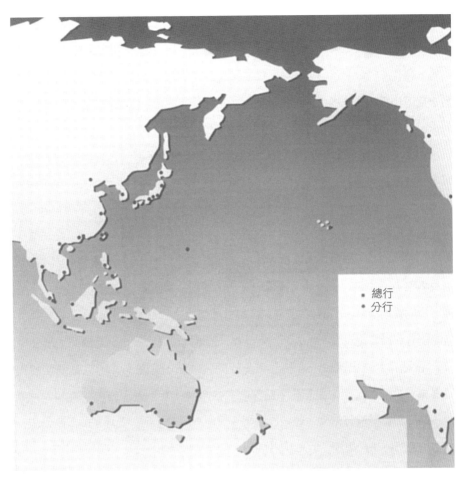

怡和太平洋在亞太區的投資及經營網絡
（資料來源：怡和太平洋宣傳品）

SL 系列配備全景式玻璃車頂平治房車。平
治汽車是怡和控股旗下的國際汽車集團代
理業務之一。

13.5 億港元的一批土地儲備賣給郭得勝的新鴻基地產。1988 年置地又將半山地利根德閣豪宅出售給澳洲的奔達集團，套現二十多億港元，1990 年再將銅鑼灣世界貿易中心出售，作價 17 億港元。1991 年，置地又先後向新鴻基地產出售 4 項商場物業，及向華人置業出售怡東商場、新港中心商場及灣仔海軍大廈。至此，置地在中區以外物業幾乎已全部售罄，套現資金達 100 億港元以上。

1992 年 5 月，置地的"減磅"策略又有突破性的發展，它宣佈以 38 億港元高價將剛完成重建的皇后大道中 9 號高級商廈售予一中資財團。消息傳出，全港矚目。市場傳出消息，即時已有多家華資財團，包括長江實業、恒基地產、華懋集團，以及華人置業等相繼向置地試探，企圖收購置地旗下的歷山大廈和太古大廈。❷ 不過，置地表示，無意再進一步出售中區核心物業，出售皇后大道中 9 號的主要原因，是買家出價有吸引力。據報道，置地重建皇后大道中 9 號成本只有 23 億港元，1991 年新鴻基地產曾向置地洽購，出價 27 億港元，被置地拒絕。這次中資財團出價 38 億港元，置地的出售利潤高達 65%。完成上述交易後，置地已成為一家坐擁巨資的地產公司。

置地在大量出售旗下非核心資產的同時，即加緊在海外，尤其是英國物色收購對象，以配合集團的國際化戰略部署。1990 年，置地曾有意收購英國大地產公司 Hamerson，可惜沒有結果。經多年搜索，置地終於物色到一個理想的收購目標——英國上市公司特法加集團（Trafalgar House）。

特法加集團由英商布洛克斯爵士（Nigel Broackers）於 1956 年在英國倫敦創辦，1964 年在倫敦上市，是英國一家頗具規模的綜合性上市公司，經營的業務包括工程和建築、房屋興建和地產、航運及酒店業等，以建築工程聞名。該集團曾於 1992 年 5 月奪得香港新機場核心工程之一的青馬大橋建造合約，轟動一時。長期以來，特法加集團與怡和集團一直有密切的合作關係，兩集團是香港最著名的建築工程公司——金門建築的兩大股東，各佔 50% 股權。90 年代初，特法加集團深受英國經濟衰退的打擊，地產業需大幅撇賬、債務高企，虧損嚴重，1992 年其股價從每股 400 便士急跌至每股 50-60 便士，短短半年間股價下跌超過三分之二，正好成為怡和理想的收購對象。

1991 年 12 月，一個陽光普照但寒風刺骨的早上，怡和主席亨利‧凱瑟克（1988

年接替西門‧凱瑟克出任怡和控股及怡策主席）和置地主席西門‧凱瑟克兄弟前往特法加集團總部拜會其行政總裁柏加，亨利‧凱瑟克表示，怡和有意透過置地進軍英國地產市場，將資金投資在一個他們熟悉的市場，他建議特法加地產公司從母公司分割出來，成立一家置地佔 50% 股權的新聯營公司。不過，這次會談並未產生任何實際後果。事後，柏加回憶說："歸根到底，凱瑟克兄弟是希望進行投資的一方。"㉑

　　1992 年，特法加的情況進一步惡化，股價大跌，凱瑟克家族見時機成熟，便直接向特法加展開狙擊行動。同年 10 月 1 日，置地在倫敦發動"拂曉行動"，透過英國華寶證券以迅雷不及掩耳的手法，斥資約 8,750 萬英鎊（約 11.8 億港元），以平均每股 85.7 便士價格，成功購入特法加 14.9% 股權。隨後，置地透過羅拔‧富林明公司以投標收購方式向特法加股東提出收購 15% 股權建議，作價普通股每股 85 便士，A 股 82 便士，若收購成功，涉及資金 24 億港元。

　　翌日，凱瑟克兄弟前往拜會特法加主席布洛克斯爵士，西門‧凱瑟克表明，是次收購行動的目的，是希望作長線投資，並未有計劃改變特法加的管理層及業務方針，據說會談氣氛頗為融洽，但並未能取得布洛克斯爵士的肯定答覆。隨後，特法加董事局發表聲明，認為置地出價過低，不符合股東利益，拒絕收購建議。10 月 10 日，投標收購建議截止，置地只獲少於 1% 的投票權，收購宣告失敗。

　　不過，11 月 4 日，形勢有了轉機，置地成功取得一項增購特法加的認購權：可於 1993 年 2 月 3 日以每股普通股 85 便士或每股 A 股 82 便士的價格增購 5.1% 股權；並於 5 月 3 日前再以同樣價格增購該公司股份至 29.9%。1993 年 3 月 2 日，置地根據協議以 3,064 萬英鎊（約 3.4 億港元）增購特法加股權至 20.1%，成為該公司最大股東。4 月 14 日，置地提前再行使餘下認購特法加股權，令持有特法加股權增加到 25.1%。根據英國法律，25% 的控股權已是具防範性股權（Blocking Stake），沒有置地首肯，特法加不能有任何重大變動。

　　1993 年 5 月 5 日，特法加董事局宣佈改組，置地主席西門‧凱瑟克出任該公司主席，加入特法加董事局的還有 3 名置地高級管理人員。至此，置地已全面控制了特法加集團，整個收購行動歷時 7 個月，動用資金約 25.43 億港元。幾經艱辛，置地終於如願以償，在英國倫敦建立起一個拓展海外市場的橋頭堡。

04

"帝國還鄉戰"：滙豐收購米特蘭銀行

滙豐加快海外投資步伐，始於1977年沈弼出任滙豐銀行主席之後，1978年和1992年，滙豐先後收購美國的海豐銀行和英國的米特蘭銀行，成功部署其全球"三腳凳"戰略，令滙豐從一家地區性銀行蛻變成一國際性大型銀行集團。其中，滙豐收購米特蘭銀行一役，令全球矚目，被認為是滙豐的"帝國還鄉戰"。

其實，在歷史上，滙豐銀行除積極拓展香港及中國內地的金融業務外，其在海外的業務一直相當活躍。1865年滙豐銀行創辦後，即在倫敦開設分行，翌年又在日本開設分行，成為日本歷史上第一家外資銀行。1880年滙豐在美國紐約建立分行。因此，早在19世紀，滙豐銀行的分行網絡已橫跨亞、歐、美三大洲。不過，長期以來，滙豐的業務重心一直在香港。1958年和1960年，滙豐先後收購有利銀行和中東英格蘭銀行，將業務拓展到南亞次大陸、西亞和中東地區，不過此時，滙豐仍然是一家地區性銀行。

1977年沈弼出任滙豐銀行主席後，滙豐即著手籌劃及部署集團國際化戰略，計劃在亞洲、美洲及歐洲建立戰略據點，形成所謂"三腳凳"的策略佈局。滙豐這種國際化戰略部署，可以說既是其業務擴張

1977-1986年出任滙豐銀行主席的沈弼

的必然結果，亦是該行應付九七歷史性轉變的精密部署。70 年代後期，滙豐銀行及其持有的恒生銀行，在香港銀行業市場已佔有約六成的份額，發展餘地有限，為爭取"生存空間"，只有付諸海外擴張一途。其時，新界九七租約即將屆滿的問題已開始困擾英國及香港政府，滙豐作為香港政府的首席銀行家，自然深知內情。因此，滙豐的國際化戰略部署也同樣可以說是"政治形勢促成的商業決定"。

» 滙豐部署"三腳凳"戰略：向北美拓展

　　沈弼上任後即開始推行國際化戰略部署，他最後選中了美國的海洋密蘭銀行，一則由於他認識該行主席德菲，熟悉它的背景，而海洋密蘭銀行多年來一直陷於財政困難，亦歡迎資金注入，滙豐本身對附屬機構不加干預的作風，也是有利條件。1978 年 4 月，滙豐與海洋密蘭銀行達成協議，規定滙豐銀行最終可持有海洋密蘭銀行 51% 股權。然而，收購過程拖了一年多時間，其間波折頻生。起初滙豐董事局對該項收購計劃亦非一致贊成，而美國紐約州的銀行監理專員更是橫加阻撓，紐約州政府也一再查究滙豐的內部儲備，因為美國人傳統上著重資料的公開，對這個問題特別緊張。對此，沈弼強調，滙豐銀行從來沒有調取內部儲備做賬，事實上也逃不過核數師的耳目。1980 年 3 月，滙豐根據協議先行收購該行 41% 股權，同年 10 月再收購 10% 股權，總投資 3.14 億美元。稍後，海洋密蘭銀行易名為"海豐銀行"。1987 年底，滙豐再以 7.7 億美元收購海豐銀行剩餘的 49% 股權，使之成為滙豐在北美的全資附屬機構，整個收購行動歷時 10 年。

　　海豐銀行是美國第十三大銀行，1979 年總資產達 172 億美元，1987 年完成收購時總資產增至 255 億美元。海豐銀行總部設在紐約州北部的布法羅，擁有逾 300 間分行，在紐約州有廣泛的業務網絡，在商業銀行業務方面佔領先地位，主要經營吸收存款、發放消費者信貸及中小企業貸款業務。滙豐收購海豐銀行後，無疑在北美洲建立了一個進一步擴張的橋頭堡。由於海豐銀行與東北部的第一賓夕法尼銀行簽署收購協議，滙豐可透過海豐進一步向美國東北部擴張。然而，其時海豐銀行深受第三世界債務拖累，加上美國經濟持續不景氣，致使海豐的業務一直難有起色，在連年虧損下，

位於紐約的海豐銀行分行。成功
收購美國第十三大銀行海洋密蘭
銀行（後易名為海豐銀行），是
滙豐部署集團國際化的第一步。

滙豐不得不多次向海豐銀行注資。

　　滙豐在進軍美國的同時，又向加拿大拓展。1981 年，滙豐在加拿大溫哥華創辦
加拿大滙豐銀行，當時它僅是加拿大 57 家外資銀行之一，僅有職員數名、資產 1.75
億加元，寂寂無聞，甚至很不穩定。然而，加拿大滙豐銀行後來業務發展神速，1986
年它以 6,350 萬加元價格收購英屬哥倫比亞銀行，該行在阿爾伯達和英屬哥倫比亞這
兩個加拿大最西部的省份擁有 41 間分行，是次收購令滙豐銀行取得了一個穩固的零
售基礎。1987 年加拿大滙豐銀行接管了海豐銀行在加拿大的全部業務，1990 年再以
1.9 億加元收購加拿大萊斯銀行，萊斯在安大略和魁北克兩省擁有 54 間分行，成為滙
豐在這兩個極其重要省份的零售銀行業務中心。在短短 10 年時間內，加拿大滙豐銀
行不僅迅速發展成為加拿大 57 家外資銀行的翹楚，而且躋身加拿大七大銀行之列，
資產高達 106 億加元，幾可與加拿大五大銀行（加拿大皇家銀行、新斯科舍爾銀行、
蒙特利爾銀行、加拿大帝國商業銀行和多倫多美年銀行）並駕齊驅。很明顯，該行憑
著與滙豐銀行及香港的聯繫，期間大量來自香港地區、台灣地區及日本的亞洲移民和
資金的湧入，對它的急速成長均有重要支持作用。至此，滙豐銀行在北美洲的戰略部
署，大致順利完成。

» 滙豐收購蘇格蘭皇家銀行：功虧一簣

就在滙豐成功收購海豐銀行 51% 股權之後，沈弼即將視線轉向歐洲，尤其是英國。1981 年 3 月 16 日，英國標準渣打銀行提出全面收購蘇格蘭皇家銀行的建議，滙豐即時介入收購戰。4 月 7 日，沈弼從香港飛抵英國，翌日在倫敦宣佈震動銀行界的消息——滙豐建議全面收購蘇格蘭皇家銀行，以每 8 股繳足滙豐股份換取蘇格蘭皇家銀行普通股 5 股。根據當時的股價，滙豐的建議是以每股 203 便士的價格進行收購，比標準渣打較早時提出的收購價高出 45%。當時，滙豐副主席包約翰在香港表示：收購蘇格蘭皇家銀行是滙豐整個發展計劃的一個重要環節，滙豐將視蘇格蘭皇家銀行作為其拓展歐洲的 "旗艦"。當時，蘇格蘭皇家銀行是蘇格蘭結算銀行之首、全英第五大結算銀行。據分析，滙豐若成功收購蘇格蘭銀行，滙豐的股份將有 40% 由海外人士持有，滙豐將成功把一半資產移到海外地區，以存款額計可躋身世界十大銀行之列。❷

然而，滙豐的收購計劃遭到巨大阻力。早在標準渣打提出收購建議時，民族意識強烈的蘇格蘭人已表示不滿，及至滙豐加入收購，反對聲音更加響亮。蘇格蘭的各個黨派團體，包括自由黨、工黨、國民黨，以及蘇格蘭基督教會均先後公開表示反對，一些地方議會甚至威脅將取消存款戶口。蘇格蘭皇家銀行是蘇格蘭結算銀行之首、全英第五大結算銀行，民族意識濃厚的蘇格蘭人顯然不願他們最大銀行的控制權轉移到倫敦，更遑論其殖民地的香港。為平息蘇格蘭人的不滿，滙豐一方面強調其蘇格蘭 "血統"（滙豐銀行的創辦宗旨便是 "以蘇格蘭人的傳統，在亞洲經營一間銀行"），同時表示願意讓蘇格蘭機構控制部份股權。

4 月 23 日，標準渣打銀行提出反收購建議，以標準渣打普通股 1 股加 1 股面值 225 便士浮動息率債券再加現金 220 便士換蘇格蘭皇家銀行 5 股普通股，即將收購價提高到每股 213 便士。翌日，標準渣打銀行與蘇格蘭皇家銀行董事局發表聲明，表示蘇格蘭銀行董事局同意標準渣打銀行的新收購條件，並建議股東接納。結果，滙豐和標準渣打的收購建議均被 "英國壟斷及合併委員會" 否決。據說，滙豐收購遭否決的原因，部份是當時香港的銀行監管未符合英國標準，以及滙豐本身在香港的特殊地位所致。

收購蘇格蘭皇家銀行一役，沈弼可說功虧一簣。1986 年沈弼退休，其滙豐銀行主席一職，由董事局副主席浦偉士接任。沈弼在任內最大的成就，就是成功收購海豐銀行。沈弼生於 1927 年，1945 年從牛津大學畢業後投筆從戎，奉命前往印度服役，印度獨立後被編入皇家騎兵團。1948 年沈弼退役後加入滙豐銀行，先後被調派到日本及新加坡分行任職，1967 年返港，其後逐級晉升，由總經理、董事、董事局副主席直至滙豐主席。沈弼成為滙豐大班後，作風進取、幹勁十足，在政界、商界相當活躍，被香港部份論者評為與當時港督麥理浩 "至少" 同樣重要的銀行家。浦偉士接替沈弼出任滙豐主席後，繼續推行既定的集團國際化戰略，但作風則轉為更加務實。

》收購米特蘭銀行一波三折

滙豐進軍歐洲之途儘管荊棘滿佈，然而並沒有就此止步。1984 年，滙豐收購了以倫敦為基地的詹金寶公司 39.9% 股權，1986 年再全面收購詹金寶，在英國建立了一個據點，稍後又在澳洲創辦澳洲滙豐銀行。期間，滙豐曾仔細探討了約 30 家歐洲銀行的收購可能性，但是，這些銀行不是收購代價過於高昂就是業務基礎過於狹窄。1987 年，滙豐終於將進軍歐洲的目標指向英國四大結算銀行之一的米特蘭銀行。

米特蘭銀行創辦於 1836 年，比滙豐還要早約 30 年，當時的名稱是伯明翰和米特蘭銀行（Binmingham and Midland Bank），總部設在英國工業重鎮伯明翰，它是一家在英格蘭中部工業區起家的銀行。19 世紀後期，米特蘭銀行業務發展迅速，總部亦遷至倫敦。1891 年米特蘭收購了倫敦的 Central Bank 而成為英國首屈一指的銀行；第一次世界大戰後更隨大英帝國的擴張而被譽為世界最大銀行，曾長期執英國銀行業的牛耳。不過，自此以後，隨著英國國勢的日漸衰落，米特蘭銀行每況愈下，20 世紀 60 年代末國民西敏銀行及柏克萊銀行興起，米特蘭銀行遂降為英國四大結算銀行之末，連萊斯銀行亦不如。造成這種情況的原因之一，是該行僵硬的管理體制。70-80 年代，米特蘭銀行亦和其他西方大銀行一樣，向墨西哥、巴西等發展中國家大量貸款，造成大筆壞賬，損失高達 24 億美元。80 年代中期，米特蘭銀行又進軍美國，收購加州 Crocker 銀行，結果受地產拖累，虧損達 36 億美元，被迫撤離美國。當時，米特蘭銀行正陷於重重困難之中。

然而，米特蘭銀行畢竟是英國的四大結算銀行之一，以資產值計排名第三，以分行數目計排名第四。它總部設在倫敦，在英國擁有逾 2,100 間分行，在德國、法國、瑞士等歐洲國家亦擁有龐大業務網絡。收購米特蘭，無疑將大大加強滙豐在歐洲的基礎，以完成其夢寐以求的"三腳凳"戰略部署。

米特蘭銀行在 80 年代中期的困境為滙豐在此進軍歐洲提供了一個千載難逢的機會。當時，英國政府對外資收購英國銀行的態度正出現鬆動跡象。1987 年 12 月，滙豐斥資 3.83 億英鎊（約 56 億港元），以每股 475 便士的高價（比當時米特蘭的股價每股 250 便士溢價 90%），成功購入米特蘭銀行 14.9% 股權，並委派兩名董事加入米特蘭董事局，在收購米特蘭銀行的征途中邁出最重要的一步。兩家銀行並達成協議，在 3 年內滙豐不能改變其持有米特蘭銀行的股權，而其收購的最後完成價，則以米特蘭銀行當年的資產淨值為準。

在其後的 3 年間，兩家銀行開始了密切的合作，私下交換彼此的部份資產，米特蘭銀行將其在遠東的一些營運機構移交給滙豐，滙豐則將其在歐洲的業務交由米特蘭處理。雙方希望透過此漸進方式最終達至合併的目標。期間，滙豐還將其在香港設置的七百多部自動櫃員機與米特蘭銀行在英國的約 2,000 部自動櫃員機，以及美國海豐銀行的約 270 部自動櫃員機聯網，建立起遍及全球 15 個國家和地區的龐大自動櫃員機網絡。

1990 年 12 月，雙方協議的 3 年期即將屆滿，正當外界紛紛預測滙豐和米特蘭可能合併之際，滙豐銀行突然宣佈有關合併計劃已暫時擱置。當時，滙豐主席浦偉士在接受記者訪問時表示："當我們考慮進一步合併時，即遇上困難。"不過他並沒有言明困阻之所在。當時，滙豐銀行在美國和澳洲的業務都出現嚴重虧損，而米特蘭銀行面對的困難更加嚴重，英國經濟正步入衰退，米特蘭銀行無可避免地在國內貸款業務上遭受巨額虧損，1991 年該行甚至被迫宣佈自 30 年代以來的第一次削減股息。合併的時機並不成熟。

當時，有分析指出，滙豐銀行的內部結構對兩行的合併亦可能是一個重大障礙。長期以來，滙豐一直是作為一家註冊地及總部均在香港的公司發展，其主要營運機構又同時兼有控股公司的職能，這種狀況顯然對滙豐收購米特蘭不利。因此，就在宣佈暫時擱置合併的當天，滙豐即宣佈集團重組，將滙豐屬下一家設在倫敦的公司升格為集團的控股公司，即滙豐控股有限公司。這樣，滙豐低調而巧妙地實現了變相匯冊，即至少從名義上來說，滙豐已是一家總部和註冊地均在英國倫敦的公司，這一結構性轉變無疑為滙豐日後的收購創造了有利條件，至少可在某種程度上減少了英國方面的阻力。

事隔一年之後，滙豐與米特蘭再度重提合併之議。當時，滙豐銀行在香港和亞太區獲得創紀錄的利潤，在美國和澳洲的虧損則已減少，而米特蘭的業績亦已到谷底，合併的時機已漸趨成熟。不過，雙方的關係已發生微妙變化，合併談判的地位已不再是平起平坐。英國《金融時報》發表社評指出：這次合併實際上是一場不平等的婚姻——財雄勢大的滙豐提出吞併米特蘭，從此滙豐主席浦偉士控制了米特蘭。❷❸

加促合併之舉的還有一個重要原因，即在過去一年間，大約有 15 家國際性銀行曾與米特蘭銀行接觸，有意進行收購。其中最積極者，當數英國四大結算銀行之一的萊斯銀行。萊斯銀行與米特蘭銀行有著頗為濃厚的歷史淵源，兩者皆植根於傳統的工業重鎮伯明翰，並對米特蘭斯區的工業發展扮演重要角色。與米特蘭相比，萊斯在伯明翰市有著更深厚的歷史背景，它的前身是 Tay Lors and Loyds Bank，創辦於 1765 年。米特蘭銀行的檔案保管人格林說：“全國兩間最大的結算銀行皆源自伯明翰，實在了不起；彼此間更存在著密切的關係，我們的客戶往往是我們銀行的股東，那是 1830 年以來長久忠誠的象徵。”不過，萊斯銀行與米特蘭銀行最大的差別是，前者多年以來皆屬家族式合夥生意，而後者成立至今皆由股東擁有。

萊斯銀行早已有意收購米特蘭銀行，有關資料顯示，它早於 1991 年初已著手研究收購米特蘭事宜，只不過一直秘密行事，未向外界洩露，亦沒有知會米特蘭。直到 1991 年 11 月底，萊斯才開始與米特蘭接觸，洽談收購事宜。談判由萊斯銀行行政總裁兼收購策劃人皮特曼及米特蘭銀行總裁皮爾斯親自接觸，兩位都是身經百戰，意志堅定及擅於談判的銀行家，但皮爾斯其實並不歡迎萊斯主動接觸該行，原因是他自 1991 年 3 月接掌米特蘭行政總裁一職後實施的刺激措施才剛剛見效，他認為假以時日，米特蘭將有機會保持其獨立地位。

有鑑於此，皮爾斯在與萊斯接觸後翌日，即主動約見英倫敦銀行副行長喬治。

喬治給他的答覆是，英倫銀行無法干預此事，但壟斷及合併委員會等監管機構可能會質疑兩大銀行合併會否危及公眾利益。當時，萊斯銀行表示希望能閱覽米特蘭銀行的詳細賬目，以評定是否正式提出收購建議。但米特蘭認為時機尚未成熟，拒絕把銀行內部機密資料貿然交給其主要競爭對手。皮爾斯要求萊斯銀行靜心等候，待該行於1992年2月27日公佈業績，才決定是否提出收購。到了1991年底，雙方達成初步協議，萊斯同意於米特蘭董事局定於1992年3月13日召開的會議提出正式收購協議。

1992年1月，皮爾斯小心將此事知會滙豐銀行，因為滙豐是米特蘭的主要股東，自1987年起持有該行14.9%股權，滙豐並委派兩名代表加入米特蘭董事局，其中之一便是滙豐主席浦偉士。皮爾斯告知浦偉士，有銀行接觸米特蘭，洽商收購該行，但他沒有披露該銀行的身份。他向浦偉士表示，滙豐可考慮出售所持米特蘭股份或重新考慮提出收購。其實，滙豐一直沒有放棄收購米特蘭的計劃，只是條件尚未成熟暫時擱置。及至1992年初收購條件已漸趨成熟，當時，滙豐在香港和亞太地區獲得創紀錄的利潤，在美國和澳洲的虧損則已減少，而米特蘭業績亦已到了谷底，開始回升。

1992年2月，滙豐銀行回覆米特蘭，無意放棄所持股份。滙豐主席浦偉士表示有意提出收購，惟必須等待滙豐於3月10日公佈業績後才可洽談細節。米特蘭亦向滙豐開出時間表，一如萊斯般要求滙豐於3月13日向米特蘭董事局提交正式建議。米特蘭亦轉告萊斯，該行多了名競爭對手，雖然沒有指明是誰，但其實滙豐和萊斯均已心中有數，加快收購部署。米特蘭要求兩家銀行承諾，無論米特蘭選擇哪一家銀行的收購建議，敗方不會提出敵意收購。不過，事後證明，萊斯並無遵守承諾。到了3月初，萊斯銀行首先發動突然襲擊。3月1日，皮特曼向皮爾斯暗示，萊斯可能會公佈該行正與米特蘭洽商收購事宜。翌日傍晚，萊斯正式通知萊特蘭，該行已決定公佈有關消息，理由是收購談判涉及太多銀行家及顧問，該行恐防消息外洩。對此，米特蘭方面大表不滿，擔心此舉可能引起米特蘭客戶和員工的不安。皮爾斯遂急電英倫銀行副行長喬治。不過，喬治比他更快一步，並轉告皮爾斯，萊斯銀行已改變主意。一場危機算是結束。

1992年3月，滙豐主席浦偉士飛抵倫敦，與米特蘭銀行董事局商議，雙方終於達成合併意見。3月17日，滙豐控股發表一項聲明，聲稱滙豐及米特蘭兩銀行董事局認為現時將兩集團合併將符合兩公司及其股東的最佳利益，滙豐將向米特蘭提出推薦建議以進行合併。4 月 14 日，滙豐宣佈合併的具體建議，即以 1 股滙豐股份及 1 英鎊滙豐 10 年期債券換取 1 股米特蘭股份，按當時股價計算，實際上滙豐以每股米特蘭股份作價 387 便士向米特蘭提出全面收購。與此同時，滙豐公開其高達 166 億港元的內部儲備，並表示將取消 1% 持股限制的規定，進一步向純商業銀行回歸。

滙豐合併的消息傳出後，全球矚目，香港為之轟動。翌日，香港股市恒生指數急挫逾 100 點，滙豐股價下跌 10%，而倫敦的米特蘭股份則暴升三成以上，市場的即時反應是，這次合併是滙豐進一步淡出香港的重大步驟，而且有利於米特蘭而不利於滙豐。1992 年 3 月 18 日，香港《明報》就以 "一股換一股，魚翅撈粉絲？" 為題發表社評，直指是次換股對滙豐股東不公平。

稍後，滙豐主席浦偉士在接受香港記者訪問時，曾對滙豐合併的動機作過詳盡的剖白，根據他的意見，滙豐收購米特蘭主要基於 3 點考慮：其一是九七政治轉變的考慮。浦偉士說："這項建議對滙豐……是非常重要的，因為未來幾年會存在一些不明朗的因素，我們作為國際性銀行，在各大重要外匯市場進行交易，當我們進入帶有不明朗因素的過渡時期，尤其是九五年，屆時立法局會進行直接選舉，若本港最大的銀行被人冠以問號，對香港就會造成嚴重損害。我就是希望藉此消除這個可能的大問題。" [24] 很明顯，浦偉士不僅擔心九七前政治轉變令滙豐 "被冠以問號"，其潛台詞亦考慮到九七後滙豐可能面對的政治風險。滙豐重組，實現變相遷冊，再與米特蘭合併，將使其蛻變為一家真正的英國公司，註冊地在倫敦，資產和業務的重心亦已轉移到歐洲，留在香港的部份可繼續放心經營。關於這一點，滙豐副主席葛賚說得更坦率，他指出："滙豐成功收購米特蘭，則可以消除因香港回歸大陸已引起的恐慌。" [25]

其二是商業利益所驅動。浦偉士說："我們過去 10 年一直嘗試打入歐洲市場，而且更是英國米特蘭銀行的最大股東，透過既有的投資打入歐洲市場，對我們是難得的機會。……打入歐洲非常重要，因為歐洲是非常龐大的貿易地區，可惜滙豐在當地的業務據點卻不足，合併對一向在亞太區有強勁業務的滙豐肯定有好處。" [26] 關於這點，《香港經濟日報》政經短評講得更加明確，它說："從商業角度，合併了米特蘭之後的滙豐，等於取代了米特蘭銀行在全歐洲的經營地位，原來滙豐在歐洲只是如外來銀行的角色，合併之後成為共市通行無阻的歐洲銀行。" [27] 合併米特蘭，滙豐即可完

成其 "三腳凳" 戰略部署，成為國際性銀行集團。

其三，是保證滙豐的控制權牢固掌握在滙豐董事局手中。浦偉士對此直言不諱，他說："在 80 年代，銀行之間互相收購成風，我可以絕對肯定，那時若然我們不向外發展，滙豐必然被一間美國或日本的銀行收購了。那時滙豐的經營權可能落入一些對香港沒有興趣的人手裡。這次我們提出與米特蘭銀行合併，用意就是要控制自己的命運。……由我們來控制滙豐的命運是較佳的選擇。"❷❽ 長期以來，滙豐一直透過滙豐銀行條例，限制投資者在未經董事局批准不得持有超過 1% 的滙豐股權，藉此保衛董事局對滙豐的控制權，即使在 1989 年修章時亦未敢輕易將這一規定取消。這次滙豐宣佈將取消這一規定，反映出滙豐與米特蘭合併後，滙豐董事局已牢牢掌握了控制權，再無後顧之憂。

》 滙豐成功收購米特蘭銀行

然而，滙豐與米特蘭的合併之途，並非一帆風順。其後由於英國萊斯銀行宣佈介入收購戰，滙豐收購米特蘭銀行的計劃蒙上陰影。

1992 年 4 月 28 日，英國四大結算銀行之一的萊斯銀行宣佈介入收購戰，建議以 1 股萊斯加 30 便士現金換取 1 股米特蘭，每股米特蘭作價 457 便士，比滙豐的收購價高出 20.9%。不過，萊斯的收購有兩項附帶條件：一是必須獲取滙豐從米特蘭得到的商業秘密；二是毋須提交壟斷及收購合併委員會審議；否則，滙豐的方案亦必須一併交由該委員會審議。

萊斯銀行與米特蘭銀行一樣，皆植根於英國傳統的工業重鎮伯明翰，並曾對米德蘭斯區的工業發展扮演重要角色。不過，萊斯在伯明翰市有更深厚的歷史背景，它的前身 Tay Lors and Lloys 銀行創辦於 1765 年。米特蘭銀行的檔案保管人格林說："全國兩間最大的結算銀行皆源自伯明翰，實在了不起；彼此間更存在著密切的關係，我們的客戶往往是我們銀行的股東，那是 1830 年以來長久忠誠的象徵。" 不過，萊斯與米特蘭最大的差別是，前者多年來皆屬家族式合夥生意，而後者成立至今皆由股東擁有。萊斯早已有意收購米特蘭，1991 年初已著手研究收購米特蘭的可行性，只不過一直秘密行事，沒有向外界透露。同年 11 月，萊斯首次接觸米特蘭，洽談收購事

米特蘭銀行在利物浦的分行

宜。不過，米特蘭董事局鑑於萊斯出價缺乏吸引力，又擔心遭英國壟斷及合併委員會否決，遂轉向滙豐。

滙豐銀行眼見強敵當前，即聘請英國前財政部次官麥浩德為顧問，加強宣傳攻勢。滙豐主席浦偉士亦親自到倫敦推介其收購方案。浦偉士在倫敦《標準晚報》的訪問中，直斥萊斯的反收購行動是有意破壞，意圖吞併米特蘭並將導致成千上萬的僱員失業。同時，米特蘭董事局亦拒絕向萊斯提供資料，米特蘭主席彼得‧華特斯（Peter Walters）在股東大會呼籲股東支持滙豐方案。5月8日，滙豐正式向米特蘭股東發出收購文件，由於滙豐股價上升，滙豐的收購價實際上已提高到每股米特蘭420便士，與萊斯的差距縮小。

就在滙豐發出收購文件的數小時後，萊斯銀行深夜發表10點聲明，逐條駁斥滙米合併的優點，並指滙豐的收購計劃將造成英國大量失業，引起社會恐慌和銀行公會的關注。萊斯並質疑滙豐在九七後香港的政治地位，它說：“一家英國大銀行受到一個外國政府的影響，尤其是這個政府的利益與英國不同，是一種值得極力關注的事，理應予以最深入的研究。”據分析，萊斯的戰略，是盡量不讓歐洲委員會的競爭處，引用歐洲的銀行競爭法審核滙豐的收購並達成最後裁決；相反，它爭取歐洲移交到英國工貿部的公正交易處審理，由工貿大臣出面仲裁。5月16日，英國收購小組裁定米特蘭需向萊斯提交商業資料，滙豐的收購計劃似乎蒙上陰影。

不過，從 5 月下旬起，滙豐的收購進展順利，英倫銀行和歐洲共市委員會相繼批准滙豐的收購建議，英國工貿部亦表示不反對滙豐的收購計劃，毋須交由英國壟斷及合併委員會審議，並裁定萊斯收購計劃須轉呈英國壟斷及合併委員會裁定。這意味著滙豐實際上已獲得歐洲及英國的所有監理當局的批准，情況與 1981 年收購蘇格蘭皇家銀行迥然不同。《香港經濟日報》的政經短評對這一微妙的轉變曾作出精闢的分析，它指出："英國政府早有準備部署迎接滙豐衣錦還鄉。以當前滙豐姿態，如果說它僅止於本身商業考慮，並不包含有英國的長遠經濟利益計算在內，那是不會有人相信的。因此我們可以看到，英倫銀行已把滙豐買米特蘭，同時當作英國部署九七之後撤出香港管治的長遠打算，即是說滙豐管理重心安全靠岸，又更好藉著滙豐地位，以維繫在香港中國的商業利益。在這之下，英倫銀行屬意滙米合併，已言不盡意。" ㉙

6 月 2 日，為保證最後擊退萊斯，避免其 10 年進軍歐洲的大計功敗垂成，滙豐提出最後收購建議，以每 120 股滙豐加面值 65 英鎊新滙豐債券或 65 英鎊現金換取 100 股米特蘭，即將收購價提高到每股米特蘭 471 便士，收購總值亦從原來的 31 億英鎊提高到 39 億英鎊，增幅達 25.8%。據接近滙豐高層人士透露，滙豐最初提出的收購條件是故意偏低，以保留實力。因此，是次提出較優厚的條件，是整個收購策略的一部份。滙豐認為，米特蘭確是物有所值，對滙豐進軍歐洲甚具策略作用，而競爭對手萊斯銀行在英國甚具影響力，其收購建議雖然要由英國壟斷及合併委員會調查，但仍有威脅滙豐的餘地，故滙豐決定加強"注碼"，以確保萬無一失。6 月 5 日，萊斯遲遲未獲英國壟斷及合併委員會批准，又面對滙豐的反擊，終宣佈放棄收購計劃。

6 月 28 日，滙豐宣佈，截至 6 月 25 日止，滙豐就其最後收購建議共收到 4.3 億米特蘭股份的有效接納，約佔米特蘭已發行股份的 54.8%，加上滙豐控股於 1992 年 3 月 7 日時所持有的 1.15 億股米特蘭以及 3 月 17 日以後陸續從市場購入的 3,500 餘萬股米特蘭股份，約佔米特蘭已發行股份的 19.8%。滙豐控股實際上已控制 5.83 億股米特蘭股份，約佔米特蘭已發行股份的 73.88%，滙豐的收購已成為無條件。及至 7 月 10 日，滙豐控股宣佈已收到逾九成米特蘭股份的有效接納，可行使強制性收購法例，將米特蘭私有化，使之成為滙豐控股的全資附屬公司。至此，滙豐部署的收購計劃可說大功告成。

》 滙豐躋身世界十大銀行之列

在成功收購米特蘭銀行的同時，滙豐控股與香港聯合交易所及倫敦證券交易所達成協議，獲准在香港和倫敦兩地同時作第一上市，並同時接受兩間交易所監管。根據協議，若兩地交易所的規則有任何歧異，在一般原則下，除非另獲有關交易所同意，滙豐將須遵從披露標準較高或要求較嚴的規則。滙豐控股取代米特蘭的上市地位，成為英國金融時報指數成份股。稍後，滙豐控股董事局重組，並與滙豐銀行董事局分離，遷往倫敦。

滙豐收購米特蘭後，已成功晉身世界十大銀行之列。1994 年底，滙豐集團資產總值高達 2,015.18 億英鎊；其中，英國佔 37.7%、歐洲大陸佔 5.6%、香港佔 30.4%、亞太其餘地區佔 12.0%、美洲佔 14.3%。滙豐集團的國際網絡橫跨全球 68 個國家，辦事處數目高達三千多間，透過其在亞太區、歐洲及美洲的附屬和聯營公司經營全面的金融業務，包括零售及工商銀行業務、貿易服務、投資銀行、私人銀行服務、信託服務、退休金及投資基金管理、財資及資本市場服務、消費及商業融資、證券與託管服務及保險等。滙豐的"環球通"自動櫃員機網絡，容量高達 21 萬部櫃員機，遍佈全球 85 個國家。

這一時期，滙豐控股旗下的香港滙豐銀行，也發展成為香港實力最雄厚、規模最宏大的銀行集團。1994 年底，香港滙豐銀行的綜合資產達 10,790 億港元（892.5 億英鎊），約佔香港銀行體系資產總值的 14.7%，在香港的各銀行集團中，僅次於日資銀行集團而排第二位（表 5-1）。滙豐銀行集團在香港擁有滙豐銀行、恒生銀行（持有 61.48% 股權）、滙豐財務以及滙豐投資銀行亞洲控股有限公司（前稱獲多利公司），在香港開設的分行及辦事處達 411 間，其中恒生銀行 135 間，與中銀集團同為香港銀行業中擁有最龐大分銷網絡的兩大銀行集團。據估計，當時滙豐銀行在香港銀行體系存款總額中所佔比重儘管有所下降，但仍高達 35%-40% 左右，居各銀行集團的首位。滙豐及恒生設立的自動櫃員機網絡在香港擁有超過 800 部櫃員機，與中銀集團設立的"銀聯通寶"，同為香港兩大自動櫃員機網絡。

表 5-1　香港各銀行集團的資產總值及客戶存款

銀行集團	資產總值		客戶存款	
	億港元	比重（%）	億港元	比重（%）
滙豐銀行集團	10,790	14.7	6,797-7,768	35-40*
中資銀行集團	7,110	9.7	4,500	23.2
日資銀行集團	39,160	53.4	2,790	14.4
美資銀行集團	3,400	4.6	1,200	6.2
歐資銀行集團	9,220	12.6	2,410	12.4
其他	3,640	5.0	762-1,733	3.8-8.8
合計	73,320	100	19,430	100

* 滙豐銀行集團的客戶存款數額是筆者的估計數，約佔 35%-40%。

資料來源：1994 年香港金融管理局年報及 1994 年度滙豐銀行年報

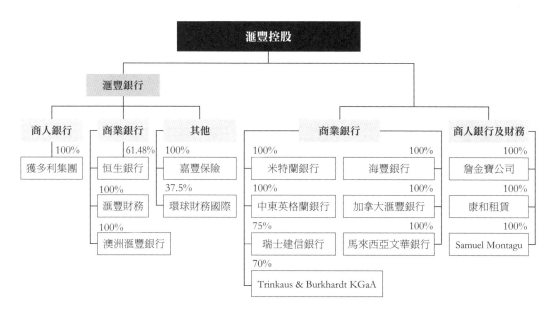

滙豐集團內部結構（資料來源：1994 年度滙豐控股年報及滙豐銀行年報）

香港輿論將滙米合併一役稱為滙豐的"帝國還鄉戰",自此,滙豐蛻變為一家以英國為基地的跨國銀行集團,註冊地、控股公司及其董事局均在倫敦,第一上市地位實際上亦主要在倫敦,股東主要來自香港以外地區,資產和業務橫跨歐、亞、美三大陸,來自香港的資產僅佔三成。因此,滙米合併,實際上標誌著滙豐十多年來精心部署的集團國際化戰略已大致完成。

《香港經濟日報》的政經評論曾以"滙豐帝國還鄉戰"為題對此作出這樣的分析:"對資本遊戲一直玩得出神入化的老牌英資如滙豐,說他們將淡出香港的經營地位,這真是低估他們的智慧。……如果說滙豐買米特蘭,並不意味有資產轉移英國,是難以令人相信的。其進可攻而退可守的巧妙就在此。因為滙豐此例一開,等於說在九七之後中方必須公平對待滙豐在港的經營地位,否則它只有採取諸多的走資招數,這令香港首當大量失血的衝擊。也就是說,滙豐身在香港可以心在歐,中方對滙豐將來的地位,便要權衡到投鼠忌器的利害得失,不能不按牌理出牌。總之,滙豐今次舉動,說明背後錯綜複雜的利益與政經關係。老英資的心路歷程,對香港不捨不棄,對中國又何嘗不是愛恨交織!"❸

總體而言,滙豐收購米特蘭可說是其發展史上最成功的一役商戰。自此,滙豐即以國際超級銀行的姿態在世界金融業縱橫捭闔。

位於倫敦的滙豐銀行總部

05

從 "上市豁免" 到撤離香港股市

————————————

　　怡和的國際化戰略部署似乎遠沒有滙豐順利。怡和系的股票仍在香港第一上市，仍需接受香港證券條例的監管，換言之，香港仍是怡和的主要監管中心。對此，怡和高層似乎頗為不安，為豁免香港證券條例的監管，怡和與香港的證監當局展開了歷時長達 5 年的激烈角力，從申請 "上市豁免" 到最後甚至不惜全面撤離香港股市。自此，結束了怡和在香港股市叱吒風雲的時代。

》 提出 "上市豁免" 被拒

　　踏入 1990 年代，怡和對香港證監當局的不滿開始表面化。該公司高層人士多次在公開場合抨擊香港證券市場監管過嚴，其中身兼立法局議員的怡和董事鮑磊就公開批評香港證監制度過於繁複，對上市公司造成諸多不便。1990 年 2、3 月間，怡和屬下馬地臣公司（Matheson & Co., Ltd.）董事李志（Rodney Leach）在其所撰寫的兩份註明 "私人及機密" 的函件中，就以激烈的措詞抨擊香港政府對市場的過份監管。他表示，雖然他任職的公司要受倫敦交易所、英倫銀行、英國壟斷及合併委員會等機構的監管，但應付香港監管條例所花的時間比所有其他監管機構加起來還多，香港證監會這種直接參與市場監管的做法，與戴維森報告書建議設立一個小型機構監察一個自我監管的運作大相徑庭。他表示，在海外註冊的跨國企業由一群外來的人士設計的法例監管的建議只會在香港發生，尤其考慮到中國如何殷切期待接受到一個地方，而該地方已經配備一切工具令他可以對一些被認為具有中國特色的共產主義並不十分友好的人士加以 "勸導"。❸❶

到了 10 月，怡和法律顧問鄧雅理（Gregory Terry）更公開炮轟香港證監會。他表示：上市公司遷冊是為了保障公司的利益，香港的監管當局不應干預海外司法地區的公司法例，把已遷冊的公司重新納入香港證監條例的網絡中，否則在過度監管之下，上市公司的"海外護照"便會失效。他強調：世界上只有 4 個市場跟隨英國的先例，加強對遷冊公司的監管，但英國已逐漸放鬆監管，香港卻反其道而行之，不但商界難以接受，更可能令國際公司揚棄香港，在其他市場掛牌。這是怡和發出撤離香港股市的第一個訊號。

11 月 29 日，鄧雅理提出了一個"上市豁免"（Exempt Foreign Listings）的概念，首次披露怡和集團有意在英式法律制度下運作的意圖。所謂"上市豁免"，即在香港的上市公司只須遵守法例（如證券條例、內幕交易條例、公開權益條例等等），對於沒有法律約束力的上市規則或收購合併守則等，則要求豁免遵守。鄧雅理建議，香港聯合交易所應給予符合下列條件的公司"上市豁免"，這些條件包括：在海外註冊；在確定的交易所（如倫敦證券交易所）上市，但並未申請豁免當地監管；股東權益超過 40 億港元或已公佈的除稅及少數權益盈利超過 4 億港元。鄧雅理表示："香港除非實行將部份海外註冊公司豁免本港證監條例監管，否則那些不能接受九七後須受香港法例監管所帶來風險的公司，只有取消香港上市。"

對於鄧雅理的抨擊，香港證監會主席區偉賢即作出猛烈反擊，他表示：鄧雅理圍繞著"海外法權"、"剝削上市公司護照"等論據缺乏實質支持，內容空泛並缺乏邏輯性，持"外國護照"的公司並不表示可豁免遵守其選擇經營的市場的法例，否則對本地機構極不公平。他直言這場運動策源地在倫敦，怡和集團在商界及政府曾經進行了強大的游說運動。其後，香港證監會發表了一份措詞強硬的文件，逐點駁斥鄧雅理關於"治外法權"的抨擊。怡和的行動引起香港輿論的強烈反應，就連香港太古主席葛達禧（D. A. Gledhill）也公開表示：怡和的提議有欠公允，不論規模大或小的香港上市公司都應受到監管，事實上，任何英國或美國的上市公司都要面對監管。[32]

正當怡和與香港證監會唇槍舌劍之際，發生了怡和附屬公司康樂投資有限公司（Connaught Investors Co., Ltd.）違例回購股份事件，消息傳出，輿論一時嘩然，認為怡和公然挑釁香港證監權威。康樂投資由怡和策略、置地各持 45% 股權，怡和控股持有其餘 10% 股權，成立於 1989 年 6 月 10 日，6 月 14 日開始在香港購入一批藍籌股，其中包括 3.2% 怡和控股。6 月 16 日，香港聯交所開始實施公司回購股份守則，規定上市公司不得購回公司本身股份，附屬公司不得購入母公司股份。康樂投資在此之前已購入部份怡和控股，在新規定實施後繼續購入。當時，怡和控股持有怡和策略 50.7% 股權，怡策屬怡控附屬公司，因此怡策在康樂投資所持 45% 股權須與怡控所持 10% 股權一併計算，因此，康樂投資也屬於怡控附屬公司，觸犯公司回購股份守則。該事件於 1990 年 12 月被《亞洲華爾街日報》披露，證監會和香港聯交所在處理怡和事件時頗為審慎，與同期快速處理的偉益、善美及鷹君等違例事件形成強烈對照，顯示證監當局不希望激化與怡和的矛盾。其後，怡和表示道歉及承諾將違例購入股份出售，聯交所則表示怡和屬技術性犯規，決定不加譴責，事件得到圓滿解決。

在此之前，香港聯交所也回應鄧雅理的建議，表示正在考慮是否減少香港最大 20 間上市公司所須遵守的上市條例，以令他們繼續維持在香港的第一上市地位。其後，香港證監會亦修訂公司回購股份守則，放寬對公司回購股份的限制，又向港府建議修訂公開權益法例，把政府有權將不願意透露其真正持有人身份股份凍結的條文刪除。顯然，在怡和的壓力下，證監會和聯交所都在尋求與怡和妥協的途徑。

» 第一上市地位從香港遷往倫敦

就在證監會和聯交所商討對策時，怡和採取了連串措施：1990 年 5 月，怡和宣佈在倫敦作第二上市，決定改用國際會計準則（IAS）編製公司賬項並改用美元為計算單位。其後又先後在澳洲悉尼和新加坡上市。1991 年 3 月，怡和執行董事李舒正式向傳媒透露，怡和準備將第一上市地位從香港遷往倫敦，並申請在香港 "上市豁免"。怡和在向香港證監會提交的 "上市豁免" 申請中，建議香港政府設立一種名為 "純買賣公司" 的上市公司類別，受海外的上市規則監管，但不受香港的上市規則、收購及合併守則及公司回購股份守則的約束。怡和表示，若此建議遭到拒絕，怡和將不惜取消在香港的上市地位。對此，怡和的解釋是："集團不斷調整公司結構，以適應香港於 1997 年後成為中國一部份之環境，……1984 年遷冊百慕達，主要為確保公司能夠繼續在其熟悉之英式法律制度下運作，並可以倫敦樞密院為終審庭……當香港面臨憲法上之改變，為維持貿易夥伴及可影響公司業務人士之信心，董事局經考慮後，認為如繼續以香港為公司之主要監管中心，將不能對公司及股東利益提供保障。" ❸❸ 當時，熟知港英兩地政經行情的英國《金融時報》已暗示怡和去意已決，選擇只是在於繼續保留在港上市或者索性除牌。❸❹

　　怡和的要求引起香港輿論的強烈反應，當時，身為立法局監察證監會專責小組召集人的張鑑泉議員便指出，怡和的要求是不合理及不符合公平原則的，他說："如果怡和對'一國兩制'沒有信心，何不乾脆不在本港做生意，不賺香港人的錢？"在立法局的有關辯論中，大部份議員均不贊成給予怡和"上市豁免"，認為此例不能開，否則便會有更多上市公司仿效，嚴重破壞本港市場的完整性並對小股東造成不公。香港《大公報》發表評論指出："最為關鍵的一點，便是怡和早已遷冊百慕達，而英倫證券法例並沒有涵蓋遷冊公司的監管範圍，故此若被怡控得逞的話，該集團實質便是可以擁有全面豁免監管特權，不受任何一所監管機構所管轄。" ❸❺ 事實上，怡和的上市豁免，難免有利用倫敦與百慕達之間法例空隙以避免受監管之嫌。

　　怡和的申請無疑令香港證監當局陷入進退兩難境地：如果批准怡和的"上市豁免"，可能導致香港一些大型上市公司仿效，這類公司將可隨時增購集團屬下公司股票，又無須向其股東提出收購建議，變成有權利無義務；而一些規模較小、不能在海外上市的公司則要接受有關守則的監管，造成極不公平現象，嚴重損害香港作為國際金融中心的聲譽。然而，如果否決怡和申請，則可能面對怡和撤離香港股市的變局。當時香港聯交所行政總裁袁天凡就表示：如果像怡和般大的上市企業取消在香港的掛牌，我會非常擔心，因為這不單是商業決定那麼簡單，亦涉及聯交所的競爭力。當時，怡和系 6 家上市公司，市值高達 795.5 億港元，每天成交量約 1 億港元，分別佔香港股市總值的 10% 和每天成交總量的 6%。如果怡和撤退，將令香港股市規模縮小，成交量減少，對香港證券業造成打擊。

　　面對怡和的強大壓力，香港政府似乎有意作出某種妥協，財政司翟克誠表示：政府和聯交所方面均認為，在面對九七的現實，香港若要維持其國際性或地區性金融中心地位，就得在公平及仍然保障投資者的情況下，作出適當的改變，維持國際財團在香港掛牌。然而，社會上的強烈反對亦不容忽視，實左右為難。1990 年 9 月，香港聯交所發出諮詢文件，向市場徵詢是否決定設立一個名為 "買賣上市地位" 的組別，為已遷冊海外，但業務、資產及主要股票買賣仍在香港的公司提供上市豁免地位。香港證監會副主席白嘉道表示："這項對香港、香港證券市場如此重要的建議，須要經過公開向市場人士諮詢，由香港市場人士自行決定是否接納。"

在諮詢期間，香港聯交所共收到 36 份書面意見，分別來自上市公司、證券經紀、商人銀行、基金經理、專業及業內團體、律師及其他團體人士。從收回的意見書看，大部份團體均反對設立上市買賣組別，但又贊成怡和股份繼續留在香港買賣。面對這又是進退兩難的尷尬局面，聯交所經反覆醞釀，採取了中間落墨的手法，選擇了 "多年來已承認的主要及第二上市的概念"，即拒絕給予怡和 "買賣上市" 地位的建議，但同時邀請怡和以第二上市形式繼續在香港掛牌。聯交所並修改第二上市組別條例，以配合形勢的轉變。聯交所主席利國偉表示：聯交所希望維持怡和在香港的上市地位，怡和在香港有悠久聞名的歷史，已成為香港的一部份，實在不想失去。

對於聯交所的建議，怡和發表聲明表示歡迎。怡和董事李舒表示："市場一直希望尋求一個解決辦法，使怡和控股股份能繼續在香港上市及買賣，而香港聯交所提出的建議顯然是積極地回應了有關問題。能夠繼續在香港上市及買賣，是我們一貫之目標。" 在此之前，為緩和社會輿論的壓力，怡和承諾在撤銷香港第一上市地位後的 3 年內，繼續遵守香港的收購及合併守則。1992 年 9 月 7 日，怡和控股在倫敦第一上市正式生效；翌日，香港成為怡和控股第二上市地區。由於第二上市公司主要依賴第一上市當地監管者監管，香港的監管機構遂退居次席。整個事件似乎暫告一段落。

》 怡和系全面撤離香港股市

1993 年 4 月，怡和大股東凱瑟克家族向港府重提舊事，要求豁免香港收購及合併守則約束。這次比較特別的是，除了在時間上怡和因支持港督彭定康的 "政改方案" 而被中國官方新華社不點名猛烈抨擊之外，怡和這次也繞過了證監會，直接向港府高層施壓，提出豁免要求。❸❻ 5 月，怡和宣佈已主動建議百慕達當局以英國倫敦收購合併守則為藍本，修訂 5 條分別涉及怡和控股、怡和策略、置地、牛奶國際及文華東方的收購守則。怡和表示，這套守則將於 1994 年 7 月 1 日起生效，具有法律地位，由百慕達金融管理局執行，英國樞密院為最終上訴庭，不同於香港的收購守則是，為公司及投資者在多方面提供了較香港守則更嚴謹的保障。怡和並解釋說，是次修訂是一項技術性安排，以配合該系股份轉移第一上市地位至倫敦的政策。不過，深知內情人士認為，這實際上是怡和全面撤離香港證券市場的訊號。

果然，1994 年 3 月 24 日，即怡和宣佈遷冊百慕達即將屆滿 10 週年之際，怡和控股發表了其在香港逾一個半世紀以來最具震撼性的聲明：決定從 1994 年 12 月 31 日起，終止怡和股票在香港的第二上市地位，撤離香港股市。怡和聲明再次對香港股市造成衝擊，恒生指數從上升中一度急跌 400 點，其後再大幅反彈，但怡和系股價仍大幅下跌約 8%。中國官方的新華社香港分社副社長鄭國雄直指怡和的行動 "極度不負責任"。

怡和主席亨利‧凱瑟克對此曾作出詳細解釋："怡和過去幾年間一直極力爭取以一套統一的、以英式制度為藍本的監管制度來管理本公司之事務。這項政策不但反映怡和的英資背景，同時亦反映怡和乃一跨國集團控股公司，在三十多個國家積極拓展業務，全球僱員超過 20 萬人。本公司已在百慕達註冊，而我們之主要證券市場監管機構為倫敦交易所，當百慕達法定收購守則在 1994 年 7 月 1 日開始生效後，我們便可接受一套在香港以外全面一致的監管制度，管制本公司的事務。

"本公司董事局認為，百慕達守則可為公司股東提供至少與香港收購守則相同之保障，故此，應符合證監會之要求，就監管本公司之市場情況而言，並沒有出現任何監管上之漏洞。有鑑於此，我們遂向香港證監會申請豁免遵守香港收購守則，轉而受百慕達守則之約束。董事會相信，是項豁免可以避免由兩個不同監管機構同時執行兩套不同守則所產生的種種實際困難。

"本公司在與證監會進行廣泛磋商後，證監會認為豁免遵守香港守則並不適宜。在這種情況下，董事會無奈地只好終止本公司和香港收購守則之間之契約性聯繫，撤銷其在香港聯合交易所之第二上市地位。" ❸⑦

對於怡和的聲明，香港兩大證監機構——證監會和聯交所均表示遺憾。證監會主席羅德滔表示：證監會認為，怡和在百慕達要求設立的監管機構並未能為香港的股東提供足夠的保障，因為執行百慕達守則將涉及遙遙兩地的監管問題，如果要在香港充份地監管收購活動，監管機構必須對市場參與者的關係有所認識（以識別出可能是一致行動者），以及對股份交易的模式、股價的波動及其他香港商業環境的獨特因素有所認識。百慕達金融管理局在這方面顯然有所不及，因地域相隔亦實際難於對香港市場發生的收購事宜進行調查，香港投資者向百慕達提交投訴及有效保證本身的權益，亦是困難而昂貴的事情，證監會因此不宜給予怡和豁免或概括性的"寬免"。

羅德滔還指出：證監會曾就怡和的關注建議，若發生收購情況，證監會在確保香港投資者的權益獲充份保障下，將考慮給予程序上的寬免，簡化雙重監管情況，避免兩套守則出現衝突，從而令收購及合併活動免受阻撓。證監會已準備與百慕達訂立諒解備忘錄，不明白為何怡和仍感到有必要撤除在港上市地位。他並表示：即使怡和撤銷其上市地位，其在"香港公司收購及合併守則"內的地位仍舊不變，因為只要該公司仍然是一家"香港的公眾公司"，香港守則對該公司仍然適用。有需要時，收購合併委員會仍可就除牌後的怡和收購事宜召開會議，甚至作出制裁決定，例如公開譴責或冷淡對待命令。❸

怡和不惜全面撤離香港股市，表面上看似乎與九七政治轉變有關；然而，有論者認為，怡和之所以要在 1995 年之前託庇於百慕達守則，背後還有一個更重要而且難言的原因，是冀保以小控大局面，避免"七年之約"期滿後再被華資大亨覬覦。❸
怡和集團透過怡控與怡策的互控，再以怡策控制置地、牛奶國際和文華東方，以小量資金控制了市值達 1,600 億港元的上市王國，早已引起其他財團的覬覦，其中尤以坐擁中區貴重物業、市值近 600 億港元的置地最易成為收購目標。因為怡策僅持有置地 32% 股權，低於全面收購觸發點，而怡和與華資大戶的"七年之約"眼見即將到期，若不能取得豁免或除牌託庇於百慕達守則，置地有可能被華資財團再度狙擊。

百慕達守則與香港守則的重要區別是，前者對持有上市公司三成多但少於五成股份的大股東，在面對收購行動時有較大的保障。根據百慕達守則，強制性收購的觸發點是 30%，比香港的 35% 指標低，即任何人要增購公司股權超過 30% 便要提出全面收購，而持股量超過三成的大股東，則可每年增持不超過 1% 股權，縱使超過 35%

也毋須提出全面收購，這套守則完全符合怡和集團以最小資金控制龐大資產的需要，難怪有評論指百慕達守則是為怡和度身訂造的。

姑且無論怡和背後的真正動機，怡和撤離香港股市已成事實。1995年，怡和系5家主要上市公司——怡和控股、怡和策略、牛奶國際、置地、文華東方相繼在香港股市除牌，結束了怡和在香港證券市場叱吒風雲的時代。怡和董事鮑維爾聲稱：怡和現在可以"靜靜地抽身離開政治，專注發展業務了"，"本地大公司的發跡都涉及一些神話，怡和亦曾協助創造這些神話，不過，我們還是愈快恢復蘇格蘭商人的身份愈好" ❹。

1984-1994年怡和系的股價與恒生指數的比較走勢圖（資料來源：《快報》1994年3月21日）

06

怡和："重新定位" 與固守香港

———————————

　　踏入過渡時期以來，怡和財團的種種策略性部署，包括遷冊百慕達、加速海外投資、將第一上市地位外移甚至全面撤離香港股市等等，都對香港經濟的穩定造成程度不同的衝擊。1992年港督彭定康（Christopher Francis Patten）上任後，推行"三違反"的政制方案，令中英關係陷入低潮，而怡和則高姿態支持彭定康的政制方案。種種舉動終於引起中方的強烈不滿。1992年12月，中國新華社發表題為"請看一家英資財團的真面目"的署名文章，對怡和展開不點名的猛烈抨擊，該文章指出：

　　"香港有一家老牌英資財團，靠販賣鴉片起家，經過一個半世紀的發展，已成為一個以香港為基地的大型跨國洋行。它的業務儘管遍及世界二十多個國家和地區，但三分之二的利潤來自香港和中國內地的業務。這家公司經理曾得意洋洋的說：每個香港人每天都在向他付錢。

　　"按理說，這個大財團應對維護香港的繁榮穩定具有高度的責任心，並珍惜同中國內地的互利聯繫。但它自從香港進入政權交接的過渡時期以來的一連串表演，卻並非如此。1984年，它成為香港公司遷冊海外的'帶頭羊'，1987年掀起發行B股風波，1990年製造回購自身股事件，1991年又要求上市豁免，雖然每次受到香港社會的普遍指責，但它依然我行我素。它不但在謀取特權、損人利己方面表演得淋漓盡致，而且在政治上為敵視中國、破壞香港平穩過渡的反華勢力幫忙幫閒，唯恐天下不亂。在港督彭定康上任前、上任後推銷政改方案的過程中，它更在倫敦和香港，幕前和幕後大賣其力，用心可謂良苦。"

　　文章最後表示："這個財團究竟要幹甚麼，下一步何去何從，是否將死心塌地追隨彭定康騎'自行車'去碼頭或機場而歸西？人們拭目以待。"

» 怡和的"重新定位"

　　新華社的檄文令怡和在香港及中國內地的業務前景頓時蒙上陰影，翌日，怡和系各上市公司股價大跌，一天內總值損失 44 億港元，怡和高層震驚之餘，對事件不予置評，僅由怡和董事鮑維爾在倫敦表示："我們只對生意有興趣，對政治無興趣，仍會繼續發展香港和中國業務。"不過，自此，怡和在香港和中國內地的業務開始出現麻煩，怡和組成財團競投的九號櫃碼頭更遲遲不獲中方首肯。

　　其後，怡和展開"補鑊"行動，希望修好與中國政府的關係。1993 年，怡和專責中國業務董事兼立法局議員鮑磊三度借商務理由赴京，要求向中方官員解釋怡和立場，尋求中方諒解，但均不獲有關官員接見。直到同年 6 月份，怡和董事鮑維爾訪京，才獲得會見中國外交部副部長姜恩柱、港澳辦副主任王啟人等。鮑維爾表示：怡和珍惜與中國的百年經貿關係，無意過問政治，希望繼續做生意，過去在中國做了 160 年生意，今後希望再做 100 年。對此，港澳辦副主任王啟人表示要"聽其言，觀其行"。同年 9 月，怡和主席亨利·凱瑟克在董事鮑維爾的陪同下親訪北京，令怡和的"修好"行動進入高峰，反映出怡和對其在香港及中國內地商業利益的重視。

　　1995 年 1 月 10 日，怡和控股常務董事文禮信在香港總商會以"港事商事——怡和的觀點"為題發表長篇演辭，文禮信以"重新定位"來解釋怡和在過渡時期以來的連串策略性行動，並將怡和未來的發展，定位為"亞洲中心的跨國集團"。他強調說："怡和不是香港的賣家……我們對於在中國主權下的香港前景以及'一國兩制'這構思充滿信心。怡和與中國淵源深厚。怡和尊重中國。我們的尊重是基於怡和參與中國經濟發展的時日比全球任何一家公司都要長久；無論順境逆境，我們都積極參與。……毫無疑問，我們與香港的商人一樣，深信中國將成功實現經濟現代化，並將在世界經濟中擔任更重要的角色。" ❹ 這是進入過渡時期以來怡和對香港及中國內地經濟發展前景最積極的觀點。文禮信在演辭中還公開表示："近年來，怡和的某些行動曾經引起中國的誤會，對此我們感到十分遺憾。"香港輿論普遍認為，這是怡和集團間接向中國道歉。很明顯，怡和已認識到，維持與中國政府的良好關係，是它在九七年後在香港及中國內地發展業務的重要前提。

有評論認為，怡和的姿態是"部署完畢再言合作"，姑且無論其背後的真正動機，但從中帶出的清晰信息卻是：九七對香港的英資財團而言，不僅是嚴峻的挑戰，而且蘊含著巨大的發展機遇，即使是走得最遠的怡和，亦不敢輕言撤出香港和中國內地。

》 加強在香港投資

事實上，怡和的海外發展並不順利。自 1995 年 1 月及 4 月，怡和系的 5 家上市公司包括怡和控股、怡策以及置地、牛奶國際，文華東方先後撤離香港，在新加坡作第二上市之後，怡和系的整體表現差強人意，在新加坡股市上交投疏落。1995 年中，市場甚至傳出怡和大股東凱瑟克家族已發覺當初撤離香港的決定錯誤，曾向港府及證監會表達有意重返香港的意向。

實際上，怡和系重返香港已有跡可循。1995 年置地控股重組，旗下分別成立掌管香港業務的置地中港（Hong Kong Land China Holdings）和負責海外投資的置地國際（Hong Kong Land International）。與置地關係密切的瑞銀華寶曾發表研究報告，指置地有意藉分拆為日後將置地中港在香港重新上市鋪路，以免受特法加的拖累。置地自 1993 年增購英國特法加公司股權至 25.3% 以後，特法加一直虧損嚴重，1993 年度虧損 3.5 億英鎊（約 42 億港元），1994 年度再虧損 3.21 億英鎊（約 38 億港元），按置地已投資特法加 36 億港元計算，置地的虧蝕已超過一半。受特法加的影響，1995 年度置地盈利大幅下跌三成。在連年嚴重虧損之下，1996 年 3 月 4 日，置地宣佈已接納挪威公司 Kvaerner A.S. 的收購建議，將其所持特法加 25.8% 股權及 25.1% 可換股優先股股本出售，套現 2.24 億英鎊。據估計，置地在特法加的投資成本，整體淨虧損達 12.1 億港元。特法加的出售，無疑是怡和海外發展戰略的重大挫折。遠離了滋長它的土壤香港，怡和已是盛況不再。

海外發展的屢受挫折，令怡和對原有的策略作出調整，加強了在香港的投資，文禮信在香港總商會的演辭就是一個訊號。置地 1982 年投得中環交易廣場地皮後，多年來一直未有公開投地。1995 年底，置地罕有地派出代表參與競投港府推出的司徒拔道一幅豪宅用地，且與淘大置業競逐到最後一口價，可惜無功而返。期間，怡和常務董事文禮信亦親臨現場觀戰，反映出置地對香港的地產投資轉趨活躍。在此之前，置地又與新鴻基地產達成合作協議，各佔五成權益合作發展元朗牛潭尾一幅面積約 100 萬平方呎的地皮作住宅項目。1996 年初，置地更自組財團積極參與機場鐵路中環站上蓋物業發展項目，雖然再次敗落於由新鴻基地產、恒基地產、中華煤氣及中國銀行所組成的財團。稍後，怡和參與新鴻基地產、和記黃埔及中遠太平洋所組成財團（怡和佔 15% 股權）成功奪得屯門內河貨櫃碼頭的發展權，而以怡和置地為首的青衣貨櫃碼頭集團在取得九號貨櫃碼頭發展權的問題上亦已展露曙光，中英兩國外長已達成共識，要求貨櫃碼頭經營商透過重組一號至九號碼頭權益以解決九號貨櫃碼頭的僵局。

》 把握重返內地市場機遇

與此同時，怡和也相當重視香港九七回歸後英資財團重返中國內地的機會。事實上，早在中國改革開放初期，怡和已著手部署重返中國的策略性行動。1980 年，怡和就在北京註冊成立中國第一家中外合資企業——中國迅達電梯公司。1986 年怡和旗下的怡和國際汽車先後與德國平治及中方成立南星汽車公司及三聯汽車技術服務公司，經營平治汽車在中國南方 9 省的代理銷售及維修業務。

1992 年，鄧小平南巡廣東，中國掀起對外開放新熱潮。同年 4 月，怡和以慶祝怡和廣州辦事處成立 10 週年為名，在廣州舉辦 "怡和在廣東" 大型展覽會，展示怡和在內地投資項目及經營代理產品，包括德國平治汽車、英國佩特波備用發電機、日本佳能辦公室自動化設備、英國集寶保安系統以及其他名牌產品，進行 "自我形象推銷"。怡和集團高層管理人員，包括怡和常務董事李舒、怡和中國主席鮑磊、怡和太平洋常務董事黎定基、牛奶國際常務董事白豪遠等均出席該展覽會，濟濟一堂，共商怡和在中國內地的發展大計。而在此之前不久，怡和首腦凱瑟克兄弟罕有地拜會了深圳市長鄭良玉，反映了怡和對開拓中國市場的高度重視。

據估計，到九七回歸前夕，怡和在中國內地的投資項目已超過 60 個，投資地域遍佈各大城市。其中，怡和太平洋在北京、上海、廣州、深圳及海口設立辦事處，旗下的怡和商業系統在內地已擁有逾 300 個指定代理商，代理的產品包括辦公室自動化器材、各類電腦產品，以及各種現代化電訊器材。該公司計劃在全國建立 6 個分銷中心，形成覆蓋全國的商業網絡。而牛奶國際旗下的 "7-Eleven" 便利店、美心餐廳等均先後在內地成功搶佔灘頭陣地，建立發展據點。很明顯，怡和的策略是希望把握機遇，在中國這個亞太區高速增長的市場重建其龐大商業勢力。

07

國際化戰略的影響

————————

進入過渡時期，怡和、滙豐兩家最大的老牌英資財團，鑑於 1950 年代初在中國內地的經歷，對香港九七回歸懷有相當大的戒心，為分散投資風險，均加緊進行集團國際化的戰略部署，經逾 10 年的努力，到 90 年代中期，這一戰略部署可說基本完成。兩大財團在香港的發展，實際上已處於進可攻、退可守的戰略態勢。

》怡和、滙豐國際化轉移對其自身的影響

所謂集團國際化的戰略，概括而言，是一方面通過遷冊、結構重組、將第一上市地位移往倫敦，甚至全面撤離香港證券市場等措施，實現所謂 "法定管制和公司監管的重新定位"，❷ 以擺脫香港的法律管制，並建立牢固掌握控制權、攻守自如的集團內部架構。另一方面通過加快海外投資步伐，達至盈利來源和資產的一半以上分散到海外，從而最大限度地減低集團在香港的投資風險。這個戰略的主軸是要使集團從一家以香港為基地的公司蛻變成一家真正的跨國公司；然而，它並非要撤離香港，其戰略的輔線是要穩守香港的核心資產及業務，以便在過渡時期甚至九七以後觀察香港的政經環境，把握有利時機拓展香港及內地市場，爭取最大限度地賺取利潤，並藉此維持集團在香港的商業地位及與香港的聯繫。

不過，怡和、滙豐為完成其國際化戰略亦付出了相當大的代價，尤其是怡和。早在 70 年代前期，怡和部署的國際化戰略，令其錯過了 70 年代中後期香港經濟蓬勃發展的良機，遂使華資財團趁勢崛起，分庭抗禮，失去對香港經濟的壟斷地位。而且，海外的投資更處處觸礁令其進退失措，陷於困局。進入過渡時期後，怡和繼續醞

釀淡出之勢，進一步喪失大量在香港發展的機會。這一時期，香港經濟持續繁榮，地產市道大幅飆升，而歐、美等海外市場卻持續不景，怡和大量拋售旗下的非核心資產，結果令所有買家都賺取了豐厚利潤，無形中損失了大量財富，而其在海外的投資，大都因受經濟不景影響邊際利潤偏低甚至長期虧損，這都不能不對怡和的發展造成負面影響。而其在香港四大行的首要地位，亦被迫拱手讓予和黃。尤其值得指出的是，怡和系內主要上市公司除怡和國際汽車外均全部撤離香港股市，這將嚴重削弱怡和在香港的影響力，其負面後果將在日後逐漸顯露。

幸而，怡和的戰略部署尚能作雙線發展，一方面透過穩守香港的核心業務，得以分享香港經濟繁榮的成果；另方面其在海外發展亦與 70 年代大肆擴張石油、製糖等新業務迴然不同，而是以系內各子公司的核心業務為基礎，如牛奶國際以食品製造及批發零售、文華東方以酒店業、怡和太平洋以綜合貿易、置地以地產等為基礎穩步向外發展，因而得以避免重蹈覆轍，有較好的表現。

滙豐部署國際化戰略遠比怡和高明、審慎；然而，滙豐的海外拓展也付出了不少代價。80 年代，滙豐曾先後收購美國的海豐銀行、英國的詹金寶，並致力拓展澳洲銀行業務，但這些業務都在相當長時期內表現欠佳，令滙豐揹上沉重負擔。海豐銀行因深受第三世界債務的拖累，又受到美國經濟持續不景、地產市場崩潰的打擊，連年虧損，1990 年度虧損額曾高達 2.96 億美元，致使滙豐被迫在 1989-1991 年的短短 3 年間三度向海豐銀行注資，數額高達 5 億美元。詹金寶公司受英國經濟衰退及 1987 年倫敦市場開放的打擊，再加上 1987 年全球股災的嚴重影響，曾長期虧損。連滙豐主席浦偉士也承認，收購詹金寶是一項錯誤。滙豐在澳洲的業務更幾乎以災難告終，澳洲滙豐銀行的主要客戶，不是破產的地產發展商，就是不中用的商人銀行或欺詐事件層出不窮的全國儲蓄社。1990 年度澳洲滙豐虧損高達 2.73 億澳元。這些海外業務都拖緩了滙豐的盈利增長，影響了滙豐的聲譽。

» 怡和、滙豐國際化轉移對香港經濟的影響

怡和、滙豐的集團國際化戰略對香港經濟的影響更加深遠。怡和、滙豐均在一

個半世紀以來一直與香港同步發展，怡和久踞英資四大行首位，其在香港的業務可謂無遠弗屆；滙豐是香港最大的金融財團，長期以來一直扮演"準中央銀行"角色，並成為香港大財團的主要金融依託；其舉手投足都會對香港社會經濟造成直接或間接的衝擊及影響。這種衝擊或影響可分為心理及經濟的兩個層面：

從心理層面看，怡和及滙豐在過渡時期的種種淡出香港的措施，包括遷冊百慕達、結構重組、將第一上市地位外遷，甚至全面撤離香港股市，從某種程度上說都是對香港前景投下不信任票，對香港及國際投資者的信心無疑造成深遠的負面影響，故此每次這些重大措施的宣佈，都導致香港股市的大幅波動，形成一次次程度不等的"震蕩"。在九七回歸的過渡時期，作為老牌英資財團遷冊兼"走資"，進一步加深了港人對前景的疑慮及所謂"信心危機"，增加了香港平穩過渡的難度，引起中方的不滿是顯而易見的。

從經濟層面看，自1984年怡和首開遷冊之先河後，香港上市公司遷冊海外在一段時期內曾高潮迭起，成為過渡時期香港經濟的一股暗流。1984年怡和率先遷冊百慕達後，1986年和1987年分別各有兩家上市公司宣佈遷冊，其中3家為怡和系的，1988年增加到7家。自此，香港上市公司遷冊海外蔚成潮流。到1994年底，遷冊的上市公司達210家，約佔香港上市公司總數的四成。期間，遷冊之風曾一度影響到部份華資大財團，如連卡佛、富豪酒店、世紀城市、華人置業、鷹君地產、麗新發展、大昌地產、德昌機電等亦先後遷冊，顯示遷冊之風對香港上市公司的影響。期間，部份華資大財團亦加強向海外投資，以分散投資風險。這股公司遷冊之風與同期的移民潮同時並進，形成過渡時期香港經濟的一大窒礙。

踏入80年代，隨著中國的開放改革，香港與內地的經貿關係得到全面發展，與華南地區的經濟急速融合，因此，香港成為國際資本進軍中國內地以及內地企業走向國際市場最重要的橋樑和跳板，其戰略地位迅速提高。這一時期，香港更因"中國因素"的影響而經濟持續繁榮，仍然是世界上最具投資條件、最多賺錢機會的地區之一，因而對國際資本仍然保持強大吸引力。因此，進入過渡時期，與部份英資、華資財團向海外發展的趨勢相反，中資、日資、美資、東南亞資本等大舉加強在香港的投資活動，形成香港資本結構變動中的另一種重要發展趨勢。這樣，英資在香港經濟中的地位，無疑將進一步下降。

　　香港資本結構的這種變動趨勢對香港經濟產生更加深遠的影響，它一方面提高了香港經濟的國際性，有助於加強香港作為亞太區國際金融貿易中心的地位，加強香港與歐美等國際市場的聯繫；但另一方面亦在某種程度上加深了香港經濟的脆弱性。在本地財團加快海外投資步伐和國際資本加強對香港投資的情況下，香港資本的流動會更加頻繁，香港的投資活動乃至整個活動不僅要受制於世界經濟整體發展，而且要受到香港企業海外投資市場以及國際資本本土經濟變動的影響。同時，在外來投資中，勢必伴隨大量國際熱錢，從而增加香港金融市場、證券市場以及房地產市場的投機性和不穩定性。

註釋

❶ 羅拔‧郭瞳著、丘經綸譯，《香港的終結：英國撤退的秘密談判》，香港：明報出版社，1993年，第173頁。

❷ 同註1，第184頁。

❸ 《評怡和另設最終控股公司之議》，香港：《經濟導報》雜誌，總1864期，第9-10頁。

❹ 《怡控一身繫數百億資產，惹財團覬覦四両撥千斤》，香港：《經濟日報》，1989年10月20日。

❺ 《令人費解的"收購置地"內情》，香港：《信報財經月刊》雜誌，1988年6月號，第28頁。

❻ 參閱《30風雲人物午夜和記大廈開會，李嘉誠先求買後求賣》，香港：《明報》，1988年5月6日。

❼ 置地控股，《香港置地125年》（*Hongkong Land at 125*），2014年，置地控股官網，第199頁。

❽ 《滙豐修章獲港府默許，具彈性應付未來轉變》，香港：《經濟日報》，1989年8月24日。

❾ 《滙豐董事長浦偉士細說──政治形勢促成的商業決定》，香港：《信報》，1990年12月12日。

❿ 同註9。

⓫ 同註9。

⓬ 泓一秋著，《帝國反擊戰的一役》，香港：《信報》，1990年12月26日。

⓭ 馮騁著，《滙豐承擔減弱可虞，港府支持遷冊荒謬》，香港：《經濟日報》，1990年12月18日。

⓮ 林行止著，《滙豐心在海外，港府應部署"接班"》，香港：《信報》，1990年12月28日。

⓯ 張立著，《滙豐遷冊喚醒中銀》，香港：《信報》，1990年12月19日。

⓰ 參閱《牛奶國際控股有限公司1993年報》。

⓱ 參閱《文華東方國際有限公司1993年報》。

⓲ 參閱《怡和控股有限公司1994年報》。

⓳ 雷梓茵著，《置地的"乾坤大挪移"》，香港：《資本》雜誌，1992年第11期，第27頁。

⓴ 《歷山太古大廈受覬覦，置地控股仍無意出讓》，香港：《明報》，1994年2月8日。

㉑ 《星期日電訊報》，1992年10月4日。

㉒ 韋怡仁著，《滙豐進軍英倫荊棘滿途》，香港：《信報財經月刊》雜誌，第5卷第2期，第20頁。

㉓ 蔣一樵著，《滙豐米特蘭的"拍拖"史》，香港：《明報》，1992年3月20日。

㉔ 馮成章、徐麗施著，《浦偉士詳析滙豐米特蘭合併行動》，香港：《明報》，1992年3月20日。

㉕ 《葛賚承認滙米合併可以消除九七恐懼》，香港：《信報》，1992年5月2日。

㉖ 馮騁著，《滙豐帝國還鄉戰》，香港：《經濟日報》，1992年3月19日。

㉗ 同註24。

㉘ 同註24。

㉙ 馮騁著，《萊斯搶貴米，塘水滾塘魚》，香港：《經濟日報》，1992年4月29日。

㉚ 同註26。

㉛ 《認為港府過份監管市場，怡和要員作出猛烈抨擊》，香港：《信報》，1990年3月29日。

❸❷ 《遷冊公司若豁免監管，太古主席認為欠公允》，香港：《星島日報》，1990 年 10 月 6 日。

❸❸ 參閱《怡和控股有限公司 1990 年年報》。

❸❹ 鄧炳輝著，《怡和對監管制度欠缺誠意》，香港：《大公報》，1991 年 9 月 13 日。

❸❺ 黎可兒著，《怡和取消第一掛牌的威脅》，香港：《百姓》雜誌，第 237 期，第 52 頁。

❸❻ 參閱香港《信報》，1993 年 4 月 13 日。

❸❼ 參閱香港《信報》，1993 年 3 月 23 日。

❸❽ 同註 37。

❸❾ 同註 37。

❹⓿ 金煌著，《怡和撤離香港》，香港：《南北極》雜誌，1994 年第 4 期，第 33 頁。

❹❶ 文禮信著，《港事商事──怡和的觀點》，香港：《星島日報》，1995 年 1 月 11 日。

❹❷ 同註 41，為文禮信於 1995 年 1 月 10 日在香港總商會的講辭。

6

穩守香港
核心業務

踏入過渡時期，與怡和、滙豐加緊向海外發展的趨勢相反，太古、香港電訊、嘉道理、英之傑等英資財團，均積極部署穩守香港的發展策略。它們透過在香港掛牌上市、邀實力雄厚的中資集團加盟、與中國政府建立良好個人及商業利益關係、聘任香港華人出任集團高層等一系列措施，力圖使旗下公司淡化英資色彩、重塑香港公司形象，從而實現融入香港經濟之中、穩守香港核心業務的戰略目標。

　　不過，隨著九七迫近，英資財團原有的歷史優勢進一步喪失，其在香港的核心業務亦無可避免地遭到實力強盛的華資財團，甚至正急速崛起的中資集團的挑戰。能否在九七後開放的經濟大氣候中繼續保持及鞏固其在市場中的競爭優勢，是擺在英資財團面前的嚴峻考驗。

01

太古集團：邀請香港中信加盟

———————

　　進入過渡時期，與怡和淡出香港的趨勢相反，香港太古集團積極拓展旗下兩大核心業務——航空和地產業。在航空業，太古透過將旗下的國泰航空公司分拆上市、邀請香港中信集團加盟、收購港龍航空部份股權、全力競投新機場專營合約等一系列策略性措施，巧妙化解競爭者的挑戰，從而繼續維持了其在香港航空業的壟斷地位。然而，隨著九七的迫近，太古面對的挑戰正日益嚴峻。

》國泰面對的挑戰：港龍航空的創辦

　　長期以來，太古旗下的國泰航空公司，作為香港唯一的一家航空公司，一直壟斷著香港的航空業，業務發展一日千里。不過，這種形勢在進入過渡時期即開始發生微妙的變化：1985 年 5 月 24 日，香港港龍航空公司的創辦，開始打破國泰航空的長期壟斷局面。

　　港龍航空由港澳國際投資有限公司創辦，註冊資本 1 億港元。港澳國際成立於 1985 年 3 月，股東包括曹光彪、包玉剛、李嘉誠、霍英東、安子介、馮秉芬等 31 位著名華商，以及中國銀行、華潤公司、招商局等中資機構，陣容鼎盛。當時，港龍航空董事長曹光彪公開表示：港龍航空創辦的意念，來自聯合聲明中有關香港民航事業的條文。❶ 聯合聲明附件一第九條規定："香港特別行政區將保持香港作為國際和區域航空中心的地位。在香港註冊並以香港為主要營業地的航空公司和與民用航空有關的行業可繼續經營。"根據條文精神，在未來香港特區政府的管理下，航空公司的本地色彩極為重要，曹光彪等人顯然看準此點，希望以一家有中資背景的華資本地航空公司與英資背景鮮明的國泰航空展開競爭。港龍航空一成立，敏感的香港輿論即指出：港龍航空由於中資色彩濃厚，所以此舉可視為 1997 年後香港特區政府爭取航空權益的先聲，以使英政府逐步讓香港獲得更多對外訂定航空協議的自主權。

港龍航空的創辦及其背景，引起了國泰航空及香港政府的高度重視。同年 7 月，市場即有傳聞說香港政府將指定國泰航空為唯一代表香港的航空公司，後經港龍航空向港府交涉，提出強烈抗議，港府否認有關傳聞。港龍航空隨即組成一隊機組人員，租賃了一架波音 737 客機，向香港空運牌照局申請開辦香港往北京、上海及其他 8 個主要國內城市航線的牌照。這時，港龍航空的困難出現了。原來，香港在英國的管治下，香港與內地的定期航班服務受制於中英雙邊航空協定；因此，要取得航空協定下英方指定航空公司的地位，港龍航空的主要股權必須由英籍人士擁有和控制。當時，香港民航處曾致函港龍航空，指中國不但在中英航空協定中享用中方的利益，同時透過港龍航空股本中的中資成份，企圖攫取英方利益。在強大的壓力下，1985 年 10 月，港龍航空被迫重組資本結構，邀請 1963 年已加入英籍的包玉剛出任港龍航空主席，包玉剛向港龍航空注資 1 億港元，取得港龍 30.2% 股權，曹光彪家族成為港龍第二大股東，持 24.7% 股權，而港澳國際所持股權則減至 24.99%，其餘少數股東共持有 20.11%。

同年 11 月 20 日，香港政府財政司彭勵治（John Henry Bremridge）在立法局宣佈香港的航空政策：一條航線由一家航空公司經營，先獲空運牌照局發牌的一家，將擁有所指定航線的經營資格。由於利潤高、容量大的航線早已由國泰航空經營，該政策實際上令港龍航空無法與國泰在同一航線上競爭，被迫去經營一些利潤低甚至虧損的航線。香港政府的航空政策暴露了其偏袒國泰航空的明顯傾向。而彭勵治本人在獲委任為財政司之前，曾任太古集團及國泰航空主席多年，1986 年退休返英國後，再出任英國太古集團董事一職。

儘管困難重重，港龍航空仍然起步發展。1985 年 12 月，港龍航空獲得香港空運牌照局頒發經營香港至西安、廈門、杭州、海口、湛江、南京、桂林、廣州等 8 條內地航線的經營牌照，而港龍申請經營香港至北京、上海的航線，則因香港政府的航空政策而遭到拒絕。1986 年 5 月，港龍為拓展新航線、減少虧損，申請經營香港至泰國

4 個城市的定期航班牌照，再獲批准。同年 12 月 16 日，港龍定期航機首航清邁，成為這家華資航空公司發展的里程碑。

》 應變策略之一：國泰航空在香港上市

面對港龍航空的崛起，太古顯然如刺在背，難以安枕。國泰航空要在 1997 年之後繼續穩保航空權不失，角色轉換已無可避免。1986 年 4 月，即港龍航空成立將近一週年之際，太古宣佈將國泰航空在香港上市，以加強其本地公司的色彩。國泰航空在招股書中申明，此舉將令國泰與香港的關係更形密切，並使國泰在處理香港的國際航空事務上更加主動，獲得更直接的裨益。

上市前，國泰航空的兩大股東分別是太古公司和滙豐銀行，各持有國泰航空70% 和 30% 股權。太古公司和滙豐計劃以每股 3.88 港元價格發售國泰航空 22.5% 股權，套現 23.15 億港元。其中，太古公司佔七成，套現 16.2 億港元；滙豐佔三成，套現 6.95 億港元。在發售的國泰股份中，李嘉誠旗下的長江實業、和記黃埔，以及利氏家族的希慎置業各獲配售 2.5% 股權，投資基金獲 5% 股權，國泰航空員工獲 1.5% 股權，其餘的 8.5% 股份則公開發售。

國泰航空股份的發售，恰逢香港聯合交易所開業不久，引起了空前的轟動。申

港龍航空公司的客機

香港中信集團主席榮智健

請國泰航空新股的市民在滙豐銀行總行門外大排長龍，形成空前的認股熱潮。在大戶和散戶一致追捧的熱烈氣氛中，國泰航空股份獲 56 倍超額認購，凍結銀行資金高達 510 億港元，成為香港有史以來最大宗的企業售股行動。英文《南華早報》對此曾描述說：“香港最新和最大規模的遊戲——比起打麻將更多人參與，比起跑馬更刺激——就是爭著去認購國泰航空的股份。每個的士司機、茶樓夥計和洗衣工人，都拚命地向老祖母或表哥的三舅父和銀行借錢，千方百計要多認購些國泰航空股份。” ❷ 這次認購所凍結的 510 億港元，僅是利息就接近 1 億港元，成為太古和滙豐的額外利潤。

同年 5 月 16 日，國泰航空在香港上市，即成為香港十大上市公司之一。國泰上市後，太古公司的持股量減至 54.15%，滙豐減至 23.25%，股東人數擴大到 3-4 萬人，基礎大為擴闊。香港評論認為：“國泰此舉是企圖擴大股東的基礎，設法增加當地語系化的色彩。在 1997 年迫近之際，如果國泰仍完全由英資集團控制，並且代表英資的利益，將來在香港主權轉移後，繼續經營勢必受到限制，甚至被排除出局。這種前景是英資集團絕對不能忽視的，尤其是在香港華人商業利益和中國官方機構合組了港龍航空後，國泰的單天至尊寶地位第一次受到威脅，售股行動可以說是應變策略之一。” ❸《南華早報》亦指出：“作為太古公司的不上市附屬公司，國泰自稱是香港人擁有的航空公司，但不完全具有說服力。一旦國泰不能說服北京接受它做香港主要航空公司的話，則像港龍航空之類的王座角逐者，便將在未來航線商談中得益，特別是在 1997 年後。公開售股的行動，被部份地看作是引進相當數量香港小股東的手法，給予這間航空公司本身的地位，使它變成一間有股份上市的主要香港公司。” ❹

當然，國泰航空上市的時機也選擇得恰到好處。經過多年的發展，國泰已成為一家大型航空公司，旗下機隊包括波音 747 客機 11 架、洛歇 L1011 客機 4 架，連同 5 架出售後再租回營運的洛歇三星機，共擁有 20 架廣體機，每星期有 400 多班航機飛往東南亞、日本、中國內地、北美、澳洲和歐洲的 29 個城市。除航空客、貨運外，國泰航空還擁有 75% 的太古航空食品供應公司及 25% 的香港飛機工程有限公司，並參與機場地勤、保安甚至洗衣等各種業務。

踏入 80 年代，國泰航空除一度受到英國的金獅等航空公司強而有力的競爭，盈利大受打擊外，從 1981-1985 年度，國泰的業務和盈利均大幅增長。期內，國泰的營業額從 37.8 億港元增加到 75.3 億港元，平均每年增幅達 18.8%；綜合純利從 1.3 億港元增加到 7.78 億港元，平均每年增幅高達 56.4%，反映出期間燃油價格下降、香港旅遊業蓬勃發展對國泰的良好影響。選擇這個時機上市，足以打消一般投資者對航空公司業務有週期性波動的顧慮。這時，國泰在未來 5 年內亦至少需動用約 100 億港元去更新機隊，若不採取上市集資的方法，國泰在未來數年間的負債可能會增加到令人不安的地步。對於業務常常受到本身不能控制因素所影響的航空公司來說，避免過份龐大負債，是管理層的首要戒條。因此，無論從政治上或經濟上看，太古都有必要將國泰航空上市。

》 應變策略之二：邀請香港中信加盟

將國泰航空上市，並未能完全保證國泰的發展前景，太古遂開始實施第二步策略，邀請有實力、有影響力的中資集團加盟，他們的目標是香港中信集團。香港中信是中信集團在香港的全資附屬公司，中信全稱是 "中國國際信託投資公司"，創辦於 1979 年 10 月 4 日，屬中國國務院的部級公司，由榮毅仁出任董事長。中信集團創辦後，即在香港成立分公司，並於 1985 年在香港註冊成立中國國際信託投資（香港）有限公司。1986 年，中信香港改組為中信集團（香港）有限公司，由榮毅仁公子榮智健出任副董事長兼董事總經理。香港中信集團直通北京國務院的背景，顯然是太古集團考慮的重要因素。與此同時，正在香港積極物色投資項目的香港中信亦看中國泰航空，據榮智健事後透露說："香港要穩定繁榮，處處要靠運輸，不是船就是航空，在航空方面，國泰已有幾十年的經驗。我們分析了差不多六個月，覺得國泰的盈利前景好，經營完善，而且有一個優秀的管理隊伍。我們就把我們的看法向總公司和北京國務院講，結果，不到五天就獲得批准，國務院還為此而借給我們一筆錢，相當於 8 億港元，作為香港中信的資產。" ❺

1987 年 2 月，太古、滙豐、國泰航空與香港中信達成協議，以 23 億港元價格向香港中信出售 12.5% 國泰航空股權。交易完成後，太古公司持股量減至 51.8%，滙豐減至 16.6%，香港中信集團成為國泰航空第三大股東，榮智健及香港中信另一位高層管理人員加入國泰董事局。太古邀得香港中信加盟，可以說是一項重大勝利，自此，國泰航空與港龍航空的形勢出現微妙變化。

自 1985 年創辦以來，港龍航空的談判能力一直處於不利地位。1986 年，港龍航空申請開辦香港至倫敦的航班，遭到國泰的強烈反對。國泰表示，香港至倫敦的航線已有英國航空、英國金獅及國泰航空 3 家航空公司提供服務，該航線近年乘客增長接近於零，故毋須一家新航空公司加入，否則徒使市場混亂、票價下降，令現有航空公司減少收入，而且也不會刺激市場增加乘客量。結果，香港政府以港龍未有足夠提供長程及新服務設施為由，駁回了港龍的申請。而港龍爭取開辦香港至北京、上海航班的努力，亦一直未有進展。

在此種形勢下，港龍航空一直無法打開局面，平均每月的虧損額高達數百萬港元。到 1989 年，港龍的虧損累積達到 23 億港元，大股東漸感無力支撐，遂萌退意。1989 年底，港龍航空股權發生重大改組。11 月初，大股東包玉剛將其所持股權全部售予曹光彪家族，曹氏股權增加到 64.33%，而已轉變成中資公司的港澳國際亦將其所持 26.53% 股權售予香港中信集團。至此，港龍航空三大股東已去其二。不過，這實際上僅是一種過渡性部署。1990 年 1 月 17 日，由香港中信牽頭，太古公司及國泰航空分別向曹氏家族購入 5% 及 30% 港龍航空股權，香港中信持股量增加到 38.3%，曹氏家族持股量降至 21.6%。❻ 這樣，國泰成為港龍的第二大股東並接管港龍航空的管理權，國泰兩名要員加入港龍董事局並分別擔任財務及營運職責。國泰並將其經營的國內航線轉撥港龍，將港龍定位為專營國內航線的香港航空公司。至此，國泰成功鞏固其在香港航空業無可挑戰的地位。

在國泰的管理及香港中信的協助下，港龍航空業務開始獲得急速發展。港龍除經營國內 14 條航線外，還開辦了亞洲 7 條航線，平均每日有 15 班客機離境。1992年，港龍轉虧為盈。1993 年，港龍航空的載客量達 126 萬人次，比 1992 年大幅增長32%，其中八九成是國內業務。1994 年 3 月，港龍向怡和及國泰收購了國際航空服務有限公司剩餘的 70% 股權。該公司是啟德機場 3 家提供地勤服務的公司之一，其業務一半以上來自港龍。港龍表示，收購的目的是要改善顧客對港龍的整體形象。

1992 年 7 月，滙豐控股宣佈以 33.9 億港元價格將其所持有的最後 10% 國泰航空股權，分別售予中國民航局附屬的中國航空公司（簡稱"中航"）及香港中旅集團（在此之前，滙豐已將另外 6.6% 國泰股權分別售予希慎置業及機構投資者），進一步邀得兩大中資機構加盟國泰。據買賣雙方及國泰等 4 家公司發表的聲明指出，中航及香港中旅曾向國泰洽商，表示有意購入其股票，國泰對此表示歡迎，認為對該公司及香港未來而言均屬正面的發展。國泰因此與滙豐接觸，詢問其是否有意將所持國泰股權出售，滙豐表示該行雖有意把國泰股權視作長線投資，但航空業務並非其核心業務，故同意出售。

交易完成後，中資在國泰所持股權增加到 22.5%。對此，香港《信報》政經短評表示："對國泰航空來說，在大股東保有控制權的條件下，讓中資持有更大比率股權，在爭取新機場的參與及保持其作為香港航空公司和著陸權的影響力上較為有利。⋯⋯香港華洋商人在吸納、同化和使中資認同香港商場遊戲規則上，取得顯著成績。中、港、洋（當然包括英資）'攜手合作，共謀利益'，將保障後過渡期甚至九七後的經濟暢活，這種現象，當為有關各方所喜聞樂見。" ❼

》 爭奪赤鱲角新機場專營權

進入過渡時期，太古面臨的另一個重大挑戰，就是興建赤鱲角新機場所帶來的轉變。香港新機場的興建，早在 70 年代末、80 年代初已經提出，傳聞在太古的反對下及種種政經原因被擱置。到了 80 年代末，隨著香港航空業的急速發展，啟德機場原有設施已不敷應用。啟德機場位於九龍半島人口稠密地區，只有一條伸延到海面的跑道，每天從早上 7 時到晚上 9 時，平均每小時就有 29 架飛機升降，繁忙時期一日升降的飛機高達 400 架次。1993 年，啟德機場的年客運量已達 2,450 萬人次，超過了機場設計時最高限量，已成為僅次於倫敦希思羅機場、德國法蘭克福機場的全球第三繁忙客運機場，並成為僅次於日本成田機場的第二繁忙貨運機場。在 10 年時間內，香港的空運量以每年 10% 的速度增長，啟德機場已無法應付急劇增長的客貨運需求。

1989 年 10 月，港督衛奕信（David Clive Wilson）在其施政報告中宣佈，將斥資 1,270 億港元在大嶼山北面的赤鱲角興建新機場，並配合發展港口，即提出了所謂的 "千億玫瑰園計劃"。1991 年 7 月 4 日，中英兩國政府就香港新機場的選址、規模、投資以及財務安排達成協議，簽訂了《關於香港新機場建設及有關問題的諒解備忘錄》，備忘錄聲明："兩國政府考慮到：香港迫切需要一個新機場，以保證並發展其繁榮穩定，為此，香港政府將在九七前最大程度完成新機場核心工程，中國政府對此將予以支持。" 自此，新機場工程起步開展。

這時，太古對新機場的立場已經轉變，興建新機場已成燃眉之急，否則將扼殺正在高速發展的航空業。太古公司及國泰航空主席薩秉達（Peter Sutch）公開表示："香港新機場對國泰至關重要，如果不能按時交付使用，而要拖至 1998 年以後，那麼香港的經濟將受到嚴重打擊。" ❽ 隨著新機場工程的展開，香港及多個國際資本財團對新機場各項經營專利權的爭奪戰亦拉開序幕並迅速白熱化。太古集團更是全力以赴，與臨時機場管理局展開多輪談判。在各項經營專利權中，太古最重視的就是旗下香港空運貨站和港機工程經營的空運貨站服務和基礎性飛機維修服務。1992 年新上任的太古主席薩秉達就多次明確表示，基礎性飛機維修服務不宜引入新競爭者，因為該行業投資大，引入競爭將推高營運成本從而失去競爭力；而空運貨站服務引入競爭需小心處理；至於其他服務，包括特快空運、飛機膳食供應、地勤服務、行李處理等則可放開。

香港空運貨站有限公司成立於 1971 年，並於 1976 年正式投入運作。該公司是太古集團的聯營公司，受香港政府利潤管制計劃管制，專利權將於 1997 年 6 月 27 日屆滿。空運貨站在啟德機場共有兩個貨站，第一個貨站於 1976 年落成，第二個貨站於 1991 年落成。1993 年香港空運貨站處理的貨運量超過 100 萬公噸，約佔香港對外貿易量的兩成，是世界上處理空運貨量的最大集團，而服務水平更是全球第一，以處貨失誤率計算，空運貨站的失誤率僅為一萬三千分之一。據香港臨時機場管理局的預測，香港空運貨物數量在 2040 年將增加到 900 萬公噸，空運貨業將是香港未來的一個高增長行業。

1992 年，香港空運貨站為加強爭奪新機場貨運服務經營專利權的地位，增加奪

香港空運貨站有限公司，成為新機場兩個專營權牌照的擁有人之一。另一為香港機場服務公司。

魁籌碼，進行了連串股權結構變換。當時，空運貨站的股權結構是：太古、怡和各佔30%，九龍倉、黃埔船塢各佔15%，其餘10%由外匯基金持有。1992年7月，在怡和的牽線下，外匯基金以1.06億港元價格將其所持空運貨站10%股權售予中國航空公司。中航是內地6家地區性航空公司在香港的總代理，早已是空運貨站的主要客戶。當時，中航在香港的投資已相當活躍，年初才增持怡和航空服務公司股權至40%，不久前又購入國泰航空5%股權，顯示出將在香港航空業大展拳腳的態勢。

同年8月，國泰航空宣佈與空運貨站現有股東，包括怡和、九龍倉和黃埔船塢簽訂一項附帶條件的協議，購入空運貨站10%股權；其中，5%來自怡和，另外5%分別來自九倉和黃埔船塢，總代價為9,500萬港元，收購行動將於1995年1月5日之前完成。這樣，空運貨站兩大客戶，包括中航和國泰均成為公司股東，此舉無疑有利於鞏固該公司的市場佔有率。

為了加強與香港中信的合作，1993年11月，太古公司透過出售一間附屬公司股份，將空運貨站10%股權轉售予香港中信旗下的上市公司中信泰富，代價1.2億港元。中信泰富總經理范鴻齡表示，香港中信集團原有意競投新機場貨運牌照，現在選擇入股空運貨站後，已打消該念頭。他並強調，中信不排除日後與太古再度攜手合作，競投其他新機場專營合約的可能性。太古公司則表示，太古在多項業務，包括國泰及港龍航空均有與中信合作的經驗，轉讓空運貨站股權是這種合作的延續。太古出售股權後，在空運站的持股量降至 20%，但隨著國泰航空入股，仍能保持大股東地位。此舉不僅有利進一步加強與香港中信的合作關係，保證空運貨站奪標成功，而且連消帶打除去一個潛在的競爭對手。

1995 年 6 月，在中英聯合聯絡小組簽署確認新機場及機場鐵路財務支持協議的聯合公報，最終消除彼此在新機場財務安排上所存在的分歧後，該小組同時同意批出兩個新機場空運貨站專營權牌照，分別由香港空運貨站和香港機場服務公司（新加坡政府間接持有 49% 股權）分別奪得。其中，香港空運貨站計劃投資 75 億港元興建新機場的貨運站，年處理貨物量達 260 萬公噸，而香港機場服務公司將計劃投資 6.6 億港元，建立年處理量為 34 萬公噸貨運站。太古的部署獲成功。

參加競投新機場飛機維修專營權的是太古旗下的港機工程。該公司的基地設於啟德機場，分維修、大修和支援三大部門，主要客戶是國泰航空，約佔六成營業額，其他客戶包括港龍航空、Lowa 航空等，大約為 40 架航機服務，是被波音公司批准的對飛行逾 1 萬小時飛機進行全面檢查的世界 6 家飛機維修公司之一。太古集團強烈反對港府在新機場飛機維修服務方面引入競爭。1992 年太古主席薩秉達就公開表示：港機工程所提供的專利服務是在飛機庫內進行的基本維修，一般需 2-3 天到 2 週，這項服務投資巨大，包括器材設施及人才培訓。他強調：如果港府批出多一個牌照，由於培訓一個全面的技術人材需時 6-7 年，新公司根本無法在 1997 年時訓練足夠人手，必定向港機工程挖角，推進營運成本，令香港的飛機工程業失去競爭力。他又指出：由於港機工程的客戶來自國泰，已獲得固定的維修生意，任何新加入的競爭對手均難以獲得足夠的生意額支持。

不過，從客觀現實看，港機工程在新機場的業務很可能面對激烈競爭。參加競投飛機維修牌照的財團，除港機工程外，還有新加坡航空公司的附屬公司——新加坡航空工程有限公司，以及一家由英航、中航（香港）及和黃組成的財團，名為 China Aircraft Services Ltd.。由於港府已表明準備發出 3 個牌照，因此港機工程將面臨新競爭者的挑戰。

1990 年香港飛機工程有限公司
成立 40 週年慶典

》 國泰航空面對嚴峻挑戰：港龍航空爭奪戰

　　踏入 90 年代，國泰航空面對的競爭更加激烈，由於全球經濟持續不景，世界航空業經歷了一個最困難的時期。據國際航空運輸協會（IAIA）的統計，在 90 年代初的 3 年間，全球航空公司已把過去 74 年中賺取的利潤化為烏有，在國際航線的虧損高達 115 億美元。全球最大的飛機出租公司 GPA 集團的上千架飛機閒置在美國的亞里桑那州。西方不少航空公司都被迫重組，據估計在未來 5-10 年內，全球約有 10% 的航空公司將面臨被淘汰的厄運。❾

　　國泰亦面臨空前的困難：香港通脹持續高企，員工薪金大幅上升，經營成本空前高漲；與此同時，競爭趨向白熱化，不少航空公司增闢或延長亞洲航線，如美國的西北航空將飛往東京的航線延長至香港，並設有 "里程累計" 優惠；英國維珍航空開闢倫敦至香港直航等。激烈的競爭直接影響到國泰的利潤。1993 年度，國泰航空綜合純利大幅下降了 23.8%。

　　面對經營成本的上漲和激烈競爭，國泰在 90 年代開始勵行開源節流，在經營成本中佔重要部份的薪酬開支成為首要控制目標。該公司在較早前已將資料處理中心遷往澳洲，又把會計部搬到人力資源較便宜的廣州，同時決定暫緩行使購買波音 747 客機選擇權等。國泰的種種開源節流措施釀成了近年罕見的工潮，1993 年底至 1994 年初，國泰的空中服務人員罷工長達 17 天，造成了 2.4 億港元的額外損失。幸而，亞洲區內的航空事業仍處上升軌道，全球盈利最高的 25 家航空公司中，亞洲佔了 10 家，國泰航空仍高踞次席，僅次於新加坡航空。❿ 到 1994 年度結束時，國泰航空擁有的機隊高達 55 架；其中擁有 17 架，租賃 38 架，國泰的航線遍及全球 26 個國家的 42 個城市。以載客量計，國泰航空在全球航空公司中排名第八位。

　　1994 年 3 月，國泰航空在稱霸香港航空業方面再奏凱歌，國泰宣佈斥資 2 億港元購入華民航空 75% 股權。華民航空是香港第一家貨運航空公司，創辦於 1986 年 11 月，其後由華商何鴻燊旗下的信德集團介入，業務取得較大發展。該公司一直銳意增闢新航線，擴大空中運輸網絡，但一直受到國泰及港龍航空的激烈競爭，雙方多次為開闢新航線的利益問題發生衝突，甚至對簿公堂。由於屢受挫折，華民航空長期處於虧損狀態，大股東信德集團遂向國泰及其他航空公司提出收購建議。初時，國泰提出以 1 億港元收購華民 80% 股權，後來中國南方航空公司介入，提出以 1.17 億港元收購華民航空 49% 股權，國泰自然不希望中國南方航空藉此打入香港市場，遂將收購價大幅提高，以 2 億港元購入華民航空 75% 股權，進一步壟斷了香港的航空業。不過，隨著香港九七回歸的日益臨近，國泰航空再次面對嚴峻的挑戰。這次的挑戰者，是中國航空（香港）有限公司（簡稱 "香港中航"）。早在 1994 年初，香港中航決意與國泰競爭香港航空市場的意圖已露端倪。當時，香港中航已擁有數架波音 747 客機及數名機師和工程人員，並成功向國泰挖角，聘請前國泰及港龍高層管理人員 Lew Roberts 為香港中航的航線經理。1995 年 3 月，香港中航向港府申請航空營運牌照。並於 4 月成功與西南航空合作，使中航標誌的飛機在沉寂 40 年之後重返香港，承運成都、重慶兩地至香港的定期包機。及至 6 月，中航（集團）有限公司在香港註冊成立，主要經營航空投資業務，而香港中航則成為其子公司，專注航空代理業務。⓫

　　面對這一突變的形勢，太古主席薩秉達即展開反擊，他公開表示：香港中航的母公司是中國內地的航空公司，不符合中英聯合聲明的要求，聯合聲明指明本地航空公司牌照只發給以香港為主要營運地的公司，如果中航有權申辦本地航空權，則其他外國航空公司一樣有權照做。⓬ 薩秉達這番話除了是向港府抗議之外，也明顯是對國泰航空的投資者派發定心丸。當時香港中航申請開辦航空牌的消息曝光後，國泰航空及太古公司的股價雙雙下跌。

不過，香港中航的回應是：香港中航早已是香港的航空公司，目前的做法只是恢復原有的業務。中航全稱 "中國航空公司"，創辦於 1929 年 5 月 1 日，抗日戰爭爆發後，中航幾經遷徙，逐步將機務和航空基地轉移到香港。1947 年底，中航已開設以上海和香港為中心的國內外航線 36 條，在香港註冊的飛機數十架。1949 年 11 月 9 日，中國航空公司和中央航空公司的數千名員工在香港舉行了震驚中外的 "兩航起義"，將 12 架飛機駛返內地，奠定了中國民航事業的基礎。1949 年 6 月 7 日，中航曾以中航香港辦事處的名義在香港註冊，可見中航在香港確已有悠久歷史。

1978 年，中航正式開闢內地到香港的航線，並重開香港辦事處，作為中國民航總局屬下各航空公司在香港的銷售代理。自 1992 年起，中航在香港的投資轉趨活躍，同年 4 月購入中環的中航大廈，7 月斥資 16.9 億港元購入國泰航空 5% 股權，8 月正式在香港註冊成立中國航空（香港）分公司。1995 年 4 月香港中航正式向港府申請航空營運牌照時，實際上已成為香港航空市場的有力競爭者，它不僅設有完善的票務部門，而且持有多項香港航空業務的投資，包括 5% 的國泰航空、10% 的香港空運貨站、40% 的怡中航空服務公司、55% 的中航假期旅遊公司，以及 51% 的澳門航空公司股權。香港中航還積極部署參與赤鱲角新機場的營運，跟不同公司籌組財團參與競投飛機維修、空運貨站、航空膳食及航空燃料等經營專利權。

同年 10 月，香港民航處處長表示，香港中航將可於 1996 年取得航空營運牌照。此舉無疑令香港中航參與香港航空事業的努力邁進了重要一步。香港有評論認為，市場已覺察中航對國泰存在的威脅，只不過沒有意識到挑戰會如此早來臨。很明顯，如果香港中航能符合聯合聲明的規定，成為一家 "以香港為主要營業地" 的航空公司，1997 年後將可能成為國泰航空強而有力的競爭對手。屆時，失去英國政府庇護的香港 "一條航線、一家航空公司" 的政策將可能發生動搖，國泰航空能否繼續維持其原有航線的專營權將成為疑問。難怪有關消息外洩後，國泰航空的股價應聲下挫。

國泰航空雖然公開表示強烈反對中航在香港成立基地，可惜其時英國勢力在香

國泰航空主席薩秉達（右）及總經理艾廷俊（左），在宣佈國泰航空1994年度業績。該年度國泰航空公司業績深受台灣航線及苦於成本上漲的困擾。

港已近黃昏，國泰在微弱援助的情勢下，惟有透過其股東之一的香港中信與中方斡旋。然而，這時國泰與香港中信的關係亦出現麻煩。1995年9月，中信泰富宣佈配售國泰航空股份，套現8.14億港元，將持股量從12.5%減至10%。其後，兩集團高層更罕有地在報刊上正面交鋒。1995年12月，國泰航空董事總經理艾廷俊在出席"宇航論壇"時曾表示，基於航空業正處於調整期的壓力，相信香港只能容納一家國際性的航空公司。翌日，中信泰富董事總經理范鴻齡即予以駁斥。范鴻齡表示：國泰航空應接受壟斷局面已經結束的現實，如果香港中航符合有關規定，應有權在香港成立航空公司，與國泰及港龍競爭。稍後，中信泰富主席榮智健亦公開表示：任何行業都需引入競爭，航空和電訊業都不例外，香港應可容納兩家至三家航空公司。

中信泰富高層人員的聲明即時引起軒然大波。市場揣測國泰兩大股東是否出現"內訌"。1996年3月，中信泰富主席榮智健和董事總經理范鴻齡突然雙雙辭去國泰航空非執行董事，代之以級別稍低的管理人員。事態的發展令國泰航空一時孤掌難鳴。在形勢比人強的背景下，國泰開始考慮以出售港龍股權來保護自己的航權，希望藉此阻止香港中航成為本地第三家航空公司。不過，港龍航空的其餘兩名股東中信泰富和曹光彪家族均表示無意減持港龍股權，而太古及國泰僅願意出售的港龍股權僅6%，對香港中航可說全無實質意義。

1996年初，市場傳出香港中航擬放棄收購港龍航空股權計劃，準備另起爐灶，全面參與香港航空業。中航副總經理胡義林在接受彭博財經訪問時表示，香港是中國的一部份，因此自然地中國希望在香港成立中國擁有的航空公司。他還表示，中航期望獲得營運牌照，可以開設一些現時由國泰航空獨家經營的國際航線，包括盈利能力較強的中國及台灣航線。而對於港台航線，中國民航總局港台事務辦公室主任馬曉文講得更清楚：1997 年以後，港台航空是屬於一個中國、兩個地區的特殊航線，所有領土、航空、航權都屬於中國，中國航空公司理應加入營運，而不應由外國人全部壟斷。他又表示，這並不意味中方要把國泰航空從港台航線中擠出去。他並讚許澳門航空公司兼顧三方利益的模式：澳門航空由葡萄牙、澳門商人和中方共同參與，各方利益都整合好了，再談航約，既有權威性，利益也一致。他認為，香港方面沒有整合，利益完全操在國泰手中，因此希望能向澳門航空看齊。這實際是中方向國泰航空發出的明確信息。

面對香港中航的介入和香港中信的淡出，太古在過渡時期精心部署的策略似乎發生了危機，國泰航空的前景亦蒙上陰影。1996 年 4 月初，市場傳出太古大股東施懷雅家族因個人理由，以及國泰航空前景涉及主權轉變，政治敏感性頗高，有意悉數出售太古公司所持國泰 52.4% 股權，並已接觸 5 家可能買家，包括美國聯合航空、美國西北航空及德國航空等。⓭ 不過，有關傳聞即被太古否認。對此，《信報》政經評論認為：“英國政府對香港政務已無能為力，對保障在港英商利益更是有心無力，憑藉和政府保持密切關係壯大的國泰，在對中國使出‘軟功’無效之後，‘賣盤’是很合邏輯的。” ⓮ 倘若太古果真出售國泰，將是英資財團留港發展策略的重大挫折，其影響之深遠，相信是有關各方所不願看見的。

這時，港龍航空的困難開始出現了。自 1995 年上半年獲准開辦寧波航線之後，港龍再沒有增加新航線，申請開辦香港至青島及武漢的航線，則遲遲未獲批准。當時，港龍航空正籌備在香港上市，不過，中國民航總局港澳台辦公室主任馬曉文表示，港龍目前是國泰系內公司，且由國泰管理，在港府一條航線由一家公司經營的政策下，只能經營一些國泰選擇不經營的航線，這在航權分配上有衝突；港龍若要成為上市公司，便需成為獨立法人。

在形勢比人強的情況下，太古集團終於決心作出讓步。1996 年 4 月 29 日，太古及國泰宣佈，將與中信泰富攜手以低於市場預期的價格，把 35.86% 的港龍航空股權出售予中航，總作價 19.72 億港元，其中，太古、國泰一方和中信泰富一方各售出 17.66% 股權，雙方分別套現 9.71 億港元。出售完成後，中航將成為港龍航空的最大單一股東，若計算第二大股東中信泰富所持有 28.5% 股權，中資背景財團持有港龍股權將超過六成，而太古及國泰所持港龍股權將減至 25.5%。

根據交易協議，中航將按股權比例，委任代表進入港龍的董事局及執行委員會，國泰航空和港龍航空將訂立新的合約協議，以取代現有的合作協議，使港龍航空能盡快順利過渡為獨立的班子管理。中航將透過港龍航空在香港發展其航空業務，中航現有的航機、支援人員將轉移到港龍。換言

中航大廈，香港中航的總部所在地。隨著九七的臨近，香港中航已日漸成為國泰航空的強大競爭者。

之，中航以七倍多市場盈率的低價取得港龍的控制權，但暫時放棄了與國泰航空全面競爭的機會。與此同時，國泰亦與中信泰富達成一項協議，中信泰富將認購 5.72 億股國泰新股，每股作價 11 港元，使所持國泰股權從 10% 增加到 25%，中信泰富雖然喪失港龍航空的大股東地位，但將委派四名董事加入國泰董事局，其中兩名加入國泰執行委員會。這種安排無疑大大加強了香港中信對國泰的影響力。

至此，香港航空市場的所謂 "利益整合" 順利完成，中航控制港龍，中信泰富在港龍及國泰持有重大股權，而太古則得以繼續控制國泰，儘管其持股量已減至不足五成。很明顯，太古的策略是 "棄車保帥"，在以和為貴的原則下，令國泰航空可順利過渡九七，並與中航在香港的航空市場並存，獲得生存空間。國泰發行新股予中信

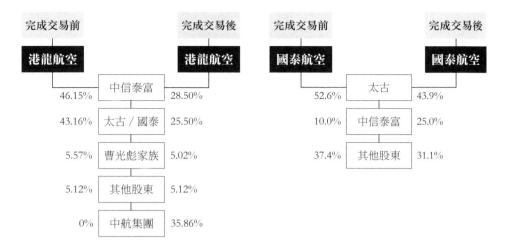

完成交易前		完成交易後		完成交易前		完成交易後
港龍航空		**港龍航空**		**國泰航空**		**國泰航空**

港龍航空:
- 中信泰富 46.15% → 28.50%
- 太古／國泰 43.16% → 25.50%
- 曹光彪家族 5.57% → 5.02%
- 其他股東 5.12% → 5.12%
- 中航集團 0% → 35.86%

國泰航空:
- 太古 52.6% → 43.9%
- 中信泰富 10.0% → 25.0%
- 其他股東 37.4% → 31.1%

港龍國泰股權變動前後各勢力分佈（資料來源：香港《經濟日報》1996 年 4 月 30 日）

泰富，其用意是要進一步加強與中信的盟友關係，令中信泰富可在港龍與國泰之間起平衡作用，日後一旦港龍與國泰出現利益衝突，中信泰富從本身的商業利益出發，將扮演平衡角色。這種安排，正如太古及國泰在新聞稿所說："將使國泰航空及港龍航空能在一個穩定而正面的航空業務環境下，充份利用赤鱲角新機場帶來之發展機會。"

香港輿論指出，表面上，太古是輸家，因為它在國泰及港龍的股權都下降了，但"懷璧其罪"，太古作為一家英資公司，若要繼續享有航權壟斷地位，最為有效的方法莫如將有力的競爭對手納入同一陣營，這等於付保險費購得政治保險。因此，太古的策略明顯是"棄車保帥"。不過，《香港經濟日報》的"政經縱橫"認為："中航集團透過港龍，與國泰將保持友好關係，在此期間太古的利益將獲保障。然而，這段友好期間會維持多久？中航佔最大股份的港龍會否在立穩根基後，不甘於只經營對中國的航線及部份東南亞航線的包機服務，進而要求分享國泰在東南亞、歐美航線的利益呢？因此，太古今次增付保費，購得一段時間的太平，但卻非一勞永逸，能長保航權利益。"❺

無論如何，太古及國泰航空在這一回合確實失去了港龍航空的控制權。1996 年 6 月 10 日，香港中航董事長王貴祥、總經理姚紹先及副總經理曾慶光加入港龍董事局，姚紹先及曾慶光並加入港龍執行委員會。1997 年 2 月，中航分拆中航興業有限公

1994 年國泰航空的波音
747-400 型客機。機尾是國
泰航空機隊的新標誌 "翹
首振翅"。

國泰航空在啟德機場內的
接待處,同樣用了新標誌。

司在香港註冊成立。同年 12 月,中航將其在香港的部份資產和股權重組注入中航興業,並在香港聯交所掛牌上市,集資 15.8 億港元。同時,通過換股,中航在港龍的股份增持到 43.29%。至此,一場長達 10 年的港龍爭奪戰,算是暫告一段落。

　　這一時期,儘管面對種種挑戰,但國泰航空仍具有強大的競爭優勢。法國經濟月刊 *Challenge* 發表評論認為,"國泰的特點是亞洲的笑與英國式的嚴格管理相結合" ⓰,這並不是所有航空公司都能做得到的。為進一步淡化英資色彩,國泰決定重塑公司形象,繼 1991 年國泰決定除去機尾英國國旗的標誌之後,1994 年國泰決定斥資 2,300 萬港元,用 4 年時間更換機隊的標誌。同年 8 月 31 日,國泰航空在新購買的第一架"空中巴士"（Airbus）上首次刷上公司的新標誌"翹首振翅"，以取代沿用了20年的綠白相間的舊標誌。新標誌既是中國書法蒼勁的筆觸，又像騰空展翅的飛鳥。國泰主席薩秉達認為："新標誌極具亞洲特色。"對太古集團而言，新標誌顯然寓然深遠，正如國泰總經理艾廷俊（Rob Eddington）所說："這是國泰的轉捩點。" ❿

» 積極拓展地產業：太古廣場與太古坊

進入過渡時期，香港太古集團除積極拓展航空業之外，在地產業也大舉出擊。1985年4月，就在中英簽署聯合聲明不久，太古旗下的全資附屬公司太古地產即以"氣吞牛斗，志在必得"的姿態，在官地拍賣會上擊敗眾多華資及南洋財團，包括信和地產、新鴻基地產、新世界發展、南豐、華懋、恒隆、鷹君等，以7.03億港元價格，投得面積達11萬多平方呎的金鐘域多利兵房一號地段。1986年5月，太古地產再接再厲，以10.05億港元價格，擊退新世界發展、新鴻基地產、長江實業、南豐等華資集團，投得毗鄰的金鐘域多利兵房二號地段，面積達17.2萬平方呎。

太古地產共動用17.08億港元購入金鐘黃金地段28.7萬平方呎土地，計劃在該地段上發展兩幢商業大廈、三間一流酒店、豪華公寓及全服務式酒店住宅，以及中區最龐大的購物中心，總樓面面積達500萬平方呎，命名為"太古廣場"。太古廣場的發展計劃分兩期進行，第一期從1985年動工，到1989年完成；第二期則在90年代初相繼完成，旋即成為中區新的商業樞紐。整個計劃的總投資達50億港元。太古地產透過對金鐘太古廣場一、二期的龐大投資，建立起其在金鐘地區的領導地位，為集團在地產業的發展奠定了堅實的基礎。

80年代末期，太古地產又在鰂魚涌銳意發展，策劃大型地產發展計劃。太古對鰂魚涌一帶的物業情有獨鍾是可以理解的。追溯到一個世紀以前，太古糖廠就在鰂魚涌糖廠街28號製糖（糖廠街就是以此命名的），難怪太古對這塊發跡之地特別眷戀。不過，太古地產銳意發展鰂魚涌的更重要原因，就是看好該區未來的商業發展潛力。有說香港每10年就有一幅旺地誕生，百多年前，西環一帶極旺，之後中環、灣仔、銅鑼灣相繼蓬勃發展，鰂魚涌極可能是下一站。

由金鐘域多利兵房一、二號段改建而成的太古廣場,為太古集團的地產業在金鐘地區建立了領導地位。

90年代太古地產在鰂魚涌銳意經營的"地產王國"——太古坊。

　　其實,早在80年代,太古地產已在鰂魚涌積極收購物業,1992年12月,太古地產以5億港元價格購入糖廠街南華早報大廈,相隔3個月再斥資7.5億港元購入華蘭路22號凸版大廈。至此,太古地產在鰂魚涌擁有物業已達8幢之多,包括德宏大廈、香港電訊大廈、多盛大廈、和城大廈、常盛大廈、康和大廈,以及南華早報大廈和凸版大廈,總樓面面積接近400萬平方呎。其中,1993年和1994年先後完成重建的德宏大廈、多盛大廈已相繼出租，每幢新廈均以行人天橋或通道與其他大廈相連，日後再與太古城連接，整個發展計劃跨越九七。太古地產總經理詩柏（Stephen Spurr）表示，太古地產將為這個升格的鰂魚涌商業城堡建立一個新名字——太古坊。他表示，太古坊管理比之太古廣場亦毫不遜色，其租客將是那些在中環保留一個小型辦公室，但希望在鰂魚涌找到一流辦公樓的機構。太古坊鄰近地鐵站和東區海底隧道出口，交通便利，因而極具商業發展潛力。可以預料，1997 年之後太古地產將在鰂魚涌太古城地區建立起其無與匹敵的地產王國。

1994 年 1 月，太古與香港中信的合作擴展到地產業，兩集團首次在官地拍賣會上聯手，以 28.5 億港元購入又一村達之路商業地王，各佔 50% 股權。兩集團計劃斥資 50 億港元，將該地皮發展成大型商場，總樓面面積達 120 萬平方呎，整個工程預計 4 年內完成，由太古地產擔任發展經理。這項合作無疑將有利於進一步加強兩集團的多方面合作。

到 90 年代中期，太古地產已成為香港有數的大型地產集團。據 1994 年度太古公司的年報，太古地產擁有的投資工商住宅物業，總面積達 912 萬平方呎；其中商業樓宇 646 萬平方呎，包括太古廣場一、二座及購物商場，太古城中心，太古城中心三、四座，太古城一至十期商業單位，太古坊德宏大廈及多盛大廈等；工業樓宇 183 萬平方呎，包括太古坊和城大廈、康和大廈及常盛大廈；住宅樓宇 83 萬平方呎，包括太古廣場曦暹軒和柏舍等。而太古地產發展中或有待發展的投資物業則有 243 萬平方呎，包括太古城中心一座、太古坊南華早報大廈、凸版大廈以及又一村新九龍內地段等。換言之，太古地產在未來 4 年內，投資物業樓面積將高達 1,155 萬平方呎，僅次於新鴻基地產和九龍倉而排名第三位。太古地產已成為太古集團的重要收益來源。

1994 年度，太古公司營業溢利總額達 81.67 億港元。其中，地產 38.49 億港元，佔 46.3%；航空 36.5 億港元，佔 44%；實業 5.08 億元，佔 6.1%；貿易 2.36 億元，佔 2.8%；海洋服務 0.61 億元，佔 0.7%；保險 0.08 億元，佔 0.1%。地產和航空已成為太古集團的兩大重要支柱。到 1997 年香港回歸前夕，太古地產的盈利貢獻進一步拋離航空業，佔全集團收益近六成，遠超只佔近三成的航空業，成為帶領集團發展的火車頭。❸

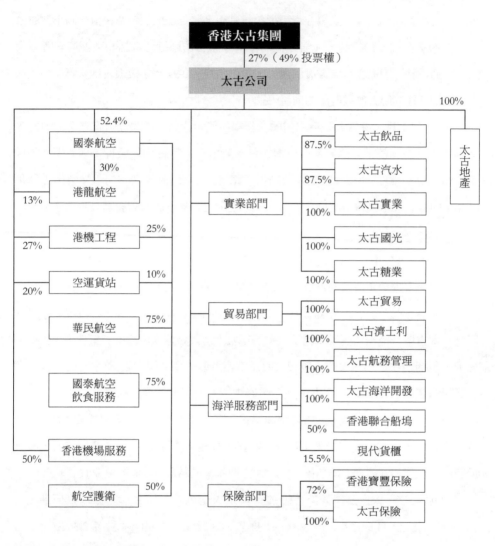

香港太古集團結構（資料來源：太古公司 1994 年報）

02

香港電訊：淡化英資公司色彩

香港電訊的歷史，最早可追溯到 1873 年英國大東電報局（Cable & Wireless Ltd.）的創辦。這是一家英資色彩極鮮明的老牌電訊集團。面對 1997 年的歷史性轉變，英大東能否繼續維持其在香港的電訊業務頓成疑問。為此，它著手部署一系列策略性措施，包括全面收購香港電話公司、將香港大東與香港電話合併為香港電訊集團並在香港上市、邀香港中信加盟、結構重組、大幅裁員等等。試圖一方面淡化其英資背景，重塑香港公司的鮮明形象；另方面加強集團的競爭力，以便適應九七後逐漸開放的電訊市場，從而繼續維持其在香港電訊業的地位及競爭優勢。

》 香港大東電報局的創辦

早在 1936 年，英國大東電報集團已正式進入香港電訊市場。二次大戰後，英大東在香港的業務發展迅速。1948 年 11 月，英大東接管了香港政府郵政局電訊部業務，包括廣播電台工程、啟德機場通訊設備安裝、天文台氣象通訊等等。1950 年，英大東在灣仔興建水星大廈，作為其在香港的行政總部和國際電訊技術中心。1969 年，英大東在港島赤柱架設衛星地面通訊站，透過分別位於太平洋和印度洋上空的兩個電訊衛星與世界各地建立電訊聯繫。

隨著電訊業務的迅速發展，英大東先後於 1973 年和 1975 年重建灣仔水星大廈及興建九龍國際電訊大廈。新水星大廈繼續作為集團的香港行政總部，兩幢電訊大廈之間敷設了兩條光導纖維電纜作電訊聯繫。在 70 年代，英大東還在香港創辦了兩家經營非專利業務的附屬公司：亞洲電腦有限公司（Asiadata Ltd.）和大東通訊系統有限

香港大東電報局總部 ── 新水星大廈。圖為該公司主席利國偉（左二）和董事總經理彭炳堂（右三）視察新水星大廈，約攝於 1980 年代初。

公司（Cable and Wireless Systems Ltd.）。前者主要為大東在香港的客戶提供數據處理服務，大東佔 70% 股權；後者主要從事電訊工程的設計和管理、經銷專門電訊器材、數據設備及提供有關專業服務等。

　　1981 年 6 月，英國大東電報局改組，易名為"大東電報局公共有限公司"（Cable and Wireless Public Ltd.），並在倫敦上市。英國政府為該公司大股東，擁有大東電報局普通股 50% 股權加 1 股。根據該公司章程，除英國政府外，任何人士或機構不得持有該公司 15% 或以上股權，公司的行政總裁須由英國公民擔任，以保證英國政府對該公司的控制。當時，大東電報集團已成為全球最大電訊集團之一，在全球 38 個國家和地區經營電訊業務，業務遍佈遠東、南太平洋、中東及非洲等地，並一度成為世界第五大電信公司。

　　同年 10 月 1 日，大東電報集團與香港政府合組香港大東電報局有限公司（Cable and Wireless (H.K.) Ltd.），大東電報局持有該公司 80% 股權，港府持有 20% 股權。香港大東電報局接管了英國大東電報集團在香港的全部資產和業務，包括經營國際電訊、安裝雷達及航海儀器、啟德機場通訊服務、港府控制的電台及電視台節目製作、大會堂及荃灣大會堂的音響設備、香港太空館及伊利沙伯館的電腦操作等。而港府則重新向香港大東頒發國際電訊專利牌照，年期從 1981 年 10 月 1 日起，至 2006 年 6 月

30 日止，為期 25 年。當時，香港大東在大東電報集團中佔有重要地位，據大東上市時所透露的資料，截至 1981 年 3 月底年度，香港大東的營業額和利潤在大東電報集團中所佔比重分別達到 29% 和 60%，被譽為大東手中的"金鵝"。

踏入 80 年代，香港九七問題逐漸浮現。這一點作為大東電報集團大股東的英國政府顯然最清楚不過。隨著香港的九七回歸，大東集團能否繼續經營其在香港的電訊業務，已成疑問，尤其是電訊業作為國民經濟的重要命脈，並涉及到國防、軍事的機密。為此，大東電報集團開始著手部署其在香港的長遠發展策略，以確保 1997 年後大東在香港的長遠利益。很明顯，1981 年香港大東的創辦，就是其整個周密戰略部署的第一步，向當地語系化邁出的第一步。

》 收購香港電話公司

1983 年 3 月，大東將目標指向香港的另一家重要的電訊集團——香港電話公司。它趁香港股市低迷，怡和集團陷入財政困難之際，透過發行新股，集資 14 億港元，以每股 36.36 元價格從置地購入香港電話公司 34.8% 股權。一年後，即 1984 年 2 月，大東再度出擊，向華商李國寶家族以每股 46 港元價格購入 3.6% 電話公司股權，由於觸發收購點，隨即向電話公司提出全面收購建議。大東電報集團在前後兩次收購行動中，共斥資 37.2 億港元取得了香港電話 79.2% 的控股權，從而一舉壟斷了整個香港電訊市場。

香港電話是香港另一家擁有經營市內電話專利權的電訊公司。二次大戰後，電話公司業務亦獲得迅速發展。從 1950-1960 年，香港電話公司的用戶從 2 萬戶增加到 7.9 萬戶，裝置的電話機總數從 2.8 萬部增加到 10.9 萬部，分別增加了 2.95 倍和 2.89 倍。1966 年，香港電話引進脈衝電碼調制設備以提高電話電纜的使用效率，1970 年啟用首座半電子式設備機樓，1974 年又以微波線路連接港島、九龍及新界的公共電話網絡，1976 年啟用港島灣仔的國際電話服務中心，香港電話用戶可自行直撥長途電話。

不過，70 年代中期，香港電話因經營不善，組織不健全及擴展太快，出現資金周轉困難，1974 年要求港府批准大幅加價七成，結果遭到社會輿論的猛烈抨擊而被

1970 年代香港電話公司在灣仔的
新國際傳呼中心（上、下圖）

迫擱置。1975 年，港府委出一調查委員會對電話公司內部的行政結構、財政措施等進行調查，制訂出一套新的監管計劃，包括監管公司的最高利潤率、設立發展基金、委任政府官員加入董事局等等，同時向電話公司發出市內電訊專營權牌照，從 1976 年 1 月 1 日起，至 1995 年 6 月 30 日止，為期 19 年半。從 1970-1980 年，香港電話公司的用戶從 47.3 萬戶增加到 127.9 萬戶，裝置的電話機總數從 58.3 萬部增加到 167.6 萬部，分別增加了 1.70 倍和 1.87 倍。

1983 年大東收購電話公司時，電話公司的市值已達 38.15 億港元，在香港上市公司中市值排名第九位。當時，香港電話經營的業務，包括市內電話、國際長途電話、電話傳視、電文服務、流動無線電話、無線電傳呼、圖文傳真服務，以及海港停泊船隻與市區的電話通訊、熱帶旋風、雷雨及水浸警報服務等；在港九各地擁有 65 座機樓，機樓線路總容量達 193 萬路，其中八成是電話用戶。同年，香港裝置的電話總分機逾 204 萬台，即每百名市民擁有電話 38 台，密度在東南亞地區居首位。

大東電報集團表示，全面收購電話公司，目的是要借助電話公司的人力、技術和經驗，更有效地發展市內通訊服務，以配合英國大東電報局將來在國際電訊業方面的更大發展。[19] 當時，香港大東與香港電話在香港電訊市場上的形勢是：雙方一方面互相競爭，各自爭取市場和顧客；但另一方面則彼此合作，尤其是在國際長途電話方面，香港大東負責國際電訊接收，電話公司則負責市內的電訊聯絡，雙方需要合作才能取得利潤。然而，雙方在國際長途電話的合作方面，一直存在利益分攤之爭。因此，大東收購電話公司，即可解除雙方在市場上議價的繁複手續，減低交易費用，並可有效協調雙方之間的競爭。

然而，大東收購電話公司，並非出於單純的經濟原因，背後顯然有更深刻的政治動機。當時，就有評論指出："合併是為了配合本港為了主權轉移的形勢。英大東雖然從前透過歷史的獨特背景，取得香港電訊的專利經營，但隨著香港主權回歸中國，英大東能否繼續享有電訊專利，頓成疑問，尤其是電訊業務具有國防任務。高瞻遠矚的企業家如英大東者，必會為九七問題作好部署。""這次合併充滿政治性，此舉使香港大東變相在香港上市，確立它的本地形象，為九七後大東在港繼續享有專利及保持業務優勢而鋪路。"[20]

》香港電訊公司的成立與上市

收購電話公司後，大東電報集團即著手部署當地語系化的另一重要步驟，將香港大東與電話公司合併，並藉電話公司的上市地位蛻變為香港上市的公眾公司。1987 年 6 月，大東在香港註冊成立香港電訊有限公司（Hong Kong Telecommunications

Ltd.），以作為該集團在香港的控股公司和旗艦。9月份，英大東遠東區董事彭炳堂（B. A. Pemberton）抵港與港府就有關事宜展開最後商談。10月19日，香港大東和電話公司宣佈合併，由香港電訊以發行新股方式收購香港大東及電話公司兩機構的全部股權，並取代電話公司在香港的上市地位。

根據合併文件，香港大東的股東和電話公司的股東將分別獲得香港電訊發行股份的55%和45%，分配的比例主要依據兩公司過往業績及截至1988年3月底年度預測利潤。香港大東預測利潤為17.2億港元，佔59.43%；電話公司預測利潤為11.74億港元，佔40.57%。由於電話公司具有上市地位的優點，故以55:45的比例分配。具體做法是：香港電訊以每兩股面值0.5元香港電訊交換電話公司面值1元的股份一股，為此，將向電話公司股東發出43.28億股香港電訊股份，佔香港電訊已發行股份的45%；同時，香港電訊收購香港大東電報局全部股本，發給香港大東股東52.89億股香港電訊股份，佔香港電訊已發行股份的55%，並每5股新股送1股5年期認股權證。

1988年2月1日，香港電訊正式在香港聯合交易所掛牌上市，當日收市價為每股7.5元，比每股發行價6.1元大幅上升23%，市值達721億港元，成為香港市值最大的上市公司。合併後的香港電訊，由英國大東電報集團持有80%股權，香港政府持有11%股權，電話公司原少數股東持有9%股權。英國大東電報集團和香港政府並計劃各向公眾發售5.5%股權，令公眾持股量增加到20%。不過，該計劃因1987年10月股災而推遲實行。合併後，香港電訊的董事局，由英國大東電報集團主席夏普兼任主席，彭炳堂和原電話公司副主席李國寶出任副主席。

英國大東在兩家公司合併的建議書中表示，合併的目的，一是讓公眾人士有機會參與香港大東的事業，二是有利於兩家公司的長遠規劃及發展。對此，香港有輿論認為，合併固然是香港大東和電話公司長期在香港電訊市場的激烈環境下的業務部署，有助於兩家公司實行合作性分工，精簡行政，避免重複架構，獨佔市場利益；然而，其主要的目的是為了配合香港未來主權轉移的形勢，以確保英大東在香港的長遠利益。香港的一般分析家都指出，這次合併充滿政治性，此舉使香港大東變相在香港上市，確立它在本地的形象，為1997年後大東在香港繼續享有專利及保持業務優勢鋪路。㉑

》 邀請香港中信加盟

香港電訊上市後，英大東的部署並未就此止步，它隨即展開連串的配股行動，藉此進一步擴大香港電訊的股東基礎，同時減少對香港的投資，減低長遠的投資風險。1988年，香港電訊以每股6.85元價格向廣東省郵電局配售1,000萬股香港電訊股份，佔已發行股份的0.1%，代價是6,850萬港元。英大東主席夏普表示，這是與中國電訊當局獨特關係的最新例證，廣東省郵電局此舉表明中方對香港電訊的結構、管理及前景充滿信心。這番話實可作香港大東及電話公司合併整個戰略決策部署內涵意義的註腳。

同年12月，英大東和香港政府在美國和香港再次展開配售行動，分別把其所持有的4%香港電訊股權，合共9.23億股出售。這是香港有史以來最大宗股份配售行動；其中，國際機構投資者以每股17.5元價格購入在美國推出的全部2.1億股美國預託股份（每股預託股份相等於30股香港電訊股份）。在香港配售的股份中，其中4,000萬股由香港特別行政區政府土地基金以1.82億港元購入，佔公開配售股份的4.3%。香港的分析家認為，香港電訊既然不能連根拔起其在香港的業務，惟有選擇透過配售

1987年10月香港大東電報局和香港電話公司宣佈合併，成立香港電訊有限公司，並取代香港電話的上市地位。

其股份給全球投資者來擴展接觸層面，希望藉此緩和中國的不滿情緒。中國大概對一間擁有香港、美國和中國本身股東的公司，較香港電訊僅得英國大東電報局這單一大股東為易於接受。❷

1989 年，英大東在香港的策略性部署再次取得重大進展：邀得香港中信集團加盟香港電訊。據香港中信副總經理范鴻齡透露，早在 1988 年香港電訊成立時，中信已與大東有非正式接觸，只是當時中信覺得股價吸引力不大，故沒有成事。❷ 及後，中信向英大東購入澳門電訊 20% 股權，又與英大東、和黃合作發射亞洲衛星一號，雙方關係漸趨密切。1989 年 12 月，英大東宣佈將所持香港電訊股權撥出 20% 轉售予香港中信，主席夏普表示，這次交易由中信先行提出，大東認為這不但對大東有利，對香港電訊及香港整體也有利，故展開與中信的積極商談。❷

1990 年 3 月 20 日，英大東與香港中信正式簽約，將香港電訊 20% 股權，共 22.3 億股以約 100 億港元價格售予香港中信。而香港中信的融資計劃則由 19 家銀行牽頭，包括荷蘭銀行、美國銀行、東京銀行、東亞銀行、法國東方銀行、柏克萊國際銀行、滙豐銀行、恒生銀行等，融資結構包括 54 億港元為期 10 年的銀團貸款，利息為香港銀行同業拆息加一厘，以香港電訊股息收入償還；另由柏克萊及獲多利聯合安排 17 億港元的 5 年期零息債券，利率為香港銀行同業拆息加 65 基點。此外，中信亦發行為期 5 年的 6.7 億股香港電訊認股證，集資 10 億港元。

在此之前，英大東與港府達成協議，斥資 17 億港元向港府購入 3.4% 香港電訊股權。全部交易完成後，英大東持有香港電訊股權從 75.2% 降至 58.6%。港府的持股量從 6.8% 降至 3.4%，香港中信集團成為香港電訊第二大股東。英大東從該次交易中共套現 83 億港元，大部份回流英國或投資到香港以外地區。對此，香港的評論認為：這些英資機構背後的思想是希望棄車保帥，讓出部份股權給中信，企盼 1997 年後藉中信的 "庇蔭"，保障其在香港航空及通訊業的既得利益 ❷ 而香港中信副董事長兼總經理榮智健的解釋是：中信的投資主要是從商業角度出發，但也有其政治考慮，就是透過其雄心勃勃的投資計劃，推動香港的安定繁榮；同時中信是按照香港的法律和資本主義的遊戲規則進行這些活動，充份體驗中信是遵守一國兩制的構思。❷

» 香港電訊結構重組：應對日趨激烈的競爭環境

　　踏入 90 年代，隨著資訊科技革命及全球電訊業的發展，香港電訊業步入大躍進時代。電訊傳導途徑不僅從海底擴展到太空，人造衛星國際通訊網絡成為了重要的電子傳導方式，傳統的電子海底電纜亦迅速被光導纖維電纜取代。與此同時，個人通訊器材紛紛面世：傳呼機、手提電話、蜂窩式流動電話、汽車流動電話、流動數據傳遞、CT2/Telepoint，甚至先進的影印機、超小型圖文傳真機、私人電腦等已被廣泛應用。在這些方面，香港一直走在全球前列，到 90 年代初，傳呼機數量已逾 30 多萬，每 20 人當中就有一位擁有傳呼機；手提電話的普及性亦排世界第一位；圖文傳真線密度，為每 100 條商用電話線中佔 10 條，世界排名僅次於日本。

　　電訊業不但在香港經濟中的重要性迅速提高，而且成為高增長、高利潤的行業。隨著電訊服務從專利經營的國際電訊、電話等領域向外迅速擴散，香港電訊業的激烈競爭首先在非專利業務展開。首先向香港電訊發起挑戰的，是和記黃埔旗下的和記傳訊，該公司從 80 年代中後期起已進入香港電訊業，並迅速在傳呼機市場、蜂窩式流動電話市場崛起，成為市場的領導者。同時進入市場的，還有第一太平的訊聯網絡、星光傳呼、佳訊傳呼、新世界發展及九龍倉等。

　　面對電訊業的激烈競爭，1990 年 4 月，香港電訊宣佈結構重組，主要內容包括：第一，將香港大東電報局易名為 "香港國際電訊有限公司"。香港電訊行政總裁祁敖表示，易名的目的是要為集團創立一個新形象，所有附屬公司共同使用一個新標誌，以解決公眾人士對集團附屬公司印象混淆不清的問題。無疑，此舉的目的，是進一步淡化香港電訊英資背景的色彩，確立其作為香港公司的統一形象。

　　第二，是將原來分別隸屬香港大東和電話公司的 3 家非專利業務公司，包括大東系統及通訊服務公司、聯通電訊有限公司、大東系統有限公司加以合併，組成香港電訊 CSL 有限公司（Hong Kong Telecom CSL Ltd.），作為與兩間專利公司平行的子公司。該公司將分設 5 個部門，包括電訊產品、商業通訊系統、流動無線電話、增強服務和通訊系統規劃。據香港電訊的解釋，由於香港電訊盈利受港府公用事業利潤管制計劃的管制，使旗下非專利業務公司盈利亦受到限制，故決定將此類非專利業務分拆

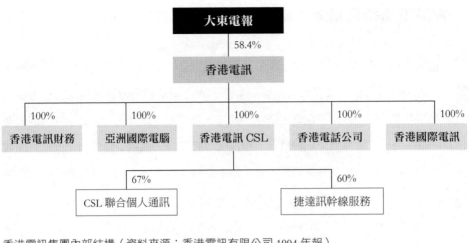

香港電訊集團內部結構（資料來源：香港電訊有限公司 1994 年報）

出來，以充份反映其盈利潛力。分析家相信，分拆的目的是要迎擊華資財團在非專利
經營電訊業方面的挑戰，以適應未來香港電訊業開放的局面。

其實，早在 80 年代中期，國際電訊業已開始形成放寬管制、引進競爭的大氣
候。1983 年，英國政府已撤銷英國電訊公司經營專利權，引進水星通訊公司第二網
絡的競爭。此舉無疑對香港政府繼續維持電訊業的壟斷局面形成強大壓力。到 1987
年，要求開放電訊市場、建立第二網絡的呼聲日益高漲。同年，港府委任 Booz Allen
& Hamilton 公司就香港發展有線電視及第二網絡問題作出評估，著手修改電訊政策。
1988 年，港府招標籌建有線電視及第二網絡，參加競投的 4 家財團分別是和黃旗下
的和記專線電視、香港有線電視傳播、新鴻基公司及其合夥人，以及跨國公司速遞國
際工程。結果，由香港有線電視傳播有限公司奪標。香港有線電視傳播由九龍倉牽頭
（佔 28% 股權），包括新鴻基地產（27%）、邵氏兄弟（10%）、美西電訊（25%）和高
德有線電視（10%）。其實，是次香港有線電視傳播奪標，背後有其深遠的政治考慮，
因港府有意將牌照發予一個國際性財團。香港有線電視中標，某種程度得益於有意進
軍香港電訊業的兩家跨國公司——美西電訊和高德有線電視，兩者共佔香港有線電視
35% 股權。

可是，香港有線電視的起步一波三折，到 1990 年 11 月終於宣佈夭折，導火線

是衛星電視的競爭。原來和黃落敗後，即成立和記衛星電視有限公司，斥資 31 億港元簽租亞洲衛星一號 12 個轉發器，計劃開辦 6 條頻道的衛星電視，並於 1990 年 11 月 10 日領取以香港為基地發射衛星電視至泛亞洲地區的牌照。面對這種變化，美西電訊決定退出，而新鴻基地產亦早萌退意，結果 11 月 16 日香港有線電視被迫宣佈解散。不過，有說美西電訊退出的原因與港府遲遲不開放電訊壟斷有關。美西電訊參與投標，原本就旨在香港電訊業分一杯羹，據美西電訊的理解，港府決心建成第二網絡，並不單是為非專利的電視服務而設的，而是在取消電訊專利權。然而，港府開放電訊的政策遲遲沒有落實，有關建議呈上港府高層，便如泥牛入海，杳無音訊。分析家認為，在這個問題上，港府很難公開說要維持壟斷，只好採取拖延政策，拖得愈久，對英資愈有利，香港電訊集團愈能更新科技網絡，以便在將來競爭時保持更優勢地位。❷⁷

　　香港有線電視解散後，九龍倉決意單獨投資。九倉主席吳光正表示："我十分看好通訊業的發展潛力，而如果你要參與這個行業的發展，那就一定要先在該行業佔一席位，站穩腳跟，我們競投有線電視及第二網絡，便是要在通訊事業中先佔一席位，以便日後謀求發展。" ❷⁸ 1993 年 6 月 1 日，九倉經重重波折之後，終於獲港府頒發收費電視牌照。同年 10 月，九倉有線電視啟播，成為香港電訊業中又一崛起的華資財團。

　　儘管港府擱置了第二網絡的開放，但香港電訊亦明白到其電話及國際電訊專利權屆滿之後將無可避免地面對激烈的競爭市場。為加強集團的競爭力，1990 年 3 月香港電訊再度宣佈重組，將香港電話及香港國際電訊兩家公司的後勤業務合併，撥歸香港電訊處理。重組期間，香港電訊更以迅雷不及掩耳手法，一次性大幅裁減員工 1,100 名，引起社會的高度關注並觸發大規模工潮。這次裁員規模之大及態度之果斷，反映出香港電訊的決心，不惜招致社會不滿而加強集團的競爭力，令集團精簡架構、降低成本，繼續將本地電訊收費維持在低水平，使第二網絡經營者難以與之競爭。

　　1992 年 7 月，港府宣佈將開放本地電訊市場，採用開放式發牌制度引進超過一個固定電訊網絡，與香港電話公司展開競爭。9 月港府公開招標，參與投標財團包括和黃、九倉、新世界發展、冠軍科技、訊聯電訊、澳洲的 Telstra 等。同年 11 月 30 日，港府宣佈將發出 3 個新固定網絡經營牌照予和黃的和記傳訊、九倉的香港新電訊及新世界發展的新世界電話，從 1995 年 7 月 1 日起生效。

　　三家獲頒牌照的財團中，和記傳訊由和黃持有 80% 股權、澳洲 Telstra 持 20% 股權，計劃投資 35 億港元為香港主要商業區提供電話、數據、圖文傳真及整系列的視訊和專用電腦服務，並為一般市民提供"個人號碼"服務。該集團的優勢是擁有龐大流動電話，第二代流動電話及傳呼服務的客戶，並獲得澳洲 Telstra 的電訊技術支持。

1993 年 10 月，九龍倉有線電視啟播。

和記黃埔旗下的和記傳訊，於 1980 年代中後期進入香港電訊業。

九龍倉的香港新電訊則計劃利用有線電視網絡的優勢，在 5 年內為香港主要地區提供雙向多媒服務，並獲得美國的 Mynex 的電訊技術協助。新世界電話由新世界發展持有 95% 股權、英福電訊亞洲持 5% 股權，而美西電訊亦有權購入不超過 25% 股權。該財團將以亞洲電視為後盾，配合新世界的中方合作夥伴及新世界在內地的酒店、房地產的投資，計劃投資 50 億港元為香港提供聲音、數據、錄像三結合的電訊服務，並發展資訊高速公路。據香港電訊局估計，引進 3 家競爭者將可在未來 10 年內使香港消費者獲得更優質服務並節省 17 億港元，而香港電訊市場則會由現時年值 70 億港元擴展到 280 億港元。

1995 年 7 月 1 日，香港電訊集團旗下香港電話的經營專利權屆滿，市場正式引入競爭。新競爭者香港新電訊和新世界電話一開業即先聲奪人，首先在電訊開支大的企業客戶市場展開猛烈的宣傳攻勢，建立客戶基礎。香港電訊亦迅速部署反擊，除即時推出多項新服務外，亦向香港電訊局登記了許多新項目，包括為企業客戶提供折扣優惠等等。

》 香港電訊：重塑公司形象迎接挑戰

香港電訊的國際電訊專利權儘管要到 2006 年才屆滿，然而已受到香港社會愈來愈大的壓力。早在 1991 年 6 月，和黃集團董事總經理馬世民，就曾以尖銳措詞，抨擊香港電訊 "擁權自肥"，他指責香港電訊擁有至 2006 年才屆滿的國際電話專利經營權，在毫無競爭之下獲取龐大利潤；大股東大東電報從香港賺取豐厚利潤之後，即將資金投資在海外的電訊業發展，以及投資在英國水星電訊在英國鋪設光纖電纜的開支，對香港並無好處。❷⁹ 和黃集團並正式向港府提出要求，從速檢討香港電訊的國際電訊專利權。

對此，香港電訊行政總裁祁敖即作出反擊，他表示香港電訊的表現並沒有令人失望，香港政府沒有理由撤銷有關專利協議。對於馬世民指他不相信中國政府樂於看到九七年後本地電訊業由一家英資企業壟斷，祁敖表示，馬世民顯然是指中國政府將放棄履行中英聯合聲明，因為聯合聲明明確指出關乎任何專利協議，中國政府保證九七年後的 50 年內不會改變，而不管是港府與電訊公司、電力公司或航空公司達成的協議。祁敖又表示，香港電訊確信中國政府將履行聯合聲明。❸⓿

為迎接未來開放的電訊市場，樹立企業形象，1991 年 7 月，香港電訊集團透過報章、電視展開強大宣傳攻勢，宣示集團對香港所作的深遠貢獻及其對香港未來的承擔。在報章上，香港電訊連續數星期在幾份主要報章上刊登巨幅廣告，在環繞九七去留而攝製的電視宣傳片中，最後鏡頭出現的少女以堅定口吻表達留港決心，言詞懇切感人。最後字幕打出香港電訊的承諾："我們已決定留下來，與香港同步前進！"

1993 年 11 月 8 日，英國大東集團行政總裁羅詹信訪問北京期間，會見國務院港澳辦主任魯平，羅即向魯平保證大東在將來 100 年仍會在香港投資。他表示不相信中英政制會談破裂，中國會對英資公司實施制裁。對此，魯平表示歡迎包括大東電報局及其子公司香港電訊在內的英資公司繼續留在香港發展。❸①

1994 年 1 月，香港電訊行政總裁祁敖因心臟病突發逝世；與此同時，香港電訊挖 "角" 成功，宣佈聘任剛被太古集團提升為國泰航空副董事總經理的張永霖出任集團行政總裁。3 月 1 日，張永霖正式出任香港電訊行政總裁，成為該公司首位華人大班。張永霖本人表示："在目前全球電訊業這樣蓬勃發展，香港在九七年主權最後過渡時刻，英國大東電報局這樣有勇氣起用一位華人，……這種取態與勇氣是十分難得的，就以這樣一個抉擇，早已表明香港電訊對香港前途投下信心重要的一票。" ❸② 不過，香港輿論認為："從政治涵意角度分析，香港還有約 40 個月便回歸中國，像香港電訊一度是典型的英資企業，在這一非常時期委任一位華人作行政總裁，其動機昭然若揭。" ❸③

有趣的是，與怡和竭盡全力從一家香港公司蛻變成一家海外跨國公司的策略截然相反，香港電訊則千方百計重塑香港公司形象，在香港註冊、上市，擴大香港股東的基礎，重申對香港的承諾，聘請香港華人出任行政總裁，構成一幅頗為有趣的、耐人尋味的觀景。

03

嘉道理：對香港投信心一票

英籍猶太裔的嘉道理家族，是香港另一重要的英資財團。該財團以嘉道理父子有限公司（Elly Kadoorie & Sons Ltd.）為控股公司，旗下業務遍及電力、酒店飲食、地產、建築工程、地毯產銷、山頂纜車、金融等，對倉儲碼頭、海底隧道、電腦服務、水泥製造、紡織製衣等亦有大量投資。其核心資產是持有中華電力 34% 股權、香港大酒店 58.82% 股權，以及太平地毯 20.5% 股權。此外，家族還持有大量非上市資產，包括香港建新營造有限公司、嘉道理置業有限公司、商人銀行寶源投資（Schroders & Chartered Ltd.）、旺角嘉道理山、嘉道理農場等。

1984 年中英簽訂聯合聲明後，嘉道理財團首腦羅蘭士‧嘉道理對香港前景深具信心。同年，他在中華電力公司年報表示："聯合聲明既切實又富想像，既精簡又包羅甚廣，中國的‘一國兩制’構想獨特而具遠見，可為世界提供促進國際諒解的途徑，香港會成為中國對世界的主要交匯點——東西方關係的焦點。" 踏入過渡時期，嘉道理以沉著鎮定的態度、高瞻遠矚的智慧主持策劃中華電力公司的龐大投資，建立與中國政府的良好關係，並兩度擊退華資財團對香港大酒店的狙擊，順利部署財團第三代的接班，為整個家族財團在 1997 年後的發展奠定基礎。

» 中華電力與埃克森能源合作發展電廠

羅蘭士‧嘉道理於 1899 年在香港出生，其父是伊利‧嘉道理。羅蘭士‧嘉道理小時曾在上海、英國讀書，19 歲時返回香港，加入其父主持的中華電力公司董事會。這一年，嘉道理家族從英資旗昌保險公司手中購得中華電力公司的控股權，使中電公

羅蘭士·嘉道理

司成為嘉道理家族生意的主力。在嘉道理父子的經營下，中電公司業務發展很快。到第二次世界大戰爆發時，中華電力已成為香港屈指可數的大企業，壟斷對九龍半島及新界的電力供應。

戰後，羅蘭士·嘉道理繼承父親遺志，恢復家族的事業。在他的主持下，中華電力公司的電廠迅速得以重建。50 年代以後，隨著大批工廠在九龍、新界興建，電力需求急劇增長，中華電力的業務迅速發展。從 1950-1960 年，中華電力的供電量從 5,050 萬瓦增加到 18,300 萬瓦，增長了 2.6 倍，售電量從 1.45 億度增加到 6.8 億度，增長 3.7 倍，客戶亦從 4 萬戶增加到 15.4 萬戶，增長 2.9 倍。

60 年代，隨著香港經濟起飛，對電力的需求進一步增加。當時，港府從英國聘請顧問，為管制香港兩家電力公司提供意見，顧問建議港府收購兩家電力公司，藉此避免客戶與公司股東的利益衝突。為此，嘉道理急謀對策，邀得美國著名的東方標準石油公司（Esso Standard Eastern Inc.）加盟。1964 年，中華電力與東方標準石油公司旗下的埃克森美孚能源公司（Esso Energy Ltd.，當時稱 "埃索"）合作，跟港府達成一份為期 15 年的管制協議，連消帶打化解了中電被港府接管的危機。當年，中華電

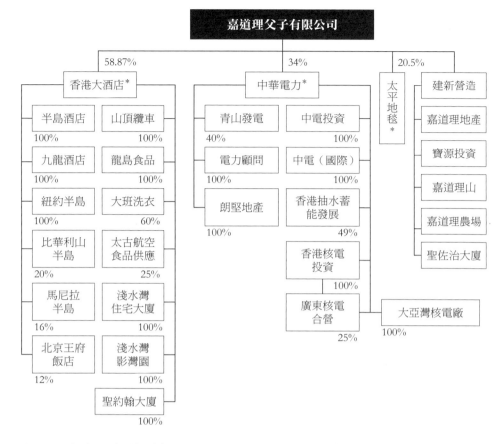

嘉道理家族財團內部結構（*為上市公司。資料來源：1994 年度中華電力有限公司年報及香港大酒店年報）

力與埃克森合資創辦半島電力有限公司，斥資 7.78 億港元在新界青衣島南岸興建青衣發電廠，中電佔 40% 股權，埃克森佔 60% 股權。青衣發電廠於 1977 年全部建成，裝機容量為 1,520 兆瓦，包括 6 台 120 兆瓦蒸汽鍋輪機組及 4 台 200 兆瓦燃油發電機組，合共年發電量 13.81 億度。

　　1978 年，中電與埃克森再度合作，合資創辦九龍發電有限公司，興建青山發電 A 廠；1981 年雙方三度合作，創辦青山發電有限公司，興建規模更大的青山發電 B 廠。這兩家公司的股權，仍然是中電佔 40%，埃克森能源佔 60%。埃克森能源前後在 3 家發電廠累計投資達 10 億美元，成為美資在香港的最龐大投資項目。青山發電廠位於新界屯門踏石角海岸，A、B 兩廠佔地 63 公頃，在 90 年代初期先後全部建成。其中，A 廠裝機容量為 1,640 兆瓦，擁有 4 台 350 兆瓦的煤、油發電機組，B 廠裝機容量為 2,708 兆瓦，擁有 4 台 677 兆瓦油、煤發電機組，全部設備均購自英國通用電力發電機公司，燃油由美國東方標準石油公司供應，燃煤則從南非、加拿大等地進口。

為配合將青山發電廠的電力輸往中電的各負荷中心，1978 年，中華電力斥資 30 億港元，架設一個 40 萬伏特的超高壓輸電網絡，整個網絡包括環繞新界的雙路架空電纜 87 公里、地下電纜 14 公里以及超高壓配電站 6 個。1984 年，中電接管長洲電力公司，在新界大埔建成新的電力系統控制中心，以取代原來 70 年代初建成的葵涌控制中心。新的電力系統控制中心設有兩間控制室，用來監察及控制發電、輸電系統及電路網絡。該中心還設有電腦組合遙控系統，協助控制室人員採取預防措施，減少雷電對輸電網絡的損害。

1984 年，中電的用戶已急增至 113.9 萬戶，電力銷售量達 114.4 億度，約佔香港電力銷售總量的七成。該年底，中電的股票市值達 97.6 億港元，在香港上市公司市值排名中高踞第四位，僅次於滙豐銀行、恒生銀行及和記黃埔。中華電力已成為香港最大型的上市公司之一。

» 中華電力參與興建深圳大亞灣核電站

踏入過渡時期，嘉道理即著手部署加強中電與中國政府的合作關係。其實，中電與中方的關係早在 70 年代中後期已開始建立。1975 年，中電主席羅蘭士‧嘉道理訪問北京期間，提出了中電向廣東省供應電力的建議，其後雙方達成供電協議。1979 年 4 月，中電與廣東電力系統通過新界粉嶺與深圳間的架空電纜實現聯網，開始向廣東供電。當時，廣東正對外開放，經濟蓬勃發展，但由於電力建設嚴重滯後，電力供應嚴重短缺。中電向廣東供電，一方面有效緩解了廣東電力需求的緊張局面，同時也解決了中電在非高峰期發電機運轉儲備空載問題，提高了經濟效益。

80 年代以後，中電與中國政府的關係更趨密切。1980 年，中華電力即著手與廣東合作研究興建核電站的可行性。1982 年，中國政府決定與中電合作在深圳大亞灣興建首座核電站，翌年，中電參與投資核電站的計劃獲港府批准，雙方開始籌建工作。1985 年初，羅蘭士‧嘉道理親赴北京，會見了中國領導人鄧小平等，並達成與中國合資興建深圳大亞灣核電站的協議。同年 1 月 18 日，中電全資附屬公司香港核電投資有限公司與廣東核電投資公司簽署協議，決定合資組建廣東核電合營有限公司興建大亞灣核電站，香港核電投資佔 25% 股權，廣東核電投資佔 75% 股權。根據協議，香港核電將購買核電站生產的七成電力，轉售予中電供應香港用戶。

興建中的大亞灣核電廠

大亞灣核電廠全貌

大亞灣核電站坐落在香港東北約 50 公里的深圳大亞灣海傍，裝設兩組發電機組，總發電量為 1,968 兆瓦。核電站設備由法國法馬通公司（Framatome）供應核島、英國通用電力公司供應常規的渦輪發電機，並指定由法國國家發電局擔任發電廠的設計和安裝的主要顧問工程師。當時估計整項計劃總投資 35 億美元，其中九成資金由中國銀行安排貸款，其餘一成由香港及廣東股東按比例承擔。香港核電投資公司對該計劃投資 7.8 億港元（即 1 億美元），其中 3 億港元為股本，其餘則是由港府擔保的貸款。此外，為了將大亞灣核電輸往香港，中電另投資 30 億港元架設大型輸電網絡。

大亞灣核電站從 1985 年起開始籌劃興建，到 1993 年電站一、二號機組相繼安裝完畢，期間受到中國政府的高度重視。同年 7 月 28 日，一號機組首次臨界測試獲得成功；8 月 31 日，一號機組接入輸電網絡，首次輸出 45 兆瓦核電至廣東及香港電力系統。1994 年，中國廣東大亞灣核電站正式投產。同年，位於中國廣東省從化的廣州蓄能水電廠亦逐步分段投產。大亞灣核電站發電成功，是中電與中國政府良好合作的重要標誌，羅蘭士・嘉道理表示，中電參與核電站計劃，可使香港電力用戶在未來27 年間節省約 30 億港元開支，並可滿足香港 90 年代的電力增長的需求。資料顯示，1994-1998 年間，中電向廣東核電站購買的電量，約佔廣東核電站的六成以上，佔中電總銷售電量的三成左右。❸❹

表 6-1　1994-1998 年中電向廣東核電站購買電力情況

年份	從廣東核電站購買的電量（A）	廣東核電站的總發電量（B）	（A）/（B）	中電的總售電力（D）	（A）/（D）
	兆度	兆度	%	兆度	%
1994	6,528	7,429	87.9	22,297	29.3
1995	6,931	9,992	69.4	23,166	29.9
1996	7,575	11,805	64.2	22,839	33.2
1997	7,509	12,145	61.8	23,574	31.9
1998	7,888	12,699	62.1	25,482	31.0

資料來源：劉騏嘉、李敏儀：《中華電力龍鼓灘工程：政府對電力供應公司的監察》，香港：立法會秘書處資料研究及圖書館服務部，1999 年 9 月 28 日，第 28 頁。

1979 年中電與廣東省聯網，圖
中右起：衛奕信、羅蘭士・嘉
道理及米高・嘉道理。（中華電
力有限公司提供）

» 中華電力部署跨越九七

　　踏入 90 年代，嘉道理著手策劃中電跨越九七的多項計劃。1992 年，中電提前與
港府達成新的管制協議。新管制協議規定中電每年可賺取固定資產平均淨值 13.5%-
15% 的利潤，除稅後利潤超過准許利潤的部份撥入發展基金，不足差額則由發展基金
撥出補足。新管制計劃容許中電將售電予中國的利潤，20% 撥歸股東，其餘 80% 撥入
發展基金，同時將主要固定資產的攤銷年期延長 5 年，新管制計劃從 1993 年 10 月 1
日起生效，到 2008 年 9 月止，為期 15 年，即成功跨越九七。港府表示，提前延續中
電的利潤管制計劃，將使該公司的經營前景明朗化，有利於中電投資 600 億港元興建
新發電廠的資金籌措。1992 年 10 月，中電常務董事兼行政總裁石威廉親自去北京，
向中國總理李鵬解釋剛獲港府批准的跨越九七的利潤管制計劃，並說明中電跨越九七
的發展大計。該管制計劃在中英聯合聯絡小組獲得中方的批准及確認，顯示了中電與
中方的良好關係。

1992 年，位於香港大嶼山的 300 兆瓦竹篙灣發電廠正式投入服務，這是中電發電系統的重要後備設施。同年，中電宣佈改組，由青山發電有限公司收購半島電力和九龍發電兩家電力公司，青山發電廠成為中電唯一的電力供應者，負責中電集團的全部發電業務。在此之前，中電宣佈與埃克森再度攜手合作，斥資 600 億港元在屯門爛角咀（後易名龍鼓灘）興建一間現代化的大型天然氣發電廠，以適應 1997 年以後香港的電力需求。這項龐大的投資無疑是嘉道理對香港前景投下的信心一票，當記者問嘉道理，為何在港人信心低落的時候還要作出這樣龐大的投資，嘉道理表示："答案很簡單，沒有電力就沒有進一步的發展，我深信香港將繼續繁榮及進步，因此，我們有責任向前望，並作出一切準備。" ❸

對於中電與埃克森的合作，當時中電總經理潘國廉曾這樣表示：中電與埃克森合作，"它代表著西方與香港之間一大宗合營投資，而中電扮演著這個拉攏角色，毋須多說，這對於過渡時期和九七年後變得越來越重要" ❸。可以看出，中電將與埃克森的合作，是作為該集團跨越九七的一項重要策略性部署來進行的。埃克森對於與中電的合作，亦給予高度評價，該集團主席祁利時表示："我們 25 年來能維持不間斷的合作，主要歸功於嘉道理勳爵個人的遠見和洞察力，作為兩家企業的主要連繫者，嘉道理勳爵深知埃克森的權責和義利，但同時他不會喪失中電的獨立精神。" ❸

屯門龍鼓灘的新發電廠首期工程將安裝 8 台總發電量達 2,500 兆瓦的聯合循環燃氣輪機組，建造費用預計 240 億港元。新機組將包括燃氣發電鍋爐和蒸汽發電機，前者可把約三成半熱量轉化為電能，後者則利用餘下的熱量再發電，使整個機組的有效功率達到 45%-50%，而現有的燃煤發電機組有效功率僅達 36%。新機組將利用中國海南島附近海域生產的天然氣作燃料，天然氣將經過一條長達 800 公里的海底管道輸送到屯門龍鼓灘。據專家分析，天然氣發電廠比起燃煤發電廠，無論在興建時間及建造費用皆可節省不少，因為天然氣發電廠毋須大型貨運碼頭及煤儲存庫，如果要興建同樣規模的燃煤發電廠，建造費用將達 370 億港元，比天然氣發電廠的建造費用高出五成。

1992 年 3 月 12 日，中電常務董事石威廉、埃克森能源主席祁時利與中國海洋石

CHINA LIGHT AND ESSO JOINT PLAN APPROVED

Shareholders of China Light and Power Co, Ltd, gave unanimous approval yesterday to the scheme of control and formation of a jointly-owned company between China Light and Esso Standard Eastern, Inc to generate electricity for distribution in the Colony.

Approval was given at an extra...

《南華早報》關於中華電力與東方標準石油公司旗下的埃克森能源合資興建發電廠的報道

1984 年中華電力與埃克森能源合資興建中的青山發電廠

油公司、美國阿科公司及科威特國家石油公司在北京簽署了一份《中國南海崖 13-1 氣田天然氣銷往香港的原則協議》。中國總理李鵬親自出席了簽字儀式，反映出中國政府對該項合作項目的高度重視。協議規定，崖 13-1 氣田全部開發建設工程將於 1995 年底完成，從 1996 年起每年向香港供氣 29 億立方米，主要供應中電計劃在屯門龍鼓灘興建的新火力發電站，為期 20 年，敷設海底輸氣管的投資將由賣方負責。中電估計，在屯門龍鼓灘發電廠建成後，天然氣作燃料的發電量在中電總發電量中至少佔四成。這項協議是中電繼大亞灣核電站之後與中國政府的又一項重大合作。1995 年，中電與廣東電力局合作的從化抽水蓄能發電站亦建成投產。

　　踏入過渡時期以來，中華電力在羅蘭士‧嘉道理的主持下，業務發展一日千

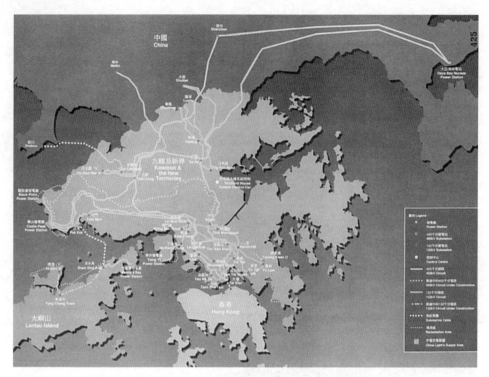

中華電力的發電及輸電系統（資料來源：中華電力有限公司 1994 年年報）

里。1995 年度，中電的客戶數目達 169.7 萬戶、年銷電量 231.2 億度，利潤 56.74 億港
元，分別比 1984 年增長 49%、60% 及 4.68 倍。1995 年底，中電市值達 710.7 億港元，
比 1984 年底增加 6.28 倍，在香港十大市值上市公司中排名第九位。

》穩守大酒店：擊退劉鑾雄狙擊

　　嘉道理家族旗下的另一家重要的上市公司是香港大酒店。香港大酒店與嘉道理
家族的淵源，最早可追溯到本世紀初。初期，大酒店主要是持有半島酒店及淺水灣酒
店。1971 年，大酒店收購香港纜車公司，其後向其他酒店提供 "酒店管理" 服務。70
年代以後，大酒店將淺水灣酒店所佔有土地逐步發展成為一個住宅社區，又把中區纜

車站發展成為商業大廈，把山頂纜車站改建成為商業中心。1982 年 5 月，大酒店購入鄰近的美崙酒店，改建為擁有 740 個客房的九龍酒店。到 80 年代後期，香港大酒店業務已趨多元化，旗下的全資附屬公司，包括半島酒店、九龍酒店、淺水灣影灣園、龍島食品、中區聖約翰大廈及山頂纜車，此外酒店網絡遍佈美國、菲律賓和中國。其中，半島酒店是香港酒店業的驕傲，歷年都入選世界十佳酒店。1993 年美國權威旅遊雜誌將半島酒店評為"全球最優秀酒店"，名列"外國最佳酒店"榜首。對嘉道理家族而言，香港大酒店與中華電力一樣，是無與倫比的財富及成就的象徵，是家族的光輝。

80 年代中期，香港大酒店雖然是嘉道理家族經營的上市公司，由羅蘭士·嘉道理獨子米高·嘉道理（Michael D. Kadoorie）出任公司主席。然而，其時嘉道理家族並非公司大股東，而是華商梁氏家族梁昌之子梁仲豪。到 1987 年初，梁仲豪約擁有 3,113.6 萬股大酒店股份，約佔總數的 31.56%，而嘉道理家族共擁有 1,154.2 萬股，約佔 11.7%。❸❽ 根據嘉道理與梁仲豪的默契，兩者在董事局中一直相安無事，前者專掌酒店及有關業務，後者專管地產；除董事局外，另設執行委員會，雙方輪流擔任兩會主席。由於董事局牢固掌握控制權，第三者難以覬覦。

不過，這種局面維持到 1987 年初突然發生變化，梁仲豪自稱"心淡"，有意脫離大酒店，準備將其所持有的 3,100 多萬股大酒店股份出售。因為數目太大，不便在市場出售，梁遂委託兩名好友余錦基和簡崇知代覓適合買家。余錦基為香港足球界名人，他與劉鑾雄稔熟，結果介紹劉透過旗下的中華娛樂以每股 53 港元價格購入 2,000 萬股大酒店股份，動用資金共 10.6 億港元，付款方法為首期訂金一成，餘額透過內部儲備及商業信貸在一個月內付清。簡崇知則介紹林百欣家族透過旗下的麗新國際以同樣的價格和付款方式購入 1,000 萬股大酒店股份，斥資 5.3 億港元。❸❾

3 月 3 日，中華娛樂和麗新國際兩家公司同時發表聲明，宣佈同時委託萬國寶通銀行為財務顧問分別向梁仲豪家族購入 2,000 萬股和 1,000 萬股大酒店股份。此舉立即引起市場轟動。當時，劉鑾雄已成功入主華人置業，並剛向地產鉅子李兆基旗下的中華煤汽發動狙擊，"股壇狙擊手"的聲名震天下。人們預計，大酒店已成為劉氏的下一個狙擊目標。中娛和麗新宣佈買入大酒店當天，大酒店的收市價為每股 50 港元。

1950 年代氣派豪華、高貴的半島酒店內景

1970 年代的半島酒店全貌

消息公佈後，該股價格立即飆升，最高曾被搶高至 80.5 港元。

4 月 11 日，中娛宣佈，該公司對大酒店的持股量已增加到 25.9%，共持有 2,550 萬股。換言之，在短短一個月內，中娛已在市場上增購了逾 500 萬股大酒店股份。當時，劉鑾雄表示，買入大酒店股份是看好該公司的長遠前景，是長線投資不會在短期內出售。他並表示，將派兩人進入大酒店董事局。而麗新國際方面，亦表示將派人進入董事局。有消息說，劉鑾雄及麗新董事曹廣玉曾會見米高‧嘉道理，要求委派代表進入董事局。米高了解劉氏的意向，知道他的作風和梁仲豪的保守相去甚遠，因而以未清楚兩集團的真正意圖為由，拒絕其要求。這引起了劉鑾雄和麗新方面的極度不滿。

5 月 4 日，大酒店召開年度股東大會，米高‧嘉道理循例告退，必須重選董事。會上，劉鑾雄發動突襲，投票反對米高連任大酒店董事，並得到麗新方面的支援，會場氣氛相當緊張。結果，支持米高連任選票達 4,266 萬股，相當於已發行股份的 43.2%；反對票為 4,053 萬股，相當於百分之 41%。米高再次順利當選主席，而劉鑾雄及麗新方面則被拒諸董事局之外。其後，據聞劉鑾雄曾 8 次與嘉道理方面磋商，要求進入大酒店董事局。面對劉氏咄咄進逼，老嘉道理沉著應戰。其時，羅蘭士‧嘉道理已年近九旬，以其數十年的商場經驗，加上猶太人天生的奮鬥精神，自然不會輕言屈服。他與財務顧問寶源投資商討後，制定一套迎戰策略。他首先向收購及合併委員會投訴劉鑾雄和麗新是 “一致行動” 者，根據收購及合併守則，兩集團擁有的股權已超過 35% 的全面收購點，因此有責任以近 6 個月的最高價，即每股 80.5 港元向其他股東作出全面收購。

嘉道理這一著可謂是殺手鐧，無論指控成功與否，都可以困擾、甚至擊退兩個 “入侵者”。因為如果收購及合併委員會裁定中娛和麗新是 “一致行動”，他們便要全面收購大酒店。大酒店因為受到搶購，股價最高飆升至每股 80.5 港元，已遠遠高於每股資產淨值，而週息率只有 1.25 厘，市盈率高達 38 倍。全面收購所涉及的資金高達 50 億港元。全面收購並不合算，估計兩集團亦無此實力。結果，很可能是知難而退，嘉道理家族便可安然渡過危機。即使收購及合併委員會裁定中娛、麗新並非 “一致行動”，嘉道理家族仍可利用聆訊、必要時向高等法院上訴等手法來拖延時間，均加重對手的財務壓力，迫其退卻。嘉道理估計，劉鑾雄透過愛美高和中娛在市場吸納大酒店股份，大部份資金來自銀行貸款，每月的利息負擔相當沉重，爭持一旦曠日持久，利息負擔和銀行壓力很可能迫其讓步。同時，拖延時間有利於嘉道理家族部署行動，爭取小股東支持或在市場上吸納股份。

6月9日，收購及合併委員會就嘉道理的投訴召開聆訊會。會上，嘉道理方面直指兩集團在同一日、以同樣價格和相同的付款條件購買該批股票，並聘請同一家財務公司為其顧問；在股東大會上，兩集團代表同坐在一起和其財務顧問商討，並同時投票反對米高‧嘉道理連任。嘉道理方面並出示麗新和中娛樂同日刊登對大酒店立場的廣告，以及兩集團代表在股東大會上相連而坐的照片，作為指控證據。而中娛和麗新方面的代表則辯稱並無“一致行動”，理由是雙方沒有合作協議和共同董事，在股東大會上一齊投票反對只是巧合，並無一致行動的企圖。

6月10日，經過兩天聆訊，收購及合併委員會裁定，並無明顯證據證明中娛和麗新在購入大酒店股權中是一致行動，兩者無須提出全面收購建議。換言之，嘉道理的投訴失敗。至此，大酒店爭奪的戰況膠著，陷入僵局。中娛及麗新雖然無須提出全面收購，但亦無法進入大酒店董事局，而嘉道理家族亦未能確保大酒店控制權。不過，幕後的角逐卻更激烈地展開。為保衛香港大酒店，嘉道理將矛頭指向持有大酒店股份的中華娛樂的控股公司華人置業。6月30日，香港《大公報》有一則消息透露如下：“嘉道理在月內已經與華人置業的另一大股東亞洲證券負責人韋理聯成一線，在市場大舉吸納華人置業的股份，藉以取得中娛的控制權，使到大酒店的控制權重落其手上。”結果，嘉道理成功迫退劉鑾雄對大酒店的挑戰。

7月24日，代表嘉道理家族的寶源投資與劉鑾雄達成協議，愛美高系將所持34.99%大酒店股權，以每股65港元的價格，出售給由寶源投資安排組成的銀團Kincross和滙豐集團旗下一間全資附屬公司TKM（Far East）Ltd.，交易於7月30日完成。該集團Kincross主要包括法國里昂信貸銀行、恒生銀行、英國米特蘭財務公司、萬達基（香港）有限公司、東亞銀行以及寶源投資。以這一陣容接下劉氏的大酒店股份，可說是一時無兩，而這宗交易亦成為香港有史以來最大的股份轉讓。銀團接下大酒店之後，並非長期持有，該協議還附帶由嘉道理控制的一家公司透過一項安排，可在 10 月 30 日前隨時行使選擇權，以上述相同的價格買入 Kincross 和 TKM 所持有的大酒店股份，嘉道理會在未來三個月內將其中的相當部份配售予長線投資者。

整項協議的實質，是嘉道理為避免觸發全面收購，假手第三家者，迂迴接下劉鑾雄所持的大酒店股份，解除劉氏對大酒店控制權的威脅。這一役，嘉道理家族雖說勝出了，但亦付出了不少代價，與論稱為 "慘勝"。至於劉鑾雄，他在此役中共獲利 1.3 億港元，但扣除 7,000 多萬利息支出和各項交易費用，純利只得 4,000 萬港元左右。動員 20 多億港元，苦戰近半載，始賺得區區 2% 的利潤，未免給人有殺雞焉用牛刀之感；但回心一想，能在嘉道理家族手中佔到便宜，成績亦算不俗了。

» 穩守大酒店：擊退羅旭瑞狙擊

嘉道理家族雖然擊退了劉鑾雄的侵襲，但為了避免要向其他小股東提出全面收購，並沒有直接從劉氏處購回其所持有的大酒店三成半股權，而是通過國際性配售，將這批股份的相當部份售給機構投資者。換言之，該家族對大酒店的控制權，仍在 35% 以下，這種脆弱的控制權，一年後再受到另一 "股壇狙擊手" 羅旭瑞的挑戰。

羅旭瑞為華商鷹君創辦人羅鷹石的公子，持有世紀城市、富豪酒店、百利保、國泰城市等系列上市公司。羅旭瑞是透過旗下的國泰城市向大酒店展開挑戰的。1988 年 10 月 18 日，香港大酒店、國泰城市及富豪酒店三家公司一齊停牌。當時市場傳言國泰城市計劃全面收購大酒店，又或國泰城市擬收購旗下的九龍酒店及大酒店在紐約購入的一家富華酒店等。當晚，大酒店發出通告，表示國泰城市正在考慮購入大酒店全部股份及認股證，每股出價 6 港元（當時大酒店股份已分拆），包括現金 4.5 港元及一股國泰城市股份，認設證按相等價值計算。大酒店董事局表示，已通知國泰城市，不歡迎該公司的任何收購建議，同時向聯交所申請恢復股票買賣。

10 月 20 日，國泰城市發出通告宣稱，已由獲多利公司代表羅旭瑞所控制的國泰城市，向大酒店提出全面收購，每股大酒店股份的收購價為 6.3 港元，其中現金 4.8 港元及價值 1.5 港元的國泰城市股份一股；每份認股證收購價為現金 1.8 港元，總收購價為 63.93 億港元。扣除發行國泰城市股份支付的部份，實際涉及資金 49 億港元。收購建議的附帶條件是，以截止收購時獲得大酒店股份和認股證的 50% 以上為準。國泰城市並宣佈，已持有大酒店股份 1,123 萬股，相當於大酒店全部已發行股份的 1.1%，顯然是有備而來的。❹

這次收購，羅旭瑞是利用世紀城市持有 75.2% 股權的國泰城市作為收購工具。國泰城市原為國泰置業，後被羅旭瑞控制的世紀城市收購，業務轉向證券投資。1987 年底，其賬面淨值為 1.41 億港元，後配售新股集資，淨值增至 2.43 億港元，及至向大酒店提出收購時，資產淨值不過 3 億元，而大酒店的資產淨值卻高達 90 億港元，是前者的 30 倍。這是收購，堪稱一次典型的"蛇吞象"式的收購。若能成功，將在香港商戰史上寫下新的一頁。

在國泰城市正式提出全面收購後，大酒店董事局立即發表一項聲明，再次重申不歡迎國泰城市的收購建議，認為帶有破壞性及低估了大酒店的資產，呼籲股東不可接受收購。大酒店董事總經理韋伯樂更批評國泰城市的收購動機是將大酒店"拆骨"。他指出，國泰城市要收購成功，必須籌備四五十億港元現金，每年要繳付 4-4.5 億港元利息，而大酒店 1988 年度除稅後盈利，至少比這個數少 1 億元。因此，國泰城市收購大酒店後，所增加的收入根本不足以抵消利息支出。在這種情況下，國泰城市必然要將大酒店的資產"斬件"出售以減債務。

對於嘉道理家族來說，大酒店可以說是該家族立足香港的根基，且好不容易才擊退劉鑾雄的入侵，豈容羅旭瑞染指，更何況任其"拆骨"？10 月 25 日，嘉道理家族作出反擊。當日，嘉道理家族宣佈以每股 5.8 港元價格，向獨立第三者購入 2,333 萬股大酒店，使其所持大酒店股份，由 34.9% 增至 37.2%。由於持股量已超逾收購及合併守則規定的 35% 的收購觸發點，嘉道理家族依例向其他股東提出全面收購。當時，大酒店董事局委派獨立委員會，就嘉道理家族和國泰城市的收購建議擔任股東的顧問。該獨立委員會認為，國泰城市及嘉道理家族所提出的收購建議均為出價不足，低估大酒店的資產值，因而建議各股東不接納收購。

很明顯，嘉道理家族的反擊行動，目的並不是要全資擁有大酒店，而是減低國泰城市收購成功的機會。由於嘉道理已擁有 37.2% 大酒店股份，國泰城市要取得大酒店逾一半權益，必須要有 79% 的其他股東接受。事實上，如果嘉道理家族不放棄其所持大酒店股權，國泰城市成功收購大酒店的機會不大。正因為了解到這一點，10月26日，國泰城市再次接觸嘉道理家族，將收購價提高到每股6.8港元，即現金5.3港元另加一股國泰城市新股，並以每份現金2.3港元收購大酒店認股證。不過，國泰城市提高收購價是有條件的，是以嘉道理家族持有的37.2%大酒店股份同意接納為基準。國泰城市的修訂收購條件建議，立即被嘉道理家族拒絕。因此，國泰城市的收購價仍維持6.3港元。

11月17日，大酒店就嘉道理家族及國泰城市的收購，發出一份回應文件。文件指出，大酒店的最新估值，每股的有形資產淨值為8.95港元，而嘉道理家族及國泰城市的出價均遠低於資產淨值，收購建議根本不能反映大酒店現時所值及未來發展前景，因此呼籲股東拒絕兩者的收購。及至11月19日，國泰城市發出收購文件，該文件指出，嘉道理家族在宣佈本身的收購建議後，繼續在市場增持股份，明顯表示不會接納國泰城市的收購建議。因此，國泰城市的收購建議成為無附帶條件（於五成股權）的機會極低，國泰城市擬將所持大酒店股份，接納嘉道理家族的收購建議，或於市場出售。面對嘉道理家族保衛家業的堅定決心，羅旭瑞終於知難而退。

11月28日，香港證監處證實富豪酒店及國泰城市已將所持大酒店股份售予嘉道理家族。這批股份是富豪和國泰城市於1988年5-10月期間在市場吸納的，為數達1,122萬股，購入價大約在每股4.5-4.7港元之間，出售後估計獲利僅約1,200萬港元。至此，嘉道理家族再次成功保衛大酒店，收購建議截止後，所持大酒店股份已增至68.8%。這次付出的代價，涉及資金達19億港元。兩度被狙擊後，嘉道理家族認識到控制股權的重要性。大酒店主席米高‧嘉道理表示，嘉道理家族未來在大酒店所持有的股權，肯定會超過50%，以確保控制權。

大酒店兩度受狙擊的教訓對嘉道理家族來說是深刻的。一家長期經營保守的上市公司，其股價必然遠遠落後於資產值，這類"高資產、低市值"的上市公司正是擇肥而噬的股壇狙擊手最理想的狙擊目標，尤其是在大股東控制權不穩之際。因此，踏入90年代，香港大酒店的投資策略已轉趨活躍，包括擴建半島酒店、將山頂凌霄閣和維多利亞山頂大廈拆卸重建等等，又積極向海外拓展酒店網絡，及在東南亞投資地產業。

» 對香港前景投下信心一票

面對九七，羅蘭士・嘉道理對香港前景滿懷信心。1990 年初，正值北京 "六四事件" 不久，港人信心低落之際，羅蘭士・嘉道理在接受記者訪問時表示："我並不認為 '六四' 與香港前途有甚麼關係，香港的未來繫於她的過去。大概在 150 年前，形勢促使東方與西方接觸，當時是鴉片貿易，後來轉為其他貨物的貿易，再後轉為製造業，今天香港已成為國際金融市場體系中的一個重要環節，她的存在使各市場能 24 小時運作。我深信中國與西方均清楚認識香港的這些重要性，而這共識正是香港未來繁榮的最好基礎，因此我一直保持樂觀態度。" ❹

1990 年 1 月，羅蘭士・嘉道理在出席香港電台電視部製作的 "香港經驗" 中表示："香港的資本主義制度要繼續存在，必須獲得中國的首肯，而香港也只能在不對中國構成威脅的前提下享有其自主權。市民必須牢記，'特別行政區' 並不是一個國家，若不想失去這特殊地位，香港必須與中國保持良好關係。換句話說，對於不同的意見，我們必須保持容忍的態度，學習諒解他人的想法，以期達至相互諒解與妥協，在沒有學會走路前，不要急於奔跑。" ❹

就憑著這種高瞻遠矚的政治智慧和樂觀態度，進入過渡時期以後，嘉道理以沉著鎮定的態度，部署連串龐大投資計劃，包括投資青山發電廠、大亞灣核電站、跨越九七的龍鼓灘大型現代化發電廠、增持大酒店股權等等。在這一系列龐大投資中，他一方面大大加強與美國埃克森財團的合作關係，後者在 90 年代世界 500 強企業中高踞第十位，在美國政府中擁有強大影響力，這種合作關係無疑大大加強嘉道理家族在香港的地位；另一方面，嘉道理又與中國政府建立良好的個人和商業利益關係，以保證旗下業務的九七過渡。

對此，《信報》政經短評曾有過深刻的分析：在幾家英資專利公司中，"中華電力的部署最慎密，負責供電的半島電力（註：應為青山發電廠）的大股東為美國跨國巨無霸埃克森石油，中華電力擁有的是輸電網絡，這種安排令中電的專利地位穩如泰山；顯而易見，如果有大財團覬覦中電市場，可以投巨資興建發電站，但在供電網絡上的投資，不但數額不菲，而且需時甚久，從較深的層次看，假如有財團不怕短期犧牲，硬攻中電的市場，那等於入侵美資的地盤，因為最終會令其壟斷性利益受損，以埃克森在華盛頓的影響力，相信美國政府必會正面反對或大搞小動作令競爭者的投資計劃胎死腹中……。我們常說已故嘉道理有經國之才便是基於他的遠見和算無遺策的謀略。老嘉道理在做好種種穩健部署後，仍致力搞好和未來宗主國的關係，全力協助中國興建大亞灣核電站，便是典型的例子。這種安排，令香港萬一在過渡前後出現政治意外，中電的專利權亦可保不失" **43** 。透過上述種種周密部署，嘉道理勳爵巧妙帶領家族邁向九七。

也許，令羅蘭士·嘉道理最放心不下的就是家族財團的接班問題。1992 年 12 月 20 日，羅蘭士·嘉道理以 93 歲高令宣佈退休；然而，其中電董事局主席一職並非由其獨子米高·嘉道理接任，而是追隨了他數十年、73 歲的高登爵士。除高登之外，他還安排了兩位強人輔助，分別是前財政司翟克誠和前澳洲新南威爾斯國家鐵路局主席施以誠。翟克誠自從財政司退休後，即被嘉道理羅致旗下，出任嘉道理家族私人投資顧問，1992 年 10 月出任中電副主席。至於施以誠則於 1993 年 1 月接任石威廉的行政總裁一職。嘉道理勳爵安排 3 位強人協助其獨子米高·嘉道理管理中電，顯然是對米高放心不下。

米高·嘉道理，嘉道理家族的第三代掌舵人。
米高·嘉道理表示："當時刻來臨時，我的角色就會出現。"

當時，米高·嘉道理的表現亦似乎令人不放心。他在 60 年代先後出任大酒店和中電董事，1983 年從獨身退休的叔父賀理士·嘉道理手中接任大酒店主席一職，1992 年再出任中電高級副主席。然而，一般對米高的評價，均認為與乃父相去甚遠。他接任大酒店主席後，即作出錯誤決策，在 1985 年泰國酒店業最低潮時，以低價將曼谷一家五星級酒店售予麗晶酒店集團，令麗晶賺了一筆豐厚利潤。在美國亦如是，1988 年美國地產業最高峰期，米高決定斥資 10 億港元購入紐約半島酒店，結果連年虧損。米高在擔任大酒店主席期間，大酒店兩度受到狙擊，令嘉道理家族為此付出沉重代價。

羅蘭士·嘉道理於 1974 年被封為爵士，1981 年被封為勳爵，晉身英國上議院。封邑為九龍半島。1993 年 8 月 25 日，嘉道理勳爵因感冒發燒不適，送入九龍法國醫院，翌日逝世，享年 94 歲。羅蘭士·嘉道理在戰後的幾十年間，將家族的事業推上一個新高峰。他不但是個成功的商人，也是個有遠見的政治家。羅蘭士·嘉道理曾先後擔任過香港行政、立法兩局議員。1985 年，他以 86 歲高齡出任了香港基本法諮詢委員會委員。針對香港在過渡期中出現的一些風波，他多次表示：“香港的前途有賴彼此合作，而非對抗。”正是基於他對香港未來實行“一國兩制”後的前景看好，羅蘭士·嘉道理在 80 年代初中英開始香港問題的談判後，依然繼續投資 200 億港元興建青山發電廠。這種高瞻遠矚也使得嘉道理家族的生意未受香港回歸期的衝擊，財富迅速增長。對於他的辭世，香港政府和新華社香港分社均發表聲明表示沉痛悼念。香港各大報章紛紛發表評論，高度評價羅蘭士·嘉道理的一生。羅蘭士·嘉道理生前曾與中國領導人鄧小平相約於 1993 年 12 月在北京晚宴，以慶祝大亞灣核電站成功投產，可惜他無法赴約了。一年半後，其弟賀理士·嘉道理亦辭世。

隨著嘉道理家族第二代掌門人相繼逝世，其在香港政治及經濟上的光芒漸漸暗淡，人們的目光開始轉移到家族的接班人——米高·嘉道理身上。米高表示：“當時刻來臨時，我的角色就會出現。”

04

英之傑：最後一家英資大行

　　在歷史悠久、規模宏大的香港英資洋行中，英之傑集團屬後起之秀，進入香港的時間較晚。然而，英之傑旗下的業務由最初的成員公司天祥洋行、仁記洋行、太平洋行等演變而成，它們和怡和、太古一樣，均是一百多年前已在香港建立起來的老牌洋行。

》 英之傑的創辦及其在香港的發展

　　現代的英之傑集團的發展可以追溯到兩個多世紀以前。16 世紀，英國的工業資本發展迅速，對外貿易主要集中在奢侈品如絲綢、珠寶、瓷器等方面。到 17 世紀中葉，現代貿易開始出現，大量基本消費品如茶葉、糖、煙草等的貿易盛行，世界貿易雛形出現，出口本國商品的同時輸入外國商品以滿足本國的需要變得越來越重要了，從而大部份英國公司都轉向進出口。後來形成英之傑組成部份的大多數公司都是在這一時期成立的。現代英傑集團主要就是建立在這些到海外冒險的英國公司之上的，這些地方包括印度的加爾各答、孟買、Madras，中國的上海、香港、新加坡，日本的 Yokohama、Nagasaki 等地區。早期，這些公司大都是家族型的，而且都經營著多種業務，如進出口、銀行、匯兌及保險業等，到 19 世紀後期他們開始轉向專門的領域。這些人大多是蘇格蘭人而不是英格蘭人，他們來到倫敦建立自己的事業。

　　英之傑集團的奠基人是 1852 年出生的蘇格蘭人麥基（James Lyle Mackay）。1871 年，19 歲的麥基離開蘇格蘭去尋找更好的就業機會。1874 年，一個偶然的機會使他被派入印度加爾各答的 Mackinnon Mackenzie & Co.（簡稱 MM）工作。當時，MM 在印度海岸線、波斯灣和東非從事貿易、航運等生意。1878 年，麥基因為表現出色，成為公司的合夥人，並最終控制了該公司和整個航線。1884-1990 年期間，麥基對印度和英國的一些公司進行投資，取得了豐厚的回報。1911 年，麥基被封為英之傑男爵（Baron Inchcape），1929 年再獲頒英之傑伯爵，在英國政壇頗有影響。

1932 年，麥基伯爵逝世，他的兒子英之傑伯爵第二代 Kenneth 接管了家族的業務。到 1939 年第二次世界大戰爆發前，英之傑集團的前組成部份在海外都佔據重要地位：MM 公司作為著名的英印度蒸汽航海公司（BI）在加爾各答、科倫坡、新加坡、香港、日本和中國的代理商業績顯著；在倫敦和印度的 Macneil 和 Barry 公司在印度的船運、製造和茶葉方面很有名氣；Binny's 公司是重要的棉花和羊毛紡織廠；Delmege, Forsyth 公司是科倫坡最大的進出口和船運代理商。二戰期間，組成英之傑集團的公司部份雖然受到打擊，但總體而言仍然獲得發展。

二戰結束後，大英帝國的地區政治形勢發生了很大的變化：1947 年印度分裂，中東政治局勢不穩，殖民地稅率大大提高，資產被收購，東非的保護國紛紛獨立，這增強了公司發展的不確定性。1948 年，英之傑伯爵第三代從 MM 公司在加爾各答的辦事處回到英國。為了加強對集團各公司的控制，1958 年 8 月，英之傑伯爵第三代在倫敦成立英之傑集團控股有限公司（IGD Ltd.），並公開發售 25 股權，每股作價 25 英鎊，公司總股本達到 1,899 萬股。1958 年 10 月 30 日，英之傑控股在倫敦上市。這一策略性的改變受到倫敦金融城和商業媒體的關注，到次年 5 月 11 日，英之傑的股價上漲了四分之一，達到每股 31.3 英鎊。自此，英之傑集團獲得快速的發展。❹ 從 1967 年起，英之傑相繼收購了英國天祥洋行、英泰聯合公司，以及班陶氏集團等，勢力日益膨脹。

60 年代後期，英之傑集團開始進軍香港，透過英之傑（香港）有限公司展開連串收購活動，先後收購了 3 家在香港有逾百年歷史的老牌英資洋行——太平洋行（Gilman & Co., Ltd.）、天祥洋行（Dodwell & Co., Ltd.）及仁記洋行（Gibb Livingston Co., Ltd.），以及 Caldbeck Macgregor & Co.。其中，太平洋行成立於 1840 年，早在 19 世紀中已是香港一家著名的英資洋行。天祥洋行創辦於 1858 年，仁記洋行創辦於 1936 年。至於 Caldbeck Macgregor & Co. 則創辦於 1864 年，主要從事酒類和飲料業務。

四家公司中，以天祥洋行最為重要。天祥洋行的前身為 W. R. Adamson & Co.，

1858 年創辦後即迅速在福州、杭州、香港和日本等地開設分支機構，從事絲綢和茶葉貿易生意。1872 年，W. R. Adamson 任命一個上海的船務秘書 G. B. Dodwell 負責其英國的運輸業務，表現出色，對公司在遠東的發展發揮了重要作用，因而在 1877 年成為公司合夥人。不過，由於當時遠東的運輸環境發生變化，大量沒有固定航線的公司進入行業，並以很低的運費展開競爭，導致 W. R. Adamson 難以為繼。當時，G. B. Dodwell 認為接受 W. R. Adamson 公司的商標、經營保險、收取船運佣金和其他業務有利可圖，於是收購該公司並在此基礎上成立了一家新公司 —— Dodwell & Co.，繼續經營茶葉貿易和船運代理。❹ 其後，公司業務發展迅速。到英之傑收購天祥時，天祥旗下仍擁有眾多企業，包括天祥貿易公司、天祥精品公司、天祥國際採購公司及天祥香港採購公司等等。相比之下，太平洋行、仁記洋行等規模較小，主要經營船運和貿易。天平洋行在 20 世紀 60 年代業務發展不甚理想，旗下經營的升降機、電梯、冷氣機等業務大受打擊，整個集團每年利潤不過四百多萬港元。

英之傑在香港迅速崛起後，即集中發展香港的汽車代理、銷售業務。收購太平洋行後，英之傑即將該洋行屬下的太平製衣廠改組為太平汽車貿易有限公司，經銷汽車及汽車零配件。1970 年又收購香港天祥汽車公司，並與在香港附屬的新英華汽車公司合併，組成新英華天祥汽車有限公司。當時，集團屬下的新英華天祥汽車公司、皇冠車行和發得利車行，分別取得勞斯萊斯、利蘭、豐田以及萬事達等牌子汽車的香港代理權。其中，皇冠車行代理的豐田汽車，在香港市場佔有不錯的市場份額。1976 年，新英華天祥汽車有限公司易名為 "英之傑企業有限公司"，在香港上市。

香港的大洋行，如怡和等，其業務擴張方式多由上而下，即先有總公司，然後根據不同業務需要分設各分公司，因此集團的業務是從一個中心逐漸擴張出去，很少出現業務重迭和相互競爭現象。但是，英之傑集團在香港擴張業務的方式則恰好相反，採取由下而上的方式，如先有了新英華天祥汽車公司、太平洋行、天祥洋行等子公司，然而再組織中央控制機構，由中央控制機構以收購方式將各子公司納入集團。1972 年，英之傑為了加強對在港業務的管理，在香港成立英之傑遠東有限公司（Inchcape Far East Co., Ltd.）作為集團在遠東的投資總部和控股公司。1977 年，英之傑（香港）有限公司以 9,000 萬港元購入灣仔伊利沙伯大廈部份樓層，作為該集團的香港總部，旗下附屬公司除天祥洋行為方便聯繫客戶仍設在尖沙咀外，其餘全部遷入伊利沙伯大廈以加強管理。

到 70 年代末，英之傑是成為香港僅次於英資四大行的大型貿易商行，其附屬及聯營公司達 30 多家。其中，英之傑（香港）有限公司、英之傑遠東有限公司、英之傑財務有限公司、英之傑企業有限公司、天祥洋行、太平洋行、仁記洋行、皇冠車行等 8 家主要附屬公司均直接隸屬英國總公司，其餘的則是這 8 家公司的附屬及聯營公司。英之傑在香港經營的業務，主要包括貿易、汽車代理、財務、保險、船務、廣告，以及風帆、地毯製造等。

進入 80 年代，英之傑集團由於業務範圍過份膨脹，失卻戰略重心，總公司對旗下成員公司日漸失去控制力，部份企業更因經營不善而出現巨額虧損，使得整個集團業績因此而下跌。這種情況更因亞洲各國當地語系化政策壓力日漸增加而進一步惡化。香港的情況亦一樣，各家公司各自有主席、董事局、管理層，由於業務過度分散，有時甚至出現重迭、互相競爭等問題，陷入欠缺總體部署的局面。

1983 年，倫敦英之傑集團董事長 Lord Inchcape 宣佈退休，由 David Orr 繼任，他針對英之傑 "無戰略目標" 經營的弱點，制定了一系列發展戰略，其中重要一項就是將目標瞄準 "太平洋世紀"，以 "向西歐市場供應亞洲商品"、"擴大中國、中南美的事業" 為市場策略，並設立了兩項主要的業務發展方向——專業銷售及專業服務。前者主要採取現代銷售方法打入傳統貿易、零售市場，後者則從已有的保險、海運、港灣服務等拓展到綜合運輸服務和諮詢服務。❻

1987 年，為配合集團的戰略轉變，英之傑在香港進行結構和業務重組，成立了英之傑太平洋有限公司（Inchcape Pacific Limited）作為該集團在香港的總部和控股公司，以加強對旗下公司的管理和控制，在經營業務上也進行了調整，如出售了一些虧損或利潤低的公司：天祥百貨等，並選擇了汽車經銷、市場拓展，及商業服務三大核心業務作為集團發展的戰略重點。

為了加強集團的核心業務，1989 年英之傑太平洋向和記黃埔提出收購其兩間附屬公司和記洋行及和寶工程的建議。當時，英之傑太平洋的執行董事鄭明訓與李嘉誠商議，李嘉誠擔心外界有不良反應，鄭明訓指表示，和黃在香港的投資已相當龐大，其核心業務是貨櫃碼頭、地產、電訊等，出售這兩家公司只是業務的合理重組，而英之傑的核心業務卻是貿易，取得這兩家公司將有利於英之傑的發展。結果，英之傑太平洋成功以 8.7 億港元代價收購了這兩家公司。當時，和記洋行的業務主要是進出口及批發流通量快速的消費品（其中包括 Nike 運動鞋的代理權），而和寶工程主要是進口及分銷建築材料和工業產品。1989 年，這兩家公司的營業額合共 19 億港元，取得這兩家公司後，英之傑太平洋的代理業務已超過怡和、太古等老牌洋行。

》英之傑太平洋的業務發展

踏入 90 年代，英之傑太平洋已成為香港最大的貿易商行，作為英之傑集團的附屬機構，英之傑太平洋主要負責該集團在香港、中國內地、台灣、澳門、菲律賓、越南、柬埔寨以及老撾等地區的業務，員工多達 8,000 多人。其中，香港是該集團的業務重心，集團的各項核心業務在香港均非常活躍。

在汽車經銷方面，英之傑太平洋作為香港首屈一指的汽車分銷商，代理著豐田、萬事得、Aston Martin、賓利、俊朗、積架、凌志、蓮花、標緻、勞斯萊斯、路華、越野路華等多種牌子的汽車銷售，商用車輛則有豐田的士、輕型貨車及小巴，萬事得的輕型貨車，及日野貨車等。所經銷的汽車約佔香港汽車市場的四成。

在市場拓展方面，英之傑太平洋在香港代理日常用品、醫療藥品、個人護理用品、體育用品、名牌消閒用品及耐用品等超過 200 種牌子的經銷，同時還為 30 位元委託商代理各類世界名酒。此外，英之傑太平洋又是香港主要的辦公室器材——尤其是影印機和傳真機，以及各類工業和工程產品、建築材料的經銷商。

在商業服務方面，英之傑保險是香港最大的保險仲介機構之一，它提供的保險顧問服務遍及香港各個行業，包括建築、航運、製造及珠寶商行，它還為世界多家知名的保險公司擔任代理。英之傑太平洋還為香港各類出口產品，從玩具、電子產品、紡織品到成衣等，提供品質測試及安全檢定服務，其在香港的檢驗設備屬亞洲一流水平。此外，英之傑航運還是全球最大的獨立航運服務代理機構之一。

1992 年，鄭明訓取代返英任職的麥嘉卓（Charles Mackay）出任英之傑太平洋董事局主席，成為該公司首位華人大班。鄭明訓上任後，進一步銳意加強該集團在中國內地的發展，他表示："到了下一世紀，回顧過往，我們將會清楚知道，中國的冒升及大中華經濟區的發展，是締造 20 世紀後期經濟其中一股重要力量。"他強調："英

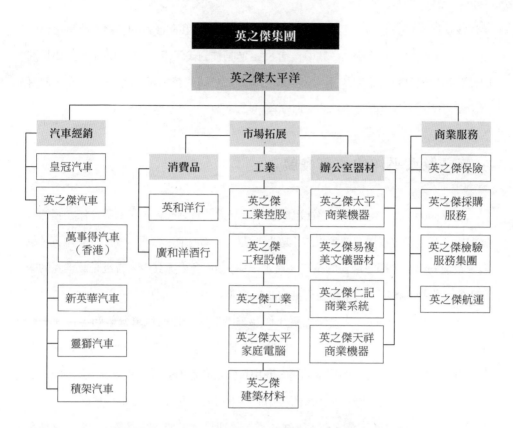

英之傑太平洋內部結構（資料來源：陳沛敏著：《香港最後一間英資大行》，載香港《資本》雜誌，1993 年 7 月號，第 60-61 頁）

之傑的未來方向，建基於‘大中國’的概念上，利用中港台的長處相互合作。打進內地市場的方式，宜採用‘市場分割’，使集團管理更加方便。”他解釋說：“我們將中國市場分為五部份，分別為南部、上海、天津、北京、東北以及西南等，每個市場大約有一億二千萬人口。”[47]

　　到 90 年代中期，英之傑太平洋已在中國內地 20 多個城市，包括北京、上海、南京、廣州、深圳、成都、哈爾濱、瀋陽和大連等地設有辦事處，其所經營的業務包括進出口及分銷汽車、辦公室器材、工業及工程產品、建築材料、健康護理產品、洋酒及各類消費品等。在汽車方面，英之傑取得積架（捷豹）、丹拿（領袖型）勞斯萊斯及賓利的全國代理權；萬事得（馬自達）、路華和越野路華，以及日產 UD 貨車在華南地區的代理；萬事得和標緻在上海及華東地區的代理；富豪汽車在東北地區的代理。在消費品方面，英之傑太平洋在中國代理的產品包括吉伯利朱古力、家樂氏粟米片、好立克、葡萄適、利賓納、金莎巧克力、白蘭氏燕窩及雞精、邦寶適紙尿片等等。除了進口貿易外，英之傑太平洋也是中國主要出口商，為歐洲、美國及澳洲等地的零售商在中國內地採購成衣、玩具及一般商品。

為了拓展中國內地業務，英之傑太平洋以國內為基地的業務組合不斷增長，其中包括：英之傑（上海）貿易有限公司，成立於 1992 年，主要從事進出口貿易業務；英之傑（南京）投資實

英之傑太平洋主席鄭明訓。鄭明訓表示："我經常發現自己擔當橋樑的角色，作為香港、中國和英國之間的橋樑。"

業有限公司，成立於 1994 年 6 月，專門負責開發南京、江蘇省及附近地區的投資項目；南京英之傑發展有限公司，也是成立於 1994 年 6 月，專門負責推廣集團在中國所代理的各類消費品，其中，英之傑佔 80% 股權，國營南京市外貿進出口商品公司佔其餘 20% 股權；南京香港長江有限公司，是南京及上海主要的汽車代理及汽車服務公司；南京英之傑易複美文儀器有限公司，成立於 1993 年 9 月，為一家經銷柯尼卡影印機和傳真機的合資公司。此外，還有成立於 1987 年的陸海英之傑國際集裝箱有限公司，擁有一支超過 80 輛貨櫃車的車隊。這一時期，中國業務在英之傑太平洋總收入所佔比重已達到三分之一，英之傑太平洋已成為最積極拓展中國市場的英資集團之一。

目前，香港仍然繼續維持經營商行概念生意的公司已愈來愈少，怡和洋行已成為控股公司，旗下代理產品及貿易業務已大幅減少，和記黃埔已以電訊、貨櫃碼頭、地產為核心發展業務，太古則主要經營航空和地產。因此，相對而言，英之傑太平洋已成為香港最大型的商行，其主席鄭明訓表示，1997 年將至，英之傑太平洋可能將成為香港最後一間大行。❹

05

穩守香港的戰略考慮

過渡時期以來，儘管部份英資財團通過遷冊、海外投資、海外上市等國際化策略，進一步削弱了其在香港經濟中的影響力。但總體而言，英資財團仍保持著強大的經濟力量。

》回歸前夕英資在香港經濟中的勢力

1992 年初，香港總督衛奕信率領香港一個高層代表團赴英國倫敦，參加一個有關香港在亞太區經濟發展中所擔當重要角色的商務會議。期間，他向英國政經界高層人士派發了一份由香港政府出版的小冊子，題為《香港對英國的好處》。根據這份小冊子提供的資料，英資在香港的經濟勢力主要表現在：

第一，英國在香港直接投資淨額的賬面值超過 20 億英鎊（280 億港元），由於英國公司及個人均加強在香港的投資組合，有關投資額將持續擴大。事實上，80 年代英國在香港的投資平均每年增加 1.8 億英鎊（25.2 億港元）。第二，英國透過直接控制、投資或管理的香港公司超過 1,000 間，總市值約 200 億英鎊（2,800 億港元）。第三，在香港的英國公司淨資產值為 30 億英鎊（420 億港元），而由英國控制的公司總資產值最少為 60 億英鎊（840 億港元），英國資金約佔香港股市總值的 30%。第四，在香港經營的英國銀行共 19 間，1991 年約佔香港總存款的 7.5%。❹ 此外，據估計，1990 年英資公司在香港所賺取的無形收益，包括來自股息、旅遊、銀行業、保險、財務、專業顧問、交通及貨運等的收益，高達 10 億英鎊。❺

1996 年 3 月 29 日，香港政府首次公佈截至 1994 年底香港的非製造業外來直接投資的數據，為英資在香港經濟中的總體實力提供了一份重要的參考資料。根據該份資料，截至 1994 年底，英國在香港非製造業的外來直接投資存量為 1,715 億港元，佔總額的 35%，居首位；其他依次是中國內地、日本及美國，分別佔 19%、16% 和 11%；而英國在香港非製造業的外來直接投資資產淨值則為 2,031 億港元，佔總額的 30%，亦居首位；其他依次是日本、中國內地及美國，分別佔總額的 20%、19% 及 11%。換言之，英資至今仍是香港最大的外來投資者，是香港僅次於華資的第二大資本勢力。

表 6-2　香港非製造業外來直接投資情況

主要投資者國家	非製造業外來直接投資存量		非製造業外來直接投資資產淨值	
	億港元	比重（％）	億港元	比重（％）
英國	1,715	34.6	2,031	30
中國	924	18.6	1,298	19
日本	785	15.8	1,364	20
美國	531	10.7	759	11
其他	1,001	20.2	1,411	20
合計	4,956	100	6,863	100

資料來源：香港政府統計處

到 90 年代中期，香港的英資公司中，實力雄厚、有影響力的英資財團主要有：滙豐、怡和、太古、嘉道理、香港電訊、標準渣打銀行、英之傑太平洋、英美煙草公司等；其中，又以滙豐、怡和、太古、嘉道理及香港電訊五大財團地位最為重要，影響最為深廣。1994 年底，❺❶ 這五大英資財團控制了香港 15 家重要的上市公司，包括滙豐控股、恒生銀行、香港電訊、怡和控股、怡和策略、置地、牛奶國際、文華東方、怡和國際汽車、太古公司、國泰航空、港機工程、中華電力、香港大酒店、太平地毯等，除怡和國際汽車和太平地毯外，其餘 13 家公司均為香港著名的恒生指數 33 隻成份股之一，是各行業實力雄厚的藍籌股。

近年，這五大英資財團的地位雖有所下降，但 1994 年底在香港股市總值中所佔的比重，仍高達 38.29%，超過華資七大財團所佔的 31.66%。因此，英資財團至今仍是香港經濟中一股舉足輕重的強大勢力。

表 6-3　1994 年底香港十二大財團概況

名次	財團	市值（億港元）	佔股市總值比重（%）
1	**滙豐財團**		
	滙豐控股	2,171.25	
	恒生銀行	1,071.98	
	合計	3,243.23	15.50
2	**李嘉誠財團**		
	長江實業	692.23	
	和記黃埔	1,132.26	
	香港電燈	427.30	
	合計	2,251.79	10.77
3	**香港電訊財團**		
	香港電訊	1,645.04	
	合計	1,645.04	7.86
4	**怡和財團**		
	怡和控股	401.49	
	怡和策略	239.88	
	置地	406.57	
	牛奶國際	142.55	
	文華東方	63.23	
	怡和國際汽車	38.66	
	合計	1,292.38	6.18

名次	財團	市值（億港元）	佔股市總值比重（%）
5	**郭炳湘兄弟財團**		
	新鴻基地產	1,073.93	
	九龍巴士	55.70	
	合計	1,129.63	5.40
6	**李兆基財團**		
	恒基地產	588.92	
	恒基發展	130.81	
	中華煤氣	258.67	
	香港小輪	27.97	
	美麗華酒店	93.22	
	合計	1,099.59	5.26
7	**太古財團**		
	太古公司	702.30	
	國泰航空	322.26	
	港機工程	47.78	
	合計	1,072.34	5.13
8	**吳光正（包玉剛）財團**		
	會德豐	259.30	
	九龍倉	565.74	
	置業信託	55.88	
	聯邦地產	46.60	
	海港企業	27.72	
	連卡佛	19.16	
	海底隧道	28.46	
	寶福	3.75	
	合計	1,006.61	4.81

名次	財團	市值（億港元）	佔股市總值比重（%）
9	嘉道理財團		
	中華電力	656.92	
	大酒店	96.56	
	太平地毯	4.06	
	合計	757.54	3.62
10	胡應湘財團		
	合和實業	276.35	
	亞洲電力	216.75	
	合計	493.10	2.36
11	鄭裕彤財團		
	新世界發展	329.03	
	合計	329.03	1.57
12	陳啟宗財團		
	恒隆	135.05	
	淘大置業	158.25	
	格蘭酒店	17.88	
	合計	311.18	1.49
合計	五大英資財團	8,010.53	38.29
	七大華資財團	6,620.93	31.66

資料來源：香港聯合交易所

» 穩守香港的背後戰略考慮

踏入過渡時期，與怡和、滙豐等加緊向海外發展的趨勢相反，太古、香港電訊、嘉道理以及英之傑等英資財團，均積極部署九七後留港發展的策略，可以說其背後有著極為深刻的戰略動機及考慮。

首先，是對中國政府的"一國兩制"方針以及對香港前途具有信心。

如前所述，早在 1984 年中英簽署關於香港前途問題的聯合聲明時，羅蘭士·嘉道理就明確表示：聯合聲明既切實又富想像力，既精簡又包羅甚廣，中國的"一國兩制"構想獨特而具遠見，可為世界提供促進國際諒解的途徑，香港會成為中國對世界的主要交匯點——東西方關係的焦點。這番話反映出嘉道理勳爵對香港投下信心一票。1989 年，英國太古集團主席施雅迪爵士（Adrian Christopher Swire）訪問北京時，亦曾對中國國家主席楊尚昆表示：太古對中國在香港實行"一國兩制"的政策表示讚賞，看好香港的前途。❷

1992 年，香港太古集團主席薩秉達公開表示：太古集團對香港未來前景充滿信心，決不會如部份英資或港資企業遷冊海外以購買所謂的政治保險，而將繼續在香港投入資金發展，進一步鞏固集團在香港的穩健基礎。他強調，太古集團的這種信心來自聯合聲明，香港及鄰近的珠江三角洲便是一個很好的成功例子，並為本港投資者提供了很多的業務機會。他指出："環顧全球的經濟情況，香港肯定是其中少數享有強勁經濟增長的地區。"事實上，在海外經營業務的風險較在香港甚至在中國為高，因為在一個陌生環境開拓業務所需承擔的風險將會更大。他甚至認為，部份在四五年前將其業務或註冊地轉移到海外的公司或許現時已感到後悔，從經濟角度看，1997 年已成為歷史陳跡，這個"大限"對太古而言並不重要，香港未來要走的路現時已經決定。❸ 可見，太古對聯合聲明、"一國兩制"以及香港的前景都持較積極態度，它對中國政府的態度，不像怡和那樣"避之則吉"；亦不像滙豐那樣"敬而遠之"，而是採取溝通、合作的態度，希望九七後繼續在香港經營。

香港電訊的態度亦是如此，1993 年 11 月英國大東電報局行政總裁羅詹信及香港電訊行政總裁祁敖訪問北京時，均曾向中國國務院港澳辦主任魯平明確表示，大東及香港電訊一直對香港未來及經濟發展、港人的能力，以至包括中國的整個地區都充滿信心，所以在未來仍會像過去近百年一樣繼續投資在電訊設施上，直至九七後以至未來 100 年。❺❹

其次，是要穩守集團在香港的核心業務，並積極開拓中國內地市場。

與怡和、滙豐不同的是，太古、香港電訊、嘉道理等英資財團在香港的核心業務，包括航空、電訊、電力供應等，都是國民經濟的重要命脈，是在特殊的歷史背景中透過英國及香港政府的庇護或批出的經營專利權建立起來的，這些業務可以說撤無可撤，無法連根拔起轉移到海外，而且，隨著九七香港回歸的歷史轉變，其能否繼續維持下去已成問題。

如太古集團，長期以來在港府"一條航線、一家航空公司"的特殊政策下，建立起其對香港航空業的壟斷地位；然而，隨著殖民統治的行將結束，太古能否繼續維持其壟斷地位已成疑問：其一是具濃厚英資色彩的國泰航空能否繼續在九七後代表香港航空公司與外國政府簽訂航空條約？其原有的航空權能否繼續得以保留？其二，太古旗下的公司如港機工程、香港空運貨站等能否繼續投得或壟斷赤鱲角新機場的經營專利權？等等。將國泰航空上市，邀請中信、中航、中旅加盟等等，顯然是太古部署解決上述種種問題的精心策劃。香港太古主席薩秉達亦毫不諱言地表示："我們引進中資，原因是意識到香港現實上需要與中國有夥伴關係，可以與中方共同解決香港航空業的某些問題。" ❺❺ 國泰航空與中信、中航以及港龍航空建立連鎖關係後，很明顯有利於加強其作為代表香港最重要的航空公司的地位。此外，邀請中資加盟，亦有利於其開拓龐大的內地市場。

香港電訊及嘉道理財團的情況亦很類似，香港電訊旗下的香港電話公司，其經營市內電話的專利權於 1995 年屆滿，香港國際電訊經營國際電訊的專利權亦將於 2006 年屆滿，中華電力舊的利潤管制計劃也是將在 1997 年之前到期。因此，採取種種策略措施，以繼續保持其原有的壟斷地位，或至少保持在九七年能繼續經營下去，建立新的競爭優勢已成為這些財團的當務之急，戰略部署的關鍵之所在。

英之傑太平洋雖然沒有太古、香港電訊、嘉道理的問題，不過，它看好中國經濟前景："今日的亞太區經已成為世界上最具朝氣及經濟增長最迅速的地區，而在亞太區當中，又以'大中華'地區最具潛力，……這一龐大的經濟地區——包括中國、台灣、香港及澳門勢將成為世界經濟一股主流。"❻❻ 因此，作為這一地區的大型貿易商行，英之傑太平洋正不遺餘力地積極拓展香港及內地市場。

再次，這些英資財團均已完成集團國際化，其在香港的投資風險已相對減少。

與怡和、滙豐等從香港植根、崛起的老牌英資財團不同，太古、大東電報局、英之傑集團等早已是國際化大財團，財團的註冊地、控股公司均設在英國，投資業務遍佈全球各地，香港部份僅是其集團全球戰略的重要一環；因此，其在香港的投資比重早已降低至50%以下。以香港太古為例，該集團僅是英國太古財團的"四條腿之一"（當然是最肥的一條腿，其餘三條分別為日本、澳洲的業務，以及航運業）。❻❼ 而且，早在1973年，香港太古就透過其上市旗艦太古公司發行面值懸殊於普通A股的B股，大股東施懷雅家族僅持有太古公司27%股權，但卻已擁有49%的投票權；因此，大股東對香港太古的投資風險已相應減低。

英國大東電報局、英之傑的情況也是如此。早在20世紀80年代初期，大東電報集團已發展成為全球最大電訊集團之一，在全球38個國家和地區經營電訊業務，業務遍佈遠東、南太平洋、中東及非洲等地，並一度成為世界第五大電訊公司。1982年，大東成立水星通訊（Mercury Communications），開始在英國本土經營電訊服務。到1990年，隨著公司的全球業務擴展，職員總數達37,681人。隨著香港電訊上市及引入中資新股東，英大東持有的香港電訊股權已大幅下降，風險也相應大幅降低，處於進可攻、退可守的有利地位。英之傑的業務也遍佈印度、英國、中東、澳洲、非洲等地，是一個國際化的大財團。

嘉道理家族財團雖然國際化程度較低，但是亦早已作出相應部署。旗下中華電力的資產，主要部份來自青山發電廠，而該廠的大股東是美國著名的埃克森財團；因此，透過這種安排，家族財團的投資風險實際上亦大大降低。

註釋

❶ 《國泰統一本地航空大業》，香港：《政經週刊》雜誌，1990 年 1 月 20 日，第 50 頁。

❷ 轉引自陶世明著，《"三八八"——國泰航空認股狂潮》，香港：《南北極》雜誌，1986 年 5 月 16 日，第 125 頁。

❸ 同註 2，第 126 頁。

❹ 同註 2，第 126 頁。

❺ 蔡克健、楊東溢著，《榮智健細説生平》，香港：《資本家》雜誌，1995 年第 5 期，第 75 頁。

❻ 同註 1，第 51 頁。

❼ 林行止著，《生意合作易，政治分權難》，香港：《信報》，1992 年 7 月 14 日。

❽ 安平著，《國際機場 1997》，香港：《資本家》雜誌，1994 年 10 月，第 43 頁。

❾ 安平著，《亞太航空振翅高飛》，香港：《資本家》雜誌，1994 年第 10 期，第 38 頁。

❿ 同註 9。

⓫ 中國航空（集團）有限公司，《歷史沿革》，中國航空（集團）有限公司官網。

⓬ 《中航爭逐航權來龍去脈》，香港：《明報》，1995 年 10 月 24 日。

⓭ 《傳太古接觸五名買家，擬出售所持國泰股權》，香港：《信報》，1996 年 4 月 3 日。

⓮ 林行止著，《硬功軟功皆無效，英資優勢已式微》，香港：《信報》，1996 年 4 月 17 日。

⓯ 馮聘著，《太古倚天抽寶劍，香江航權裁三截》，香港：《經濟日報》，1996 年 4 月 30 日。

⓰ 安平著，《鰲首展翅》，香港：《資本家》雜誌，1994 年第 10 期，第 50 頁。

⓱ 同註 16。

⓲ 鍾寶賢著，《太古之道——太古在華一百五十年》，香港：三聯書店（香港）有限公司，2016 年，第 181 頁。

⓳ 鄭良華著，《英國大東收購香港電話公司透視》，香港：《經濟導報》雜誌，1856 期，第 13 頁。

⓴ 余赴禮著，《從產權角度剖析大東與電話的市場壟斷與合併》，香港：《信報財經月刊》雜誌，第 11 卷第 9 期，1987 年 12 月，第 72、74 頁。

㉑ 同註 20。

㉒ 蕭景雲著，《香港電訊化解九七潛在危機》，香港：《信報》，1989 年 4 月 6 日。

㉓ 威蓮玉著，《中信——一國兩制縮影》，香港：《快報》，1990 年 6 月 15 日。

㉔ 《夏普稱交易買方採主動》，香港：《經濟日報》，1990 年 1 月 6 日。

㉕ 余道真著，《分析中信在港投資策略的部署》，香港：《信報財經月刊》雜誌，1990 年 3 月號，第 113 頁。

㉖ 同註 25。

㉗ 《財團對第二網絡虎視眈眈》，香港：《信報》，1991 年 7 月 19 日。

㉘ 參閱香港《經濟日報》，1989 年 12 月 6 日。

❷❾ 《和黃正式要求港府檢討香港電訊獨享國際電話專利權》，香港：《信報》，1991 年 6 月 6 日。

❸⓿ 《香港電訊無懼和黃猛烈抨擊》，香港：《信報》，1991 年 6 月 9 日。

❸❶ 《大東總裁保證在港投資百年》，香港：《信報》，1993 年 11 月 9 日。

❸❷ 《電訊首位華人行政總裁》，香港：《經濟日報》，1994 年 3 月 9 日。

❸❸ 《港電訊敏感時刻失龍頭，張永霖走馬上任求突破》，香港：《經濟日報》，1994 年 1 月 26 日。

❸❹ 劉騏嘉、李敏儀著，《中華電力龍鼓灘工程：政府對電力供應公司的監察》，香港：立法會秘書處資料研究及圖書館服務部，1999 年 9 月 28 日，第 28 頁。

❸❺ 《嘉道理的政經道理》，香港：《信報》，1990 年 1 月 3 日。

❸❻ 參閱香港《信報》，1991 年 4 月 25 日。

❸❼ 同註 35。

❸❽ 思聰著，《大酒店控制權 "攻防戰"》，香港：《信報財經月刊》雜誌，第 13 卷第 3 期，第 36 頁。

❸❾ 同註 38，第 37 頁。

❹⓿ 方元著，《替國泰城市收購大酒店算賬》，香港：《財富月刊》雜誌，1988 年 11 月 3 日，第 9 頁。

❹❶ 同註 35。

❹❷ 參閱《嘉道理的政經道理》，香港：《信報》，1990 年 1 月 3 日。

❹❸ 林行止著，《過河卒不能走回路，英資財團力保專利》，載香港《信報》1995 年 6 月 27 日。

❹❹ Inchcape, *Our History*, 英之傑官網。

❹❺ Andrew Liardet, *Dodwell History*, 1994.

❹❻ 陳沛敏著，《香港最後一間大行英之傑》，香港：《資本》雜誌，1993 年 7 月號，第 56-59 頁。

❹❼ 郭大源著，《鄭明訓營商策略採用 "大中國" 概念》，香港：《經濟週刊》雜誌，1992 年 9 月，第 29-30 頁。

❹❽ 同註 46。

❹❾ 香港政府，《香港對英國的好處》（*Hong Kong Its Value to Britain*），這裡英資銀行顯然並未包括滙豐銀行，否則其在香港總存款比重遠不止 7.5%。

❺⓿ 格雷咸姆‧詹金斯（Graham Jenkins）著，《英國在港的商業份額微不足道》，香港：《香港商業月刊》，1990 年 1 月號。

❺❶ 1994 年底怡和集團上市公司尚未在香港股市除牌。

❺❷ 《楊尚昆讚太古明智》，香港：《大公報》，1989 年 4 月 26 日。

❺❸ 《太古無懼九七繼續在港投資發展》，香港：《華僑日報》，1992 年 8 月 17 日。

❺❹ 《香港電訊對港有信心，九七後續投資一百年》，香港：《大公報》，1993 年 11 月 13 日。

❺❺ 施純港、文灼非著，《"低調、沉著但保持信心" —— 太古新大班薩秉達談上任後的宏圖大計》，香港：《信報》，1992 年 6 月 18 日。

❺❻ 英之傑太平洋編，《英之傑太平洋》，第 2 頁。

❺❼ 1976 年 5 月香港太古集團主席彭勵治答英國《金融時報》記者時的話語。

7

回歸新發展：
滙豐與怡和

1997 年 7 月 1 日，香港回歸中國，成為中華人民共和國轄下特別行政區，按照"一國兩制"的方針，實行"港人治港"、"高度自治"，維持原有資本主義制度和生活方式 50 年不變。隨著港英政府的落旗歸國，一個舊時代宣告結束。在新的歷史環境下，香港英資財團的歷史命運將會如何？這無疑是所有香港問題觀察家關注的焦點之一。

　　總體而言，香港回歸後，已經遷冊並在海外上市的滙豐、怡和，均繼續推進其國際化策略。滙豐以"環球金融、地方智慧"定位展開全球擴張之路，打造出一個全球性跨國金融帝國。怡和透過收購新加坡怡合及印尼阿斯特拉國際，以及旗下各上市公司的擴張，發展為亞太區的跨國商貿巨擘。不過，在全球金融海嘯的衝擊和外圍經濟的影響下，滙豐和怡和都調整策略，"轉向亞洲"，並更重視拓展包括香港、中國內地在內的大中華市場。

01

滙豐控股："環球金融、地方智慧"

───────────────

1991 年，香港滙豐銀行完成重組，設立了一家在英國倫敦註冊的金融控股公司 —— 滙豐控股（HSBC Holdings plc），以此作為滙豐集團的核心控股公司。1993年 1 月，滙豐集團總管理處由香港遷往倫敦，負責執行集團的中央職能，包括策略規劃、人力資源管理、法律及公司秘書服務、財務計劃及監控等。1998 年，滙豐決定在倫敦投資 5 億英鎊興建新總部大廈，以容納原本分散於倫敦市金融區內不同地方的滙豐集團總管理處各部門。倫敦滙豐大廈位於號稱倫敦第二金融區的金絲雀碼頭（Canary Wharf），樓高 210 米，總建築面積為 10.21 萬平方米，由建築大師諾曼・福斯特（Norman Foster）設計，並贏得 "建築界的諾貝爾獎" —— 普里茲克獎（The Pritzker Prize）。該大廈於 2002 年啟用，2003 年 4 月正式開幕，同時成為英國滙豐銀行總行所在地。

20 世紀 90 年代後，滙豐控股開始加大集團內部特別是海外機構的整合力度，合併類似業務，從集團選派管理層，統一理念、統一品牌、統一服務，發揮系統優勢。為了配合滙豐集團的全球化之路，1998 年 11 月，滙豐集團宣佈統一品牌，幾乎所有業務地區的附屬公司均統一採用 HSBC 品牌和六角形標誌，包括香港滙豐銀行。滙豐控股的六角形標誌，是 1983 年引入香港滙豐銀行新企業形象的一部份，它是由至少在 19 世紀末期已開始使用的滙豐銀行的旗幟演變而成。這一設計最初是基於蘇格蘭國旗、聖安德魯十字架。滙豐控股表示："統一集團品牌可以加深世界各地客戶、股東及員工對集團和其信念的認識，亦有助滙豐在世界各地以同一集團形象推出新產品與服務。"

2002 年，滙豐控股進一步明確提出集團的長期發展定位和策略 —— "環球金融地方智慧"（The World's Local Bank），即既是全球化的跨國銀行控股集團，又是融合地方特色的地方銀行。該定位和策略包括兩個互相聯繫的內容：一是"發展我們的國際網絡"，促進國際貿易和資本流動，為客戶提供服務，協助他們從小型企業發展為大型跨國企業；二是"投資於具備本土實力的財富管理及零售銀行業務"，在優先發展市場捕捉全球社會流動性、財富增值以及長期人口變化所帶來的商機。滙豐的"地方智慧"，主要體現在三個方面：收購本土公司、人才本土化和行銷本土化。

滙豐控股認為：該策略使我們能夠利用數個長期趨勢，包括："加強聯結以及貿易、金融和資料的全球流動是 GDP 增長的主要驅動因素"；"經濟權重正向亞洲和中東經濟體轉移，到 2050 年他們的 GDP 有望增長三倍"；"到 2030 年中產階級在世界人口的佔比預計將從三分之一增長到三分之二，而到 2050 年 60 歲以上人口預計將增加 1 倍多"。❶

滙豐銀行鈔票（1997 年 7 月 1 日）（張順光先生提供）

》 滙控的全球擴張之路

滙豐控股成立後，即以倫敦為大本營，通過收購兼併不斷擴充在全球範圍的勢力，並成功實現在多國上市，致力發展為全球性金融集團，實現"環球金融、地方智慧"的戰略目標。

1998 年，龐約翰從前任浦偉士手中接過大印，出任滙豐控股主席。龐約翰（John Reginald Hartnell Bond），1961 年加入香港滙豐銀行，從 1993 年起擔任滙豐集團的首席執行官，1998 年 5 月 29 日出任滙豐集團董事局主席。不過，龐約翰走馬上任時並沒有趁上盛世繁榮的好時光，當時正值 1997 年爆發的金融危機席捲亞洲，滙豐控股盈利下降、成長空間萎縮。這時期，滙豐控股集團的主要利潤來源是香港和英國兩個較為成熟的市場。

在一般常人看來，收斂業務和伺機而動應該是最明智的決策。然而，龐約翰卻制定了一個名為"增值管理"（Managing for Value）的"五年計劃"，提出 5 年內股東總回報 TSR（按股價衡量，並假設全部股息用作再投資）翻一番的管理目標，同時在盈利能力和股本回報率上超越主要競爭對手，包括美國花旗集團等。龐約翰表示："要做戰略上正確的事情。"他認為，化解風險最好的策略就是通過併購的擴張，實現"盈利由美洲、歐洲和亞洲各佔三分之一"的平衡風險謀略，從而使滙豐控股對單一市場的依賴程度不超過 30%。

踐行"五年計劃"的第一步、也是對龐約翰決策之舉具有關鍵指標作用的震撼性動作，是滙豐對美國利寶集團的收購。1999 年 5 月，滙控以 103 億美元價格收購美國利寶集團（Republic New York corporation）及其姐妹公司 Safra Republic Holdings S.A.。前者的主要附屬公司——寶利銀行是紐約市第三大存款銀行，也是私人銀行的翹楚。收購後，滙控將寶利銀行併入美國滙豐銀行（前身為美國海豐銀行）。通過是次收購，滙豐將紐約州 200 多萬服務客戶攬入懷中，奠定了滙豐在美國的根基。當年，滙控將股份分拆，一分為三，並將股票面值由英鎊改為美元計算，實現在美國紐約證券交易所上市。滙控在美國擴張的同時，實現"當地語系化"。

2003 年 3 月，滙豐控股再接再厲，以 148 億美元價格收購了美國最大的獨立消費信貸公司——家庭國際（Household International）。該公司在美國 45 個州擁有 1,300 多家分行，為 5,300 萬客戶提供消費融資服務。這起收購，使得滙豐在美國市場的消費金融業務獲得了寬廣的交易平台，成為美國消費金融和信用卡市場的主要參與者之一。2004 年，滙控又以 14 億美元收購百慕大銀行，進而取代百慕大銀行在百慕大證券交易所的上市地位。2005 年 12 月，滙控再度出擊，透過美國滙豐融資以 16 億美元價格，收購 Metris Companies Inc.，從而成為美國 Master CardR 及 VisaR 卡的第五大發卡機構。

與此同時，滙豐控股在歐洲、南美、亞洲的收購兼併也取得了進展。在歐洲，1998 年，滙控收購了德國著名私人銀行 Guyerzeller 少數股權，使之成為全資附屬公司。1999 年，滙控收購歐洲著名私人銀行 Safra（Safra Republic Holdings）。2000 年，滙控以 110 億美元收購了具有近百年歷史的法國商業信貸（Credit Commercialde France，簡稱 CCF），並取代 CCF 在巴黎交易所掛牌上市。當時，CCF 為法國最大銀行之一，共擁有 650 家分行、資產規模達 690 億歐元。此項收購大大提高了滙豐控股在歐洲大陸的市場地位，夯實了其在歐元區的發展基礎。2004 年，滙控再以 7.63 億英鎊（約 110 億港元）價格，購入英國瑪莎集團旗下的瑪莎零售金融服務（MSRF）全部股權，作價相當於 MSRF 資產淨值 1.56 倍，成為英國三大發卡行之一。

於南美洲，早在 1997 年，滙控已收購在巴西擁有 1,300 家分行的 Bamerindus 銀行。1999 年，該行更名為 "滙豐銀行巴西有限公司"。2002 年 11 月，滙控進一步收購了在墨西哥擁有最大個人客戶群的 Bital 金融集團。2003 年 10 月，巴西滙豐斥資 8.15 億美元（約 63.57 億港元），收購英國萊斯銀行在巴西的消費融資業務 Losango。在亞洲，1999 年，滙控收購馬爾他第一大商業銀行 Mid-Med 控股權；2000 年 5 月，再以 366.19 億泰銖（約 9.4 億美元）收購泰國京華銀行（Bangkok Metropolitan Bank）72.02% 股權；2001 年，又以 3.5 億美元現金收購土耳其第五大私人銀行 Demirbank TAS，擴展了在土耳其的個人銀行業務。

這一時期，在龐約翰的引領下，滙豐控股通過一系列令人眼花繚亂的收購兼併活動，配合集團業務的自然增長，在整合、互補、均衡、發展中，發展成為了一家能夠與美國花旗集團展開激烈競爭的的全球性跨國金融集團。據資料顯示，在名為 "增值管理" 的 "五年計劃" 中，滙豐控股在全球併購方面投入資金的超過 500 億美元。至 2003 年末，該項計劃實現並超額完成。龐約翰宣佈，滙控集團市值已由 5 年前的 700 億美元增加到 1,620 億美元，股東回報達至 209%。

》 龐約翰的 "增長管理"

就在滙豐控股 "增值管理" 戰略取得成效，讓投資者和競爭對手刮目相看的時候，龐約翰推出了第二個名為 "增長管理"（Managing for Growth）的 "五年計劃"。"增長管理" 計劃基於滙豐的核心價值觀，包括重視誠信為本的長遠客戶關係、通過團隊合作提升生產力、以自信和進取的態度追求卓越表現、發揮國際視野與特質、審慎取態、充份發揮創意，並且有效實行市場推廣等。龐約翰表示，在第二個"五年計劃"內，滙控仍會通過兼併收購以實現整體增長的目標，但收購目標必須符合滙控的戰略，未來幾年的發展重心將由資產擴張轉到重點業務提升，以及提升業務競爭力的"整體增長"。該五年計劃與上一個五年計劃風格迥異，通過收購兼併實現了全球化擴張的滙控集團，正處於消化、整合已有的"獵物"，並積極搜尋新增長點的新階段，需要有一個整固、提高的戰略轉變。這實質上宣告了滙豐大規模併購暫時告一段落。

在全球擴張過程中，全球化與本土化是跨國金融機構不可迴避、也難以協調的一對矛盾，滙控也不例外。滙豐控股的全球化之路，在實施"本土化"過程中有兩個突出的特點：

第一，在經營業務模式上，滙控採取子公司的業務模式，它在各國收購兼併了許多大型金融機構，但各子公司都是獨立法人，獨立經營、獨立核算，滙控並不直接干預子公司的經營業務，主要負責收購、兼併、轉讓和子公司的股權結構變動，並協調內部資源以及在新領域投資等。不過，滙控會透過控股公司推動本土子公司改革，強化"全方位服務模式"，以量身訂做的方式開發適合不同客戶群體的產品，並利用全球通訊網絡，將滙控遍佈全球各地的分支機構連接在一起，提高國際化服務水平和效率，做到比本土銀行更國際化，比國際銀行更本土化。

第二，將收購兼併與在當地上市有機結合起來。有評論指出，如果說全球併購是國際主流銀行實施全球化發展戰略共同採用的手段，那麼全球上市則是龐約翰為滙控實施全球化發展戰略鍛造的獨門利器。1991 年，滙控在完成對米特蘭銀行收購的同時，其股票在倫敦和香港雙雙上市；1999 年，滙控收購了美國利寶集團後，即實現在紐約證交所上市；2000 年，滙控在完成對法國商業銀行的收購並將其改組成法國滙豐後，在巴黎證交所掛牌交易；2004 年，滙控收購百慕大銀行後，其股票旋即在百慕大證交所掛牌交易。與單純全球併購相比，全球併購與全球上市並舉的策略不僅僅製造出了豐厚的資本收益，更能夠淡化由併購所可能形成的對東道國的挑戰。

這一時期，滙控在全球地域擴張的同時，也著眼於新業務領域的拓展，其中以私人銀行業務最為典型。1998-2004 年期間，滙控先後收購了德國著名私人銀行 Guyerzeller、紐約主要私人銀行 —— 紐約共和銀行、歐洲著名私人銀行 Safra、安達信下屬私人稅收顧問業務、百慕大銀行。到 2004 年，滙控將上述收購獲得的私人銀行業務，與滙豐本身在香港、歐洲的私人銀行業務整合，組成了一個強有力的新品牌——滙豐私人銀行。截至 2005 年底，滙豐私人銀行管理的財富達 3,480 億美元，一舉超越花旗銀行和摩根士丹利，成為僅次於瑞士聯合銀行和瑞士信貸銀行的全球第三大私人銀行。

2008 年 4 月，美國《福布斯》雜誌公佈 2008 全球企業排行榜，在綜合考慮總營業收入、淨利潤、總資產和市值等多方面指標後，滙豐控股的綜合評分高居全球各大上市公司榜首。《福布斯》讚揚滙豐是一隻 "會跳舞的大象"：在過去 5 年中，其收入和盈利年均增長分別達到了驚人的 26% 和 31%。截至 2009 年 3 月，滙豐控股在全球 86 個國家和地區共設有約 1 萬個業務網點，為逾 1 億名客戶提供全面的金融服務，所管理的資產總額超過 2.5 萬億美元。滙豐集團的全球業務涵蓋個人理財業務，商業銀行業務，企業銀行、投資銀行及資本市場業務（現稱為 "環球銀行與資本市場業務"），私人銀行業務，以及其他業務領域。用龐約翰的話說，就是 "我們做我們客戶的所有業務"。

》 全球金融海嘯後的改革轉型

2008 年爆發的全球金融海嘯，對全球銀行業造成嚴重的衝擊，各大跨國銀行紛紛收縮戰線，滙豐也不例外。這一時期，滙豐控股迎來了新的領導班子：2006 年 5 月，滙控行政總裁葛霖（Stephen Green）接替退休的龐約翰出任集團主席，而行政總裁則由紀勤（Michael Geoghegan）出任。葛霖早期就職於英國政府海外拓展部，1982 年加入香港滙豐銀行，1995 年出任英國米特蘭銀行（現稱英國滙豐銀行）董事，1998 年出任滙豐投資銀行及資本市場部執行董事，2003 年 6 月獲委任為滙豐控股行政總裁。

面對全球金融海嘯的衝擊，滙豐控股先後出售一系列非核心資產。2009 年，滙控將公司在美國紐約第五大道 452 號的總部售予以色列 IDB 集團旗下兩家附屬公司；以 9.04 億美元向西班牙桑坦德銀行出售旗下汽車融資貸款管理部門及 10 億美元貸款結欠額；以 7.725 億英鎊的價格將倫敦總部出售給韓國國家退休基金（NPS）；以包括達信母公司威達信集團共計 1.35 億英鎊的股份及現金，將英國第九大保險經紀公司滙豐保險經紀公司出售給保險經紀和風險管理公司——達信（Marsh）；以 4 億歐元出售滙豐法國總部給法國基金 French Properties Management，並計劃於出售後的未來 9 年租回該物業。這樣，滙豐控股先後放售倫敦、紐約及法國總部物業，共套現約 167 億港元。❷

2010 年 12 月，范智廉接替葛霖出任滙豐控股集團主席。范智廉（Douglas Jardine Flint）早年任職畢馬威會計師事務所（KPMG），1995 年加入滙豐，出任集團財務總監。2011 年，歐智華亦接替紀勤出任滙豐集團行政總裁。歐智華（Stuart Gulliver），1980 年牛津大學畢業後加入滙控，曾被派往香港和東京工作。2000 年及 2004 年先後被任命為集團總經理及集團董事總經理，2008 年 5 月出任集團執行董事（Executive

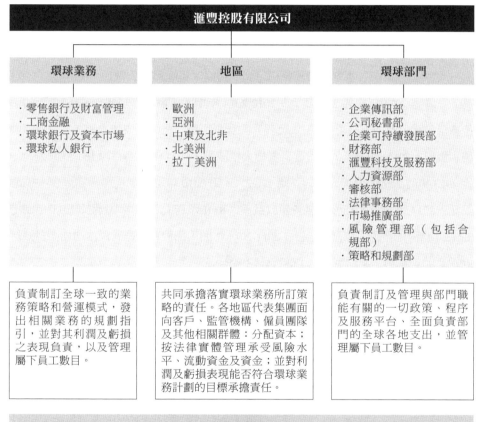

滙豐控股的環球管理架構（資料來源：《滙豐控股有限公司 2014 年策略報告》，第 13 頁）

Director）。在集團新領導班子的帶領下，滙豐控股進一步加大在改革轉型步伐。

2011 年 5 月，滙豐控股在 "策略日" 活動中，首次全面披露了金融危機之後的改革轉型戰略，具體的改革舉措包括四點：第一，從之前的擴張策略轉為收縮全球經營網絡，並將業務經營重心轉向亞洲市場；第二，精簡集團管理層級，將過去以地域為基礎的管理模式，改組為以業務為基礎的管理層級，通過對原有業務線進行重組，形成零售金融與財富管理、工商金融、環球銀行與金融市場、環球私人銀行四大全球業務線，由四大業務線負責制定全球統一的業務發展策略和運營模式，提出業務發展計劃和目標，並對業務線員工人數進行統籌管理；第三，全面加強風險與合規管理，構築起由一線員工、中後台風險管理部門、內部審計等組成的三道全球風險管理防線；第四，改變併購擴張的業務方式，轉為主要依靠利潤積累推動經營規模的有機增長。

隨著上述改革，滙豐的業務結構得到了精簡，集團員工人數從 2010 年底的 29.5 萬人下降到 2014 年底的 25.8 萬人。2010-2014 年期間，滙豐實現年均 57 億美元的可持續業務費用節約，遠超過 25-35 億美元的計劃目標。但這些成效未能在經營業績中得到體現。2011-2014 年，滙豐經營業績大幅波動，2014 年稅前利潤 186.80 億美元，比 2013 年的 225.65 億美元大幅下降 17.22%，比 2010 年 190.39 億美元亦減少 3.59 億美元。2014 年，滙豐控股的淨資產收益率（ROE）僅為 7.3%，遠低於 2011 年制定的 12%-15% 的目標。據滙控統計，2011-2014 年間，由於合規經營成本增加而對該行 ROE 的負面影響，平均每年約 1 個百分點。❸

表 7-1　2004-2018 年滙豐控股業務發展概況（單位：億美元）

年份	營業收入	除稅前利潤	母公司股東應佔利潤	資產總值
2004	559.88	189.43	129.18	12,799.74
2005	617.04	209.66	150.81	15,019.70
2006	700.70	220.86	157.89	18,607.58
2007	876.01	242.12	191.33	23,542.66
2008	885.71	93.07	57.28	25,274.65
2009	786.31	70.79	58.34	23,644.52

年份	營業收入	除稅前利潤	母公司股東應佔利潤	資產總值
2010	800.14	190.39	131.59	24,546.89
2011	834.61	218.72	167.97	25,555.79
2012	825.45	206.49	140.27	26,925.38
2013	783.37	225.65	162.04	26,713.18
2014	745.93	186.80	136.88	26,341.39
2015	710.92	188.67	135.22	24,096.56
2016	598.36	71.12	13.89	23,749.86
2017	637.76	171.67	97.73	25,217.71
2018	635.87	198.90	126.98	25,581.24

資料來源：《滙豐控股有限公司年報及賬目》，2004-2018 年。

為了應對國際政治經濟發展新形勢、新監管環境下的資金成本和經營成本上升，進一步解決滙控在與國際競爭對手競爭中面對的新問題、新挑戰，集團領導層制定了新的改革策略行動計劃和實施目標。2015 年 6 月，滙豐控股召開了投資者簡報會，詳細介紹了 2015-2017 年期間，滙控集團經營管理改革的主要策略導向、實施目標和時間表。這是滙控繼 2011 年 5 月推出後危機時代改革轉型戰略後，在發展戰略上的又一次重大調整，在改革思路與目標上表現出較強連貫性，有助於滙控後危機時代新經營模式的打造成型。

該策略行動計劃包括三個方面。第一，調整規模及精簡集團架構，具體包括：減少集團風險加權資產 2,900 億美元，推動環球銀行及資本市場業務，恢復集團的目標盈利能力；優化環球網絡，縮減業務覆蓋範圍；重建在北美自由貿易區的盈利能力；在英國設立分隔運作的銀行；實現 45-50 億美元成本節約。第二，重新部署資本及投資，具體包括：透過國際網絡推動高於國內生產總值的增長，從而提升市場佔有率，實現亞洲的管理資產每年增長約 10%；透過人民幣國際化推動業務增長，爭取到 2017 年集團的人民幣業務收入貢獻由 2014 年的 17 億美元增加到 20-25 億美元；推行防範金融犯罪的環球標準。第三，總部所在地進行檢討（表 7-2）。

表 7-2　2015 年滙豐控股策略行動、目標及成果

策略行動	2017 年底的目標	成果	進度
調整規模及精簡集團架構			
減少集團風險加權資產 2,900 億美元	·減少集團風險加權資產 2,900 億美元 ·環球銀行及資本市場業務，恢復集團的目標盈利能力；佔集團風險加權資產三分之一以下	·採取管理措施減少風險加權資產：約 3,380 億美元（為 2015-2017 年目標的 100% 以上）。 ·環球銀行及資本市場業務的風險加權資產為 2,990 億美元。	☑
優化環球網絡	·縮減業務覆蓋範圍	·於 2017 年底，集團業務覆蓋 67 個國家和地區（少於 2014 年底的 73 個國家和地區）。	☑
重建在北美自由貿易區的盈利能力	·美國除稅前利潤約 20 億美元 ·墨西哥除稅前利潤約 6 億美元	·美國業務（不包括消費及按揭貸款縮減組合）的經調整除稅前利潤：9.2 億美元（較 2016 年上升 138%）。 ·墨西哥業務的經調整除稅前利潤：4.4 億美元（較 2016 年上升 60%）。	— ☑
在英國設立分隔運作的銀行	·於 2018 年完成	·就設立英國分隔運作銀行獲監管機關發出有限制銀行牌照。 ·如期推展成立全面運作團隊的工作，以配合於 2018 年上半年揭幕的英國新總部。	☑
實現 45-50 億美元成本節約	·2017 年底的推算營業支出與 2014 年的經調整水平相若	·2017 年底的經調整推算成本與 2014 年的成本基礎持平。 ·自實施成本節約計劃以來，推算的年度成本節約達至 61 億美元。	☑
重新部署資本及投資			
透過國際網絡推動高於國內生產總值的增長	·提升市場佔有率 ·亞洲的管理資產每年增長約 10%	·亞洲貸款組合：4,260 億美元（按經匯率調整基準計，較 2016 年上升 14%）。 ·廣東地區貸款：62 億美元（較 2016 年增加 23%）。 ·東盟業務經調整收入：29 億美元（較 2016 年下跌 4%）。 ·由投資管理業務管理而分配至亞洲的資產：1,720 億美元（較 2016 年增加 17%）。 ·亞洲制訂保險產品業務以年率計之新造業務保費：24 億美元（較 2016 年增加 8%）。	☑

策略行動	2017 年底的目標	成果	進度
透過人民幣國際化推動業務增長	·20-25 億美元收入	·人民幣國際化帶來的收入（來自部份或全部以人民幣計值的離岸業務，以及中國內地特定產品）：12 億美元（較 2016 年減少 5%）。	—
環球標準 – 防範金融犯罪	·已全面推行	·2017 年底前：採用合規相關的重要資訊科技系統；制訂反洗錢及制裁政策架構；評估金融犯罪風險管理架構的效力，務求將之全面融入日常營運當中。 ·2017 年後：以有效而可持續的方式，在日常金融犯罪風險管理工作中全面採納政策架構及相關運作程序。目標為達至與英國金融業操守監管局所協定之最終狀況。繼續微調重要資訊科技系統，並繼續落實監察員／內行人士的意見。	☑
		總部所在地	
總部檢討	·於 2015 年底前完成檢討	·已於 2016 年 2 月宣佈繼續以倫敦作為全球總部所在地。	☑

資料來源：《滙豐控股有限公司 2017 年策略報告》，第 13 頁。

　　經過三年努力，到 2017 年，滙控行政總裁歐智華在公司年報中表示："2017 年是滙豐重要的一年。我們完成了 2015 年展開的改革計劃，大力提升業務網絡的效益，並加強了集團的競爭優勢。截至年底，我們已超額完成削減風險加權資產和節約成本的目標、重新發展墨西哥業務、透過國際網絡推動高於環球經濟增幅的收入增長，以及加快拓展亞洲業務。此外，我們又開展新業務，推出多種產品，顯著提升面向國際客戶的服務。" ❹ 他並強調："集團的業務實力，很大程度上歸功於 2015 年 6 月公佈的策略行動。有關計劃已於 2017 年底結束，十項行動中有八項如期達至目標。""我們為股東創造了卓越價值，由 2011-2017 年底，股東總回報達到 70.3%。" ❺

02

滙控的戰略調整："轉向亞洲"

2015 年，滙控行政總裁歐智華借用美國總統巴拉克·奧巴馬（Barack Obama）的一個說法，將該行新戰略的一個關鍵方面描述為"轉向亞洲"（Pivot to Asia）。❻ 當時，該集團營業收入的 37% 來自亞洲，依次是歐洲，美國、加拿大及墨西哥，分別佔比為 34% 和 16%。

當時，在全球業務佈局的調整中，滙控再次突出了亞洲市場的重要性，將戰略重心全面向亞洲市場轉移，搶抓亞洲經濟高速增長帶來的業務發展機會。滙控認為，集團在亞洲市場有兩個重點地區，一是中國的工業重地珠江三角洲，充份發揮集團在

	香港及亞太其他地區	歐洲	中東及北非	北美洲	拉丁美洲
本位市場	· 香港	· 英國			
優先發展市場	· 澳洲 · 中國內地 · 印度 · 印尼 · 馬來西亞 · 新加坡 · 台灣 · 越南	· 法國 · 德國 · 瑞士 · 土耳其	· 埃及 · 沙地阿拉伯 · 阿聯酋	· 加拿大 · 美國	· 阿根廷 · 巴西 · 墨西哥
網絡市場	· 業務對象主要是工商金融業務和環球銀行及資本市場業務的國際客戶及企業 · 這些市場與本位及優先發展市場合共覆蓋國際貿易及資金流的 85%-90%				
小型市場	· 滙豐已建立具盈利能力的經營規模和重點業務的市場 · 代表辦事處				

滙豐控股的市場架構（資料來源：《滙豐控股有限公司 2013 年策略報告》，第 13 頁）

香港市場的領先優勢，在區域內形成規模經營，滙豐並計劃在珠三角地區建立資料中心；二是擴大在東盟（ASEAN）十國市場，特別是新加坡、馬來西亞、印尼等重點市場的領先優勢。在中國和東盟市場，滙控將重點發展資產管理和保險業務，以充份享受當地財富增長帶來的業務紅利。滙控的許多客戶賬戶都在亞洲，中國、新加坡和馬來西亞在其中佔了最大份額。

》調整戰略：轉向亞洲與香港

對此，滙豐亞洲行政總裁王冬勝（Peter Wong）明確表示，滙豐已決定將業務重心放在除香港之外利潤增長最快的六個亞洲核心市場，以及該行認為對未來至關重要的兩個戰略市場。這六個核心市場包括澳洲、中國、印度、印尼、馬來西亞和新加坡，而兩個戰略市場則是台灣和越南。滙豐表示："我們在亞洲的戰略是，在不同的地區發展強大、平衡和多元化的業務。六個核心市場和兩個戰略市場是我們的投資首選地，但這並不意味著我們會放棄其他市場。" ❼ 在另一個場合，滙控行政總裁歐智華表示，在滙豐計劃從表現不佳的業務（特別是投行業務）中削減下來的 2,900 億美元風險加權資產中，估計能夠重新部署的約有 1,500 億美元。其中，半數將重新部署於亞洲，其餘的一半將投資到歐洲、中東以及拉丁美洲等地區。

事實上，早在 2008 年全球金融海嘯爆發前，亞洲地區特別是香港，一直是滙豐集團的主要盈利來源。2007 年，滙控除稅前利潤總額中，55.1% 來自亞洲地區，其中，香港的份額為 30.3%，香港以外亞洲其他地區佔 24.8%；而資產總值則僅佔集團總值的 25.5%，其中香港佔 15.2%。及至 2008-2009 年金融海嘯期間，亞洲地區特別是香港更成為滙控全部的盈利來源，分別佔集團全部除稅前利潤的 128.2% 及 130.3%，其中，香港分別佔 58.7% 及 71.0%。換言之，沒有亞洲地區的盈利貢獻，滙控集團在這兩個年度都嚴重虧損。其後，滙控從全球部份地區撤出，推動一系列改革措施，但直到 2014 年，香港和亞洲其他地區佔集團除稅前利潤的比重仍分別達 43.6% 及 34.7%，亞洲地區整體所佔比重仍高達 78.3%（表 7-3）。可以說，滙豐控股的 "轉向亞洲" 策略正是在這種背景下形成的。其中，香港市場更加重要，被集團視為全球兩個本位市場之一（另一個為英國）。

表 7-3 滙豐控股在香港及亞太其他地區的業務發展概況（單位：億美元）

年度／地區總值		除稅前利潤／（虧損）		資產總值	
		總值	佔百分比（%）	總值	佔百分比（%）
2006	香港	51.82	23.5	N.A.	N.A.
	亞太其他地區	35.27	16.0	N.A.	N.A.
	小計	87.09	39.5	N.A.	N.A.
2007	香港	73.39	30.3	3,568.94	15.2
	亞太其他地區	60.09	24.8	2,432.05	10.3
	小計	133.48	55.1	6,000.99	25.5
2008	香港	54.46	58.7	4,071.51	16.1
	亞太其他地區	64.68	69.5	2,623.05	10.4
	小計	119.14	128.2	6,694.56	26.5
2009	香港	50.29	71.0	3,992.43	16.9
	亞太其他地區	42.00	59.3	2,221.39	9.4
	小計	92.29	130.3	6,213.82	26.3
2010	香港	56.92	29.9	4,295.65	17.5
	亞太其他地區	59.02	31.0	2,780.62	11.3
	小計	115.94	60.9	7,076.27	28.8
2011	香港	58.23	26.6	4,730.24	18.5
	亞太其他地區	74.71	34.2	3,178.16	12.4
	小計	132.94	60.8	7,908.40	30.9
2012	香港	75.82	36.7	5,183.34	19.3
	亞太其他地區	104.48	50.6	3,422.69	12.7
	小計	180.30	87.3	8,606.03	32.0
2013	香港	80.89	35.9	5,554.13	20.8
	亞太其他地區	77.64	34.4	3,359.37	12.6
	小計	158.53	70.3	8,913.50	33.4

年度／地區總值		除稅前利潤／（虧損）		資產總值	
		總值	佔百分比（%）	總值	佔百分比（%）
2014	香港	81.42	43.6	N.A.	N.A.
	亞太其他地區	64.83	34.7	N.A.	N.A.
	小計	146.25	78.3	8,787.23	33.4
2015	香港	98.06	52.0	N.A.	N.A.
	亞太其他地區	59.57	31.5	N.A.	N.A.
	小計	157.63	83.5	8,897.47	36.9
2016	香港	80.69	113.5	N.A.	N.A.
	亞太其他地區	57.71	80.2	N.A.	N.A.
	小計	138.40	193.7	8,897.47	36.9
2017	香港	95.98	55.9	N.A.	N.A.
	亞太其他地區	57.31	33.4	N.A.	N.A.
	小計	153.29	89.3	10,084.98	40.0
2018	香港	115.14	57.9	N.A.	N.A.
	亞太其他地區	62.76	31.6	N.A.	N.A.
	小計	177.90	89.5	10,476.36	40.95

資料來源：《滙豐控股有限公司年報及賬目》，2006-2018 年。

　　從香港市場來看，滙豐控股在香港有兩個著名的品牌 —— 作為全資附屬公司的香港滙豐銀行（簡稱 "滙豐銀行"）及其持有 62.14% 股權的恒生銀行。其中，香港滙豐銀行（The Hongkong and Shanghai Banking Corporation Limited）是滙豐控股集團在亞洲的旗艦，也香港最大的商業銀行，擔任香港發鈔銀行的職能，並且是香港政府的主要往來銀行之一。回歸之後，由於受到 1997 年亞洲金融危機的衝擊，香港滙豐的業績一度下降。不過，2003 年以來，香港滙豐表現理想，2007 年除稅前利潤高達 73.39 億美元（折合約 569 億港元），比 2006 年大幅增長 41.62%。2009 年，受到金融海嘯衝擊，香港滙豐的除稅前利潤一度下降到 50.29 億美元，但卻佔當年整個總體除稅前利潤的 71.0%，成為集團的盈利中心和業務中流砥柱。2018 年，香港滙豐的除稅前利潤為 115.14 億美元，比 2008 年的 54.61 億美元大幅增長了 1.11 倍，年均增長率為 7.77%（表 7-4）。

從滙控集團的四大業務來看，香港滙豐做得最好的是零售銀行及財富管理，其次是工商金融，2018 年除稅前利潤分別達 59.51 億美元及 31.14 億美元，分別佔銀行除稅前利潤的 51.68% 及 27.05%；而環球銀行及資本市場、環球私人銀行的業績則徘徊不前。其中，環球銀行及資本市場的除稅前利潤基本徘徊在 12-17 億美元之間，2013-2015 年曾經一度突破至 18-21 億美元，但 2018 年又回落到 16.70 億美元；環球私人銀行的業績更不如人意，長時間停滯在 2-3 億美元左右。

表 7-4　香港滙豐銀行主要業務的除稅前利潤／（虧損）概況（單位：億美元）

年度	零售銀行及財富管理	工商金融	環球銀行及資本市場	環球私人銀行	其他	總額
2006	28.80	13.21	9.55	2.01	（1.75）	51.82
2007	42.12	16.19	15.78	3.05	（3.75）	73.39
2008	34.28	13.15	14.36	2.37	（9.55）	54.61
2009	27.89	9.56	14.46	1.97	（3.59）	50.29
2010	29.18	13.52	14.30	2.27	（2.35）	56.92
2011	30.22	16.08	13.16	1.88	（3.11）	58.23
2012	36.94	21.88	15.18	2.49	（0.67）	75.82
2013	37.42	21.10	19.71	2.08	0.58	80.89
2014	37.27	22.64	18.07	1.46	1.98	81.42
2015	37.99	23.84	21.19	1.77	13.27	98.06
2016	37.96	21.91	12.98	2.21	5.63	80.69
2017	50.39	24.60	13.57	2.57	4.85	95.98
2018	59.51	31.14	16.70	3.33	4.46	115.14

資料來源：《滙豐控股有限公司年報及賬目》，2006-2018 年。

》滙控總部：回遷香港或留在倫敦？

　　長期以來，滙豐銀行總部一直在香港。二次大戰期間，滙豐曾一度將總部遷往倫敦。戰爭結束後，滙豐的香港業務恢復運作，即恢復行使總行營運權。不過，1990年 12 月 17 日，滙豐銀行宣佈結構重組，在英國倫敦成立控股公司——滙豐控股，並將香港滙豐銀行倫敦分行升格為滙豐控股的註冊辦事處，實際上變相遷冊倫敦。其後，滙豐將集團總部遷往倫敦。

　　不過，2009 年金融海嘯爆發後，情況開始發生變化。9 月 25 日，滙控宣佈，集團行政總裁紀勤（Michael Geoghegan）的辦公室將於 2010 年 2 月 1 日從倫敦調回香港，以便加強發展亞太市場。當時，儘管所有的國際銀行在金融危機中都遭受重創，滙控在美國消費金融業務也受到沉重打擊，但憑藉其穩固的資本基礎和分佈在全球各地的業務——其中很大一部份在亞洲，滙控不僅渡過了危機，而且狀態不錯，這令公司股

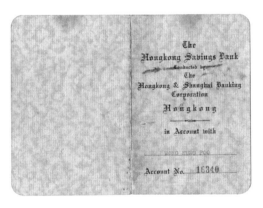

1935 年的滙豐銀行存摺（張順光先生提供）

價自 2009 年 3 月份觸底後上漲逾 1 倍，漲幅比全球同行高出 7%。不過，國際投資者一直對滙豐有兩點不滿：一是對企業治理結構頗有微詞，尤其是對作為滙控主席的葛霖身兼制定企業戰略的關鍵職能表示不滿；二是敦促滙豐控股重新回歸亞洲的根基。

當時，紀勤表示："為了推動（亞洲業務增長），你必須常駐香港。這是（滙豐全球重心）從西方向東方轉移的一個部署，重點是香港——它是通往中國的門戶，也是亞洲佔據主導地位的金融中心。" ❽ 仍然留守在倫敦的滙豐控股主席葛霖則把 2009 年稱作 "轉型之年"。他在年報中指出："滙豐向來深信世界經濟重心正在轉移，而金融危機不外乎加速了這個趨勢的發展。" 他並表示："2009 年，我們宣佈集團行政總裁紀勤將會負責制定發展策略，作為其對集團業務表現之整體職責的一部份。他的主要辦公室現已遷往香港，而他本人亦由 2010 年 2 月 1 日起接替鄭海泉出任香港上海滙豐銀行有限公司主席。這些部署彰顯我們發展新興市場業務的決心，亦反映現時環球經濟重心由西向東移的歷史性趨勢。" ❾ 有評論指出：滙豐行政總裁主要辦公室遷至香港的決定，將受到中國熱烈而低調的歡迎。❿

2010 年和 2011 年，范智廉和歐智華先後接替葛霖和紀勤出任滙豐控股主席和行政總裁後，集團領導層最初仍然維持這一說法。歐智華上任之初，滙控宣佈："集團首席執行官的主要辦公室將仍是 2009 年遷至的香港。因此，歐智華將遷至那裡，但仍會定期出現在集團的倫敦總部。"歐智華在滙控 2010 年度報告中也表示："香港位處滙豐業務策略的心臟地區，也是重要性日增的全球金融樞紐。我身為集團行政總裁，為了更好管理業務及制訂集團策略，將主要辦公室設於香港，是適當的舉措。"新任主席范智廉則表示："我們成立至今已有 145 年，而香港和亞洲其他區依然是滙豐雄厚實力和形象之根源，我們對這個地區的承諾仍然堅定不移。" ⓫ 不過稍後，歐智華開始轉變口風，表示可能放棄遷至香港的計劃，而是選擇繼續留在倫敦。他並表示，從英國時區管理一家全球企業效率最高。

2015 年 4 月 24 日，滙豐控股透露正展開三年一度的總部所在地評估，理由是 2009 年金融危機後倫敦金融城（City of London）實施了更嚴格的監管。標準人壽投資（Standard Life Investments）股票主管大衛·卡明（David Cumming）表示，英國監管機構仍在提高資本金緩衝要求和 "移動球門柱"，這導致滙豐及英國其他大銀行失去耐心。他指出，如果滙豐搬遷總部，很多股東將予以支持，因為 "目前的局面是，資本金要求不斷提高，不清楚到哪一步才算完。”滙豐控股十大股東之一、歐洲大型上市基金公司安本資產管理（Aberdeen Asset Management）也表示，如果滙豐將總部遷往香港，該公司將繼續支持滙豐。⓬

一般分析，滙豐控股考慮變更集團總部地點，主要有三個方面的考慮：首先，英國銀行稅率偏高。自 2010 年英國推出銀行稅後，逐年上調稅率，旨在確保銀行業在金融危機後做出“公平貢獻”。根據摩根士丹利的估算，滙豐控股在未來三年可能需要向英國政府繳納高達 45 億美元的銀行稅，大約佔該集團淨利潤的 11%。其次，在英國銀行經營的風險大。當時，無論是保守黨還是工黨，其競選承諾中，都有令銀行生存環境“惡化”的政策。其中，工黨表示，若獲得勝選將提高銀行稅 8 億英鎊，每年整體稅金提高至 45 億英鎊。而保守黨領袖卡梅倫則一直主張脫歐，相比工黨主張的提高公司稅，脫歐前景更令商業投資者擔憂。有報道稱，滙豐考慮將總部遷出英國部份原因，可能在於對未來英國可能脫離歐盟的擔憂。

第三，是出於對滙控自身業務調整的考慮。2008 年金融海嘯爆發後，歐美金融機構在發達市場的盈利能力一落千丈，被迫進行大規模的資產重組，包括退出一些市場或直接結束某些業務，加大了對新興市場業務的拓展。滙控的情況也不例外。滙控正計劃對英國、巴西、土耳其等市場的業務進行整合，包括考慮出售巴西銀行，推出土耳其市場等；同時，隨著金融監管機構監管措施愈加嚴厲，銀行經營的成本急劇上升，滙控需要增加撥備資金。有業內人士認為：“對大型跨國銀行來說，生存環境‘惡化’，自然有‘擇木而棲’的想法。”

當時，范智廉在一份聲明中表示：“董事會要求管理層開始研究，尋找在新環境中的最佳總部位置。這是一個複雜的問題，現在就確定將花費多長時間或結論是甚麼還為時過早，但相關工作正在進行中。”他並強調，關鍵是要找到最合適的定位。對於滙豐總部可能從英國遷至香港一事，香港金融管理局發言人表示，假如滙豐將總部遷回香港，金管局將持正面態度。不過，有業內人士指出，最大的問題是香港能否容得下滙控。截至 2015 年，滙豐的全球資產規模預計達到 2.8 萬億美元，相當於英國經濟的規模，是香港 GDP 的 9 倍。摩根士丹利指出：“香港目前的金融業很大一部份是外國銀行，只是在香港設立分支銀行，對於這些銀行，香港金融管理局是否有足夠的監管能力，是一個疑問。”

不過，亦有評論認為，滙豐控股旨在向英國政府施壓。這一施壓顯然奏效了：2015 年夏天，英國財政大臣奧斯本（Georg Osborne）宣佈，將銀行稅率減半。鑑於情況已發生變化，2016 年 2 月 14 日，滙豐控股宣佈，經過長達十個月評估，董事會全票通過決定集團總部續留英國倫敦，而非遷往香港或其他地區。董事會主席范智廉在聲明稿中表示："在經過以特定標準評估司法體制後，很明顯地能看出，我們將策略核心放在亞洲、將總部留在倫敦這個引領世界的國際金融中心這一策略，不僅是相容，更是為顧客及投資者提供最佳成果。" 聲明並表示，倫敦擁有 "受國際推崇的監管框架及法律體系"，同時是 "高技術、國際化人才的聚集地"，因此，倫敦是 "對於一個如滙豐一樣的全球性金融機構來說，是個理想的總部位置"。滙豐控股董事會並表示，他們將停止每三年一次的總部選址檢討，未來將只會 "在情況發生重大變化時" 才重新檢視。

　　滙控在聲明中強調，亞洲 "仍然是滙豐集團的策略核心"，而且 "特別重視在珠江三角洲地區及東盟的進一步投資"。范智廉對英國廣播公司（BBC）表示："將我們的總部留在英國，同時又將業務中心放在亞太，對於我們的股東來說可以集合兩個地區的最大優勢。" 對此，香港金融管理局表示，尊重滙豐的決定。金管局總裁陳德霖表示："金管局明白，對於一間大型國際銀行如滙豐而言，將總部遷冊是一個極其重大和複雜的決定，我們尊重滙控董事局作出一動不如一靜的決定。" 受到相關消息刺激，滙豐控股在2 月 15 日早市股價上漲 3.43%，報 49.75。

香港滙豐銀行大廈

　　據市場人士分析，滙豐控股選擇將集團總部繼續留在倫敦，原因是多方面的，其中的一個因素是中國經濟增長放緩。分析指出，歐智華是一個精明的風險管理者，當年亞洲金融危機期間，他曾坐鎮香港，操盤亞洲各地市場；最近幾年來，他一直在為中國增長放緩做準備。另外，香港近年來的政治局勢也是原因之一，知情人士透露，滙豐銀行對於香港是否適合作為一家思想獨立的全球領軍性金融機構的總部所在地，仍然存在懷疑。此外，財政原因也是滙豐放棄"搬家"的原因之一。分析人士懷疑，該銀行是否在香港真的能夠減少納稅。根據估測，光遷移總部這一項浩大的工程，就要花費多達 25 億美元的巨額成本。

》深耕中國市場的"雙面策略"

作為外資銀行，滙豐從成立之日起就與中國市場有著很深的淵源。早在 1865 年創辦香港上海滙豐銀行一個月後，就在上海設立第一家分行，其後更逐步擴展到天津、北京、漢口、重慶等地。滙豐銀行在舊中國的業務主要有國際匯兌、發行紙幣、存貸款業務、經辦和舉放對中國政府的外債、經理中國的關鹽稅業務等，其業務發展迅猛，基本壟斷中國外匯市場，幾乎成為近代中國"政府的銀行"。改革開放以後，滙豐又積極佈局中國市場。1980 年 10 月 4 日，滙豐銀行北京代表處經批准宣告成立，這是滙豐銀行在中華人民共和國設立的第一家分支機構。其後，滙豐相繼在內地各大城市設立代表處。1984 年，滙豐銀行成為 1949 年以來首家取得內地銀行牌照的外資銀行，並將其深圳代表處升格為正式分行。1997 年，香港回歸中國，滙豐銀行率先成為獲得在內地經營人民幣業務的國際銀行之一。

香港滙豐主席艾爾敦曾表示："滙豐在中國主要有兩個同步進行的投資策略，一個是以滙豐的名義開展業務，滙豐完全控股；另一個就是尋找合作夥伴。"2012 年 3 月，滙控行政總裁歐智華在北京接受記者專訪時更明確表示："滙豐在中國將繼續實行雙面發展戰略：一方面積極與交行合作。最近滙豐投資了 17 億美元參加交行的非公開配股融資，以維持滙豐在交行 19.03% 的持股比例。目前，滙豐和交行的業務合作有很多機遇。其中，在'走出去'政策下，交行可充份利用滙豐的海外網絡，為客戶'走出去'提供更好的服務。另一方面，滙豐會把剝離其他業務所釋放出的資本，進一步投入到滙豐中國自身業務的發展中來。目前，滙豐中國有 116 家網點。我們希望未來在除了環球銀行和工商銀行業務之外，在中國能夠大力發展財富管理業務。而要發展這塊業務，需要更大的網絡滿足客戶更多的需求。"⑬

1999 年 12 月，香港滙豐拆資 3,300 萬美元購入上海浦東由日本森茂房產投資株式會社投資建設的原名為 "森茂國際大廈" 4.8 萬平方米的樓面面積及大廈冠名權，以作為滙豐中國業務總部所在地。2000 年 11 月 20 日，滙豐高層雲集浦東，正式為上海浦東 "滙豐大廈" 亮燈並命名。在新聞發佈會上，滙控主席龐約翰表示："滙豐的中國策略重在長期投資。" 其時，滙豐已在中國內地開設了 9 間分行、1 間支行和 2 家代表處，分行分別設於北京、大連、廣州、青島、上海、深圳、天津、武漢和廈門，支行設在上海浦西，代表處則設於成都和重慶。

踏入 21 世紀，滙豐在中國的發展策略，除了繼續在各大城市開設分支行之外，其中一個重要變化是入股中資銀行和保險公司，首戰告捷的是入股上海銀行。2001 年 12 月，滙豐以 6,260 萬美元（約 5.18 億元人民幣）入股上海銀行 8% 股權，作為滙豐了解內地銀行運作的試金石。同時參股上海銀行的還有世界銀行投資管理下的國際金融公司（IFC）和香港上海商業銀行。滙豐並與上海銀行簽署為期 5 年的技術支持協議。⑭ 當時，上海銀行開設 196 間分行，截至 2000 年底總資產為 116 億元人民幣。

2003 年 12 月初，中國銀監會宣佈，將單一外資銀行入股內地銀行的投資比例從原來規定的 15% 提高到 20%。2004 年 8 月 6 日，香港滙豐即與交通銀行在北京簽署合作協議，以 17.47 億美元（約 144.61 億元人民幣）購入交通銀行 19.9% 股權，成為交通銀行僅次於國家財政部的第二大股東。交通銀行創辦於 1908 年，是中國早期四大銀行之一，也是中國早期的發鈔銀行之一，當時設立的宗旨是協助路、電、郵、航四大要政的資金調度。1949 年以後，交通銀行由國家接管，除香港分行繼續營業外，內地業務分別併入中國人民銀行和在交行基礎上組建的中國建設銀行。改革開放後，作為金融改革試點，國務院於 1986 年批准重新組建交通銀行，總部設在上海，1987 年正式對外營業，成為中國第一間全國性股份制商業銀行。

香港滙豐主席艾爾敦表示："這家銀行符合滙豐銀行為合作夥伴定下的標準，其業務規模也令滙豐感興趣，因為這家銀行看起來還容易管理，它能為滙豐提供覆蓋整個中國內地的業務網絡。" 他並強調："此次入股交通銀行，為滙豐創造了一個大張旗鼓重返中國內地市場的機會。" 滙控主席龐約翰也表示："對建立滙豐在中國內地的業務而言，這項投資是重要的一步。" 簽約當天，中國副總理黃菊在中南海接見龐約翰一行時也表示：兩家銀行的戰略合作，既有利於交通銀行的整體改革和長遠發展，為中國金融業的改革提供示範效應，又有利於滙豐銀行在中國開展業務，是一項"雙贏"的合作。❺

　　對於滙豐入股交通銀行的戰略意圖，2008 年 4 月時任滙豐銀行（中國）有限公司行長兼行政總裁的翁富澤曾這樣說："我們的主要戰略夥伴交通銀行可以利用滙豐遍佈全球的一萬個網點，使交行的客戶受益，而滙豐可以利用交行在全國的 2,600 個網點，為我們的國際客戶帶來便利。通過滙豐提供的管理和技術支援，交行已經通過旗下的太平洋信用卡中心發行了超過 500 萬張聯名信用卡；這是一個最好的例子，展示中外資銀行的合作可以為中國市場帶來直接的好處。" ❻ 根據滙豐 2005 年年報資料顯示，當年在中國內地，滙豐實現稅前盈利達 3.34 億美元，其中 70% 以上來自交通銀行、興業銀行及上海銀行。

　　這一時期，香港滙豐還積極向保險、資產管理及證券等非銀行業務的擴張。早在 2002 年，滙豐拆資 6 億美元（約 49.8 億元人民幣）購入平安保險 10% 股權，成為該公司第二單一股東。平安保險創辦於 1988 年，註冊資本為 4,200 萬元人民幣。1997 年，平安保險實行股份制改造，逐步發展成為一家全國性的股份制保險公司。2003 年初，平安保險完成分業重組，更名為"中國平安保險（集團）股份有限公司"，直接控有平安壽險、平安產險、平安信託、平安海外等子公司。2003 年 12 月，滙豐與平安聯手，收購福建亞洲銀行，並將之改組為平安銀行。2004 年 6 月 24 日，中國平安在香港交易所以 H 股掛牌上市。滙豐拆資 12 億港元按比例認購，維持持股比例在 9.99%。這一時期，滙豐與平安在眾多領域開展了卓有成效的交流與合作，包括建立亞洲最大、代表國際最先進水平的綜合金融後援平台，完善公司治理架構、風險管控體系等，滙豐的進入對平安快速成長為國際一流的綜合金融集團，提供了豐富的經驗。

　　2005 年 8 月 31 日，滙控宣佈向中國平安的兩個戰略合作夥伴 —— 高盛和摩根士丹利以每股 13.2 港元價格，購入中國平安 6.1 億股 H 股，涉及資金 81.04 億港元（約 86 億元人民幣）。至此，滙控前後共動用約 144 億港元，使所持中國平安股權增至 19.9%，達到單一外資企業持有國內保險公司的上限。對此，龐約翰表示："此次計劃擴大在平安保險的投資，表明我們對長遠前景深具信心。我們對中國內地保險業的長遠發展十分樂觀，並相信平安憑藉所具備的優勢，將能從保險業的發展中得益。我們期望與平安進一步拓展夥伴關係，日後有更緊密的合作。"2004年，中國平安成功登陸H股，全年營業收入增加至632.51億元人民幣，淨利潤規模為31.16億元人民幣，市值約800億元港幣。滙控通過入股上海、三進平安、投資興業、合作交銀、涉水資本市場，並輔以自身業務建設，一躍而成為中國最大、最知名的外資金融機構之一。

2006年12月11日，中國正式實施《外資銀行管理條例》，向外資全面開放銀行業。根據形勢的新發展，滙豐及時調整在中國的發展策略，將重點轉向本身銀行業務的發展。2007年3月29日，香港滙豐在內地註冊成立一家全資擁有的子公司——滙豐銀行（中國）有限公司（簡稱"滙豐中國"），總部設於上海浦東，其前身是滙豐銀行原中國內地的分支機構。這是最先完成在中國內地註冊的四家外資銀行之一。4月2日，滙豐中國正式開業，由香港銀行家王冬勝出任董事長，廖宜建出任行長兼行政總裁。2010年6月9日，滙豐投資於上海浦東陸家嘴的滙豐中國總部大廈落成啟用。集團行政總裁兼香港滙豐主席紀勤親臨上海主持儀式。滙豐入駐新大廈共有22個樓層，總面積達58,000多平方米，可容納超過4,000名員工。紀勤表示，投資中國新總部大樓是滙豐在內地發展的一個重要里程碑，在全球經濟重心從西方轉向新興市場之際，新大廈的啟用代表著滙豐對上海建設成為國際金融中心的信心。❶

這一時期，滙豐的"雙面策略"的重點從入股內地金融機構轉為加強滙豐中國的發展。為此，滙豐逐步售出所持內地金融機構股權。其中，最矚目的是出售中國平安股權。2012年12月5日，滙控宣佈，將所持有的中國平安15.57%的股份轉售予正大集團，總交易價為727.36億港元，相當於每股59港元，以現金支付。正大集團取代滙豐，接盤中國平安。滙豐表示："平安是滙豐近10年來最成功的投資之一，我們很高興有機會分享到中國經濟、金融業發展和平安快速成長的巨大價值。我們相信平安在現有的基礎上，能夠很好地把握中國經濟、金融業快速發展的有利契機，一如既往地保持各項業務的穩健發展，最終成為國際領先的綜合性金融集團。"2013年12月，滙豐清空了所持上海銀行全部8%的股權，接盤者為西班牙桑坦德銀行。有評論指出，從滙豐銀行在內地擴張路徑來看，出售中國內地所持金融機構的股權，除了通過重組改善財務狀況外，也是滙豐銀行從參股銀行到獨立運行銀行轉變的必然之舉。

滙豐中國發展策略的重點，是在全國各地設置分支行，建立龐大的業務網絡。

據統計，截至 2017 年底，滙豐中國共設有 178 個經營網點，包括 34 間分行和 144 間支行。其中，分行分別設於北京、長春、長沙、成都、重慶、大連、東莞、佛山、福州、廣州、哈爾濱、杭州、合肥、濟南、昆明、南昌、南京、南寧、南通、寧波、青島、上海、瀋陽、深圳、蘇州、太原、唐山、天津、武漢、無錫、廈門、西安、揚州和鄭州等地。支行則分別設於北京、常熟、潮州、成都、重慶、大連、東莞、佛山、廣州、杭州、河源、惠州、江門、江陰、揭陽、崑山、茂名、梅州、南京、寧波、青島、清遠、上海、汕頭、汕尾、韶關、瀋陽、深圳、蘇州、太倉、天津、武漢、廈門、西安、陽江、宜興、雲浮、湛江、張家港、肇慶、中山和珠海，其中，設於廣東省的就有 57 間，佔支行總數的 40%。❶❽

　　與此同時，滙豐中國還將發展村鎮銀行作為滙豐集團在中國整體發展戰略中的重要組成部份。與其他外資行不同的是，滙豐很早就看到了普惠金融在中國的發展前景，2007 年 12 月，滙豐在中國開設第一家村鎮銀行——湖北隨州曾都滙豐村鎮銀行，成為全國首家外商獨資的村鎮銀行。其後，滙豐一直致力於拓展村鎮銀行。截至 2017 年底，滙豐先後在湖北、重慶、福建、北京、廣東、遼寧、湖南和山東等 8 個省市設立了 12 家村鎮銀行，連同其下屬的 14 家支行，共 26 個服務網點，構建了目前內地最大的外資村鎮銀行網絡。❶❾

　　在深耕中國的"雙面策略"下，滙豐集團在中國業務取得了快速的發展。2006年，滙豐在中國內地業務的除稅前利潤僅 7.08 億美元，到 2012 年即出售中國平安前一年度，已增加到 63.40 億美元，6 年間大幅增長了 7.95 倍，其中，中國平安的貢獻是 32.23 億美元，其他聯營公司貢獻 23.25 億美元，分別佔除稅前利潤總值的 50.84%及 36.67%，合共佔 87.51%。2013 年度，滙豐因出售中國平安，除稅前利潤下降到 42.41 億美元，跌幅達 33.11%。到 2018 年度，滙豐中國業務的除稅前利潤進一步下降至 28.58 億美元（表 7-5）；其中，滙豐中國為 38.94 億港元，摺合約 4.99 億美元，約佔滙豐中國業務除稅前利潤總額的兩成（表 7-6）。從銀行業務分類看，2018 年度滙豐在中國的業務，以企業中心或其他為主，佔除稅前利潤的 78.17%，其次是環球銀行及資本市場、工商金融，分別佔 19.80% 和 9.17%，而零售銀行及財富管理、環球私人銀行則仍處於虧損狀態。

表 7-5　滙豐銀行中國內地主要業務的除稅前利潤／（虧損）（單位：百萬美元）

年度	零售銀行及財富管理	工商金融	環球銀行及資本市場	環球私人銀行	企業中心或其他	總額
2006 年	276	241	167	—	24	708
聯營公司	274	210	86	—	5	575
內地其他地區	2	31	81	—	19	133
2007 年	494	397	369	—	1,101	2,361
聯營公司	516	351	220	—	1,093	2,180
內地其他地區	（22）	46	149	—	8	181
2008 年	284	622	688	（5）	16	1,605
聯營公司	393	558	335	—	—	1,286
內地其他地區	（109）	64	353	（5）	16	319
2009 年	494	616	479	（7）	50	1,632
聯營公司	678	558	285	—	—	1,521
內地其他地區	（184）	58	194	（7）	50	111
2010 年	839	833	683	（7）	217	2,565
平安保險	797	—	51	—	188	1,036
其他聯營公司	176	746	392	—	—	1,314
其他地區	（134）	87	240	（7）	29	215
2011 年	1,112	1,340	1,116	（4）	117	3,681
平安保險	946	—	63	—	117	1,126
其他聯營公司	233	1,150	466	—	—	1,849
內地其他地區	（67）	190	587	（4）	—	706
2012 年	838	1,724	1,257	（4）	2,525	6,340
平安保險	622	82	60	—	2,459	3,223
其他聯營公司	268	1,466	591	—	—	2,325
內地其他地區	（52）	176	606	（4）	66	792

年度	零售銀行及 財富管理	工商金融	環球銀行及 資本市場	環球私 人銀行	企業中心 或其他	總額
2013 年	223	1,536	842	（4）	1,644	4,241
2014 年	292	1,533	954	（3）	175	2,951
2015 年	297	1,569	1,062	（3）	135	3,060
2016 年	（72）	68	456	（3）	2,158	2,607
2017 年	（44）	161	387	（4）	1,988	2,488
2018 年	（200）	262	566	（4）	2,234	2,858

資料來源：《滙豐控股有限公司年報及賬目》，2006-2018 年。

表 7-6　滙豐銀行（中國）經營概況（單位：億元人民幣）

	2013 年	2014 年	2015 年	2016 年	2017 年	2018 年
吸收存款	1,998.05	2,266.28	2,274.16	2,683.93	2,507.98	2,618.02
貸款和墊款	1,485.10	1,729.41	1,702.35	1,632.24	1,855.97	1,938.17
資產總額	3,658.24	4,257.64	3,896.55	4,217.14	4,679.36	4,763.24
營業收入	87.73	109.92	117.68	103.99	107.38	126.21
利潤總額	41.83	42.31	60.28	45.97	40.85	38.90
淨利潤	36.99	40.10	53.77	41.75	38.24	38.94
資本充足率（%）	16.4	15.8	18.0	19.4	17.6	18.3
分行數目（個）	—	32	33	34	34	34
支行數目（個）	—	141	143	144	144	142

資料來源：《滙豐銀行（中國）有限公司年度報告》，2014-2018 年。

集團行政總裁歐智華表示：滙豐業務發展與中國在很多方面可實現雙贏，包括：
第一，在中國"走出去"政策下，滙控在全球的龐大的網絡，有利於協助中國公司"走
出去"。滙豐控股表示："2017 年內，我們獲得多項與中國'一帶一路'倡議相關的
重大業務委託，並於波蘭、盧森堡、泰國和澳門設立中國業務組，進一步把握相關機
遇。現時，我們合共設有 24 個中國業務組，協助中國企業實現邁向全球的抱負，其中
有 20 個位於'一帶一路'沿線國家。11 月，我們於《金融亞洲》雜誌的'2017 年成就
大獎'中，獲評選為'一帶一路'最佳銀行。"❷ 第二，在人民幣國際化方面實現雙
贏。滙豐在全球 58 個國家和地區可以進行人民幣跨境貿易結算。滙豐將進一步支持和
協助促進人民幣的國際化，同時幫助合格境內機構投資者（QDII）和合格境外機構投
資者（QFII）在離岸和在岸市場進行人民幣的投資。第三，財富管理方面實現雙贏。
滙豐希望通過財富管理，進一步發展多元化的產品，為中國客戶提供更多元化的服務。

》 恒生：香港最大的本地註冊銀行

滙豐控股在香港及中國內地的業務中，還有一股重要的勢力 —— 香港滙豐持有
62.14% 股權的恒生銀行（Hang Seng Bank Limited）。恒生銀行自 1965 年被滙豐銀行收購以

滙豐銀行支票（連印花）（張順光先生提供）

渣打銀行支票（張順光先生提供）　　　　恒生銀行支票（張順光先生提供）

來，發展快速，是香港最大本地註冊上市銀行，躋身全球市值五十大的上市銀行之列。

回歸以來，隨著銀行創辦人何善衡等相繼去世，滙豐開始接管銀行管理，但仍然委派華人高管出任領導層職務，維持其作為本地銀行的特色。與滙豐控股一樣，恒生銀行除了在香港上市，同時也在倫敦證券交易所掛牌買賣，並在美國為投資者提供第一級贊助形式的美國預託證券計劃。2009 年 8 月，恒生銀行成為香港首家將交易所買賣基金以直接跨境模式在台灣作第二上市的金融機構，當時恒生銀行的兩隻交易所買賣基金率先在台灣直接跨境上市。

2010 年，恒生銀行副董事長兼行政總裁梁高美懿明確表示："本行的長遠目標，是成為在香港及內地為富裕和中產客戶，提供個人及私人銀行服務的具領導地位銀行，以及成為大中華地區的領先商業銀行。為實現這些目標，本行會充份利用競爭優勢，確定主要爭取之業務，以維持可持續的增長。" 她並強調："獨特的市場定位、全面的理財業務能力，以及龐大的業務轉介網絡，均是本行的優勢。" [21] 回歸以來，恒生採取以客戶為主導的業務策略，以應對充滿挑戰的經營環境，正是憑藉銀行獨有的營運優勢，並以創新與誠信兼備為原則提供優質服務，推動多元化業務發展，成功地鞏固了銀行在傳統銀行服務的領導地位。

這一時期，恒生銀行配合香港作為亞太區財富管理中心的發展態勢，進一步加

香港恒生銀行大廈

強了以富裕及中產客戶為目標的財富管理和私人銀行服務等業務的發展，2010 年恒生銀行增設了 3 間商務理財中心，從而令商務理財中心的總數增至 7 間。同時，銀行也憑藉在貿易及企業財富管理方面的業務能力，加強作為貿易相關服務首選合作夥伴的地位。2018 年，恒生銀行的零售銀行及財富管理業務，除稅前利潤達 145.57 億港元，佔當年銀行除稅前利潤的 51.2%；而商業銀行業務的除稅前利潤也達到 85.75 億港元，所佔比重為 30.2%；環球銀行及資本市場業務的除稅前利潤則為 53.20 億港元，佔 18.7%（表 7-7）。

表 7-7　恒生銀行主要業務的除稅前利潤／（虧損）概況（單位：百萬港元）

年度	零售銀行及財富管理	商業銀行	環球銀行及資本市場	其他業務	總額
2014	8,625	4,827	4,692	（95）	18,049
	（47.8%）	（26.7%）	（26.0%）	（-0.5%）	（100.0%）
2015	9,250	5,212	4,506	11,520	30,488
	（30.3%）	（17.1%）	（14.8%）	（37.8%）	（100.0%）
2016	8,824	5,251	4,806	209	19,090
	（46.2%）	（27.5%）	（25.2%）	（1.1%）	（100.0%）
2017	12,459	6,349	4,755	111	23,674
	（52.6%）	（26.8%）	（20.1%）	（0.5%）	（100.0%）
2018	14,557	8,575	5,320	（20）	28,432
	（51.2%）	（30.2%）	（18.7%）	（-0.1%）	（100.0%）

資料來源：《恒生銀行有限公司年度報告》，2014-2018 年。

　　恒生銀行在經營上的另一個特色，是隨著中國人民幣國際化的步伐，加快了人民幣離岸業務的發展。2004 年內地對境外開放人民幣業務，恒生銀行即成為香港首批從事人民幣業務的銀行，並於 2010 年成為 "香港首間訂立人民幣最優惠利率，以及牽頭安排簽訂人民幣銀團貸款之銀行"，同時積極 "推出以內地為焦點之投資產品"。[22] 2011 年，銀行副董事長兼行政總裁梁高美懿明確提出："我們會加強發揮作為提供人民幣服務之主要參與者及先驅之角色。" [23] 2012 年 2 月，恒生銀行率先推出全球首隻以人民幣計價的黃金交易所買賣基金——"恒生人民幣黃金 ETF"。該基金同時也是香港首隻以人民幣計價的交易所買賣基金。

2008 年全球金融海嘯爆發以來，恒生銀行的業務基本處於穩定增長的態勢。其中，存、貸款分別從 2008 年的 5,621.83 億港元及 3,291.21 億港元，增加到 2018 年的 11,544.15 億港元及 8,744.56 億港元，10 年間分別大幅增長了 1.05 倍及 1.66 倍，年均增長率分別為 7.46% 及 10.27%。從營業收入看，2007-2013 年的 7 年間，恒生銀行的營業收入似乎一直徘徊在 300 億港元左右，直至 2014 年才突破 400 億港元大關，到 2018 年達到 554.32 億港元，比 2008 年 347.59 億港元增長了 59.48%，年均增長率為 4.78%；同期，除稅前利潤從 158.78 億港元增加到 284.32 億港元，10 年間增長了 79.07%，年均增長率為 6.00%（表 7-8）。

表 7-8　2005 年以來恒生銀行經營概況（單位：億港元）

年份	往來、儲蓄及其他存款	客戶貸款	資產總額	營業收入	除稅前利潤
2005	4,309.95	2,606.80	5,808.20	232.46	133.58
2006	4,828.21	2,793.53	6,690.64	261.58	143.95
2007	5,466.53	3,083.56	7,459.99	356.92	214.71
2008	5,621.83	3,291.21	7,621.68	347.59	158.78
2009	6,363.69	3,446.21	8,259.68	328.16	154.77
2010	6,836.28	4,726.37	9,169.11	344.17	173.45
2011	6,998.57	4,805.74	9,754.45	342.07	192.13
2012	7,691.47	5,361.62	10,770.96	366.16	219.94
2013	8,249.96	5,862.40	11,437.30	398.36	284.96
2014	8,965.21	6,584.31	12,639.90	429.49	180.49
2015	9,592.28	6,889.46	13,344.29	440.15	304.88
2016	9,895.39	6,989.92	13,772.42	441.33	190.90
2017	10,748.37	8,065.73	14,784.18	500.76	236.74
2018	11,544.15	8,744.56	15,712.97	554.32	284.32

資料來源：《恒生銀行有限公司年度報告》，2008-2018 年。

在中國業務方面，恒生銀行與滙豐銀行一樣，是改革開放以後最先進入中國內地的金融機構。1985 年以後，恒生銀行先後在深圳、廈門、上海等地設立代表處，1995 年在廣州開設內地第一間分行。回歸以後，恒生銀行先後於 1997 年和 1999 年將上海、深圳的代表處升格為分行，為內地居民和企業提供外幣服務以及電話銀行服務等；2003 年和 2004 年，廣州分行、深圳分行先後開始為外籍人士、港澳台人士及外資企業提供人民幣服務，並推出商業 e-Banking 服務。2004 年，恒生銀行以 17.26 億元人民幣（約 16.26 億港元），購入興業銀行 15.98% 股權，同年興業銀行推出首張帶有恒生標識的國際雙幣信用卡，其後更與興業銀行合作成立信用卡中心。及至 2005 年，恒生在上海、廣州、深圳及福州的分行相繼推出人民幣遠期外匯合約。

2006 年，恒生在中國的業務發展進入快車道。當年，恒生獲中國銀監會批准開辦代客境外理財業務資格（QDII），並獲國家外匯管理局批予 3 億美元的代客境外理財購匯額度，以提供海外財富管理服務；同時，獲銀監會批准在內地籌建外資法人銀行，以 45 億元人民幣作為法人銀行的註冊資本。2007 年 6 月，恒生在中國內地成立的法人銀行——恒生銀行（中國）有限公司（簡稱"恒生中國"）開幕，恒生中國並獲准為中國境內公民提供人民幣服務。當年，恒生中國在杭州、寧波開設分行。2009 年，恒生中國相繼在北京、深圳、廣州等地開設支行，其後又於 2010 年在佛山開設在 CEPA 補充協議六框架下的首家支行。2010 年 6 月內地跨境貿易人民幣結算試點地區擴大後，恒生中國將該業務推廣至內地 13 個城市。

2010 年，恒生中國投資 5.1 億元人民幣購入上海浦東陸家嘴總部物業。翌年 5 月，恒生中國遷往位於上海陸家嘴的恒生銀行大廈。恒生表示：此舉是銀行的一項重要里程碑，體現了恒生對發展內地業務的長遠投資。2013 年，恒生銀行的全資附屬公司恒生證券與廣州證券合作，根據 CEPA 補充協議六在廣東省成立首間合資證券投資諮詢公司——廣州廣證恒生證券投資諮詢有限公司，主要從事撰寫證券及相關產品分析研究報告，以及進行證券市場研究調查等。同年，恒生中國啟動內地證券投資基金銷售業務，並成為前海跨境人民幣貸款首批試點銀行。2013 年，恒生銀行的中國內地業務除稅前利潤已達 84.69 億港元，比 2011 年的 41.85 億港元，大幅增長了 1 倍，中國業務佔恒生銀行除稅前利潤總額比重，亦從 21.7% 上升到 29.7%（表 7-9）。換言之，除稅前利潤的三成來自中國內地。

表 7-9 　2011-2013 年恒生銀行主要業務除稅前利潤／（虧損）概況（單位：百萬港元）

年度	零售銀行及財富管理	商業銀行	環球銀行及資本市場	其他業務	合計	中國內地業務	總額
2011	6,509 （33.8%）	4,616 （24.0%）	2,512 （13.0%）	1,433 （7.5%）	15,070 （78.3%）	4,185 （21.7%）	19,255 （100.0%）
2012	7,939 （35.9%）	5,878 （26.6%）	2,364 （10.7%）	509 （2.3%）	16,690 （75.5%）	5,423 （24.5%）	22,113 （100.0%）
2013	8,939 （31.4%）	6,263 （22.0%）	2,441 （8.6%）	2,384 （8.3%）	20,027 （70.3%）	8,469 （29.7%）	28,496 （100.0%）

資料來源：《滙豐控股有限公司年報及賬目》，2011-2013 年。

　　2014 年以後，恒生中國業務日趨多元化，包括於 2014 年推出 "優越理財中港通" 服務，並首次於香港發行離岸人民幣債券；於 2015 年與永誠保險合作，代理銷售 "全球醫療計劃系列" 保險產品；於 2016 年推出 "跨域" 系列金融服務，成功發行中國（上海）自由貿易試驗區跨境同業存單，以及代理銷售首批 "北上" 互認基金產品——恒生中國 H 股指數基金 M 類人民幣對沖份額；於 2017 年推出虛擬賬戶服務，首次代銷以美元計價的香港基金互認產品，並發行銀行同業存單，金額為 5 億元人民幣。

　　經過多年的發展，恒生銀行已成為香港最大的上市公司之一，也是全球最大的金融機構之一，2018 年底市值高達 3,361 億港元，在香港透過擁有超過 280 個服務網點，為香港逾半數人口服務，數目超過 350 萬人。[24] 恒生銀行並在澳門及新加坡設有分行，在中國內地設有全資附屬公司——恒生銀行（中國）有限公司，總部設於上海浦東，在珠三角、長三角、環渤海灣及中西部地區設有經營網點。此外，恒生銀行並設有多間附屬公司，包括恒生銀行信託有限公司、恒生財務有限公司、恒生證券有限公司、恒生期貨有限公司、恒生保險有限公司、恒生人壽保險有限公司、恒生金業有限公司及恒生指數有限公司等，分別從事信託、財務、證券、期貨、保險等多元化金融業務。2018 年，恒生銀行連續 19 年被《財資》雜誌評為 "香港本地最佳銀行"，被《亞洲貨幣》連續兩年評為 "香港最佳本地銀行"，被 Asian Banking & Finance 連續 7 年評為 "香港最佳本地貿易融資銀行"，被 Global Finance 評為 "香港最穩健銀行"。

　　2017 年 9 月，友邦保險首席執行官兼總裁杜嘉祺（Mark Tucker）接替任期屆滿的范智廉出任滙豐控股主席，打破滙豐的歷史紀錄，成為首位從外間聘請及 "空降"主席。當年，滙豐控股順利完成了 2015 年展開的改革計劃，有效提升了業務網絡的效益和集團競爭力。2018 年 2 月，滙豐控股零售和財富主管范寧（John Flint）接替歐智華出任行政總裁。集團主席杜嘉祺在集團年度報告中表示："2017 年業績展現了集團的實力與潛力。亞洲再次為集團貢獻大部份利潤，其中工商金融和零售銀行及財富管理業務的表現尤為突出。" 2018 年，滙豐控股的營業收入總額為 635.87 億美元，除稅前利潤 198.90 億美元，比 2016 年增長了 6.27% 和 1.80 倍（表 7-10）。滙豐控股主席杜嘉祺表示："滙豐的現況十分穩健。2018 年的業績足以說明，集團業務運作良好，而集團行政總裁范寧於 6 月份宣佈的策略亦極具潛力。" ㉕ 截至 2018 年底，滙豐控股總資產高達 25,581.24 億美元，在全球 66 個國家設有約 3,900 個辦事處，僱員約 23.5萬人，為全球各地約 3,900 萬名客戶提供零售銀行及財富管理、工商金融、環球銀行及資本市場，以及環球私人銀行等全方位的銀行服務。

表 7-10　2006-2018 年滙豐控股經營業績概況（單位：億美元）

年份	客戶存款	客戶貸款	資產總值	營業收入總額	除稅前利潤
2006	8,968.34	8,681.33	18,607.58	700.70	220.86
2007	10,961.40	9,815.48	23,542.66	876.01	242.12
2008	11,153.27	9,328.68	25,274.65	885.71	93.07
2009	11,590.34	8,962.31	23,644.52	786.31	70.79
2010	12,277.25	9,583.66	24,546.89	800.14	190.37
2011	12,539.25	9,404.29	25,555.79	834.61	218.72
2012	13,400.14	9,976.23	26,925.38	825.45	206.49

年份	客戶存款	客戶貸款	資產總值	營業收入總額	除稅前利潤
2013	14,828.12	10,803.04	26,713.18	783.37	225.65
2014	13,506.42	9,746.60	26,341.39	745.93	186.80
2015	12,895.86	9,244.54	24,096.56	710.92	188.67
2016	12,723.86	8,615.05	23,749.86	598.36	71.12
2017	13,644.62	9,629.64	25,217.71	637.76	171.67
2018	13,626.43	9,816.96	25,581.24	635.87	198.90

資料來源:《滙豐控股有限公司年報及賬目》,2006-2018 年。

2018 年 6 月 11 日,滙豐控股以 "重拾增長、創造價值" 為主題,舉行策略發展簡報會宣稱,滙豐的目標是在每個財政年度的經調整收入增長都高於支出增長的情況下,於 2020 年前達至 11% 以上的有形股本回報,並投資 150-170 億美元以推動業務發展,其中的 "重點是達至增長及為各相關群體創造價值"。為此,集團將透過八項優先策略推進,首項重任是加快亞洲的業務增長,透過強化集團在香港市場的優勢,並投資於珠江三角洲、東南亞國家聯盟,以及亞洲的財富管理(包括保險及投資管理)業務;同時,致力成為推動全球最大型增長項目(例如中國的 "一帶一路" 倡議,以及過渡至低碳型經濟)方面的業界領袖。[26]

為了加快集團於亞洲的業務增長,滙豐將從四個方面展開,包括:(1)在香港,將補捉目標業務增長機會,加強對非居民的中國客戶服務,投資保險業務提升市場佔有率,爭取千禧年代年輕客戶群等,特別是聚焦來自中國內地的 "走出去" 投資活動,如 "一帶一路" 活動、中國企業及金融機構的國際活動、粵港澳大灣區活動等;(2)在珠三角地區,加強為珠三角新興中產階層服務,捕捉跨境財富流動商機,如深港通交易等,捕捉工業升級及國際供應鏈升級商機和跨境互聯互通活動等;(3)致力發展領先財富管理業務,以補捉亞洲區財富增長機遇,尤其是大中華區和東盟地區,加強保險業,加強資產管理服務零售和機構客戶;(4)擴張東盟地區業務,增加地區產品，並關注新加坡作為地區財富和庫務總部從而產生的商機。

其他七項措施包括：（1）完成在英國設立分隔運作銀行的工作、提高按揭市場份額、擴大工商客戶基礎，並改善客戶服務。（2）透過國際網絡擴大市場份額並實現增長。（3）扭轉美國業務的弱勢，使美國業務有形股本回報率達到 6% 以上。（4）提高資本效益，將資本調配至回報率較高的業務。（5）提高效率以創造能力，增加對業務增長及科技的投資。（6）投入資源發展科技，加強以客為本的理念及服務，包括投資電子銀行業務以改善客戶服務；拓展滙豐的業務範圍如聯營合作等；保障客戶利益，並訂立業內最嚴謹的防範金融犯罪標準；（7）精簡架構，同時進行投資以提升日後的業務能力。❷⑦

對此，滙豐控股新任行政總裁范寧（John Flint）指出："滙豐經過一輪重組後，現在是時候回復到增長模式。集團現有策略行之有效，為提升日後盈利能力建立了強大基礎。滙豐下一階段的策略，是加快集團具有優勢的業務增長，特別是在亞洲的業務，並會充份利用我們的國際網絡。我們會善用集團的規模和實力，致力開發新科技，並在每個財政年度都達至經調整收入增長高於支出增長的前提下，投資 150-170 億美元以推動業務增長和科技發展。"

2019 年 6 月，滙豐集團總經理、"一帶一路"業務發展主管穆貴德在受了新華社記者專訪時強調指出："滙豐集團已在全球選定 25 個對其業務增長具有戰略性意義的'經貿走廊'，其中一半與中國市場相聯。可以說中國是滙豐'經貿走廊'業務戰略的核心。同年 6 月 11 日，滙豐宣佈推出總額為 60 億元人民幣的'大灣區＋'科技信貸基金，重點支持涵蓋電子商務、金融科技、機器人；生物科技和醫療科技等行業的香港、澳門和內地企業，尤其將側重服務珠三角地區蓬勃發展的高科技及先進製造業。"❷⑧

有趣的是，2017 年 12 月 6 日，中國平安集團下屬平安資產管理公司向香港聯交所申報，平安資管通過港股通渠道累計買入滙豐控股約 10.179 億股份，約佔滙控 5.01% 股權，從而成為滙控最大單一股東。事隔多年，這兩家金融巨頭再度牽手合作。未來中國平安會否藉此要求派員加入滙控董事局，而滙控董事局又會否接納，值得關注。

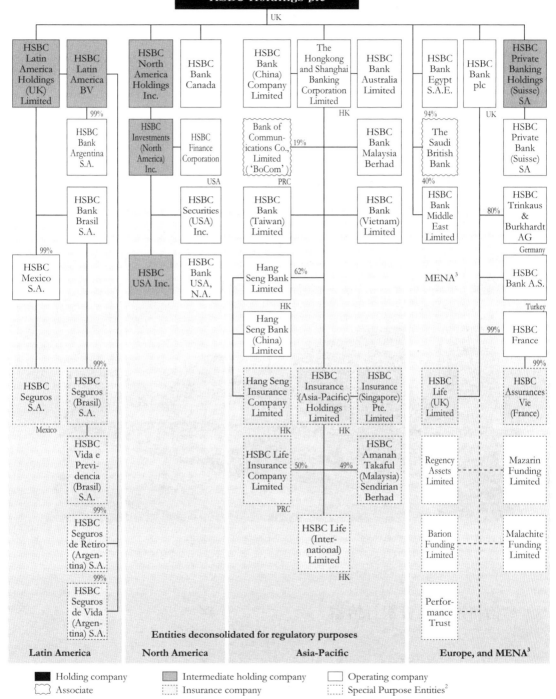

HSBC Holdings plc

UK

HSBC Latin America Holdings (UK) Limited	HSBC Latin America BV	HSBC North America Holdings Inc.	HSBC Bank Canada

HSBC Bank (China) Company Limited · The Hongkong and Shanghai Banking Corporation Limited · HSBC Bank Australia Limited

HSBC Bank Egypt S.A.E. · HSBC Bank plc · HSBC Private Banking Holdings (Suisse) SA

99%

HSBC Bank Argentina S.A.

HSBC Investments (North America) Inc. · HSBC Finance Corporation

Bank of Communications Co., Limited 'BoCom' — 19%

HSBC Bank Malaysia Berhad

94%
The Saudi British Bank

40%

HSBC Private Bank (Suisse) SA

USA · PRC

HSBC Bank Brasil S.A.

HSBC Securities (USA) Inc.

HSBC Bank (Taiwan) Limited

HSBC Bank (Vietnam) Limited

HSBC Bank Middle East Limited

80%
HSBC Trinkaus & Burkhardt AG

Germany

99%

HSBC USA Inc. · HSBC Bank USA, N.A.

Hang Seng Bank Limited — 62%
HK

MENA³

HSBC Bank A.S.

Turkey

HSBC Mexico S.A.

Hang Seng Bank (China) Limited

99%
HSBC France

99%

HSBC Seguros S.A.

HSBC Seguros (Brasil) S.A.

Hang Seng Insurance Company Limited
HK

HSBC Insurance (Asia-Pacific) Holdings Limited
HK

HSBC Insurance (Singapore) Pte. Limited

HSBC Life (UK) Limited

HSBC Assurances Vie (France)

Mexico · 99%

HSBC Vida e Previdencia (Brasil) S.A.

HSBC Life Insurance Company Limited — 50% · 49% — HSBC Amanah Takaful (Malaysia) Sendirian Berhad

Regency Assets Limited

Mazarin Funding Limited

99%
PRC

HSBC Seguros de Retiro (Argentina) S.A.

HSBC Life (International) Limited
HK

Barion Funding Limited

Malachite Funding Limited

99%

HSBC Seguros de Vida (Argentina) S.A.

Performance Trust

Entities deconsolidated for regulatory purposes

Latin America · **North America** · **Asia-Pacific** · **Europe, and MENA³**

- ■ Holding company
- ▨ Intermediate holding company
- ☐ Operating company
- ⬡ Associate
- ⬚ Insurance company
- ⬚ Special Purpose Entities²

1. At 31 December 2013, Entities wholly owned unless shown otherwise (part ownership rounded down to nearest per cent), except 2, below
2. Control of Special Purpose Entities is not based on ownership
3. Middle East and North Africa

滙豐控股集團架構（資料來源：滙豐控股官網）

03

怡和：收購怡合與阿斯特拉

　　香港回歸之初，即受到席捲全亞洲的金融危機的衝擊，怡和亦因而遭受嚴重挫折，失去其投資銀行旗艦 —— 怡富。不過，這一時期，怡和仍積極極推進國際化策略，繼續圍繞其核心業務，在亞太區積極拓展。其中，最矚目的就是收購在新加坡上市的怡和合發集團（Jardine Cycle & Carriage Limited），以及收購在印尼上市的阿斯特拉國際集團（PT Astra International Tbk），從而大大拓展了怡和的經營地域和業務發展空間。

1972 年時，正在興建的康樂大廈，現為怡和大廈。（張順光先生提供）

》 怡和損失投資銀行怡富

　　1997 年爆發的亞洲金融危機，對怡和造成了衝擊，特別是旗下經營商人銀行業務的怡富（Jardine Fleming & Co., Ltd.）陷入嚴重的困境。

怡富創辦於 1970 年，英國商人銀行富林明公司（Robert Fleming & Co., Ltd.）與怡和集團合作創辦，各佔 50% 股權。怡富是香港第一家商人銀行，當時並不需要經過香港政府財政司或金融事務科批准，只是按公司法註冊。怡富創辦後業務發展迅速，成為與滙豐旗下的獲多利（Wardley Ltd.）、英國商人銀行施羅德（Schroders Limited）與渣打、嘉道理家族合辦的寶源投資（Schroders Asia Limited）並駕齊驅的香港三大商人銀行之一。70 年代前期，怡富在香港的商人銀行業市場一直佔有最大的份額，其客戶主要是來自海外，尤其是倫敦、蘇格蘭的英國投資者，也有部份來自瑞士，美國人較少，本地香港人亦不多。怡富除主要從事基金管理、外匯買賣和證券買賣外，在收購合併領域十分活躍，最矚目的事件就是協助置地吞併牛奶公司，一時在香港股市形成轟動效應。

　　1981 年，香港政府設立金融三級制，將金融機構劃分為持牌銀行、持牌接受存款公司和註冊接受存款公司，怡富被劃為持牌接受存款公司。1993 年 4 月，香港政府批准怡富與獲多利正式升格為持牌銀行，這是港府自 1982 年向新鴻基財務發出本地銀行牌照後，首次發出牌照給香港的商人銀行。當時，怡富在亞太區 15 個國家設有 37 間辦事處，主要業務包括投資管理、股票經紀、企業財務及資本市場、銀行等。1991 年底，怡富的資產總值為 113.7 億港元，存款額 102 億港元。集團屬下共設有 10 多個固定金額投資基金，包括中國及印度基金，以及分別於紐約、倫敦、盧森堡、香港、澳洲及台灣等地區證券交易所掛牌的其他基金。1994 年，怡富旗下管理的資金已從 1990 年的 70 億美元增加到 220 億美元，短短 4 年間增幅超過 2 倍。

　　不過，1997 年亞洲金融危機對怡富、怡富大股東之一的富林明集團，造成了嚴重的衝擊。1996 年，怡富已開始受到醜聞的困擾，當年怡富因為旗下資產管理主管 Colin Armstrong 涉嫌濫用職權及監管不力，被迫向基金投資者支付 1,900 萬美元。1998 年，富林明業績大幅下滑被迫大規模裁員。翌年，富林明業務重組，向怡和購回其所持有的怡富 50% 股權，改為怡和持有富林明 18% 股權。儘管做出種種努力，但富林明在投資銀行和資產管理的市場份額仍大幅下降，導致全球著名投資銀行摩根士丹利（Morgan Stanley）和 Lazard 進入他們的市場。

　　在此背景下，2000 年 3 月，富林明家族被迫將所持公司約 30% 的股權售予美國大通曼哈頓銀行（Chase Manhattan Bank），售價約 77 億美元。同年 9 月 13 日，在全球金融機構合併浪潮的推動下，大通曼哈頓銀行與 JP 摩根合併，組成摩根大通銀行，從而結束了富林明的歷史。2001 年，富林明家族將怡富其餘的銀行業務出售予渣打集團，最終結束了怡富 30 年的歷史。而怡和集團亦因而失去其在投資銀行領域的發展平台。

》收購新加坡上市公司 —— 怡和合發

怡和合發的前身，是來自馬來西亞馬六甲的蔡氏兄弟於 1895 年在馬來西亞吉隆坡創辦 "蔡合發商店"，又稱為 "聯邦商店"（Federal Stores）。當時，主要從事雜貨店業務，銷售肥皂、螺絲釘、自行車、縫紉機，以及後車廂等汽車產品。1899 年 5 月 15 日，蔡氏兄弟註冊成立合發公司（Cycle & Carriage），並獲得汽車銷售代理權。1916 年，合發將業務擴展到新加坡，在新加坡烏節路開設了分店。1926 年，合發重組為公共公司 —— The Cycle & Carriage Company Limited（簡稱 C&C），總部設在新加坡烏節路。30 年代大蕭條時期，合發將業務收縮於新加坡。

1951 年，合發重新開展在馬來西亞的業務，並獲得梅賽德斯—賓士（Mercedes-benz）汽車的銷售代理權。這是梅賽德斯—賓士在亞洲的第一批銷售企業之一。1965 年，合發首次在新加坡組裝廠生產梅賽德斯—賓士，其後於 1967 年成立全資附屬公司 —— 合發吉星（Cycle & Carriage Bintang，簡稱 CCB）。1969 年，合發在新加坡證券交易所上市。1974 年，CCB 接管了合發代理梅賽德斯—賓士系列的業務，並於 1977 年在吉隆坡證券交易所上市。同年，合發開始在新加坡代理日本三菱汽車銷售。

20 世紀 80 年代，合發透過其全資附屬公司 CCB 進一步加強在汽車銷售代理及相關方面的業務的發展。1981 年，CCB 與新加坡 MUT 及馬來西亞企業合組合資公司 —— Diesel Product & Support，作為 MUT 在馬來西亞的引擎及零配件公司的服務企業，其中，CCB 佔 45% 權益。1982 年，CCB 再成立一家新的合資公司，經銷梅賽德斯—賓士汽車業務，CCB 佔 40% 權益。1983 年，CCB 全資收購創辦於 1947 年的 Ipoh Motors，使公司在馬來西亞霹靂州建立起汽車零售業務。同年，CCB 全資收購了

Hercules Automotive Engineers，加強了在製造商用車輛車體結構方面的能力。不過，在1987年馬來西亞經濟蕭條期間，合發被迫將該公司出售。1984年，CCB成立一家專為客運和商用車輛提供服務的服務中心，以滿足日益增長的售後服務需求。1989年，CCB獲得馬自達汽車的銷售代理權。

進入90年代，合發在汽車銷售代理業務方面有了進一步發展。1991年，CCB取得Asia Automobile Industries 64%股權，該公司主要從事梅賽德斯—賓士轎車的組裝業務。兩年後，Asia Automobile Industries接管了集團組裝梅賽德斯—賓士轎車和馬自達商用車的業務。1994年，CCB從合發取得馬來西亞合發（Cycle & Carriage (Malaysia)）30%權益。1995年，CCB獲得起亞汽車系列的銷售代理權。翌年，Asia Automobile Industries開始從事組裝起亞商用車業務。1999年，Asia Automobile Industries成為CCB的全資附屬公司，該公司並取得了組裝梅賽德斯—賓士系列的ISO 9002認證。

怡和與合發的合作早在20世紀90年代初期已開始。1993年，怡和透過旗下從事汽車銷售代理業務的怡和汽車（Jardine Motors），取得了CCB 12%的權益。1997年亞洲金融危機爆發後，合發的經營逐步陷入困境。2002年，怡和透過旗下怡和策略（Jardine Strategic Holdings）向合發注資，將所持合發（C&C）股權增加至50%以上，使合發成為怡和策略的附屬公司。2003年，合發正式改名為"怡和合發"（Jardine Cycle & Carriage，簡稱JC&C），名稱繼續保留"合發"的名字，以彰顯合發"卓越的104年經營歷史"。為了進一步完善股權結構，2004年，CCB從合發取得馬來西亞合發其餘70%權益，使之成為全資附屬公司；同時，合發亦從怡和汽車取得其所持的CCB權益，並將權益增加到59%。❷⁹

怡和收購怡和合發後，進一步強化該公司在亞太區汽車銷售代理方面的業務。2003年，CCB與戴姆勒克萊斯勒股份公司成立合資公司——戴姆勒克萊斯勒馬來西亞私人有限公司（後更名為馬來西亞梅賽德斯—賓士），在馬來西亞分銷梅賽德斯—賓士汽車。2004年，怡和合發收購了印尼最大的汽車經銷商集團之一Tunas Ridean 37.4%股權，其後將股權增加至46.2%。2005年，馬來西亞最大的梅賽德斯—賓士汽車經銷商開始營運，並且成為CCB經營梅賽德斯—賓士汽車經銷業務的總部。

2008年以後，怡和合發加快進入越南市場的步伐。當年，怡和合發收購越南領先的汽車公司 Truong Hai Auto Corporation（THACO）20.5% 的股權，其後將所持股權增加至 25.3%。2009 年 12 月，怡合宣佈以每股 9.3 萬越南盾，認購越南長海汽車股份公司（Truong Hai Auto Corp，簡稱 THAC）的新股，總投資約 2,900 萬美元，使所持該公司股權增加至 29.2%。THAC 主要在越南從事生產、組裝、經銷、零售、維修和保養商用汽車和轎車。2012 年，怡合再收購越南多元化業務集團 —— Refrigeration Electrical Engineering Corporation 10.24% 股權，其後將所持股權增加至 24.5%。2015 年 2 月，怡合通過子公司 Platinum Victory Pte Ltd.，以 1,230 萬美元收購越南最大空調設備廠商越南冷機電（Refrigeration Electrical Engineering Corporation）的 800 萬股股票，使其股權增加至 21.6%。

與此同時，怡合亦積極投資泰國市場。2015 年，怡合收購泰國第二大水泥生產商暹羅城水泥 24.9% 股權，其後將所持股權增加至 25.5%。2015 年 3 月，怡合以 6.15 億美元（約 8.45 億新加坡元）價格，向霍爾希姆（Holcim）的獨資子公司 —— Thai Roc-Cem 有限公司，收購泰國第二大水泥生產商泰國京都大眾水泥公司（Siam City Cement）24.9% 股權，從而使京都大眾水泥公司將成為怡合的一家聯號公司。翌年，京都大眾水泥公司以 5.8 億美元，向霍爾希姆和拉法基收購越南 LafargeHolcim 公司，完成收購公司改名為"泰國京都大眾水泥越南有限公司"。2017 年 5 月，怡合斥資 1.27 億美元（約 1.774 億新元）增持京都大眾水泥公司 1,762 萬股的新普通股，每股面值為 10 泰銖，使所持股權增加至 25.21%。

經過多年的發展，目前，由怡和策略持有 59.1% 股權的怡和合發，已發展成為一家東南亞最大的獨立汽車集團。怡合旗下經營的汽車業務，包括在新加坡、馬來西亞和緬甸等國家，代理銷售梅賽德斯—賓士、雪鐵龍、三菱、起亞汽車等著名汽車品牌，並且在印尼的 Tunas Ridean 和越南的 Truong Hai 汽車公司，擁有區域汽車業務。怡合還是一家亞洲領先的多元化企業集團，它通過持有印尼阿斯特拉國際 50.1% 股權，從事金融服務、重型設備、採礦、建築和能源、農業綜合企業、基礎設施和物流以及資訊技術和房地產等多元化業務。此外，怡合在東南亞還擁有泰國水泥、越南製冷電氣工程和 Vinamilk 等其他業務。公司在新加坡、馬來西亞、印尼、緬甸、泰國和越南等地共擁有超過 25 萬名員工。2018 年，怡和合發的收入為 189.92 億美元，除稅

前利潤為 21.75 億美元，股東應佔利潤 8.70 億美元，成為怡和集團一個重要的業務和盈利來源。**㉚**

» 收購印尼上市公司 —— 阿斯特拉國際

怡和集團在收購怡和合發的同時，還透過怡發收購了印尼領先的多元化企業集團 —— 阿斯特拉國際企業集團有限公司（PT Astra International Tbk）。其實，早在 2000 年，合發已取得阿斯特拉國際企業集團 31% 股權。2002 年怡和收購合發集團後，於 2005 年將怡和合發所持阿斯特拉國際股權增加至 50.1%，使之成為合發的附屬公司。

阿斯特拉國際的創辦最早可追溯到 1957 年。當年，謝建隆（William Soeryadjaya）和謝建宏（Tjia Kian Tie）兄弟以 2.5 萬美元起家，創辦阿斯特拉國際有限公司，利用家族的貿易網絡，從事銷售飲料和出口農產品等業務，發展不快。1967 年印尼政府實施經濟開放政策，政府公共工程部計劃建設一座水力發電站，謝建隆通過努力和疏通，爭取到為該工程提供運輸卡車的訂單，阿斯特拉國際獲得批准進口 800 輛雪佛萊牌卡車的許可證。當時適逢印尼盾貶值，公司從中獲得巨額利潤。從此，謝建隆決定將公司的經營業務從土特產銷售轉向汽車、摩托車銷售代理。

1969 年 2 月，阿斯特拉國際與印尼工業部合作組建加雅汽車有限公司（PT Gaya Motor），註冊資本為 100 萬印尼盾，阿斯特拉國際佔 60% 股權，主要經銷各種外國汽車，後來發展至裝配生產大發、日產等品牌汽車。1970 年，阿斯特拉國際建立法國慕爾蒂汽車有限公司（PT Multi France Motor），獨家代理銷售法國標緻牌及雷諾牌轎車。1971 年，又創建阿斯特拉豐田汽車有限公司（PT Toyota Astra Motor），獨家代理經銷和裝配日本豐田牌汽車。同年，再創建聯合摩托車有限公司（PT Federal Motor），獨家代理經銷日本本田牌摩托車。至此，阿斯特拉國際初步奠定了在印尼經營汽車業的基礎，公司獨家代理經銷的外國汽車，計有日本的大發、日產、馬自達，以及德國的寶馬等各種型號的小轎車、麵包車、卡車等。**㉛**

1972 年 10 月，阿斯特拉國際與日本小松製作社合資，創辦聯合拖拉機有限公司

（PT United Tractors，簡稱 UT），當時稱作印特爾‧阿斯特拉汽車有限公司（PT Inter Astra Motor），代理及組裝生產各式重型機械。阿斯特拉集團佔 60.67% 股權。其後，又創辦了 4 家合資經營企業，共同組成阿斯特拉集團重型機械部，主要代理、裝配、生產和經銷掘土機、挖泥機、拖拉機、起重機及其零部件。1990 年，該部的總營業額為 4,030 億印尼盾（約合 2 億美元）。

　　70 年代中期以後，阿斯特拉國際開始向農業綜合企業和木材工業經營發展，先後創辦經營橡膠煉製加工出口的占碑瓦拉斯有限公司（PT Djambi Waras）；經營茶樹種植園及茶葉加工製作企業的布吉特薩里有限公司（PT Bukit Sari）；經營可哥種植園的托帕薩里有限公司（PT Topasari）；經營油棕種植園的薩里‧阿迪雅‧羅卡有限公司（PT Sari Adiya Roka）及倫芭‧薩克蒂種植園有限公司（PT Perkebunan Lembah Sakti）等；又

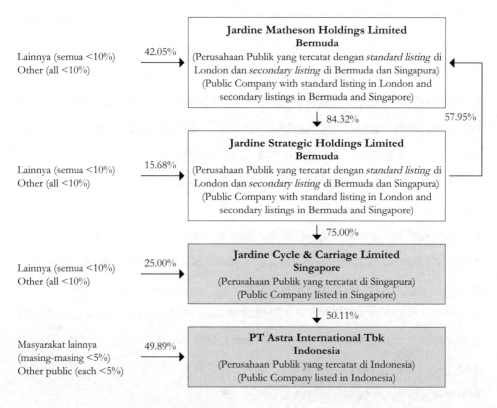

2018 年底阿斯特拉國際股權結構（資料來源：*Astra International Annual Report 2018*, p. 47.）

成立生產經營圓木、鋸木及膠合板的木材蘇馬林多·萊斯塔里·查雅有限公司（PT Sumalindo Lestari Jaya），經營生產紙漿及出口的蘇里亞·拉雅·瓦哈納有限公司（PT Surya Raya Wahana）和阿斯特拉·斯科特·塞路羅薩有限公司（PT Astra Scott Cellulosa）等。

到 80 年代後期，阿斯特拉集團已成為印尼第二大企業集團，僅次於林紹良的三林集團（Salim Group）。1990 年 3 月，謝建隆家族重組阿斯特拉國際企業集團有限公司，並以每股 14,850 印尼盾的價格，公開發售公司已發行 3,000 萬股股票佔總數的 12.39%，同時在印尼雅加達及泗水兩地股票交易所掛牌上市。謝建隆及其子女仍持有約 69.18% 股權。由於公司業績良好，阿斯特拉國際上市後股價一路走高，於 4 月 4 日達到最高峰的每股 3.3 萬印尼盾水平，短短 1 個月內股票升幅達到 1 倍以上。

到 1990 年底，鑑於經濟發展過熱，印尼政府開始實行一系列緊縮政策，銀行收緊銀根。這時，謝建隆的長子謝漢石創辦及經營的蘇瑪銀行及蘇瑪集團，因為擴展迅猛，導致資金周轉不靈，難以償還所欠巨額債款，財務陷入嚴重危機。面對兒子的困局，謝建隆出於維護家族名譽及商業道德，表示將負責承擔蘇瑪集團的債務。謝建隆以阿斯特拉國際的股票作抵押來籌措資金，可惜 "屋漏偏逢連夜雨"，阿斯特拉國際股票又因為印尼經濟萎縮、汽車市場疲軟而價格下跌，結果猶如推倒多米諾骨牌，不可逆轉，最後被迫先後將其家族股票全數出售。

1997 年亞洲金融危機爆發，經濟衰退，阿斯特拉國際的經營陷入低谷。1999 年，阿斯特拉國際展開債務重組，並簽署了第一階段債務重組協定，由怡和合發介入注資，取得公司 31% 的股權，怡和集團大股東凱瑟克家族成員、並擔任怡和公司總經理的本·凱瑟克（Ben Keswick）進入阿斯特拉的監事會。2002 年，阿斯特拉國際簽署了第二階段債務重組協定。及至 2005 年，怡和合發繼續向公司注入資金，並將所持阿斯特拉國際股權增加至 50.1%，使之成為怡合的附屬公司。對於怡和收購阿斯特拉國際，有評論認為："在 1997 年亞洲危機之後，怡和入股印尼汽車和工業集團阿斯特拉國際（Astra International）。這是一個大膽卻成功的決策，阿斯特拉不僅去年（2017）產生了 25% 的實際淨利潤（underlying profit），還將怡和的投資組合擴展到大中華區以外的東南亞。" ㉜

怡合收購阿斯特拉國際後，即展開連串業務重組。2003 年 5 月，公司賣掉了幾乎所有在與豐田長期合資汽車製造公司裡的股份，其收益支付了公司 10 億美元債務；又剝離阿斯特拉國際的電信基礎設施公司 PT Pramindo Ikat Nusantara，以及由 PT Sumalindo Lestari Jaya 管理的木材業務，將阿斯特拉主業重新調整到汽車銷售和分銷網絡。2005 年，阿斯特拉國際通過收購 PT Marga Mandala Sakti 34% 的股份，進入收費公路業務，又於 2006 年成立豐田阿斯特拉金融服務公司，提供豐田汽車融資服務。

經過多年調整，阿斯特拉國際逐步走上新的發展軌道，並展開新一輪多元業務拓展週期。2013 年，阿斯特拉國際透過旗下公司先後收購了印尼東加里曼丹省的港口公司 PT Penajam Banua Taka，以及兩輪和四輪車輪輞輞（合金輪轂）製造商 PT Pakoakuina 51% 的股份，又成立合資公司 Astra-KLK Pte Ltd.，以銷售精製棕櫚油產品並提供物流服務。同年，旗下的子公司 PT Isuzu Astra Motor Indonesia（IAMI）開始建造一座年產 5.2 萬輛商用車的新工廠。2015 年，又先後透過旗下公司收購位於印尼廖內省的煉油廠運營商 PT Kreasijaya Adhikarya 50% 的股份，收購了金礦公司 PT Sumbawa Jutaraya 75.5% 的股權。

目前，阿斯特拉國際已發展成為印尼最大的多元化集團之一，經營的業務包括：汽車、重型設備、採礦和能源，金融服務，基礎設施和物流，農業綜合企業，資訊技術及房地產等。在汽車領域，阿斯特拉國際是印尼最大的獨立汽車經銷集團，佔印尼國內汽車市場約 50%-60% 的份額，公司通過與豐田汽車的共同控制企業，擁有在印尼市場上銷售豐田汽車的專有權，並且代理大發、五十鈴、日產柴油、標緻、寶馬及本田摩托車等品牌。除了生產和銷售其代理品牌的汽車外，還提供相關的諮詢、保險和融資等服務。在重型設備、採礦和能源領域，集團主要通過旗下的上市公司 PT United Tractors Tbk 展開，該公司是小松重型設備的唯一經銷商，並且是領先的煤礦開採承包商、礦主和建築承包商。

在金融服務領域，阿斯特拉國際通過旗下多家公司展開，其中，PT 聯邦國際金融（PT Federal International Finance，簡稱 FIF）支援本田摩托車的融資，雅特信貸公司（ACC）和豐田阿斯特拉金融服務（PT Toyota Astra Financial Services，簡稱 TAFS）支援融資雅特轎車，而重型設備融資由蘇里亞 Artha 努沙登加拉財經（PT Surya Artha Nusantara Finance，簡稱 SANF）和小松阿斯特拉金融（PT Komatsu Astra Finance，簡稱 KAF）等支持。同時，通過旗下的 PT Bank Permata Tbk 參與零售銀行業務，並通過 PT Asuransi Astra Buana 成為印尼最大的一般保險經紀公司之一。此外，還透過 PT Astra Aviva Life 參與人壽保險業務。

在重型設備、採礦和能源領域，集團主要通過旗下的上市公司 PT United Tractors Tbk（持有 59.5% 股權）展開，該公司在印尼證券交易所上市，主要業務包括工程機械銷售、煤炭開採和採礦承包業務，是小松重型設備的唯一經銷商，並且是領先的煤礦開採承包商、礦主和建築承包商。

在農業企業領域，集團持有印尼最大的棕櫚油企業之一 —— PT Astra Agro Lestari Tbk（AAL）79.7% 的股份，該公司在印尼證券交易所上市。AAL 於三十多年前開始在印度尼西亞開發種植業，從木薯種植園開始，然後開發橡膠廠，直到 1984 年在廖內省開始種植油棕，目前已發展成為管理最好的油棕種植園公司之一，管理面積達 297,011 公頃，分佈在蘇門答臘島，加里曼丹島和蘇拉威西島。除了管理油棕種植園外，在西蘇拉威西省北 Mamuju Regency 和 Riau 省 Dumai 經營一家煉油廠。這些以油精、硬脂精和 PFAD 形式加工的棕櫚油產品將滿足中國和菲律賓等出口市場的需求。自 2016 年起，公司還在中蘇拉威西省 Donggala Regency 經營混合工廠或肥料混合工廠。此外，公司還開始發展棕櫚牛一體化業。

在基礎設施和物流領域，主要通過旗下兩家子公司 —— Astra Infra（PT Astra Tol Nusantara, PT Astra Nusa Perdana）和 PT Serasi Autoraya（SERA）管理。Astra Infra 負責管理基礎設施組合，包括開發和管理收費公路和海港的特許權。而 SERA 則主要提供運輸和物流服務，包括四個核心活動，即 TRAC-Astra Rent A Car, Mobil88 和 Ibid 用於二手車銷售活動的汽車租賃服務，SELOG 物流服務和 Orenz 出租車公共交通。此外，集團還參與資訊技術、房地產等業務發展。

據統計，截至 2019 年 3 月底，阿斯特拉國際共擁有 229 家公司，包括子公司，聯營公司和共同控制實體，擁有的僱員約 22.45 萬名。2018 年，阿斯特拉國際的淨收入（Net Revenue）為 2,392,050 億印尼盾（約 169.64 億美元）；股東應佔利潤（Profit Attributable to Owners of the Parent）為 216,730 億印尼盾（約 15.37 億美元）；總資產（Total Assets）為 3,447,110 億印尼盾（約 244.47 億美元），分別比 2015 年增長了 29.86%、49.84% 及 40.45%。❸❸ 根據 2017 年的數據，在當年股東應佔利潤總額 188,810

億印尼盾中，汽車部門的貢獻是 88,680 億印尼盾（佔 47.0%），重型設備和採礦貢獻 44,690 億印尼盾（23.7%），金融服務貢獻 37,520 億印尼盾（佔 19.9%），農業企業貢獻 16,020 億印尼盾（佔 8.5%），基礎設施、物流及企業虧損 2,310 億印尼盾（佔 -1.2%），信息技術貢獻 1,980 億印尼盾（佔 1.0%），房地產貢獻 2,230 億印尼盾（佔 1.2%）。

ASTRA Business Structure

Automotive

Automobile
- Toyota
- Daihatsu
- Isuzu
- BMW
- Peugeot
- UD Trucks

Motorcycle
- Honda

Component
- Astra Otoparts

Other
- Astraworld

Financial Services

Heavy Equipment
- SAN Finance
- Komatsu Astra Finance

Banking
- Bank Permata

Insurance
- Asuransi Astra Buana
- Astralife

Automobile
- Astra Credit Companies
- Toyota Astra Finance

Motorcycle
- Federal International Finance

Infrastructure and Logistics

Toll Road
- MMS
- MHI
- MTN
- TMJ
- TBS

Water Utility
- Palyja

Sea Port
- Eastkal

Logistics
- SERA/TRAC
- MobilB8
- SELOG
- TFLI

Information Technology

Document Solution
- Astragraphia

Office Services
- Astra Graphia Xprins Indonesia

IT Solution
- Astra Graphia Information Technology

Heavy Equipment and Mining

Construction Machinery
- United Tractors
- Traktor Nusantara

Mining Contracting
- Pamapersada Nusantara

Coal Mining
- Tuah Turangga Agung

Construction Industry
- Acset Indonusa

Agribusiness

Palm Oil Plantation
- Astra Agro Lestari

Olein Refinery
- Tanjung Sarana Lestari
- Kreasijaya Adhikarya

Commodity Trading
- Astra-KLK Pte, Ltd.

Property

- Menara Astra
- Brahmayasa Behtera
- Samadista Karya
- Astra Land Indonesia
- Astra Modern Land

阿斯特拉國際的業務結構（資料來源：阿斯特拉國際官網）

04

怡和控股：亞洲中心的跨國商貿巨擘

────────

　　回歸前夕，怡和將旗下各上市公司，包括牛奶國際、置地、文華東方等，撤離香港股市，到英國倫敦掛牌上市，並在百慕達和新加坡作第二上市。不過，旗下各公司的核心業務並沒有撤離香港。回歸以後，縱觀怡和旗下各上市公司的發展策略，其基本特點是穩守香港的核心業務，提高其品牌形象和經濟效益，同時積極拓展亞太區國際市場，致力發展成為亞太區內核心業務的領先者。

》牛奶國際："亞洲零售業的先驅"

　　其中，以牛奶國際表現最為典型，牛奶國際訂明的宗旨是："以先進零售模式，造福亞洲消費者。"牛奶國際的前身，是創辦於 1886 年的牛奶公司，1986 年由置地分拆上市，成為怡和策略旗下經營香港零售業務的旗艦，所經營的業務，包括惠康超市、萬寧藥房、美心快餐連鎖店、7-Eleven 連鎖店等家喻戶曉的零售品牌，是與李嘉誠的長和集團的旗下的零售部門屈臣氏集團（包括百佳超市、屈臣氏個人護理商店、豐澤電器等）並駕齊驅的大型零售企業集團。

　　回歸以後，牛奶國際致力穩守其在香港的核心零售業務。以旗下的惠康超級市場連鎖店為例，惠康超市創辦於 1945 年，1964 年成為牛奶公司附屬機構，是香港超級市場中與百佳超市並駕齊驅的兩個巨頭之一。回歸之後，為了進一步提升品牌和形象，惠康於 1998 年投資 4 億港元興建 "惠康新鮮食品中心"，該中心佔地面積達 16.1 萬平方呎，成為全亞洲最先進的食品處理中心，確保整個供應鏈的安全及效率。1998 年 10 月 23 日，惠康於銅鑼灣記利佐治街的分店帶頭引進超級市場 24 小時營業

惠康超市記利佐治街分店

惠康與萬寧、太古等品牌的產品

概念，惠康並推出自家品牌"特惠牌"（No Frills），貨品種類超過 300 款，又開始採用電子數據聯通（Electronic Digital Internet）網絡，以提升營運效益。

從 2000 年起，惠康推出"十大超市品牌選舉"，成為香港一年一度業界盛事。2001 年 3 月，惠康於屯門開設首間超級廣場，結集傳統街市及雜貨店功能於一體，為顧客提供"一站式"購物服務，貨品種類超過 1 萬種。2003 年 1 月，惠康赤柱新店開幕，成為香港唯一設於歷史古跡"百年赤柱警署"內的超級市場。2007 年，惠康引入香港首間 Market Place by Jasons 中檔超市。2013 年，惠康把"惠康為您送"網站全面升級，為顧客帶來更方便的網上購物體驗。經過 20 年的發展，目前惠康仍穩守香港第一超市的地位，在香港開設的超市達 280 間，遍佈香港每一個角落，每月服務顧客人次超過 1,600 萬，旗下僱員達 8,000 名員工。

牛奶國際旗下的其他品牌也取得不同程度的發展。其中，萬寧藥房是香港最大型的健康美容產品連鎖店之一，擁有超過 350 間分店（包括澳門分店），提供多元化及優質的中西式保健、個人護理、護膚及嬰兒產品等。萬寧在香港零售管理協會神秘顧客計劃中，連續 6 年獲選為 "最佳服務零售商"，並在 2004-2017 年連續 14 年於 Ipsos 顧客電話調查報告中獲選為 "No.1 顧客最愛品牌"。7-Eleven 便利連鎖店成立於 1981 年，於 2007 年開設專售新鮮食品與速食的概念店，並展開為期三年的更新計劃，把旗下 822 間分店中的大部份改成以售賣新鮮食品為主的模式。目前，7-Eleven 便利連鎖店已從香港發展到澳門、新加坡和中國內地，開設超過 900 間分店，成為香港最具規模的連鎖店集團。

由牛奶國際持有 50% 股權的美心餐飲集團，旗下的美心快餐店在香港擁有超過 120 間分店。美心集團於 2000 年 5 月將星巴克引入香港，2006 年開始經營馳名日本的回轉壽司餐廳 "元気寿司" 及 "千両"，2010 年創立全新概念的日式丼飯時尚餐廳 "丼丼屋食堂"。經過多年的發展，目前美心餐飲集團在香港、中國內地、越南、柬埔寨共開設超過 1,000 間分店，所經營的業務包括中菜、亞洲菜、西菜、快餐、西餅及機構食堂等，已發展成香港最具規模的餐飲集團之一。

與此同時，牛奶國際將戰略重點轉向積極拓展亞太區市場。其實，早在 20 世紀 80 年代後期，牛奶國際已開始推進其國際化策略，先後收購英國、澳洲、西班牙等地的一批零售企業。不過，香港回歸後，受到 1997 年亞洲金融危機的衝擊，牛奶國際開始調整策略，將業務發展重心從英國、澳洲等國際市場轉回亞太區。1997 年 9 月，牛奶以 4,000 萬美元把在雀巢牛奶公司餘下 49% 股權予雀巢公司，退出冰激凌和冷凍產品製造業。1998 年，牛奶出售英國 Kwik Save 與西班牙的 Simago 連鎖超市，並結束台灣的萬寧業務。2001 年，將所持澳洲法蘭連及其香港品牌代理及分銷業務 —— 慎昌公司出售予中信泰富。2002 年，再出售旗下新西蘭超級市場業務 Woolworths New Zealand 予澳洲 Foodland Associated Limited，總代價為 6.9 億新西蘭元（約 3.37 億美元）。

自 90 年代中後期起，牛奶加強了在印尼、馬來西亞、新加坡、泰國等東南亞國家的業務發展。1997 年，牛奶國際與印尼的 Rajawali 達成技術支援協議，經營 Guardian 連鎖藥房。1998 年，牛奶購入在印尼設有 71 間超市的 PT Hero 32% 股權，又分別增加在 Wellsave 連鎖超市及設有 59 間分店的 Guardian 藥房所持權益，取得了對兩家公司的控制權。1999 年，牛奶收購馬來西亞 Giant 90% 股權，其後於 2001 年進一步收購 Giant 餘下 10% 股權，使之成為全資附屬公司。Giant 在當地設有 2 間大型超市及 5 間超級市場。2003 年，牛奶透過在印尼聯營公司 PT Hero 向 Ahold 購入 22 間 Tops 超市，其後再向 Ahold 購入位於馬來西亞的 34 間 Tops 超市，並以 Giant 及 Cold Storage 品牌經營。同年，牛奶在新加坡收購了 35 間首得惠超市，令集團在當地的超市數目增至 75 間。2005 年，牛奶將其在印尼 PT Hero 股權的增至 69%。當年，牛奶進軍泰國市場，在當地開設 Guardian 分店，而 7-Eleven 與萬寧亦於同年進軍澳門市場。

台灣也成為牛奶國際拓展的一個重點市場。早在 1987 年，牛奶國際已在台灣成立台灣惠康百貨股份有限公司，經營頂好 Wellcome 超市業務。該超市多年來不斷地引進國外超市的新觀念、新科技及新管理模式，並結合台灣消費者的實際需求，逐漸發展成為台灣知名的生鮮連鎖超市。2000 年以來，台灣頂好 Wellcome 先後收購了易利超市 5 家分店，整合了惠陽超市 22 家分店，並於 2004 年將 8 家日系全日青超市納入經營體系。2003 年，頂好 Wellcome 首度引進新加坡 Jasons Market Place 並進駐台北 101 大樓。Jasons Market Place 所營造出的歐美超市風格，有別於台灣本地超市與日系超市的模式，帶給台灣消費者全然不同的購物體驗，也帶動了台灣精緻超市的風潮。2004 年，頂好 Wellcome 獲得台灣經濟部商業司授證為 GSP（Good Service Practice）"優良服務認證" 的商店。2014 年 5 月，為更加提升生鮮商品的保鮮技術、保鮮流程與商品製作，台灣惠康建成、啟用新的生鮮包裝中心新廠，透過該供應鏈每天將各種食用品、生鮮產品與冷凍、冷藏品送達各地的分店。

與此同時，牛奶亦積極探索進入中國內地市場。2014 年，牛奶國際與內地超市連鎖店集團 —— 永輝超市股份有限公司達成協議，進行策略性合作，並以約 9.25 億美元（約 56.9 億元人民幣）的價格，購入永輝非公開發行 8.13 億股新股，佔永輝總股本的 19.99% 股權。資料顯示，此次收購永輝超市約 20% 股權是怡和集團起碼 10 年內發起的最大收購（按價值計）。[34] 永輝超市創辦於 2001 年 3 月，創辦人為福建籍商人張軒松兄弟，當年在福州開設首家永輝屏西超市，嘗試把生鮮農產品引進現代超市，結果獲得快速。2013 年 11 月 15 日，永輝發行 1.1 億新股，在上海證券交易所上市，躋身中國企業 500 強。當時，牛奶國際 CEO 格雷漢姆·艾倫（Graham Allan）在向倫敦證券交易所發佈的公告中表示：“一段時期以來，牛奶國際一直在尋找機會參與龐大並且高速增長的中國市場，與永輝的這一戰略合作關係為實現這一目標提供了一條有吸引力的途徑。”永輝董事長張軒松亦表示：“我們和牛奶公司合作，不是為了錢，我們不缺錢。與牛奶公司合作談的第一條就是共用供應鏈，共用採購，分享採購品牌。”2015年7月，牛奶宣佈進一步購入永輝配售的約1.43億股份，代價約為2.1億美元。有評論指出，牛奶收購永輝股份，不會僅僅滿足於“戰略投資者的角色”，或許“意在沛公”，是其計劃大規模進入內地的前奏。

經過多年的拓展營運，目前，牛奶國際已發展成為亞洲著名的大型零售集團，截至2018年底，在香港、中國內地及亞太其他地區11個國家和地區經營，共擁有及經營9,747間店舖，旗下僱員超過23萬名，所經營的業務，包括超級市場及大型超市、便利店、美健產品零售店、家居用品店及餐飲業務等五大領域。在超級市場及大型超市領域，牛奶擁有的品牌包括：惠康超市（香港）、頂好Wellcome超市（台灣）、永輝超市（中國內地）、Cold Storage連鎖店（新加坡和馬來西亞）、Market Place及Jasons（香港、馬來西亞、新加坡及台灣）、Giant大超市（印尼、馬來西亞和新加坡）、Hero高檔零售店（印尼）、Mercato精品超市（馬來西亞）、Oliver's超市（香港）、ThreeSixty天然有機農產超市（香港）、新苗超市（澳門）及幸運超市（柬埔寨）等。

在便利店領域，牛奶透過旗下的7-Eleven連鎖店，在香港、澳門、新加坡及中國內地經營便利店業務。早在2001年，牛奶與內地公司合組廣東省壹便利店有限公司（佔65%股權），並獲批准在華南地區經營便利店業務，允許公司於未來三年在廣州、深圳、珠海、汕頭等地開設300間便利店。2007年，華南7-Eleven收購位於廣州的110間快客便利店，改以7-Eleven品牌經營。2009年10月16日，華南7-Eleven在廣州珠江新城開出第550間分店。在美健產品零售店領域，牛奶擁有的品牌包括：香港的萬寧藥房及美健產品零售店（香港、澳門及中國內地）、Guardian美健產品零售店（馬來西亞、印尼、新加坡、柬埔寨及越南）、菲律賓的Rose Pharmacy藥房連鎖店（菲律賓）、General Nutrition Centers健康食品（香港）等。在家居用品店領域，牛奶主要透過宜家家居，在香港、澳門、台灣及印尼等地經營。在餐飲領域，牛奶透過美心集團香港、澳門、中國內地、越南、泰國、柬埔寨及新加坡等地經營。

據統計，2018 年，牛奶國際的營業額為 117.49 億美元，包括附屬及合營公司在內的總營業額為 219.57 億美元，分別比全球金融海嘯爆發的 2009 年的 70.29 億美元和 80.53 億美元增長了 67.15% 和 172.66%，年均增長率分別為 5.87% 和 11.79%。同期，牛奶國際的股東應佔利潤（Underlying Profit Attributable to Shareholders）從 3.62 億美元增長至 4.24 億美元，增長了 17.13%，年均增長率為 1.77%（表 7-11）。牛奶國際利潤的增長遠低於營業額的增長，反映出在全球經濟放緩及轉型的大背景下零售企業經營的困難。據牛奶國際 2018 年年報顯示，在牛奶國際的營業總額中，超級市場及大型超市業務約佔 50%，經營利潤佔 10%；便利店業務營業額佔 14%，經營利潤佔 14%；美健產品零售店業務營業額佔 22%，經營利潤佔 50%；家居用品店業務營業額佔 5%，經營利潤佔 10%；餐飲業務營業額佔 9%，經營利潤佔 16%，顯示超級市場及大型超市業務邊際利潤甚低，而美健產品零售店業務和家居用品店業務的邊際利潤相對較高。㉟

表 7-11　牛奶國際經營概況（單位：億美元）

年份	營業額	包括附屬及合營公司 的總營業額	股東應佔利潤
2009	70.29	80.53	3.62
2010	79.71	91.13	4.08
2011	91.34	104.49	4.81
2012	98.01	115.41	4.47
2013	103.57	124.32	5.01
2014	110.08	131.03	5.09
2015	111.37	179.07	4.24
2016	112.01	204.24	4.69
2017	112.89	218.57	4.03
2018	117.49	219.57	4.24

資料來源：*Dairy Farm International Holdings Limited Annual Report*, 2009-2018.

» 置地：穩守香港，拓展亞太，進軍內地

與牛奶國際一樣，回歸後怡和策略旗下的置地公司在致力穩守香港核心業務的同時，也積極拓展亞太區國際和中國內地市場。

置地穩守香港核心業務，最重要的就是"提升中環核心物業質素以滿足國際需要"。置地自 1889 年創辦以來，其始終如一的核心理念是"擁有中環，不單是持有中環的土地和建築，更要堅守'中環'這一概念"。20 世紀 90 年代中，時任置地集團市務部總經理史博禮就曾說："置地坐擁全球價值最高的物業群之一，這裡匯聚大部份國際頂級品牌，然而街道卻坑窪處處，又被各種路障所堵塞。我們提供的設施滯後於零售租戶的要求。這群來自世界各地客戶成熟老練，但我們卻未能達到他們的期望。" ❸ 為此，置地自 90 年代中期起，便在中環展開龐大的翻新工程，並重建集團在中環最古老的核心物業，包括置地廣場、太子大廈、歷山大廈和太古大廈，並改善了中環的整體環境。

該項計劃包括三個方面的元素：翻新整個中環樓齡較高的物業；興建 3 幢新的物業 —— 遮打大廈、約克大廈和置地文華東方酒店；同時轉變經營思維，全面推行顧客至上理念。首先展開的翻新工程是置地廣場，從 1994 年起，為期三年，耗資2,000 萬美元；接著展開的太子大廈商場裙樓，於 1999 年竣工；繼而是歷山大廈商場裙樓，於 2001 年展開，耗資 2,700 萬美元。2003-2006 年期間，置地耗資 2.1 億美元，對置地廣場再次展開工程浩大的重建及翻新計劃，分六期進行，包括建設一幢嶄新的約克大廈和置地文華東方酒店。新約克大廈（York House）是一幢樓高 14 層的甲級寫字樓，可提供出租面積 1.08 萬平方米。2006 年 3 月，置地邀請約克公爵安德魯王子主持大廈開幕典禮。

與此同時，置地展開另一項龐大重建工程：拆卸太古大廈，重建為遮打大廈。太古大廈的前身是置地早期的皇帝行和沃行，1963 年聯同毗鄰的於仁行重建為於仁大廈，1976 年改名為太古大廈，拆卸前已有 20 年歷史。該項工程總投資 2.4 億美元，於1998 年展開，2002 年 6 月竣工。遮打大廈樓高 29 層，其中 3 層是大型商場，可提供4.3 萬平方米出租面積。該大廈命名為"遮打"，是為了紀念置地公司聯合創辦人遮

遮打爵士的半身銅像

打爵士。2009 年，置地在慶祝公司成立 120 週年之際，特委託雕塑家創作了遮打爵士的半身銅像，置放在新落成的大廈大堂，並由遮打的後人麗莎‧遮打主持揭幕儀式。遮打大廈開業後，旋即成為置地在中環核心物業的新旗艦。

在該項長達 15 年的翻新重建工程展開期間，香港經歷了 1997 年亞洲金融危機、2000 年科網股爆破、2001 年美國 "9.11" 事件、2003 年 "非典" 事件等，然而置地將工程堅持到底，並未拖延。1997 年，置地推出 "勵精圖治" 計劃，並於 2000 年以 "中環品牌" 名義再次推出，由六大元素組成，包括：更優美的環境、更好的建築、更卓越的人才、更貼心的物業管理服務、更融洽的客戶關係及更有效的溝通，並設有 23 項獨立任務，目標是要成為 "中環最佳業主"。㊲ 2007 年全部工程完成後，置地在中環的核心物業煥然一新，地位更形鞏固。

這一時期，置地也積極拓展新加坡、印尼等亞太區市場。2001 年 3 月，置地聯同李嘉誠的長江實業和新加坡的古寶置業公司組成財團，以 4.618 億新加坡元投得新加坡市區重建局推出的一幅位於中央商業區邊緣的填海區土地，並投資興建為包括兩幢甲級寫字樓。其中，斜角的北座樓高 50 層，南座樓高 29 層，可提供 14.9 萬平方米面積。該物業於 2006 年竣工並出租，恰逢新加坡經濟復甦，結果全部順利租出。2005 年，置地聯同合夥人組成財團，再投得新加坡一幅面積達 3.55 公頃土地，計劃興建新加坡海灣金融中心，包括 3 幢寫字樓、2 幢豪華住宅大樓和 1 個地下商場，總樓面面積有 43.7 萬平方米，總投資 8.838 億新加坡元。該項目於 2007 年展開，2013 年 5 月竣工開業，新加坡總理李顯龍主持了大廈開幕典禮。置地驕傲地表示：置地在新加坡參與的這兩個項目，"面積比置地公司在香港中環的整體物業組合還要大，為置地公司寫下歷史性的一頁"㊳。

置地在亞太區的另一項發展是印尼雅加達世界貿易中心。該中心土地原由阿斯特拉國際集團旗下的 PT Jakarta Land 公司擁有。2003 年，怡和控股阿斯特拉國際以後，置地向怡和購入該公司 25% 股權。PT Jakarta Land 原由三林集團擁有，於 1992 年在該地段上完成世界貿易中心一期之後，便停滯不前。其後，受到 1997 年亞洲金融危機衝擊，三林被迫出售所持 50% 股權，由 CCM 集團奪得。2005 年，置地從另一小股東購入 25% 股權，使所持 PT Jakarta Land 股權增至 50%，並委派職員出任公司總經理。置地與 CCM 集團合作，推動 PT Jakarta Land 轉型，並於 2009 年啟動世界貿易中心二期項目，該項物業於 2012 年 6 月竣工，可提供出租樓面面積 6 萬平方米。2013 年，Jakarta Land 再接再厲，啟動世界貿易中心三期建設，於 2017 年竣工。其後，置地再與阿斯特拉國際及金光集團（Sinar Mas Land）等合組公司，在雅加達市中心和外圍地區興建豪華住宅和大型住宅項目。

與此同時，置地亦穩步進入中國內地發展。置地於 1997 年開始進入內地，早期的重點發展區域是西南地區的重慶、成都等中心城市。2004 年，置地攜手內地發展商龍湖地產，在重慶合作開發面積達 1,800 畝的濱江國際新城 —— 江與城，發展高端社區住宅項目；隨後與招商地產合作，開發位於重慶南 CBD 核心地段的長嘉匯，致力

太子大廈

歷山大廈

遮打大廈

於打造濱江高端城市綜合體。2011 年，置地獨立開發位於重慶兩江新區依託著照母山與自然湖景資源的高端別墅項目 —— 約克郡，其後又與招商地產再度合作，開發公園大道項目。歷時 14 年，置地在重慶前後共開發了四個高端社區項目，四個項目都取得了成功，備受市場認可，叫好又叫座。有評論認為，置地"步步為營、每一步都穩打穩紮"，充份顯現了其精耕細作的開發模式。

　　2010 年，置地進軍成都，與合景泰富地產合作，以 37.8 億元人民幣投得成都市政府重點規劃打造的金融 CBD 城東攀成鋼地塊，計劃建成大型綜合發展綜合體 —— 環球匯（WE City）。整個項目包括高層住宅、服務式公寓、購物商場、寫字樓和時尚豪華酒店等，共提供 130 萬平方米的樓面面積，總投資近 150 億元人民幣，並引入全球最先進的"網絡化"都市綜合體模式及國際一流的建築與經營模式。2013 年 12 月 5日，環球匯（WE City）舉行奠基典禮，置地邀請英國首相卡梅倫前來主持，怡和高層雲集。在奠基典禮上，置地行政總裁彭耀佳致辭表示："我們很榮幸邀得英國首相為奠基儀式的主禮嘉賓，他的蒞臨凸顯中國西南地區的戰略重要性正不斷提高，而這地區也是香港置地的發展重心，佔公司內地投資總值近七成。"2018 年 3 月，怡和主席亨利‧凱瑟克爵士前來成都拜見成都市委書記范銳平時表示，自己有"成都情結"，成都是怡和在華投資的重點區域，集團在四川的企業年收入超過 150 億元人民幣，員工逾萬人，業務涵蓋豪華汽車銷售服務（仁孚賓士 4S 店、中升汽車經銷店）、房地產開發（置地）、零售、餐飲（美心餐飲）等領域。

其後，置地進一步拓展至北京、上海等一線城市。2011 年，置地透過旗下子公司以 29 億元人民幣（4.55 億美元）的價格，擊敗競爭對手，投得離北京故宮最近的一塊商業用地，當時該幅土地被公認為北京 4 年以來出讓的最好地塊，總佔地面積約 2.7 萬平方米，可建成樓面面積約 15 萬平方米。經過長達 7 年的發展，總投資約 12 億美元。2018 年 5 月，這項被命名為"王府中環"終於落成並正式開業。置地認為，由於王府中環位於王府井商圈核心地帶，必須在高端零售、餐飲、酒店基礎之上，給客人們提供一個非常獨特的體驗，這個體驗將包括五大元素，即御品臻奢、潮流風尚、環球珍饌藝膳、康逸悅享及文化藝術。目前，王府中環已成為置地在內地最核心的發展項目。

2015 年 5 月，置地進入上海，與旭輝控股集團合作，雙方合組公司（各佔 50% 權益），共同開發上海浦東陸家嘴的洋涇社區地段，該地段是由旭輝控股以 41.7 億元人民幣投得。項該目佔地約 8.18 萬平方米，總建築面積約 22.67 萬平方米，計劃打造成未來上海浦東地標式商住辦綜合體，成為上海內環的城市名片式項目。同年 9 月，置地再下一城，與上海陸家嘴集團旗下的上海前灘國際商務區投資（集團）有限公司簽署合作框架協議，共同開發位於上海浦東前灘區域的一個總面積為 21 萬平方米的商業項目，即前灘 21 號地塊的前灘亞太中心，總投資約 200 億元人民幣。上海前灘國際集團與置地合作開發的是 A 組團，同時與太古合作開發 B 組團，與鐵獅門合作開發 C 組團，與海航資本合作開發 D 組團，四大項目共同構成前灘的核心商務區。

2017 年後，在其他投資者開始減慢或撤出地產市場，相繼"跑路撤退"之時，置地卻逆市而行，反而加快投資內地步伐，先後在南京、武漢、杭州、上海等城市佈局，總投資超過 300 億元人民幣。置地在內地的發展，秉承一貫堅持"在城市核心地段進行投資"的發展理念和"不緊不慢"的發展節奏，重視與當地具影響力的地產發

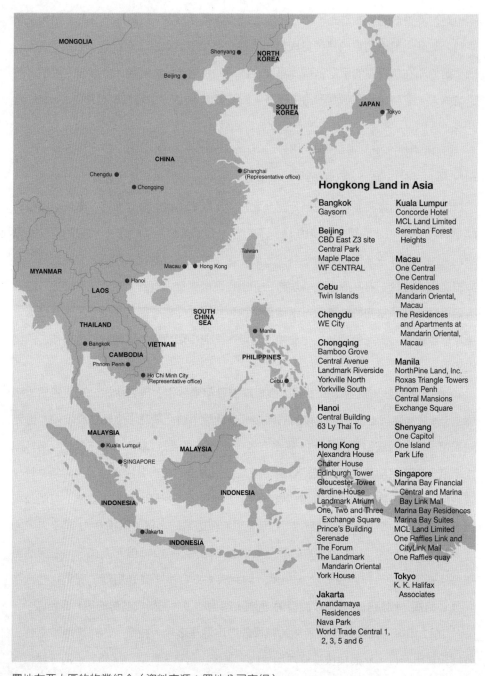

Hongkong Land in Asia

Bangkok
Gaysorn

Beijing
CBD East Z3 site
Central Park
Maple Place
WF CENTRAL

Cebu
Twin Islands

Chengdu
WE City

Chongqing
Bamboo Grove
Central Avenue
Landmark Riverside
Yorkville North
Yorkville South

Hanoi
Central Building
63 Ly Thai To

Hong Kong
Alexandra House
Chater House
Edinburgh Tower
Gloucester Tower
Jardine House
Landmark Atrium
One, Two and Three
  Exchange Square
Prince's Building
Serenade
The Forum
The Landmark
  Mandarin Oriental
York House

Jakarta
Anandamaya
  Residences
Nava Park
World Trade Central 1,
  2, 3, 5 and 6

Kuala Lumpur
Concorde Hotel
MCL Land Limited
Seremban Forest
  Heights

Macau
One Central
One Central
  Residences
Mandarin Oriental,
  Macau
The Residences
  and Apartments at
  Mandarin Oriental,
  Macau

Manila
NorthPine Land, Inc.
Roxas Triangle Towers
Phnom Penh
Central Mansions
Exchange Square

Shenyang
One Capitol
One Island
Park Life

Singapore
Marina Bay Financial
  Central and Marina
  Bay Link Mall
Marina Bay Residences
Marina Bay Suites
MCL Land Limited
One Raffles Link and
  CityLink Mall
One Raffles quay

Tokyo
K. K. Halifax
  Associates

置地在亞太區的物業組合（資料來源：置地公司官網）

482

展商實行"強強聯合"，並且"專一地做地產"。對於業界有人批評置地作風"保守"，置地執行董事周明祖的解釋是："我們一直是特別專注於一個細分市場。我們不會擴張得很快，因為這個市場的內核就是這麼大。我們覺得很重要的就是要做到一點，品牌要把它維護好。獲得客戶的信任，獲得市場的信任。" ❹

經過多年發展，置地已發展成為一家以香港為基地的亞太區跨國地產集團。截至 2018 年底，置地共擁有及管理超過 85 萬平方米寫字樓及高級零售物業組合，其中，在香港中環商業核心區擁有約 45 萬平方米物業組合，包括 12 幢甲級優勢寫字樓。據統計，2018 年在中環的物業組合中，其租客 40% 是銀行和金融機構，30% 是法律及律師事務所，8% 是會計師事務所，6% 是地產公司，2% 是貿易公司，1% 是政府機構，13% 是其他機構。❹ 同時，置地還透過合資公司在新加坡中央商務區、印尼雅加達市中心、中國內地北京王府井奢侈品零售地段等，擁有及管理超過 16.5 萬平方米的物業組合。在新加坡，置地的附屬公司 MCL Land，是當地一家知名的地產發展商。置地還在新加坡、印尼、澳門、泰國、越南、柬埔寨、菲律賓、馬來西亞等多個國家和地區，以及中國內地城市，包括重慶、成都、北京、瀋陽、武漢、南京、杭州等，發展一連串的住宅物業樓宇。2017 年，置地股東應佔利潤為 56.14 億美元，比 2013 年的 11.90 億美元大幅增長 3.72 倍，年均增長率高達 47.38%（表 7-12）。不過，2018 年，牛奶國際的股東應佔利潤下跌至 24.57 億美元，跌幅高達 56.23%。

表 7-12　2013-2018 年置地經營概況（單位：億美元）

年份	2013	2014	2015	2016	2017	2018
股東應佔利潤	11.90	13.27	20.12	33.46	56.14	24.57
投資房地產	235.83	236.97	249.57	277.12	324.81	337.12

資料來源：*Hongkong Land Holding Limited Annual Report 2018*

» 文華東方："全球最奢華酒店集團之一"

20世紀90年代中期，追隨怡和系各公司撤離香港股市，文華東方國際酒店集團（Mandarin Oriental International Limited）也遷冊百慕達，在倫敦證券交易所上市，並在百慕達及新加坡作第二上市。踏入千禧之年，文華東方制定一個雄心勃勃的中期目標，即要將集團在全球的酒店客房數量翻一番，達至1萬間以上，主要措施是利用集團品牌通過收購及管理協議來實現。

該項擴張計劃始於2000年，當年文華東方收購了著名的拉斐爾酒店集團（Prestigious Rafael Group），使公司的投資組合從14個增加到20個（酒店），遍佈三大洲。當年，文化東方還完成了對英國倫敦海德公園文華東方酒店的大規模翻新工程，將該酒店成功提升為倫敦的最佳酒店。作為倫敦備受推崇的奢華酒店之一，海德公園文華東方酒店所散發出的優雅和奢華的誘人氣息，使之成為英國首都城市中心地段的時尚優雅據點。這一年，集團又在美國邁阿密開設了一個時尚的城市度假村，並開始在全球旗下酒店實施超前的整體水療項目計劃。邁阿密文華東方酒店提供私人無邊泳池、高質量海灣餐飲美食和具有異國風情的日間水療，使客戶在陽光明媚的邁阿密享受到來亞洲式的寧靜。

2003年，文華東方在美國開設紐約文華東方酒店，確立了集團在美國這個最重要的市場的地位。該酒店可鳥瞰整個紐約，坐擁曼哈頓迷人美景。集團在酒店之上還推出第一個豪華住宅公寓，為消費者提供一個真正奢華的文華東方生活方式。

其後，集團又在華盛頓特區再開設一家文華東方酒店，酒店距離美國頗負盛名的名勝古跡僅幾步之遙，是城市中的理想休閒據點。2005年，文華東方登陸日本市場，當年在東京開設新的豪華酒店，這成為集團又一重要里程碑。該酒店高踞於城市上空，坐擁令人嘆為觀止的美景，同時洋溢著輕快明朗、現代時尚的氣息，並配有卓越的科技設施和聞名的水療中心。與此同時，集團通過與專業人士合作，創建酒店內部一流餐廳和酒吧，從而為客人提供創新和令人興奮的文華東方獨家用餐體驗。

2006年以後，文華東方進一步擴大了業務範圍，相繼在捷克的布拉格，美國的波士頓和拉斯維加斯，澳門以及西班牙的巴賽隆納等城市建立起集團的品牌酒店。

2012 年，文華東方進入法國巴黎。同年 11 月，集團宣佈獲得購買巴黎文華東方大廈及兩個主要街頭零售單位的永久業權權益的選擇權，總價值 23.74 億美元。巴黎文華東方酒店靠近聖奧諾雷路的各大奢華精品店，距離旺多姆廣場僅數步之遙，其設計靈感來自於時尚和藝術創意，將時尚法式優雅與傳奇服務有機地融合在一起，榮獲 "宮殿" 等級，即意味著酒店得到官方認定為法國首都十大最尊貴酒店之一。2014-2015 年間，文華東方又相繼在中國台北、土耳其博多魯姆及意大利米蘭和摩洛哥馬拉喀什等城市開設豪華地標酒店和度假村。

與此同時，文華東方亦加強在香港及中國內地的業務發展。2005 年，在置地重建置地廣場的龐大工程中，興建了集團在香港的第二家豪華酒店 —— 置地文華東方酒店，該酒店堪稱當代設計的傑作，其溫馨而現代化設計為酒店提供寬敞的現代化設施，並結合文華東方酒店的優質服務，因而很快就取得了成功。2006 年，集團對香港的旗艦酒店 —— 香港文華東方酒店展開大規模的翻新工程，耗資 1.4 億美元。2006 年，文華東方開始進入中國內地發展，當年在海南三亞開設首家度假酒店。三亞文華東方酒店坐落於海南島南端佔地約 12 公頃的熱帶花園中，緊鄰一流高爾夫球場、文化景點，距三亞鳳凰國際機場僅約 20 分鐘車程。其後，集團又先後在廣州、北京、上海等城市開設豪華酒店。其中，王府井文華東方酒店位於王府井步行街核心地帶，坐擁故宮等中國地標性景觀，房間面積寬綽，在北京同類型房型中首屈一指。

目前，文華東方已發展為一家 "全球最奢華酒店集團"（the world's best luxury hotel group），在亞太區、美洲、歐洲、中東及非洲等 23 個國家和地區，共經營 32 間豪華酒店，其中，香港 2 間，包括香港文華東方酒店、置地文華東方酒店；澳門 1 間；中國內地 4 間，包括三亞、上海、王府井和廣州；亞太區其他地區 6 間，包括台北、吉隆坡、曼谷、東京、雅加達等；美洲 6 間，包括卡諾安島、波士頓、紐約、聖地亞哥、華盛頓特區、邁阿密；歐洲、中東及非洲 13 間，包括倫敦、博多倫、杜哈、巴塞羅那、巴黎、布拉格、慕尼克、日內瓦、科莫湖、米蘭、迪拜、馬德里、馬拉喀什等。這些酒店不僅地理位置獨特，設計典雅及現代化，而且內部設有一流的餐廳、酒吧和水療中心，每個酒店都反映了集團的東方傳統和獨特的地方感。此外，集團還擁有 6 個高級住宅物業。時至今日，文華東方成為全球唯一一家在 11 家餐廳中

香港文華東方酒店

香港文華東方酒店大堂

享有米其林 6 星級餐廳、全球唯一擁有 10 個福布斯 "五星級" 水療中心的豪華酒店集團，兩項指標都超過世界上任何其他酒店集團。

據統計，2018 年文華東方錄得總收入（Combined total revenue of hotels under management）13.98 億美元，收入（Revenue）6.14 億美元，股東應佔利潤（Underlying profit attributable to shareholders）6,510 萬美元。其中，收入和股東應佔利潤均分別比

2014 年減少 9.74% 和 32.87%，反映了經營業績的倒退。❹ 2018 年集團總收入 13.98 億美元中，香港 2.89 億美元，佔 20.67%；亞洲其他地區 4.69 億美元，佔 33.55%；歐洲 2.81 億美元，佔 20.10%；美洲 3.58 億美元，佔 25.61%。換言之，香港及亞洲其他地區仍然是集團的主要盈利來源地，但美洲及歐洲亦逐漸成為集團的收入來源。❹ 截至 2018 年底，集團擁有經調整後的淨資產約 58 億美元，僱員約 1.2 萬名。

》 怡和控股：亞太區跨國商貿巨擘

時至今日，怡和已發展成為一家亞太區的跨國商貿巨擘，英國凱瑟克家族透過其上市旗艦 —— 怡和控股與怡和策略互相持股，控制著旗下眾多上市公司，進而控制著一個龐大的企業集團，其在全球的僱員超過 44 萬人。據統計，截至 2018 年 12 月 31 日，怡和旗下上市公司總市值高達 1,186.87 億美元（約 9,260.58 億港元）。

長期以來，怡和給予外界的印象是古老（歷史悠久）、家族色彩濃厚，家族持股偏低，透過交叉持股控股著龐大的商業帝國，行事低調，獨立特行。目前，怡和控股的 15 名董事中，凱瑟克家族成員至少佔 4 名，包括亨利·凱瑟克（Henry Keswick）、本·凱瑟克（Ben Keswick）、艾特·凱瑟克（Adam Keswick）和西門·凱瑟克（Simon Keswick）。其中，亨利·凱瑟克出任董事局主席，他於 1961 年加入怡和，1967 年起任怡和控股董事；本·凱瑟克出任行政總裁，他於 1998 年加入怡和，於 2007 年成為怡和董事局成員，2012 年出任怡和控股行政總裁；艾特·凱瑟克於 2001 年加入怡和，2007 年進入怡和董事局，2012-2016 年出任怡和控股副行政總裁；而西門·凱瑟克則早於 1962 年加入怡和，1972 年進入怡和董事局。本·凱瑟克和艾特·凱瑟克都是凱瑟克家族的第五代成員。有批評指，怡和董事局 "缺乏成員更替"，並且處於 "幾乎完全沒有獨立董事的狀態"，不過，怡和的反應是："這個模式行之有效，且可以信任它將繼續有效發揮作用。" 對此，有評論指出："怡和集團歷來在公司治理方面很少達標，但仍被公認為經營有方。" ❹

由於凱瑟克家族對怡和控股所持股權長期偏低，怡和於 80 年代中期透過怡和控股與怡和策略交叉持股，以保護家族的控制權。怡和控股和怡和策略相繼撤離香港股市後，在倫敦掛牌上市，並在百慕達和新加坡作第二上市，其後逐步增持有對方股權。截至 2019 年 7 月底，怡和控股（Jardine Matheson）持有怡和策略（Jardine Strategic）股權已從 1992 年底的 52% 增加到 85%，而怡和策略持有怡和控股股權亦從 1992 年底的 35% 提高到 58%，這就完全杜絕外界任何企圖染指該集團的可能性。對於怡和與怡策的交叉持股，外界有頗多的批評，認為這將對怡和集團在收購兼併方面的活動造成極大的可能性，並且令少數股東的權益受損，得不到充份的保護。2001年，作為股東之一的 Brandes Investment Partners LP（持有怡和控股 10.5% 股份，持有怡和策略 2.3% 股份）就曾在怡和股東大會上提出四項解決措施，以解決問題，但相關提議不被接納。❹

怡和控股除了持有怡和策略壓倒性控股權之外，還持有非上市公司怡和太平洋（Jardine Pacific）100% 權益，怡和汽車（Jardine Motors）100% 權益，怡和保險（Jardine Lloyd Thompson）41% 權益；同時，怡和策略則持有上市公司置地（Hongkong Land）50% 股權，牛奶國際（Dairy Farm）78% 股權，文華東方酒店（Mandarin Oriental）78% 股權，以及新加坡上市公司怡和合發（Jardine Cycle & Carriage）75% 股權，並透過怡和合發持有印尼上市公司阿斯特拉國際（Astra International）50.1% 股權。

怡和集團在百慕達註冊，在倫敦上市並在百慕達和新加坡作第二上市，但其業務卻以香港為基地，橫跨亞太區各個國家和地區，包括香港、中國內地、台灣、新加坡、印尼、馬來西亞、泰國、菲律賓、越南、柬埔寨、汶萊等國家和地區，所經營的業務，幾乎涵蓋各個領域，包括房地產、零售、酒店、工程和建築、機場和運輸服務、金融和保險等廣泛行業。其中，置地和牛奶國際分別經營亞太區的房地產和零售業務，文華東方則在全球經營奢華酒店業務。怡和策略還透過新加坡的怡和合發，經營汽車銷售業務，並透過旗下的阿斯特拉國際經營汽車、金融服務、重型設備、採礦、建築和能源、農業綜合企業、基礎設施和物流以及資訊技術和房地產等多元化業務。2018 年，怡和在全球世界財富 500 強中，排名第 283 位，比 2009 年的 437 位大幅攀升了 154 位。

至於怡和控股旗下的非上市公司中，怡和太平洋主要持有金門建築（Gammon）50% 權益，香港航空貨運碼頭有限公司（Hong Kong Air Cargo Terminals Limited，簡稱 Hactl）42% 權益，怡和航空服務集團（Jardine Aviation Services Group，簡稱 JASG）50% 權益，怡和機器（Jardine Engineering Corporation，簡稱 JEC）100% 權益，怡和地產投資（Jardine Property Investment）100% 權益，怡和餐飲集團（Jardine Restaurant Group，簡稱 JRG）100% 權益，Jardine Schindler Group（Jardine Schindler Group，簡稱 JSG）50% 權益，怡和旅遊（Jardine Travel Group）55% 權益，Jardine Schindler Group（JSG）50% 權益，JTH 集團 100% 權益，主要從事建築、空運貨站、航空地勤服務、工程、地產投資、餐飲、電梯服務、旅遊，以及為個人和企業提供技術解決方案和諮詢服務等。怡和太平洋共擁有僱員約 4.4 萬人。

怡和太平洋旗下公司，多為歷史悠久、業務地域橫跨亞洲多國的企業集團。以怡和機器為例，怡和機器創辦於 1923 年 2 月 15 日，其前身是上海怡和洋行的機器部，成立時就已經是一家專業的工程公司，總部設於上海，並在香港及漢口設立分公司。戰後的 1950 年，怡和機器將總部遷至香港。到 70 年代，香港樓宇急速增長，怡和機器參與了多個建築工程項目，包括康樂大廈及地鐵觀塘線，並發展成為香港規模最大的空調工程承建商。80 年代，怡和機器進軍內地市場，先後在北京、上海及廣州等主要城市，獲得不少著名建築物及基建的工程項目。回歸之後，怡和機器將業務拓展到泰國、菲律賓、新加坡等亞洲市場，並且將業務從合約工程、樓宇服務等拓展到環境保護、基建設施、產品及採購、電力及能源、運輸及物流等多個領域，擁有員工達 4 千多名，發展區域內同行業的領導者。[45]

怡和策略旗下的怡和汽車，則是英國最大的汽車代理和銷售商，其代理的品牌

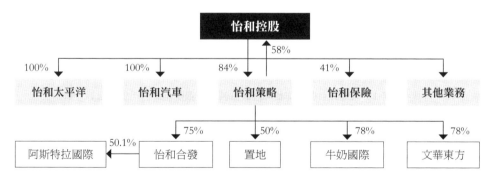

2019 年 7 月底怡和集團股權架構（資料來源：怡和控股官網）

包括阿斯頓馬丁、寶馬、奧迪、大眾、捷豹和路虎，梅賽德斯—賓士和保時捷等，為
20 家汽車製造商代理、經銷授權產品，在英國擁有超過 70 個經營網點，僱員達 3,600
人。怡和汽車還透過旗下的仁孚行（Zung Fu）在香港和澳門地區經銷梅塞德斯—賓
士汽車，仁孚行並在中國內地擁有 31 家梅塞德斯—賓士汽車的經營網店。另外，怡
和保險全稱為"怡和保險顧問集團"，是全球領先的保險集團之一，在英國倫敦上市，
主要經營保險及再保險等業務，在全球超過 40 個國家和地區經營業務，服務超過 135
個國家和地區的顧客，僱員達 1 萬人。2006 年，怡和保險與廣東廣東立信企業合資創
辦怡和立信，怡和保險佔 51% 股份，從事大型商業險經紀、再保險、國際海運、空運
和運輸保險和再保險經紀等業務。

　　從統計數據看，回歸以來，特別是 1997 年亞洲金融危機之後，怡和集團的業
務總體穩步發展。2005-2018 年，怡和控股（包括全資附屬公司和聯營公司）總收入
從 240.84 億美元增加到 923.48 億美元，13 年間增長了 2.83 倍，年均增長 10.89%；實
際收入從 119.29 億美元增加到 425.27 億美元，增長了 2.57 倍，年均增長 10.27%。不
過，同期，集團股東應佔利潤從 12.44 億美元增加到 17.32 億美元，13 年間僅增長了
39.23%，年均增長率僅 2.58%。集團總收入和實際收入的增長，顯然與怡和先後收購
新加坡上市公司怡和合發和印尼上市公司阿斯特拉國際，以及旗下各上市公司的收購
兼併及業務拓展密切相關。不過，這一時期，由於受到 1997 年亞洲金融危機和 2008
年全球金融海嘯兩次衝擊，以及外圍經濟走勢的影響，怡和的利潤增長卻呈現大幅
波動的態勢，從 2003 年的 8,500 萬美元大幅升至 2007 年的 20.28 億美元，2008 年又大
幅回落至 6.19 億美元，隨後於 2010 年、2011 年及 2017 年再大幅攀升至 30 億美元以
上，2018 年又回落至 17.32 億美元（表 7-13）。

表 7-13　2002-1018 年怡和控股業務經營概況（單位：億美元）

年份	總收入（包括全資附屬公司和聯營公司）（Gross revenue）	收入（Revenue）	股東應佔利潤（Profit attributable to shareholders）
2002	—	73.98	1.11
2003	—	83.90	0.85
2004	—	89.70	9.47

年份	總收入（包括全資附屬公司和聯營公司）（Gross revenue）	收入（Revenue）	股東應佔利潤（Profit attributable to shareholders）
2005	240.84	119.29	12.44
2006	271.36	162.81	13.48
2007	316.16	194.45	20.28
2008	361.56	223.62	6.19
2009	359.57	225.01	17.25
2010	469.63	300.53	30.68
2011	537.06	379.67	34.32
2012	604.53	395.93	16.71
2013	613.80	394.65	15.66
2014	627.82	399.21	17.12
2015	652.71	370.07	17.99
2016	724.37	370.51	25.01
2017	830.01	387.48	39.43
2018	923.48	425.27	17.32

資料來源：*Jardine Matheson Annual Report*, 2006-2018.

　　從怡和旗下各個公司的貢獻來看，2018 年度怡和控股的實際收入為 425.57 億美元。其中，阿斯特拉國際為 171.33 億美元，所佔比重最大，為 40.26%；依次是牛奶國際（117.49 億美元）、怡和汽車（59.05 億美元）、置地（26.65 億美元）、怡和太平洋（25.85 億美元）、怡和合發（19.38 億美元），以及文華東方（6.14 億美元），所佔比重分別為 27.61%、13.88%、6.26%、6.07%、4.55% 及 1.44%。不過，按照利潤計算，2018 年度怡和控股股東應佔利潤 17.32 億美元中，則以阿斯特拉國際和置地佔最大份額，分別為 4.65 億美元和 4.38 億美元，所佔比重分別為 26.85% 和 25.29%；依次是牛奶國際（2.78 億美元）、怡和汽車（1.75 億美元）和怡和太平洋（1.64 億美元），所佔比重分別為 16.05%、10.10% 及 9.47%。怡和合發和怡和保險約在 4.5%-6% 左右，貢獻最小的則是文華東方酒店集團（表 7-14）。由此可見，怡和控股收購阿斯特拉國際和怡和合發的重要性。

表 7-14　2018 年怡和集團各主要公司經營概況（單位：億美元）

怡和系公司		總收入（包括全資附屬公司和聯營公司）（Gross revenue）	收入（Revenue）	股東應佔利潤（Profit attributable to shareholders）
怡和策略	置地	46.42	26.65（6.26）	4.38（25.29）
	牛奶國際	219.57	117.49（27.61）	2.78（16.05）
	文華東方酒店	9.85	6.14（1.44）	0.45（2.60）
	怡和合發	72.77	19.38（4.55）	1.02（5.89）
	阿斯特拉國際	330.72	171.33（40.26）	4.65（26.85）
怡和太平洋		68.27	25.85（6.07）	1.64（9.47）
怡和汽車		159.54	59.05（13.88）	1.75（10.10）
怡和保險		19.31	--（-0.00）	0.77（4.45）
其他		-2.97	-0.32（-0.08）	-0.12（-0.69）
怡和控股		923.48	425.57（100.00）	17.32（100.00）

*（）內數字為在集團所佔百分比（%）

資料來源：*Jardine Matheson Annual Report 2018*

　　至於各個地區對怡和業務的貢獻，從實際收入來看，以東南亞地區所佔比重最大，為 59.17%；其次是包括香港、澳門、台灣和中國內地在內的大中華地區，為 33.41%；英國及全球其他地區所佔比重甚低，分別為 6.67% 和 0.75%。不過，若從利潤貢獻情況來看，則以大中華地區佔優勢，佔 56.25%，而東南亞地區佔 39.51%，英國及全球其他地區僅分別佔 3.38% 和 0.86%（表 7-15）。反映出儘管經過多年的拓展，以香港為主的大中華地區仍然是集團的盈利中心，而東南亞地區雖然業務發展快速，但邊際利潤仍然偏低。

表 7-15　2018 年怡和集團在全球各區經營概況（單位：億美元）

業務	總收入（包括全資附屬公司和聯營公司）（Gross revenue）	收入（Revenue）	股東應佔利潤（Profit attributable to shareholders）	非流動資產（Non-current assets）*
大中華地區	334.27（39.89）	142.09（33.41）	9.81（56.25）	409.60（67.13）
東南亞國家	455.50（54.35）	251.63（59.17）	6.89（39.51）	181.64（29.77）
英國	35.12（4.19）	28.37（6.67）	0.59（3.38）	8.36（1.37）
全球其他地區	13.19（1.57）	3.18（0.75）	0.15（0.86）	10.55（1.73）
合計	838.08 **（100.00）	425.27（100.00）	17.44 ***（100.00）	610.15（100.00）****

* 非流動資產不包括金融工具、遞延所得稅資產和養老金資產

** 總收入為 2017 年數據

*** 該數字為各個地區可分分配利潤總額扣除企業其他利息 0.41 億美元後的總數

**** （ ）內數字為在集團所佔百分比（%）

資料來源：*Jardine Matheson Annual Report 2017-2018*

　　踏入 2019 年，年屆 80 的亨利‧凱瑟克卸任怡和主席，由行政總裁本‧凱瑟克接任。亨利曾兩度出任怡和主席，第一次是 1972 年，第二次是 2000 年。對此，英國《金融時報》發表評論文章表示："許多英國機構衰落或消亡了，但怡和洋行一直興旺，其市值達 490 億美元，有 44.4 萬名員工，業務遍及全亞洲。怡和的大部份成就歸功於 80 歲的亨利爵士，他帶領怡和屢渡難關，克服危機，造就了怡和今日的成功。根據怡和自己公佈的資料，過去 30 年其股東年度總回報率為 16.5%。"該評論並表示："這是一家極端保守的機構，毫不在意與時俱進或外部股東看法，執掌它的是清一色的男性董事，以家族成員為主。它同樣是一家勇於在商業上冒險的機構，毅力非凡。" ❹❻

註釋

❶ 參閱《滙豐的策略》，滙豐控股官網。

❷ 宋瑋、朱心怡著，《滙豐：世界的本土銀行》，英國：《英大金融》，2016 年 2 月 22 日。

❸ 金昱著，《深度解析滙豐後危機時代的改革戰略》，北京：《中國銀行業》雜誌，2015 年第 11 期。

❹ 參閱《滙豐控股有限公司 2017 年報及賬目》，第 7 頁。

❺ 同註 4，第 8 頁。

❻ 傑瑞米・格蘭特著，《滙豐擬轉向亞洲實現增長》，英國：《金融時報》中文網，2015 年 6 月 10 日。

❼ 保羅・J・大衛斯著，《滙豐鎖定 6 大亞洲核心市場》，英國：《金融時報》中文網，2012 年 3 月 13 日。

❽ 派翠克・詹金斯、森迪普・塔克著，《滙豐行政總裁緣何搬家？》，英國：《金融時報》中文網，2009 年 9 月 29 日。

❾ 參閱《滙豐控股有限公司 2009 年度回顧》，第 4、6 頁。

❿ 同註 8。

⓫ 參閱《滙豐控股有限公司 2010 年度回顧》，第 6、15 頁。

⓬ 愛瑪・鄧克利著，《很多股東支持滙豐遷移總部》，英國：《金融時報》中文網，2015 年 11 月 24 日。

⓭ 劉詩平著，《滙豐行政總裁：滙豐在中國將繼續實行雙面發展戰略》，新華網，2012 年 3 月 19 日。

⓮ 劉詩平著，《滙豐金融帝國——140 年的中國故事》，北京：中國方正出版社，2006 年，第 239 頁。

⓯ 同註 14，第 247、249 頁。

⓰ 翁富澤著，《翁富澤：分享中國的成長—滙豐銀行的中國策略》，搜狐財經，2008 年 4 月 13 日。

⓱ 王晶晶著，《滙豐行政總裁紀勤：中國絕對是最重要的新興市場》，廣州：《南方都市報》，2010 年 10 月 7 日。

⓲ 參閱《滙豐銀行（中國）有限公司 2017 年度報告》，第 23-36 頁。

⓳ 同註 18，第 99 頁。

⓴ 參閱《滙豐控股有限公司 2017 年業績》，第 4 頁。

㉑ 梁高美懿著，《行政總裁報告》，《恒生銀行有限公司 2010 年報》，第 22 頁。

㉒ 參閱《恒生銀行有限公司 2010 年報》，第 18-19 頁。

㉓ 梁高美懿著，《行政總裁報告》，《恒生銀行有限公司 2011 年報》，第 19 頁。

㉔ 參閱《恒生銀行有限公司 2018 年報》，第 1 頁。

㉕ 參閱《滙豐控股有限公司 2018 年報及賬目》，第 4 頁。

㉖ 滙豐控股新聞稿，《滙豐策略更新》、《滙豐控股策略發展：珠三角 2020 年收入增加一倍至 5 億美元》，2018 年 6 月 11 日。

㉗ 參閱《滙豐控股有限公司 2018 年策略報告》，第 12-13 頁。

㉘ 滙豐控股新聞稿，《滙豐推出"大灣區 +"科技信貸基金》，2019 年 6 月 11 日。

㉙　Jardine Cycle & Carriage，Corporate History，Jardine Cycle & Carriage 官網。

㉚　參閱 *Jardine Cycle & Carriage Limited Annual Report 2018*, pp.61-62.

㉛　匯感百科，《阿斯特拉集團》，http://www.hgzz.net/baike/81974.html。

㉜　約翰‧加普著，《怡和洋行：沉默是金》，英國：《金融時報》中文網，2018 年 12 月 29 日。

㉝　參閱 *Astra International Annual Report 2018*, p.6.

㉞　帕提‧沃德米爾、珍妮佛‧休斯著，《怡和旗下公司入股中國永輝超市》，英國：《金融時報》中文網，2014 年 8 月 13 日。

㉟　參閱 *Dairy Farm International Holdings Limited Annual Report*, 2018, p.7.

㊱　置地控股，《香港置地 125 年》（*Hongkong Land at 125*），置地控股官網，2014 年，第 267 頁。

㊲　同註 36，第 290 頁。

㊳　同註 36，第 311 頁。

㊴　苗雪艷著，《香港置地執行董事周明祖：保守是最好的態度》，和訊網，2018 年 3 月 15 日。

㊵　參閱 *Hongkong Land Holding Limited Annual Report 2018*, p.1, 6.

㊶　參閱 *Mandarin Oriental International Limited Annual Report 2018*, p.94.

㊷　參閱 *Mandarin Oriental International Limited Annual Report 2018*, p.5.

㊸　Lex 專欄，《當心怡和降低公司治理標準》，英國：《金融時報》中文網，2014 年 3 月 2 日。

㊹　參閱《Brandes 再次希望結束怡和集團內部交叉持股》，英國：《金融時報》FT 中文版，2001 年 4 月 21 日。

㊺　歐陽若華、呂麗娟著，《怡和機器：創建亞洲九十年》，*Kevin Sinclair & Associates*，2013 年 9 月。

㊻　同註 32。

8

回歸新發展：
太古、嘉道理
及其他

香港回歸後，太古、嘉道理等英資財團，進一步鞏固及拓展其在香港的核心業務。太古及國泰航空，與中資的國航展開長達 10 年的博弈，在與國航分享香港航權的背景下，鞏固了其香港的航空版圖；同時，透過分拆太古地產上市，以香港為基地拓展內地市場。嘉道理家族則透過旗下上市公司中電控股和大酒店，推進國際化策略，相繼發展為亞太區首屈一指的電力巨頭及全球性最佳豪華城市酒店集團之一。

　　其他英資財團則呈不同發展態勢：歷史悠久的渣打集團，通過在香港整體上市、分拆渣打香港，作為集團進入中國的旗艦，在內地市場取得了矚目發展。英國大東電報局在全球電訊市場開放的大背景下選擇棄守香港電訊，結果由於錯判形勢最終導致集團消亡；與此同時，英之傑、太古等剝離非核心業務，相繼出售天祥與和記商務等採購貿易業務，導致華資在香港電訊、採購貿易等領域，對英資取得了壓倒性的優勢。

01

太古集團的航空版圖

──────────────────

1997 年 7 月 1 日，香港回歸中國。為慶祝回歸，國泰航空把一架波音 747-200 型飛機命名為"香港精神號"，並特別塗上回歸紀念圖案，將香港持續繁榮的資訊帶到世界各地。

這一時期，正值各國政府先後推出"開放天空"政策，環球航空出現合併潮，加上香港遇上赤鱲角新機場啟用帶來更大的發展機遇，種種因素令更多新興航空公司及廉價航空公司冒起。面對日趨激烈的競爭，國泰航空除了加強與各大航空公司的"代碼共用"，藉此擴展服務之外，更緊跟國際潮流，成立"亞洲萬里通"（Asia Miles）飛行里數獎勵計劃，參與創辦"寰宇一家"（Oneworld）航空聯盟，以此加強競爭力。2002 年，國泰與國際速遞巨頭敦豪國際（DHL Express）達成聯營華民航空的協議，革新這家原以二手舊飛機經營二線貨運航線的公司，改以全新的空中巴士 A300-600F 貨機組成機隊，專營亞洲主要幹線特快通宵貨運服務。❶

》太古、國泰與國航博弈："星辰計劃"

不過，國泰仍然迴避不了與中航、中航興業、國航等中資航空公司的競爭壓力。國航全稱"中國國際航空股份有限公司"（Air China Limited），其前身中國國際航空公司成立於 1988 年。2002 年 7 月，中國航空總公司與中國國際航空公司、中國西南航空公司根據國家民航業實施"大公司、大集團"的戰略，聯合重組成立中國航空（集團）公司，中航及中航興業成為了中航集團全資子公司。2004 年 12 月 15 日，國航在香港成功上市，並持有中航興業 68.36% 的股權。

為了加強與國航的合作，2004 年 10 月，國泰航空與國航簽署了一份諒解備忘錄，主要內容是國泰航空在國航海外首次公開募股（IPO）時購入其 9.9% 的股權，涉及金額 2 億美元。備忘錄還包括雙方聯合進行市場行銷活動、提高各自網絡中對應城市之間的業務量等有關航權的內容。有評論指出，此次國航、國泰、港龍交易的背後，"航權是一個重要的籌碼"。當時，香港正面對內地日益成長的巨大的航空市場，國泰希望藉此分一杯羹。不過，國泰進入中國內地市場的進程並不順利，國泰航空僅被許可經營香港到北京、廈門的客運航線和到上海的貨運航線；相反，其競爭對手港龍航空不僅初步完成內地的網絡佈局，還直飛內地 23 個城市，特別是切入了京港、滬港兩條黃金航線，在京滬線上更以每天 16 班的密度經營。因而，設法收編港龍，成為了國泰可以選擇的最直接有效途徑。一旦擁有港龍，國泰就可以佔有港龍所有的內地航權和市場，獲得支持未來發展空間。

　　2006 年 6 月 9 日，經過 12 輪艱苦談判，太古、國泰與國航、中航興業、中信泰富等宣佈簽訂合作協議，重組其持股結構，構建全球最強的航空夥伴關係。協議內容包括：國泰航空與國航將互向對方作戰略投資 —— 在股權層面交叉持股，國航將向中信泰富及太古以每股 13.5 港元收購國泰 10.16% 股權，總作價約 5.48 億港元，使得國航及旗下的中航興業所持國泰股權達 17.50%；國泰則以每股 3.45 港元的代價現金認購 11.79 億股國航新 H 股，總作價約 41 億港元，使所持國航股權從 10% 增加至 20%。同時，國泰將以 82.22 億港元，收購其尚未持有的 82.21% 港龍股份，包括來自中航興業的 43.29%、中信泰富的 28.50%、太古的 7.71% 及其他的 2.71%，使港龍成為國泰全資附屬公司，在國泰管理下繼續保持獨立品牌經營。而太古和中信泰富則各自減持國泰股份至 40% 和 17.5%。此外，國航與國泰還達成營運協定，包括：雙方互為銷售代表；擴大香港和中國內地之間的航線代碼共用；上海合資貨運公司；以及在其他一些方面加強業務合作。

　　這項協議，後來被稱為"星辰計劃 1.0"。國泰財務顧問、荷蘭銀行董事李傑（Richard Griffiths）在接受《財經》記者採訪時表示："這是香港市場最為複雜的交易之一，整個醞釀及落實過程長達兩年之久。荷蘭銀行更為此工作了五年時間。"對於這項協議，國泰行政總裁陳南祿表示："國泰全面掌管港龍及加強與國航的夥伴關係，將進一步鞏固香港作為亞太地區首要航空樞紐的地位，並在香港創建全世界最強之一

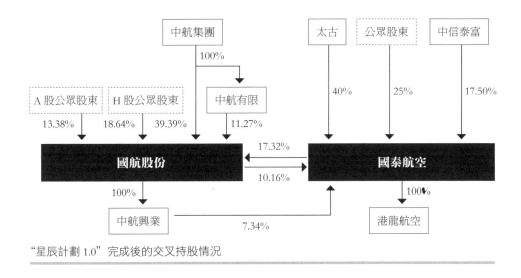

"星辰計劃 1.0"完成後的交叉持股情況

的航空夥伴關係。……更加強香港和北京作為亞洲主要航空樞紐的地位。"太古及國泰航空主席白紀圖也表示:"此次收購將會使香港的航空業在全球市場更具競爭力,港人將從中獲益。國航在國泰航空及港龍航空具有權益,也標誌著其支持香港作為物流中心的長遠發展承諾的落實。"顯然,這次併購案的影響並不局限於一家公司的興衰,實際上關係著香港的持續繁榮,以及其能否繼續維持作為全球航空樞紐之一的地位。❷

國航董事長李家祥也表示:"此次交易對國航的價值和戰略方面影響深遠。包括國航、國泰乃至中國航空業在內都將深為受益,國泰和國航之間的營運協議亦將鞏固本公司在國際國內市場的長期地位。"❸在業界看來,國航成為這場交易的最大贏家。英國《金融時報》的分析就稱,國航曾是行業中的侏儒,它是上市最晚的一家中國航空公司,曾經還需要注資才能符合盈利能力方面的要求。但經過此次改組,國航與國泰航空形成了交叉持股,使其成為明顯的國家冠軍級企業。原港龍大股東、中航興業主席孔棟也認為:這次交易使"港龍航空獲得很好的估值,為股東帶來近 30 億港元的收益。同時,國泰航空對港龍的直接控股也有助保障其未來的發展和繁榮"。有評論指出:這場航空業浩大的重組更多體現出各方之利益均衡;而更多的均衡也許意味著兩大航空巨頭未來更為複雜微妙的博弈。

同年 9 月 28 日,國泰航空簽署協定,將港龍航空作為全資子公司正式納入國泰航空集團。國泰隨即對兩家航空公司的經營網絡展開重整,將集團的中國內地 20 多個城市的航線全部劃撥至港龍旗下，縮短了香港樞紐的連線時間，創造出真正的協同效應。在國泰航空強大的國際聯繫支援下，港龍航空加強了大部份服務，並在整合後增加了 8 個新的區域目的地，為乘客提供更多選擇，並提升香港的樞紐地位。這一年，正值國泰航空成立 60 週年。

2009 年 8 月，太古、國泰與國航、中信泰富等再次達成重組持股結構協議，太古和國航以每股 12.88 港元價格，分別向中信泰富購入 2% 和 12.5% 國泰航空股權，涉及資金分別為 10.13 億港元和 63.35 億港元。交易完成後，太古持有國泰股權從 39.97% 增加至 41.97%，進一步鞏固其作為國泰大股東的地位；國航持有國泰股權從 17.49% 增加至 29.99%，成為國航第二大股東；而中信泰富僅保留 2.98% 國泰股權。同時，國泰航空則持有國航 18.1% 股份。協議稱：“有關變動有利國航及國泰構建更緊密的合作關係，並將強化北京和香港作為區域內主要航空樞紐的地位。” 這就是所謂的 “星辰計劃 2.0”。

對此，太古表示：“太古公司認為增持國泰股份，確認其對國泰航空的充份支持，以及對國泰航空日後作為世界領先航空公司之一抱有的信心，並反映了雙方決心鞏固香港為亞洲區內首選航空樞紐的地位。太古公司歡迎國航增持在國泰航空的股權，有關交易可作為國航與國泰實現進一步的合作與產生更大的協同效應之平台。”國航也表示：“國航通過增持國泰航空的股權，可與國泰航空構建更緊密的合作關係，作為國航與國泰航空實現進一步的合作與產生更大的協同效應之平台。這次的股權增持還將有助於國航提升國際競爭力和品牌價值。” ❹

2010 年 2 月，“星辰計劃 3.0” 啟動。國泰航空通過其全資子公司 —— 國泰航空中國貨運控股有限公司（簡稱 “國泰貨運”）出資 8.516 億元人民幣，認購國貨航 25% 股份；國航全資子公司中航興業（持有朗星全部已發行股份）以 6.268 億元人民幣的對價，向 AFL（一家專為收購朗星股權而成立的公司）出售朗星的全部權益；AFL 將把朗星的全部股份抵押給國泰航空用於獲得國泰航空為其提供的 8.17 億元人民幣貸款，並以其通過朗星持有國貨航 24% 股權的股息向國泰航空償還相關貸款；朗星出資 2.3845 億元人民幣對國貨航增資。交易完成後，國泰航空將通過國泰貨運持有國貨航 25% 股權，並通過國泰航空集團向 AFL 提供貸款而獲得朗星持有的國貨航 24% 股權利益，即相當於國泰航空通過直接控股和間接控股共同持有國貨航 49% 的權益。

國貨航全稱 “中國國際貨運航空有限公司”（Air China Cargo Co., Ltd.），總部設在北京，以上海為遠端貨機主運營基地，從事航空貨運業務。國貨航成立於 2003 年 12 月 12 日。"星辰計劃 3.0" 可以說是 "星辰計劃 1.0" 的延續。2006 年 6 月 8 日，國泰與國航曾發佈聯合公告，稱將成立一間以上海為基地並共同擁有的貨運航空公司；2009 年，國航收購國貨航少數股東股權，就是為了下一步與國泰航空在上海成立合資航空貨運公司鋪路。2011 年 3 月 18 日，國航與國泰以國貨航為平台完成貨運合資項目。合資後，國貨航中英文名稱、企業標識保持不變，註冊資本為 52.35 億元人民幣。國泰與國航合作，使國貨航抓住了在重要及具有競爭性的長三角地區的航空貨運業務商機，增強了其在中國內地的航空貨運的競爭地位。

經過長達 10 年的博弈、合作，國泰航空鞏固了其在香港、中國內地及全球航空業的地位。由於國泰與國航分屬於 "寰宇一家" 和 "星空聯盟" 兩個不同的國際航空聯盟，通過交叉持股有效規避了兩者之間的業內競爭，將原來的競爭關係轉變為合作關係，雙方在經營的所有內地至香港的共飛航線實現收入共用，成本共擔。國航和國泰在京港線上聯營，基本上壟斷了這條航線。有統計分析，自從 "星辰 2.0 計劃" 實施完成，相比南航，國航近年在核心 ROE 指標上有著明顯提升，而這種提升的直接原因就是與國泰航空交叉持股所得益的。

2015 年 11 月 1 日，國泰航空邁進另一重要新里程。國泰全體機隊陸續換上新的外觀，展示新形象。新機隊外觀設計主要包含三大元素：換上線條更流暢的新 "翹首振翅" 標誌；簡化國泰色譜為綠、灰、白三色；凸顯國泰名字和 "翹首振翅" 圖案。國泰表示："機隊新外觀設計，象徵國泰航空對香港信守的承諾，同時彰顯國泰致力

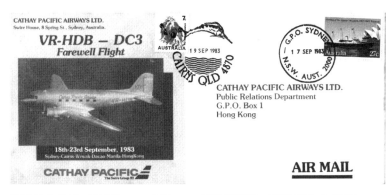

國泰航空信封，圖中為 1946 年的 DC3 型飛機外觀。（張順光先生提供）

港龍航空飛機外觀（張順光先生提供）

1970-1980 年代國泰航空舊飛機外觀，機尾
寫著 SuperTriStar。（張順光先生提供）

國泰航空新機隊外觀

為顧客提供 '翱翔人生' 的旅遊體驗。國泰航空行政總裁朱國樑在致辭時表示："對於國泰航空，今天標誌著一個新年代的開展。機隊外觀對我們的品牌形象攸關重要，因透過這寶貴的實質資產，它展示著國泰價值。機隊形象代表著國泰，每天進出香港，穿梭往返遍佈全球的航線網絡。" ❺

2016 年 12 月，港龍航空正式命名為 "國泰港龍航空"，該機隊機尾上廣為人知的飛龍標誌換上國泰航空的 "翹首振翅" 標誌，但繼續採用紅色；原飛龍標誌則移到機首。2017 年 3 月 21 日，兩家航空公司的整合進一步展開，國泰港龍航空網

站（www.dragonair.com）與國泰航空網站（www.cathaypacific.com）合併，為兩家航空公司的乘客提供更便捷順暢的網上服務體驗。此時，太古與國航則合共持有國泰航空74.99% 股權，而國泰航空則持有國泰港龍航空 100% 股權。

》國泰航空的危機與企業轉型

儘管國泰航空逐步一統香港的航空公司，然而，踏入 21 世紀以來全球以及亞太區航空業開始發生根本性的結構轉變，令航空業面對的挑戰日益嚴峻。特別是 2004年以來，亞洲航空和春秋航空等低成本航空公司崛起，中國內地的航空公司諸如國航、海南航空、東方航空等也迅速佈局，增開了不少國際直航航點，顯著降低了旅客經過香港中轉的需求，擠壓了國泰航空的客運收益率。此外，中東地區的航空公司，如阿聯酋（Emirates）、卡塔爾（Qatar）與阿提哈德（Etihad）等也積極拓展東亞版圖，卡塔爾與阿聯酋航空就先後以波音 777-200LR 和空客 "巨無霸" A380 啟航了多哈與杜拜往返新西蘭奧克蘭的航線。

然而，面對國際航空業的激烈競爭，國泰航空的反應則顯得過於保守。國泰航空是第一家在每個航班上提供頭等艙、商務艙和經濟艙服務的亞洲航空公司，一貫以高水平服務著稱，早在上世紀 60 年代，就匯聚了來自世界各地的飛行員和乘務員，瑞士廚師烹飪的飛機餐、日本的瓷器、瑞典的銀器及不鏽鋼餐具、愛爾蘭的麻質餐巾無不彰顯高貴典雅。不過，時移勢易，隨著機型日漸老舊、高端服務品質優勢日受削弱，而航空機票價格卻常年居高不下，國泰航空逐步進入了一個被動的競爭位置。2015 年，國際油價突然下跌，並連續幾年在低位徘徊，然而這一對航空業的重大利好確使國泰航空雪上加霜。由於國泰管理層錯誤估計油價走勢，進行了高比例、長期的燃油對沖，直接導致隨後連續兩年的巨額虧損。

2016 年度，國泰航空營業虧損 5.25 億港元；2017 年度營業虧損進一步擴大到12.59 億港元，兩年營業虧損額高達 17.84 億港元。為了應對挑戰，國泰航空自 2017 年起開始實施為期三年的企業轉型計劃，改變集團的工作方針，藉此進一步加強客運業務，務求令業務更精簡及靈活，以便更有效地 "開源" 和 "節流"，成為更具實力的競爭者。為此，國泰航空成立了改善科技運用及數據分析能力的中央數據團隊、專注改善業務流程的精益團隊，以及專注發展共享效率的全球業務服務組。自 2017 年起，國泰航空航線網絡開始向核心市場外延，例如開通了往返特拉維夫的航班，開通往返巴塞羅那和基督城的季節性航班等。同時，與德國漢莎集團等知名航企簽訂合作協議。在不斷開源的同時，國泰航空在精簡自己的成本。精簡成本最為直接的體現就是裁員。2017 年 5 月，國泰航空裁員 600 人，包括 25% 的中高級管理人員。同年 11 月，國泰航空引入中東航空公司作為策略性合作夥伴，由卡塔爾航空公司收購國泰航空約 9.61% 股權。兩家公司同為 "寰宇一家" 聯盟的成員，通過入股將進一步加強緊密合作。2018 年，國泰航空又開始重組海外業務架構，透過連串措施提高生產力，提升數碼化能力，以及專注發展共享服務能力。通過實施企業轉型計劃，國泰航空於 2018 年起恢復盈利，當年集團營業溢利 35.95 億港元（表 8-1）。

表 8-1　回歸以來國泰航空經營概況（單位：億港元）

年度	收益	營業溢利（虧損）	股東應佔溢利（虧損）	資產淨值
1997 年	266.95	24.01	16.94	—
2007 年	753.58	77.39	70.23	492.49
2008 年	865.63	（80.29）	（86.96）	368.29
2009 年	669.78	57.33	46.94	423.85
2010 年	895.24	140.86	140.48	544.29
2011 年	984.06	55.00	55.01	547.38
2012 年	993.76	16.13	8.62	561.38
2013 年	1,004.84	37.60	26.20	630.13
2014 年	1,059.91	44.35	31.50	518.53
2015 年	1,023.42	66.64	60.00	480.67
2016 年	927.51	（5.25）	（5.75）	555.26

年度	收益	營業溢利（虧損）	股東應佔溢利（虧損）	資產淨值
2017 年	972.84	（12.59）	（12.59）	612.72
2018 年	1,110.60	35.95	23.45	639.39
2019 年上半年	535.47	24.74	13.47	625.69

資料來源：《國泰航空有限公司年報》，1997 年，2007-2018 年；《國泰航空有限公司 2019 年中期業績》。

　　2019 年是國泰航空實行企業轉型計劃的最後一年。為了加強對廉價航空市場的滲透和佈局，2019 年 3 月 27 日，國泰航空以 49.3 億港元的代價，收購 "香港快運航空公司" 100% 股權，使後者成為國泰的全資附屬公司。香港快運航空公司（Hong Kong Express Airways Limited）是一家在香港註冊的低成本航空公司，其前身為港聯航空公司。2005 年 4 月，港聯航空取得空運牌照局的空運牌照，並於同年 5 月取得來往香港至廣州、杭州、重慶、南京和寧波的航線經營權。2006 年 8 月，海南航空入股港聯航空，控股 45%。2007 年 1 月 29 日，港聯航空正式改名為 "香港快運航空"。國泰航空表示："由於國泰航空與香港快運的業務及業務模式在很大程度上可以互補，交易預計會產生協同效應。交易代表國泰航空集團以具吸引力的實際方式支持其航空業務的長遠發展及增長，並致力加強其競爭力。公司擬繼續以廉價航空公司的業務模式營運香港快運，作為一家獨立運作的航空公司。" ❻ 國泰航空收購香港快運，進一步鞏固了其在香港航空業的優勢。2019 年上半年，國泰航空的營業溢利達 24.74 億港元，比 2018 年同期的 6.97 億港元大幅增長 2.55 倍。至此，國泰航空的企業轉型計劃取得初步的成功。

　　現階段，國泰航空已發展為全球最重要的航空公司之一，旗下航空公司包括國泰航空、國泰港龍航空（100%）、華民航空（60%）、香港快運（100%）等。截至2018 年底，國泰航空共擁及營運有 212 架飛機，直接聯繫香港至全球 35 個國家共 109個目的地，包括中國內地 26 個目的地。

國泰航空已形成以香港為基地，定期往來亞洲、北美洲、澳洲、歐洲和非洲等 53 個國家／地區的 207 個城市的龐大航線網絡；國泰港龍航空則飛往中國內地及亞洲其他地區共 51 個目的地。2018 年，國泰集團的收入乘客運載人次為 3,546.8 萬人次，運載貨物及郵件 215.2 萬噸，全年收益 1,110.60 億港元，股東應佔溢利 23.45 億港元。❼

》港機工程的發展與私有化

香港赤鱲角國際機場的興建，最早於 1989 年 10 月由港督衛奕信爵士提出，1991 年 9 月中英兩國政府簽訂《關於香港新機場建設及有關問題的諒解備忘錄》之後相關工程正式展開。1998 年，香港特區政府宣佈新機場落成，並命名為 "香港國際機場"。同年 7 月 6 日，香港國際機場正式啟用。由紐約開出的國泰航空 CX 889 號班機，於早上 6 時 27 分降落在新機場，成為第一班降落的客機；開往馬尼拉的國泰航空 CX 907 號班機則為第一班離港的客機，開出時間為早上 7 時 19 分。當年，港機工程耗資 14 億港元興建的位於赤鱲角香港國際機場的新設施也正式營運。

隨著新機場航空業務的拓展，港機工程的業務不斷擴大，包括增加各類廣體機及噴射發動機類型飛機的維修服務，及拓展來自國際航空公司的維修保養業務，集團位於香港國際機場的第二機庫也落成啟用，並著手興建第三機庫。港機工程並相繼在新加坡、巴林，以及中國的廈門和晉江等地開設新增的飛機維修、修理及大修（MRO）設施和部件設施的公司。其中，成立於 1993 年 7 月並於 1996 年 3 月正式運作的廈門太古飛機工程有限公司（Taikoo (Xiamen) Aircraft Engineering Company Limited），在廈門展開首架改裝波音 747-200 客機為貨機的工程，並於 2005 年為國泰航空完成全球首架波音 747-400BCF 客改貨工程。廈門太古以廈門高崎國際機場為基地，其佔地 46 萬平方米的設施包括 6 個飛機庫，能同時容納 12 架廣體飛機和 5 架窄體飛機。其後更發展成為亞太地區其中一家領先的飛機維修、修理及大修服務供應商。這一時期，港機工程的營業收入及利潤均保持兩位數的速度增長。

2008 年，全球爆發金融危機，各國經濟轉而急速進入寒冬，航空業受到嚴重波

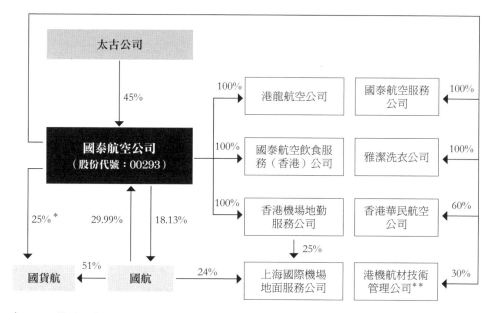

國泰航空集團
主要附屬及聯屬公司（截至 2017.12.31）

* 25% 股權透過附屬公司持有，另外 24% 股權透過經濟權益持有，總持股量為 49%
** 此為譯名

國泰航空集團主要附屬及聯營公司（資料來源：太古集團：《太古企業簡介》，太古集團官網，第 16 頁）

及，國泰航空及港機工程也不例外。金融危機的爆發使得港機工程由業務噴發的狀態急轉陷入增長困境，2009 年度公司淨利潤為 6.9 億港元，同比下跌 40%。跌幅超預期，主要原因是公司香港本部和廈門太古飛機工程的業務量均大幅下滑、而職員薪酬成本和折舊及攤銷則大幅上升。2009 年 9 月，太古以現金支付方式向國泰航空購入港機工程 12.45% 股權，代價約 19.01 億港元，相當於每股 91.83 港元。2010 年 2 月，港機工程爆出副主席陳炳傑的兄長陳榮顯涉嫌收受非法回佣案，陳炳傑因此主動辭任。同年 6 月 7 日，太古繼續收購國泰航空於港機工程所持餘下 15% 股權。收購完成後，太古持有港機工程的股份由 45.96% 增至 60.96%。隨後，太古以每股 105 港元價格，對港機工程剩餘股份提出全面要約收購建議，結果令所持港機工程股份增至 74.99%，港機工程因而成為太古旗下的附屬公司。隨著金融危機過後全球經濟復甦，港機工程業務又迎來一次較快的發展。

2014年，港機工程收購了美國同業 TIMCO Aviation Services，將北美飛機維修、修理及大修和客艙設計整裝方案等業務納入其業務版圖。TIMCO 成立於 1990 年，總部設於北卡羅來納州格林斯伯勒市，在北卡羅來納州格林斯伯勒市及佛羅里達州萊克城設有飛機庫，在北卡羅來納州海波因特市及瓦勒伯格設有 HAECO Cabin Solutions 設施。港機收購後將其改名為港機（美洲），為全球的航空公司提供全方位的飛機維修、修理及大修和工程服務，並透過 HAECO Cabin Solutions 提供一系列客艙產品及服務。

2014年，港機工程首次實現突破 100 億港元的營業收益目標，相比第一次全面要約收購時的業績增長了近 3 倍。不過，與此同時，公司利潤收入卻並未隨之增長，出現了大幅波動的走勢，2012 年為 4.17 億港元，2013 年下滑至 2.28 億港元，2014 年回升至 4.39 億港元，2015 年又跌至 3.39 億港元，2016 年利潤創下新高達 9.75 億港元，可惜的是 2017 年卻錄得高達 5.41 億港元的虧損。據港機主席史樂山解釋，虧損主要來自港機（美洲）一項有關 HAECO USA Holdings, Inc. 商譽減值支出 6.25 億港元，以及港機（美洲）一項有關遞延稅項資產淨值的撤銷 2.49 億港元。❽

2018年6月8日，太古再次對港機工程提出全面收購建議，太古計劃以每股港機工程股份 72 港元價格（較最後交易日收市價溢價約 63.6%），斥資 29.95 億港元收購港機工程其餘全部股份（25.01%）。太古表示，私有化為港機工程小股東提供了一個以大幅溢價套現的機會。對於太古來說，私有化港機工程可以節省上市、合規及行政成本，而由於港機工程股份流通量低，以及股價表現相對欠佳，即使維持上市地位，也發揮不到集資作用。事實上，港機工程在過去 30 年均沒有在股市集資，太古認為在可見將來也沒有集資機會。相反，將之私有化可使太古能夠完全整合其對港機工程的控制，並為太古公司提供一個整體更高效、更具成本效益的架構，同時可更靈活管理港機工程業務。2018 年 11 月 30 日，港機工程完成私有化程序，成為太古旗下的全資附屬公司。港機工程這家具有 68 年歷史的老牌公司，在經歷了半個世紀的風雨飄搖上市路後，最終還是迎來了被私有化終止上市的結局。不過，這並不是結束，而是作為太古全資附屬公司的一個新的開始。

目前，港機工程已發展成為全球領先的獨立飛機工程集團，也是規模最大的飛機維修、修理及大修服務供應商之一。集團持有 17 間附屬及合資公司，包括港機香港（100% 股權）、港機（美洲）（100% 股權）、廈門太古（58.55% 股權）、廈門太古發動機服務（72.86% 股權）、香港航空發動機維修服務（50% 股權），為航空公司客戶提供全面的飛機工程服務，包括：機身服務、外勤服務、部件服務、發動機服務、航材技術管理、機隊技術管理、客艙設計整裝方案、私人飛機設計整裝方案、客改貨、零部件製造及技術培訓等。在香港，港機工程擁有位於香港國際機場的三個維修機庫，投資總額達 16 億港元，總面積 15 萬平方米，是亞洲區內最先進的機庫之一。機庫設有 22 個維修泊位，可容納各類型商用飛機，可為超過 100 間航空公司客戶提供全天候支援服務，每年處理超過 11 萬飛機升降架次。

》國泰空運貨站的成立與發展

隨著香港國際機場的啟用，香港空運貨站位於赤鱲角的 "超級一號貨站" 也同時啟用。超級一號貨站與赤鱲角機場同步落成，建築成本為 10 億美元，佔地約 17 公頃，總樓面面積達 33 萬平方米，每年可處理貨物為 260 萬公噸，約佔香港空運量的 85%，是全球最先進及最大的空運設施。不過，超級一號貨站於 1998 年 7 月 6 日正式啟用後的頭幾天曾一度引起混亂，大量空運貨物積壓，位於啟德機場的貨運站被迫重新開放以處理貨物。至 8 月 24 日，香港空運貨站才宣佈超級一號貨站恢復正常運作。香港政府估計，超級一號貨站這一階段的運作混亂，為香港經濟帶來的損失約為 46 億港元，相等於本地生產總值的 0.35%。不過，在經歷適應期後，超級一號貨站的效率不斷提高，年處理貨量逐步提升至 350 萬公噸。

獲得另一張空運貨站經營牌照的是亞洲空運中心，其股東包括新加坡的新翔集團、招商局的 Eastern Option Ltd.、嘉里物流的 Torres Investments Ltd.、新加坡的吉寶訊通以及全球速遞巨頭聯邦快遞等。其中，新翔集團是新加坡具領導地位的地勤服務代理及食品解決方案專家，致力為新加坡樟宜機場大部份航空公司提供多元化的服務，並為海外合資業務提供技術、營運及管理等專業支援。Eastern Option Ltd. 由招商局旗艦上市公司港口控股全資擁有，主要經營港口及港口相關業務，並包括其他工業與基建相關投資等。Torres Investments Ltd. 由上市公司嘉里物流全資擁有。吉寶訊通總部位於新加坡，為吉寶集團屬下成員公司，專營電訊、船務及物流等業務。

亞洲空運中心在赤鱲角新機場投資 17.54 億港元，建成"二號空運貨站"。二號空運貨站樓高四層，面積達 13 萬平方米，其中兩層可直接通往禁區。此外，車輛可直達貨站各層。新設施投入服務後，亞洲空運中心每年的總處貨量將高達 150 萬公噸，佔香港國際機場空運貨量的三成。2007 年 3 月 8 日，亞洲空運中心在香港國際機場舉行二號空運貨站開幕典禮。股東代表新加坡機場航站服務有限公司主席鄭維榮表示："亞洲空運中心講求卓越的服務承諾，及致力經營一個臻至世界級水平的貨運站，泰國國際航空及韓亞航空公司的決定（使用該空運貨站），對亞洲空運中心有重大鼓舞。"

2007 年，香港國際機場錄得年度總貨物輸送量為 374 萬噸，增幅達 4.5%；貨運航班升降次數的升幅則為 6.4%。其中，國泰與旗下港龍航空合共載運貨物 167 萬噸，較兩航空公司 2006 年全年總運載貨量增長了 3.2%。當時，國泰航空行政總裁湯彥麟表示，儘管全球空貨運增長有放緩跡象，國泰對貨運業務的長遠前景依然抱持樂觀，航空貨運屬於週期性波動的行業，面對的挑戰或許更大，寄望在 2010-2012 年能重拾升勢。為此，國泰積極向香港特區政府爭取獲批香港第三張航空貨運牌照。

2008 年 3 月 18 日，國泰航空宣佈，公司全資附屬公司 —— 國泰航空服務有限公司（CPSL），已與香港機場管理局簽訂為期 20 年的專營權協定，承辦在香港國際機場包括設計、興建及營運新航空貨運站的專營權。該貨運站總開發成本為 48 億港元，預計於 2011 年下半年啟用。湯彥麟表示，國泰航空對於貨運業的策略是未雨綢繆，預先取得額外的處理能力，以迎合未來的需要。不過，其後由於全球金融海嘯爆發，全球貨運量銳減，相關建造工程暫停。

2009 年以後，隨著經濟復甦，整體航空業務及航空貨運市場回升，國泰航空重新開展興建工程。2010 年 8 月 10 日，國泰航空在香港國際機場公開介紹新航空貨運站一系列的先進設施。湯彥麟主禮時表示："此乃全球最大型、高流量及高效率的航空貨運站之一，無論在運作及環保方面均採用先進科技。我們相信增加運力及競爭力，有助提升來港的貨運航班數目，從而造福本地經濟。貨運站的興建及運作，以至對促進整個航空貨運業的發展，皆創造更多的就業機會。" ❾ 2011 年 11 月 17 日，新貨運站舉行平頂儀式。自此，公司進行連串系統測試，調整硬件設施及操作軟件平台。2012 年 12 月 18 日，CPSL 團隊遷入貨運站辦公室大樓工作。

經過 5 年的建設，2013 年 10 月，位於香港國際機場的國泰航空貨運站正式啟用。國泰航空貨運站總投資 59 億港元，佔地面積 10.9 萬平方米，總樓面面積 24.6 萬平方米，樓高 7 層，包括航空貨箱處理系統（CSS）位置 2,445 個、散貨箱處理系統（BSS）位置 4,224 個、控溫貯存設施 2,000 平方米、危險物品倉庫 240 平方米、貨車裝卸停泊位置 170 個，以及貨車停車位 59 個。貨運站設有全自動的航空貨箱處理系統和有部份人工作業的散貨箱處理系統，自底層貫穿 7 層，發往世界各地的貨物在此短暫停留，各種形狀的集裝箱有秩序地滾動在各樓層間。其中，位於 5 樓的全自動無人操作物料處理系統是整座貨運站的“大腦”，每件貨物可迅速高效地穿梭於各樓層；而全自動的航空貨箱處理系統則配有 31 台貨物升降機和 18 台升降轉載車，提供超過 2,400 個貯存位置，並裝置 24 小時無間斷電力供應裝置和超過 1,000 台閉路電視裝置，只需遙控遠端監控便能即時維修。

2015 年 3 月 20 日，國泰航空貨運站在啟用一年多之後，首次開放予傳媒進行參觀。國泰航空服務行政總裁高繼維表示，透過大量新技術，貨站處理轉口貨品的時間，由原來 8 小時縮短至 5 小時，在特別情況下更只須 3 小時便可完成整個程序。高繼維並表示，國泰航空貨運站啟用後，每年可處理高達 260 萬公噸貨物，提升香港的整體空運處貨能力達五成至 740 萬公噸。

鑑於國泰已獲批興建及營運國泰空運貨站，太古及國泰決定出售所持香港空運貨站股權。2010 年 5 月 25 日，太古、國泰航空與宣佈，兩家公司分別悉數出售所持有香港空運貨站及 HACTL Investment Holdings Limited 的 19.998% 及 10% 權益，作價分別為 12.799 億港元及 6.4 億港元；另外，中信泰富亦將其所持股權出售。所有出售股權分別由香港空運貨站原有股東，包括怡和、九龍倉、Mosgen Limited（和記黃埔全資擁有公司）、和記港口集團及中國航空（集團）等認購。交易完成後，怡和太平洋所持香港空運貨站股權增加到 41.67%，九龍倉持有 20.83%，和黃港口持有 20.83%，中國航空（集團）持有 16.67%。太古及國泰表示：“是次出售香港空運貨站的權益，履行了國泰航空對香港機場管理局作出的承諾。該承諾是於 2008 年 3 月作出，當時國泰航空服務有限公司（國泰航空附屬公司）獲香港機場管理局批出專營權，在香港國際機場投資、設計、興建及營運新空運貨站。” ❿

02

太古集團：地產上市、發展與其他業務

》太古地產分拆上市

　　香港回歸初期，受到亞洲金融危機的衝擊影響，太古旗下全資附屬公司 —— 太古地產也減慢發展步伐。這一時期，太古地產主要鞏固旗下在香港的旗艦物業，包括翻新位於港島鰂魚涌的太古城中心、繼續擴建太古坊、擴建太古廣場、發展又一城項目，成立太古酒店發展酒店業務等；同時，拓展海外和中國內地的房地產市場。

　　太古城中心建成於 1982 年，是當時港島區最大的購物及消閒熱點，設有零售商店、食肆及娛樂設施等，其後又相繼於 1991 年和 1992 年建成兩座（四座和三座）寫字樓。太古城中心的翻新工程於 1996 年展開，1997 年完成太古城中心購物商場第一期翻新工程，同時建成太古城中心一座寫字樓。到 2000 年完成全部翻新工程，使得太古城中心的面貌煥然一新。2001 年，全港首個提供豪華影院 Director's Club 的戲院在太古城中心開幕。與此同時，太古坊的擴展工程也穩步進行：1998 年及 1999 年，太古坊林肯大廈及濠豐大廈相繼落成；2001 年，太古完成鋪設太古坊及太古城的矩陣光纖網絡，為租戶提供資訊支援；2003 年，太古坊康橋大廈落成；及至 2008 年，太古坊甲級辦公大樓 —— 樓高 68 層的港島東中心落成。至此，太古坊共擁有 10 幢寫字樓，全部採用能源效率高和具可持續發展的環保設計，總樓面面積達 600 萬平方呎，全部以光纖網絡連接，並設有專用衛星傳訊站，成為港島東規劃最完善的商業社區。

　　這一時期，位於港島金鐘的太古廣場的擴建及優化工程也相應展開。2003 年，太古廣場三座落成，擴展了太古廣場的物業發展。2007 年，太古地產委託英國著名設

計師 Thomas Heatherwick 領導的 Heatherwick Studio 設計隊伍，主理太古廣場的優化計劃，為太古廣場引入嶄新設計，重新演繹新一代時尚奢華。2009 年，太古廣場優化計劃第一期峻工，為公司的綜合式旗艦項目帶來全新面貌。及至 2011 年 9 月，投資 20 億港元的太古廣場優化計劃全部完成。目前，太古廣場（包括一期、二期及三期）佔地超過 71.1 萬平方呎，薈萃世界著名品牌，雲集頂級購物及餐飲選擇，並設有香港港麗酒店、港島香格里拉大酒店、香港 JW 萬豪酒店及奕居等五星級酒店，及提供共 270 個單位的酒店式住宅，被公認為城中最精心設計、規劃最完善的香港購物中心。

90 年代中期以後，太古地產與中信泰富合作，在九龍半島九龍塘發展大型購物商場及寫字樓大廈 —— 又一城，太古地產佔 20% 權益。1998 年，毗連港鐵九龍塘站的又一城項目竣工，包括七層的商場、一幢辦公大樓、停車場及公共交通總站。2006 年，太古地產向中信泰富收購又一城的其餘權益，又一城成為由太古地產全資擁有物業。又一城擁有超過 200 間商舖及食肆、設備齊全的電影院、大型溜冰場以及約 22.9 萬平方呎的寫字樓。此外，還設有不同類型的配套設施，包括 830 個泊車空間、的士站、巴士站，並直接連貫港鐵觀塘線及東鐵線，成為九龍塘知名的商業與購物消閒的匯聚點。不過，2011 年 8 月，太古地產以 188 億元出售又一城的全部權益予新加坡發展商豐樹產業，成為香港史上最大筆的物業交易。

太古地產曾經於 1977 年 6 月在香港掛牌上市，其後又於 1984 年被私有化，撤銷上市地位。2010 年 2 月 21 日，太古發佈公告稱將分拆太古地產在香港上市。5 月 3 日，太古地產發佈有關刊發招股章程的公告，計劃在全球發售 9.1 億股股份，其中，香港發售 4,550 萬股股份（可予調整），國際發售 8.645 億股股份，最高發售價為每股 22.90 港元，集資約 188.8-208.4 億港元，完成發售後，太古地產總市值介乎 1,369.5-1,511.4 億港元之間。[11] 不過，據報道，其時由於金融海嘯剛過，香港特區政府調控政策過於嚴厲，原先有意入股太古地產的中投、淡馬錫、新加坡政府投資公司和 ING 旗下房地產基金都望而卻步，期間敲定的基礎投資者只有荷蘭養老基金公司這一家，擬投資 2 億美元。5 月 6 日，太古宣佈，"鑑於在 2010 年 5 月 3 日刊發招股章程後市況轉差，太古地產經與聯席全球協調人商議後，得出意見認為在當前市況下進行全球發售乃屬不明智"[12]，決定擱置上市建議。

不過，到 2011 年，鑑於經濟環境轉好，太古決定舊事重提。12 月 21 日，太古地產發佈公告，計劃將公司全部已發行股本以介紹形式在香港聯交所主機板上市，透過公司分派 17% 太古地產股份達成，其中，10% 股份分派予太古的公眾股東，其餘股份則分派予控股股東，股份代號為 1972，即公司成立年份。上市後，大股東太古持有太古地產股權減持至約 82%。根據上市文件，截至 2011 年 9 月 30 日，太古地產共擁有樓面面積約 3,300 萬平方呎，總值 2,211 億港元；其中，約 2,710 萬平方呎為投資物業，包括樓面面積約 1,910 萬平方呎的已落成投資物業，及樓面面積約 800 萬平方呎的發展中或持作未來發展的投資物業。

在香港，公司在這一投資物業組合中應佔樓面面積約為 1,440 萬平方呎，主要包括：太古廣場一、二、三座，可出租面積為 278.11 萬平方呎，總估值 898.39 億港元；太古坊 6 座甲級辦公樓、3 幢科技中心大廈及甲級商業大廈港島東中心，總估值 449.23 億港元；太古城中心一座、三座及四座寫字樓，可出租面積為 138.957 萬平方呎，以及毗鄰的購物商場，面積 33.11 萬平方呎，總估值 261.19 億港元。此外，還擁有東薈城 20% 權益，總估值 12.17 億港元；位處中國北京、上海、廣州及成都優越地段的 5 個大型綜合商業發展項目擁有權益，預期該等發展項目落成後將有約 900 萬平方呎的應佔樓面面積；以及海外如美國及英國的酒店權益等。❸

在上市文件中，太古地產表示，公司的競爭優勢主要表現在 5 個方面，包括：

香港金鐘太古廣場

（1）具構思、設計、發展以至管理綜合商業物業項目的能力，以成功活化市區環境見稱，在發展及管理活化物業項目上已累計近 40 年的實力及經驗；（2）開發新項目及獲取黃金地段土地的能力；（3）強勢品牌及作為首選業主的聲譽，擁有龐大、多元化及忠誠的租戶群，合共逾 1,800 個租戶，當中包括許多全球領先的企業及零售商；（4）致力奉行高水平的企業管治及擁有具豐富經驗與能幹的管理及營運團隊；（5）我們嚴守審慎的投資及資本管理方針。2012 年 1 月 18 日，太古地產在香港掛牌上市，旋即成為香港又一家大型上市地產集團。

》 太古地產：進軍中國內地市場

　　太古上市後，除繼續加強香港物業投資與發展之外，並加大了對中國內地地產市場的開發。其實，太古地產自 2000 年起已開始進入內地市場。當年，上海中信泰富廣場落成，太地擁有該物業的 10% 權益。自 2002 年起，太古地產先後在北京、廣州、上海和成都，主導參與了五個大型發展項目，包括北京三里屯太古里、北京頤堤港、廣州太古匯、成都遠洋太古里及海興業太古匯，每一個項目建成後都成為了所在城市的商業標杆。

　　太古地產最早進入的是廣州。2002 年，太古地產與廣州日報報業集團達成協議，在廣州天河區發展一個大型商業及文化綜合項目，名為“太古匯”。2004 年，太地與廣州日報報業集團修訂合作同意書，把位於廣州的太古匯商業及文化綜合發展項目的股權，從 55% 增持至 97%。不過，廣州天河太古匯項目因為種種原因拖延多年，直到 2011 年 9 月才落成開業。太古匯位於廣州市天河中央商務區核心地段，總樓面面積約 35.8 萬平方米（不含文化中心），由一個大型購物商場、兩座甲級辦公樓、廣州首家文華東方酒店及酒店式服務住宅、一個文化中心構成。❹

　　從建築風格看，廣州太古匯更偏向於香港商業的“幹練俐落”，以純盒子的商業區域搭配高層寫字樓及酒店，形成一個與香港太古廣場近似的綜合發展項目。其中，商場的樓頂花園猶如一片城中綠洲，讓賓客們雖置身於繁華的廣州 CBD，卻得到一份難得的恬靜。這裡，雲集了逾 180 家知名品牌，包括全球一線品牌精品、國內外品牌時裝、家居生活用品，乃至精緻美食佳餚；其中，逾 70 個品牌是第一次進駐廣州，多個國際知名品牌在此設立旗艦店或概念店。太古匯開業後即成為廣州最高檔、時尚的購物消閒商業區之一。

不過，太古地產在內地的大型商業物業，最早開業的倒不是廣州太古匯，而是北京三里屯太古里。2007 年，太古地產與基匯資本中國基金 I（由基匯資本管理）合資從北京國峰置業手上收購了新三里屯項目，該項目為低密度的綜合商業項目計劃。太地持有項目零售部份 80% 的權益，並全資擁有該酒店。三里屯太古里位於北京朝陽區，佔地 5.3 萬平方米，建築面積 17.2 萬平方米，由歐華爾顧問公司指導、日本建築界領軍人物隈研吾等建築師參與設計，19 座低密度當代建築，分別坐落南、北兩區。其大膽的用色及不規則的立體幾何造型，使得每幢均獨一無二，以極強的視覺吸引力成為京城地標。❶ 經過三年多發展，2010 年，北京三里屯太古里北區正式開業，當時的名稱是 “三里屯 village”。

經過 10 年發展，三里屯太古里已成為北京時尚休閒的地標，整體出租率高達97%。為了擴大發展空間，強化太古里的文化氛圍，太古地產宣佈將長期整租毗鄰的雅秀大廈，並重新改造成為太古里的延伸部份，暫命名為 “三里屯太古里西區”。太古地產（中國）行政總裁彭國邦表示：“三里屯太古里充份體現了太古地產在設計及創建能夠提升城市面貌的商業項目上的專長。一直以來，我們致力將當地歷史與文化元素融入項目設計與開發，而三里屯太古里正是這一理念的典範。十年耕耘，三里屯地區儼然已經成為了北京的時尚地標之一。未來，三里屯雅秀大廈將成為三里屯太古里項目的延伸，而我們也期待這個項目能夠繼續帶動三里屯社區、甚至是北京市的發展。” 2018 年 1 月，三里屯太古里獲得 LEED O+M（運營與維護）金級認證，成為獲得該認證的首個國內開放式商業街區。

太古地產在內地的另一個地標是成都遠洋太古里，2010 年由太古地產聯同遠洋地產（各佔 50% 權益）成功投得成都大慈寺片區地塊，雙方共投資 100 億元人民幣發展 “成都遠洋太古里”。成都遠洋太古里的建築設計獨具一格，將以人為本的 “開放里” 概念貫穿始終，通過保留古老街巷與六處富含歷史底蘊的院落和建築，再融入兩至三層的獨棟建築，並採用川西風格的青瓦坡屋頂與格柵配以大面積落地玻璃幕牆，

北京三里屯太古里　　　　成都遠洋太古里

建成既傳統又現代的低密度購物中心。2015 年，成都遠洋太古里正式開幕。項目內的太古酒店第三間 The House Collective 品牌酒店 —— 博舍亦於同年開業。

　　2017 年 11 月，太古地產與興業發展合作投資的上海興業太古匯亦盛大開幕。經過 10 多年的發展，太古地產在內地共建成 5 個大型商業項目，每一個都成為當地商業地標。目前第六個項目亦已在上海落地（表 8-2）。2018 年 2 月 26 日，太古地產與陸家嘴發佈公告稱，雙方就上海前灘項目簽訂產權交易合同，太古地產以 13.49 億元人民幣收購上海前灘實業所持有的上海前繡實業 50% 的股權。業內人士評價太古地產在內地發展 "慢"，對此，太古地產行政總裁白德利表示，每個開發商都有適合自己的開發模式，各個模式之間並無好壞之分，"比如有的開發商注重規模化，因此把佈局重點放在二三線城市。而對於太古來說，公司更側重於一線城市，關注核心地段及開發大型綜合體。這種模式的確需要投入更長時間"。他並強調："若是聚焦在商業地產領域，我想可能沒有太多企業能與太古地產爭奪 '匠人' 這個稱謂。" 太古地產將自己最核心的理念可以概括為三點：做長遠規劃、傳承和創新城市文化、建設和諧共生的社區。

表 8-2　2018 年太古地產在中國內地物業組合的樓面面積（單位：萬平方呎）

已落成	總計	投資物業	酒店、買賣物業及其他	應佔權益（%）
北京三里屯太古里	146.58	129.63	16.95	100
廣州太古匯	384.02	325.60	58.42	97
北京頤堤港	188.69	152.86	35.83	50
成都遠洋太古里	209.23	142.48	66.75	50
上海興業太古匯	346.88	308.10	38.78	50
廣州匯坊	9.08	9.08	—	100
其他	0.29	0.15	0.15	100
小計	1,284.77	1,067.90	216.87	—
上海前灘太古里（發展中）	124.69	124.69	—	50
總計	1,409.47	1,192.59	216.87	—

資料來源：《太古地產 2018 年報告書》，第 26 頁。

目前，太古地產已成為香港及中國內地領先的綜合項目發展商及營運商，公司尤其專注發展商業地產項目及透過活化市區環境以創造長遠價值，其主要業務包括物業投資、物業買賣、酒店投資。太古採取的發展策略主要包括：（1）繼續透過構思、設計、發展、擁有及管理綜合項目及其他市區項目，創造長遠價值；（2）積極管理資產，並透過持續提升、重新發展及添置新資產以鞏固資產組合，從而擴大已落成物業的盈利與價值；（3）繼續發展高尚住宅物業業務；（4）繼續集中發展香港及中國內地市場；（5）審慎管理資本。❻

截至 2018 年底，太古地產共擁有物業組合總樓面面積 2,910 萬平方呎，包括已落成投資物業約 2,320 萬平方呎，發展中或持作未來發展的投資物業約 350 萬平方呎。其中，在香港，共擁有投資物業組合約 1,450 萬平方呎，主要包括甲級辦公樓、零售物業、酒店、服務式住宅及其他高尚住宅物業等；在中國內地分別於北京、廣州、成都及上海的優越地段持有 6 個大型綜合商業發展項目的權益，應佔總樓面面積約 940

萬平方呎。此外，還持有美國邁阿密的 Brickell City Centre 項目及酒店權益。2017 年，太古地產營業收入為 185.58 億港元，股東應佔溢利 339.57 億港元，分別比上市前的 2011 年增長了 93.7% 和 35.2%。不過，2018 年，太古地產營業收入和股東應佔溢利分別為 147.19 億港元及 286.66 億港元，分別比 2017 年下跌了 20.69% 和 15.58%。

》 其他業務：飲料、海洋服務、貿易及實業

作為一個多元化的大型企業集團，太古除了經營航空及相關業務、地產業之外，還經營飲料、海洋服務、貿易及實業等多個領域的業務。

在飲料行業，主要由太古飲料有限公司經營。太古飲料全資擁有 9 家專營公司，分別位於香港、台灣、美國，以及中國內地的福建、安徽、廣西、江西、海南、廣東湛江和茂名等地，並持有 6 家專營公司的多數權益，分別位於中國內地的浙江、江蘇、廣東（不包括湛江及茂名）、河南、雲南及湖北，並持有上海一家專營公司的合資權益及 Coca-Cola Bottlers Manufacturing Holdings Limited（CCBMH）的聯屬權益。CCBMH 負責向中國內地所有可口可樂專營公司供應不含汽飲料。截至 2017 年底，太古飲料生產及經銷 61 個飲料品牌，專營區域覆蓋 7.24 億人口。2017 年，太古飲料錄得應佔溢利 24.41 億港元，其中包括重整中國內地可口可樂裝瓶系統所產生的非經常性收益 12.22 億港元。

在海洋服務領域，太古主要透過旗下的聯合船塢集團和太古海洋開發集團經營。聯合船塢成立於 1972 年，由太古船塢與黃埔船塢合併並遷址組成。1997 年，聯合船塢旗下的香港打撈及拖船公司簽訂合約，承諾設計、興建及營運六艘專用的垃圾轉運船，用以履行政府的廢物處置合約。太古海洋開發集團的前身是 1975 年太古成立合資補給船公司 Swire Northern Offshore，其後全面收購其合資夥伴 Northern Offshore，Swire Northern Offshore 於 1980 年改名為 "太古海洋開發公司"。

2007 年，太古海洋開發收購 Salvin Far East 集團，以此作為服務平台，支援離岸油氣業的勘探工作。2008 年，太古海洋開發成立兩家合資公司 —— Swire Ocean Salvage 及 Lamor Swire Environmental Solutions，前者主要為全球各地船東及船運保險業

界提供沉船打撈、清除沉船殘骸及緊急拖船服務，後者則主要在全球提供快捷的離岸浮油清除及其他環境災害處理服務。2010 年，太古海洋開發收購一家丹麥公司 Blue Ocean A/S 後，成立 Swire Blue Ocean。Blue Ocean A/S 研發了一種供安裝風力渦輪發電機的創新船隻設計。2012 年太古海洋開發公司又收購一家新公司 —— 配備先進設備以提供一系列海底服務的 Swire Seabed。

目前，太古海洋開發集團總部設於新加坡，並在各地設有辦事處，為旗下船隻提供岸上支援。這些辦事處分別設於安哥拉、澳洲、阿塞拜疆、巴西、汶萊、喀麥隆、加拿大、丹麥、赤道幾內亞、加納、印度、印尼、肯尼亞、馬來西亞、新西蘭、挪威、卡塔爾、菲律賓、蘇格蘭、千里達及托巴哥和阿聯酋等，並在美國設有代表辦事處。集團經營的業務包括：支援鑽探、開採、勘探、平台建造、海底檢查、維修及修理及小型建造工程，以及船員的快速轉換；同時可提供地震測量支援、海上打撈、溢油準備及應變、離岸風力發電站建造及維修、鑽油台拆解及海底遙控儀器支援服務。太古並透過與長和集團合資成立公司香港聯合船塢集團，在香港提供工程及港口拖船服務。2018 年，太古海洋開發的營業收入為 30.18 億港元，應佔虧損 50.33 億港元。

在貿易與實業部門，太古主要透過旗下太古零售業務、太古汽車、太古食品、太古冷藏倉庫、阿克蘇諾貝爾太古漆油公司及太古環保服務業務經營。太古零售業務包括太古資源集團和太古品牌集團兩家公司，分別零售及經銷鞋履、服裝及有關用品，以及投資於擁有品牌的公司。太古汽車成立於 1997 年，主要銷售客車、商用車、摩托車及小型摩托車等。1999 年，太古擴展汽車貿易業務，繼約 20 年前購入 Volvo 汽車的台灣專營權後，再購得 Volkswagen 及 Kia 汽車的台灣獨家代理權。因而，台灣成為太古汽車的最大業務經營地。太古汽車在台灣銷售 Volkswagen、Mercedes-Benz 及 Mazda 汽車、Volkswagen 輕型商用車、Volvo 貨車及巴士、Harley-Davidson 摩托車及 Vespa 小型摩托車等，同時亦在香港及馬來西亞經銷汽車及商用車。

太古食品主要透過重慶新沁園食品有限公司、太古食品（包括太古糖業公司），分別經營烘焙連鎖店，在中國內地及香港經銷食品。其中，太古糖業公司在香港和中國內地包裝及銷售 "太古糖" 品牌的糖產品。太古冷藏倉庫全資擁有位於上海、河

1972 年太古車糖的臨時收據（張順光先生提供）

北、南京、寧波及成都的冷藏設施，並於廣州及廈門的冷藏設施分別持有 60% 及 65%
權益。阿克蘇諾貝爾太古漆油公司前身是 1990 年由太古的漆油生產及營銷業務與世
界馳名的漆油生產商卜內門公司合併成立的卜內門太古漆油有限公司。該公司於 2008
年收購卜內門公司後，更名為 "阿克蘇諾貝爾太古漆油有限公司"，主要在中國內地、
香港和澳門生產及分銷裝飾漆油 "多樂士" 品牌。該合資公司在廣州、上海、河北及
成都均設有生產廠房。2018 年，太古的貿易及實業營業收入為 108.96 億港元，股東應
佔溢利 29.04 億港元。

» 太古集團慶祝在華 150 週年

2016 年，是太古進入中國 150 週年以及集團成立 200 週年。為慶祝這一重要里程
碑，太古與香港三聯書店攜手合作策劃出版了由香港浸會大學歷史系鍾寶賢教授編纂
的《太古之道 —— 太古在華一百五十年》一書。英國太古集團主席施納貝在圖書發

佈會上表示："150 年前，我的曾曾祖父約翰·沙莫爾·施懷雅從英國來到上海，成立貿易和船務公司，並賦予公司'太古'這個中文名字。150 年後的今天，我們在昔日太古中國總部大樓裡發佈《太古之道》紀念圖書，具有特殊意義。如今，太古在中國的業務仍然蓬勃發展，隨著全新綜合發展項目上海興業太古匯於年內開業，太古與上海這個城市乃至整個中國仍然息息相關、關係密切。"

經過 150 多年的發展，目前香港太古已成為英國太古集團的重要組成部份，香港太古透過旗下 3 間上市公司 —— 太古公司、國泰航空、太古地產，持有上百家附屬及聯營公司，經營廣泛和國際性的業務，主要包括航空及相關業務、地產投資與發展、酒店、飲料、海洋服務、貿易及實業等多元化領域，在香港聘用逾 4.2 萬名僱員，由集團管理的中國內地企業則有僱員約 3.2 萬人，全球員工更超過 9.3 萬人。太古在《永續發展，長遠增長》的企業宣言中表示："集團在區內歷史悠久，以長遠的角度制定業務策略，這一點從集團的投資性質可見一斑。承先啟後、銳意創新是我們引以為豪的企業特質，這些特質使集團得以茁壯成長，並在業務所屬行業中創設標準。" ❼

從太古近年來的經營業績看，總體而言，太古的業務仍穩步發展，2018 年太古收益和股東應佔溢利分別為 846.06 億港元及 236.29 億港元，分別比 2008 年的 272.03 億港元及 45.45 億港元增加了 2.11 倍及 4.20 倍，年均增長 12.02% 及 17.92%，均達到兩位數字的增長（表 8-3）。不過，若深入分析，其中，股東應佔溢利主要是由地產業務帶動，期間，地產部門的股東應佔溢利從 31.90 億港元增加到 234.37 億港元，增加了 6.35 倍，年均增長率高達 22.07%。作為集團重要部門的航空業盈利狀態並不理想，除了 2010 年錄得 87.67 億港元利潤、2015 年錄得 30.17 億港元利潤外，其餘年度不盡如人意，2008 年及 2017 年均虧損嚴重；近年海洋服務更錄得高達 20-50 億港元的虧損；而貿易及實業的盈利亦呈下降趨勢，幸而在 2018 年扭轉下降勢頭，錄得 29.04 億港元的溢利，顯示太古現有各個業務部門的經營發展不平衡，且波動頗大（表 8-4）。

表 8-3　太古及各部門經營收益概況（單位：億港元）

年份	2008	2010	2012	2014	2015	2016	2017	2018
地產	79.03	88.09	139.88	152.97	163.51	166.91	184.43	146.04
航空	—	25.74	58.30	119.27	120.95	137.60	145.46	148.92
飲料	105.35	121.89	143.96	163.82	171.72	184.20	340.66	411.89
海洋服務	40.07	30.46	48.64	72.34	59.88	42.37	30.66	30.18
貿易及實業	47.46	62.12	99.56	104.30	92.45	92.76	101.63	108.96
總辦事處	0.13	0.07	0.06	0.31	0.34	0.05	0.05	0.07
總額	272.03	328.37	490.40	613.01	608.85	623.89	802.89	846.06

資料來源：《太古公司報告書》，2008-2018 年。

表 8-4　太古及各部門股東應佔溢利概況（單位：億港元）

年份	2008	2010	2012	2014	2015	2016	2017	2018
地產	31.90	259.25	152.82	77.86	114.94	123.57	277.31	234.37
航空	-30.88	87.67	9.84	18.22	30.17	4.41	-10.02	17.81
飲料	5.71	7.05	5.56	8.54	11.20	8.13	24.41	16.30
海洋服務	17.56	7.82	9.64	10.72	-12.49	-30.13	-22.32	-50.33
貿易及實業	20.88	11.97	2.47	4.23	1.76	1.14	0.69	29.04
總辦事處	0.28	7.19	-6.23	-8.88	-9.58	-10.68	-9.37	-10.90
總額	45.45	380.95	174.10	110.69	164.23	96.44	260.70	236.29

資料來源：《太古公司報告書》，2008-2018 年。

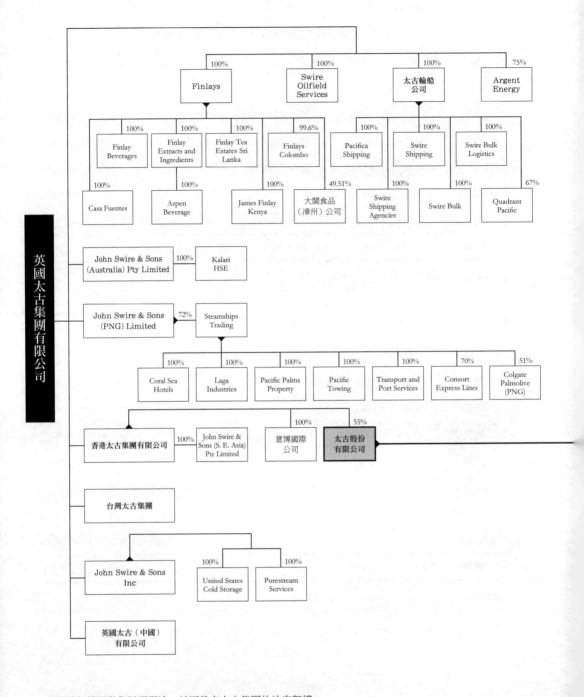

英國太古集團有限公司

100%	100%	100%	75%
Finlays	Swire Oilfield Services	太古輪船公司	Argent Energy

100%	100%	100%	99.6%	100%	100%	100%
Finlay Beverages	Finlay Extracts and Ingredients	Finlay Tea Estates Sri Lanka	Finlays Colombo	Pacifica Shipping	Swire Shipping	Swire Bulk Logistics

100%	100%	100%	49.51%	100%	100%	67%
Casa Fuentes	Aspen Beverage	James Finlay Kenya	大閘食品（漳州）公司	Swire Shipping Agencies	Swire Bulk	Quadrant Pacific

John Swire & Sons (Australia) Pty Limited — 100% — Kalari HSE

John Swire & Sons (PNG) Limited — 72% — Steamships Trading

100%	100%	100%	100%	100%	70%	51%
Coral Sea Hotels	Laga Industries	Pacific Palms Property	Pacific Towing	Transport and Port Services	Consort Express Lines	Colgate Palmolive (PNG)

香港太古集團有限公司 — 100% — John Swire & Sons (S. E. Asia) Pte Limited

100%	55%
意博國際公司	太古股份有限公司

台灣太古集團

John Swire & Sons Inc

100%	100%
United States Cold Storage	Purestream Services

英國太古（中國）有限公司

此組織架構圖僅作說明用途，並不代表太古集團的法定架構。
於 2018 年 7 月 1 日的股權資料。
* 25% 股權透過附屬公司持有，另外 24% 股權透過經濟權益持有，總持股量為 49%。

太古集團股權及業務架構（資料來源：太古公司官網）

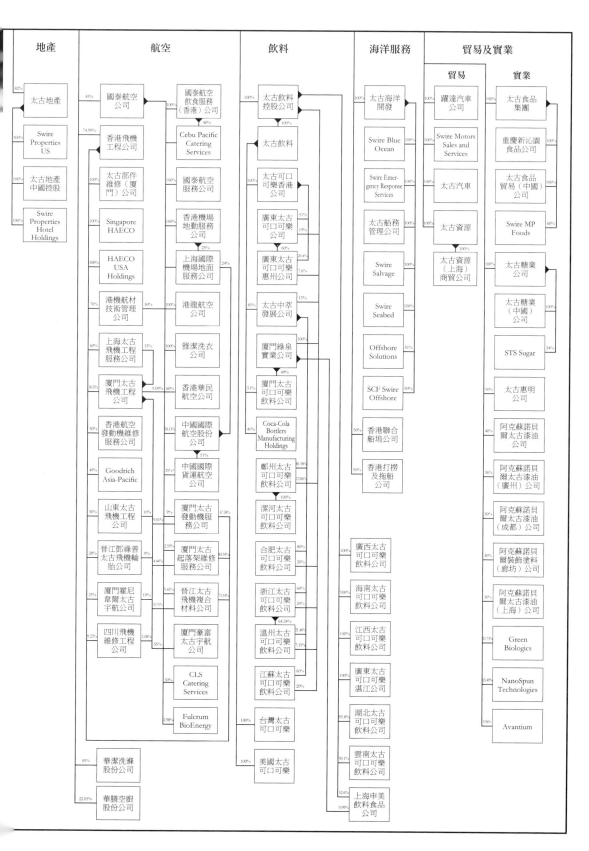

03

嘉道理的香港情結與國際化策略

20 世紀 90 年代中後期，隨著中華電力投資領域不斷擴大，集團決定重組組織架構，於 1997 年 10 月 24 日成立控股公司 —— 中電控股（CLP Holdings Limited），並將集團資產注入該公司。由中電控股份別全資持有中華電力、香港核電投資，以及中電在中國內地和海外的投資項目等。中華電力則持有青山電力 40% 股權及香港抽水蓄能發展有限公司（簡稱 "港蓄能"）49% 股權（另 51% 股權由埃克森美孚能源持有）；香港核電投資則持有大亞灣核電合營公司 29% 的股權。

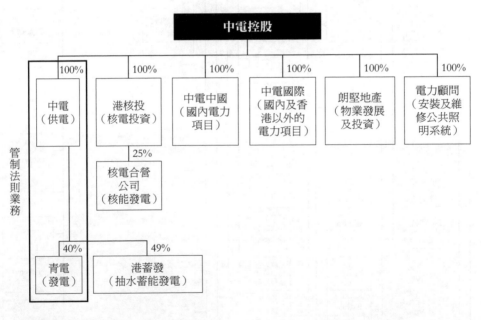

1998 年中電控股架構（資料來源：中電控股）

» 中華電力："為香港提供具世界級水平的可靠電力供應"

回歸初期，中電控股最主要的建設項目是龍鼓灘發電廠的興建。龍鼓灘發電廠位於香港新界西端屯門爛角咀涌浪，青山發電廠以北 4 公里，佔地 46 公頃，是一座 2,500 MW 的聯合循環發電廠。這是香港第一座燃用天然氣的電廠，也是世界上最大的聯合循環電廠之一，僅次於日本東京電力公司所屬的橫濱電廠（2,800 MW）。其實，早在 1993 年，由青山電力投資的龍鼓灘發電廠的大型工程已動工興建，發電廠的設備供應合約批給由美國通用電氣公司（GEC-Al sthom）和英法合資的通用電氣阿爾斯通公司（GE (U. S.)）合組的財團。其中，美國通用電氣公司為該財團的主事方，阿爾斯通公司負責技術工作及有關業務的協調工作，中華電力則負責工程管理，包括廠址選定、土建、電廠安裝與運行等。

根據九龍及新界地區電力負荷需要，青山電力公司在規範書中要求該廠運行應具靈活性，包括大幅度的兩班制調峰運行的能力，並兼顧可靠性與經濟性。由於電廠負荷率較低，供貨方推薦採用有兩種汽壓，不帶再熱的蒸汽循環系統，燃氣輪機相應採用了世界最大燃氣渦輪 50 Hz、226.5 MW、9 FA 型機組，共 8 台，與 8 台餘熱蒸汽發生器和 8 台兩壓力雙缸蒸汽輪機，分別組成 8 個發電單元，每一單元都按單軸佈置，餘熱蒸汽發生器佈置在燃氣機排氣端，從而使 8 台獨立的動力單元可以用統一的輔助設備進行緊湊設置。

1996 年，龍鼓灘發電廠第一台發電機組投入營運，原計劃將於 2000 年以前全部投產完成，以適應 1997 年以後香港經濟發展對電力供應可能出現的龐大需求。不過，由於遇上 1997 年亞洲金融危機衝擊，有關工程延遲至 2006 年，總投資近 240 億港元。龍鼓灘發電廠所需天然氣，由海南島崖城氣田供應，天然氣加工後，經過長達 780 公里的海底氣管直接輸送至龍鼓灘發電廠。除了使用天然氣發電外，發電廠亦可以燃油發電。龍鼓灘發電廠的投產啟用，令中電的發電能力種類從煤、燃油、核能、水力擴展到天然氣等多種能源。2007 年，中電發表《氣候願景 2050》，宣佈減排目標，爭取於 2050 年底前把集團發電組合的二氧化碳排放強度減少約 75% 至每度電 0.2 千克。2009 年，中電躋身道瓊斯全球指數及道瓊斯可持續發展指數。

香港屯門龍鼓灘電廠（中華
電力有限公司提供）

　　2008年，中電評估認為，龍鼓灘電廠每年需要使用約34億立方米天然氣，但在
2013年後的10年，基於香港電力需求保持平穩增長，加上本地排放上限逐步收緊，
屆時每年需要的天然氣預計可能增加到60億立方米，當中20億立方米必須來自南中
國海多個規模較小的新氣田，以取代崖城氣田的供氣量。即使"西氣東輸二線"可
及時延伸至香港，中電可以獲得額外的天然氣亦只有約10億立方米。因此，中電認
為，必要從新的珠三角液化天然氣接收站輸入天然氣，才可應付香港龐大的需求。[18]

　　為解決天然氣供應不足問題，同年8月，香港特首曾蔭權與中央政府簽訂諒解
備忘錄，以確保香港未來20年的天然氣和核電供應。根據諒解備忘錄，香港將可從
三方面取得天然氣氣源，包括：透過南中國海規劃中的一些新天然氣氣源供氣；利
用"西氣東輸二線"從中亞土庫曼斯坦把天然氣輸送至南中國／廣東省，再將氣源延
伸至香港；以及香港與內地合作在珠三角建設新的液化天然氣接收站，向香港供氣。
不過，特區政府在簽訂諒解備忘錄後，即否決了中電在大鴉洲興建接收站的建議。對
此，中電控股總裁及首席執行官包立賢撰文表示："這意味我們損失了過去四年為香
港引進液化天然氣的前期工作所取得的進展，而要重新在珠三角為合適的液化天然氣
接收站選址，以及進行相關的環評審批等工作，這意味著我們將面對更加緊迫的工作
時間表。"[19]

2011 年，香港特首在施政報告中提出"起動九龍東"計劃，有意把九龍東開拓成另一個核心商業區。為配合九龍東未來發展，中電制訂長遠策略及規劃，內容包括在未來 15 年於該區興建 7 個變電站，以提供 700 兆伏安的電力（相等於 2011 年尖沙咀及馬鞍山兩區用電量之總和），以支持啟德發展區的建設，及觀塘、黃大仙及九龍城等多個舊區重建項目。中電首席執行官藍凌志表示："中電一直致力提供穩定、充足及環保的電力服務，以配合香港社會和經濟的發展，維持香港的競爭力。因此除了所需的電網建設外，我們亦全力籌建燃氣管道及相關基建設施，以確保替代氣源明年能投入服務。我們期望可為香港繼續灌注源源動力，使香港成為閃爍又可持續發展的國際都會。"[20]

2013 年 11 月 19 日，中電控股宣佈旗下全資附屬公司中華電力，與南方電網、埃克森美孚能源達成一項收購協議，中華電力將與中國南方電網公司的全資附屬公司 —— 南方電網國際（香港）有限公司，共同收購埃克森美孚能源所持有的青山發電有限公司 60% 股權。中華電力與南方電網各自收購一半權益（30%），作價分別為 120 億港元。此外，中華電力與埃克森美孚能源再達成另一項協議，將單獨收購由埃克森美孚能源所持有的香港抽水蓄能發展有限公司的 51% 權益，作價為現金 20 億港元。交易完成後，中華電力持有青電 70% 股權，及港蓄發的 100% 權益；而南方電網香港則持有青電 30% 股權。南方電網是中國內地一家國營電網公司，從事電力輸配資產的投資、建設、營運與管理，覆蓋中國多個南部省份。

中電集團首席執行官藍凌志表示："這次收購凸顯中電繼續服務香港的承諾和決心。中電植根香港已經 112 年，一直為香港提供安全可靠的供電，推動經濟發展。今次投資 140 億港元，充份反映中電對香港電力市場的健康發展及公司未來充滿信心。"他並表示："今次交易使中電取得發電業務的操控權，讓我們能夠靈活地管理發電與輸配電業務，以滿足香港迅速及多元化發展的需求。"[21]是項交易於 2014 年 5 月 12 日完成。

2017 年 4 月 25 日，鑑於中華電力與香港特區政府簽訂的《管制計劃協議》將於 2018 年 9 月底終止，中電與特區政府簽訂新的《管制計劃協議》，從 2018 年 10 月 1 日起生效，至 2033 年 12 月 31 日。新《管制計劃協議》內容主要包括：准許回報率為 8%；協議年期為 15 年；增加電價中燃料費的調整次數；加入新條款，加強推動可再生能源的發展並加大力度推動節能環保的工作。同時，新協議對電力公司的營運表現，包括供電可靠及客戶服務，將有更高要求及嚴謹的規管。對此，中華電力副主席阮蘇少湄表示："新協議為香港電力行業的未來發展提供一個確切和清晰的規管架構，讓中華電力可作出適當投資及規劃，配合政府的能源政策目標，以合理的價格，繼續為客戶提供安全、可靠及環保的電力，滿足社會用電需求及應對氣候變化的挑戰。" ㉒

2017 年 8 月，中電表示，為支持香港政府於 2020 年將香港天然氣發電比例提升至約 50%，中電將在龍鼓灘發電廠興建一台新的 550 兆瓦燃氣發電機組，預期新機組可於 2020 年前投入商業運作，屆時每月能夠為約百萬家庭提供電力，並使香港達致 2030 年底前把碳強度降低 65%-70% 的目標。為此，中電透過旗下青山發電廠向西門子訂購全新聯合循環發電設備 —— SGT-8000H 燃氣輪機機組，主要設備包括由德國製造的一台 SGT5-8000H 燃氣輪機、一台 SST5-5000 蒸汽輪機、一台 SGen5-3000W 水冷發電機以及 SPPA-T3000 控制系統。這也是西門子 20 年來在香港獲得的首個電廠設備訂單。

目前，中電控股透過與南方電網合組公司青山發電，營運青山發電廠、龍鼓灘發電廠和竹篙灣發電廠，以及在新界西堆填區發展沼氣發電項目。截至 2018 年底，總發電容量（包括營運中及興建中）為 7,543 兆瓦。中電同時從廣東大亞灣核電站輸電到香港，並營運總長超過 15,800 公里的輸配電線路和超過 14,910 個變電站，為九龍、新界和大部份離島地區約 260 萬客戶（香港八成人口）提供電力服務。

» 中電控股：亞太區首屈一指的電力巨頭

這一時期，中電控股除了加強在香港的發展之外，更積極拓展中國內地及亞太區市場。早在 1979 年，中電已踏足內地的電力市場，為廣東省提供電力；1985 年起參與投資深圳大亞灣核電站。回歸後，中電加大對內地的投資力度，積極參與發展、建設及營運燃煤、核能、水力、風力及太陽能等多個發電項目。在燃煤發電領域，中電於 1998 年首次於內地投資燃煤發電項目，包括廣西防城港電廠一、二期（70%），山東聊城電廠（29.4%），山東石橫電廠一、二期（29.4%），菏澤電廠二期（29.4%），河北省三河電廠一、二期（30%），天津盤山電廠（30%），遼寧省綏中電廠一、二期（30%），內蒙古準格爾電廠二、三期（30%），陝西神木電廠（30%）等。

　　在核電領域，中電除了投資深圳大亞灣核電站之外，還於 2011 年 7 月參與投資廣東陽江核電站，佔 17% 權益，投資者包括中國廣核電力股份有限公司（34%）、廣東核電投資有限公司（25%）等。陽江核電站位於香港以西約 220 公里沿岸，項目總裝機容量達 6,000 兆瓦，包括 6 台 1,086 兆瓦壓水反應堆機組，總投資約 700 億元人民幣。該項目工程於 2008 年展開，其中，一號機組於 2014 年投入商業運行，二、三、四號機組分別於 2015 年、2016 年及 2017 年投入運行，另外兩台將於 2019 年投產。2018 年 5 月 21 日，中電控股主席米高・嘉道理爵士率領管理層訪問陽江核電站，並與中國廣核集團更新了於 2007 年首次簽訂的戰略合作夥伴協議。

　　在抽水蓄能領域，中電參與了位於廣州從化區廣州蓄能水電廠的建設，該水電廠的總容量為 2,400 兆瓦，興建工程分兩期，分別於 1994 年和 2000 年完成，為全球其中一座最大型的蓄能水電廠。中電透過全資擁有的香港抽水蓄能發展有限公司擁有使用一半首期工程設施（600 兆瓦）的合約權利。在風力發電領域，中電自 2006 年以來，在內地風力發電取得重大進展，投資項目遍及吉林、山東、雲南、貴州、內蒙古、遼寧、甘肅、河北、廣東、江蘇和上海，成為在內地風力發電業界最大的外來投資商。在水電領域，中電持有廣東省肇慶懷集水力發電項目主要股權，並全資擁有四川江邊和雲南大理漾洱水力發電項目。在太陽能領域，中電相繼在甘肅金昌、雲南大理、江蘇泗洪和淮安，以及遼寧凌源等地投資興建太陽能光伏電站。

　　據統計，截至 2018 年底，中電在國內投資發電容量淨權益合計達 8,950 兆瓦，業務遍及華東的江蘇、上海，華南的廣東、廣西，西南的貴州、雲南、四川，華北的山東、河北、天津、內蒙古，東北的吉林、遼寧及西北的甘肅、陝西等 15 個省、市和自治區。

　　與此同時，中電亦積極拓展印度、澳洲、東南亞及台灣等地區的能源市場。在印度，中電早於 2002 年已開始進入當地市場，當年即透過旗下中電印度（CLP India）收購了 Gujarat Paguthan Energy Corporation Private Limited（GPEC）多數權益，並於 2003 年將股權增加至 100%。GPEC 擁有及經營古加拉特邦一座先進的 655 兆瓦聯合循環燃氣發電廠。2006 年，中電印度與 Enercon India 簽訂合作協議，在馬哈拉施特拉邦的 Khandke 發展一個 50.4 兆瓦的風場項目。2007 年，中電印度再與 Enercon India 合作，在古加拉特邦（Gujarat）及卡納塔克邦（Karnataka）先後發展兩個分別為 100.8 兆瓦及 82.4 兆瓦的風電項目。

2008 年 7 月，中電成功投得印度哈里亞納邦（Haryana）一個 1,320 兆瓦燃煤發電項目的建造和營運權。該電廠是中電在印度最具規模的投資項目，總投資超過 12 億美元，首台機組於 2011 年底投產，第二台機組則於 2012 年 4 月底投入運作。為貫徹中電的環保承諾，這兩台各 660 兆瓦的機組採用高效率的超臨界設計，同時安裝煙氣脫硫等先進減排設備。這是中電亞太區發電組合中最大的同類發電項目，亦是印度首批超臨界燃煤發電廠之一。中電集團總裁及首席執行官包立賢表示：“哈格爾項目彰顯中電致力透過 CLP India 提升集團作為印度主要發電商的地位。中電將繼續採取對環境負責任的態度及符合可持續發展的原則，對電力需求殷切的發展中國家供電，藉以推動當地的經濟和社會發展。” ❷❸

2016 年 6 月，中電首次投資印度太陽能市場，透過旗下中電印度與印度最大風力發電機製造商 Suzlon Group 組成合資企業，發展一個位於南部泰倫加納邦（Telangana）的 100 兆瓦太陽能電站。2018 年 9 月，中電宣佈引入環球機構投資者 Caisse de dépôt et placement du Québec（CDPQ）作為中電印度的策略性股東，以鞏固在印度能源市場的地位。時至今日，中電在印度市場已建立起多元化發電組合，涵蓋風力、太陽能、煤和燃氣。截至 2018 年底，中電在印度擁有的總發電容量達 1,796 兆瓦。中電不但成為印度電力行業中最大的投資外商之一，也是當地其中一間最大的可再生能源發展商。

在澳洲，2001 年，中電收購雅洛恩能源大部份權益，首度涉足澳洲電力市場。2005 年，中電收購 TXU Merchant Energy，成為澳洲第五大能源零售公司，並改名為 TRUenergy。2010 年 12 月，中電宣佈透過旗下 TRUenergy 與新南威爾斯省政府達成合作協議，投資 20.35 億澳元（155.95 億港元），收購由省政府持有的 Energy Australia 的燃氣和電力零售業務、Delta Western 售電權合約，以及位於 Marulan 及 Mount Piper 的發展用地。Energy Australia 是澳洲新南威爾斯省最大的電力零售商，擁有約 150 萬客戶。完成收購後，TRUenergy 在新南威爾斯、澳洲首都地區、維多利亞、昆士蘭及南澳省的零售業務客戶人數增加超過 1 倍，接近 276 萬，佔澳洲零售市場份額的 24%。中電控股總裁及首席執行官包立賢表示：「這項交易大幅提升 TRUenergy 在新南威爾斯的業務規模，並使 TRUenergy 發電組合更趨多元化，有助鞏固 TRUenergy 作為澳洲三大主要綜合能源服務商的地位。」[24]

中電控股在澳洲的電力設備（中華電力有限公司提供）

2012 年，中電將原新南威爾斯省的 Energy Australia 與原維多利亞省的 TRUenergy 統一整合為全國品牌 Energy Australia，使其成為澳洲規模最大的綜合能源公司之一，擁有數十億元計的資產組合，包括燃煤、天然氣及風力發電設施，經營包括自有和外購發電容量的均衡業務組合。截至 2018 年底，Energy Australia 淨容量及長期購電協議下的容量達到 5,128 兆瓦，為在維多利亞省、南澳省、新南威爾斯省、澳洲首都領地及昆士蘭省的約 255 萬用戶，提供電力和燃氣零售服務。

在台灣及東南亞，1995 年，中電與台灣水泥公司合作，成功競投台灣首批獨立電力項目，興建和平電廠，中電佔 20% 權益。和平電廠位於花蓮縣秀林鄉和平工業區內，計有兩部每部 660 MW 的次臨界壓力燃煤火力發電機組，電廠所發出的電力經升壓至 345 kV 超高壓後，再經一路二回線架空電源線送至台電公司的冬山超高壓變電所，併入台電公司電力系統網絡。在東南亞，1998 年，中電從泰國唯一獨立營運發電商 Electricity Generating Public Company Limited（EGCO）購入策略性股權，成功在泰國電力市場建立重要據點。2010 年 7 月，中電宣佈參與泰國的可再生能源發展公司 Natural Energy Development Co. Ltd.（NED）在泰國興建一個 73 兆瓦（直流電）的太陽能項目，中電持有項目的 1/3 股權。目前，中電在東南亞及台灣市場的投資包括台灣燃煤項目以及泰國的太陽能電廠，淨權益容量達 285 兆瓦。此外，中電正與夥伴合作發展在越南的兩個燃煤發電項目。

經過 20 年的發展，目前，中電控股已發展成為亞太區首屈一指的電力巨頭，為香港、中國內地、印度、澳洲、東南亞及台灣等地區提供多種組合的能源服務，涵蓋煤炭、天然氣、核能、風力、水力及太陽能發電等。據統計，截至 2018 年底，中電擁有的總發電容量（按權益計算及包括購電容量）高達 19,108 兆瓦，可再生能源佔其中的 2,387 兆瓦；此外，長期購電容量及購電安排有 4,597 兆瓦，可再生能源佔其中的 652 兆瓦。其中，香港 7,543 兆瓦，佔 31.82%；中國內地 8,954 兆瓦，佔 37.77%；印度 1,796 兆瓦，佔 7.58%；澳洲 5,128 兆瓦，佔 21.63%；東南亞及台灣 285 兆瓦，佔 1.20%。㉕

2018 年，中電控股錄得收入總額為 914.25 億港元，營運盈利 139.82 億港元。營運盈利中，香港電力及相關業務盈利 87.85 億港元，佔 62.83%；中國內地業務盈利 21.63 億港元，佔 15.47%；印度業務盈利 5.72 億港元，佔 4.09%；澳洲業務盈利 33.02 億港元，佔 23.62%；東南亞及台灣業務盈利 1.62 億港元，佔 1.16%，其餘業務虧損 10.02 億港元，佔 -7.17%。顯然，香港仍然是最重要的盈利中心，所佔份額超過六成，澳洲的業務發展勢頭良好，而印度的業務有所倒退，至於東南亞及台灣業務則仍處於起步階段。

表 8-5　2013-2018 年中電控股業務發展概況（單位：億港元）

	年份	2013	2014	2015	2016	2017	2018
	收入	1,045.30	922.59	807.00	794.43	902.73	914.25
盈利	香港電力及相關業務	70.91	78.48	84.66	88.43	91.98	87.85
	中國內地	21.31	15.79	19.77	15.21	12.38	21.63
	印度	1.84	2.70	6.14	4.69	6.47	5.72
	澳洲	1.26	7.56	8.36	18.49	27.38	33.02
	東南亞及台灣	2.41	2.97	3.12	2.74	1.60	1.62
	其他	-4.66	-6.88	-6.43	-6.22	-6.74	-10.02
營運盈利合計		93.07	100.62	115.19	123.34	133.07	139.82

資料來源：《中電控股有限公司 2018 年報》

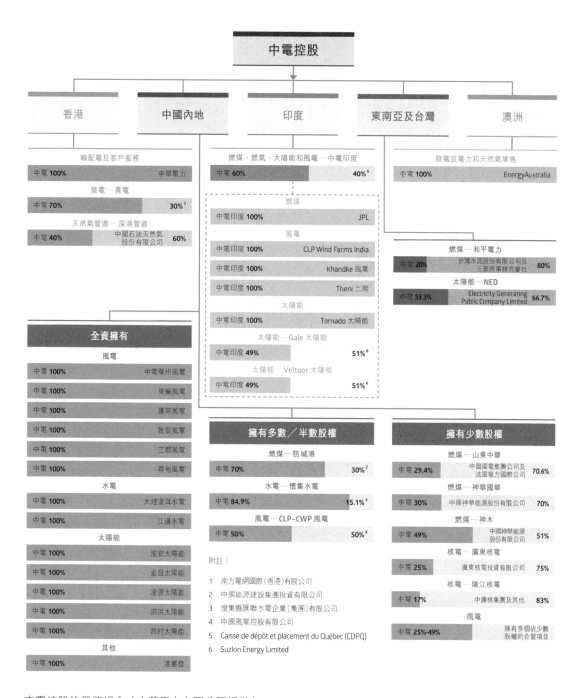

中電控股

| 香港 | 中國內地 | 印度 | 東南亞及台灣 | 澳洲 |

香港

輸配電及客戶服務
中電 100% — 中華電力

發電—青電
中電 70% — 30%[1]

天然氣管道—深港管道
中電 40% — 中國石油天然氣股份有限公司 60%

全資擁有

風電
中電 100% — 中電萊州風電
中電 100% — 萊蕪風電
中電 100% — 蓬萊風電
中電 100% — 乾安風電
中電 100% — 三都風電
中電 100% — 尋甸風電

水電
中電 100% — 大理漾洱水電
中電 100% — 江邊水電

太陽能
中電 100% — 淮安太陽能
中電 100% — 金昌太陽能
中電 100% — 凌源太陽能
中電 100% — 泗洪太陽能
中電 100% — 西村太陽能

其他
中電 100% — 港蓄發

中國內地 / 印度

燃煤、燃氣、太陽能和風電—中電印度
中電 60% — 40%[5]

燃煤
中電印度 100% — JPL

風電
中電印度 100% — CLP Wind Farms India
中電印度 100% — Khandke 風電
中電印度 100% — Theni 二期

太陽能
中電印度 100% — Tornado 太陽能

太陽能—Gale 太陽能
中電印度 49% — 51%[6]

太陽能—Veltoor 太陽能
中電印度 49% — 51%[6]

擁有多數／半數股權

燃煤—防城港
中電 70% — 30%[2]

水電—懷集水電
中電 84.9% — 15.1%[3]

風電—CLP-CWP 風電
中電 50% — 50%[4]

東南亞及台灣

發電及電力和天然氣零售
中電 100% — EnergyAustralia

燃煤—和平電力
中電 20% — 台灣水泥股份有限公司及三菱商事株式會社 80%

太陽能—NED
中電 33.3% — Electricity Generating Public Company Limited 66.7%

擁有少數股權

燃煤—山東中華
中電 29.4% — 中國國電集團公司及法國電力國際公司 70.6%

燃煤—神華國華
中電 30% — 中國神華能源股份有限公司 70%

燃煤—神木
中電 49% — 中國神華能源股份有限公司 51%

核電—廣東核電
中電 25% — 廣東核電投資有限公司 75%

核電—陽江核電
中電 17% — 中廣核集團及其他 83%

風電
中電 25%-49% — 擁有多個佔少數股權的合營項目

附註：

1 南方電網國際(香港)有限公司
2 中國能源建設集團投資有限公司
3 懷集縣匯聯水電企業(集團)有限公司
4 中國風電控股有限公司
5 Caisse de dépôt et placement du Québec (CDPQ)
6 Suzlon Energy Limited

中電控股的業務組合（中華電力有限公司提供）

中電控股投資項目的地域分佈（中華電力有限公司提供）

» 香港大酒店：全球最佳豪華城市酒店之一

回歸後，香港上海大酒店在經歷 1997 年亞洲金融危機的衝擊後業務逐漸復甦。為了進一步推動大酒店業務的發展，香港大酒店制定新時期的發展策略，主要包括：（1）建立品牌質素及形象；（2）透過員工培訓、發展及加強職能，以提升服務質素；（3）集中在優越地點經營、致力提升資產質素及設計與建築水平；（4）提高現有資產的價值及功能。❷⑥

其中，為了進一步提升公司現有資產的價值及功能，大酒店於 2004 年以 19.3 億港元價格出售非核心業務的九龍酒店，又於 2004 年展開旗下山頂凌霄閣的大型內部翻新工程。凌霄閣（Peak Tower）位於香港島太平山與歌賦山之間的爐峰峽上，是山頂纜車的終點站。2006 年 11 月，凌霄閣經全面翻新後全部重開，並舉行盛大活動慶祝重新開幕。凌霄閣經重新設計翻新後，以全新面貌對外開放，包括將觀景台遷至更高的頂層摩天台，盡覽香港維多利亞海港兩岸的美景；設計嶄新的中庭增加了 1,664 平方米可出租樓面，可容納更多的零售店舖和餐廳。翻新後營運首年，凌霄閣全部租出，平均租金約每平方呎 56 港元，年總收入為 6,600 萬港元，比翻新前最後一個營運年收入 2,300 萬港元大幅增加了 1.9 倍。

2008 年，大酒店旗下的山頂纜車迎來 120 週年。為此，公司早於 2007 年 9 月於中環纜車總站建成山頂纜車歷史珍藏館並開幕，館內設有 15 個主題展區，展出纜車文物及 200 多件在全球搜集得來具紀念價值的珍貴物品。2008 年 5 月 30 日慶祝活動當日，山頂纜車收取與 1888 年纜車啟用首日的相同票價，吸引了數以千計的乘客排隊輪候，踏上懷舊纜車之旅。2011 年，山頂纜車錄得載客量 580 萬人次，創下歷年新高。

2011 年，大酒店對集團的兩項重要資產展開大型翻新工程 —— 香港半島酒店和淺水灣影灣園。半島酒店的翻新工程耗資 4,500 萬港元，於 2012 年初展開，分兩期進行。第一期工程包括對酒店大樓內 135 間客房和套房的重新設計翻新，以提升房間的設計效能及科技至更高水平；同時，興建 1 間新酒吧與新會議中心，並大規模擴充露台餐廳，相關工程於同年 9 月完成。第二期工程及最後階段的翻新工程於 2013 年春

老襯亭（凌霄閣前身）
（張順光先生提供）

1975 年的半島酒店（張
順光先生提供）

季完成，並於當年 5 月開業。為了進一步提高半島酒店的服務質素，半島酒店於 2006
年 12 月引進全球最大的勞斯萊斯"幻影"車隊共 14 部，又於 2009 年 12 月為酒店的
車隊添置兩輛新的 Mini Clubman 轎車。

　　與此同時，大酒店為旗下物業——淺水灣影灣園開展為期三年的大型翻新工
程，分三期進行，包括對住宅綜合大樓公共範圍的優化，以及重新設計 de Ricou 服務
式住宅大樓的配置。影灣園（The repulse bay）前身為淺水灣酒店，建於 1920 年，是
商賈政要、名流紳士時常出入的上流社會場所，以及無數小說和電影取景的地點。

20 世紀 90 年代初，淺水灣酒店拆卸重建成服務式住宅，設有高級商店及露台餐廳。該建築物依山而建，外牆呈波浪式曲線型，把四幢不同高度的樓宇連成一體，用耀眼的粉藍與橙色配襯，構成了鮮明的熱帶風情；其建築物中空的造型設計，使大廈外觀極具透視感，充滿創意。翻新工程於 2013 年完成，大酒店表示："影灣園是我們的寶貴資產，持續投資可確保它在市場的領導地位。" 大酒店行政總裁郭敬文強調："香港仍然是集團業務的最重要據點。我們盼望香港的經濟維持良好增長，為香港半島酒店、淺水灣綜合項目及山頂綜合項目的零售以及其他住宅及商業服務帶來穩定的需求。" ❷⑦

　　與此同時，大酒店積極致力於拓展中國內地和海外市場。大酒店表示："地域、質素及長遠發展潛力是我們決定業務發展方向的三大考慮因素。" 早在 1989 年，大酒店已進入北京，參與經營北京王府飯店。王府飯店位於北京繁華的王府井商業區，毗鄰東方廣場，王府井步行街近在咫尺，交通便利。2002 年，王府飯店由中外合資經營企業重組為中外合作企業，成為大酒店的附屬公司。2006 年，王府飯店耗資 3,500 萬美元展開整體裝修工程，並正式改名為 "王府半島酒店"。2011 年，大酒店以現金 5.78 億港元價格，向香港建設（香港）工程有限公司收購 Hong Kong Construction Kam Lung Limited 全部權益，使大酒店持有王府半島酒店的實際經濟權益增至 100%。

　　大酒店在中國內地的另一重要投資項目是興建上海半島酒店。鑑於大酒店在上海的發展可追溯到 20 世紀初葉，集團於 2003 年制定重返上海計劃。當年 11 月，大酒店與其夥伴盛高集團透過一家合營公司，與當時的國有企業上海新黃埔集團簽訂一項框架協議，在上海毗鄰外灘北端前英國領事館大樓的土地上興建半島酒店。2006 年 10 月，合營公司取得建築許可證，並開始動工。工程總投資 30 億元人民幣，歷時 15 個月，於 2009 年夏季完成。整個項目總樓面面積約 9.2 萬平方米，包括 1 座酒店、1 座公寓式酒店大樓、商場以及配套設施如水療中心、健身中心、室內游泳池、直升機候機室、5 所餐廳及酒吧等。新建的酒店大樓外觀典雅，是經典奢華回歸亞洲時尚都市的標誌，設計理念是按照豪華但不失親民的標準，重新營造 20 世紀 20 年代中國富豪宅邸的寧靜和奢華感。

2010 年 3 月 18 日，上海半島酒店舉行盛大開幕典禮。上海半島酒店共擁有 235 間客房，包括 44 間套房，以裝飾藝術風格為主調，重現上海於 20 世紀初黃金歲月時 "東方巴黎" 的風貌。大酒店主席米高·嘉道理在 2009 年年報中致辭說："集團於離開上海 55 年後載譽回歸，在面向外灘的顯赫地段上興建一所豪華酒店。我們相信此物業已成為上海的地標之一，足以讓本人的家族引以自豪，並標誌集團適時成功重返上海發展業務。此舉更象徵嘉道理家族的回歸：本人的先祖父艾利·嘉道理爵士年輕時於 1880 年抵達上海，其矢志恒久長存的理念一直延續至 130 年後的今天。" ❷⑧

在海外市場，大酒店早於 1976 年已在菲律賓興建馬尼拉半島酒店，該酒店享有 "首都裡閃耀皇冠上的珠寶" 美稱，一直穩居世界頂級酒店之列。1988 年，前身為一座建於 1905 年的學院派標誌性建築的紐約半島酒店開業，成為半島酒店集團在美國的旗艦店。紐約半島酒店俯瞰第五大道，飽覽中央公園景致，將香港的傳統服務與市中心的繁華完美融於一身。1993 年，大酒店再在美國加州建成比華利山半島酒店，該酒店作為好萊塢最獨特精緻的酒店，佔據了南加州最優越的地理位置之一，酷似文藝復興時期古典風格的華麗私人住宅，自開業以來每年均被評為南加州唯一的 AAA 五鑽級酒店。

香港回歸後，大酒店加大拓展海外市場的步伐，先後於 1998 年、2001 年及 2007 年建成泰國曼谷半島酒店、美國芝加哥半島酒店和東京半島酒店。其中，曼谷半島酒店位於湄南河畔，是當地最富盛名的酒店之一，波浪式的設計不但使其成為城中最矚目的建築，更可讓每間客房均能飽覽迷人的湄南河與都市美景。芝加哥半島酒店開業後，被當地公認為由住宿到各種慶典以及公司活動的頂級之選，2017 年榮獲《漫旅 Travel + Leisure》雜誌 "2017 全球最佳酒店" 獎項。東京半島酒店位於東京的心臟地帶，該建築的設計糅合了現代格調及日本傳統文化元素，總投資約 160 億日圓，樓高 24 層，設有 314 間客房，包括 47 間套房，內設首屈一指的世界級精選設施，包括獨具特色的餐廳、時尚酒廊、宴會廳、典雅的多功能廳等。東京半島酒店於 2004 年 10 月動工，2007 年 9 月 1 日開業，旋即成為東京市內一座熠熠生輝的新地標建築。

2009 年 1 月，大酒店與卡塔爾地亞爾房地產投資公司（Qatari Diar Real Estate

Investment Company，簡稱 QD）簽訂協議，收購該公司擁有的位於巴黎旅遊及商業心臟地帶著名商業大街 Avenue Kleber 的一座建築物約 20% 權益，收購價約為 1 億歐元（約 10.24 億港元）。大酒店與 Qatari Diar 合作，將該建築物重新改建為巴黎半島酒店。酒店開業後由大酒店管理，為期 30 年，並在達成若干表現標準情況下自動額外續期 20 年。巴黎半島酒店擁有 200 間豪華客房，包括 45 個套間，6 家餐廳酒吧，坐擁 360 度巴黎的優美地標景觀的樓頂陽台、精品店、半島水療中心、華麗宴會廳等。巴黎半島酒店經過 4 年龐大翻新復修工程，於 2014 年 8 月 1 日開業。

目前，大酒店旗下共擁有已開業酒店 10 家，包括香港的半島酒店（擁有 100% 權益），中國內地的王府半島酒店（76.6%）和上海半島酒店（50%），亞洲區的馬尼拉半島酒店（77.4%）、曼谷半島酒店（50%）和東京半島酒店（100%），美國的紐約半島酒店（100%）、芝加哥半島酒店（100%）和比華利山半島酒店（20%），以及歐洲的巴黎半島酒店（20%）。此外，大酒店正籌建倫敦半島酒店、伊斯坦布爾半島酒店及仰光半島酒店。除酒店業務外，大酒店還經營商用物業投資、會所與服務等。旗下的商用物業包括：香港淺水灣影灣園、半島辦公大樓、山頂凌霄閣、聖約翰大廈，以及法國巴黎 Avenue Kléber 辦公室及零售組合，越南胡志明市的 He Landmark 辦公室及住宅組合等，總樓面面積約 154.19 萬平方呎。會所與服務則包括：香港山頂纜車、大班洗衣、半島會所管理及顧問服務，泰國曼谷泰國鄉村俱樂部，美國加州喀麥爾的鵪園高爾夫球會等。

2016 年，大酒店迎來公司創辦 150 週年。慶祝晚會於 11 月 25 日晚舉行，半島酒店升起多個巨型氦氣球，分別代表山頂纜車、山頂凌霄閣、淺水灣影灣園、半島酒店 1934 年勞斯萊斯幻影 II 型古董車、MD902 型直升機、香港上海大酒店為題的 Montgolfière 風格大氣球，以及巨型半島門僮 Michael（以米高·嘉道理爵士命名）。晚會上，大酒店主席米高·嘉道理爵士致辭表示："香港上海大酒店中外知名。時至今日，香港半島酒店、山頂纜車、山頂凌霄閣及淺水灣影灣園，依然是香港最有代表性的旅遊勝地及景點，而半島酒店集團業務亦已拓展至亞洲及美國，最近更首度進軍歐洲市場。今年適逢公司成立百五週年之喜，正好提醒大家勿忘香港的輝煌歷史，並期望與大家一起細味香港上海大酒店的優秀傳統。" ❷⁹

» 其他事業：地產、地毯、農場、慈善

除了電力和酒店，嘉道理家族在地產、地毯、農場、金融、倉儲、海底隧道、修船、電腦等多個行業都有涉足，是香港歷史最悠久的家族企業集團之一。

嘉道理家族的控股公司是嘉道理父子有限公司（Sir Elly Kadoorie & Sons），坐落在香港中環干諾道中與雪廠街 2 號的聖佐治大廈（St George's Building），公司總部設於頂層 24 樓。現行家族掌舵人米高·嘉道理表示："我們的家族可以說源自內地，我們對中國有著深厚感情。" 米高·嘉道理不僅講一口流利的廣東話，其家族的指揮中心聖佐治大廈，從電梯大堂到辦公室，所有的佈置都帶有濃郁的中國特色。他以一句話概括愛香港及中國的理由："這裡是我家。" 對他來說，經過一個多世紀的沉浮後，中國香港已成為了其家族實實在在的故鄉。

根據 2016 年 3 月 21 日香港大酒店一份關於 "持續關連交易─續簽租賃協定"，嘉道理家族旗下投資物業，由單位信託的受託人 Cobalt 所擁有，"該單位信託由數個酌情信託最終持有，而嘉道理家族成員則為酌情信託對象"。而 "嘉道理置業作為辦

聖佐治大廈

公室物業註冊擁有人 Cobalt 的代理管理辦公室物業”，並“由 Harneys Trustees 全資擁有”，而“Harneys Trustees 間接持有”香港大酒店已發行股本的 41.57% 權益。❸ 由此可見，嘉道理置業有限公司，負責管理嘉道理家族在香港擁有的商業及住宅物業組合。該組合包括著名的聖喬治大廈、嘉道理莊園（The Kadoorie Estate）、港島深水灣的 8 個獨家山頂物業，以及 Headland Road 的多個私人住宅和公寓樓。

其中，聖佐治大廈始建於 1904 年。當時，著名英商保羅·遮打爵士（Paul Chater）以英國守護聖徒為聖佐治大廈命名，並且成為香港置地公司旗下中環物業的其中一部份，該發展項目於 1898 年開始，首個項目為干諾道中 2 號（後改名為“新東方大廈”）。20 世紀初葉，包括聖佐治大廈在內的五幢大廈，相繼在港島中環新填海區落成。聖佐治大廈由聲名顯赫的利安顧問有限公司設計，以香港早期商貿界喜愛的愛德華時代巴羅克式建築為風格（Edwardian Baroque architecture）。大廈當時為 Shewan Tomes & Co. 等頂尖企業的據點，不僅配備了一台獨立升降機，室內更運用“punkha wallas”方法降溫；在沒有空調的年代，聘請年輕男女拉布簾促進空氣流通。

1928 年，埃利·嘉道理爵士（Elly Kadoorie）收購聖佐治大廈，作為嘉道理父子有限公司（Sir Elly Kadoorie & Sons）的總部所在地，並且為香港及國際眾多知名企業提供據點。二次大戰後，隨著香港經濟轉型，香港的商用地段亦大幅上漲，羅蘭士·嘉道理兄弟二人決定重新發展聖佐治大廈。1969 年，樓高 275 呎、總面積 18.3 萬平方呎的聖佐治大廈建成揭幕，是香港最先採用鋁幕牆設計的大廈之一，並配備了 9 台香港當時最快的迅達電梯，以及高科技樓宇管理系統。聖佐治大廈開業後廣受好評，美國會所和美國銀行，成為最早的兩個租戶。時至今日，聖佐治大廈仍然是各種優質租戶的首選據點，其租客除了中電控股、大酒店、半島酒店、嘉道理置業之外，還包括精品金融服務機構、私人投資者和家庭辦公室，以及保險、法律、人事和其他專家等。

嘉道理莊園位於九龍旺角東北的加多利山，又稱嘉道理山。嘉道理家族於 1931 年以 32.6 萬港元購入原址，此地當時一片荒蕪。嘉道理家族將該地段拓展成加多利山，前後花了 40 年將其發展成享負盛名的高級豪宅區。加多利山上只有兩條街道，分別是嘉道理道與布力架街。布力架（J. P. Braga）與嘉道理家族關係淵源深厚，當年曾出任嘉道理家族旗下建新營造主席，建新營造負責開發加多利山。嘉道理莊園沿九龍嘉道理道至布力架街而建，由 86 幢洋房和 1 棟低層公寓樓聖佐治閣組成，這些獨立及相連洋房面積 3,000-6,000 平方呎不等，每幢洋房均擁有私人花園，部份設有泳池，融入了 20 世紀 30-50 年代優雅細緻的建築特色，當中不少洋房採用包浩斯傳統建築風格（Bauhaus），其他則展示現代流線風格（Streamlined Moderne）的設計元素。

聖佐治閣則由 3 幢 6 層高住宅組成，共有 39 個住宅單位，每個單位平均超過 3,000 平方呎，月租超過 9 萬元，隱私度十足。據傳聞，聖佐治閣的地皮原屬拔萃男書院所有，20 世紀 20 年代因缺乏資金，將地皮專售予嘉道理家族。整個地段佔地約八公頃，毗鄰西九龍和中環等主要商業樞紐，是紛繁鬧市中的綠洲。嘉道理物業管理團隊管理標準嚴謹，深明大宅的建築和歷史價值，在革新室內設計以符合現代生活品味的同時，亦致力保留建築物的原本風貌。每一座物業都擁有獨特的個性，為整個豪宅區添上更豐富的層次感。

另外，嘉道理家族還擁有香港島南部深水灣的八個獨家山頂物業，以及 Headland Road 的多個私人住宅和公寓樓。這裡依山面海，巨富雲集，深水灣道 79 號住著華人首富李嘉誠，68 號的主人則是嘉道理家族財團的第三代掌舵人米高・嘉道理。20 多年前，他買下這塊土地，建起大宅，成為嘉道理家族新的地標。對於這幢別墅，曾有一段非常哄動的傳聞：為了讓豪宅屋前的景物不受阻擋，嘉道理家族曾於 1999 年及 2000 年先後擲下 4.3 億港元買下深水灣道 70、72 號來清空視野。

嘉道理家族涉足的另一個行業是地毯製造及銷售。1956 年，羅蘭士・嘉道理兄弟聯同多位商人共 7 位股東創建太平地毯，當時稱為 "香港地毯國際有限公司"，是一家慈善企業，既為來自中國內地的難民提供工作，又保護傳承中國的地毯製造技藝。這個手工作坊為半島酒店提供地毯。太平地毯於 1973 年上市，在中國內地和泰國都有工廠，主要針對香港和東南亞的市場。2003 年，面對持續虧損，太平地毯的董事會做出重大戰略轉變，決定將公司從工廠導向型轉變為客戶驅動型，為此聘請了諾爾國際的前高級副總裁、銷售和市場行銷總監詹姆斯・卡普蘭（James Kaplan）擔任 CEO。詹姆斯・卡普蘭採取三管齊下的策略，包括加大對奢侈產品的投資，出售非核心資產，進一步進軍家用地毯市場，進行多元化經營，作為走出亞洲的跳板，結果成功扭虧為盈，並推動了家用地毯銷售。

時至今日，太平地毯已發展成為國際化的行業領先品牌，總部設於香港，佈局全球，在紐約、香港、上海及巴黎均開設有旗艦店，並於美國、歐洲、亞洲及中東城市設有共 14 個展示廳。太平地毯的品牌定位即代表著精良的品質、卓越的設計和一流的服務，其產品廣為世界各地的皇宮、高級住宅、銀行總部、高端零售品牌、酒店、私人飛機及遊艇所採用，在業界獲得"中國第一奢侈品牌"的美譽。2016 年 10 月 20 日，太平地毯在香港半島酒店舉行慶祝成立 60 週年紀念活動，特別展示了長達 11 米的地毯 "Antolie"。這幅由知名設計師 Patrick Norguet 設計的地毯採用手工簇絨技術，以 100% 純羊毛手工織造而成，在維多利亞港的映襯下熠熠生輝，成為全場焦點。活動期間，米高‧嘉道理致辭表示："太平地毯的誕生源於我父親對中國盛產一流高質地毯的深刻印象。父親與其他創辦人成立太平地毯是為了保留手工地毯的工藝技術，同時提供就業機會給當時由內地來到香港的新住民，使他們有機會投身於需要高深造詣手工來造就高價值的新興行業。"

嘉道理家族經營的另一項慈善事業是嘉道理農場。20 世紀 40 年代後期，內地大量難民湧入香港，糧食短缺。1951 年 9 月 28 日，賀理士兄弟聯同胡禮、胡挺生等，攜手創立嘉道理農業輔助會（KAAA），研究及開發農業技術，向農民灌輸耕種的知

太平地毯公司的港島分店（位於太子大廈 2 樓）

識和方法，讓他們憑著努力改善自己及家人的生活。輔助會創立的原則是："為受助者提供工具及訓練以改善其生活，遠較只給予一些簡單的捐助更能造福受助人及社會。"當時，嘉道理兄弟希望資助農民建立農場，但是沒有土地，便游說香港政府捐出土地。不過，獲捐的土地崎嶇不平、滿佈亂石，賀理士動員農民將從荒地收集起來的石塊砌成豬欄飼養豬隻，將石塊清理後的土地用作耕種。

1956 年，嘉道理農業輔助會在白牛石創立嘉道理農場，佔地 148 公頃，示範高效及可創造盈利的耕種和畜牧方法，同時致力改善牲口品種，以及向本地農民和駐港啹喀兵提供農業輔助，幫助他們自力更生。農場向農民提供免息貸款及飼養家禽的訓練方法，又派發豬牛及家禽、種子、肥料、驅蟲劑等；同時也捐贈水泥及建材予村民興建豬棚、道路、灌溉系統等；並為退休啹喀兵舉辦農業課程。不過，60 年代以後，隨著經濟發展，農業式微，1995 年農場工作的焦點亦將以往的 "協助農民耕作" 轉變為 "環境保護及教育"，並易名為 "嘉道理農場暨植物園"。從 1998 年起，嘉道理農場暨植物園更將保育工作推展至國內，相繼啟動了華南生物多樣性保護項目，在廣東、廣西和海南三省進行實地科研調查、自然保護區能力建設、培訓青年生物學家等工作，並對小的環境教育和社區發展項目提供支持。

1997 年，嘉道理家族成立嘉道理基金會（Kadoorie Charitable Foundation），總部就設在香港中環雪廠街聖佐治大廈，其口號是 "為弱勢群體提供更多生存機會"，以改善貧困狀況，資助醫療保健、教育、社區發展和環保項目為宗旨，以亞洲東部及東南地區為重點資助區域，並著重發展管理完善、反映社群需要但缺乏援助的慈善項目，其中的重點是香港、尼泊爾和其他亞洲國家的一些項目，以中國內地的項目為最多。它每一批支援項目約為 65 個，其中一半左右都在中國。嘉道理基金會既撥款給政府機構也給當地的非政府機構，另外還支持一些由國際或香港的非政府組織執行的項目。該基金會長期支持的領域範圍十分廣泛，如健康（包括康復和殘疾人的社會融合）、社區發展、扶貧和教育等。近期正在進行的項目是英國牛津大學和中國疾病控制中心合作的研究項目，雙方對來自全國 10 個城鄉地區的 50 萬名成年人進行調查，找出過早死亡的主要原因。2018 年，基金會捐助 1,000 萬港元予香港公開大學，支持大學興建 "賽馬會健康護理學院"。

2007 年，嘉道理家族在香港創立私人檔案館“香港社會發展回顧項目”（The Hong Kong Heritage Project），透過地圖、紀錄、照片等一手歷史資料，還原紅磡百年變遷。米高‧嘉道理爵士認為：隨著時間流逝，人們對上世紀 30-50 年代歷史大事的記憶正逐漸消失；隨著歷史巨輪，香港由以製造業為主轉型為中國一個服務業主導的經濟體，令市民原有的生活模式起了重大轉變，昔日的傳統日漸式微。故此，推動“香港社會發展回顧”項目，以嘉道理家族及其在香港和其他地方的業務發展及慈善事業為著眼點，廣泛收集和整理有關的歷史文件、照片、錄像和口述記錄檔案，並分享予各界人士。

為表彰嘉道理家族及米高‧嘉道理為推動亞太區及全球酒店業發展所作出的貢獻，2009 年 10 月，亞太區酒店投資會議（2009 Hotel Investment Conference Asia Pacific）向香港上海大酒店主席米高‧嘉道理爵士頒發終身成就獎。米高‧嘉道理爵士在獲獎時致辭表示：“先祖父艾利‧嘉道理爵士曾說，上天所賜的財富應當妥善管理，以造福人群。百多年以來，嘉道理家族有幸肩負經營數家公司的責任，並運用我們的資源，為弱勢社群提供更多機會。”

2013 年 12 月，72 歲的米高‧嘉道理在接受《南華早報》記者採訪時表示，正準備將接力棒傳給家族中的下一代。米高‧嘉道理育有兩個女兒一個兒子，分別是娜特莉、貝蒂娜和弟弟菲利普。米高‧嘉道理表示，自己的三個孩子都有可能成為家族企業的新一任領導者，但前提是他們有這個意願。他在接受訪問時說：“在過去三個月裡，國家副主席李源潮曾問我有沒有孩子，以及他們是否有興趣繼承家族企業。我告訴他，就像我一樣，我的孩子們也將被培養成合格的接班人。”2013 年，嘉道理 28 歲的大女兒的娜特莉返回香港，加入香港半島酒店集團。米高‧嘉道理說：“他們已經清楚，自己享有特權的同時需要履行責任。”

04

渣打銀行：上市、分拆與進軍內地

　　渣打銀行全稱"標準渣打銀行"，於 1969 年由兩家英國海外銀行 —— 英屬南非標準銀行（The Standard Bank of British South Africa）和印度新金山中國渣打銀行（The Chartered Bank of India, Australia and China）合併而成，總部設在英國倫敦，其歷史最早可追溯至 1853 年獲英女王授予"皇家憲章"而成立的印度新金山中國匯理銀行。早於 1859 年，渣打銀行已進入香港開展業務，並於 1862 年開始發行港鈔。

　　組成標準渣打的兩家銀行，主要建基於亞洲和非洲。一次大戰前，其分支機構網絡就已遍佈亞非數十個國家和地區，基本確定了今天在這些國家和地區的主要戰略佈局。1965 年，渣打銀行抓住西非各國相繼獨立的時機，果斷收購英屬西非銀行，成功進入西非市場，確立了其在整個非洲大陸的優勢地位。西非銀行曾是加納的中央銀行，在西非四個英屬殖民地擁有一百多個網點。渣打銀行對其進行收購後，不僅從該地區大宗商品出口業務中受益，而且與當地政府建立了廣泛的合作關係，成為該地區

渣打銀行鈔票的瑞獸系列（1994 年 1 月 1 日）（張順光先生提供）

New Chartered Bank Building at Des Voeux
Road, Central, resting on Franki piles.

渣打銀行利是封背
面的大廈圖型（張
順光先生提供）

1960 年代興建中的渣打銀行（張順光先生提供）

的主流銀行之一。20 世紀 80 年代，渣打曾嘗試開拓歐美市場，增設了許多機構，目標市場資產一度佔據其資產總額的半壁江山。然而，拉美債務危機和多次石油危機的爆發，使其遭受嚴重損失，最終不得不退出市場。

» 在香港上市與分拆渣打香港

20 世紀 90 年代，渣打明確提出了發展 "新興市場銀行" 的戰略定位，將經營重心回歸亞洲、非洲及中東地區。1998 年亞洲金融危機後，渣打銀行趁機收購了印度、韓國、巴基斯坦等地的多家銀行，進一步提升了其在亞洲地區的地位。2000 年，渣打先是收購澳盛銀行（ANZ）旗下 Grindlays 於中東及南亞區的業務，以及其附屬的 Grindlays 私人銀行業務，繼而又收購美國大通銀行（現為摩根大通成員）的香港零售

表 8-6　21 世紀以來英國渣打集團及其渣打香港發展大事記

英國標準渣打銀行	
1969	渣打銀行與標準銀行合併為標準及渣打銀行集團有限公司（Standard Chartered PLC）。
2000 年 4 月	渣打與澳盛銀行（ANZ）達成協議，收購 Grindlays 於中東及南亞區的業務，以及其附屬的 Grindlays 私人銀行業務。
2002 年 10 月 31 日	渣打集團有限公司（港股編號：2888）正式在香港交易所掛牌交易，成為第一家英國《金融時報》指數公司在香港作雙重第一上市。
2005 年 1 月	渣打銀行以 33 億美元併購韓國第一銀行，這是標準渣打成立逾 140 年來最大一筆併購案。
2006 年 3 月	新加坡國有投資公司淡馬錫控股宣佈，從邱德拔遺產信託手上，收購渣打銀行的 1.52 億股份，即佔渣打股權的 11.55%，成為渣打的大股東。
2006 年 7 月	渣打銀行收購巴基斯坦第六大銀行聯合銀行（Union Bank）。
2006 年 11 月	渣打銀行成功收購新竹國際商業銀行以擴充在台灣業務版圖。
2007 年 12 月 3 日	渣打集團收購飛機租賃融資公司 Pembroke Group，以此提升渣打融資解決方案，以應對亞洲、非洲以及中東市場對飛機租賃不斷增長的需求。
2010 年 5 月 7 日	渣打股東已經通過有關印度上市計劃的股份分配安排。渣打銀行也是印度最大的外資銀行，在當地開業 152 年，擁有 94 間分行和 1.7 萬名員工。
2011 年 3 月 1 日	渣打銀行與香港證監會及金管局就解決雷曼 ELN（股票掛鈎票據）達成協議。渣打將動用 14.8 億元回購雷曼 ELN，力圖把雷曼事件劃上句號。
2012 年 11 月	渣打於 2012 年 11 月推出渣打人民幣環球指數。指數覆蓋七個主要的人民幣離岸市場，包括香港、倫敦、新加坡、台北、紐約、首爾和巴黎。
2013 年 12 月	渣打銀行與中國農業銀行就在英國提供人民幣清算服務簽署諒解備忘錄。
2015 年 1 月	渣打策略性結束企業現金證券、證券研究及證券融資市場業務。
2015 年 10 月	渣打宣佈撤出股票衍生產品及可換股債券業務。
2018 年	渣打於執行 2015 年所制定扭轉業務表現的計劃取得實質進展，顯著提升了盈利能力、資產負債表質素、操守及財務回報。

渣打銀行（香港）與渣打銀行（中國）	
2000 年	渣打銀行收購美國大通銀行（現為摩根大通成員）的香港零售銀行業務以及 Chase Manhattan Card。
2004 年 5 月 28 日	香港立法會修訂《法定貨幣紙幣發行條例》，決定由當年 7 月 1 日開始廢除渣打銀行為發鈔銀行，將發鈔權正式轉移至渣打銀行（香港）有限公司。
2004 年 7 月 1 日	渣打銀行（香港）有限公司註冊成立。渣打銀行將渣打銀行香港分行、Manhattan Card Company Limited、Standard Chartered Finance Limited、Standard Chartered International Trade Products Limited 及 Chartered Capital Corporation Limited 的業務注入渣打銀行（香港）有限公司。
2005 年 7 月	渣打銀行（香港）宣佈與香港迪士尼樂園度假區簽訂為期五年的合作協定，成為樂園指定銀行。樂園開幕後設置了七部銀通櫃員機，向遊客提供銀行服務。
2007 年 3 月 29 日	渣打銀行（中國）有限公司註冊成立。
2009 年	為紀念渣打在香港成立 150 週年，渣打香港發行全球首張面值一百五十元鈔票。
2010 年 2 月 25 日	渣打收購美國通用金融（香港）。
2014 年 6 月	渣打中國獲得中國人民銀行批准成為中國銀行間外匯市場首批人民幣對英鎊直接交易做市商。
2015 年 11 月	渣打香港推出首間流動分行。
2018 年 8 月 30 日	渣打香港表示已向香港金管局提交虛擬銀行牌照的申請，並成立一企業實體為營運其虛擬銀行作準備。

資料來源：香港渣打銀行

銀行業務以及 Chase Manhattan Card 等業務。2005 年，渣打以 33 億美元價格收購了韓國第一銀行，這是渣打成立逾 140 年來最大一筆併購案。韓國第一銀行為韓國第八大銀行，收購後易名為 "渣打第一銀行"。

渣打早在 1985 年就已進入台灣，1990 年開設高雄分行，1999 年再開設台中分行並擴遷台北、高雄兩地分行。為了進一步拓展台灣業務，2006 年 9 月 29 日，渣打以高於市價三成價格收購新竹國際商業銀行（Hsinchu International Bank）超過 51% 的股份，並於同年 11 月 3 日成功完成全面收購。2007 年 6 月 30 日，渣打將其在台灣的所有資產與營業全部讓與新竹國際商業銀行。新竹國際商業銀行於 2007 年 7 月 2 日更名為"渣打國際商業銀行股份有限公司"（Standard Chartered Bank Taiwan），成為渣打集團成員。通過是項收購，台灣成為渣打的第四大市場。2008 年，渣打先後收購美國運通銀行在台分行和亞洲信託投資公司的特定資產負債暨營業部份（Good Bank），進一步擴大渣打集團在台灣的服務網絡。

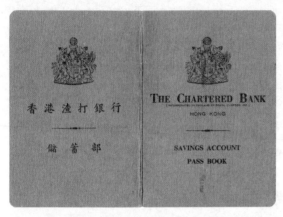

渣打銀行存摺（張順光先生提供）

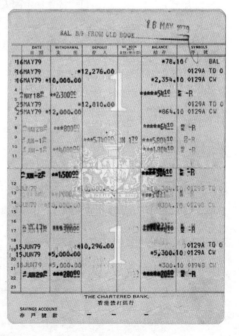

目前，渣打銀行作為英國一家全球性海外銀行，在全球 60 多個市場擁有超過
1,000 間分支機構及約 3,000 台自動櫃員機，業務遍及亞洲、澳洲、非洲、中東及拉丁
美洲等許多新興市場，但在英國的客戶卻非常少。2018 年，渣打集團的經營收入總額
為 149.68 億港元，其中，大中華及北亞地區經營收入為 61.57 億港元，佔 41.13%；東盟
及南亞地區經營收入為 39.71 億港元，佔 26.53%；非洲及中東地區為 20.04 億港元，佔
13.39%；歐洲及美洲地區為 16.70 億港元，佔 11.16%。換言之，香港及亞洲其他地區合
共佔集團經營收入的接近七成。與其他全球性銀行不同的是，渣打銀行超過 90% 的收
入和利潤均來自於亞洲、非洲及中東市場，其中，30% 左右來自香港。

渣打銀行經營的業務主要包括：企業及機構銀行業務、零售銀行業務、私人銀
行業務和商業銀行業務等四大類。其中，企業及機構銀行業務服務超過 5,000 間大型
企業及政府、銀行和投資者；零售銀行業務包括按揭、投資服務、信用卡及個人貸款
等，服務超過 900 萬名人士及小型企業；私人銀行業務協助超過 8,000 名客戶增加及
保障財富；商業銀行業務包括現金管理、貿易融資、資金及託管服務等，支援超過
45,000 間亞洲、非洲及中東地區的本地企業及中型企業。2018 年，渣打集團的經營收
入總額（基本基準）中，企業及機構銀行業務經營收入為 68.60 億港元，佔 45.83%；
零售銀行業務經營收入為 50.41 億港元，佔 33.68%；私人銀行業務為 5.16 億港元，佔
3.45%；商業銀行業務為 13.91 億港元，佔 9.29%。❸¹

渣打銀行集團除了在英國倫敦交易所上市外，還在印度的孟買以及印度國家證
券交易所上市。

香港回歸後，為了加強在香港的發展，渣打集團（Standard Chartered Plc）決定在
香港交易所掛牌上市。渣打在香港共發售 3,043 萬多股渣打股票，佔該公司已發行股
本的 2.7%；其中，公眾認購 382.97 萬股，專業和機構投資者認購了 2,660.51 萬股，均
獲得超額認購，渣打集資約 25.6 億港元，其主要目的是擴大股東基礎，專注亞洲的機
構投資者、渣打本地客戶和員工都通過認購成為銀行股東。2002 年 10 月 31 日，渣打
集團（港股編號：2888）在香港交易所掛牌上市，成為第一家英國《金融時報》指數
公司在香港作雙重第一上市的集團。在聯交所掛牌首日，渣打股份逆市上升，收市報
每股 87 港元，比招股價 84 港元上升 3 港元，升幅為 3.57%。至此，香港三大發鈔銀
行 —— 滙豐、渣打和中銀香港全部在香港聯交所上市。

在渣打上市酒會上，渣打集團主席祈澤林爵士致辭表示，這次上市是渣打發展的一個重要里程碑，也展示了該公司對香港長遠成功的信心。香港特區行政長官董建華在出席酒會而致辭時表示，渣打在香港掛牌上市，對渣打、對港交所、對香港這個國際金融中心，都是重要的里程碑。渣打與香港同步成長，的確是香港成功故事的一部份，更是香港輝煌成就的寫照。渣打在香港上市，是對香港的前景投下信心一票，凸顯了香港卓越的國際金融中心地位。渣打還在上市儀式後向香港公益金捐贈了100萬港元，以支持香港的社會公益活動。

》分拆渣打香港及進軍內地市場

2003 年 6 月 29 日，香港與內地簽署《香港與內地關於建立更緊密經貿關係的協議》（簡稱 CEPA）。根據協議，在 CEPA 框架下開放的 18 個服務行業中，有關金融服務業的具體承諾包括：香港銀行進入內地市場的門檻，從總資產 200 億美元下降到60 億美元；香港本地銀行在內地設立第一個分行後，每新開一個分行的註冊資本金只需 1 億美元，且不受銀監會規定的"外資銀行一年只准開一個分行"的限制等。不過，按照 CEPA 有關規定，只有在香港註冊五年以上的香港銀行，才能享受 CEPA 帶來的多項優惠。CEPA 的這一規定，被業內簡稱為"五年限制期"。

為了未來能進一步以香港為基地拓展中國內地業務，2003 年渣打銀行開始考慮透過香港本地註冊或者收購香港本地銀行等途徑來拓展業務。2004 年 1 月 17 日，渣打集團表示已決定把集團的香港業務分拆在香港註冊，並已向有關機構提交申請，期望可於年內完成法律審批。渣打銀行董事王冬勝表示，這一方法可讓申請程序簡單化及更具靈活度，程序上只要得到英國銀監會、稅務局及評級機構的審批便可通過。他更直言，分拆註冊地是為了大中華業務中長線發展部署，可盡早享受 CEPA 給予香港銀行的優惠待遇，使集團能更有效地把握 CEPA 產生的大量商機。渣打集團主席桑德森則表示，申請計劃標誌著渣打對香港及內地前景的信心，香港是渣打最大的市場，而大中華地區亦是集團的發展策略重點。

2003 年 12 月 12 日，渣打銀行（香港）有限公司（Standard Chartered Bank (Hong Kong) Limited）根據《公司條例》（第 32 章）註冊成立為非私人有限公司（註冊編號：

875305）。渣打銀行（香港）的總部設於中環德輔道中 4 號的渣打銀行大廈。2004 年
7 月 1 日，渣打銀行將渣打銀行香港分行、Manhattan Card Company Limited、渣打財務
（香港）有限公司（Standard Chartered Finance Limited）、渣打國際貿易產品有限公司
（Standard Chartered International Trade Products Limited）及 Chartered Capital Corporation
Limited 等業務注入在香港註冊的 "渣打銀行（香港）有限公司"（簡稱 "渣打香港"）
旗下。渣打香港透過發行普通 B 股購入渣打銀行香港分行的業務。❸ 而在此之前的 5
月 28 日，香港立法會修訂《法定貨幣紙幣發行條例》，決定由當年 7 月 1 日開始廢除
渣打銀行為發鈔銀行，將發鈔權正式轉移至其香港分公司 —— 渣打銀行（香港）有
限公司。渣打集團行政總裁大衛思表示，作為集團的全資附屬銀行，渣打香港將正式
以獨立法人身份躋身於香港銀行界。他並強調："這是渣打集團欲享受 CEPA 優惠政
策而做出的決定。"

渣打香港成立後，致力於鞏固和拓展香港及中國內地業務。2005 年 7 月，渣
打香港與香港迪士尼樂園簽訂為期五年的合作協議，成為樂園指定銀行。2015 年 11
月，渣打香港革新分行的服務模式，推出首間流動分行，輪流為公共屋邨和地區提供
銀行服務。2018 年 8 月，渣打香港表示已向香港金融管理局提交虛擬銀行牌照的申
請，並成立一企業實體為營運虛擬銀行作準備。❸ 據統計，2004 年，渣打香港的客
戶存、貸款分別為 2,389.22 億港元和 1,696.89 億港元，到 2018 年分別增加到 9,070.83
億港元和 5,055.38 億港元，14 年間分別增了 2.80 倍和 1.98 倍；年均增長率分別為
10.00% 和 8.11%；同期，銀行經營收入總額從 101.55 億港元增加到 275.69 億港元，增
長了 1.71 倍，除稅前溢利從 44.24 億港元增加到 112.61 億港元，增長了 1.55 倍，年均
增長率分別為 7.39% 和 6.90%（表 8-7）。

表 8-7　2004-2018 年渣打香港業務發展概況（單位：億港元）

年份	客戶存款	客戶貸款	資產總值	經營收入總額	除稅前溢利
2004	2,389.22	1,696.89	3,357.62	101.55	44.24
2005	2,476.63	1,688.76	3,371.60	109.42	54.72
2006	2,885.13	1,695.69	3,910.42	126.07	72.39

年份	客戶存款	客戶貸款	資產總值	經營收入總額	除稅前溢利
2007	3,658.75	1,793.80	4,817.26	161.48	88.34
2008	4,767.96	2,135.39	5,972.21	158.15	69.57
2009	5,251.73	2,304.57	6,790.60	171.54	59.42
2010	5,732.77	3,348.54	7,586.23	184.01	73.38
2011	6,729.40	3,897.63	8,538.54	214.94	99.63
2012	7,565.89	4,080.18	9,396.74	236.53	97.61
2013	8,174.28	4,535.58	10,242.32	267.73	133.56
2014	8,510.29	4,549.96	10,790.42	284.48	119.65
2015	7,457.01	4,149.55	9,589.65	268.42	94.65
2016	7,782.42	4,400.22	10,060.22	237.59	89.44
2017	8,338.99	4,808.67	10,750.49	248.97	99.45
2018	9,070.83	5,055.38	11,762.34	275.69	112.61

資料來源:《渣打銀行(香港)有限公司董事會報告書及綜合財務報表》,2005-2018 年。

　　渣打在香港上市、分拆渣打香港,其最主要的目標就是要進軍中國內地市場。其實,渣打銀行進入中國的歷史,最早可追溯到 19 世紀中葉。1858 年,渣打已在上海開設內地首家分行,近 150 年在華經營從未間斷,已成為國內歷史最悠久的外資銀行。1949 年中華人民共和國成立後,渣打銀行得到允許繼續留在上海營業,並成為中國人民銀行 "指定銀行" 經營外匯業務,是中國改革開放前僅存的兩家英資銀行之一。渣打銀行上海分行當時應政府要求協助打開金融局面,其對中國的貸款業務重點放在化學及鋼鐵工業。80 年代改革開放之後,渣打銀行以上海分行為基礎,率先重建在中國的服務網絡,業務遍佈中國的 15 個城市,成為在華網絡最廣的外資銀行。

　　2006 年,渣打香港拆資 17 億元人民幣,購入天津渤海銀行 19.99% 股權。渤海銀行創辦於 2005 年 12 月 31 日,註冊資本 50 億元人民幣,是 1996 年以來獲准設立的第一家全國性股份制商業銀行。在渤海銀行成立之初,渣打香港曾派出四位高管入駐。

目前，渣打銀行向渤海銀行派駐的董事為馮載麟（Fung, Joi Lun Alan），任副董事長。當時，市場一度盛傳渣打有意入股光大銀行。因此，渣打突然移情於仍在"襁褓"之中的渤海銀行，令人頗感詫異。

2007 年 3 月 29 日，渣打銀行（中國）有限公司（簡稱"渣打中國"）註冊成立，與滙豐、恒生等銀行一道成為內地第一批本地法人銀行。渣打中國總部設於上海浦東新區，經營業務範圍包括：吸收公眾存款；發放短期、中期和長期貸款；辦理票據承兌與貼現；買賣政府債券、金融債券，買賣股票以外的其他外幣有價證券；提供信用證服務及擔保；辦理國內外結算等。渣打中國成立後業務發展快速，截至 2017 年底，經營的網點已超過 100 個，覆蓋全國約 300 個城市，包括華東地區的上海、南京、寧波、蘇州、杭州，華北地區的北京、大連、天津、青島、濟南、鄭州，華南地區的深圳、廣州、佛山、珠海、廈門、南昌、福州、長沙，東北地區的哈爾濱、瀋陽、大連，以及中西部地區的呼和浩特、太原、西安、成都、武漢、重慶、昆明等。[34] 據統計，截至 2017 年底，渣打中國總資產達 2,250 億元人民幣，全年營業收入 53.6 億元人民幣，實現營業利潤 17.5 億元人民幣。

在業務方面，渣打中國在服務中小企業領域保持領先地位，連續三年獲得集團頒發的"個人金融卓越業務效率獎"。渣打中國是境內最早提供個人銀行業務的國際性銀行。2010 年，渣打將中小企東北亞總部從香港搬至上海，並推出了"一貸全"業務，為中小企業提供全方位組合融資方案。渣打推出的現貸派、活利貸、優先理財、創智理財等成為業內知名品牌。渣打銀行還是推動人民幣國際化的領先國際銀行，向當地企業和個人提供豐富多樣的人民幣金融產品和服務。2013 年，渣打香港與深圳國際控股有限公司簽署前海雙邊跨境人民幣貸款協議。2014 年 6 月，渣打中國獲得中國人民銀行批准成為中國銀行間外匯市場首批人民幣對英鎊直接交易做市商；同年 10 月，渣打中國再獲得中國人民銀行批准成為中國銀行間外匯市場首批人民幣對新元直接交易做市商。2014 年，渣打中國獲中國銀監會上海監管局批准設立自貿區支行，同年 3 月開始對外提供服務，向區內各類企業和金融機構提供全方位的境內及跨境人民幣、外幣金融產品和服務。2017 年，渣打銀行加大了在中國市場的投入，特別是在電子銀行、理財業務和人民幣業務等方面。

2018 年 1 月 31 日，在李克強總理和英國首相文翠珊共同見證下，渣打集團與中國國家開發銀行在北京簽署《國家開發銀行與渣打銀行 100 億人民幣 "一帶一路" 項目授信貸款備忘錄》，雙方將在 "一帶一路" 倡議下，推動人民幣國際化，共同支援 "一帶一路" 領域項目合作，在未來五年內合作金額為 100 億元等值人民幣。❸❺ 同年 6 月 16 日，渣打集團行政總裁溫拓思（Bill Winters）在接受專訪時表示：渣打是 "一帶一路" 沿線最活躍的國際銀行，在 45 個 "一帶一路" 沿線國家都有著長期且牢固的業務關係，尤其是渣打在跨境項目融資、基礎設施融資方面具有非常強大的能力，可以為 "一帶一路" 相關項目的客戶提供最大的附加價值。

2018 年 9 月，渣打銀行榮獲 *Asiamoney* 雜誌舉辦的 "2018 年新絲路金融大獎"（New Silk Road Finance Awards）評選為 "一帶一路最佳國際銀行"，同時榮獲 *Global Finance* 雜誌舉辦得 "2018 年中國之星大獎"（The Stars of China Awards 2018）評選為 "一帶一路最佳外資銀行"，充份肯定渣打在把握 "一帶一路" 龐大機遇方面佔據的市場領導地位。*Asiamoney* 雜誌表示："渣打在亞洲及許多 '一帶一路' 國家擁有深厚的業務根基，因此獲評為 '一帶一路最佳國際銀行' 絕對是實至名歸。渣打與其中國及環球企業客戶，以及其中資銀行夥伴，充份緊密合作，為傳統絲路沿途不少項目提供融資。" *GlobalRMB* 雜誌則表示："在目前以亞洲區為重點的人民幣市場上，我們認為渣打在有關獎項的評審時段內，最積極拓展嶄新的業務方案，協助區內及區外的客戶連接至中國市場。" ❸❻

渣打集團在官網中以 "道·無止盡" 為主題，撰文表示："2018 年標誌著中國改革開放 40 週年，也標誌著渣打銀行在華運營 160 週年。值此盛時，渣打銀行發佈了全球品牌煥新承諾：超越，成就更好的世界。這並不是要改變我們原有的品牌承諾 '一心做好，始終如一'，而是賦予這個承諾一個新的艱巨挑戰：我們如何戰勝困難，促進全球商業和繁榮。作為中國金融改革開放的積極參與者、貢獻者和受益者，渣打銀行將秉承對中國市場的長期承諾，充份發揮其全球網絡優勢和業務專長，為我們的客戶提供優質創新的服務和產品，和我們的客戶共同進入新時代。" ❸❼

05

英大東與英之傑的 "退"

》 英大東：棄守香港電訊及其瓦解

　　與渣打銀行的 "進" 形成對比的是英國大東電報局的 "退"。長期以來，英國大東電報局在香港的利益，是通過持有香港電訊股權，壟斷了香港的電訊業務。進入過渡時期以後，為了繼續維持其既得利益，英大東先後將香港大東與電話公司合併，組成香港電訊在聯交所上市，致力塑造其本地公司的形象。

　　然而，踏入 20 世紀 90 年代以後，隨著資訊科技革命及全球電訊業務的發展，香港電訊業步入全面開放新時代。1992 年 7 月，香港政府宣佈開放本地電訊市場，採用開放式發牌制度引進超過一個固定電訊網絡，與香港電話展開競爭。11 月 30 日，政府宣佈將發出 3 個新固定電訊網絡牌照予和記傳訊、香港新電訊及新世界電話，從 1995 年 7 月 1 日起生效。面對即將開放的電訊市場，香港電訊著手部署應變對策，包括精簡架構、裁減人員、減低營運成本、擴展新業務等，並先後邀請香港中信、中國電信香港等公司加盟。到 1997 年 6 月，英大東所持有香港電訊股權已降至 54%，而中國電信香港持有香港電訊的股權則增加到 13.24%，成為第二大股東。

　　據市場傳聞，當時，英大東曾一度有意全面收購香港電訊。1995 年中，英國傳出英大東和英國電訊合併的消息，自此，有關傳聞不絕於耳，惟每次均遭到兩家公司的強烈否認。不過，1996 年 3 月 28 日，英大東發表聲明表示，大東已開始與英國電訊進行合併計劃的研究。當時，市場揣測，由於英大東在國際上有多項電訊業務專利權，若由英國電訊收購大東，將引起不少棘手問題。因此，大東建議反收購英國電訊，這樣可避免全面收購大東在香港的子公司香港電訊。不過，有關合併計劃受到了中國政府的高度重視，中方顯然關注此舉背後蘊藏的動機，擔心英國政府藉此在1997年後加強對香港電訊的控制。中國郵電部辦公廳主任徐善衍在接受訪問時就表示，他個人認為收購將使英國政府在九七後有機會進一步控制香港電訊，英國政府在此建議上必有其目的。[38] 為此，英國電訊主席會見中國駐英大使時亦受到冷遇。如果英大東和英國電訊合併成事，而又無法平息中方的疑慮，香港電訊的前景將可能受到影響。

1996年5月1日，世界貿易組織（WTO）就開放全球電訊市場達成一項廣泛的初步協議，內容包括香港在內的39個國家和地區承諾將於1998年1月1日起全面開放本土及國際電訊市場。同年6月1日，香港政府與香港電訊就國際電訊專營權問題展開談判。1998年1月20日，香港特區政府與香港電訊達成協議，香港電訊提早結束原定於2006年屆滿的國際電訊專營權，而該集團將獲得政府補償除稅後現金67億港元，並可豁免繳交1998年度國際長途上（IDD）專利稅。該協議公佈後受到香港社會的普遍歡迎，但證券分析員則認為消息對香港電訊有長遠的負面影響。當時，香港電訊宣佈，截至2000年3月底年度，公司經營溢利連續第二年下跌，並且由於要為互動電視過時設備作巨額撇賬，實際純利僅11.4億港元，比上年度大幅下跌九成，成為自1988年上市以來最差的財政年度。

當時，正值全球互聯網熱潮，英國大東電報局積極投資互聯網骨幹網（internet backbone），為此將其他業務陸續出售。1999年7月，新上任的英大東行政總裁華禮士（Graham Wallace）即旗幟鮮明地推動集團全力拓展數碼及互聯網業務，尤其是拓展電子商務企業對企業發展的互聯網，並積極在歐洲各地展開收購，目標是將大東轉型為歐洲最大規模的數碼及互聯網電訊商之一。為此，大東決定淡出非核心業務，其中包括已失去壟斷地位、進退兩難的香港電訊，以便套取巨額資金發展歐洲業務。

英大東先是不動聲色地撤銷多年來一直堅持的香港第二上市地位。1998年5月，英大東將香港電訊的重要業務"拆骨"，透過旗下的大東商業網絡與香港電訊達成新的環球電訊管理業務協議，將香港電訊旗下的31個重要國際客戶轉由大東管理。1999年6月，英大東突然一改近十年來積極致力香港電訊本地化的政策，宣佈將香港電訊的英文名字由 Hong Kong Telecom 改為 Cable & Wireless HKT，即重新冠以母公司大東的名字，突出香港電訊作為大東附屬公司的色彩。香港電訊的公司標誌亦由原來的紅色改用大東藍色地球的標誌。這種以進為退的做法，是英大東淡出香港電訊的重要信號。事後，香港電訊行政總裁張永霖曾戲說："Cable & Wireless HKT，其實就是 Cable & Wire less HKT（即大東放棄香港電訊）。"

面對這種不尋常的轉變，當時香港電訊管理層的解釋是：這次名字上的轉變意義重大，一方面體現香港電訊作為大東在亞洲尤其是大中華的投資旗艦，另一方面完成整合各子公司的品牌，有利日後架構重整，以應對國際電訊商的挑戰。不過，據最早披露這一消息的英國報章報道，這次改名的背後是英大東要成立一家新公司，以便統一各地附屬公司的網絡資源。但這種構想曾遭到附屬的香港電訊和大東澳洲的反對，它們擔心因而失去對這些電訊設施的控制權。對於大東要集中子公司的網絡資源，香港電訊行政總裁張永霖的公開解釋是："這個問題董事局正在積極研究，希望年底前有定案。現時全球主要的電訊集團如英國電訊等都是這樣，因為做光纖、海纜的，都是世界性的。"

不過，張永霖又表示："現在來說，可以有兩個方法去做，其一是用一個虛擬的組織去統籌大東各子公司的網絡資源，由各地公司負責某一個類別，這種做法可以保留電訊對本身網絡的業權；另外也可以成立一間新公司，把各子公司的網絡資源注入，即是各公司由原來持有的百分之百各自的網絡，變成持有某個百分比的新公司的股權。當然，採取這樣的做法一定要對香港電訊的股東有利，而且，如果正式提出這個建議，必須經過獨立的財務顧問審核；大東本身也不能就此投票。" 至此，英大東與香港電訊的矛盾開始表面化。

正是在這種背景下，英大東最終決定棄守香港電訊，套現巨資發展歐洲業務。1999 年 9 月，有關英大東想要出售香港電訊的消息已經外傳，當時市場一度傳聞買家是長和主席李嘉誠，惟李嘉誠隨即表明未有此構思。及至踏入千禧年，有關英大東出售香港電訊的傳聞已甚囂塵上。2000 年 1 月 11 日，《亞洲華爾街日報》就以顯著篇幅報道，英大東可望於下個月將其所持有香港電訊股權出售，而潛在買家之一就是日本電話電報（NTT）和美國貝爾大西洋電話（Bell Atlantic）。當時，市場流傳的潛在買家還有德意志電訊、新加坡電信，以及和記黃埔等。

不過，香港電訊的潛在買家很快浮出水面。出乎香港人意料的是，有意收購香港電訊控制權的，是新加坡電信，一家長期由新加坡政府控制的電信集團。2000 年 1 月 28 日，市場廣泛流傳新加坡電信與香港電訊的合併計劃，已接近完成階段；合併的模式已確定，新加坡電信將成為新控股公司，同時在新加坡和香港上市；而香港電訊將成為其全資附屬公司，其上市地位將被取消，股東可換取新控股公司的股份。不過，有關消息傳出後在香港引起憂慮，擔心香港最大電訊公司會落入競爭對手新加坡手中。當時，最強烈的反對聲音來自香港電訊董事局內三位獨立董事 —— 鍾士元、馮國經和李國寶，他們均反對新加坡電信收購香港電訊，不願看到香港電訊控制權落入非香港人手中。

在這種背景下，2 月 11 日，李澤楷宣佈旗下盈科數碼動力將介入收購香港電訊，與新加坡電信形成正面對撼。當時，香港一家網絡傳媒形容盈動的收購，"儼如一條快高長大的巨蛇，鯨吞超級巨象，情況令市場為之震撼，亦對本港以致國際造成深遠影響。" 受到連串利好消息的刺激，盈動的股價於 2 月 15 日衝上每股 28.5 港元的歷史高位。2 月 27 日，盈動成功獲得由中國銀行牽頭銀團提供的 130 億美元巨額貸款。當日，盈動向英大東提出了兩個可供選擇的收購方案。根據方案一，盈動以 1.1 股盈動新股份換取香港電訊 1 股股份，以盈動停牌前每股 22.15 港元計算，香港電訊每股作價 24.36 港元，比 2 月 10 日盈動有意收購的消息曝光後的收市價每股 17.65 港元溢價 38%，比 2 月 25 日香港電訊停牌前每股 25.90 港元溢價 5.95%。根據方案二，盈動以 0.7116 股新盈動股份加上 0.9290 美元（7.23 港元）換取香港電訊 1 股股份，即香港電訊每股作價 22.99 港元，比 2 月 10 日收市價溢價 30.2%，比 2 月 25 日收市價折讓 11.2%。方案二最大的好處，是正好滿足英大東套現巨額資金的需要。

經過 "驚心動魄的 48 小時" 博弈，[39] 2 月 29 日，盈動宣佈已與英大東達成併購香港電訊的協議。根據協議，英大東選擇現金加股票的 "混合方案"，出售所持香港電訊 54% 的股權，包括收取 473 億港元現金，以及 46.6 億股新盈動股票。英大東並承諾在完成收購事項後首 6 個月內，將不會出售手上的新盈動股份，而在第 7-11 個月內，將不會出售手上超過五成的新盈動股份。英大東行政總裁華禮士在接受英國《金融時報》訪問時表示，盈動願意提出現金比例更高的收購價，是大東選擇盈動的主要因素。不過，中國銀行向盈動提供巨額貸款，亦是大東"做出決定的其中一個考慮因素"。大東將視所持新盈動的 11.1%-20.9% 股份為一項通往中國內地市場的重要"戰略性投資"。

2000 年 8 月 9 日，香港電訊除牌。8 月 17 日，合併後的新公司以電訊盈科掛牌上市，市值高達 2,900 億港元，成為香港股市中僅次於中國移動、滙豐控股及和記黃埔的第四大上市公司。借殼上市不到一年的盈動，成功鯨吞百年英資老店香港電訊，確實在香港以至國際金融市場產生強烈的轟動效應。香港傳媒隨以"李澤楷締造盈動神話"的大字標題，詳盡報道事件的全過程。而李澤楷本人亦被冠以"小超人"稱號。對此，香港證券業資深人士、南華集團副主席張賽娥表示："這個併購我認為有三點不可思議：首先，一家完全沒有市盈率的公司，嘗試收購舉足輕重的藍籌股；其次，一家近乎火箭速度發展的資訊科技公司，意圖手起刀落地收購一家已有近一個世紀傳統優勢的電訊龍頭；其三，盈動的市值是靠股票資產迅速膨脹支持的，收購計劃會有部份用換股進行，對盈動真是有利到無以尚之。歸根結底，都是資訊科技帶來的神話，以前不可想像的事情，現在都有可能發生了。"❹

至此，英國大東電報局正式退出其經營了 64 年的香港市場。不過，事後證明大東電報局的管理層打錯算盤，在眾多電訊公司爭相投資下，光纖基建嚴重供過於求。此後 10 年，大東在債務纏身下苦苦支撐，市值萎縮，要不斷沽售家當自保，包括分拆澳門及加勒比海等四個小市場的業務。2009 年 11 月，大東電報局表示，將在金融市場出現早期復甦跡象的情況下推行公司分拆計劃。分拆前，大東電報公司已將旗下兩部份業務分離。2010 年 3 月 26 日，大東電報局宣佈將公司業務分拆成兩個獨立上市公司——大東通信（Cable & Wireless Communications）和大東環球（Cable & Wireless Worldwide）。其中，大東通信在前英屬殖民地國家（如巴拿馬、一些加勒比群島和海峽群島）經營固定線路和移動業務；而大東環球則專門提供通信服務，如互聯網協定、資料和語音，同時託管大型企業、經銷商和運營商客戶的通信服務。

不過，分拆後大東環球和大東通信，其經營並不理想，業績持續下跌，逐漸陷於困境。2012 年 4 月 23 日，Vodafone 斥資 10.4 億英鎊（約 130 億港元）收購大東環球。收購完成後，大東環球於翌年 4 月 1 日在倫敦交易所退市。2015 年 11 月 17 日，商人約翰‧馬龍（John Malone）旗下的國際有線電視業務 Liberty Global 宣佈，通過股票加特別股息的方式，收購總部位於倫敦的大東通訊，交易價值 36 億英鎊（約合 51.2 億歐元）。至此，英國大東電報局作為一家老牌電訊集團正式消解。

» 英之傑、太古：剝離非核心業務

長期以來，在香港採購貿易領域，英資洋行一直佔據絕對優勢。20 世紀 50 年代以後，洋行的地位逐漸下降，不過，直到 90 年代初期，英資洋行仍佔有優勢。當時，香港三大採購貿易商行中，排在前三位的，分別是英之傑集團旗下的英之傑採購服務、太古集團旗下的太古貿易，以及華商馮國經、馮國綸兄弟旗下的利豐公司。其中，利豐公司亦是一家有近百年歷史的貿易商行，創辦於 1906 年，創辦人為廣東商人馮柏燎。到 80 年代末，利豐已歷馮氏三代。1989 年初，馮氏第三代馮國經、馮國綸兄弟將利豐私有化，重組為專業化的貿易公司。

20 世紀 80 後期至 90 年代初，香港製造業大規模將勞動密集型產業或工序內遷至以廣東珠三角為核心的南中國，雙方形成“前店後廠”的分工格局。同時，香港廠商也有部份向東南亞、亞洲區內其他較遠的地點，甚至在包括巴西、捷克、洪都拉斯、毛里求斯、墨西哥、波蘭、南非及津巴布韋在內的世界各地投資設廠，形成了以香港為總部的龐大生產網絡。這一網絡又與世界各國的全球化市場網絡交織在一起，形成更為龐大的全球性經貿網絡。在此轉移過程中，香港貿易形態也發生深刻變化，再次成為亞太區特別是中國內地最重要的貿易轉口港。

面對新形勢，馮國經、馮國綸兄弟決定把握時機，將利豐核心業務重組上市。1992 年 7 月 1 日，利豐（494）再次在香港掛牌上市。為了擴大公司的採購網絡，利豐制定上市後的第一個三年計劃（1993-1995），決定展開收購兼併，將目標指向其長期競爭對手“英之傑採購服務”（Inchcape Buying Services，簡稱 IBS）。當時，在香港從事採購貿易業務的公司，佔前三位的分別是 IBS、利豐，以及太古集團旗下的太古貿易。1992 年度，這三家公司的營業額分別為 7 億美元、5 億美元及 4 億美元。

IBS 是英之傑集團（Inchape & Co., Ltd.）旗下在香港的貿易公司，成立於 1970

年，總部設於香港，其核心業務來自集團於 60 年代收購的一家歷史悠久的洋行 ── 天祥洋行（Dodwell & Co.），主要從事商品採購出口業務，從玩具、電子產品、紡織品到成衣等，在全球 17 個國家和地區共設有 20 個採購辦事處。70 年代以來，IBS 一直是香港最大的採購貿易公司。1994 年，IBS 的邊際利潤為 0.8%，遠低於利豐的 3.3%。當時，IBS 擁有超過 1,000 名員工，都是採購專業人才。而且，IBS 的業務與利豐相似，但出口市場重點不同。IBS 的出口市場結構中，美國市場佔 29%，歐洲市場及其他市場佔 71%。利豐收購 IBS 後，可使集團的出口市場趨向平衡。❹

　　當時，英之傑作為一家跨國企業集團，其核心業務是汽車經銷，採購服務只佔集團營業額的一個小部份。英之傑希望通過業務重整，鞏固及壯大其核心業務，而將非核心業務出售。1995 年 7 月 1 日，利豐與英之傑達成收購協定，利豐以不超過 4.5 億港元現金收購 IBS，市盈率約為 8-9 倍。完成收購後，利豐接管 IBS，包括擁有該公司的若干商標及標誌，主要是"Dodwell"（天祥）名稱和標誌的權利。1996 年 5 月，利豐公佈收購天祥後的首次業績。1995 年度利豐的營業額大幅躍升至 92.13 億港元，比 1994 年度的 61.25 億港元急增 50%，其中，利豐佔 65.35 億港元，天祥佔 26.78 億港元；經營溢利約 2.58 億港元，其中 15.5% 來自天祥，約 4,000 萬港元。利豐總經理馮國綸表示："天祥給了我們三樣東西：通向歐洲市場之陸；使我們的貨源網絡延伸到印度次大陸；我們的職業從業人員差不多增加了 1 倍。"

　　1996 年，利豐推行第二個三年計劃（1996-1998）。新三年計劃的主要策略是"填補空間"（Filling in the Mosaic），包括重整合併後的兩家公司的組織架構，將 IBS 的客戶和海外採購辦事處併入利豐，並將其以地域為基礎的組織架構轉變為利豐以客戶為中心的組織架構；按照利豐的模式調整 IBS 所有員工的職級、薪酬、獎勵機制及福利待遇；利用收購 IBS 後所吸收的客戶和海外辦採購公室，擴充利豐的全球採購網絡和供應鏈管理網絡，以增強利豐的核心競爭力。按照馮國經、馮國綸兄弟的戰略意圖，就是要充份挖掘和發揮剛收購的天祥洋行的潛力，提高天祥洋行當時少於 1% 的利潤水平，令它達至利豐 3% 利潤水平，從而增加公司整體盈利，實現 1998 年公司盈利比 1995 年雙倍增加的目標。

　　合併計劃完成後，利豐的全球採購網絡拓展到南亞、歐洲、地中海、拉丁美洲，以及埃及、突尼斯、墨西哥、阿聯酋、尼泊爾等。到 1998 年底，利豐的採購網絡已遍及全球 29 個國家或地區，共擁有 45 家辦事處，其供應商多達 7,000 多家。利豐的出口市場也趨均衡，美國市場所佔比重已從原來的 84.4% 下降到 67.5%，歐洲市場則從 12.6% 上升到 28.6%，亞太地區的比重也從 2.1% 上升至 3.3%-4%。1996 年度，即利豐收購 IBS 後將該公司全年收益悉數撥入利豐的首個財政年度，利豐的營業額大幅躍升至 125.14 億港元，其中有 41% 來自天祥，整體比上年度增長 35.8%；計算特殊項目前經營溢利 3.26 億元，增長 26.2%。1998 年底，IBS 完全併入利豐，其邊際利潤也從 0.8% 提升到 3% 以上，公司邊際利潤回升至 3.18%，已接近合併前水平。

1998 年，利豐制定上市後第三個三年計劃（1999-2001），將目標訂為三年內集團盈利翻一番，同時提升 50% 營業額及 1% 邊際利潤。為此，利豐決定再次策動收購兼併，目標是太古貿易及金巴莉公司。太古貿易有限公司（Swire & Maclaine Limited）是太古集團旗下的貿易公司，創辦於 1946 年，總部設於香港，主要從事採購貿易及提供品質保證服務。該公司業務與利豐大致相同，其採購產品大部份為成衣，佔營業額的 65%，其次為一系列耐用消費品，如玩具、傢具、禮品、烹飪用具及食具等，約佔 35%。按出口市場劃分，美國市場約佔營業額的 80%，其餘 20% 來自英國等歐洲國家以及加拿大、日本等，主要客戶是一些連鎖專門店集團。太古貿易在亞洲區設有 11 家辦事處，在美國設有 1 家服務中心，並另設 11 家品質控制中心，監控 31 個採購地區，員工逾 400 人。90 年代初，太古貿易是香港僅次於 IBS 的第二大出口貿易公司。不過，90 年代期間，太古貿易經營不理想，營業額及盈利不斷下跌。1998 年度，太古貿易營業總額僅 23.56 億港元，除稅後溢利 1,270 萬港元。

金巴莉企業有限公司（Camberley Enterprises Limited）創辦於 1979 年，創辦人是太古董事、當時香港行政、立法兩局首席議員鄧蓮如。金巴莉是一家成衣公司，它擁有員工 165 名，主要從事設計、生產及採購高檔成衣、女士運動裝、最新流行時裝及家居用品，客戶包括英國、美國及日本的零售商、時裝品牌及設計師名下品牌。其中，英國市場佔公司營業額的 70%，美國市場佔 27%，其餘 3% 為日本及其他市場。金巴莉最大的特色是"虛擬生產商"，利用自置的設施為成衣客戶提供設計、自行製造紙樣及樣品、購買布料，然後將生產工序授予深圳的工廠以合約形式進行，內部管理比利豐的供應鏈管理還要繁複。1996 年創辦人鄧蓮如退休返英國定居後，繼任者對這盤生意缺乏興趣。1998 年度，金巴莉的營業額約為 4.95 億港元，除稅後溢利為 3,500 萬港元。

1999 年，利豐向太古提出收購建議。當時，太古集團正部署鞏固其航空、地產等核心業務，有意 "瘦身"，放棄非核心業務採購貿易，雙方一拍即合。同年 12 月 29 日，利豐與太古達成收購協定，以 4.5 億港元現金收購太古貿易有限公司及金巴莉有限公司，市盈率約 9.4 倍。根據收購協定，太古保證 1999 年度太古貿易及金巴莉的合併資產淨值不少於 7,100 萬港元，合併營運資金（即流動資產減流動負債）不少於 1,750 萬港元。當時，香港里昂證券發表研究報告指出：這項交易以 1998 年金融危機後價格計算，對太古集團而言絕對是割價發售；而對利豐來說，不但能進一步壯大利豐業務，更令利豐穩坐本港環球消費品貿易業務第一把交椅。[42] 收購金巴莉還有一個好處，就是能充份吸收金巴莉在 "虛擬生產" 方面的專長，開拓利豐的虛擬生產業務模式，使利豐能更深入地進入服裝產品的設計領域。在虛擬生產經營模式下，金巴莉擔當了女士潮流服裝及裝飾配件設計師和直接供應商的角色，而非客戶的供應代理商，它的客戶主要是來自歐美的高檔服裝品牌，主要銷往美國與英國市場。

2000 年，利豐再次展開收購，收購了香港一家幾乎與利豐齊名的消費品貿易公司 Colby Group Holdings Limited（簡稱 Colby）。Colby 集團創辦於 1975 年，創辦人是猶太商人盛智文（Allan Zeman）。Colby 自創辦以來，在百貨公司客戶中擁有甚高商譽，一直是利豐的另一個重要競爭對手，被稱為 "同一屋簷下的巨人"。[43] Colby 的主要業務是為零售商採購服裝及百貨產品，在世界各地設有 35 個辦事處，擁有 600 名員工，採購範圍涵蓋亞洲、中美洲、非洲、歐洲、北美、中東、太平洋及加勒比海地區等逾 55 個國家和地區，擁有超過 4,200 家供應商。

這一時期，利豐先後收購英之傑採購、太古貿易、金巴莉及 Colby 集團，使其全球採購網絡擴展到全球 40 個國家或地區共 68 個辦事處，集團旗下員工人數增加到 5,000 人，成為全球最龐大的採購貿易集團之一。

從 20 世紀 70-90 年代的 30 年間，英資的英之傑採購、太古貿易和華資的利豐公司，一直穩居香港採購貿易公司的前三位。20 世紀 90 年代中後期，利豐先後收購英之傑採購及太古貿易，三大貿易公司歸於一統。自此，英商主導香港貿易業時代宣告結束。

» 從和記洋行、英和商務到利和經銷及大昌行

20 世紀 90 年代，隨著亞太區特別是中國內地經濟蓬勃發展，國民生活水平不斷提高，品牌經銷業越來越受到國際商界的重視。當時，環顧香港，最具影響力、市場網絡最龐大的經銷商當數英之傑集團在亞太區的市場拓展（Asia-Inchcape Marketing Business，簡稱 IMAP），其核心業務是英和商務，前身為具百年歷史的和記洋行。和記洋行（John D. Hutchison & Co.）創辦於 1860 年。20 世紀 60 年代，和記重組為和記企業，發展成為一家業務廣泛的綜合性企業集團。當時，作為和記企業旗下全資附屬公司的和記洋行，就是一家歷史悠久的經營進口及代理銷售各種品牌消費品業務的經銷公司。1979 年李嘉誠收購和記黃埔後，和記洋行已發展至相當規模，與怡和、太古洛士利（Swire Loxley）齊名，成為香港經銷代理業務的龍頭企業。

1989 年，李嘉誠將和記洋行售予英之傑太平洋後，公司改名為 "英和商務有限公司"（Inchape JDH Limited）。在英之傑時代，英和商務有了快速的發展，公司總部設在香港沙田，僱傭員工達到 6,000 人規模，擁有 8 家工廠、50 多個倉庫，所經銷的市場網絡覆蓋香港、台灣、中國內地，東南亞的汶萊、印尼、馬來西亞、菲律賓、泰國、新加坡，以及東北亞的韓國、日本等 11 個國家和地區，為全球跨國公司代理超過 900 個品牌，年營業額約 10 億美元。這一時期，英和商務已超過怡和、太古洛士利等老牌洋行，成為香港乃至亞太區最大品牌經銷集團之一。

20 世紀 90 年代後期，由於受到亞洲金融危機的影響，英和商務的經營陷入困境，英之傑決定收縮亞洲業務，將部份非核心業務出售。這一時期，正值馮國經、馮國綸兄弟成立利豐經銷集團，計劃進軍品牌經銷市場，利豐經銷看準時機，於 1999 年 1 月與英之傑達成收購協定，以 11.62 億港元的價格，收購英之傑旗下的新加坡上市公司英之傑市場拓展（Inchcape Marketing Services Ltd.，簡稱 IMS）及其全資附屬公司英之傑集團亞太區市場推廣業務（IMAP）。該兩項業務的核心就是英和商務，業務

覆蓋亞太地區 9 個國家和地區，包括香港、中國內地、台灣、泰國、馬來西亞、新加坡、印尼、菲律賓和汶萊等，擁有 40 個經銷中心及先進企業資源管理系統和資訊網絡設施，聘用超過 6,000 名員工，其中包括 1,800 多名市場專家和專業人士，為全球超過 300 家跨國公司提供代理服務，將產品分銷到亞太區 20,000 個客戶中。此外，還在泰國、馬來西亞、印尼及中國內地擁有一批工廠，生產食品、家居用品及醫療設備等產品，為客戶提供合約生產服務。馮國經博士表示，將借助英之傑長期以來所建立的龐大經銷網絡，並充份利用集團在泛亞洲市場的綜合優勢，加強在亞洲市場尤其是中國內地市場的發展。

利豐經銷完成收購後，對所收購的業務、管理架構和資訊科技平台等展開重組，確定分銷、物流和製造為集團三項核心業務。重組完成後，公司改名為 "利和經銷集團有限公司"（Integrated Distribution Services Group Limited，簡稱 IDS），下轄三個業務部門，最核心的是利和商務（IDS Marketing），其前身是英和商務（JDH Marketing Ltd.）。該公司作為泛亞地區一家主要消費品分銷商，業務以分銷快速流轉消費品及保健品為主，擁有超過 150 年營運經驗，在消費品品牌經銷方面長期處於領導地位，享譽亞洲地區。另一項業務是利和製造（IDS Manufacturing），其前身 "英和製造" 是一家擁有超過 40 年經驗的生產承辦商，專注於生產食品、醫療藥品、個人護理產品及家居用品，曾為 900 多家跨國公司代理商生產貨品，涉及 3,000 多個世界知名品牌，重組後約為逾 40 家客戶製造超過 100 個品牌，主要產品包括食品及飲品、醫療藥品、個人護理產品及家居用品等。第三個部門為 "利和物流"，在亞洲區設有 42 個配送中心及倉庫，總樓面面積約 34.82 萬平方米，提供合共約 29.5 萬個貨盤的貯存量。

2004 年 12 月 7 日，利和經銷在香港掛牌上市。利和經銷上市後一段時期曾取得快速發展。可惜，其後遇上 2008 年全球金融海嘯，利和經銷的業務發展遭遇困難。2010 年，豐貿將利和經銷私有化，重組為利豐亞洲（LF Asia），其中物流業務撥歸利豐直接管轄。2016 年，利豐以 3.5 億美元價格，將利豐亞洲（消費品及醫療保健產品分銷業務）出售予中資公司中信集團旗下的大昌行，從而使該公司完成了從英資、華資到中資的轉換全過程。

註釋

❶ 鍾寶賢著，《太古之道 —— 太古在華一百五十年》，香港：三聯書店（香港）有限公司，2016 年，第 195 頁。

❷ 太古、國泰航空新聞稿，《重組持股結構，建立大中華航空夥伴關係》，2006 年 6 月 9 日。

❸ 同註 2。

❹ 國泰航空新聞稿，《國泰股權結構重組》，2009 年 8 月 17 日。

❺ 國泰航空新聞稿，《國泰航空邁進新里程，展示機隊新形象》，2015 年 11 月 1 日。

❻ 國泰航空新聞稿，《收購香港快運航空公司》，2019 年 3 月 21 日，第 4 頁。

❼ 參閱《國泰航空有限公司 2018 年全年業績》，第 2 頁。

❽ 參閱《香港飛機工程有限公司 2017 年報告書》，第 8 頁。

❾ 國泰航空新聞稿，《國泰新貨站設備先進，彰顯在港投資長遠承諾》，2010 年 8 月 10 日。

❿ 太古及國泰新聞稿，《太古及國泰宣佈出售香港空運貨站權益協議》，2015 年 5 月 25 日。

⓫ 參閱太古新聞稿，《分拆太古地產、全球發售及派發有條件股息不予進行，恢復股份買賣》，2010 年 5 月 6 日。

⓬ 同註 11。

⓭ 太古地產上市文件，《太古地產以介紹形式在香港聯合交易所主板上市》，2011 年 12 月 21 日。

⓮ 太古地產新聞稿，《太古地產中國內地旗艦項目，廣州太古匯盛大開業》，2011 年 9 月 23 日。

⓯ 參閱北京三里屯太古里官網。

⓰ 參閱《太古地產有限公司 2018 年報告書》，第 10-11 頁。

⓱ 參閱《太古公司 2017 年報告書》，第 1 頁。

⓲ 包立賢著，《確保香港獲得能源供應的挑戰》，香港：《南華早報》，2008 年 10 月 10 日。

⓳ 同註 18。

⓴ 中電新聞稿，《中電發展九龍東電力基建，為起動九龍東及啟德發展區提供源源不絕的電力》，2011 年 11 月 30 日。

㉑ 中電新聞稿，《中電宣佈收購青電額外之 30% 權益及收購港蓄發剩餘之 51% 權益》，2013 年 11 月 29 日。

㉒ 中電新聞稿，《中華電力與政府簽署新 "管制計劃協議"》，2017 年 4 月 25 日。

㉓ 中電新聞稿，《中電成功投得印度 1,320 兆瓦超臨界燃煤電廠建造合約》，2008 年 7 月 24 日。

㉔ 中電新聞稿，《中電 TRUenergy 成功投得澳洲新南威爾斯省能源項目》，2010 年 12 月 15 日。

㉕ 參閱《中電控股有限公司 2018 年報》，第 8-9 頁。

㉖ 郭敬文，《行政總裁報告》，香港上海大酒店有限公司 2006 年報，第 11 頁。

㉗ 參閱《淺水灣影灣園再創高峰》，香港上海大酒店有限公司 2012 年報，第 6 頁。

㉘ 米高・嘉道理：《主席序辭》，香港上海大酒店有限公司 2009 年報，第 19 頁。

❷⑨ 香港上海大酒店新聞稿，《香港上海大酒店有限公司舉行一系列精彩活動，慶祝成立 150 週年》，2016 年 11 月 25 日。

❸⓪ 香港上海大酒店公告，《持續關連交易─續簽租賃協議》，2016 年 3 月 21 日。

❸① 參閱《渣打集團有限公司 2018 年報》，第 2-3 頁。

❸② 參閱《渣打銀行（香港）有限公司 2004 年度業績新聞公佈》，第 1 頁。

❸③ 渣打香港新聞稿，《渣打香港為其虛擬銀行成立企業實體》，2018 年 8 月 30 日。

❸④ 參閱《渣打銀行（中國）有限公司 2017 年報》，第 12 頁。

❸⑤ 渣打新聞稿，《國家開發銀行與渣打銀行簽署備忘錄共同推進 "一帶一路" 項目合作》，2018 年 1 月 31 日。

❸⑥ 渣打新聞稿，《渣打獲選為 "一帶一路最佳銀行"》，2018 年 9 月 21 日。

❸⑦ 參閱《渣打銀行在華營運 160 週年》，渣打銀行（中國）有限公司官網。

❸⑧ 見《郵電部斥英國 97 後控制香港電訊》，香港：《經濟日報》，1996 年 4 月 11 日。

❸⑨ 馮邦彥著，《盈動兼併香港電訊 ── 香港商戰經典（四）》，香港：明報出版社，2000 年，第 136-143 頁。

❹⓪ 同註 39，第 163 頁。

❹① 參閱 "Inchcape Buying Services operations are now a part of Li & Fung organization"，*Li Fung News*，No.22，August 1995。

❹② 參閱《利豐藉收購壯大》，香港：《東方日報》，2000 年 1 月 6 日，第 B14 頁。

❹③ Angela Mah, Teresa Lai, "Li & Fung Ltd. Two Giants Under One Roof", Morgan Stanley Dean Witter, 10 Novermber 2000.

9

歷史的回顧
與前瞻

回顧歷史，香港回歸後，英資財團雖然喪失了其在香港中的主導地位，然而，憑藉其深厚的根基和龐大的脈絡，仍然在香港經濟中發揮著重要的作用，佔有重要地位。目前，英資財團在銀行、保險等金融業仍佔有相當大的優勢，在航空、電力等公用事業領域仍擁有很大的實力和市場份額，在地產及酒店業也穩佔高端市場領先者位置，在零售業和服務貿易也仍擁有龐大的銷售網絡，並構成香港經濟的獨特色彩。不過，英資在電訊、貿易等其他多個行業則基本失去其原有的地位。

現階段，英資和英資財團在香港經濟及香港資本結構中，具有兩個顯著的特點：其一是英資和英資財團在香港的發展歷史悠久，旗下企業集團規模宏大，根基深厚，經營多元，一般代表了香港同行業的最高管理水平；其二英資財團其中部份成功發展成為以香港為基地、經營網絡遍及全球特別是亞太區的跨國企業集團，並以此作為其在香港競爭的重要優勢。展望前景，英資財團的發展，除了其內部自身的問題之外，主要取決於香港、中國內地及亞太區三大經濟元素的演變與組合。

01

香港英資財團發展、演變的簡要回顧

───────────

　　香港英資財團的誕生、崛起，最早可追溯到 19 世紀上半葉英國東印度公司的對華鴉片貿易。1834 年 4 月 22 日，東印度公司對華貿易壟斷被英國政府正式廢除，使鴉片貿易完全向英商開放，實際上開始了英、美鴉片販子向中國大規模販運鴉片的新時期。香港最早期的外資洋行就是在這一背景下產生的產物，其中最著名的是怡和洋行、寶順洋行和旗昌洋行。1840 年爆發的中英鴉片戰爭，導致近代香港的開埠及香港英資財團的正式誕生、崛起。早期香港的英資洋行，憑藉當時英國強大的國勢，從對中國進行的大規模鴉片貿易中牟取了驚人的利潤，完成了資本的原始積累。隨著香港成為遠東著名的貿易轉口港，香港英資洋行迅速將投資的觸角伸向航運、倉儲、銀行、地產、酒店及各項公用事業，並開始建立起逾 170 年的龐大基業。

　　1842 年，英國政府以堅船利炮，逼積弱無能的清王朝簽訂城下之盟，不但侵佔了香港，而且打開了長期閉關自守的中國的門戶。上海、寧波、福州、廈門、廣州等五口對外通商，無疑給急於打開中國市場的英商帶來巨大的貿易及投資機會。從香港、廣州出發的英資洋行，立刻向上海等五口發動新一輪的擴張攻勢。以風光綺麗的上海外灘為大本營，憑藉著西方列強攫取的種種特權，英資洋行迅速將其勢力伸延到沿海及長江流域各通商口岸，深入到中國廣闊的經濟腹地。在逾一個世紀的歷史歲月中，一批聞名遠東的英資財團乘時而起，其中的佼佼者，有號稱 "洋行之王" 的怡和、被譽為中國航運業巨擘的太古，以及主宰中國金融業的滙豐銀行。

　　1949 年中華人民共和國宣告成立，英資財團損失了在內地的巨額資產，將業務撤退至香港。從 20 世紀 50 年代起，伴隨著香港工業化的快速步伐，以及整體經濟的起飛，在太平洋戰爭和中國內地遭受重大挫折的英資財團迅速調整策略，以香港為

怡和大廈

會德豐大廈

基地再展鴻圖。經過激烈殘酷的競爭、收購、兼併，為數約 10 個規模宏大、實力雄厚的大財團突圍而出，其中最著名的，就是號稱"英資四大行"的怡和洋行、和記國際、太古集團和會德豐，以及作為香港"準中央銀行"的滙豐集團。它們透過旗下逾千家附屬及聯營公司，投資遍及香港經濟的各個重要領域、重要行業，成為香港經濟的壟斷力量。

"文化大革命"的 10 年動亂期間，英資財團鑑於當時的政治氣候，對於香港這一"借來的時空"戒心日深，在香港的投資策略轉趨消極，甚至嚴重失誤，部份英資財團更將大量資金調往海外發展，錯失香港經濟蓬勃發展的黃金時期。70 年代末至 80 年代中，隨著中國的政局轉趨穩定，經濟上實施改革開放政策，中國對香港的影響日益增強，華資財團在政治上漸取上風。在時局的影響下，羽毛漸豐、財雄勢大的華資財團向信心不足的老牌英資財團發起了正面的挑戰。在短短數年間，數家老牌英資上市公司，包括青洲英坭、和記黃埔、九龍倉、香港電燈、會德豐等先後被華資大亨鯨吞，歷史悠久，聲名顯赫的英資大行四折其二，號稱"洋行王侯"的怡和，旗下兩大股肱九龍倉被褫奪、置地被圍捕，僅餘作風保守、雄健的太古尚能倖免，英資財團不可戰勝的神話隨風飄逝，其長期支配香港經濟命脈的壟斷地位亦因而動搖、被逐漸打破，以致無可挽回地從其權勢巔峰處滑落。

1984 年中英兩國簽署關於香港前途的聯合聲明，經歷了逾 150 年英國殖民統治的香港，正式步入了九七回歸中國的過渡時期。面對這一歷史性巨變，香港的英資財團紛紛急謀對策，調整戰略部署。其中，以怡和、滙豐為代表的傳統英資財團，加緊部署集團國際化戰略，透過遷冊、重組、加快海外投資步伐，將第一上市地位外移甚至不惜全面撤離香港等一系列措施，使集團蛻變為一家海外的跨國公司，並實現將集團盈利來源及資產的一半以上分散到海外從而減低整個集團的投資風險的戰略目標。而以太古、香港電訊等為代表的部份英資財團，由於早已實現集團國際化，且看好香港經濟前景，其戰略的重點是穩守香港的核心業務，透過將旗下公司上市、邀有實力有影響的中資集團加盟、與中國政府建立良好的個人及商業利益關係等措施，力圖淡化英資色彩、重塑香港公司形象，從而達到穩守香港核心業務的戰略目標，以迎擊華資、中資集團的正面挑戰。然而，無論是何種戰略部署，在形勢比人強的情況下，其結果均是英資財團在香港經濟中實力的進一步削弱及地位的進一步下降。毋庸置疑，時局的急劇轉變所帶來的挑戰，對英資財團來說是嚴峻的。

1997 年 7 月 1 日，香港回歸中國，成為中華人民共和國特別行政區，按照 "一國兩制" 的方針，實行 "港人治港"、"高度自治"，維持原有的資本主義制度和生活方式 50 年不變。隨著港英政府的落旗歸國，一個舊時代宣告結束：英資在香港政壇影響力失去殆盡，在經濟領域中的特權也化於無形。在新的歷史環境下，已經遷冊、海外上市的滙豐、怡和均繼續推進其國際化策略。滙豐以 "環球金融、地方智慧" 的定位展開其全球擴張之路，打造出一個全球性的金融帝國；怡和則透過收購新加坡的怡合及印尼的阿斯特拉國際，及旗下各上市公司的擴張，發展為亞太區的跨國商貿巨擘。不過，在全球金融海嘯的衝擊和外圍經濟的影響下，滙豐和怡和都調整策略，致力於 "轉向亞洲" 更重視拓展包括香港、中國內地在內的大中華市場。

香港回歸後，太古、嘉道理等英資財團，進一步鞏固及拓展其在香港的核心業務。太古及國泰航空，與中資的國航展開長達 10 年的博弈，在與國航分享香港航權的背景下，鞏固了其香港的航空版圖；同時，透過分拆太古地產上市，以香港為基地

No. 101.　Hongkong Shanghai Bank, Hongkong.

滙豐銀行大廈第二代舊址，圖中右側為太子行，現為太子大廈。（張順光先生提供）

1930-1940年代，滙豐銀行大廈第三代舊址。（張順光先生提供）

拓展內地市場。嘉道理家族則透過旗下上市公司中電控股和大酒店，推進國際化策略，相繼發展為亞太區首屈一指的電力巨頭及全球性最佳豪華城市酒店集團之一。其他英資財團則呈不同發展態勢：歷史悠久的渣打集團，通過在香港整體上市、分拆渣打香港，作為集團進入中國的旗艦，在內地市場取得了矚目發展。英國大東電報局在全球電訊市場開放的大背景下選擇棄守香港電訊，結果由於錯判形勢最終導致集團消亡；與此同時，英之傑、太古等剝離非核心業務，相繼出售天祥與和記商務等採購貿易業務等，導致華資在香港電訊、採購貿易等領域，對英資取得了壓倒性的優勢。

　　總體而言，經過逾170年的發展，期間儘管經歷種種波折，然而，時至今日，英資財團仍然是香港經濟和資本結構中一個重要組成部份，它雖然已失去昔日的主導地位，仍然對香港經濟的發展發揮重要的作用，並構成香港經濟的獨特色彩。

02

英資財團在香港經濟中的地位

————————

目前，英資財團的勢力，主要集中在香港金融、公用事業、批發零售、地產、酒店等領域。

» 在銀行、保險等金融業仍擁有相當大的優勢

英資在香港金融業的勢力，主要包括滙豐控股集團和以渣打銀行為首的英資銀行兩部份。長期以來，以滙豐和渣打為首的英資銀行，一直操縱著香港的金融業尤其是銀行業。滙豐和渣打均為香港歷史悠久的發鈔銀行，在中國銀行成為第三家發鈔銀行之前，滙豐銀行的發鈔量估計約佔 80%-85%，渣打銀行約佔 15%-20%。同時，滙豐和渣打還擔任中央銀行的"最後貸款者"、中央票據清算的管理銀行、政府主要往來銀行等職能，其中，滙豐被視為香港的"準中央銀行"。此外，滙豐和渣打均是香港銀行公會 3 位永久委員之一（另一位是中國銀行），輪流擔任銀行公會正副主席，且是香港銀行諮詢委員會和外匯基金諮詢委員會的委員。

不過，進入過渡時期以來，滙豐和渣打在香港銀行業的地位開始受到中資銀行集團的挑戰。特別是 80 年代後期至 90 年代中期，隨著滙豐逐步部署淡出"準中央銀行"、結構重組遷冊等，香港的金融體系發生深刻的變革。1993 年 4 月 1 日，香港金融管理局成立，標誌著香港政府開始正式接管滙豐"準中央銀行"職能。同時，隨著九七的迫近，中資銀行集團在香港金融體制中扮演的角色漸趨積極，其中尤為引人注目的是中國銀行。1994 年 5 月，中國銀行成為香港第三家發鈔銀行；1996 年 1 月，中國銀行還首次出任香港銀行公會主席。2001 年 10 月，中國銀行（香港）有限公司在原有中銀集團基礎上籌建成立，2002 年 7 月 25 日在香港聯交所掛牌上市，成為了

1960 年代的滙豐大廈、
渣打大廈和太子大廈
（張順光先生提供）

俗稱 "香港銀行區"
（Bank Center），左起：
中銀、滙豐、渣打。
（張順光先生提供）

香港渣打財富管理中心

滙豐強而有力的競爭對手。

　　回歸以後，滙豐控股集團在香港的業務，主要由其全資附屬公司 —— 香港上海滙豐銀行（簡稱 "香港滙豐"）承擔。香港滙豐是滙豐控股在亞太區的旗艦，也是香港最大的註冊銀行，與渣打一道擔當香港三大發鈔銀行和政府主要往來銀行之一，在香港金融事務中仍擁有重要發言權。香港滙豐並持有恒生銀行 62.14% 股權。恒生則是香港本地註冊的最大上市銀行，主要業務以香港和中國內地為重點。香港滙豐並在中國內地註冊成立全資附屬公司 —— 滙豐銀行（中國）有限公司，總行設於上海。此外，滙豐集團在香港還設有滙豐銀行國際有限公司、HSBC Bank plc、美國滙豐銀行、滙豐私人銀行（瑞士）有限公司等持牌銀行。此外，至 2018 年底，包括渣打銀行、蘇格蘭皇家銀行等在內的英資銀行共有 10 家。

　　目前，以滙豐和渣打為首的英資金融財團在香港金融業仍擁有優勢，但正面對來自中資銀行集團的挑戰。由於香港金融管理局沒有單列香港滙豐集團的統計，只是將其納入 "其他" 一欄。不過，根據 "其他" 一欄的相關數字，基本可以了解滙豐集團在香港業務的大體情況。2018 年，香港滙豐集團無論在銀行資產、客戶存款都仍居首位，其中，銀行資產佔比約為 38.5%，客戶存款約佔比 44.1%，客戶貸款約佔 39.7%，三項指標都超過中資銀行佔比。不過，雙方的差距正逐步縮小（表 9-1）。

表 9-1　2018 年香港主要銀行集團的資產負債表主要項目（單位：10 億美元）

按認可機構實益擁有權所屬地區／經濟體系列出	總資產	客戶存款	客戶貸款
中國內地	8,845	4,805	3,682
日本	1,500	372	577
美國	1,156	619	299
歐洲	3,281	1,683	1,296
其他*	9,261	5,906	3,869
總額	24,043	13,386	9,723

* 其他包括滙豐控股集團
資料來源：香港金融管理局 2018 年報

在銀行業以外的其他金融領域，如保險業，英資也擁有優勢。據統計，2017年，以總保費收入（整付保費＋年化保費）計算的個人新單保費收入排名前 10 名的香港壽險公司中，英國保誠保險公司、滙豐人壽保險公司和恒生人壽保險公司分別排在第 2 名、第 3 名和第 8 名，三者合共所佔香港壽險市場的份額為 31.2%。另外，怡和旗下的怡和保險，是全球領先的保險集團之一，在英國倫敦上市，在全球各地包括香港經營保險及再保險等業務。

» 在航空、電力等公用事業領域仍擁有很大的實力和市場份額

長期以來，香港的公用事業，除了水務、郵政、機場、地鐵、九廣鐵路等由香港政府直接經營或控制外，基本上都被英資財團壟斷。然而，這種情況在 70 年代末以來發生了重要變化，中華煤氣、香港電燈、海底隧道、香港電車、天星小輪等一批公用事業公司相繼落入華資財團手中，華資財團又致力開闢了一些新的公用事業領域，逐漸控制了香港的煤氣供應、部份電力供應、公共巴士、小型巴士、出租汽車、有軌電車、渡海小輪以及海底隧道等多個公用領域，逐步形成了與英資財團分庭抗禮的局面。2000 年，英國大東電報局將旗下香港電訊所持股權出售予李澤楷旗下的盈科動力，退出了其長期壟斷的香港電訊領域，英資在公用事業的勢力進一步受到削弱。不過，時至今日，英資財團在香港的航空、電力兩個行業仍擁有相當大的實力和市場份額。

在航空業，太古集團透過持有國泰航空 45.0% 股權，繼續保持其大股東的地位。經過多年的發展，國泰航空已發展成為全球最重要的航空公司之一，國泰航空並透過其全資附屬公司——國泰港龍航空及持有 60% 股權的華民航空，經營中國內地航線和貨運航空業務。截至 2018 年底，國泰集團共擁有 196 架飛機，其中，國泰航空 122 架、國泰港龍 47 架、國泰航空貨機 21 架，形成以香港為基地，定期往來亞洲、北美洲、澳洲、歐洲和非洲等 53 個國家／地區的 207 個城市的龐大航線網絡。不過，與此同時，中資的國航則持有國泰航空 29.99% 股權，成為第二大股東，中信泰富持有 2.98% 股權，兩者合共持有 32.97% 股權，透過持有參與並分享國泰經營。

1980 年的國泰航空機票（張順光先生提供）

中國民航機票（張順光先生提供）

中國東方航空機票（張順光先生提供）

同時，太古還透過旗下的全資附屬公司——港機工程、國泰空運貨站、國泰航空飲食服務（香港）、國泰航空服務、香港機場地勤服務及航空護衛等公司，掌握了香港的飛機維修、貨物空運、航空食品供應、機場服務及保安服務等與航空相關的服務領域的很大市場份額。國泰並透過旗下國泰貨運，直接控股和間接控股共同持有國貨航 49% 的權益，參與經營內地的航空貨運業務。另外，由怡和集團持有 41.69% 股權的香港空運貨站則經營赤鱲角國際機場超級一號貨站。由英資作為大股東的國泰空運貨站和香港空運貨站，控制了香港絕大份額的空運貨站業務。而由新加坡持有控股權的亞洲空運中心，則經營機場的二號空運貨站。

　　在電力供應方面，由嘉道理家族持有控股權的中電控股，自 1901 年成立以來便一直壟斷著對香港的九龍半島、新界及離島大嶼山、長洲等地區的電力供應。回歸以來，中電控股的業務有了很大的發展，已成為亞太區首屈一指的電力巨頭，為香港、中國內地、印度、澳洲、東南亞及台灣等地區，提供多種組合的能源服務，涵蓋用煤炭、天然氣、核能、風力、水力及太陽能發電。在香港，2017 年度中電控股的客戶數為 256 萬戶，比 1995 年的 169.7 萬戶大幅增長了五成，年銷電量為 331.6 億度，比 1995 年的 231.2 億度亦大幅增加了 43.4%，約佔香港電力供應市場的八成左右。不過，供應港島電力的電燈電力投資則由華資李嘉誠旗下的長和控制，形成了分庭抗禮的局面。

» 在地產及酒店業穩佔高端市場領先者位置

　　70 年代初期以前，英資一直在香港地產業中佔有絕對優勢。怡和、太古、和記等英資大財團控制著香港市區黃金地段最重要的物業，並擁有大量可供發展的廉價土地，形成強大壟斷力量。當時，華資所經營的基本上是中小型地產公司，力量單薄，無法與英資抗衡。從 60 年代後期到 70 年代中期，面對中國內地的劇烈政治變動，部份英資財團不僅大量縮減投資，而且出售土地，套取資金，這給華資地產公司提供了乘勢而起的機會。70 年代初，長江實業、新鴻基地產、合和實業、新世界發展、恒隆集團、大昌地產等一批華資地產公司乘股市壯旺上市集資，趁低吸納大量土地和物業，逐漸壯大實力，開始與英資財團分庭抗禮。及至 70 年代末至 80 年代中，一批擁有大量土地儲備的英資公司先後易手華資財團，使華資在地產業中的勢力進一步膨脹，終於取代了英資的主導地位。

不過，時至今日，英資財團在香港地產市場上仍擁有一定的實力。其中，怡和旗下的置地公司長期以來一直是香港歷史最悠久、規模宏大的地產集團，被喻為香港地產 "皇冠上的明珠"。進入過渡時期以後，置地跟隨怡和作乾坤大挪移，實力有所下降。但回歸以後，置地在鞏固香港中環物業組合的同時，積極拓展亞太區及中國內地市場，已發展成為一家以香港為基地的亞太區跨國地產集團。截至 2018 年底，置地共擁有及管理超過 85 萬平方米物業組合，其中，在香港中環商業核心區擁有約 45 萬平方米物業組合，包括 12 幢甲級優勢寫字樓。置地與華資的九龍倉置業頗為類似，分別在港島中環和九龍尖沙咀持有龐大的高端商用物業組合。不過，與九龍倉置業相比，置地已更加國際化。

英資在地產界的另一主力是太古地產。太古地產創辦於 70 年代初期，1977 年在香港上市後即成為香港十大地產集團之一，1984 年被太古私有化。2010 年，太古地產再度上市，目前已成為香港及中國內地領先的綜合項目發展商及營運商，主要業務包括物業投資、物業買賣、酒店投資。多年來，太古地產發展的太古城、太古廣場、太古坊等大型高端商業項目，在業界享有很高的聲譽，2018 年底共擁有物業組合 2,910 萬平方呎，包括已落成投資物業約 2,320 萬平方呎，其中在香港擁有投資物業組合約 1,450 萬平方呎。此外，嘉道理家族在香港亦擁有龐大物業組合，包括聖約翰大廈、聖佐治大廈、淺水灣影灣園、淺水灣住宅大廈、半島酒店，以及加多利山、嘉道理農場等等。

在酒店業，嘉道理家族旗下的香港大酒店集團及怡和旗下的文華東方集團，在香港酒店業的高檔市場仍保持強大競爭優勢，其品牌半島酒店及文華東方酒店是全球最奢侈、豪華酒店之一。不過，華資的酒店集團，包括鄭裕彤旗下的新世界酒店集團（瑰麗酒店集團）、吳光正旗下的馬哥孛羅酒店集團、郭鶴年的香格里拉酒店集團、羅旭瑞旗下的富豪酒店集團、李兆基旗下的美麗華酒店、傅厚澤家族的富麗華酒店以及其他華資家族經營的酒店，在香港酒店業都佔有重要席位。華資不僅在香港的中低檔酒店業佔據絕對優勢，在高檔酒店業的地位亦已日漸重要。2017 年，被權威的《福布斯旅遊指南》評定的全球五星級酒店評定名單，香港入選的共 8 家，其中，英資佔了 3 間，包括怡和旗下的香港置地文華東方酒店、香港文華東方酒店，以及嘉道理旗下的香港半島酒店；另外 5 間為華資酒店，包括郭氏家族的香港四季酒店和香港麗思卡爾頓酒店，郭鶴年家族的港島香格里拉大酒店，以及香港洲際酒店、香港朗廷酒店等。

» 在零售業和服務貿易擁有龐大的銷售網絡

在零售業，怡和旗下的牛奶國際佔有重要地位。經過多年的拓展營運，目前，牛奶國際已發展成為亞洲著名的大型零售集團，截至 2018 年 6 月底，在香港、中國內地及亞太其他地區 11 個國家和地區經營，共擁有及經營超過 7,400 間店舖，旗下僱員超過 20 萬名，所經營的業務包括超級市場及大型超市、便利店、美健產品零售店、家居用品店及餐飲業務等五大領域。在香港，牛奶國際所經營的業務包括惠康超市、萬寧藥房、美心快餐連鎖店、7-Eleven 連鎖店等，均成為家喻戶曉的零售品牌，與李嘉誠的長和集團的旗下的零售部門屈臣氏集團（包括百佳超市、屈臣氏個人護理商店、豐澤電器等）一道，成為並駕齊驅的兩大零售企業集團。

在服務業，怡和透過旗下的全資附屬公司怡和太平洋、怡和汽車等，在香港及亞太地區經營建築、空運貨站、航空地勤服務、工程、地產投資、餐飲、電梯服務、旅遊，為個人和企業提供技術解決方案和諮詢服務，以及汽車代理銷售等，並建立起龐大銷售網絡。其中，怡和太平洋旗下的金門建築，至今仍保持在香港建造業的領先地位，參與香港各類工程和基建項目，包括發電廠、赤鱲角機場、道路、橋樑、地下鐵路以至辦公大樓及住屋等，與社會息息相關；怡和工程總部設在香港，業務遍及亞洲，專注於提供電氣、機械和建築技術，並提供承包專業知識和大規模安裝及持續運營和維護服務，協助客戶按照國際標準運營他們的設施。另外，怡和汽車還透過旗下的仁孚行在香港和澳門地區經銷梅塞德斯—賓士汽車。

03

英資財團在香港經濟中的主要特點

現階段，英資和英資財團在香港經濟及香港資本結構中，具有兩個顯著的特點：

首先，英資和英資財團在香港的發展歷史悠久，旗下企業集團規模宏大，根基深厚，經營多元，一般在香港同行業中保持著相當高的管理水平。

香港英資大財團，幾乎都是在 19 世紀中葉香港開埠後不久即進入香港，扎根香港，並伴隨著香港經濟的成長、起飛而崛起、發展壯大的。其中，怡和的歷史比香港開埠還早。香港一開埠，怡和即將其總部從廣州遷至香港，至今已逾 170 年的歷史，故怡和自稱 "一直代表殖民地時代的香港"。滙豐銀行則是首家在香港註冊、總部設在香港的銀行集團，其創辦年份僅比香港開埠遲了 23 年，至今亦已有超過 150 年的歷史。太古集團亦早在 1870 年便進入香港。這些財團的歷史，幾乎可以說是殖民地香港的縮影。

經過逾百年的發展，這些碩果僅存的英資財團都發展成業務多元化、規模宏大的跨國企業集團。這些英資財團在香港可謂根基深厚，業務無遠弗屆。以怡和為例，時至今日，怡和經營的業務幾乎滲透到香港經濟的各個領域、各個行業，包括地產、酒店餐飲、零售、保險、證券、金融服務、航運、航空、建築和工程，以及各類服務等領域。其實，早在 20 世紀 80 年代，已有人對怡和在香港的業務作過極其生動的描述："怡和的業務規模宏大，無遠弗屆。即使你只是偶然來港幾天，亦會不期然與怡和扯上關係。當你步落飛機的一刹那，香港的機場服務公司（怡和佔 50% 股權）的僱員便會協助你搬運行李。其後，接待你前往酒店的汽車，極可能是仁孚（怡和佔 75% 股權）負責經銷的平治牌房車。在酒店方面，最受銀行家偏愛的文華酒店，屬於怡和聯營機構置地公司的物業。至於商界人士，自當十分熟悉怡和與富林明合辦的怡

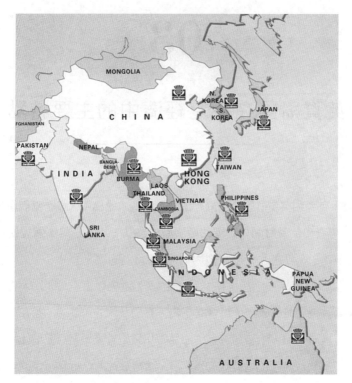

怡和在亞洲中心的跨國分佈圖（資料來源：怡和控股有限公司）

置地廣場中庭內部

富有限公司。假如你喜歡逛公司的話,你或會選購經由怡和代理的姬仙蒂柯服裝、登希路高級產品、錦囊相機、白馬威士卡和軒尼詩干邑。同時,你亦大有機會光顧置地屬下的超級市場,購買一些日常用品。身在香港這個繁榮都市,必然無法避開金門建築公司(怡和全資附屬機構)的推土機發出的噪音和煙塵。事實上,外國遊客亦很難不踏足怡和的物業,因為大部份中區商廈均屬置地公司所有,其中包括置地廣場和康樂大廈。當你離開香港時,你亦可能會乘搭怡和代理航空公司的班機。在離開之前,你使用的仍然是怡和的服務,機場貨運和機場保安等空運事業,都是怡和屬下的企業。" ❶ 怡和在香港經濟中的影響之深廣由此可見一斑。

　　經歷百年滄桑,特別是回歸以後的發展,英資財團旗下的各上市公司幾乎都成為香港經濟各領域各行業的"巨無霸"。據統計,截至 2018 年 12 月 31 日收市,香港五大英資財團旗下各個上市公司的市值總額就高達 33,381.62 億港元,是 1994 年底該五大財團總市值的 4.28 倍。其中,滙豐控股市值高達 13,193.40 億港元,恒生銀行市值達 3,361.02 億港元,分別比 1994 年底市值增長了 5.07 倍和 2.14 倍。怡和旗下在新加坡證券交易所作第二上市的 6 家上市公司,市值高達 1,186.87 億美元(約 9,260.58 億港元),比 1994 年底市值增長了 6.39 倍,超過當日李嘉誠旗下上市公司市值總額(8,700.69 億港元)。而同日收市,香港十大上市華資財團旗下上市公司的市值總額則為 29,879.74 億港元,換言之,香港十大上市華資財團旗下上市公司的總市值,僅為五大英資財團總市值的 89.5%(表 9-2)。

　　其次,回歸後,香港英資財團逐步喪失其原來享有的在政治、經濟上的某些特權,轉而發展成為以香港為基地、經營網絡遍及全球特別是亞太區的跨國企業集團,並以此作為其在香港競爭的重要優勢。

　　回歸之前,香港英資財團一個重要特點,是與港英政府長期保持密切聯繫,實際上直接或間接參與了港府的政經決策過程,並從中獲得種種特權,成為港府管治香港的重要支撐力量。1850 年 6 月,港英政府委任怡和洋行大班、怡和創辦人威廉・渣甸的侄兒大衛・渣甸為香港立法局首位非官守議員,實際已開創了英商插手香港政治的先河。與怡和合作創辦九龍倉、置地的英商保羅・遮打爵士則於 1887 年加入立法局,三度出任議員,1896 年更出任香港政治權力核心機構——行政局非官守議員,

表 9-2　香港英資財團主要上市公司發展概況（單位：億港元）

財團	上市公司	上市地點	董事局主席	1994 年底市值	2018 年底市值
滙豐	滙豐控股（00005）	香港、倫敦	杜嘉祺	2,171.25	13,193.40
	恒生銀行（00011）	香港	錢果豐	1,071.98	3,361.02
	小計			3,243.25	16,554.42
標準渣打	渣打集團（02888）	香港、倫敦	José Vinals	—	1,966.62
怡和	怡和控股（J36.SG）	倫敦、百慕達、新加坡	亨利·凱撒克	401.49	2,780.54（356.48 億美元）
	怡和策略（J37.SG）	倫敦、百慕達、新加坡	亨利·凱撒克	239.88	2,232.98（286.28 億美元）
	置地（H78.SG）	倫敦、百慕達、新加坡	本·凱撒克	406.57	1,578.83（202.03 億美元）
	牛奶國際（DFIHY）	倫敦、百慕達、新加坡	本·凱撒克	142.56	1,304.55（167.25 億美元）
	文華東方酒店（M04.SG）	倫敦、百慕達、新加坡	本·凱撒克	63.23	273.86（35.11 億美元）
	怡和合發（C07.SG）	新加坡	本·凱撒克	—	1,089.82（139.72 億美元）
	阿斯特拉國際	雅加達	本·凱撒克	—	—
	小計			1,253.73	9,260.58（1,186.87 億美元）
太古	太古股份 A（00019）	香港	施銘倫	702.30	748.61
	太古股份 B（00087）	香港	施銘倫	N.A.	389.43
	國泰航空（00293）	香港	史樂山	322.26	438.23
	太古地產（01972）	香港	施銘倫	—	1,608.75
	港機工程（00044）	香港	施銘倫	47.78	2018 年 11 月 29 日撤銷上市地位
	小計			1,072.34	3,185.02

財團	上市公司	上市地點	董事局主席	1994 年底市值	2018 年底市值
嘉道理	中電控股（00002）	香港	米高·嘉道理	656.92	2,235.91
	香港大酒店（00045）	香港	米高·嘉道理	96.56	179.07
	小計			753.48	2,414.98
合計				6,322.80	33,381.62

* 怡和系上市公司市值是新加坡證券交易所的數值
資料來源：香港交易所

一直到 1926 年病逝。怡和的歷任大班，大部份均出任過香港行政、立法兩局議員。怡和曾公開宣稱："在香港的全部歷史中，怡和洋行在整個殖民地事務中起了巨大的作用。" ❷

英資財團中，滙豐與港府的關係更加密切。長期以來，滙豐實際上是香港的"準中央銀行"，擔任發鈔、中央票據結算管理、政府主要往來銀行等多種重要中央銀行職能，並在外匯基金的支持下扮演"最後貸款者"角色。滙豐作為港府的首席金融顧問，參與了港府幾乎所有重要的經濟決策。正是因為這種特殊關係，它們實際上直接或間接地參與並影響了港府重大政治、經濟政策的制訂，其在香港的經濟利益自然亦得到港府的特殊照顧，如能以優厚的條件獲得港府批出的龐大土地以發展倉儲碼頭及船塢等，優先獲得經營電訊、電力供應等重要公用事業的專利權，其在香港的壟斷地位亦獲得港府特殊政策的保護，如國泰航空在港府"一條航線、一家航空公司"的政策保護下幾乎壟斷了香港的航空業。總而言之，英資財團和港英政府密切結合，形成了英國對香港管治的強大政經力量。在這種格局中，英資財團無疑處於極有利的地位。

不過，隨著港英政府落旗歸國，中國恢復對香港行使主權，按照"一國兩制"和香港《基本法》規定，建立起特區政府之後，英資財團英資財團與香港行政當局原有的"天然臍帶"被切斷，不但不再是同聲同氣的"自己人"，而且與華資、中資集團相比，就算不是處於劣勢，至少已不再具有優勢。英資財團在香港的政治架構中，不但將喪失以往全部的特權，其政治影響力亦大幅削弱。1995 年 6 月，正值香港政治舞台群雄崛起之際，作為英資財團在香港政治舞台上的華人最高級代表人物的鄧蓮如勳爵，突然宣佈辭去行政局議員職務，並將於 1996 年中定居英國倫敦，出任英國太古集團常務董事。這一令全港矚目的舉措明顯是香港英資財團在政治上失勢的徵兆。鄧蓮如表示，她相信在 1997 年之後香港的政治架構中將沒有她本人扮演的角色。

在經濟上，隨著英資財團在香港政壇影響力的逐漸削弱，其在經濟領域中的種種特權亦面臨挑戰，並逐漸喪失。回歸前夕，有論者指出："隨著英國對香港長達 150 年的殖民統治劃上句號，憑藉祖家特權在香港商界縱橫逾一個半世紀的英資財團亦將辭別其'黃金時代'。在最好的情形下，九七後，英資財團在香港仍然可以享受公平競爭的地位。在最壞的情形下，九七後，英資財團可能因英中關係差而在香港業務遭遇負面影響。" ❸ 當時，最明顯的事件，就是在"一條航線、一家航空公司"的政策框架下處於壟斷地位的國泰航空，受到了香港中航的挑戰，被迫將 35.8% 的港龍航空股權出售予中航。

正是在這種宏觀背景下，香港英資財團，特別是滙豐和怡和，加快了其國際化的戰略部署。不過，經過回歸 20 年的拓展，滙豐控股集團發展成為全球性大型跨國金融集團。截至 2017 年底，滙豐控股總資產高達 25,217.71 億美元，其經濟網絡遍佈全球各個地區，在全球 67 個國家設有約 3,900 個辦事處，有僱員約 22.9 萬人，為全球各地約 3,800 萬名客戶提供零售銀行和財富管理、工商金融、環球銀行和資本市場，及環球私人銀行等全方位的銀行服務；同時，滙豐也在中國內地建立起龐大的經營網絡，經營網點達 178 個。怡和也發展成為亞太區的跨國商貿巨擘，以香港為基地橫跨亞太區各個國家和地區，包括香港、中國內地、台灣、新加坡、印尼、馬來西亞、泰國、菲律賓、越南、柬埔寨、汶萊等國家和地區。其中，置地和牛奶國際分別經營亞太的房地產和零售業務，文華東方則在全球經營最奢華酒店業務；怡和還透過新加坡的怡和合發，經營汽車銷售業務，並透過旗下的阿斯特拉國際經營汽車、金融服務、重型設備、採礦、建築和能源、農業綜合企業、基礎設施和物流以及資訊技術和房地產等多元化業務。同時，怡和在中國內地也逐步建立起多個板塊的業務，涉及零售、地產、酒店等。

回歸以後，嘉道理旗下的中電控股和大酒店，在致力發展香港業務的同時，也積極拓展中國內地和亞太區業務。其中，中電控股發展成為亞太區首屈一指的電力巨頭，為香港、中國內地、印度、澳洲、東南亞及台灣等地區提供多種組合的能源服務。香港大酒店在全球多個城市建立起酒店網絡，發展成為全球最佳豪華城市酒店集團之一。至於太古，則早已是國際化大型企業集團，其母公司英國太古集團的總部設於倫敦，負責為香港太古制訂整體政策，以及提供一系列廣泛的管理服務及中央支援功能。英國太古在澳洲、美國、巴布亞新幾內亞及非洲等地擁有龐大業務，在澳洲及美國的冷藏業務佔有非常重要的份額，在澳洲經營道路運輸和分銷服務，以及農耕和畜牧等。英國太古通過持有巴布亞新幾內亞貿易集團 Steamships Trading Co. 的控制權，以及總部設於倫敦的 James Finlay，在非洲及斯里蘭卡擁有重大的農產業務。此外，英國太古擁有的太古輪船經營西太平洋及澳大利西亞一帶航運服務。渣打集團的情況也是如此。渣打作為國際性銀行，業務遍佈亞洲、次大陸、非洲、中東及拉丁美洲等新興市場。

綜觀香港英資財團，幾乎都是以香港為業務基地和盈利重心，擁有龐大的全球性或區域性的經營網絡，因而充份運用這一競爭優勢，在香港、中國內地、全球特別是亞太區其他地區，縱橫捭闔，靈活地發展旗下多元業務。而從華資財團看，真正具備這一優勢的僅李嘉誠的長和集團。英資財團的這一優勢，有利於鞏固和提高香港作為中國內地企業"走出去"的跳板，以及跨國企業進入中國的橋頭堡，而這種發展態勢有利於充份發揮香港作為國際金融中心、國際商貿中心、國際航運及航空中心的功能和作用。簡而言之，英資及英資財團，實際上已成為歷史留給香港的一份珍貴資產，成為香港與國際經濟保持持久密切聯繫的重要紐帶之一。英資財團繼續作為香港經濟的一股重要勢力而發揮作用，這不僅構成了香港經濟獨特的色彩，而且符合香港的長遠利益，因而符合中國的長遠利益。

04

發展前瞻：機遇與挑戰

展望前景，香港英資財團未來的發展，除了其內部自身的問題之外（如企業傳承問題、家族接班人等），主要取決於香港、中國內地及亞太區三大經濟元素的演變與組合。

首先是香港因素。對於所有香港英資財團來說，香港是其發源地，業務的根基和盈利中心。即使是對於已經遷冊海外的、在海外上市、業務已拓展至亞太區的怡和來說，香港仍然是其集團的總部所在地，業務和盈利的重心。對於已經將總部遷往倫敦的滙豐來說，它仍然曾慎重地考慮是否回遷香港。更遑論那些仍然在香港註冊、上市的公司如太古、嘉道理等。回歸以後，為了把握香港及中國內地的發展商機，即使是總部在英國的渣打集團，在倫敦上市的同時也選擇在香港上市，並分拆香港業務組成渣打香港，以鞏固其作為香港本地財團的地位和色彩。因此，未來香港經濟發展前景，無疑對這些英資財團具有舉足輕重的影響。

回歸以來，香港經濟在全球競爭力排名中仍穩居前列，經濟維持穩定發展，特別是其金融板塊，在"中國因素"的推動下，香港作為全球性國際金融中心的地位得到提升，香港在全球國際金融中心的重要性，僅次於倫敦、紐約。在中國政府倡導的"粵港澳大灣區"戰略中，香港有可能扮演"超級聯繫人"的角色，並在整個大灣區中發揮其作為區域金融、貿易與物流、航空航運樞紐的功能。香港經濟發展的這些基本態勢，無疑將為英資財團提供重要的發展商機。正因為如此，滙豐在其最新的"重拾增長、創造價值"策略中，強調要加強香港業務發展，包括"捕捉目標業務增長機會，加強對非居民的中國客戶服務，投資保險業務提升市場佔有率，爭取千禧年代年青客戶群等，特別是聚焦來自中國內地的'走出去'投資活動，如'一帶一路'活動、中國企業及金融機構的國際活動、粵港澳大灣區活動等"。

　　不過，香港經濟亦仍然存在眾多隱憂。回歸以來，香港經濟的總體發展態勢不如同為"亞洲四小龍"的新加坡，其經濟規模甚至一度被新加坡及毗鄰的深圳超越，香港在戰後的第三次經濟轉型並沒有取得預期的進展。對此，香港新一屆特區政府曾表示，香港已浪費 10 年時間，政府多年來沒有積極爭取與其他地區簽訂避免雙重課稅協議、投資及促進保育協議等，也極少是主動就全世界經濟體分佈制定策略重點。特區政府並強調，經濟將是特首未來五年施政的"重中之重"，表明政府必須突破既有管治角色，擔任促成者及推廣者，積極吸引外資。可惜的是，2019 年 6 月以來，香港再次爆發大規模的示威遊行，出現社會撕裂和政治動盪，嚴重影響了香港經濟發展及香港營商環境，以及香港作為國際商業大都會和國際金融中心的形象和聲譽。鑑於營商環境的變化，過去數年來前來香港開設亞太區總部（Regional Headquarters）、區域辦事處（Regional Offices）的公司數量在減少，華商首富李嘉誠也調整其在港投資策略。

　　種種跡象顯示，香港正從過去一個典型的經濟中心，逐步演變為一個高度政治化的城市，使得經濟與政治日益密不可分。香港的這種發展態勢，無疑將對英資財團的發展和策略部署，構成嚴峻的挑戰和深遠的影響。典型的例子是近期太古旗下上市公司國泰航空所面對的困境。在 2019 年夏季的香港政治動盪中，國泰航空被爆有飛行員參與針對警察的暴力行為以及公司員工洩露警員航班信息。對此，中國民航局向國泰航空發出重大航空風險警示。受此影響，國泰航空的股價大幅下跌，一度跌至每股 9.27 港元，比 2019 年 6 月以來的高位每股 12.36 港元跌去 25%，比 2015 年 3 月的高位每股 19.87 港元跌去 53%，並且拖累母公司太古股價下挫。為回應中國民航局的要求，國泰航空解僱了兩名行為不當的機師，並發表聲明稱："國泰航空一貫支持'一國兩制'以及承認香港乃中國一部份。我們堅決反對任何危害香港和平與穩定，以及影響航空安全的任何行動。部份員工的行為並不代表公司的立場。"

　　不過，國泰航空仍然受到內地多家官方媒體的批評，《人民日報》發表題為"警示面前，國泰豈能'和稀泥'！"的評論文章，指國泰航空"'擠牙膏'的處理方式，不鹹不淡的立場態度，讓人們難以不懷疑其反省和整改的誠意度"。央視新聞媒體主持人康輝更直斥國泰航空處事不當。事件導致國泰兩名高層——行政總裁何杲和顧客及商務總裁盧家培雙雙辭職。何杲表示：我和盧家培作為公司領袖，對國泰航空在過往數星期經歷的挑戰，理應承擔責任。國泰航空主席史樂山則表示：最近所發生的事件令國泰航空對飛行安全和保安的承諾受到質疑，亦讓我們的聲譽和品牌受壓；這讓人十分遺憾，因為安全和保安對我們來說至關重要；因此我們認為這是合適時機任命新的管理團隊，重建信心以及帶領國泰航空再創高峰；國泰航空全力支持香港實行"基本法"賦予的"一國兩制"原則；我們對香港的美好未來充滿信心。顯然，國泰航空的脆弱性使得其管理層及大股東太古必須審慎處理危機。該事件深刻反映了作為英資公司的國泰航空面對的挑戰和風險。

其次是中國內地因素。香港回歸後，香港與內地的關係發生根本改變，從原來中英兩國之間的外部關係，轉變為一個國家內部兩種不同制度之間的特殊關係。這種轉變，不僅加快了香港與內地經濟的融合，而且為英資財團重返中國內地提供了難得的歷史機遇。這一時期，恰逢中國經濟高速增長，進入內地發展的英資財團，如滙豐、渣打、太古甚至怡和等英資財團，無不獲得豐厚利益。"中國因素"無疑為英資財團的發展，注入了新的活力。現階段，中國經濟已發展成為全球第二大經濟體，沿海發達地區的新經濟、新業態發展快速，中產階級崛起，內部消費市場龐大，再加上中國地域廣闊，經濟發展從東至西呈階梯發展。這種態勢無疑為英資財團繼續在中國內地的發展，提供了多元的投資機會。目前，香港英資在內地已基本建立起穩固的發展平台，未來可藉此擴大在內地的發展。正是基於這一發展態勢，渣打集團明確表示："作為中國金融改革開放的積極參與者、貢獻者和受益者，渣打銀行將秉承對中國市場的長期承諾，充份發揮其全球網絡優勢和業務專長，為我們的客戶提供優質創新的服務和產品，和我們的客戶共同進入新時代。"

不過，目前，中國經濟發展正面臨國內、國際的雙重壓力和挑戰。從國內層面來看，經過 30 多年的高速增長之後，中國正進入所謂"三期疊加"（經濟增長速度換擋期、結構調整陣痛期、前期刺激政策消化期）的"新常態"時期，經濟增長放緩，投資活力消退，亟需培養新的增長極和動力源。從國際層面來看，2008 年全球金融海嘯後，國際市場需求萎縮，部份西方國家推行"去全球化"的貿易保護主義模式，全球經貿投資規則和經濟治理體系進入深度調整期，這對於外向型經濟比重較高的中國來說，影響頗大。特別是 2018 年以來爆發的中美貿易戰，對中國經濟未來發展帶來諸多不確定性。這種態勢，對於香港英資在內地的發展，也帶來眾多的挑戰和風險。

值得注意的是，2018 年，滙豐集團涉入美國發起的對中國企業巨頭華為的調查中，導致華為副董事長孟晚舟在加拿大被捕。據英國《金融時報》透露，滙豐曾為此向中國方面解釋自己是被迫的，但華為創始人任正非在接受《金融時報》採訪時表示滙豐的說法有問題。這導致了華為與滙豐合作的終止。據報道，目前中國政府正在計劃擬定"不可靠實體"清單。倘若滙豐因為涉及華為調查事件以及其他在中國內地經營的違規事件，而被列入"不可靠實體"清單之列，這將對滙豐在中國市場的發展構成重大影響。2019 年 8 月 20 日，中國人民銀行開始實施進一步完善的貸款利率形成機制（LPR），為此將 LPR 報價行從原來的 10 家增加到 18 家，即新增 8 家報價行，包括英資的渣打銀行（中國）和美資的花旗銀行（中國）兩家外資銀行，而作為中國規模最大的外資銀行的滙豐銀行（中國）卻落選了。這對滙豐在中國內地市場的發展無疑是一個警號。而在此稍前的 8 月 5 日和 9 日，任職僅 18 個月的滙豐控股行政總裁范寧以及滙豐大中華行政總裁黃碧娟相繼辭職。對此，滙豐控股董事會主席杜嘉祺表示，公司若要應對一系列經濟和地緣政治挑戰（包括美中貿易緊張局勢和英國即將脫歐），"必須做出改變"。儘管滙豐發言人表示相關辭職與華為事件無關，但也從中反映出滙豐集團在中國市場發展中所面對的種種挑戰和風險。

最後是亞太區因素。從回歸 20 年的發展實踐看，香港英資財團的總體策略，基本上是穩守香港核心業務，積極拓展亞太區特別是中國內地市場。時至今日，這些英資公司基本上都成為亞太區內該業務領域的巨擘。因此，亞太區經濟的發展前景對他們而言，至關重要。其中，滙豐經過數十年的拓展，已成為全球性跨國金融財團，但面對 2008 年金融海嘯的衝擊，還是提出"轉向亞洲"的策略。2016 年，聯合國亞太經濟社會委員會的執行幹事沙姆沙德·阿赫塔爾（Shamshad Akhtar）曾就表示："儘管全球經濟蕭條，貿易發展疲軟，但實際上亞太地區繼續勝過世界其他地方，而且可能為艱難掙扎的全球經濟起到了錨定的作用。" 她並認為，亞洲其他地區的強勁增長抵消了中國因為朝著增長內需"再平衡"而放緩的增長。因此，從長遠來看，香港英資財團在亞太其他地區投資發展，將對其在香港及中國內地的業務，發揮重要的平衡作用。值得慶幸的是，有研究指出，過去 10 年中，亞洲經濟對全球經濟增長的貢獻度已超過了 50%。而這種全球經濟重心東移的態勢似乎仍將持續下去。❹

　　總體而言，香港英資財團能否順利回應在新的歷史環境下所面對的在香港、中國內地及亞太區三個層面的挑戰，並成功把握其中的種種機遇，是其能否作為香港經濟中一股舉足輕重的重要勢力繼續生存、發展的關鍵所在。這一點，對於香港英資財團的歷史命運，以至香港整體經濟的發展，無疑將有著極為深遠的影響和意義。

註釋

❶ 韋怡仁著，《老牌英資財團怡和何去何從？》，香港：《信報財經月刊》雜誌，第 6 卷第 10 期，第 16 頁。

❷ 怡和編著，《怡和洋行的復興（1945-1947）》，《香港與怡和洋行》，武漢：武漢大學出版社，1986 年，第 149 頁。

❸ 蕭思著，《英資"退"而不盡相同，中資"進"而未必稱雄》，香港：《鏡報》月刊，1995 年 5 月號，第 14 頁。

❹ 參閱《全球經濟重心東移的前景》，中國經濟學人，鳳凰網財經，2018 年 8 月 20 日。

附錄

01

參考文獻

》 一、著作

1. 陳大同、陳文元編，《百年商業》，香港：光明文化事業公司，1941 年
2. 恩達科特（G. B. Endacott）著，《香港史》（*A History of Hong Kong*），倫敦：牛津大學出版社，1958 年
3. 向華著，《上海史話》，香港：牧文書局，1971 年
4. 恩達科特（G. B. Endacott）著，《晦暗無光的香港》（*Hong Kong Eclipse*），香港：牛津大學出版社，1978 年
5. 林友蘭著，《香港史話（增訂本）》，香港：上海印書館，1978 年
6. 毛里斯、柯立斯著，中國人民銀行總行金融研究所譯，《滙豐 —— 香港上海銀行（滙豐銀行百年史）》，北京：中華書局，1979 年
7. 牟安世著，《鴉片戰爭》，上海：上海人民出版社，1982 年
8. 聶寶璋編，《中國近代航運史資料》第一輯（上冊），上海：上海人民出版社，1983 年
9. 上海社會科學院經濟研究所編，《英美煙公司在華企業資料匯編》，北京：中華書局，1983 年
10. 陳文瑜著，《上海開埠初期的洋行》，上海市文史館、上海市人民政府參事室文史資料工作委員會編：《上海地方史資料（三）》，上海：上海社會科學院出版社，1984 年
11. 戴維‧萊斯布里奇（David G. Lethbridge）編著，《香港的營業環境》（*The Business Environment in Hong Kong*, Oxford University Press, 1980），上海：上海翻譯出版公司，1984 年
12. 齊以正等著，《香港商場 "光榮" 榜》，香港：文藝書屋，1985 年
13. 莫應溎著，《英商太古洋行在華南的業務活動與莫氏家族》，《文史資料選輯》，第 114 輯，北京：中國文史出版社，1988 年
14. 怡和洋行著，《怡和洋行的復興（1945-1947）》，陳寧生、張學仁編譯：《香港與怡和洋行》，武漢：武漢大學出版社，1986 年
15. 勒費窩（Edward LeFevour）著，陳曾年、樂嘉書譯，《怡和洋行 —— 1842-1895 在華活動概述》（*Western Enterprise in Late Ch'ing China A Selective Survey of Jardine, Matheson and Company's Operations, 1842-1895*），上海：上海社會科學院出版社，1986 年
16. 陳謙著，《香港舊事見聞錄》，香港：中原出版社，1987 年
17. 中國政協上海市委員會文史資料工作委員會編，《舊上海的外商與買辦》，《上海文史資料選輯》第 56 輯，上海：上海人民出版社，1987 年
18. 元邦建編著，《香港史略》，香港：中流出版社，1988 年
19. 古斯（T. K. Ghose）著、中國銀行港澳管理處培訓中心譯，《香港銀行體制》，香港：中國銀行港

澳管理處培訓中心，1989 年

20. 唐振常主編，《上海史》，上海：上海人民出版社，1989 年

21. 張仲禮、陳曾年、姚欣榮著，《太古集團在舊中國》，上海：上海人民出版社，1991 年

22. 湯偉康、杜黎著，《租界 100 年》，上海：上海畫報出版社，1991 年

23. 何文翔著，《張祝珊經營西藥起家》，何文翔：《香港富豪列傳》，香港：明報出版社，1991 年

24. 哈特臣（Robin Hutcheon）著，黃佩儀、湯麗儀譯，《錦霞滿天 —— 利豐發展的道路》，廣州：中山大學出版社，1992 年

25. 黃光域著，《近世百大洋行誌》，中國社會科學院近代史研究所近代史資料編輯部編：《近代史資料》，總 81 號，北京：中國社會科學出版社，1992 年

26. 羅拔・郭瞳著，丘經綸譯，《香港的終結 —— 英國撤退的秘密談判》，香港：明報出版社，1993 年

27. 余繩武、劉存寬主編，《19 世紀的香港》，香港：麒麟書業有限公司，1994 年

28. 黃鴻釗著，《中英關係史》，香港：開明書店，1994 年

29. 馮邦彥著，《香港華資財團（1841-1997）》，香港：三聯書店（香港）有限公司，1997 年

30. 劉蜀永主編，《簡明香港史》，香港：三聯書店（香港）有限公司，1998 年

31. 吳越主編，《中國保險史》上篇，北京：中國金融出版社，1998 年

32. 馬丁・布思（Martin Booth）著，任華梨譯，《鴉片史》（*Opium: A History*），海口：海南出版社，1999 年

33. 劉騏嘉、李敏儀著，《中華電力龍鼓灘工程：政府對電力供應公司的監察》，香港：立法會秘書處資料研究及圖書館服務部，1999 年 9 月 28 日

34. 羅伯・布雷克（Robert Blake）著、張青譯，《怡和洋行》，台北：時報文化企業出版股份有限公司，2001 年

35. 廣州黃埔造船廠史編委員會編，《廣州黃埔造船廠簡史（1851-2001）》，廣州：廣州黃埔造船廠，2001 年

36. 馮邦彥著，《香港地產業百年》，香港：三聯書店（香港）有限公司，2001 年

37. 馮邦彥著，《香港金融業百年》，香港：三聯書店（香港）有限公司，2002 年

38. 趙蘭亮著，《近代上海保險市場研究（1843-1937）》，上海：復旦大學出版社，2003 年

39. 鄭宏泰、黃紹倫著，《香港股史（1841-1997）》，香港：三聯書店（香港）有限公司，2006 年

40. 弗蘭克・韋爾什（Frank Welsh）著，王皖強、黃亞紅譯，《香港史》（*A History of Hong Kong*），北京：中央編譯出版社，2007 年

41. 馮邦彥、饒美蛟著，《厚生利群：香港保險史（1841-2008）》，香港：三聯書店（香港）有限公司，2009 年

42. 《香港飛機工程公司元老的回憶：香港飛機工程公司與啟德為伴》，香港：香港回憶計劃，2013 年

43. 歐陽若華、呂麗娟著，《怡和機器 —— 創建亞州九十年》，Kevin Sinclair & Associates，2013 年

44. 鍾寶賢著，《太古之道 —— 太古在華一百五十年》，香港：三聯書店（香港）有限公司，2016 年

45. 馮邦彥著，《香港企業併購經典（增訂版）》，香港：三聯書店（香港）有限公司，2017 年

46. 馮邦彥著，《香港金融史（1841-2017）》，香港：三聯書店（香港）有限公司，2017 年

》 二、報刊雜誌

1. 齊以正著，《收購・包玉剛・群眾心理》，香港：《南北極》雜誌，1980 年第 7 期

2. 蕙才華著，《長實收購和黃巨額股份的前前後後》，香港：《經濟導報》雜誌，總第 1624 期，1980 年

3. 歐陽德著，《馬登與張氏家族擬分家》，香港：《經濟一週》，1984 年 11 月 26 日

4. 《會德豐的滄桑》，香港：《經濟導報》雜誌，第 1909 期，1985 年 3 月 3 日

5. 《會德豐收購戰紀事》，香港：《經濟導報》雜誌，第 1912 期，1985 年 3 月 25 日

6. 陶世明著，《"三八八"——國泰航空認股狂潮》，香港：《南北極》雜誌，1986 年 5 月 16 日

7. 施其樂著，《香港史片斷（一）》，《英國皇家亞洲學會香港分會會刊》第 26 卷，1986 年

8. 《30 風雲人物午夜和記大廈開會，李嘉誠先求買後求賣》，香港：《明報》，1988 年 5 月 6 日

9. 一飛著，《會德豐系權益盡歸隆豐國際》，香港：《南北極》雜誌，1988 年 9 月 18 日

10. 方元著，《替國泰城市收購大酒店算賬》，香港：《財富月刊》雜誌，1988 年 11 月 3 日

11. 蕭景雲著，《香港電訊化解九七潛在危機》，香港：《信報》，1989 年 4 月 6 日

12. 《楊尚昆讚太古明智》，香港：《大公報》，1989 年 4 月 26 日

13. 《滙豐修章獲政府默許，具彈性應付未來轉變》，香港：《經濟日報》，1989 年 8 月 24 日

14. 《怡控一身繫數百億資產，惹財團覬覦四兩撥千斤》，香港：《經濟日報》，1989 年 10 月 20 日

15. 《嘉道理的政經道理》，香港：《信報》，1990 年 1 月 3 日

16. 《夏普稱交易買方採主動》，香港：《經濟日報》，1990 年 1 月 6 日

17. 《國泰統一本地航空大業》，香港：《政經週刊》，1990 年 1 月 20 日

18. 格雷咸姆・詹金斯（Graham Jenkins）著，《英國在港的商業份額微不足道》，香港：《香港商業月刊》，1990 年 1 月

19. 《認為港府過份監管市場，怡和要員作出猛烈抨擊》，香港：《信報》，1990 年 3 月 29 日

20. 威蓮玉著，《中信——一國兩制縮影》，香港：《快報》，1990 年 6 月 15 日

21. 《滙豐董事長浦偉士細說——政治形勢促成的商業決定》，香港：《信報》，1990 年 12 月 12 日

22. 馮騁著，《滙豐承擔減弱可慮，港府支持遷冊荒謬》，香港：《經濟日報》，1990 年 12 月 18 日

23. 張立著，《滙豐遷冊喚醒中銀》，香港：《信報》，1990 年 12 月 19 日

24. 泓一秋著，《帝國反擊戰的一役》，香港：《信報》，1990 年 12 月 26 日

25. 林行止著，《滙豐心在海外，港府應部署"接班"》，香港：《信報》，1990 年 12 月 28 日

26. 《和黃正式要求港府檢討香港電訊獨享國際電話專利權》，香港：《信報》，1991 年 6 月 6 日

27. 《香港電訊無懼和黃猛烈抨擊》，香港：《信報》，1991 年 6 月 9 日

28. 《財團對第二網絡虎視眈眈》，香港：《信報》，1991 年 7 月 19 日

29. 鄧炳輝著，《怡和對監管制度欠缺誠意》，香港：《大公報》，1991 年 9 月 13 日

30. 《公和祥百年滄桑》，香港：《資本》雜誌，1991 年第 7 期

31. 林行止著，《生意合作易，政治分權難》，香港：《信報》，1992 年 7 月 14 日

32. 馮騁著，《滙豐帝國還鄉戰》，香港：《經濟日報》，1992 年 3 月 19 日

33. 蔣一樵著，《滙豐米特蘭的"拍拖"史》，香港：《明報》，1992 年 3 月 20 日

34. 《浦偉士詳析滙豐米特蘭合併行動》，香港：《明報》，1992 年 3 月 20 日

35. 馮騁著，《萊斯搶貴米，塘水滾塘魚》，香港：《經濟日報》1992 年 4 月 29 日

36. 《葛賚承認滙米合併可以消除九七恐懼》，香港：《信報》，1992 年 5 月 2 日

37. 施純港、文灼非著，《"低調、沉着但保持信心"——太古新大班薩秉達談上任後的宏圖大計》，香港：《信報》，1992 年 6 月 18 日

38. 《太古無懼九七繼續在港投資發展》，香港：《華僑日報》，1992 年 8 月 17 日

39. 郭大源著，《鄭明訓營商策略採用"大中國"概念》，香港：《經濟週刊》，1992 年 9 月

40. 雷梓茵著，《置地的"乾坤大挪移"》，香港：《資本》雜誌，1992 年第 11 期

41. 《大東總裁保證在港投資百年》，香港：《信報》，1993 年 11 月 9 日

42. 《香港電訊對港有信心，九七後續投資一百年》，香港：《大公報》，1993 年 11 月 13 日

43. 陳沛敏著，《香港最後一間大行英之傑》，香港：《資本》雜誌，1993 年 7 月

44. 《港電訊敏感時刻失龍頭，張永霖走馬上任求突破》，香港：《經濟日報》，1994 年 1 月 26 日

45. 《歷山太古大廈受覬覦，置地控股仍無意出讓》，香港：《明報》，1994 年 2 月 8 日

46. 《電訊首位華人行政總裁》，香港：《經濟日報》，1994 年 3 月 9 日

47. 金煌著，《怡和撤離香港》，香港：《南北極》雜誌，1994 年第 4 期

48. 安平著，《亞太航空振翅高飛》，香港：《資本家》雜誌，1994 年第 10 期

49. 安平著，《翹首展翅》，香港《資本家》雜誌，1994 年第 10 期

50. 文禮信著，《港事商事——怡和的觀點》，香港：《星島日報》，1995 年 1 月 11 日

51. 林行止著，《過河卒不能走回路，英資財團力保專利》，香港：《信報》，1995 年 6 月 27 日

52. 《中航爭逐航權來龍去脈》，香港：《明報》，1995 年 10 月 24 日

53. 《傳太古接觸五名買家，擬出售所持國泰股權》，香港：《信報》，1996 年 4 月 3 日

54. 《郵電部斥英國九七後控制香港電訊》，香港：《經濟日報》，1996 年 4 月 11 日

55. 林行止著，《硬功軟功皆無效，英資優勢已式微》，香港：《信報》，1996 年 4 月 17 日

56. 馮聘著，《太古倚天抽寶劍，香江航權裁三截》，香港：《經濟日報》，1996 年 4 月 30 日

57. 韋理著，《我如何挽救一家瀕臨破產的公司》，香港：《信報財經月刊》雜誌，第 2 卷第 1 期

58. 歐陽美儀著，《英之傑集團如何掌握這個市場》，香港：《信報財經月刊》雜誌，第 2 卷第 8 期

59. 思聰著，《九倉會脫離怡和系嗎？》，香港：《信報財經月刊》雜誌，第 4 卷第 2 期

60. 郭艷明、趙國安著：《增購→爭購→憎購→九倉事件日誌》，香港：《信報財經月刊》雜誌，第 4 卷
    第 4 期

61. 洪一峰著，《沈弼和包約翰：香港銀行界的一對最佳配搭》，香港：《信報財經月刊》雜誌，第 4 卷
    第 5 期

62. 姬達著，《向祁德尊爵士致敬》，香港：《信報財經月刊》雜誌，第 5 卷第 2 期

63. 高英球著，《置地大改組後遠景璀璨》，香港：《信報財經月刊》雜誌，第 5 卷第 2 期

64. 韋怡仁著，《滙豐進軍英倫荊棘滿途》，香港：《信報財經月刊》雜誌，第 5 卷第 2 期

65. 思聰著，《怡和系連年收購動機難測：會德豐會被收購嗎？》，香港：《信報財經月刊》雜誌，第 5
    卷第 3 期

66. 高英球著，《抽絲剝繭話滙豐》，香港：《信報財經月刊》雜誌，第 5 卷第 12 期

67. 《評和黃內幕買賣審查委員會報告書》，香港：《信報財經月刊》雜誌，第 6 卷第 1 期

68. 韋怡仁著，《老牌英資怡和集團何去何從？》，香港：《信報財經月刊》雜誌，第 6 卷第 12 期

69. 韋怡仁著，《立足香港放眼世界的滙豐銀行》，香港：《信報財經月刊》雜誌，第 7 卷第 2 期

70. 方以端著，《怡和洋行在華興衰史（1832-1949）》，香港：《信報財經月刊》雜誌，第 8 卷第 4 期

71. 范美玲著，《李嘉誠的收購哲學》，香港：《信報財經月刊》雜誌，第 8 卷第 11 期

72. 梁國材著，《剖析收購戰對會德豐及投資者的影響》，香港：《信報財經月刊》雜誌，第 8 卷第
    12 期

73. 思聰著，《從會德豐被收購看馬登與包玉剛處理航運業危機的手法》，香港：《信報財經月刊》雜
    誌，第 9 卷第 1 期

74. 余赴禮著，《從產權角度剖析大東與電話的市場壟斷與合併》，香港：《信報財經月刊》雜誌，第
    11 卷第 9 期，1987 年 12 月

75. 思聰著，《大酒店控制權“攻防戰”》，香港：《信報財經月刊》雜誌，第 13 卷第 3 期

76. 余道真著，《分析中信在港投資策略的部署》，香港：《信報財經月刊》雜誌，1990 年 3 月

77. 包立賢著，《確保香港獲得能源供應的挑戰》，香港：《南華早報》，2008 年 10 月 10 日

78. 派翠克·詹金斯、森迪普·塔克著，《滙豐行政總裁緣何搬家？》，英國：《金融時報》中文網，2009 年 9 月 29 日

79. 王晶晶著，《滙豐行政總裁紀勤：中國絕對是最重要的新興市場》，廣州：《南方都市報》，2010 年 10 月 7 日

80. 保羅·J. 大衛斯著，《滙豐鎖定六大亞洲核心市場》，英國：《金融時報》中文網，2012 年 3 月 13 日

81. 劉詩平著，《滙豐行政總裁：滙豐在中國將繼續實行雙面發展戰略》，北京：新華網，2012 年 3 月 19 日

82. 孫伯銀著，《滙豐、花旗的國際化道路及啟示》，北京：《中國金融》雜誌，2013 年第 5 期

83. 羅謙信（James Robinson）著，《香港天橋五十年發展啟示》，*CTBUH Journal*，2014 年第 3 期

84. Lex 專欄，《當心怡和降低公司治理標準》，英國：《金融時報》中文網，2014 年 3 月 2 日

85. 帕提·沃德米爾、珍妮佛·休斯著，《怡和旗下公司入股中國永輝超市》，英國：《金融時報》中文網，2014 年 8 月 13 日

86. 瑞米·格蘭特著，《滙豐擬轉向亞洲實現增長》，英國：《金融時報》中文網，2015 年 6 月 10 日

87. 愛瑪·鄧克利著，《很多股東支持滙豐遷移總部》，英國：《金融時報》中文網，2015 年 11 月 24 日

88. 金昱著，《深度解析滙豐後危機時代的改革戰略》，北京：《中國銀行業》雜誌，2015 年第 11 期

89. 宋瑋、朱心怡著，《滙豐：世界的本土銀行》，英國：《英大金融》，2016 年 2 月 22 日

90. 苗雪艷著，《香港置地執行董事周明祖：保守是最好的態度》，和訊網，2018 年 3 月 15 日

91. 約翰·加普著，《怡和洋行：沉默是金》，英國：《金融時報》中文網，2018 年 12 月 29 日

》 三、公司資料

1. 香港證券交易所，《香港證券交易所年刊》，1985 年

2. 冼樂嘉著、吳允儀譯，《現代先基：香港港口發展與現代貨箱碼頭有限公司》，香港：現代貨箱碼頭有限公司，1992 年

3. 會德豐有限公司年報，1994 年

4. 九龍倉集團有限公司年報，1994 年

5. 香港電訊有限公司年報，1994 年

6. 《渣打銀行（香港）有限公司（合併）條例草案》（*Standard Charted Bank(Hong Kong) Limited(Merger) Bill*），SCBHKLMB/#104359、104381 v4，2004 年 3 月 12 日

7. 太古、國泰航空新聞稿，《重組持股結構，建立大中華航空夥伴關係》，2006 年 6 月 9 日

8. 香港立法會會議討論文件，《立法會經濟事務委員會　政府對國泰航空建議收購港龍航空的意見》，2006 年 7 月 18 日

9. 中電新聞稿，《中電成功投得印度 1,320 兆瓦超臨界燃煤電廠建造合約》，2008 年 7 月 24 日

10. 國泰航空新聞稿，《國泰股權結構重組》，2009 年 8 月 17 日

11. 太古新聞稿，《分拆太古地產、全球發售及派發有條件股息不予進行，恢復股份買賣》，2010 年 5 月 6 日

12. 太古及國泰新聞稿，《太古及國泰宣佈出售香港空運貨站權益協議》，2010 年 5 月 25 日

13. 國泰航空新聞稿，《國泰新貨站設備先進，彰顯在港投資長遠承諾》，2010 年 8 月 10 日

14. 中電新聞稿，《中電 TRUenergy 成功投得澳洲新南威爾斯省能源項目》，2010 年 12 月 15 日

15. 太古地產新聞稿，《太古地產中國內地旗艦項目，廣州太古匯盛大開業》，2011 年 9 月 23 日

16. 中電新聞稿，《中電發展九龍東電力基建，為起動九龍東及啟德發展區提供源源不絕的電力》，2011 年 11 月 30 日

17. 太古地產上市文件，《太古地產有限公司以介紹形式在香港聯合交易所有限公司主板上市》，2011 年 12 月 21 日

18. 恒生銀行新聞稿，《二千名人士同慶恒生成立 80 週年》，2013 年 5 月 3 日

19. 恒生銀行新聞稿，《恒生獲選為亞太區最強資產負債表銀行》，2013 年 9 月 17 日

20. 中電新聞稿，《中電宣佈收購青電額外之 30% 權益及收購港蓄發剩餘之 51% 權益》，2013 年 11 月 29 日

21. 太古地產愛心大使、香港基督教女青年會明儒松柏社區服務中心策劃，《尋找港島東的故事》，香港：思網絡有限公司，太古贊助，2014 年 6 月

22. 滙豐控股，《滙豐銀行（中國）有限公司資料概覽》，2015 年 5 月

23. 國泰航空新聞稿，《國泰航空邁進新里程，展示機隊新形象》，2015 年 11 月 1 日

24. 香港上海大酒店公告，《持續關連交易－續簽租賃協議》，2016 年 3 月 21 日

25. 香港上海大酒店新聞稿，《香港上海大酒店有限公司舉行一系列精彩活動，慶祝成立 150 週年》，2016 年 11 月 25 日

26. 中電新聞稿，《中華電力與政府簽署新 "管制計劃協議"》，2017 年 4 月 25 日

27. 渣打銀行（中國）有限公司年報，2017 年

28. 渣打新聞稿，《國家開發銀行與渣打銀行簽署備忘錄，共同推進 "一帶一路" 項目合作》，2018 年 1 月 31 日

29. 滙豐控股新聞稿，《滙豐策略更新》，2018 年 6 月 11 日

30. 滙豐控股新聞稿，《滙豐控股策略發展：珠三角 2020 年收入增加一倍至 5 億美元》，2018 年 6 月 11 日

31. 《太古公司企業簡介》，2018 年 7 月

32. 渣打香港新聞稿，《渣打香港為其虛擬銀行成立企業實體，顧海獲委任為行政總裁》，2018 年 8 月 30 日

33. 渣打集團新聞稿，《渣打獲選為 "一帶一路最佳銀行"》，2018 年 9 月 21 日

34. 太古收購文件，《太古股份有限公司建議根據公司條例第 673 條以協議安排對香港飛機工程有限公司進行私有化》，2018 年 11 月 29 日

35. 《太古集團概覽》，2018 年

36. 《太古集團概覽（美國）》，2018 年

37. 《太古集團概覽（中國內地）》，2018 年

38. 香港金融管理局年報，2018 年

39. 國泰航空新聞稿，《收購香港快運航空有限公司》，2019 年 3 月 27 日

40. 滙豐控股新聞稿，《滙豐推出 "大灣區＋" 科技信貸基金》，2019 年 6 月 11 日

41. 怡和控股有限公司年報，1990-2018 年

42. 文華東方國際有限公司年報，1993-2017 年

43. 牛奶國際控股有限公司年報，1993-2018 年

44. 太古公司年報告書，1994-2018 年

45. 香港飛機工程有限公司年報告書，1997-2017 年

46. 國泰航空有限公司年報告書，1997-2018 年

47. 恒生銀行有限公司年報，1997-2018 年

48. 滙豐控股有限公司年報及賬目，1997-2018 年

49. 香港上海大酒店有限公司年報，1997-2018 年

50. 怡和策略有限公司年報，1997-2018 年

51. 置地控股有限公司年報，1997-2018 年

52. 中電控股有限公司年報，1997-2018 年

53. 渣打銀行（香港）有限公司董事會報告書及綜合財務報表，2004-2018 年

54. 滙豐銀行（中國）有限公司年度報告，2008-2018 年

55. 滙豐控股有限公司策略報告，2013-2017 年

56. 阿斯特拉國際有限公司年報，2014-2018 年

57. 怡和合發有限公司年報，2014-2018 年

58. 太古地產有限公司年報告書，2015-2018 年

59. 渣打集團有限公司年報，2015-2018 年

60. 各英資上市公司官網：關於我們、歷史里程碑等

》 四、英文資料

1. G. B. Endacott, *A History of Hong Kong*, Hong Kong: Oxford University Press, 1964

2. Nigel Cameron, *The Hongkong Land Company Ltd: A brief history*, Hong Kong: Nigel Cameron, 1979

3. Clive A., Brook-Fox, *Marketing Effectiveness in the Hong Kong Insurance Industry: a Study of the Elements of Marketing Strategy and Their Effect on Performance*, in partial fulfillment of the requirements for the degree of Master of Business Administration of the University of Hong Kong, March 1982

4. Maggie Keswick (ed.), *The Thistle and The Jade: A Celebration of 150 years of Jardine, Matheson & Co.*, Hong Kong: Octopus Books Limited, 1982

5. Y. C. Jao, "The Financial Structure", in Ng Sek Hong & David G. Lethbridge (ed.), *The Business Environment in Hong Kong*, 2nd edition, Hong Kong & London: Oxford University Press, 1984

6. Alan Chalkley, *Adventures and Perils: The First Hundred and Fifty Years of Union Insurance Society of Canton, Ltd.*, Hong Kong: Ogilvy & Mather Public Relations (Asia) Ltd., 1985

7. T. K. Ghose, *The Banking System of Hong Kong*, Singapore: Butterworth & Co. (Asia) Ltd., 1987

8. Frank H. H. King, *The History of The Hongkong and Shanghai Banking Corporation: Volume IV, The Hongkong Bank in the Period of Development and Nationalism, 1941-1984: From Regional Bank to Multinational Group*, Cambridge: Cambridge University Press, 1991

9. Gillian Chambers, *Hang Seng: The Evergrowing Bank*, Hong Kong: Hang Seng Bank Ltd., 1991

10. Robin Barrie and Gretchen Tricker, *Shares in Hong Kong*, Hong Kong: Stock Exchange of Hong Kong Ltd., 1991

11. "Inchcape Buying Services operations are now a part of Li & Fung organization", *Li Fung News*, No. 22, August 1995

12. Swire Group Public Affairs, *180 Years: 1816-1996*, Hong Kong: Swire Group, 1996

13. Roger Nissim, *Land Administration and Practice in Hong Kong*, Hong Kong: Hong Kong University Press, 1998

14. Angela Mah, Teresa Lai, "Li & Fung Ltd. Two Giants Under One Roof", Morgan Stanley Dean Witter, 10 November 2000

15. HSBC, *The HSBC Group: Our story*, HSBC Holdings plc, 2013

16. Hongkong Land Limited, *Hongkong Land at 125*, Hong Kong: Hongkong Land Limited, 2014

17. Zung Fu, "Zung Fu Gears Up for Auto Revolution", *Thistle*, Volume 1, 2018

02

香港英資財團大事記

1600 年	東印度公司創立。
1683 年	東印度公司商船"卡羅利那號"在香港大嶼山附近停泊了兩個多月，這可能是最早進入香港地區的英國船隻。
1715 年	東印度公司在廣州開設商館，正式開展對華貿易。
1773 年	東印度公司確立鴉片專賣制度，首次向中國輸入鴉片。
1793 年	英政府派馬戞爾尼（G. Macartney）使團來華，向清政府提出給予舟山群島的一處海島和廣州附近一處地方的無理要求，被清政府拒絕。
1796 年	清政府宣佈禁煙，東印度公司將鴉片貿易轉批給由它發出特許證的自由商人進行。
1805 年	諫當保險行在廣州創辦。
1807 年	寶順洋行的前身巴林洋行創辦。巴林洋行其後改組為大衛遜洋行，並於 1823 年再改組為顛地洋行，即寶順洋行。
1816 年	約翰·施懷雅在英國利物浦創辦一家小型商行，該商行後來被命名為"約翰·施懷雅父子公司"，這是英國太古集團的起源。
	英政府派阿美士德（William Pitt Amherst）使團來華，再次要求清政府割讓一個海島，被清政府拒絕。該使團在途經香港時，對香港進行了詳細調查，回國後向英政府報告稱香港是世界上的良港，是他們希望佔有的一個目標。
1818 年	羅素洋行創辦，1824 年羅素洋行改組為旗昌洋行。
1828 年	屈臣氏創辦。
1830 年	英商 47 人聯名上書英國議會，要求佔領中國沿海一處島嶼，以"保護"英對華貿易。是年已有 6 艘英船停泊於香港。
1832 年	沙遜洋行在印度孟買創辦。
	7 月 1 日，威廉·渣甸和詹姆斯·馬地臣在廣州創辦怡和洋行。
1834 年	4 月 22 日，東印度公司對華貿易專利權被最終取消，英國對華鴉片貿易進入新時期。
1835 年	寶順洋行組建於仁保險公司。

1836 年	怡和洋行將諫當保險行改組為諫當保險公司，後於 1842 年在香港註冊，成為香港最早的保險公司之一。
	米特蘭銀行在英國工業重鎮伯明翰創立。
1838 年	12 月，清政府派湖廣總督林則徐為欽差大臣，節制廣東水師，到廣州查禁鴉片。
1839 年	3 月 10 日，林則徐抵達廣州，展開禁煙工作。
	6 月 3 日，林則徐在虎門銷煙。
1840 年	6 月，懿律率領東方遠征軍抵達廣東海面，英國向中國發動第一次鴉片戰爭。
	渣甸‧馬地臣公司開始採用"怡和洋行"的名字。
	太平洋行成立。
1841 年	1 月 20 日，義律單方面宣佈已與清政府達成所謂《穿鼻草約》，主要內容包括割讓香港島給英國和向英國賠款 600 萬銀元。但琦善對該草約始終未正式簽字，也未蓋關防，因此該草約並不成立。
	1 月 25 日，義律率領東方遠征軍侵佔香港島。
	6 月 7 日，義律代表香港殖民當局宣佈香港開埠，闢為自由港，准許商船自由出入。
	6 月 14 日，義律首次公開拍賣港島土地 35 幅，總面積約為 9 英畝。怡和洋行投得銅鑼灣東角 3 幅土地。
	於仁保險從澳門遷往香港，並在香港註冊，成為最早將公司總部設在香港的保險公司。
1842 年	東藩匯理銀行創辦，同年 4 月在香港開設第一家銀行，並於 1851 年獲香港政府授權發行港鈔。
	8 月 29 日，中英簽訂中國近代史上第一個不平等條約 ——《南京條約》，正式將香港島割讓給英國，並開放五口通商。
1843 年	2 月 27 日，渣甸病逝，享年 59 歲。
	11 月 17 日，英國駐上海首任領事巴富爾宣佈上海開埠。
1844 年	怡和洋行將總行從澳門遷到香港東角。
1845 年	4 月，東方銀行在香港開設分行，後改名為"東藩匯理銀行"，並獲港府特許發行港鈔。
	8 月，香港 30 多家英商上書英殖民地大臣，謂中國五口通商後香港無商可營。
	11 月，巴富爾與上海道台宮慕久商定《上海租地章程》，在上海建立英租界。
1848 年	省港小輪公司創立，經營香港與廣州航線。
1850 年	6 月，香港政府委任怡和洋行大班大衛‧渣甸為香港立法局首位非官守議員。
	香港首家百貨公司連卡佛創辦。
	美資旗昌洋行在香港開設分行。

1853 年	渣打銀行在英國倫敦註冊成立，並於 1859 年在香港開設分行，1862 年獲准發行港鈔。
	有利銀行創辦，並於 1857 年在香港開設分行，1862 年獲准發行港鈔。
1856 年	10 月，英法兩國政府利用“亞羅號事件”和“馬神甫事件”，聯合發動第二次鴉片戰爭。
1857 年	諫當保險公司率先在上海開設分支機構。
1857 年	會德豐公司在上海創辦。
1858 年	有利銀行在香港開設分行，獲港府特許成為第二家發鈔銀行。
	屈臣氏大藥房創立，後發展為屈臣氏（香港）有限公司。
	天祥洋行創辦。
1859 年	渣打銀行在香港開設分行，1862 年獲港府特許成為第三家發鈔銀行。
1860 年	10 月 24 日，中英簽訂《北京條約》，將九龍半島割讓給英國。
	和記洋行在香港創立。
	省港澳輪船公司創立，經營香港至澳門、廣州的航線。
1861 年	怡和在上海創辦怡和紡絲局。
1862 年	3 月 27 日，旗昌輪船公司創立，當年以“驚異號”首航滬漢線，開啟外商在長江航運的先河。
	中華煤氣公司在英國註冊成立。
1863 年	香港黃埔船塢公司組建，蘇石蘭任主席，1866 年正式在香港註冊。
1865 年	1 月，海洋輪船公司創辦，即後來人稱的“藍煙囱輪船公司”。
	3 月 3 日，香港上海滙豐銀行正式開業，同年 4 月開始發鈔，當年並在上海、倫敦開設分行。
	太古公司創辦香港保寧保險公司。
1866 年	3 月 2 日，香港酒店有限公司註冊成立，是香港公司註冊登記冊上最具歷史的註冊公司，也是最早在香港上市的公司之一。該公司於 1923 年正式改名為“香港上海大酒店有限公司”。
	11 月 28 日，太古公司在上海創辦，並於 1867 年 1 月 1 日正式營業。
	黃埔船塢在香港註冊成立，組成有限公司。
1867 年	1 月 1 日，老施懷雅在上海創辦的太古公司正式開業。
	寶順洋行倒閉。
	保羅‧遮打創辦香港大酒店。
	怡和創辦香港火險有限公司。

1868 年	連卡佛有限公司創立。
	約翰‧施懷雅父子公司將總部從利物浦遷到倫敦。
	於仁保險在上海設立分支機構。
	怡和洋行在香港創辦香港火燭保險公司。
1870 年	5 月 1 日，上海太古公司在香港設立分公司，太古開始扎根香港。
	蘇格蘭商人麥基在英國創辦英之傑集團。
	旗昌、沙遜、瓊記等洋行創辦香港維多利亞保險公司。
1871 年	英商敷設第一條從英國經東南亞到港島西岸的海底電纜。
	保羅‧遮打創辦香港第一家碼頭貨倉公司 —— 香港碼頭貨倉有限公司。
1872 年	施懷雅家族在倫敦註冊成立太古輪船公司，加入長江航運的競逐。
	官督商辦的中國輪船招商局創立，翌年在香港設立分局。
	新沙遜洋行設立。
1875 年	怡和洋行在香港創辦中華製糖公司。
1877 年	旗昌輪船公司在長江航運競爭失敗，將全部資產售予輪船招商局，招商局實力大增。
1880 年	天星小輪創辦，當時稱為九龍渡海小輪公司。1898 年九龍倉收購九龍渡海小輪公司，並於同年 5 月改組為天星小輪有限公司。
1881 年	6 月 24 日，施懷雅家族創辦太古車糖有限公司，在香港鰂魚涌興建太古糖廠。
	怡和洋行創辦印一華輪船公司，隨後恢復長江航運。
	香港山頂纜車公司創立。
	諫當保險公司正式改組為一家主要經營海險業務的有限公司。
1882 年	怡和洋行在上海創辦怡和絲廠。
1884 年	5 月 3 日，東藩匯理銀行宣佈破產。
1886 年	保羅‧遮打和怡和洋行創辦香港九龍碼頭及倉庫有限公司。
	蘇格蘭醫生文遜創辦牛奶公司。
1888 年	2 月，遮打爵士帶領股票經紀組成香港首個正規證券交易所。
	山頂纜車公司創辦。
1889 年	1 月 24 日，香港電燈有限公司創立，翌年開始向港島供電。
	3 月 2 日，香港置地有限公司在香港註冊成立，創辦人是保羅‧遮打和怡和洋行執行董事詹姆士‧莊士頓‧凱瑟克。
	3 月 2 日，香港電燈公司註冊成立。

1891 年	2 月 3 日，香港股票經紀協會成立。1914 年 3 月，易名為 "香港證券交易所"；1947 年 3 月，和香港證券經紀協會合併為香港證券交易所有限公司。
1895 年	怡和洋行在上海創辦怡和紗廠。
1897 年	青洲英坭公司從澳門遷到香港。
1898 年	6 月 9 日，中英在北京簽訂《展拓香港界址專條》，英國強行租借九龍半島自界限街以北、深圳河以南地區以及附近 230 多個島嶼，為期 99 年。自 1898 年 7 月 1 日起生效，到 1997 年 6 月 30 日屆滿。 怡和洋行和滙豐銀行合作創辦中英公司。
1899 年	5 月 15 日，蔡氏兄弟在馬來西亞註冊成立合發公司（Cycle & Carriage），並獲得汽車銷售代理權。 羅蘭士·嘉道理在香港出生。
1900 年	施懷雅家族創辦太古船塢公司，在香港鰂魚涌興建太古船塢。1910 年太古船塢建造了第一艘輪船。
1901 年	1 月 25 日，中華電力公司創立。
1902 年	香港電車公司在英國倫敦註冊成立。 英美煙草公司在英國倫敦註冊成立，同年 9 月在上海設立駐華英美煙草公司。
1904 年	太古公司創辦天津駁船公司。 艾利·嘉道理收購山頂纜車公司。
1906 年	九廣鐵路英段開始興建，1910 年 10 月 1 日通車。
1911 年	10 月 10 日，武昌起義爆發，推翻清王朝。1912 年 1 月 1 日，中華民國成立，結束了中國歷史上延續了二千多年的封建帝制。
1914 年	嘉道理家族進入香港大酒店董事局。
1916 年	中國銀行在香港設立辦事處，1919 年正式在香港設立分行。 合發集團將業務從馬來西亞擴展到新加坡，在新加坡烏節路開設了分店，並於 1926 年重組為公共公司 —— The Cycle & Carriage Company Limited。
1917 年	艾利·嘉道理獲封爵士。
1918 年	隆豐國際投資有限公司創立，1963 年在香港上市。
1919 年	金門建築公司在印度創辦。 嘉道理家族向中華電力公司注資，成為該公司大股東之一。
1922 年	艾利·嘉道理因心臟病發逝世，終年 57 歲，遺產全部由弟弟伊里及其兩子羅蘭士、賀理士繼承。

1923 年	香港置業信託有限公司創立。
	滙豐銀行在上海外灘興建上海分行大廈。
1924 年	華商何啟和歐德合組的啟德投資公司開始在九龍半島興建啟德機場，該機場初為私人飛行俱樂部所用，20 年代末曾作軍用機場，1927 年後幾經擴建，於 1936 年開始經營客運。
1925 年	英商佐治 · 馬登在上海創辦會德豐公司。
	香港電話公司創立。
1926 年	嘉道理父子有限公司創立，成為嘉道理家族財團的控股公司。
	保羅 · 遮打爵士逝世。
1928 年	12 月 11 日，半島酒店開業。
	埃利 · 嘉道理爵士收購聖佐治大廈。
1929 年	5 月 1 日，中國航空公司創立。
	英國大東電報局的前身 —— 帝國國際通訊有限公司成立。
1931 年	嘉道理家族購入位於九龍旺角東北的加多利山。
1933 年	3 月 3 日，恒生銀號創立，1952 年註冊為私人有限公司，1960 年改名為 "恒生銀行"。
1934 年	太古公司在上海創辦永光油漆公司。
	帝國國際通訊有限公司改組為大東電報局有限公司。
1935 年	10 月 10 日，滙豐銀行在港島的新總行大廈落成。
1936 年	大東電報局接管在香港的全部國際電訊業務，並獲港府頒發國際電訊經營專利牌照。
	仁記洋行創辦。
1937 年	7 月 7 日，日本藉 "盧溝橋事變" 發動大規模侵華戰爭，抗日戰爭全面爆發。
	羅蘭士 · 嘉道理出任大酒店董事局主席。
1940 年	太古船塢公司改組為太古船塢及工程有限公司，並在香港註冊成立。
	中電鶴園發電廠正式投產，位於九龍亞皆老街的總辦事處亦落成啟用。
1941 年	12 月，日軍偷襲美國珍珠港並佔領上海租界，太平洋戰爭爆發。
	12 月 25 日，日本佔領香港全境。
	12 月 26 日，日軍司令酒井隆在九龍半島酒店設立軍政廳，實行軍政統治。
1945 年	8 月 15 日，日本戰敗，宣佈無條件投降，太平洋戰爭結束。
	8 月 30 日，英國恢復對香港的管治。

1946 年	7 月，太古創立太古貿易有限公司。
	9 月 24 日，國泰航空公司創立。
	施約克出任英國太古集團主席，並主持香港太古的重建工作。
1947 年	祁德尊重返香港，加入和記洋行董事局。
1948 年	7 月，香港太古集團取得國泰航空 45% 股權，成為該公司大股東。
	12 月，華潤公司創立並正式開業。
1949 年	10 月 1 日，中華人民共和國成立。中國政府對香港問題的一貫立場是：香港是中國領土的一部份，中國不受過去英國政府同清政府簽訂的不平等條約的約束，在條件成熟的時候將恢復對香港行使主權。
	11 月 9 日，中國航空公司和中央航空公司發動 "兩航起義"。
1950 年	太古與怡和合作創辦香港飛機工程有限公司。
	李嘉誠創辦長江塑膠廠，1957 年該廠改組為長江工業有限公司。
1951 年	9 月 28 日，賀理士兄弟聯同胡禮、胡挺生等，攜手創立嘉道理農業輔助會（KAAA）。
1953 年	太古集團結束在中國內地的全部業務，撤退到香港。
	諫當保險公司改名為 "隆德保險公司"。
1954 年	怡和洋行結束在中國內地的全部業務，撤退到香港。
1955 年	滙豐銀行關閉除上海分行以外的全部在內地的辦事處，將業務撤退到香港。
1956 年	羅蘭士·嘉道理兄弟聯同多位商人共 7 位股東於 1956 年創建太平地毯。
	包玉剛創辦環球航運集團。
	嘉道理農業輔助會在白牛石創立嘉道理農場。
1957 年	謝建隆和謝建宏兄弟以 2.5 萬美元起家，創辦阿斯特拉國際有限公司。
1958 年	8 月，英之傑集團控股有限公司在英國倫敦成立，並於同年 10 月 30 日在倫敦上市。
1959 年	滙豐銀行收購有利銀行。
	太古船塢及工程有限公司在香港上市。
1960 年	滙豐銀行收購中東英格蘭銀行。
	於仁保險被英國嘉安保險集團收購。
1961 年	6 月，怡和洋行在香港上市。
1963 年	郭得勝、李兆基、馮景禧創辦新鴻基企業有限公司，1972 年該公司改組為新鴻基地產發展有限公司，並在香港上市。

1964 年	中華電力公司與美國埃克森能源集團合資創辦半島電力有限公司，中華電力佔 40% 股權。
1965 年	4 月 9 日，滙豐銀行收購恒生銀行 51% 股權。
	4 月 26 日，香港隧道有限公司創立。
	6 月，香港飛機工程有限公司在香港上市。
	和記洋行改組為和記國際有限公司。
1966 年	和記國際先後收購屈臣氏、德惠寶洋行與泰和洋行，進入大發展時期。
1968 年	會德豐收購了連卡佛公司。
1969 年	太古創辦太古實業有限公司，並在香港上市。
	和記國際收購黃埔船塢 30% 股權，奠定日後和記與黃埔合併的基礎。
	渣打銀行和標準銀行合併為標準渣打銀行。
	現代貨櫃碼頭有限公司創立。
	合發在新加坡證券交易所上市。
	英屬南非標準銀行和印度新金山中國渣打銀行合併組成標準渣打銀行，總部設在英國倫敦。
1970 年	怡和洋行與英國商人銀行羅拔富林明公司合資創辦怡富有限公司。
	置地在銅鑼灣東角地段相繼建成怡東酒店、世界貿易中心。
	英之傑採購服務成立，總部設於香港。
1971 年	李嘉誠創辦長江實業（集團）有限公司。
	環球航運集團主席包玉剛加入滙豐銀行董事局。
	香港空運貨站有限公司成立，並於 1976 年正式投入運作。
1972 年	5 月，現代貨櫃碼頭公司興建的葵涌一號貨櫃碼頭啟用。
	8 月 3 日，貫通港九的香港海底隧道正式通車。
	12 月，置地以換股方式全面收購牛奶公司。
	滙豐銀行創辦獲多利有限公司。
	英之傑集團創辦英之傑遠東有限公司。
	恒生銀行在香港上市。
	新鴻基地產、長江實業、合和實業、恒隆、大昌地產先後在香港上市，並稱華資"地產五虎將"。
	香港太古集團創辦太古地產有限公司，計劃發展"太古城"綜合商住物業。

太古船塢與黃埔船塢合併，成立香港聯合船塢有限公司，各佔 50% 股權。

1973 年	3 月 9 日，恒生指數升上 1,774.96 的歷史性高位。
	怡和洋行先後收購美國夏威夷的戴惠斯公司和英國的怡仁置業有限公司。
	中東石油危機爆發，導致世界經濟普遍性衰退，嚴重打擊了國際航運業的發展。
1974 年	1 月，太古船塢及工程有限公司改組為太古公司有限公司。
	九龍倉先後收購天星小輪和香港電車公司。
	會德豐與環球航運集團合組環球會德豐輪船有限公司。
	黃埔船塢和均益倉創辦國際貨櫃碼頭有限公司。
	羅蘭士‧嘉道理被封為爵士，並於 1981 年被封為勳爵，晉身英國上議院。
1975 年	9 月，滙豐銀行收購和記國際 33.6% 股權，成為公司大股東，祁德尊辭去和記國際董事局主席。
	11 月，滙豐銀行邀請韋理出任和記國際董事局副主席兼行政總裁，整頓和記集團。
	怡和洋行先後收購南非雷里斯聯合股份有限公司、金門（香港）有限公司及仁孚行。
	太古公司收購太古實業全部股權，成為香港太古集團的上市旗艦。
1976 年	怡和洋行收購利比里亞的中東運輸與貿易有限公司。
	香港空運貨站有限公司創立。
	香港大酒店在菲律賓興建馬尼拉半島酒店。
1977 年	6 月，太古地產在香港掛牌上市，其後於 1984 年被私有化，撤銷上市地位。
	長江實業擊敗置地公司奪得港島地鐵中環站和金鐘站上蓋物業發展權。
	長江實業收購美資永高公司。
1978 年	1 月 3 日，和記國際與黃埔船塢合併，成立和記黃埔有限公司，並取代和記國際在香港的上市地位。
	9 月 5 日，包玉剛宣佈已持有九龍倉 15%-20% 股權，成為公司最大股東；隨後，包玉剛及其女婿吳光正加入九龍倉董事局。
	李嘉誠透過長江實業收購青洲英坭 25% 股權，加入該公司董事局。
	中華電力公司與埃克森能源合資創辦九龍發電有限公司，中華電力佔 40% 股權。
1979 年	4 月，中華電力公司開始向廣東輸電。
	9 月 25 日，長江實業與滙豐銀行達成協議，收購和記黃埔 22.4% 股權。
	10 月 4 日，中國國際信託投資公司成立，榮毅仁出任董事長，中信隨後在香港設立分公司。

1980 年	6 月 23 日，包玉剛及其家族增購九龍倉股權至 49%，從置地手中奪取九龍倉的控制權。
	10 月 4 日，滙豐銀行北京代表處經批准成立。
	包玉剛出任滙豐銀行董事局副主席。
	滙豐銀行收購美國海豐銀行 51% 股權，並於 1987 年收購海豐銀行剩餘 49% 股權。
	怡和與置地採取"連環船"策略，互持對方四成股權，以保衛凱瑟克家族的控制權。
	怡和在北京註冊成為第一家中外合資企業——中國迅達電梯公司。
1981 年	1 月 1 日，李嘉誠出任和記黃埔主席，成為第一位入主英資大行的華商。
	3 月 17 日，大東電報局與廣東省郵電管理局簽約，合作興建香港與深圳、廣州間高容量微波通訊系統。
	6 月，大東電報局改組為大東電報局公共有限公司，並在倫敦上市。
	10 月，大東電報集團與香港政府合作成立香港大東電報局有限公司，該公司獲港府頒發國際電訊經營專利牌照，期限至 2006 年。
	12 月，置地公司收購香港電話公司 34.9% 股權。
	中華電力公司與埃克森能源合作創辦青山發電有限公司，中華電力佔 40% 股權。
	滙豐銀行創辦加拿大滙豐銀行。
	滙豐銀行收購英國蘇格蘭皇家銀行失利。
	滙豐與香港銀行公會達成協定，出任票據交換所的管理銀行。
1982 年	2 月 12 日，置地公司以 47.55 億港元高價，投得中環交易廣場地段，創香港官地拍賣的歷史紀錄。
	4 月，置地公司收購香港電燈公司 34.9% 股權。
	9 月 22 日，英國首相戴卓爾夫人飛抵北京，中英兩國領導人開始就香港問題舉行會談。
	9 月 24 日，鄧小平會見戴卓爾夫人，全面闡述中國政府對香港問題的基本立場。
1983 年	3 月，置地公司將香港電話公司 38.8% 股權出售給英國大東電報局集團。
	5 月，西門·凱瑟克取代紐璧堅出任怡和主席，凱瑟克家族重掌怡和大權。
	6 月，怡和出售南非雷里斯公司股權。
	9 月，受中英關於香港問題會談的影響，香港出現港元信用危機，港幣與美元的匯價，最低跌至 9.6:1 的水平。
	10 月 17 日，港府宣佈實行港元聯繫匯率制度。
	10 月，怡和將屬下金門建築公司 50% 股權售予英國特法加集團。

1984 年	3 月 28 日，怡和宣佈遷冊百慕達，開香港公司遷冊海外的先河。
	12 月 19 日，中英兩國在北京正式簽署關於香港問題的聯合聲明，香港進入過渡時期。
1985 年	1 月 18 日，中華電力附屬公司香港核電投資有限公司和廣東核電投資有限公司在北京簽署聯營合約，組成廣東核電合營有限公司，在廣東大亞灣興建和經營核電站。
	1 月 22 日，和記黃埔向置地收購香港電燈公司 34.6% 股權。
	2 月 14 日，南洋富商邱德拔宣佈已向馬登家族購入會德豐 13.5% 股權，向會德豐提出全面收購。
	2 月 16 日，包玉剛介入會德豐收購戰。
	3 月，包玉剛全面收購會德豐。
	5 月 24 日，港龍航空公司在香港註冊成立。
	5 月 27 日，中英兩國政府互換關於香港問題的聯合聲明的批准書，《中英聯合聲明》正式生效。
	11 月 20 日，港府宣佈 "一條航線、一家航空公司" 的政策。
	中國國際信託投資（香港）有限公司在香港註冊成立。
1986 年	5 月 16 日，國泰航空公司在香港上市。
	9 月，置地宣佈分拆成立牛奶國際控股有限公司，並在香港上市。
	11 月，怡和結構重組，成立怡和策略控股有限公司，解除怡置互控。
	滙豐銀行全面收購英國詹金寶公司。
	中國國際信託投資（香港）有限公司改組為中信集團（香港）有限公司，榮智健出任該公司副董事長兼總經理。
1987 年	2 月，香港中信集團購入國泰航空 12.5% 股權，中信兩名代表榮智健和范鴻齡加入國泰董事局。
	3 月 27 日，怡和控股宣佈發行 B 股，引發 "B 股風波"。
	4 月，置地宣佈分拆文華東方國際控股有限公司，並在香港上市。
	6 月，香港電訊有限公司在香港註冊成立。
	10 月，香港大東電報局和香港電話公司宣佈合併，由香港電訊有限公司收購兩公司全部股權，並取代香港電話公司在香港的上市地位。
	11 月，滙豐銀行購入英國米特蘭銀行 14.9% 股權。
	英之傑太平洋有限公司成立，作為英之傑集團在香港區的控股公司。
	牛奶國際收購英國超級市場集團 Kwik Save 25% 股權。
	牛奶國際在台灣成立台灣惠康百貨股份有限公司，經營頂好（Wellcome）超市業務。

1988 年	2 月 1 日，香港電訊在香港上市，成為市值僅次於滙豐銀行的第二大上市公司。
	5 月 5 日，怡和策略宣佈向李嘉誠、李兆基、鄭裕彤及香港中信購入 8% 置地股權。
	7 月 15 日，滙豐銀行與港府達成新會計安排，開始淡出"準中央銀行"角色。
	10 月 5 日，港龍航空開通香港至北京航線。

1989 年	1 月，怡和控股成立全資附屬公司怡和太平洋，統籌集團的貿易和服務業務。
	3 月 17 日，置地宣佈遷冊百慕達。
	8 月 22 日，滙豐銀行宣佈修改滙豐銀行條例，並根據香港公司法重新註冊，改名為"香港上海滙豐銀行有限公司"。
	11 月，包玉剛退出港龍航空。
	英之傑太平洋向和記黃埔收購和記洋行及和寶工程兩家公司，鞏固貿易業務。
	紐約半島酒店開業，成為半島酒店集團在美國的旗艦店。
	李嘉誠將和記洋行售予英之傑太平洋，公司改名為"英和商務有限公司"。

1990 年	1 月，港龍航空股權重組，香港中信集團成為該公司大股東，持有 38.3% 股權，香港中信並將 38.3% 的港龍股權注入其上市旗艦中信泰富。而太古公司及國泰航空則成為港龍第二大股東，共持有 35% 股權，並接管港龍航空管理層。
	3 月，香港中信集團購入香港電訊 20% 股權，成為該公司第二大股東。
	3 月，謝建隆家族重組阿斯特拉國際企業集團有限公司，並將公司同時在印尼雅加達及泗水兩地股票交易所掛牌上市。
	4 月，香港電訊重組，成立專責非專利業務的香港電訊 CSL 有限公司。
	5 月，牛奶國際收購西班牙零售連鎖店集團 Simago S.A.。
	6 月，牛奶國際收購新西蘭超級市場集團 Woolworths。
	12 月 17 日，滙豐銀行宣佈集團結構重組，在英國倫敦註冊成立滙豐控股有限公司，但表示該公司總部和滙豐銀行總部仍設於香港。

1991 年	7 月 4 日，中英兩國政府簽訂《關於香港新機場建設及有關問題的諒解備忘錄》，香港新機場計劃正式展開。
	中華電力公司與港府達成新的管制計劃協議，新協議自 1993 年 10 月 1 日生效，到 2008 年 9 月 30 日止。

1992 年	4 月 7 日，招商局向英資銀行、英聯邦發展公司購入現代貨櫃碼頭公司 15% 股權，成為該公司第三大股東。
	4 月，中華電力公司重組，由青山發電有限公司收購半島電力、九龍發電全部股權。
	4 月，中國航空公司在香港註冊成立中國航空公司（香港）有限公司。

4 月，怡和在廣州舉辦"怡和在廣東"大型展覽會。

5 月，置地以 38 億港元高價出售中環大道中 9 號核心物業。

7 月 9 日，彭定康抵港就任第 28 任港督。

7 月，滙豐控股成功收購米特蘭銀行，將在香港和倫敦兩地同時作第一上市。

7 月，中國航空公司和香港中旅集團向滙豐銀行購入 10% 國泰航空股權，中航並向外匯基金購入香港空運貨站 10% 股權。

香港政府宣佈開放本地電訊市場，採用開放式發牌制度引進超過一個固定電訊網絡。

8 月，國泰航空與香港空運貨站股東達成一項有條件協議，購入香港空運貨站 10% 股權。

9 月 7 日，怡和控股在英國倫敦第一上市。

9 月 8 日，怡和控股在香港第二上市。

11 月，港府向和記傳訊、新香港電訊、新世界電話頒發 3 個本地電訊固定網絡經營牌照。

12 月，新華社發表題為"請看一家英資財團的真面目"的署名文章，不點名抨擊怡和集團。

位於香港大嶼山的 300 兆瓦竹篙灣發電廠正式投入服務。

中電宣佈改組，由青山發電有限公司收購半島電力和九龍發電兩家電力公司，青山發電廠成為中電唯一的電力供應者，負責中電集團的全部發電業務。

鄧小平南巡廣東，中國掀起對外開放新熱潮。

1993 年　1 月，滙豐集團總管理處由香港遷往倫敦。

3 月，太古公司及國泰航空在廈門成立廈門太古飛機工程有限公司，佔 51% 股權。

4 月 1 日，香港金融管理局正式成立。

4 月，置地增購英國特法加集團股權至 25.1%，成為該公司大股東。

4 月，香港政府批准怡富與獲多利正式升格為持牌銀行。

4 月，太古公司向中信泰富出售香港空運貨站 10% 股權。

6 月，九龍倉獲港府頒發收費電視經營牌照。

7 月，廈門太古飛機工程有限公司成立並於 1996 年 3 月正式運作。

8 月 26 日，羅蘭士・嘉道理勳爵逝世，享年 94 歲。

10 月，九龍倉有線電視啟播。

怡和透過旗下從事汽車銷售代理業務的怡和汽車取得合發集團旗下子公司合發吉星 12% 的權益。

由青山電力投資的龍鼓灘發電廠的大型工程動工興建。

香港大酒店在美國加州建成比華利山半島酒店。

1994 年	3 月 1 日，張永霖出任香港電訊行政總裁。

3 月，國泰航空購入華民航空 75% 股權。

5 月 2 日，中國銀行正式發行港鈔，成為香港第三家發鈔銀行。

12 月 31 日，怡和控股及怡和策略終止在香港第二上市地位。

中國廣東大亞灣核電站正式投產，同年位於中國廣東省從化的廣州蓄能水電廠亦逐步分段投產。

置地公司展開置地廣場翻新工程。

1995 年　1 月 10 日，怡和控股常務董事艾禮信在香港總商會發表題為 "港事商事 —— 怡和的觀點" 的演辭。

4 月，香港中航向港府申請航空營運牌照。

5 月，鄭海泉升任滙豐銀行集團總經理，成為滙豐銀行最高級華人僱員。

6 月，香港空運貨站獲港府頒發新機場空運貨站經營牌照。

6 月，鄧蓮如勳爵宣佈將辭去香港行政局議員一職，定居倫敦。

7 月 1 日，香港電話公司本地電訊專利權屆滿，市場引入 3 個競爭者。

7 月 1 日，利豐與英之傑達成收購協定，收購英之傑採購服務。

12 月，置地罕有地重返香港官地拍賣會，參與競投香港官地。

置地控股重組，旗下分別成立掌管香港業務的置地中港和負責海外投資的置地國際。

中電與台灣水泥公司合作，成功競投台灣首批獨立電力項目，興建和平電廠，中電佔 20% 權益。

1996 年　1 月 1 日，中國銀行首次出任香港銀行公會主席。

1 月，香港特區籌委會成立，英之傑太平洋主席鄭明訓和太古旅遊有限公司總經理楊孝華加入籌委會。

3 月 4 日，置地宣佈出售英國特法加集團股權。

4 月 29 日，港龍航空及國泰航空股權重組，中航成為港龍航空最大股東，持有 35.8% 股權，太古公司持有的國泰航空股權降至 43.9%，中信泰富持有的國泰航空股權則增至 25%。

龍鼓灘發電廠第一台發電機組投入營運。

5 月 1 日，世界貿易組織（WTO）就開放全球電訊市場達成一項廣泛的初步協議，內容包括香港在內的 39 個國家和地區承諾將於 1998 年 1 月 1 日起全面開放本土及國際電訊市場。

1997 年　2 月，中國航空公司分拆中航興業有限公司在香港註冊成立，同年 12 月將其在香港的部份資產和股權重組注入中航興業，並在香港聯交所掛牌上市。

6 月，英大東所持有香港電訊股權已降至 54%，而中國電信香港持有香港電訊的股權則增加到 13.24%，成為第二大股東。

7 月 1 日，香港回歸中國，成為中華人民共和國轄下特別行政區。為慶祝回歸，國泰航空把一架波音 747-200 型飛機命名為"香港精神號"，並特別塗上回歸紀念圖案，將香港持續繁榮的資訊帶到世界各地。

9 月，牛奶國際把在雀巢牛奶公司餘下 49% 股權予雀巢公司，退出冰激凌和冷凍產品製造業。

10 月 24 日，中華電力集團重組組織架構，成立控股公司 —— 中電控股有限公司。

滙豐控股收購巴西的 Bamerindus 銀行，並於 1999 年更名為"滙豐銀行巴西有限公司"。

牛奶國際與印尼的 Rajawali 達成技術支援協議，經營 Guardian 連鎖藥房。

置地推出"勵精圖治"計劃，並於 2000 年以"中環品牌"名義再次推出。

太古完成旗下太古城中心購物商場第一期翻新工程，同時建成太古城中心一座寫字樓。

嘉道理家族成立嘉道理基金會。

1998 年　1 月 20 日，香港特區政府與香港電訊達成協議，香港電訊提早結束原定於 2006 年屆滿的國際電訊專營權。

5 月，龐約翰接替退休的浦偉士，出任滙豐控股主席。

香港特區政府宣佈新機場落成，並命名為"香港國際機場"。同年 7 月 6 日，香港國際機場正式啟用。

7 月 6 日，香港空運貨站位於赤鱲角的"超級一號貨站"正式啟用，頭幾天曾一度引起混亂，大量空運貨物積壓，令位於啟德機場的貨運站被迫重新開放以處理貨物。至 8 月 24 日才恢復正常運作。

太古地產與中信泰富合作，在九龍半島九龍塘發展的大型購物商場及寫字樓大廈又一城竣工。

11 月，滙豐集團宣佈統一品牌，幾乎所有業務地區的附屬公司均統一採用 HSBC 品牌和六角形標誌，包括香港滙豐銀行。

中電從泰國唯一獨立營運發電商 Electricity Generating Public Company Limited（EGCO）購入策略性股權，成功在泰國電力市場建立重要據點。

牛奶國際出售英國 Kwik Save 與西班牙的 Simago 連鎖超市，並結束台灣的萬寧業務。

1999 年	1 月，利豐經銷與英之傑達成收購協定，收購英之傑旗下的新加坡上市公司英之傑市場拓展及其全資附屬公司英之傑集團亞太區市場推廣業務。
	5 月，滙豐控股收購美國利寶集團及其姐妹公司 Safra。
	12 月 29 日，利豐與太古達成收購協定，收購太古貿易有限公司及金巴莉有限公司。
	牛奶國際收購馬來西亞 Giant 90% 股權，其後於 2001 年進一步收購 Giant 餘下 10% 股權，使之成為全資附屬公司。
	英國富林明集團業務重組，向怡和購回其所持有的怡富 50% 股權，改為怡和持有富林明 18% 股權。
	阿斯特拉國際展開債務重組，並簽署了第一階段債務重組協定，由怡和合發介入注資，取得公司 31% 的股權。
2000 年	2 月 11 日，李澤楷宣佈旗下盈科數碼動力將介入收購香港電訊。
	2 月 29 日，盈科數碼動力宣佈已與英國大東電報局達成關於收購香港電訊的協議。
	8 月 9 日，香港電訊除牌，8 月 17 日合併後的新公司以電訊盈科掛牌上市。
	滙豐控股收購法國商業信貸，並取代其在巴黎交易所掛牌上市。
	文華東方收購了著名的拉斐爾酒店集團，使公司的投資組合從 14 個增加到 20 個（酒店），遍佈三大洲。
2001 年	2 月，香港滙豐入股上海銀行 8% 股份。
	牛奶國際與內地公司合組廣東省壹便利店有限公司（佔 65% 股權），並獲批准在華南地區經營便利店業務。
	置地聯同長江實業和新加坡古寶置業公司組成財團，投得新加坡市區重建局推出的一幅位於中央商業區邊緣的填海區土地。
	中電收購雅洛恩能源大部份權益，首度涉足澳洲電力市場。
2002 年	2 月，香港中環遮打大廈建成竣工。
	10 月 31 日，渣打集團在在香港交易所掛牌上市，成為第一家英國《金融時報》指數公司在香港作雙重第一上市的集團。
	滙豐控股明確提出集團的長期發展定位和策略："環球金融 地方智慧"。
	香港滙豐購入平安保險 10% 股權，成為該公司第二單一股東，並於 2005 年 8 月 31 日再購入中國平安 H 股，使所持中國平安股權增至 19.9%，達到單一外資企業持有國內保險公司的上限。
	怡和透過旗下怡和策略向合發注資，將所持合發股權增加至 50% 以上，使合發成為怡和策略的附屬公司。
	阿斯特拉國際簽署了第二階段債務重組協定。2005 年，怡和合發繼續向公司注入資金，並將所持阿斯特拉國際股權增加至 50.1%，使之成為怡合的附屬公司。

太古地產與廣州日報報業集團達成協議，在廣州天河區發展一個大型商業及文化綜合項目，名為"太古匯"。太古匯項目因為種種原因拖延多年，直到 2011 年 9 月才落成開業。

中電透過旗下中電印度收購了印度 Gujarat Paguthan Energy Corporation Private Limited 多數權益，並於 2003 年將股權增加至 100%。

北京王府飯店由中外合資經營企業重組為中外合作企業，成為大酒店的附屬公司。

2003 年　4 月，英國倫敦滙豐大廈正式開幕，成為英國滙豐銀行總行所在地。

6 月 29 日，香港與內地簽署《香港與內地關於建立更緊密經貿關係的協議》（簡稱 CEPA）。

11 月，香港大酒店與其夥伴盛高集團透過一家合營公司，與當時的國有企業上海新黃埔集團簽訂一項框架協議，在上海毗鄰外灘北端前英國領事館大樓的土地上興建半島酒店。

12 月 12 日，渣打銀行（香港）有限公司註冊成立為非私人有限公司。

12 月，香港滙豐與平安聯手收購福建亞洲銀行，並將之改組為平安銀行。

合發正式改名為"怡和合發（Jardine Cycle & Carriage）"。

置地公司對置地廣場再次展開工程浩大的重建及翻新計劃，分六期進行，包括建設一幢嶄新的約克大廈和置地文華東方酒店。

文華東方在美國開設紐約文華東方酒店。

2004 年　8 月 6 日，香港滙豐與交通銀行在北京簽署合作協議，購入交通銀行 19.9% 股權，成為交通銀行僅次於國家財政部的第二大股東。

滙豐控股收購百慕大銀行，取代百慕大銀行在百慕大證券交易所的上市地位。

恒生銀行購入興業銀行 15.98% 股權。

怡和合發收購了印尼最大的汽車經銷商集團之一 Tunas Ridean 37.4% 股權，其後將股權增加至 46.2%。

置地攜手內地發展商龍湖地產，在重慶合作開發面積達 1,800 畝的濱江國際新城 —— 江與城，發展高端社區住宅項目。

香港大酒店出售九龍酒店，並展開旗下山頂凌霄閣的大型內部翻新工程。

2005 年　7 月，渣打香港與香港迪士尼樂園簽訂為期五年的合作協議，成為樂園指定銀行。

置地聯同合夥人組成財團，再投得新加坡一幅面積達 3.55 公頃土地，計劃興建新加坡海灣金融中心。

文華東方在日本東京開設新的豪華酒店。

文華東方興建了集團在香港的第二家豪華酒店 —— 置地文華東方酒店。

中電收購 TXU Merchant Energy，成為澳洲第五大能源零售公司，並改名為 TRUenergy。

2006 年	6 月 9 日，太古、國泰航空與國航、中航興業、中信泰富等宣佈簽訂合作協議，重組其持股結構，構建全球最強的航空夥伴關係。

6 月 9 日，太古、國泰航空與國航、中航興業、中信泰富等宣佈簽訂合作協議，重組其持股結構，構建全球最強的航空夥伴關係。

9 月 28 日，國泰航空簽署協定，將港龍航空作為全資子公司正式納入國泰航空集團。

9 月 29 日，渣打收購台灣新竹國際商業銀行超過 51% 的股份，並於同年 11 月 3 日成功完成全面收購。

11 月，港島山頂凌霄閣經全面翻新後全部重開，並舉行盛大活動慶祝重新開幕。

12 月 11 日，中國正式實施《外資銀行管理條例》，向外資全面開放銀行業。

滙豐控股行政總裁葛霖接替退休的龐約翰出任集團主席。

文華東方對香港的旗艦酒店 —— 香港文華東方酒店展開大規模的翻新工程。

北京王府飯店耗資 3,500 萬美元展開整體裝修工程，並正式改名為 "王府半島酒店"。

渣打香港購入天津渤海銀行 19.99% 股權。

2007 年　3 月 8 日，亞洲空運中心在香港國際機場舉行二號空運貨站開幕典禮。

3 月 29 日，香港滙豐在內地註冊成立一家全資擁有的子公司 —— 滙豐銀行（中國）有限公司，總部設於上海浦東。

3 月 29 日，渣打銀行（中國）有限公司（簡稱 "渣打中國"）註冊成立。

6 月 30 日，渣打將其在台灣的所有資產與營業全部讓與新竹國際商業銀行；新竹國際商業銀行於 2007 年 7 月 2 日更名為 "渣打國際商業銀行股份有限公司"，成為渣打集團成員。

6 月，恒生銀行在中國內地成立的法人銀行 —— 恒生銀行（中國）有限公司開幕，恒生中國並獲准中國境內公民提供人民幣服務。

9 月 1 日，日本東京半島酒店開業。

香港滙豐在中國開設第一家村鎮銀行 —— 湖北隨州曾都滙豐村鎮銀行，成為全國首家外商獨資的村鎮銀行。

太古地產委託英國著名設計師 Thomas Heatherwick 領導的 Heatherwick Studio 設計隊伍，主理太古廣場的優化計劃。

太古海洋開發收購 Salvin Far East 集團，以此作為服務平台，支援離岸油氣業的勘探工作。

中電發表《氣候願景 2050》，宣佈減排目標，爭取於 2050 年底前把集團發電組合的二氧化碳排放強度減少約 75% 至每度電 0.2 千克。

中電印度與 Enercon India 合作，在印度古加拉特邦及卡納塔克邦先後發展兩個分別為 100.8 兆瓦及 82.4 兆瓦的風電項目。

香港大酒店於中環纜車總站建成山頂纜車歷史珍藏館並開幕。

嘉道理家族在香港創立私人檔案館 "香港社會發展回顧項目"。

2008 年	3 月 18 日，國泰航空宣佈，公司全資附屬公司 —— 國泰航空服務有限公司（CPSL），已與香港機場管理局簽訂為期 20 年的專營權協定，承辦在香港國際機場包括設計、興建及營運新航空貨運站的專營權。
	7 月，中電成功投得印度哈里亞納邦一個 1,320 兆瓦燃煤發電項目的建造和營運權。
	10 月，香港特首曾蔭權與中央政府簽訂諒解備忘錄，以確保香港未來 20 年的天然氣和核電供應。
	美國次貸危機爆發，並引發全球金融海嘯。
	太古坊甲級辦公大樓 —— 樓高 68 層的港島東中心落成。
	太古海洋開發成立兩家合資公司 —— Swire Ocean Salvage 及 Lamor Swire Environmental Solutions。
	卜內門太古漆油有限公司收購卜內門公司，並更名為 "阿克蘇諾貝爾太古漆油有限公司"。
2009 年	1 月，香港大酒店與卡塔爾地亞爾房地產投資公司簽訂協議，收購該公司擁有的位於巴黎 Avenue Kleber 的一座建築物約 20% 權益，雙方合作將該建築物重新改建為巴黎半島酒店。
	8 月，太古、國泰與國航、中信泰富等再次達成重組持股結構協議，太古和國航分別向中信泰富購入 2% 和 12.5% 國泰航空股權。
	9 月，太古以現金支付方式向國泰航空購入港機工程 12.45% 股權。
	滙豐控股宣佈，集團行政總裁紀勤的辦公室將於 2010 年 2 月 1 日從倫敦調回香港，以便加強發展亞太市場。
	置地慶祝公司成立 120 週年，特委託雕塑家創作遮打爵士的半身銅像，置放在新落成的大廈大堂，並由遮打的後人麗莎．遮打主持揭幕儀式。
	中電躋身道瓊斯全球指數及道瓊斯可持續發展指數。
2010 年	2 月，國泰航空通過其全資子公司國泰航空中國貨運控股有限公司，認購國貨航 25% 股份。
	3 月 18 日，上海半島酒店舉行盛大開幕典禮。
	3 月 26 日，英國大東電報局宣佈將公司業務分拆成兩個獨立上市公司 —— 大東通信和大東環球。
	5 月 25 日，太古、國泰航空與宣佈分別悉數出售所持有香港空運貨站及 Hactl Investment Holdings Limited 的 19.998% 及 10% 權益，所有出售股權分別由香港空運貨站原有股東。
	6 月 7 日，太古繼續收購國泰航空於港機工程所持餘下 15% 股權，隨後對港機工程剩餘股份提出全面要約收購建議，結果令所持港機工程股份增至 74.99%。
	6 月 9 日，香港滙豐投資於上海浦東陸家嘴的滙豐中國總部大廈落成啟用。
	范智廉接替葛霖出任滙豐控股集團主席。

置地與合景泰富地產合作，投得成都市政府重點規劃打造的金融 CBD 城東攀成鋼地塊，計劃建成大型綜合發展綜合體——環球匯。

恒生銀行成為"香港首間訂立人民幣最優惠利率，以及牽頭安排簽訂人民幣銀團貸款之銀行"。

北京三里屯太古里北區正式開業。

太古地產聯同遠洋地產成功投得成都大慈寺片區地塊，共同發展"成都遠洋太古里"。

2011 年　7 月，中電參與投資廣東陽江核電站，佔 17% 權益。

8 月，太古地產出售又一城的全部權益予新加坡發展商豐樹產業，成為香港史上最大筆的物業交易。

置地透過旗下子公司擊敗競爭對手，投得離北京故宮最近的一塊商業用地。

香港大酒店為集團於香港的兩項重要資產香港半島酒店和淺水灣影灣園展開大型翻新工程。

置地獨立開發位於重慶兩江新區依託著照母山與自然湖景資源的高端別墅項目——約克郡，其後又與招商地產再度合作，開發公園大道項目。

2012 年　1 月 18 日，太古地產在香港掛牌上市。

4 月，Vodafone 收購大東環球，大東環球於翌年 4 月 1 日在倫敦交易所退市。

12 月 5 日，滙豐控股宣佈將所持有的中國平安 15.57% 的股份轉售予正大集團，總交易價為 727.36 億港元。

本·凱瑟克出任怡和控股行政總裁。

太古海洋開發公司收購配備先進以提供一系列海底服務的 Swire Seabed 公司。

中電將原新南威爾斯省的 Energy Australia 與原維多利亞省的 TRUenergy 統一整合為全國品牌 Energy Australia，使其成為澳洲規模最大的綜合能源公司之一。

2013 年　10 月，位於香港國際機場的國泰航空貨運站正式啟用。

11 月 15 日，永輝發行 1.1 億股新股，在上海證券交易所上市，躋身中國企業 500 強。

11 月 19 日，中電控股宣佈旗下全資附屬公司中華電力，與南方電網、埃克森美孚能源達成一項收購協議，中華電力將與中國南方電網公司的全資附屬公司南方電網國際（香港）有限公司，共同收購埃克森美孚能源所持有的青山發電有限公司 60% 股權。是項交易於 2014 年 5 月 12 日完成。

12 月 5 日，成都環球匯舉行奠基典禮，置地邀請英國首相卡梅倫前來主持，怡和高層雲集。

12 月，滙豐出售所持上海銀行全部 8% 的股權。

2014 年	6 月，渣打中國獲得中國人民銀行批准成為中國銀行間外匯市場首批人民幣對英鎊直接交易做市商，同年 10 月再獲得批准成為中國銀行間外匯市場首批人民幣對新元直接交易做市商。
	牛奶國際與內地超市連鎖店集團永輝超市合作，購入永輝非公開發行 8.13 億股新股，佔永輝總股本的 19.99% 股權。
	港機工程收購了美國同業 TIMCO Aviation Services，將北美飛機維修、修理及大修和客艙設計整裝方案等業務納入其業務版圖。
2015 年	5 月，置地與旭輝控股集團合作，共同開發上海浦東陸家嘴的洋涇社區地段，該地段由旭輝控股以 41.7 億元人民幣投得。
	6 月，滙豐控股召開了投資者簡報會，介紹了 2015-2017 年期間滙控集團經營管理改革的主要策略導向、實施目標和時間表。
	7 月，牛奶國際宣佈進一步購入永輝配售的約 1.43 億股份。
	11 月 1 日，國泰航空全體機隊陸續換上新的外觀，展示新形象。
	11 月 17 日，國際有線電視業務 Liberty Global 宣佈，通過股票加特別股息的方式，收購總部位於倫敦的大東通訊。
	滙豐控股實施 "轉向亞洲" 策略。
	成都遠洋太古里正式開幕。
2016 年	2 月 14 日，滙豐控股宣佈，經過長達十個月評估，董事會全票通過決定集團總部續留英國倫敦，而非遷往香港或其他地區。
	6 月，中電透過旗下中電印度與印度最大風力發電機製造商 Suzlon Group 組成合資企業，發展一個位於南部泰倫加納邦的 100 兆瓦太陽能電站。
	11 月 25 日，香港大酒店舉行慶祝晚會，慶祝公司創辦 150 週年。
	12 月，港龍航空正式命名為 "國泰港龍航空"。
	該年為太古進入中國 150 週年以及集團成立 200 週年，太古攜手香港三聯書店合作策劃出版《太古之道 —— 太古在華一百五十年》一書。
2017 年	4 月 25 日，中電與特區政府簽訂新的《管制計劃協議》，從 2018 年 10 月 1 日起生效，至 2033 年 12 月 31 日。
	8 月，中電表示，為支持香港政府於 2020 年將香港天然氣發電比例提升至約 50%，中電將在龍鼓灘發電廠興建一台新的 550 兆瓦燃氣發電機組，預期新機組可於 2020 年前投入商業運作。
	11 月，太古地產與興業發展合作投資的上海興業太古匯盛大開幕。
	12 月 6 日，中國平安集團下屬平安資產管理公司向香港聯交所申報，平安資管通過港股通渠道累計買入滙豐控股約 5.01% 股份，成為滙控最大單一股東。

2018 年	1 月 31 日，在李克強總理和英國首相文翠珊共同見證下，渣打集團與中國國家開發銀行在北京簽署《國家開發銀行與渣打銀行 100 億人民幣 "一帶一路" 項目授信貸款備忘錄》。

1 月，北京三里屯太古里獲得 LEED O+M（運營與維護）金級認證，成為獲得該認證的首個國內開放式商業街區。

2 月 26 日，太古地產與上海陸家嘴發佈公告稱，雙方就上海前灘項目簽訂產權交易合同，太古地產收購上海前灘實業所持有的上海前繡實業 50% 的股權。

5 月 21 日，中電控股主席米高・嘉道理爵士率領管理層訪問陽江核電站，並與中國廣核集團更新了於 2007 年首次簽訂的戰略合作夥伴協議。

5 月，置地在北京投資興建的 "王府中環" 落成開業。

6 月 8 日，太古再次對港機工程提出全面收購建議。

8 月，渣打香港表示已向香港金融管理局提交虛擬銀行牌照的申請，並成立一企業實體為營運虛擬銀行作準備。

9 月，中電宣佈引入環球機構投資者 Caisse de dépôt et placement du Québec 作為中電印度的策略性股東。

9 月，渣打銀行榮獲 *Asiamoney* 雜誌舉辦得 "2018 年新絲路金融大獎" 評選為 "一帶一路最佳國際銀行"。

11 月 30 日，港機工程完成私有化程序，成為太古旗下的全資附屬公司。

2019 年	1 月 1 日，亨利・凱瑟克卸任怡和主席，由行政總裁本・凱瑟克接任。

3 月 27 日，國泰航空以 49.3 億港元的代價，收購 "香港快運航空公司" 100% 股權，使後者成為國泰的全資附屬公司。

6 月 11 日，滙豐宣佈推出總額為 60 億元人民幣的 "大灣區 +" 科技信貸基金，重點支持電子商務、金融科技、機器人、生物技術和醫療科技等行業的香港、澳門和內地企業。

8 月 5 日，職僅 18 個月的滙豐控股行政總裁范寧辭職。

8 月 9 日，滙豐控股大中華行政總裁黃碧娟辭職。

8 月 19 日，國泰航空行政總裁何杲和顧客及商務總裁盧家培雙雙辭職。

8 月 20 日，中國人民銀行開始實施進一步完善的貸款利率形成機制（LPR），為此將 LPR 報價行從原來的 10 家增加到 18 家，即新增 8 家報價行，包括英資的渣打銀行（中國）和美資的花旗銀行（中國）兩家外資銀行。